海门年鉴

2017

HAIMEN NIANJIAN

中共海门市委　海门市人民政府　主办
海门市地方志编纂委员会办公室　编

方志出版社
Publishing House of Local Records

图书在版编目（CIP）数据

海门年鉴. 2017 / 海门市地方志编纂委员会办公室编.
—北京：方志出版社，2017. 9
ISBN 978-7-5144-2547-5

Ⅰ. ①海… Ⅱ. ①海… Ⅲ. ①海门—2017—年鉴
Ⅳ. ①Z525.34

中国版本图书馆CIP数据核字（2017）第235324号

海门年鉴（2017）

编　　者：海门市地方志编纂委员会办公室
责任编辑：范　静
出 版 人：冀祥德
出 版 者：方志出版社
地址　北京市朝阳区潘家园东里9号（国家方志馆4层）
邮编　100021
网址　http://www.fzph.org
发　　行：方志出版社发行中心
电话（010）67110500
经　　销：各地新华书店
印　　刷：南京顺和印刷有限责任公司
开　　本：889×1194　　1/16
印　　张：24.5
字　　数：1163千字
版　　次：2017年10月第1版　　2017年10月第1次印刷
印　　数：0001～1200册
ISBN 978-7-5144-2547-5　　定价：198.00元

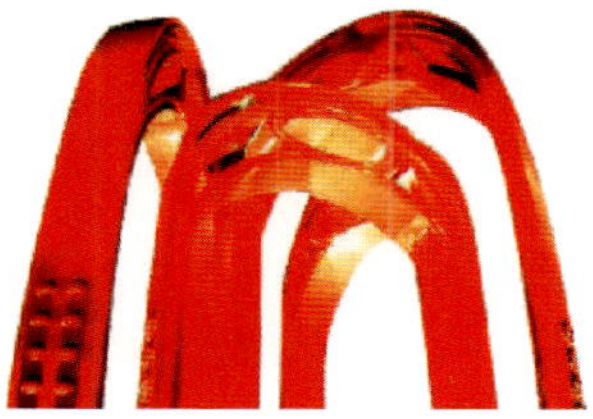

精彩海门·2016

- 全国百强县第 22 位
- 全国中小城市百强综合实力第 23 位
- 全国工业百强县第 32 位
- “全国县域网络形象排行榜”第 8 位
- 中国最具投资吸引城市
- 国家农产品质量安全县
- 全国休闲农业与乡村旅游示范县
- 中国民间文化艺术之乡
- 中国红木雕刻艺术之乡
- 中国气排球之乡
- 六星级中国慈善城市
- 江苏省文明城市
- 江苏省园林城市
- 江苏省级创业型城市
- 江苏省科普示范市
- 江苏省现代民政示范县(市)
- 江苏省建筑产业现代化示范城市

数字海门·2016

土地总面积	1148.77 平方公里
人口	100.1 万人
地区生产总值	1005.06 亿元
一般公共财政预算收入	72.41 亿元
农林牧渔业总产值（现价）	94.12 亿元
规模以上工业总产值	2086.97 亿元
固定资产投资完成额	613.19 亿元
实际到账注册外资	3.17 亿美元
进出口总额	39.14 亿美元
银行存款年末余额	1379.13 亿元
居民储蓄年末余额	752.07 亿元
城镇居民人均可支配收入	40509 元
农村居民人均可支配收入	20608 元

海门市地方志编纂委员会

名誉主任委员：陈　勇

主 任 委 员：郭晓敏

副主任委员：葛志娟　王兰平　黄　静　郁　斌　朱红兵

委　　　员：景裕辉　龚见新　陆冬辉　陈　平　吴　辉

范燕燕　施介安　钮　健　肖　飙　许新海

江　华　陈忠新　成东波　郭宏伟　李　勇

沈健生　梁　建　陶建明　施昀红

《海门年鉴（2017）》编辑人员

主　　　编：朱红兵

副　主　编：陶建明　施昀红

执 行 主 编：张　静

责 任 编 辑：（以姓氏笔画为序）

丁强强　王　寅　张　静　张华杰　袁　熙

陶建明　薛卫菊

编　　　务：陆　杰　姚　江　黄耀进

封面照片：晨渔　（许渭龙 摄）

封底照片：收获　（顾卫国 摄）

主审人员名单

（排名以姓氏笔画为序）

丁邦文	马　铭	马竞杰	王　丹	王　平	王　东	王小挺	王水兵
王国洲	王思健	王碧君	从国华	方正达	石　磊	冯　彪	成矫健
朱　洪	朱文蔚	朱红兵	朱国斌	朱慧玮	江建生	江建华	江新华
汤　飞	祁中伟	许新海	许嘉宁	孙泉疆	严雪松	苏雪明	杜　琴
杨卫华	杨允辉	杨重波	李　勇	李秋实	李勇林	李振东	肖　飙
吴　辉	岑炳华	邱永华	何伟华	何雪峰	沈　序	沈小明	沈向东
沈炳良	沈健生	宋卫军	张　成	张　松	张　频	张卫忠	张卫新
张剑均	张炳江	张晓春	陆昌盛	陆煌辉	陈　忠	陈　岩	陈　敏
陈冬华	陈苏南	陈忠新	陈建荣	陈俊高	陈晓旺	范燕燕	茅伟平
茅胜斌	茅敏勇	茅雷明	郁　健	郁国强	季　春	季正玉	季炳英
周　虎	周　嵩	周东瑞	周新忠	赵建新	钮　健	钮奇奇	俞卫东
施　海	施介安	施晓霞	施海东	施盘石	姜　敏	姜东华	姜晓毅
袁　标	袁　峰	袁雷松	袁锦娉	夏　燕	顾卫平	顾青山	顾建平
顾建兵	顾晓彬	顾煜晖	钱卫江	钱国泉	徐　建	徐　骏	徐　强
徐建春	徐秋华	郭卫秦	郭宏伟	郭海峰	黄　炜	黄建荣	黄胜男
黄海江	黄樱璐	曹　卫	曹　冲	曹　健	龚新萍	梁　建	葛亚东
景裕辉	喻　华	程　晓	蔡卫东	缪蔡俊	樊雄辉	薛治安	戴维加

保密专审： 黄海江

中共海门市委党史工作办公室

海门市地方志编纂委员会办公室

地址：海门市北京中路 600 号市行政中心 13 楼

电话：0513—82225600　82212082

电子邮箱：hmnj2006@126.com

2016年8月3日，江苏省委书记李强（前排中）到海门考察叠石桥国际家纺城和招商局重工（江苏）有限公司

（戴跃华　摄）

2016 年 4 月 22 日，时任云南省委书记李纪恒（前排中），时任省委副书记、省长陈豪（前排右）率领云南党政代表团到海门考察

（戴跃华 摄）

2016 年 3 月 3 日，江苏省副省长张雷（中）率省商务厅、南京海关等部门负责人到海门调研市场采购贸易方式试点工作

（陈沈华 摄）

2016年10月21日，农业部副部长于康震（右三）到海门调研畜牧生产、动物防疫等工作

（市委农村工作办公室提供）

2016年12月27日，南通市委书记陆志鹏（中）率队到海门观摩重大项目建设情况（戴跃华 摄）

2016年12月30日，中共海门市委十四届二次全体会议在市会展中心举行 （戴跃华 摄）

2017年1月9日，政协海门市第十四届委员会第一次会议在市会展中心开幕

小组讨论　（陈沈华　摄）

会议表决　（陈沈华　摄）

2017年1月11—14日，海门市第十七届人民代表大会第一次会议在市会展中心召开　　（戴跃华　摄）

全市最年长人大代表施亚民在学习报告
（戴跃华　摄）

全市最年轻人大代表张晓权在学习报告
（戴跃华　摄）

2016年4月10日，中央电视台“五一乐三天”节目组在招商局重工（江苏）有限公司录制现场

（陈沈华　摄）

2016年4月16日，中国海门经贸洽谈会在市江海文化公园开幕　（陈沈华　摄）

海门列全国百强县第 18 位,地区生产总值突破千亿大关。

12 月底,全国县域经济专业研究机构社会智库中郡研究所发布《2016 县域经济与县域发展报告》和县域经济与县域基本竞争力名单,海门位居第 18 位,比上年前移 4 位,居江苏省第 8 位,继续保持苏中苏北第一位。县域经济基本竞争力采用县域经济总量、均量、质量、速度和活力 5 个方面的指标为基本数据进行评价。2016 年,海门经济社会继续保持较好发展态势,高水平小康建设实现新提升。全年实现地区生产总值 1005.06 亿元,首次突破千亿大关,年均增长 10.8%;实现一般公共预算收入 72.41 亿元,继续保持南通县市第一。32 个指标达到或超过省高水平全面小康指标值,综合得分 98.9 分,继续走在苏中苏北前列。

百年银杏 (蒋瑞祥 摄)

现代都市 (陆 冰 摄)

1

2

1 日出东洲 （袁晓蕾 摄）

2 都市之林 （陆 冰 摄）

2016年12月7—8日，中国国际人才创新创业大会海门分会暨"海智杯"创业大赛在海门举行 （戴跃华 摄）

2016年9月29日，第三届海
商推介会开幕式在海门港新区举行

海门实施"55580"行动计划，打造对接服务上海示范区。

海门对接服务上海四年行动计划(2017—2020)于2016年底出炉。以理念接轨为先导，以交通接轨为突破，以产业接轨为重点，以平台接轨为保障，以科创接轨为抓手，以服务接轨为支撑，通过四年的行动，海门将实现对接服务上海"55580"的目标任务，建成苏中地区对接服务上海的示范区。"55580"即：实施交通基础设施、产业转型、载体共建、科技人才、社会事业和人文交流"五大对接工程"；打造上海高端制造业配套基地、上海科技创新产业化基地、上海休闲旅游重要目的地、上海农产品首选供应基地、上海公共资源服务合作基地"五大基地"；实现 "从上海引进产业项目和人才项目占比在80%以上，80%的骨干企业与上海科研院所建立创新协作关系，80%的游客来自于上海，在海门养生养老的外来人口中上海人口占比超过80%，80%的外销农产品销往上海。"5个80%的目标。

从海门看苏通大桥

峄山金秋航乐游暨通用航空产业招

（赵蓓莉　摄）

2016年10月22日，“千人计划”专家联谊会生物医药与生命科学专业委员会2016年干细胞专业研讨会暨细胞产业资本对接会在临江新区召开。临江新区玲珑湾创客中心成为江苏省级众创空间

（陈沈华　摄）

（顾卫国　摄）

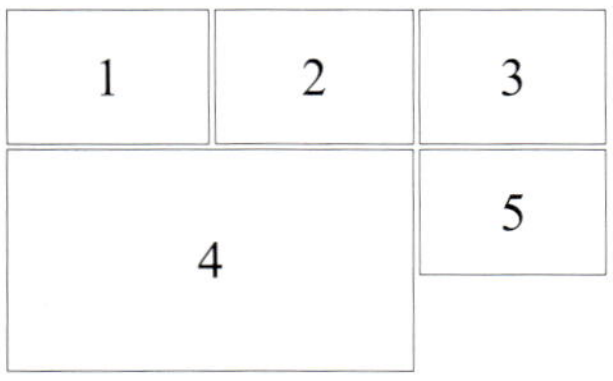

1 临江新区玲珑湾 （陆 冰 摄）
2 海门港新城 （陆 冰 摄）
3 招商局重工（江苏）有限公司外景 （倪 晨 摄）
4 崇海一水间 （陆 冰 摄）
5 中兴特钢制造的大口径钢管 （蒋瑞祥 摄）

南通海关驻海门办事处开关运行，海门港口直通世界。

8月19日，南通海关驻海门办事处正式开关运行，标志着被誉为江海门户的海门从此直通世界。海门是江苏唯一同时拥有深水江岸线和深水海岸线的县级城市，随着江海港、海门港、叠石桥无水港“三港联动”开发开放新格局的构建，海门建成大港口的梦想成真。新设立的南通海关驻海门办事处为副处级机构，辖区为海门市全境，承担监管进出境运输工具、货物、物品、征税、查验、加贸、企业管理等海关业务。

2016年6月2日，海门港迎来首艘万吨外轮　　（陈沈华　摄）

2016年8月19日，南通海关驻海门办事处举行开关仪式

（南通海关驻海门办事处 提供）

2016年8月19日，南京海关关长薛金楼、政治部主任张毅东在海门叠石桥调研

（南通海关驻海门办事处 提供）

东灶港码头 （蒋瑞祥 摄）

南通至阿富汗“中亚国际班列”首发，叠石桥迎新机遇。

8 月 25 日，“南通—阿富汗 · 海拉顿”首趟班列从南通铁路货运东站发出，标志着国内首趟开往阿富汗的中亚班列正式开通。作为海门叠石桥开展国家市场采购贸易试点的重要成果之一，以及“一带一路”南亚地区首个落实项目，该班列的开通为叠石桥市场带来重要机遇。2015 年 7 月 22 日，国务院将叠石桥市场纳入市场采购贸易试点范围，作为国内最大的内外贸结合家纺专业市场，其国内市场占有率 40%，截至 2016 年底，叠石桥市场累计通关 2 万票，出口额超 26 亿美元。

2016年4月16日，阿里巴巴1688叠石桥实力产业群示范园区揭牌 （陈沈华 摄）

中东客商在叠石桥展厅看样　　（姜　新　摄）

美国客商在盛源家纺下单　　（姜　新　摄）

第二届叠石桥国际家纺购物节启动仪式在叠石桥家纺城举行，图为园区职工旗袍秀展示　　（赵蓓莉　摄）

2016年8月25日，国内首条南通至阿富汗·海拉顿“中亚班列”发车　　（陈沈华　摄）

快乐童年（组照）　（施　敏　摄）

南黄海新家园　（王　辉　摄）

海门城乡居民收入位居苏中苏北前列，就业创业致富百姓。

2016年，海门城乡居民人均可支配收入继续走在苏中苏北县市前列，城乡居民可支配收入分别为4.05万元和2.06万元。居民人均储蓄8.31万元，位居全省县市前列。海门实施一系列富民政策，推动就业创业藏富于民。全年新增城镇就业人员超过1万人，转移农村劳动力4168人，城镇失业人员再就业3598人，城镇登记失业率1.82%，就业创业培训4800多人，发放稳岗补贴396万元，惠及33家企业6715名职工，发放小额担保贷款1584万元，扶持2133人自主创业，带动就业1.1万人。

2016年2月17日，市人力资源市场举办猴年首场招聘会，当日进场应聘人员6000多人次，现场达成就业意向2000多个

（陈沈华　摄）

海门跻身首批“国家农产品质量安全县（市）”，农业基本现代化稳居全省第一方阵。

2016 年，海门跻身首批“国家农产品质量安全县（市）”，成为全国百家、全省 4 家之一，南通首家。海门通过强化生产经营主体行为的监管、强化农业投入品监管、加大执法检查力度等措施，确保农产品生产经营规范有序。连续两年，省级例行监测种农产品、畜产品、水产品的合格率均为 100%。截至 2016 年底，海门有规模种植（养殖）龙头企业 78 家、家庭农场 585 家，高效设施农业面积占比 38.8%，现代农业发展水平 85.75%，农业基本现代化稳居全省第一方阵。建成“全国休闲农业与乡村旅游示范县”，被农业部列为“中央农作物秸秆综合利用试点县”。

收获（组图） （顾卫国 摄）

2016年11月10日，
全市水稻开始收割
（戴跃华 摄）

2016年12月23日，第三届“羊家乐”田园风光游暨首届农业招商论坛开幕
（赵蓓莉 摄）

稻田亲子游

沿江渔村 （陆虎勇 摄）

（赵蓓莉 摄）

2016海门市乡村旅游活动季——“渔味无穷 ”暨首届“沿江渔村”杯钓鱼比赛开幕式

（陆 雁 摄）

秋收

（梁 军 摄）

海门获评省"法治建设示范市"。

海门始终坚持把法治建设工作放到考量党委、政府执政能力及科学发展水平的高度，进行谋划部署、推进落实。做到工作项目化、项目目标化、目标责任化。严格落实"一把手"责任。建立实施平安法治建设督查考评规范、定点普讲帮扶、明显滞后提示和创建达标退出"四大工作机制"，完善领导干部述法述安考评制度。把法治建设作为"两个率先"的重大政治任务，纳入全市经济社会总体计划和目标考核，做到与经济发展同部署、同落实、同检查、同考核。不断完善镇、村两级《平安法治建设竞赛办法》，提高结果性考核的科学性和公平性。

2016年9月23日，国务院法制办协调司司长赵振华（右二）到海门调研完善规范性文件合法性审查机制试点工作 （市政府法制办 提供）

市人民法院首批入额法官宣誓仪式 （市人民法院 提供）

形成行政复议“海门模式”、公共法律服务“海门经验”、诉访分离“海门品牌”。省“法治建设示范市”的获评，是继“全国社会管理综合治理先进县(市)”“全省平安县(市)”“全省法治县(市)创建工作先进单位”“全国平安建设先进县(市)”之后，对海门法治建设工作的又一重要肯定。

“法在心中 伴你成长“关爱社区少儿检察开放日活动现场（市人民检察院 提供）

市司法局开展“推进社区依法治理，共创美好城市生活”主题签名活动（市司法局 提供）

法治文化广场（朱新华 摄）

海门涌现好人群体，精神文明提升新高度。

3月，悦来镇曹建帮入选见义勇为类“中国好人榜”；5月，悦来镇周炳高入选助人为乐类“中国好人榜”；12月，张建伟入选助人为乐类“中国好人榜”……海门高度重视精神文明建设，广泛开展群众道德实践活动，积极培育和践行社会主义核心价值观，成立全国首家县级“美德基金会”，全市涌现一大批见义勇为、助人为乐、敬业奉献、孝老爱亲、诚实守信的先进典型。全市拥有中国好人15人、江苏好人25人、海门好人139人。蝉联“全国公益慈善百强城市”“江苏省文明城市”实现六连冠，被中央文明办列为“创建全国文明城市提名城市”。

2016年10月15日，“江苏最美人物”电视新闻发布会在海门举行，唐慧娟被省委宣传部评为“最美双创之星” （戴跃华 摄）

2016年3月4日，海门市学雷锋全民志愿服务活动启动仪式暨道德讲堂观摩会 （黄建栋 摄）

2016年4月12日，2015年度海门市道德人物“身边好人·温暖海门”颁奖典礼在市广电台演播大厅举行 （陈沈华 摄）

小志愿者陪伴老人聊天
（陆　雁摄）

2016年12月3日，市残联、市辰语儿童康复中心举办关爱自闭症儿童活动　　（黄建栋 摄）

志愿者长江保洁常态化
（黄建栋 摄）

（蒋瑞祥　顾卫国　顾丽丽　陆　雁　倪　晨　王亚东　陆虎勇　王　辉　耿云峰　戴跃华
蔡晓舟　赵蓓莉　施　敏　陈新龙 摄）

警察

活动室

张謇大道十年

南北长5公里、东西宽100米的张謇大道，是海门城区通往长江岸线的主干道，2008年破土动工，2009年元旦建成通车，随后带动居民楼、商业街、写字楼等一系列配套工程建设。

这组照片记录了张謇大道及其周边区域最近十年的变化历程。（陈新龙　摄）

2008

2008年1月17日，一夜飞雪覆盖刚刚铺平的张謇大道路基

2009

2009年1月1日，张謇大道建成通车

2010

2010年7月19日，张謇大道两侧拉开拆迁、建设序幕

2013

2013年9月2日，大道两侧相继落成的部分居民楼

2014

2014年6月5日，雾色中的
张謇大道两侧新一轮居民楼项目

2015

2015年9月9日，张謇大道边的
商业设施工地

2016

2016年9月10日，阴雨
天坚持施工的张謇大道第一栋
写字楼

2017

2017年7月20日，城市功能配套完善的张謇大道商住区

崛起的小区

位于海门市张謇大道与南海路交汇处，现代建筑拔地而起，成为海门市一道美丽景观。图片从 2016 年 2 月 1 日起，历经近一年时间，记录了中南城大厦从初步打造至略显规模的一个建设过程。（耿云峰　摄）

2016年2月1日，春雪笼罩新区建筑

2016年4月25日，夕阳映照建筑雏形

2016年6月20日，华灯初上夜战工地

2016年8月2日，风云中的建筑雄姿

2016年8月6日，晨曦里的美丽景观

2016年9月4日，暮色下的建筑群体

2016年9月17日，云霞似锦傲居新城

2017年2月9日，朦胧春色初显新姿

图说海门 2016

综合实力显著增强

位居县域经济和县域基本竞争力百强县第 18 位，跻身全省 8 强

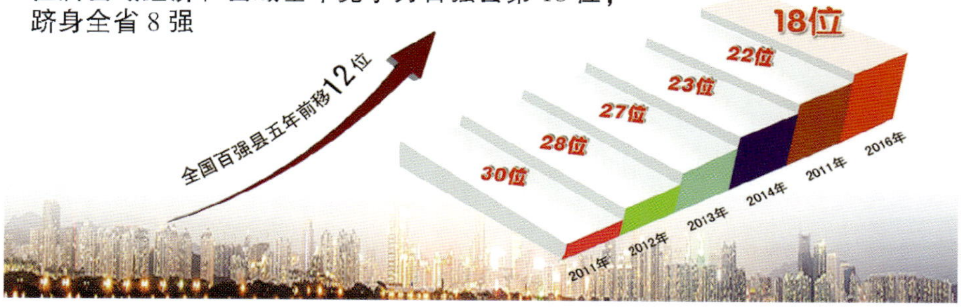

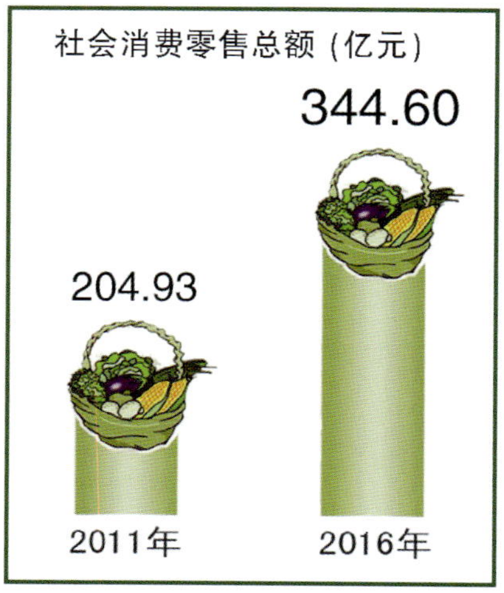

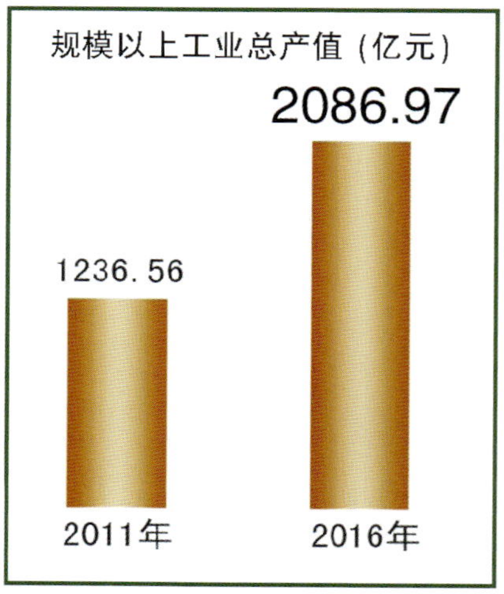

转型升级成效明显

三次产业结构（%）

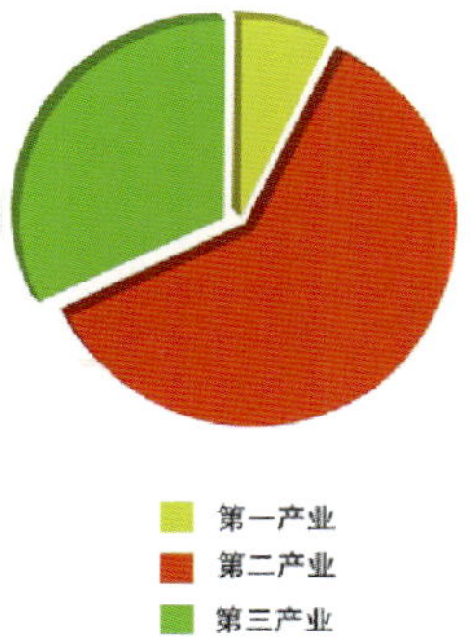

2011年三次产业比优化为7 : 59 : 34
2016年三次产业比优化为5.3 : 50.2 : 44.5

高效设施农业面积（万亩）

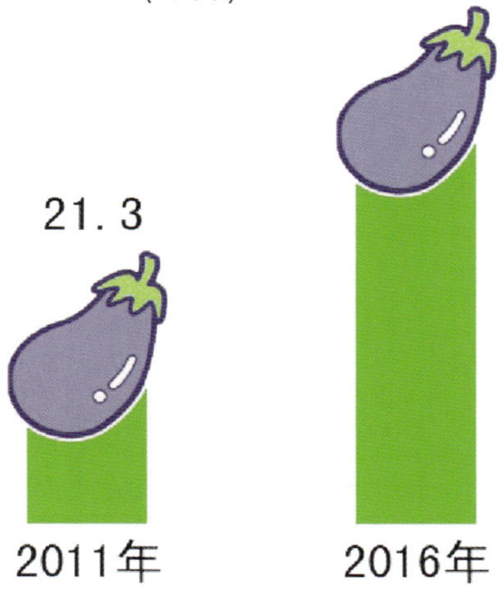

开发开放不断深化

（《海门日报》社　提供）

图说海门 2016

城乡统筹取得实效

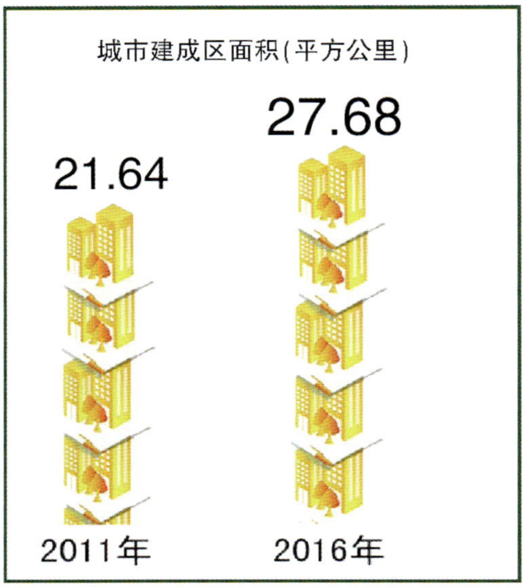

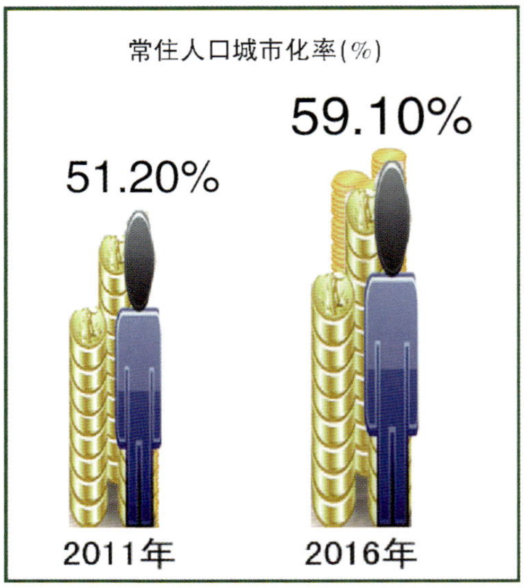

人民生活持续改善

海门的一天

项目	2016年	2015年
地区生产总值（万元）	27461	25069
地方公共财政预算收入（万元）	1978	2148
规模工业总产值（万元）	57021	51844
农业总产值（万元）	2572	2489
社会消费品零售总额（万元）	9415	8525

海门市政区图

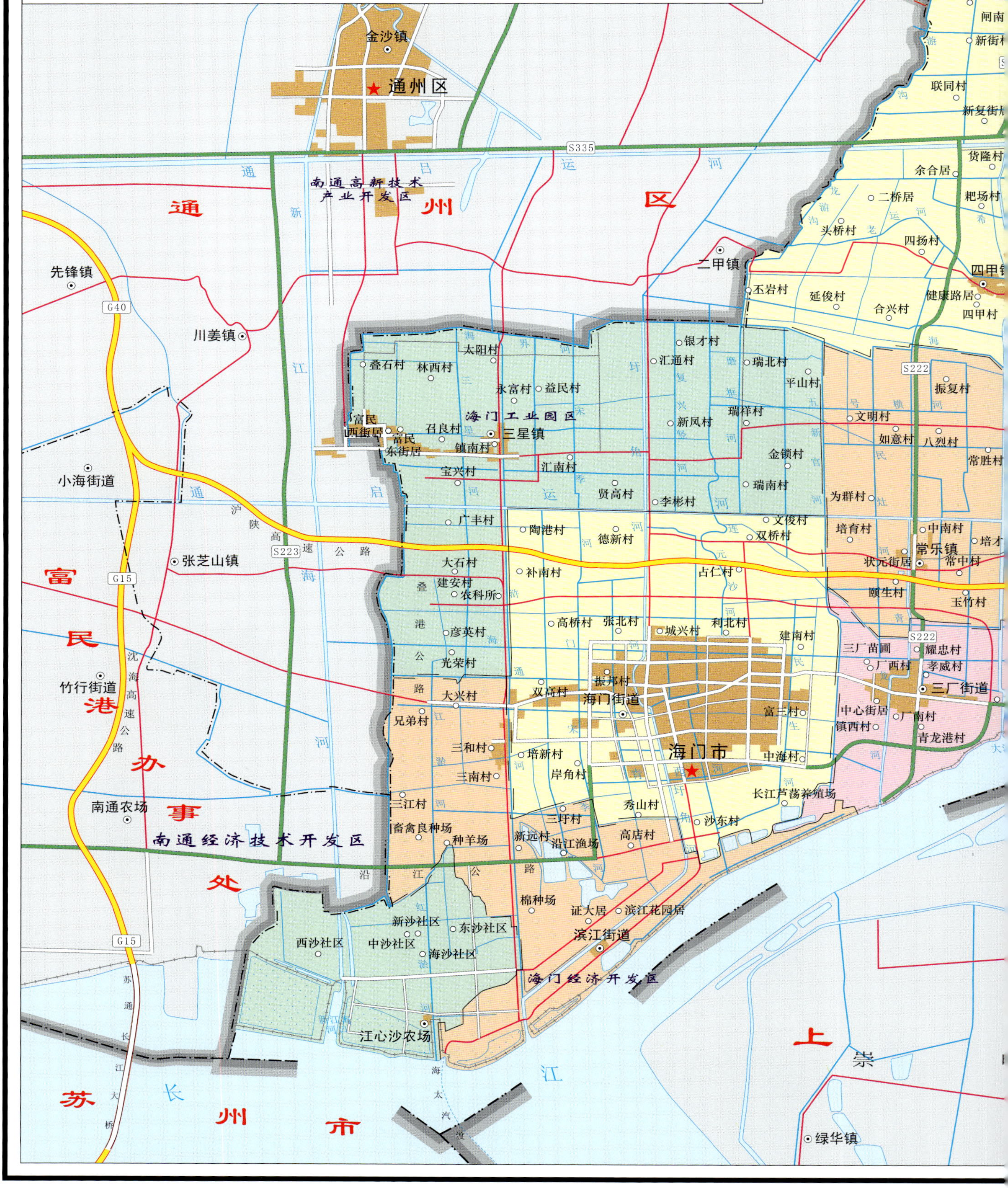

金沙镇
通州区
南通高新技术产业开发区
通
州
区
先锋镇
川姜镇
二甲镇
小海街道
张芝山镇
富
民
港
办
事
处
竹行街道
南通农场
南通经济技术开发区
叠石村
林西村
太阳村
永富村
益民村
银才村
汇通村
瑞北村
平山村
海门工业园区
三星镇
召良村
镇南村
新风村
瑞祥村
金锁村
汇南村
宝兴村
贤高村
李彬村
瑞南村
广丰村
陶港村
德新村
文俊村
双桥村
大石村
建安村
农科所
补南村
占仁村
彦英村
光荣村
高桥村
张北村
城兴村
利北村
建南村
大兴村
双高村
振邦村
海门街道
富三村
兄弟村
三和村
培新村
岸角村
海门市
中海村
三南村
三江村
秀山村
沙东村
长江芦荡养殖场
畜禽良种场
种羊场
新远村
三圩村
沿江渔场
高店村
棉种场
证大居
滨江花园居
滨江街道
新沙社区
东沙社区
西沙社区
中沙社区
海沙社区
海门经济开发区
江心沙农场
联义村
新街村
联同村
新复街居
余合居
货隆村
二桥居
耙场村
头桥村
四扬村
四甲镇
丕岩村
延俊村
合兴村
健康路居
四甲村
振复村
文明村
如意村
八烈村
常胜村
为群村
培育村
中南村
常乐镇
状元街居
常中村
颐生村
玉竹村
三厂苗圃
耀忠村
厂西村
孝威村
三厂街道
中心街居
镇西村
厂南村
青龙港村
上
崇
绿华镇
苏
州
市
长
江
S335
G40
S223
G15
S222
沪陕高速公路
沈海高速公路
苏通长江大桥
海太汽渡

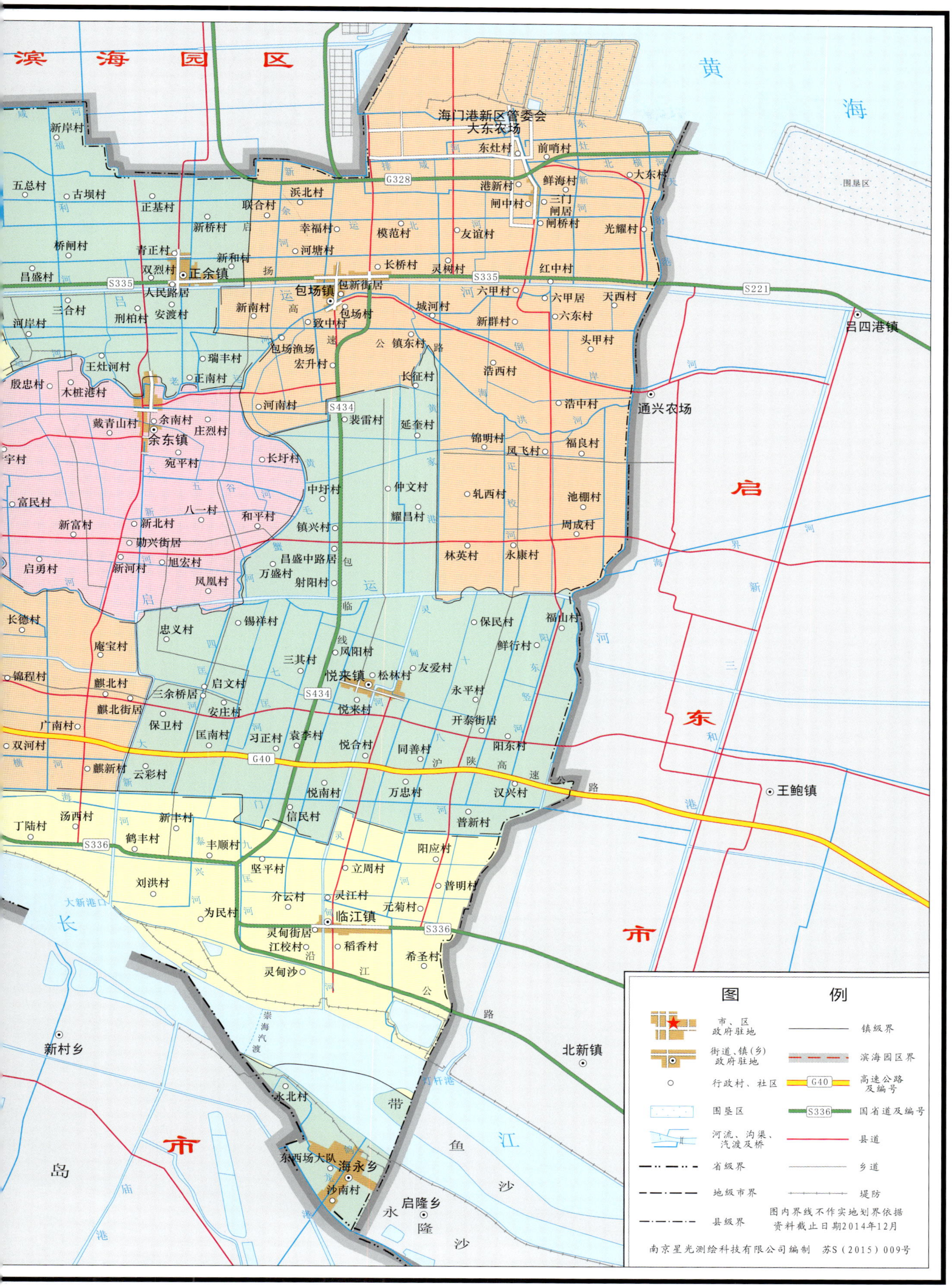

滨海园区
黄海
海门港新区管委会
大东农场
东灶村
前哨村
鲜海村
大东村
港新村
闸中村
三门闸居
闸桥村
光耀村
围垦区
新岸村
五总村
古坝村
正基村
联合村
浜北村
新桥村
幸福村
模范村
友谊村
桥闸村
青正村
河塘村
新和村
双烈村
正余镇
长桥村
灵树村
红中村
昌盛村
S335
人民路居
包场镇
包新街居
六甲村
六甲居
天西村
S221
吕四港镇
三合村
刑柏村
安渡村
新南村
致中村
包场村
城河村
新群村
六东村
河岸村
瑞丰村
包场渔场
镇东村
头甲村
王灶河村
宏升村
正南村
长征村
浩西村
殷忠村
木桩港村
河南村
S434
浩中村
通兴农场
戴青山村
余南村
裴雷村
延奎村
庄烈村
锦明村
福良村
余东镇
凤飞村
宇村
宛平村
长圩村
中圩村
仲文村
轧西村
池棚村
富民村
八一村
新富村
新北村
和平村
镇兴村
耀昌村
周成村
勋兴街居
启勇村
新河村
旭宏村
昌盛中路居
万盛村
林英村
永康村
射阳村
凤凰村
长德村
忠义村
锡祥村
保民村
福山村
庵宝村
三其村
凤阳村
鲜行村
锦程村
麒北村
启文村
悦来镇
松林村
友爱村
启
东
市
三余桥居
S434
永平村
麒北街居
安庄村
悦来村
开泰街居
广南村
保卫村
匡南村
习正村
袁李村
悦合村
同善村
阳东村
双河村
G40
麒新村
云彩村
悦南村
万忠村
汉兴村
王鲍镇
丁陆村
汤西村
新丰村
信民村
普新村
鹤丰村
S336
丰顺村
阳应村
坚平村
立周村
刘洪村
普明村
介云村
灵江村
元菊村
为民村
临江镇
大新港口
长
灵甸街居
S336
江校村
稻香村
希圣村
灵甸沙
崇海汽渡
新村乡
北新镇
永北村
带
鱼
江
市
岛
东西场大队
海永乡
沙南村
启隆乡
永
隆
沙
图例
市、区政府驻地
镇级界
街道、镇(乡)政府驻地
滨海园区界
行政村、社区
G40
高速公路及编号
围垦区
S336
国省道及编号
河流、沟渠、汽渡及桥
县道
省级界
乡道
地级市界
堤防
县级界
图内界线不作实地划界依据
资料截止日期2014年12月
南京星光测绘科技有限公司编制 苏S（2015）009号

海门市城区图

城管局
城市照明管理处
宏日阳光水岸
运杰•龙馨园
江星家园
城北新村
市政公司
锦绣幼儿园
海西花苑
丝绸大桥
丝绸路
总工会
狮山新村
富民新村
欣和家园
海西居委会
金色维也纳
复三新村
市实验小学
卫生职工中专
富江一品花园
海门中学
海影新村
烈士陵园
实验幼儿园
复兴新村
大同新村
邮政局
国税局
中医院
住建
张北村二组
十二号横河
海兴新村
解放西路
正大桥
能仁中学
眼科医院
体育局
文化馆
育才小学
东洲公园
人民医院
东洲市场
人民西路
人民路桥
供电公司
疾病预防控制中心
工贸路
海门汽车站
锦绣广场
静海新村
海南新村
远东大厦
江海路桥
机关幼儿园
秀山新村
海门街道
海秀花园
秀山大桥
海南市场
海事处
同慧嘉苑
张南二十五组
五港新村
海南中学
海南小学
世纪光华苑
光华大厦
光华国际大酒店
黄海中路
万和家园
南海路
南海大桥
世纪锦城
江城•逸品
云起苑
日新小区
十三号横河
东恒盛国际公馆
美墅金水湾
张南新村
翠湖天地花园
圩角河桥
北京中路
行政
民政局
景瑞望府
东恒盛国际华府
月亮湾
张南一组
新闻中心
城南派出所
欣月佳苑
青西河三号桥
秀山村四十一组
秀山村三十七组
南京路桥
秀山初级中学
海门市
富江南路
新海路
海兴路
秀山路
通江路
海南路
中南路
长江中路
圩角河
张謇大道
东京路

利北村三十二组
铭家纺织品
卫生监督所
银燕电子
全景高科技
创业园
利北村十三组
建南村十六组
通源北村
绿茵水岸
长江路桥
东洲大桥
民生路桥
嘉源花苑
妇幼
保健所
利北村三组
建南村六组
建南村四组
通源新村
海上名门
世纪雅苑
开发区中心
派出所
中南·世纪城
荣盛花园
荣祥纺织集团
开发区医院
江滨桥
东洲中学
通源市场
海港城
民珠家具广场
北上海国际
装饰城
江滨商场
江滨邮政支局
人民东路
文化广场
农商行
中山医院
广电网络中心
富三村二十四组
金三角花园
东洲小学
东方雁
大酒店
财富广场
绿茵家园
金牛广场
天协工业园
巨星构件
展阳纤维
友好医院
金荣机械
同济医院
气象局
威迪机械
富三村三组
泰格动力机械
富三村委会
富三村七组
欧尚
御庭尚城
检察院
法院
恒丰花园
理想城
永泓花园
国际商务花园
富三村十七组
富皇家具
民生桥
龙馨家园
海客汇
科技创业园
国际
汽车城
盛华豪庭
东江嘉园
民生新村
民生南路
党校
嘉北小区
民主小学
中海村十八组
浦欣小区
龙信大厦
浦江南苑
景苑
嘉南花苑
国土局
地税局
东洲国际学校
浦民小区
浦瑞小区
市场监督管理局
沙东村十三组
中海村四十二组
海北东路
丝绸东路
通源路
黑龙江路
嘉陵江路
瑞江南路
解放路
钱塘江路
浦东路
金沙江路
渤海东路
秀山东路
黄海东路
南海东路
珠海路
民生路
鸥江路
京中路
南京路
建设河
民生河
西青河
图例
市政府驻地
街道驻地
学校
医院
汽车站
企事业单位
主要街道
次要街道
一般街巷
河流、沟渠、桥
建成区
绿化地
南京星光测绘科技有限公司编制 苏S（2015）009号

编辑说明

一、《海门年鉴》编纂坚持以马克思列宁主义、毛泽东思想、邓小平理论、“三个代表”重要思想和科学发展观为指导，贯彻落实习近平总书记系列重要讲话精神和治国理政新理念、新思想、新战略，坚持辩证唯物主义和历史唯物主义的立场、观点和方法，科学分类、系统编纂，全面、系统、真实地记载海门市年度政治、经济、文化、社会、生态等各方面的基本面貌和发展情况，为领导决策提供依据，为社会各界了解和研究海门提供信息资料，也为地方史志留下第一手资料。

二、《海门年鉴》(2017)设18个类目，按类目、分目、条目3个层次编排，部分分目设副分目，有的副分目设子副分目，条目为主要载体。主要记载2016年1月1日至12月31日海门市政治、经济、文化等多个方面的基本情况、重大事件和主要成就。

三、“人物”类目，主要介绍2016年度市级领导职务变动中新任职人员；受省委、省政府以上表彰的先进模范人物；部分在外地的海门籍名人的基本情况。

四、《海门年鉴》文字资料由各单位(部门)、各区镇提供，年鉴编辑部统筹编纂，经各部门和单位审核定稿，并进行保密审查；图片资料由市摄影家协会及年鉴承编单位等部门供稿。

五、《海门年鉴》正文部分有关数据，由于统计来源、口径和时间不同，部分数据存在不一致的状况，使用时以海门市统计局公布的《海门统计年鉴》为准，统计部门未作统计的，以部门和区镇提供的为准。“附录”类目中，市委全委扩大会报告和市人代会政府工作报告中的国民经济数据，年鉴中未作变更；“统计资料”数据以《海门统计年鉴》为准。

要　目

MAIN CONTENTS

目　　录

特　　载

专　　记

媒体聚焦

大 事 要 闻

2016 年海门市十大新闻

2016 年大事记

海门概览

产业发展

经济运行

农　业

工　业

建筑业

房地产业

服务业

对外及对港澳台经贸

民营经济

园区经济

海门经济技术开发区

海门工业园区

海门港新区

临江新区

海门高新技术产业园区

三厂工业园区

旅游休闲

综　述

景区景点建设

旅游推介

旅游服务

景点选介

城乡建设

城乡规划

城市建设

村镇建设

城市管理

卫生创建

交通基础设施

给排水

供　电

燃气供应

垃圾处理

污水处理

市政公用事业管理

交通运输管理

建筑市场监督管理

城建档案管理

水　利

生态环境

综　　述

环境质量

生态建设

污染减排

环境监管

环保宣传

环保服务

公共管理

经济事务管理

社会事务管理

公共安全管理

社 会 事 业

人民生活

科学技术

文　　化

体　育

政　治

中共海门市委员会

海门市人大常委会

海门市人民政府

政协海门市委员会

中共海门市纪律检查委员会

法　　治

人大法律监督

社会治理

法治政府建设

公　　安

检　　察

法　　院

重大案例

司法行政

军　　事

人民武装

边　　防

武装内卫

消　　防

海　　警

人民防空

双拥工作

社会团体

总工会

工商业联合会

共青团海门市委员会

妇女联合会

科学技术协会

文学艺术界联合会

哲学社会科学界联合会

归国华侨联合会

残疾人联合会

关心下一代工作委员会

红十字会

个体私营经济协会

镇场概览

常乐镇

悦来镇

四甲镇

余东镇

正余镇

海永镇

江心沙农场

人　物

新任市领导

新闻人物

天南地北海门人(十四)

附　录

重要报告

年度荣誉

文件选编

统计资料

索　引

特　　载

江海民俗风情

渔猎·桑葚钓鱼　桑葚是桑树结的果实，如小红枣般大小，呈紫红色，在收麦季节取一粒穿在钓鱼钩子上，在河边桑树下垂钓。鳊鱼喜食桑葚，很快上钓。

郁异人　绘

◎ 责任编辑　张　静

专　记

“两学一做”学习教育

【概况】　按照中央和省、南通市委部署要求,2016年5月,全市启动开展“两学一做”学习教育。围绕“学”这个基础、“做”这个关键、“实”这个要求,市委带头履行主体责任,示范在前,各级党组织和党员干部主动跟进、全面参与,推动全市党内教育迈向深层次。省委、南通市委《情况通报》先后15次刊登推介海门经验,“运用新媒体手段开展学习教育”工作案例入选省“两学一做”学习教育优秀案例。

【组织推进】　制定“1+1+6”方案体系,即1个总体实施方案、1张《工作安排表》、6个领域子方案。市委常委会以上率下,确立“八个一”规定动作(讲一次党课、集中学习一次毛泽东同志《党委会的工作方法》、每季度举办一次中心组专题讨论、开展一次专题调研、进行一次检查指导、挂钩结对一个基层党建工作点、领办实施一个党建创新项目、解决一批实际问题),市委常委做到所在支部学习必参加、每次学习必谈体会、联系点邀请上党课必到、基层调研必问学习教育情况。各级领导班子和党员领导干部直接挂钩基层党支部,以“书记讲给党员听、书记带着党员学”的方式,围绕学党史国史、坚定信仰信念、“做‘四讲四有’合格党员”、传承好家风好家规等内容,深入挂钩联系点,为基层党员上党课、作辅导。全市12个区镇、68个机关部门、22个独立年报单位的“一把手”在开局动员和纪念建党95周年两个重要节点,累计讲党课200余场次。在1个省级监测点、5个南通市级监测点的基础上,全市另行确立涵盖各个领域的学习教育监测点65个,加强市镇对监测点的“双向把关”,专题大讨论中“市公安局监管大队党支部细处着手抓实专题讨论”“江苏希诺实业有限公司党支部聚焦主题、抓实专题讨论”等经验做法在全市基层党支部推广。

【专题学习】　以领导干部、支部书记、党校教师、先进模范、党员骨干为主体,开设“领导讲党课”“专家讲党课”“书记讲党课”“典型讲党课”“党员讲党课”五堂流动党课,进村入企开展上门宣讲;借助海门党员干部远程教育网、东洲先锋微信公众账号等学习平台,开设“掌上微课堂”,定期推送应知应会;开展“两学当先锋、一做树形象”主题党课比赛、开展“身边的好党员”微故事征集、“党徽闪耀”优秀摄影作品征集,进一步扩大学习教育的参与面。在农村网格党支部,依托“党员会客厅”“家庭黑板报”“社区学习角”等开展随机学习。在“两新”组织,将金轮集团“班前10分钟”学习做法拍成电教片进行推广,引导“两新”组织党员见缝插针开展学习。在新闻媒体开辟“我身边的共产党员”专栏,深度报道身边党员爱岗敬业、服务群众的感人事迹。重点选树因公牺牲的海门市公安局监管大队民警钱国兵同志作为“两学一做”学习教育涌现出的重大典型,追授为市“优秀共产党员”,号召全市党员干部开展向钱国兵同志学习活动。

【专项活动】　在农村党员中开展创业示范工程、党员先锋行动工程、强基兴村行动等系列活动,全市农村党员与困难群体共结成2800多个党群致富共同体,帮助1万多户困难群众脱贫。在“两新”组织中推进“双亮双挂双服务”(党组织亮承诺、党员亮业绩;党组织挂红色标牌、党员挂红色标识;服务科学发展、服务职工群众),全市非公企业党组织共收到党员提出的合理化建议3160多条,由党员主导开展技术革新项目1107个,产生直接经济效益1.26亿元。在机关党员中开展“双联双挂”(联系困难企业、联系服务对象,挂钩重点项目、挂钩招商信息)活动,3000余名机关党员累计为企业和服务对象开展点单服务、上门服务2万余人次。坚持一个支部建一支党员志愿者服务队、创一个志愿服务品牌,组织开展“两争一当”(争创品牌党员工作室、争创党员先锋岗、争当党员志愿服务标

“两学一做”学习教育送上门

兵)活动,依托在职党员进社区、社区四点半学校、校外工作站等平台,深入开展司法维权、家庭医生、关爱留守儿童等主题活动。结合不同领域党员分布和专业特长等情况,全市共设置服务型党小组2043个、党员中心户4969户,建立党员志愿者队伍2505支,开展党员设岗定责、认岗承诺活动,全市近1.2万名党员认领信息服务、宣传教育、民主监督、民事调解、社会事务管理等岗位,累计为群众代理代办各类事项近万余件。在农村探索建立"365党建服务站",以"点单"式、精准化的服务,直接解决群众"家门口"的问题。在社区打造"一社区一品牌",形成"楼院托管""生活导航站""便民服务卡""阳光智囊团"等16个特色品牌。

【查摆问题】 市委常委带头,结合全市重点工作、自身岗位职责,注重在遭遇瓶颈障碍、推进缓慢、群众批评多的工作中反思原因,查找不足。市级领导干部共查摆出问题125个,订立整改措施142条。根据全市党员队伍现状,梳理归纳出"组织生活不经常、党员队伍管理松散、班子软弱后进"等基层支部存在的3个方面11个共性问题和党员干部身上存在的"不像党员、不在组织、不起作用、不守规矩"等4个方面26个共性问题。支部还通过设立意见箱、电子信箱、发放征求意见表等形式,面向社会各界征求其他存在问题,党员个人则通过谈心谈话、党小组会、政治生日"寄语"等形式,查摆自身存在问题。按照"五查摆五强化""七查摆七强化"要求,各基层组织和党员分门别类列出问题清单,绘制整改工作图,制定整改措施,把任务明确到天、责任明确到人。市协调小组办公室每双周排出100个基层党组织,由市委7个督导组进行"拉网式"巡回督导检查。市级层面梳理形成"三会一课"走过场等126项问题,逐一以清单形式反馈。

【整改落实】 通过编发《海门市基层党组织统一活动日学习资料》、推行组织生活备案、交叉巡查等办法,解决部分基层党组织党内生活不正常、不严肃、不规范等问题。通过区镇集体会诊、提前换将、选派驻村"第一书记"等举措,排查整顿15个软弱涣散基层党组织,软弱后进党组织书记承诺的近57件实事中,绝大部分办结完成。全面清理2008年以来党员党费收缴情况,按照时序节点有效推进。实行采取分类量化、评星定级、积分考核等方式,对党员参加组织生活、缴纳党费、履行承诺、发挥作用等实际情况进行"记时管理"。结合党员组织关系排查,将1216名失联党员全部纳入组织管理。深化效能督查,全年共组织明查暗访70多次,查处"庸懒散拖"等作风效能问题21个,处理党员干部27人,对3起典型问题进行公开通报曝光。

(洪玲艳)

"全国文明城市"创建

【概况】 2016年,市文明办按照中央、省文明办的工作部署,围绕中心,服务大局,深化精神文明创建工作。继2015年海门市被中央文明办列为全国县级文明城市提名后,创建年度测评成绩实现位次前移的目标,为2017年创成全国文明城市奠定基础。

市委书记陈勇(左三)实地查看文明城市创建点位情况　　(市文明办　提供)

【机制构筑长效推进】 海门市高度重视全国文明城市创建工作,市委书记陈勇、市长杨曹明亲自部署工作、靠前指挥创建,市委、市政府召开2次全市创建全国文明城市工作推进会,市委常委会定期召开专题会议,听取创建工作进展情况汇报,并就涉及到的重大项目推进、创建经费等事项进行专题研究。市文明办、创建办落实《海门市创建全国文明城市三年行动计划》和《海门市创建全国文明城市长效管理考核办法》,对照文明城市的测评体系,及时研究、认真排查在文明创建中遇到的薄弱环节和重点难点问题,并对各项指标进行细化分解,明确各部门创建的工作职责,不断提高创建工作的科学化、规范化和常态化。探索建立大城管工作机制,进一步明确城市管理和执法的地域界限、职能分工、权力边界和责任约束等,整合城市管理力量与资源,制定权力清单,形成分工明确、职能互补、机制衔接、运行顺畅的创建管理体系。强化创建保障,坚持对精神文明建设各类专项活动拨付专款,并随财政增长逐年增加。

【公民道德建设加强】 全市公民道德建设工作以“爱、敬、诚、善”为切入点,深化社会主义核心价值观宣传教育。运用道德讲堂、校园课堂、基层党课、爱国主义教育基地等载体,持续深化理想信念教育、社会主义核心价值观教育、公民道德教育。发挥模范典型引领带头作用,开展“海门好人”评选,全年共评出“海门好人”38人,曹建帮等3人获评“中国好人”。文明家庭倡导家庭美德,评选出“五好文明家庭”50个、“特色家庭”100个,王新家庭获评首届“江苏省文明家庭”。加强先进典型宣传,举办2015年度“身边好人·温暖海门”道德人物颁奖典礼,编辑出版书籍《一路芬芳》《文明百佳·德耀江海》,以“善行义举榜”“好人墙”“好人一条街”为载体,弘扬先进模范正能量。设立市级“道德讲堂”总堂,开展“道德讲堂”示范活动,全市组织开讲400余场次。落实嘉奖礼遇制度,在全市村、居(社区)推行建立美德慈善金,加大对各类道德人物的嘉奖和困难好人帮扶力度,全年用于礼遇道德人物的资金38万多元。

【志愿服务品牌培育】 推动“学雷锋”全民志愿服务行动,在城市社区、公共场所、农村基层全面开展志愿服务活动。志愿服务体系逐步完善,推广使用江海志愿者服务平台及微信平台,海门市志愿者注册人数20万人,志愿服务队516支,发布项目3458个,建成“六有标准”(有统一标识、有办公场所、有志愿者队伍、有管理制度、有工作台账、有服务项目)工作站18个,设立志愿服务亭2个。志愿服务项目不断创新,市文明办建立开放式的志愿服务项目库,向社会征集100个志愿服务项目,并评选出29个优秀志愿服务项目;常态化设立文明交通共建岗,机关单位志愿者、驾校学员等上路值勤5000多人次;社区邻里活动月现场发布400个志愿服务项目,开展“三关爱”(关爱他人、关爱社会、关爱自然)志愿服务活动。志愿服务品牌不断彰显,各社会志愿服务组织开展“保护母亲河”江堤环境大整治、“彩虹雨”爱心助学、义诊进社区、“情暖大凉山”等各类公益活动。2016年,海门市有4人获评“南通市优秀志愿者”,有2家组织获评“南通市优秀志愿服务组织”“情暖大凉山”获评“南通市优秀志愿服务项目”。

【社会文明风尚倡导】 开展各类省级文明评选,加强省级文明单位、村镇、社区的申报复查、长效管理工作,在城乡结对共建、公益广告传播、志愿服务、网络文明传播等方面发挥好示范引领,2016年获评省文明乡镇4个、文明村14个、文明社区2个、文明单位28个。大力提升市民文明素养,征集、发布海门市文明提示20条,开展“寻找文明有礼海门人”“你开文明车,我为你加油”和“告别不文明陋习”等主题宣传活动,在微信端推送“寻找身边美·文明随手拍”,开设“市民巡访”栏目,曝光各类问题和不足。推进诚信建设,按照“形成氛围、建成体系、活动评比、奖惩结合”的思路,开展诚信经营“十百千万”创建活动,建立诚信红黑名单发布机制,开展诚信建设宣传教育活动,积极营造守信光荣、失信可耻的社会氛围。

【公益宣传氛围营造】 加强公益广告宣传。一是规范公益广告发布,印发《进一步加强公益广告宣传工作的方案》,开展公益广告征集创作活动,评选表彰一批优秀作品并向全市推广,在重大节庆日活动中广泛发布富有海门特色的公益广告内容。二是拓展公益广告阵地,推进建筑围挡改造升级工作,提升墙体公益宣传质量,在拥军路社区建成公益广告宣传示范社区,在市区主要道口建成遮雨棚,拓展公共自行车站点、灯箱广告、灯杆旗等阵地,确保公益宣传全覆盖。三是丰富公益宣传形式,精心制作海门市创建文明城市公益宣传片,发放创建文明城市招贴画5万张,《文明创建知识普及读本》、文明礼仪、志愿服务、文明旅游等宣传手册近5万册,线上线下同时开展创建全国文明城市全民签名竞答活动。

【督查考评机制形成】 市文明办、市创建办根据《海门市创建全国文明城市长效管理考核办法》,对社区、区镇、部门定期开展履职考核,按期公布考核排名。联合市委大督查办开展文明城市创建督查考评,市主要领导不定期巡查7次,文明办编印专项问题督查通报18期,对文明城市长效管理存在的突出问题梳理成责任清单,以问题为导向积极开展日常督查考核,定期回访整改情况,对屡次督查整改不力的问题提交市大督查办,对相关单位、责任人进行谈话、通报、问责。充分发挥社会舆论监督的作用,两台一报、“文明海门”微信公众号开辟“随手拍”专栏,深入挖掘、广泛宣传创建典型,及时曝光“不作为”现象和不文明行为,促进社会文明风气的形成。突出问题整治工作形成声势,有效改变垃圾围城、废品收购点遍地、公共基础设施破损、交通和经营场所秩序混乱、河道漂浮物成片等现象。 (梁海燕)

全国休闲农业与乡村旅游示范县

【概况】 近年来,海门以“现代农业与休闲旅游相结合、现代都市与魅力农村相融合”为理念,围绕具有海门鲜明地方特色的“七个一”,即一个人“张謇”、一座山“蛎岈山”、一条江“长江岸线休闲农业带”、一个古镇“余东”、一个花镇“海永”、一座城“叠石桥家纺城”、一只羊“海门山羊”,着力打造七大重点板块和六大重点项目,塑造新鲜海门不一样的风景、不一样的倾听、不一样的品味、不一样的故事、不一样的味道。七大重点板块，即“羊家乐”美食集居区、张謇故里文化旅游区、叠石桥耕织文化创业园、凤城天鼎休闲农业园、沿海休闲农(渔)业带、沿江休闲观光农业长廊、花香海永滨江休闲农业区，涵盖羊文化、张謇文化、耕织文化、古镇文化、沿海航乐、沿江休闲、旅游度假的依托与发展。六大重点项目，即智谷绿海高科技生态农业园、三厂星期七生态休闲农业观光园、台湾风情休闲农业园区、知了果业生态主题农业公园园区、SS1538文创园、金伍叶生态主题农业公园园区。2015年，全市形成“内陆文化历史旅游景观线路、沿海自然人文风景旅游线路、沿江休闲农业景观线路”3条乡村旅游线路，拥有“叠石桥家纺购物节、张謇文化艺术节、蛎岈山航乐节、海门山羊美食节”四大乡村旅游节庆活动。2016年1月，海门市荣获“全国休闲农业与乡村旅游示范县”称号。

【规划编制科学】 发展休闲农业与乡村旅游，坚持科学论证、规划先行。已编制《海门市休闲农业与乡村旅游发展规划》，新编制《海门市现代农业发展总体规划(2014—2020年)》，明确定位九大休闲农业发展功能区。同时经济技术开发区、三厂街道、海门高新区、海门港新区也将沿江、沿海两带的休闲农业纳入各自整体发展规划。

【扶持政策完善】 根据休闲农业与乡村旅游发展的实际需要，出台完善的扶持政策。强大的政策资金支持，使海门形成一大批各具特色的现代农业园区，为休闲观光农业的发展打下坚实基础。2008—2016年，连续9年出台扶持发展现代高效农业及休闲农业、促进农民增收的政策意见。2014—2016年，市级财政每年投入现代农业和休闲农业基础设施建设及设施设备的扶持资金均在3亿元以上。休闲农业与乡村旅游市场的全面开拓、休闲农业与乡村旅游景点的开发建设、休闲农业产业的培植等方面呈现良好发展势头。

【工作体系健全】 休闲农业与乡村旅游已成为引领海门社会主义新农村建设的第三产业，成为活跃农村经济的助推剂，市农业职能部门和旅游部门积极做好引导工作。一是规范制度管理。制定休闲农业与乡村旅游发展的管理机制，规范休闲农业项目审批(或备案)、可行性论证及日常管理；针对项目建设中的经营范围、活动内容、经营单位的服务质量标准等，制定明确的管理办法。二是加强平台建设。建立休闲农业与乡村旅游行业协会组织，加强对休闲农业从业人员的专业培训，帮助提高素质和服务水平；组织休闲农业业主到发达地区参观学习、开拓视野、提升服务手段和服务功能。三是搞好市场引导。加大休闲农业的招商引资力度，以市场为导向，吸引多元投入开发，引导工商资本、民间资本和市外资本投资休闲农业。

【行业管理规范】 重视对休闲农业与乡村旅游项目的发展进行综合评价，加强引导。优先扶持实行标准化管理的现代农业科技园、休闲农庄、观光采摘园及农家乐。凡出现违法行为的，由于防范措施不力或防范不当致使发生重大安全事故的，环保不达标、经环保部门查实并给予处罚的，财政扶持资金使用不规范或有严重违纪行为的，擅自占用耕地和基本农田修建基础设施的或者出现其他严重违反国家法律、法规和政策行为的，对乡镇区考核评优和评先采取一票否决制，并对业主取消一切财政扶持资金。2011—2015年，全市休闲农业与乡村旅游无安全生产和食品质量安全事故发生，也没有发生污染环境和破坏生态资源等事件。

【基础条件完备】 坚持“有大投入才有大产出”的休闲农业与乡村旅游点发展理念，投入必要的配套设施与设备，项目建到哪里基础设施就配套到哪里，并把固定资产投入作为对乡镇区的重点考核指标之一。在市财政的大力扶持下，全市休闲农业与乡村旅游点基础设施建设日趋完备，沿江渔场、官公岛休闲农业度假区等规模休闲农业和乡村旅游点都建有路标、指示牌、停车场，住宿、餐饮、娱乐、卫生等基础设施齐全且先进实用。

【产业优势突出】 海门以沿江、沿海、内陆休闲农业观光带为主线，以城郊都市型休闲农业观光带(圈)建设为突破口，依托各乡镇现代农业重点园区建设为基础发展特色种植业、养殖业和农产品加工业，开发设计休闲农业与乡村旅游产品，主要有红烧海门山羊肉、三星葡萄、常乐草莓、海蜜甜瓜、四甲山药、万年芋艿、余东酱制品、麒麟红木制品、东灶海鲜等。以张謇文化、山羊文化、佛教文化、家纺产业文化、海洋文化、农耕文化为重点，打造全市“休闲农业与乡村旅游”亮点。农家乐、休闲农庄、采摘园、休闲农业产业园区等各类休闲农业点分布全市所有区镇，海门港森林公园、金盛度假村、天籁枇杷园、金伍叶生态主题农业公园、沿江休闲农庄、王灶河休闲农庄等省内有一定知名度的休闲农业与乡村旅游点，分布在全市58.33%的镇区区域。

【发展成效显著】 休闲农业与乡村旅游已成为海门发展前景良好的六大主导产业之一，为农村经济的发展创造新的增长点，显著推动全市城乡统筹进程，有效促进海门现代农业的可持续发展，已成为现代农业转型升级新模式。全市共建有农家乐、休闲农庄、采摘园、休闲农业产业园区等各类休闲农业点122个，总占地4447公顷，总投资38.54亿元。休闲农业与乡村旅游从业人数1.3万余人，其中农民从业人数占比超过82%；带动农户数5万户，农民受益面34%。休闲农业与乡村旅游年接待人数近200万人次，收入超12亿元。　(曹　亮)

国家农产品质量安全县

【概况】 2015年,海门市被农业部列为国家第一批农产品质量安全县创建试点单位,重点实施意识增强工程、责任落实工程、体系健全工程、能力提高工程、标准化推进工程、质量提升工程,实现全市农业规模化种养、标准化生产、品牌化销售、产业化经营"四大转变"。全民质量安全意识显著增强,农产品质量安全监管责任、主体责任全面落实,市、区镇、村监管体系健全完善,农业标准化全面推进,投入品监管和综合执法能力全面提高,质量安全水平全面提升。2016年8月,通过省级核查验收。12月,被农业部正式命名为第一批"国家农产品质量安全县"。

【意识增强工程】 广泛开展农产品质量安全宣传教育,增进社会对农产品质量安全的认知度。向市民发放《致全市人民的一封公开信》30万份,宣传创建国家农产品质量安全县的重要性和必要性,倡导市民争做创建的宣传员、模范员、监督员;在市"两台一报"开设农产品质量安全知识宣传专栏,跟踪报道创建工作动态;举办农产品质量安全法律法规知识专题培训班,对市、区镇农产品质量安全监管员、村级协管员、企业内检员每年轮训1遍(不少于40学时),全年共举办培训班8期500多人次;在闹市区、高速公路海门入口、农贸市场等场所进行树广告、拉横幅、贴标语等系列宣传活动,各区镇在农民市场、交通要道、镇区、农业园区、规模农产品生产基地拉横幅60余条,贴标语1500多条;组织开展农产品质量安全进田头、进市场、进校园、进社区、进公园活动,开展农产品质量安全专题宣传活动7期,发放宣传资料1万余份,接受咨询群众600余人次。

【责任落实工程】 市委、市政府全面落实农产品质量安全监管责任,市、区镇、村层层签订农产品质量安全监管责任状,将农产品质量安全监管工作列入每一级的年度目标管理绩效考核,其中市政府对区镇政府农产品质量安全监管工作考核占比6%。市级财政预算落实122万元用于农产品质量安全的监管、检测、执法等工作经费支出;专门安排390万元用于农产品质量安全体系建设,对品牌农业、乡镇监管工作创优、质量追溯监管示范基地建设进行奖励。全面推行基层网格化监管,重点落实农产品生产经营主体责任,全市2641个农产品生产经营单位都向社会公开承诺:遵守《农产品质量安全法》等法律法规,科学规范使用农业投入品,绝不使用国家明令禁止的农药、兽药等农业投入品。严格执行农药安全期、兽药休药期规定,确保上市产品质量安全。农产品质量安全主体责任落实率100%。

【体系健全工程】 在完善监管制度、实现监管常态化的基础上,重点推进农产品质量安全网格化管理,完善由88名监管员、241名协管员和131名内检员组成的农产品质量安全监管队伍和市、区镇、村、企业(基地)"四级"监管体系;建立健全以市农产品质量检测中心监测为核心、12家区镇农产品质量监管所检测为重点、48个农产品生产经营企业自检为基础的"三级"农产品质量安全检测网络;制定出台《海门市区镇农产品质量安全监管职责》《海门市区镇农产品质量安全监管基本制度》《海门市区镇农产品质量安全监管员基本职责》和《海门市村级农产品质量安全协管员基本职责》等制度。

【能力提高工程】 建立农资"溯源网",完善市级农业投入品监管信息平台,把全市范围内农业投入品100%纳入监管平台管理;健全农业投入品市场准入管理,落实农业投入品生产经营诚信档案及购销台账制度,执行高毒农药定点经营、实名购买制度,全面实施兽药良好经营规范,严格把好农产品质量安全源头关;开展农产品质量安全执法检查,严厉查处农产品生产经营中各类违法违规行为,全年共出动执法人员500多人次,检查农产品生产经营单位700多个次,立案查处违法违规案件29起,有效提高农业综合执法水平。

【标准化推进工程】 坚持绿色生产理念,大力推广质量控制技术,积极推行统防统治、绿色防控、配方施肥、健康养殖。制定主要农产品标准68个,完善全市主要农产品生产标准体系。创建省级蔬菜园艺作物标准园5个,省级绿色防控示范区6个,畜禽健康养殖场16个,国家级、省级农业标准化示范区8个。普及农业标准知识、发放标准化生产操作卡、明白纸2万多份,农业标准入户率100%。全市农业"三品一标"发展到464个,其中无公害农产品420个、绿色食品31个、有机食品9个、地理标志农产品4个;培育市级以上名牌农产品26个,其中省级名牌农产品11个;创建省著名商标3个、农产品地理标志商标1个。

【质量提升工程】 对全市农产品生产基地和市场的农产品,实行周检制和每月两次的例行监测,每次检测样品不少于110个的基础上,在元旦、"五一"、国庆、春节等重大节假日前进行突击检查,确保人民群众消费安全。加大对农业投入品、基地生产环境、农产品质量的检验检测,实现农产品质量安全监测的科学化、规范化、制度化,农产品质量安全监测范围覆盖所有农产品生产经营单位,市农产品检测中心全年定性抽检农产品样品4317个,总体合格率99.2%;区镇、村、企业全年定性检测农产品3.7万个,合格率100%。在全市范围开展农产品质量安全创牌立信活动,48家单位参加,10家单位被评为市A级诚信单位,2家单位被评为省级农产品"创牌立信"示范单位。全面提升农产品质量水平,有效保障人民群众消费安全。 (杜秉全)

全国创新社会治理优秀城市

【概况】 2016年8月，全国启动“平安建设，我们在行动——第二届全国创新社会治理优秀案例推选活动”，主要从依法治理与权利保护、综合运用与应急管理、基层(社区)治理、互联网治理、公共安全与矛盾化解、社会应急体制风险治理、维护市场经济秩序与经济组织治理、社会治理人才培养、完善防控体系与提高防范水平方面，向全国各地省、市、县征集优秀案例。12月，经过案例征集、案例初评、网络公示、专家评审、舆情分析等多个流程选拔，海门市申报的“布局四微四新机制·探究微自治模式”案例获评优秀案例，海门市荣获“全国创新社会治理优秀城市”称号，江苏省县级市仅有昆山和海门获此殊荣。

【“政社互动”2+1模式】 市民政局围绕“政社互动”推进工作，创新“2+1”模式，即在“两份清单”(《基层群众自治组织依法履行职责事项》《基层群众组织协助政府工作事项》)基础上，围绕“涉及群众广、需求性强”的原则梳理出11条工作事项，由居民自治理事会协助村(居)委会完成，同时双方签订协议。“2+1”模式的打造是对原有“政社互动”实践路径的拓宽与延伸，更是深入贯彻落实“社区减负增效”的重大举措，同时也为政府购买服务进行初步探索。将部分事宜交由群众信得过、知根底的且独立于任何行政单位的组织管理，为很好地“了民情、知民意、惠民生”打下坚实的群众基础。“2+1”模式在2016年推广，每个镇街(园区)选择1家社区试点，该机制被纳入市政府为民办实事工程。

【社会组织培育管理新模式】 探索实行“行业协会商会、科技类、公益慈善类、城乡社区服务类”社会组织直接登记制度，促进业务主管单位向业务指导单位转变，形成部门之间各司其职、齐抓共管的综合监管体系。制定社会组织行业自律规范，建立以章程为核心的一系列配套的内部管理制度。实施行业协会去行政化过程中，允许同一行业(领域)成立两个或更多的社会组织，探索一业多会、一地多会，推动社会组织尤其是行业协会、商会“去垄断化”，推动社会组织由“严进松管”为“松进严管”，促进社会组织健康快速发展。

【“四微四新”微自治模式】 学习借鉴先进地区经验，结合海门实际，推出“四微四新”的基层“微自治”模式，即培育“微组织”，营造和谐善治新局面；打造“微平台”，整合社区义工新联盟；推行“微公益”，探索基层治理新路径；建构“微团队”，打造“政社互动”新景象。“四微四新”微自治模式的实施，实现政府“他治”、市场主体“自治”、社会组织“互治”结合，形成政府、市场与社会协同共治的“善治”模式。

以“微公益”为例，2016年7月，全市在完成首届创投项目结项评估基础上，投入50万元开展第二届公益创投项目，共有11个项目实施。“微公益”的打造在培养社会组织、公益“领袖”等方面起到显著效果，同时激发群众参与社区治理的能动性，实现村民自治的主体多元化，营造出“社区是我家，建设靠大家”的良好公益氛围。

【村民自治新模式】 在行政村所有村民小组创新设立“村民小组议事会”制度，充分发挥村民小组长“政策法规宣传员、社情民意调研员、矛盾纠纷调解员、群众事务代理员、组民权益监督员”等“五大员”职责基础上，将村民小组事务交村民议事会共商，改变以往小组长“单兵作战”、组内群众过于碎片化现象，使分散的村民小组形成合力，切实提升基层民主管理水平。该模式很好地激活村民小组长的能动性，带动群众参与社区治理的积极性，发挥村民小组的桥梁和纽带作用。8月，省人大常委会到海门现场指导村民小组自治工作，认为海门市村民自治工作有做法、有特点。

(付方胜)

媒体聚焦

实施五大对接工程、打造五大基地、实现五个“80”——

海门:打造接轨上海示范区

岁末年关，海门接轨上海四年行动计划新鲜出炉，由市委书记、市长任组长的“海门接轨上海领导小组及‘一办五组’”启动运行，标志着海门接轨上海步伐骤然加速。

“落实李强书记关于把南通打造成上海‘北大门’的指示精神，与上海隔江相望的海门当仁不让。”海门市委书记陈勇透露，该市已编制好“55580”接轨上海“海门密码”，加速打造苏中地区接轨上海示范区。

解析“55580”密码，记者感受“上海风”扑面而来——

“5”：实施设施、产业、载体、人才和人文交流等五大对接工程；“5”：打造上海高端制造业配套基地、科技创新产业化基地、休闲旅游重要目的地、农产品首选供应基地、公共资源服务合作基地等五大基地；“580”：实现从上海引进项目占比80%以上，80%的骨干企业与上海科研院所建立创新协作关系，80%的游客来自于上海，在海门养生养老的外来人口中上海人口占比超80%，进沪农产品销售额超80亿元目标。

密码背后，作为环沪地区重要节点城市的海门正在精准发力。早在2014年，崇海通道被列入江苏新型城镇化与城乡发展一体化规划，海门与上海之间的快速化、通勤化、公交化的交通格局加速构建，融入上海进程不断加快。

“打造上海‘北大门’，首先必须打通进门路。”陈勇介绍，该市积极推动海启高速海门港互通、联结苏通大桥快速通道、北沿江城际铁路等重大交通工程建设，开通沪海城际快线，实现60分钟与上海城市中心通达。同时大力推进海门港与上海洋山港、通海港与上海港的合作，着力打造上海国际航运中心的重要配套港。

如何将区位、资源优势转化为又好又快发展优势？海门多点布局，路径清晰。对照“上海2040”重点打造的七大战略性空间板块，加快提升本土先进制造业规模化、链式化、集约化发展，打造上海高端制造业配套基地；依托上海长三角北翼重要区域物流中心，大力发展工业设计、科技研发、服务外包、电子商务、文化创意等新兴服务业；建立与上海统一的产品标准管理体系，打造上海农产品首选供应基地。

走进海门临江新区，遍地上海元素，让记者恍若走在上海。

由上海利彤创投牵头发起的中兴利彤医疗产业转化器项目暨配套基金不久前在临江新区设立，每年可为新区引进5至10个高科技成长型项目。临江新区党工委书记徐骏介绍，园区已与上海科技园区、大学科研院所、产业基金等进行精准对接，同时在浦东新区设立服务中心，先后接待各类上海客商近500批次，取得有效项目信息200多个，正式落户项目50余个，成为海门多形式、多角度、多层次接轨上海的样板。

“打造上海‘北大门’，不仅要有‘门框子’，更要有‘门里子’。其中，实现产业精准对接是关键密码。”海门市长杨曹明介绍，该市正全力打好三大产业对接组合拳，夯实接轨每一步。

农业方面，做好上海菜篮子，拓展农产品在沪覆盖面。今年以来，海门特色农产品在上海销售额达15.3亿元，承接上海投资与合作项目17个，通过乡村旅游项目接待上海及周边游客超过50万人次。

工业方面，200多人的专职招商队伍常驻上海，精准服务优质沪企投资海门。目前，总投资150亿元的海宝工业园已吸引宝钢精密钢丝、宝钢物流等4个项目落园，布局钢材延伸加工、现代物流、循环经济、装备制造等四大产业。总投资15亿元的复旦复华高新技术产业园中，复华药业已试生产，鹏翼自动化设备、理恒电器等项目相继落户。

服务业方面，加强与上海金融管理部门、高等院校的合作交流，今年已有凯盛家纺、兴农环保等2家企业在上海举行股权融资项目路演；推进阿里巴巴“互联网+外贸跨境电子商务B2B”和“农村淘宝”项目建设，拓展电子商务以及相关配套服务在农村的服务领域和服务深度。

“55580”密码，正拍出一个个令人怦然心动的喜报。陈勇介绍，到2020年，海门工业产品配套上海销售额将超1000亿元，在沪建安产值实现超1000亿元；利用上海窗口累计实现外资到账超8亿多美元，一个真正意义上的上海“北大门”将在海门崛起。

——刊于2016年12月21日《新华日报》头版推荐转2版头条　俞新美　陈　明　付　奇

82项审批一个窗口办结,4个月市场主体同比新增68.2%——

海门简政放权激发创业活力

“以前光身份证就要准备20多份复印件,跑好几个部门,历时近一年;现在只要去一个窗口,交一套材料,50多天就办好了。”5月6日,拿到施工许可证的海门市燕歌电子科技有限公司负责人郭建华显得很开心。

一枚印章管审批,带动创新创业热潮涌动。今年1至4月,海门新增注册各类企业和个体工商户4560家,较去年同期增长了68.2%。

“行政许可权相对集中,简政放权,激发了市场主体创造活力,也为供给侧改革奠定了坚实的基础。”海门市委书记姜龙说。

重置布局一印“包揽”

应询、审核、收件……海门市行政服务中心三楼大厅,一字排开的29个审批窗口繁忙而有序地接待前来办事的群众。这里是去年10月27日成立的海门市行政审批局。

一直以来,审批周期长、盖章多、中介多、收费多、递交材料多这“一长四多”成为项目推进的瓶颈。2015年,海门在“三集中三到位”的基础上,率先在建设项目领域和市场准入领域探索相对集中行政许可权改革,将涉及的发改与经信委、住建局、环保局、建工局、安监局等10个部门的82项行政审批事项全部划入审批局集中行使审批权,原先多个部门的职能集中到一个科室,多部门审批流转变为科室间流转。

重置布局,海门从各部门窗口一线抽调44名审批人员集中办公,打破专业限制,通过对口培训实行全业务操作。人员分设受理员、首席审批员和首席代表三类角色,首席审批员考核上岗,首席代表竞争上岗。简单事项由受理员和首席审批员现场审批,一般事项由首席审批员和首席代表完成审批,重大事项由分管领导或主要领导签字把关,确保来即能办、办即有人。

同时,科学设置了审批流程清单、所需资料目录清单,办事单位和个人对照清单提供资料一目了然。对新设立的企业或建设项目,设立综合窗口,统一调度,实行一窗口受理、一张表告知、一条龙帮办。

审批程序做“减法”,所有行政许可项目一枚专用章“包揽”。海门行政审批局局长马竞杰说,原先办一件事进多个门,现在进一个门办多件事。

“串”改“并”流程更优

前不久,常乐官公岛二期项目急于办理施工许可手续,审批过程中,各环节对照要求和条件同步进行,使项目从立项到施工许可手续的办理在15个工作日内予以办结,创造了海门项目审批纪录。

在审批资源有效整合的基础上,海门将过去一环套一环的串联式运行模式,转变为前置可缓、即来即办、同步推进的协同并行模式,原来各环节办理时间总和,缩短至单一环节的办理时间。截至目前,海门已对环评、能评、立项、施工安全备案、建设工程质量备案、外资设立登记等10多个环节开展了并联审批,实现了联动高效。

与此同时,通过推行容缺预审,开通“绿色通道”等创新举措,进一步提高了审批时效。对未取得土地的公建类项目,将建设规划方案直接提交预审,预审通过后公示,在取得划拨决定书或者土地证之后,第一时间即可批准方案。非公建类项目凭批准的规划条件,申请方案审查,无误后公示。待企业取得土地证后即刻报批,节约了企业时间和精力。

针对科技含量高、发展前景广的“双创”“互联网+”等符合产业发展政策的项目,及时开通“绿色通道”,实行特事特办、快捷办理,以最快的速度办结审批手续,促进项目快速推进、快速落地。

去年10月,状元木制品有限公司意欲投资1亿元兴建一网天下电子商务产业园,建成后将成为一个集网上销售,电子商务孵化,仓储物流管理等于一体的大型农村电子商务园。该项目是落实国家电商战略,加快推进“智慧小镇”建设的一个样板。审批部门接到企业递交的材料后,启动“绿色通道”,安排专人保姆式服务跟进,协调各环节同步审核和报批,最终15个工作日发放了施工许可。目前,该项目已全面启动,预计年底竣工后,可年创销售收入2亿元,利润3000万元,各项税金500万元。

内外监管阳光运行

金鑫来自市住建局,对口安排到了项目审批二科。新的岗位新的挑战,“以前工作业务单一,现在是‘全能手’,不仅要熟悉工程规划方面的审批流程,对工程建设涉及的选址、设计等其他部门的流程一样要精通,否则无法做到专业和规范。”金鑫感受到了压力,但也充满了信心。

相比之前的多部门逐一审批,进入审批局后权力相对更加集中。如何保证权力在阳光下运行?海门探索构建了审批与监管协调运行机制。

对内,审批局制定了《海门市行政审批局效能督查制度(试行)》,围绕行政审批事项受理、申报、时限、办结等每一个环节都做出了详细的规定,要求按照标准化操作程序规范运行。落实专人对来办的单位和个人进行电话或上门满意度回访,倾听意见和建议,对发现的问题及时整改。

外部电子监察系统对各审批流程节点进行实时监控,自动生成各部门审批绩效情况,自动生成网上预警信息警示,并定期在网上进行通报。同时定期邀请市法制办及原审批部门的业务能手,对审批事项进行抽查,对审批程序、证明材料的合法性进行审查,确保依法依规开展审批。

此外，市纪委监察局在市行政审批局派驻纪检组对全体人员和业务进行监督。审批局从党代表、人大代表、政协委员以及社会群众、网民代表中聘请20名社会监督员，不定期对窗口进行明察暗访，每季度组织一次征求意见会，监督权力在轨道上、阳光下运行。

统计显示，截至4月底，海门集中行政许可改革领域共受理事项11012件，已办结10943件，按（承诺）时办结率100%，当场办结率85.7%，提前办结率98.8%。审批结果一直保持零差错，群众满意率达99%以上。

——刊于2016年5月11日《南通日报》头版头条　俞新美

创新，撬动海门智慧经济

今年第一季度，海门148家高新技术企业实现产值229.92亿元，占该市规模以上工业总产值的47.3%，增幅高于规模以上平均水平2个百分点……这是海门企业不断加强自主创新的成果。

5月25日，17位北美精英携带创新项目来海门开展创业考察，分别与海门经济技术开发区、临江新区、海门港新区等地对接，多人表达了创投意向。加上之前的“创客汇”海外博士行等，海门，备受高端创新型人才青睐。

在供给侧结构性改革的背景下，海门始终抓住创新驱动的“牛鼻子”，通过对人才、产业、城市的智慧构建，引领经济发展形态转向“智慧经济”。

智慧人才注入创新引力

创新发展，关键在于人才。

今年初，海门出台《“创业海门523”人才计划的实施意见》，计划利用5年左右时间，围绕优先发展的重点产业，引进5名（个）科技创业领军人才（团队），引进扶持20名（个）高层次创业人才（团队），培育300名科技企业家。其中科技创业领军人才最高可以获得2000万元的科研成果产业化配套资金。

近两年，海门先后出台了《“科技企业家培育工程”的意见》《“123”高层次人才创新创业基地的实施意见》等多个文件，形成了覆盖全域、系统完备、衔接配套、有效激励的政策体系。

国家“千人计划”专家、百奥赛图江苏基因生物技术有限公司总经理沈月雷博士是海门人才政策的受益者之一。沈月雷从美国学成归国创业，凭着在生物医药模式动物免疫研究方面，取得填补国内空白的突出贡献，成功入选海门市“东洲英才”引进计划，获得200万元的人才项目资助经费。

求贤若渴引来凤凰栖枝。目前，海门人才总量已经突破20万人，其中各类高层次人才9000余人。先后引进中科院院士2名，国家“千人计划”专家等顶尖人才24名，入选省“双创”人才计划42名，省“双创团队”2个，省“333”工程培养对象26人。包括“世界化学之父”、诺贝尔奖获得者巴里·夏普莱斯等在内的一大批“高精尖缺”人才纷纷来海交流洽谈。

拴心留才，海门在服务人才方面做足了功课。只要人才有需求，一律开辟“绿色通道”，送服务上门。该市政务服务中心设立“人才服务窗口”，为人才在涉外协调、住房安居、医疗保健、子女入学、配偶就业等方面提供贴心服务。海门市人才办公室每年专程组织高层次人才进行体检疗养，让“第一资源”真正享受“第一待遇”。

名校揽才、企业聚才、海外猎才，海门的“人才红利”正充分释放。近两年，海门先后成功举办了“千人计划”专家联谊会、“中国制造2025·国家千人、万人计划”主题峰会等高端人才年会，形成了“以发展集聚人才、以人才引领发展”的生动局面。海门先后蝉联“江苏省人才工作先进市”“全国科技进步示范市”，荣膺“国家知识产权示范市”“中国产学研合作创新示范基地”等称号。

智慧产业增添发展动力

4月23日，百奥赛图动物中心在海门临江新区启用。该项目主要为相关群体提供模式动物定制开发与CRO服务。服务对象包括以哈佛大学、牛津大学等为代表的国内外科研学术机构，以协和医院、北大医院等为代表的科研实力强大的综合性医院，也包括以冠科、药明康德等为代表的国际顶尖医药企业。

百奥赛图海门动物中心仅是海门生物医药产业板块的一个个例。位于临江新区的海门生物医药科技创业园规划

香港浸会大学(海门)科技研究院

32 万平方米。配置有公共实验平台、GMP 实验工厂、智能化管理系统等，专门为科研团队、创新创业人才提供科研、创业、服务外包，是“2.5”产业的集聚地。

目前，生物医药科技创业园一二期已建成启用。园内已有香港浸会大学(海门)科技研究院、中国医药工业研究总院海门分院、中科基因等 40 多个科研项目进驻落户，引进中科院院士、国家千人计划专家、博士、硕士等研发人员超百人。创业园成“江苏省科技企业孵化器”“江苏省创业孵化示范基地”。

面对发展新形势，海门科学研判，主动适应新常态，抓住经济换挡时机，实施以机器换人、工艺革新等有效措施推动传统产业提档升级。同时，一着不让推进“510”转型工程，致力打造以战略性新兴产业为先导、先进制造业和现代服务业为主体的现代产业体系。重点围绕智能装备、新能源、新材料、生物医药等新兴特色产业，培育新的经济增长点。

5 月上旬，海门又有两台设备被确定为省首台(套)重大装备。目前，海门规模以上装备制造企业超过 200 家，应税销售贡献率超过规模以上工业总量的 50%。随着沿江沿海的深度开发，以招商重工、海新重工、燕达重工等为代表的一批海工装备及相关产业布点沿江沿海，一个千亿级新兴产业集群加速形成。

智慧城市撬动增长活力

轻点屏幕，实时显示本条线路车辆所在位置；打开掌上公交软件，输入所在位置和目的地，系统便能自动生成最佳乘车路线和换乘方案……今年，海门正式启动智能公交建设，通过打造智能公交体系，为市民出行提供智慧路径。

智能公交只是海门智慧城市建设的一个缩影。近年来，海门积极顺应城市智能化、现代化发展趋势，围绕创建“国家智慧城市试点市”目标，突出集约、智能、绿色、低碳发展理念，“智慧海门”建设水平不断提升。

海门市信息化进入全方位、多层次推进的新阶段。去年该市实现通讯资产投资 19.6 亿元，通讯业务完成 9.01 亿元，全市应税销售超亿元前 10 强企业中，电子信息类企业独占 3 席。今年，4G 网络、光网改造、基站扩容等项目计划投资 3.65 亿元。目前该市光缆线路总长度 62.2 万公里，上网用户总数 89 万人，占总人口的近 90%，跻身“江苏省首批信息消费试验区”。

今年初，海门出台了《加快推进信息基础设施建设的意见》，明确到 2020 年，城区互联网宽带接入能力达到 G 级，农村互联网宽带接入能力达到百兆级；全市家庭宽带普及率达到 85%以上；城镇、农村宽带平均接入速率分别达到 50M 和 20M；4G 网络实现城乡全覆盖，3G/4G 用户普及率超过 120 户/百人；高清互动电视用户占有线电视用户比例超过 50%。

“推进智慧城市建设，今后一段时间，海门将重点围绕基础设施、智慧产业、民生应用等方面，建成企业到产业无缝衔接的智慧经济体系；资源共享、大众创业、万众创新的智慧人文体系；高效互动、数据公开、永远在线的智慧政务体系；医疗保健、社区服务、旅游休闲三位一体的智慧民生体系。”海门政府相关负责人介绍，建成后，“智慧海门”将惠及每一个海门市民。

——刊于 2016 年 6 月 2 日《南通日报》头版头条　俞新美

2016 年国内主流媒体有关海门报道部分一览

表 1

发表媒体	报道标题	作　者	录用时间	版面(栏目)
新华社	阿里巴巴 1688 叠石桥实力产业群示范园区正式揭牌	黄　海	4 月 17 日	图片新闻
新华社	江苏海门：首批关节式 800 千克重载码垛机器人量产	黄　海	5 月 27 日	图片新闻
新华社	我国首条至阿富汗货运班列南通首发	季春鹏	8 月 25 日	图片新闻
人民日报	海门推行循环农业　种植有机蔬菜	黄　海	4 月 24 日	图片新闻
人民日报	江苏海门油菜秸秆直接还田	王　鹏	6 月 5 日	11 版
经济日报	从叠石桥看传统家纺市场转型	崔书文　顾　阳	9 月 22 日	10 版
经济日报	叠石桥何以“蝶变”	柏　洋	9 月 22 日	10 版
中央电视台	我国至阿富汗首条货运班列今天开通	肖敏冬	8 月 25 日	新闻联播
中央电视台	江苏南通：头顶伤者双脚消防员深池救人	王钰燕	1 月 12 日	共同关注
中央电视台	各地出台政策增强军事职业吸引力	刘玲玲　张　飞	4 月 29 日	新闻联播
中央电视台	江苏海门：女医生路遇车祸施援手　市民点赞	范一天　张　飞	6 月 23 日	新闻直播间
新华网	阿里巴巴 1688 叠石桥实力产业集群示范园区揭牌	毛春玲　赵永根	4 月 1 日	江苏各地
新华网	央视“五一乐三天”走进海门录制节目	毛春玲　黄　海	4 月 11 日	江苏各地
新华网	“三港联动”助力 118 个投资项目落户中国海门	毛春玲　俞新美	4 月 6 日	江苏各地
新华网	“海门—阿富汗海拉顿火车货运专列”项目签约	毛春玲　赵永根	4 月 8 日	江苏要闻

续表 1

发表媒体	报道标题	作　者	录用时间	版面(栏目)
新华网	第二届模式动物和生物医药产业大会在海门举行	毛春玲　俞新美	4月3日	江苏各地
新华网	海门叠石桥国际家纺城举办中国名品全球采购会	毛春玲　赵永根	4月24日	江苏要闻
新华网	海门临江:十年磨一剑　科技小镇成功转型升级	毛春玲　俞新美	11月1日	江苏各地
新华网	海门首届创业大赛:汇入创新之海　开启创业之门	毛春玲	12月7日	江苏各地
人民网	江苏海门工业园区突出改革试点　建设新型园区	王继亮	2月28日	—
人民网	江苏海门举办经洽会　签约118个内外资项目	王继亮	4月16日	—
人民网	海门百奥赛图动物中心启用　致力生物医药研究	王继亮　俞新美	4月23日	—
人民网	叠石桥电商城开门迎客　阿里巴巴又一项目进驻	王继亮　俞新美	5月9日	—
人民网	江苏海门与韩国举行经贸交流　签署多项备忘录	俞新美　王继亮	6月29日	—
人民网	首届中国家纺业电商大会在江苏海门叠石桥开幕	王继亮　冯人綦	7月30日	—
人民网	中国叠石桥家纺跨境电商产业中心启动	王继亮　冯人綦	7月30日	—
人民网	阿里巴巴杭州以外首个线下实体园区落户海门	王继亮	8月9日	—
人民网	南通至阿富汗专列首发　打造中阿贸易集散中心	王继亮	8月25日	—
人民网	江苏南通海门至阿富汗首趟"中亚国际班列"首发	王继亮	8月25日	—
中国新闻网	海门经洽会签约项目118个　20个超亿元项目集中开工	陆建国　俞新美	4月17日	经济
中国新闻网	阿里巴巴1688叠石桥实力产业群示范园区在海门启幕	陆建国　俞新美	4月17日	经济
中国新闻网	海门举办生物医药产业大会　致力前沿科学研究	陆建国　俞新美	4月25日	科教文卫
中国新闻网	南通海门第三届金秋蛎岈山航乐体验游开幕	陆建国　俞新美	9月30日	旅游
香港商报	好项目落地海门积聚新动能	赵振华	4月20日	中国经贸
香港商报	海门临江新区拓生物医药药商机	赵振华	4月28日	中国经贸
江苏卫视	节后工作首日　为民服务开好局	丁威程	2月14日	江苏新时空
江苏卫视	全省麦收过七成　各地多举措抢收抢种	刘玲玲　张　飞	6月19日	江苏新时空
江苏卫视	新闻特写:我眼中的父亲	范一天　成剑峰	6月22日	江苏新时空
江苏卫视	阿里巴巴在海门建成首个线下实体园区	张嘉骏　秦　凯	8月9日	江苏新时空
江苏卫视	全国首列中亚国际班列南通发车	魏玉美　蔡　槿	8月25日	江苏新时空
江苏卫视	唐慧娟:19年猪官路　托起乡亲致富梦	袁　君　张嘉骏	11月7日	江苏新时空
江苏卫视	省委宣读团宣讲	范一天　成剑峰	11月11日	江苏新时空
江苏电台	阿里巴巴1688实力产业群叠石桥示范园区启动	董秀芳　俞新美	4月17日	江广新闻
江苏电台	模式动物中心在南通海门启用	董秀芳　俞新美	4月23日	江广新闻
江苏电台	好人王新:挽救生命和家庭是最有价值的事	董秀芳　俞新美	4月27日	江广新闻
江苏电台	家纺业全国最大的电商城叠石桥开业	董秀芳　俞新美	5月9日	江广新闻
新华日报	小康升级,海门园区乡镇同频共振	俞新美　各区镇	2月4日	18~19版
新华日报	不动产登记改革,感受"海门样本"	陈　松　杨　阳	3月12日	12版
新华日报	海门:追江赶海为小康升级加码	俞新美　曾　炜	4月14日	A4版
新华日报	海门一朵"金花"引来项目三千	陈　明　俞新美	4月17日	A1市县看点
新华日报	阿里巴巴示范园区海门开建	陈　明　俞新美	4月19日	A2版
新华日报	最大家纺电商城在海门上线	陈　明　俞新美	5月10日	6版
新华日报	海门:创新驱动构筑智慧经济	俞新美　赵永伟　季煜鑫	5月27日	21版

续表 1

发表媒体	报道标题	作　者	录用时间	版面(栏目)
新华日报	海门举行首届家纺业电商大会	付　奇	8月1日	5版
新华日报	首列中亚国际班列南通发车	邵生余	8月26日	2版
新华日报	班列拉动，　市场采购贸易加速	邵生余	8月27日	1版
新华日报	天山脚下两百村民排队与他握手	范　军　新　美　正　平　锦　如	9月9日	6版
新华日报	她养的猪,惬意地听着钢琴曲	付　奇　陈　明　俞新美	10月18日	6版头条
新华日报	海门开发区倾力打造“创新园区”	陈　瑜　笪　颖	10月18日	12版
新华日报	海门:打造接轨上海示范区	俞新美　陈　明　付　奇	12月21日	头版转2版头条
交汇点	阿里巴巴牵手全球最大家纺市场	陈　明　俞新美	4月16日	—
交汇点	全国最大家纺电商城在海门叠石桥上线	陈　明　俞新美	5月9日	—
现代快报	海门慈善总会搭建“爱心桥”	陈　莹　严君臣　俞新美　郁兰春	12月9日	C5版
南通日报	招商局重工目前在手订单超过50亿美元	俞新美　刘海滢　黄　海	2月26日	A1版
南通日报	叠石桥:新方式激发外贸新动能	俞新美　陈　可	3月2日	头版头条
南通日报	创新联动演绎项目建设“加速度”	俞新美　黄　海	3月30日	头版头条
南通日报	叠石桥市场采购贸易方式改变了什么	张　俊　赵勇进　黄　海　俞新美	4月5日	头版头条
南通日报	海门开启“三港联动”新格局	俞新美	4月13日	头版头条
南通日报	海门经洽会　118个项目签约	赵勇进　俞新美	4月17日	A1版
南通日报	叠石桥实力产业群　示范园区启动	赵勇进　俞新美	4月18日	A2头条
南通日报	激活沉睡的“农村资本”	施　晔	4月20日	A2版
南通日报	海门简政放权激发创业活力	俞新美	5月11日	头版头条
南通日报	未来三年打造全国最大的婚典大平台	赵勇进	5月11日	2版
南通日报	推动家纺企业网上“赛跑”	施　莺　徐亚华　俞新美	5月25日	A1版
南通日报	打破空间概念的全新叠石桥	施　莺　徐亚华　俞新美	5月25日	2版头条
南通日报	海新重工:以特取胜　做精做专	徐亚华　汪小林　俞新美	6月1日	A1版
南通日报	项目立区　构筑产业高地	徐亚华　汪小林　俞新美	6月1日	A2头条
南通日报	创新,撬动海门智慧经济	俞新美	6月2日	头版头条
南通日报	海门“乡土课堂”　成学习教育新载体	俞新美　洪玲艳　赵勇进　黄　海	6月11日	A1版
南通日报	爱洒天山　情满杏乡——海门援疆二三事	俞新美　倪正平	6月22日	A1转A3版
南通日报	海门提升开发园区核心竞争力	俞新美	6月23日	A2头条
南通日报	施亚民:退休后冲上　港口开发一线	俞新美	6月27日	A1版
南通日报	海门民企　建电商产业园	刘海滢　俞新美	7月10日	头版导读2版
南通日报	项目建设成增长转型“压舱石”	赵勇进　俞新美	7月11日	A1版
南通日报	海门基层党员干部抗涝救灾纪事	俞新美　许晓慧	7月17日	A1版
南通日报	海门多措并举为实体企业减负	黄　海	7月25日	A2头条
南通日报	项目建设规模质态双提升	俞新美	7月28日	A1版
南通日报	争做改革创新排头兵　争当科学发展领头雁	俞新美	7月28日	A7版

续表 1

发表媒体	报道标题	作　者	录用时间	版面(栏目)
南通日报	首届中国家纺业　电商大会海门举行	赵勇进	7月31日	A2版
南通日报	海门上半年新开工超亿元项目45个	黄　海	8月8日	A1版
南通日报	用有效供给促进稳增长	赵勇进	8月19日	头版头条
南通日报	创新“冲动”成就机器人产业园	赵勇进	8月21日	A1版
南通日报	海门邀“千人计划”专家为建筑产业把脉	黄　海	8月21日	A2版
南通日报	尊重代表首创精神　推动活动纵深发展	朱文君	8月25日	A1版
南通日报	海门旺盛公司:打造产业化的高效农业	刘　璐	8月25日	A2版
南通日报	我国至阿富汗首条货运班列昨开通	朱文君	8月26日	A1版
南通日报	海门爱心助学常态化	郁兰春　俞新美	8月31日	A2版
南通日报	市场采购贸易方式改革稳步推进	俞新美　陈　可	9月6日	A2头条
南通日报	骨干企业成稳增长“压舱石”	刘海滢　马国兴　俞新美	9月11日	A2头条
南通日报	海门各级代表认领实事三千多件	王雁玲　俞新美	9月13日	A7头条
南通日报	在深度融合中创新全民国防教育	赵勇进　俞新美	9月15日	A1版
南通日报	海门技术创新突出企业主体地位	刘海滢　俞新美	10月14日	A2头条
南通日报	叠石桥阿里巴巴“产地优选”项目上线	俞丽华　俞新美	10月15日	A3版
南通日报	海门慈善助力精准扶贫	俞新美　郁兰春	10月16日	头版头条
南通日报	海门:创新创新机制激活干部队伍“动力源”	解建明　王友胜　俞新美	10月18日	A3版
南通日报	创新引领发展	俞新美　张汉超	10月21日	A3版
南通日报	百余专家亮相海门科技人才节	赵勇进　张檬檬　俞新美	10月23日	A2版
南通日报	海门:打造生物医药产业集群	赵勇进　张檬檬　俞新美	10月24日	A2头条
南通日报	海门入党积极分子一线“墩苗”	赵　勇　俞新美	11月7日	A5头条
南通日报	海门“大督查”提升项目建设质效	俞新美	11月14日	头版头条
南通日报	省委宣讲团赴海门宣讲六中全会精神	郭　亮　刘海滢　马国兴	11月12日	A1版
南通日报	张强:专注实干　创新图强	赵勇进　张檬檬　俞新美	11月25日	A1版
南通日报	科技小镇向科学家小镇转变	赵勇进　俞新美	11月29日	A1版
南通日报	高智人才携项目海门比拼	赵勇进　俞新美	12月8日	A2版
南通日报	多项举措助力叠石桥市场走向世界	刘　斌　陈　可	12月9日	A1版
南通日报	55580,接轨上海的“海门密码”	俞新美　赵勇进	12月13日	头版头条

(俞新美)

大事要闻

江海民俗风情

渔猎·忽罾 一种渔具，安置在通潮水河里。面积较大，是一个边长在四至六米左右的大网兜。定时拉出水面，捕捉随潮水流动时钻入网中的鱼虾等水产品。

郁异人 绘

◎ 责任编辑 丁强强

2016年海门市十大新闻

1.海门市第十四次党代会召开,绘就五年发展蓝图。

7月26日,中共海门市第十四次代表大会召开,会议选举产生新一届市委领导班子,明确今后五年发展的目标和任务。今后五年,全市上下将紧扣"争做改革创新排头兵、争当科学发展领头雁"主题,围绕"创新转型的示范区、接轨上海的示范区、全面小康的示范区"目标,落实"四个全面"战略布局,深入践行创新、协调、绿色、开放、共享五大发展新理念,持续领先苏中,全面融入苏南,深度接轨上海,不断提升更高水平小康建设的含金量,建成"强富美高"新海门。

2.海门列全国百强县第18位,地区生产总值突破千亿大关。

12月底,全国县域经济专业研究机构社会智库中郡研究所发布《2016县域经济与县域发展报告》和县域经济与县域基本竞争力名单,海门位居第18位,比上年前移4位,居江苏省第8位,继续保持苏中苏北第一位。县域经济基本竞争力采用县域经济总量、均量、质量、速度和活力5个方面的指标为基本数据进行评价。2016年,海门经济社会继续保持较好发展态势,高水平小康建设实现新提升。全年实现地区生产总值1005.06亿元,首次突破千亿大关,年均增长10.8%;实现一般公共预算收入72.41亿元,继续保持南通县市第一。32个指标达到或超过省高水平全面小康指标值,综合得分98.9分,继续走在苏中苏北前列。

3.海门实施"55580"行动计划,打造对接服务上海示范区。

海门对接服务上海四年行动计划(2017—2020)于2016年底出炉。以理念接轨为先导,以交通接轨为突破,以产业接轨为重点,以平台接轨为保障,以科创接轨为抓手,以服务接轨为支撑,通过四年的行动,海门将实现对接服务上海"55580"的目标任务,建成苏中地区对接服务上海的示范区。"55580"即:实施交通基础设施、产业转型、载体共建、科技人才、社会事业和人文交流"五大对接工程";打造上海高端制造业配套基地、上海科技创新产业化基地、上海休闲旅游重要目的地、上海农产品首选供应基地、上海公共资源服务合作基地"五大基地";实现"从上海引进产业项目和人才项目占比在80%以上,80%的骨干企业与上海科研院所建立创新协作关系,80%的游客来自于上海,在海门养生养老的外来人口中上海人口占比超过80%,80%的外销农产品销往上海。"5个80%的目标。

4.海门三度荣膺"全国双拥模范城"。

2016年,海门三度荣膺"全国双拥模范城",这是海门双拥工作继"全国双拥模范城"二连冠、"江苏省双拥模范城"七连冠之后获得的又一殊荣。海门坚持以融合发展的思维和举措做好双拥工作,创造"党政机关、院校、大中型企业国防教育普及率100%;基层党管武装组织健全率100%;基层双拥组织覆盖率100%"等"十个百分百"新业绩。先后投入2亿多元为驻海部队办实事、办好事,相继出台近20个规范性文件,积极构筑政策拥军体系。9月,海门市委书记陈勇作为全国唯一县级市代表,在"首届全民国防教育学术研讨会"上作主旨发言。

5.南通海关驻海门办事处开关运行,海门港口直通世界。

8月19日,南通海关驻海门办事处正式开关运行,标志着被誉为江海门户的海门从此直通世界。海门是江苏唯一同时拥有深水江岸线和深水海岸线的县级城市,随着江海港、海门港、叠石桥无水港"三港联动"开发开放新格局的构建,海门建成大港口的梦想成真。新设立的南通海关驻海门办事处为副处级机构,辖区为海门市全境,承担监管进出境运输工具、货物、物品、征税、查验、加贸、企业管理等海关业务。

6.南通至阿富汗"中亚国际班列"首发,叠石桥迎新机遇。

8月25日,"南通—阿富汗·海拉顿"首趟班列从南通铁路货运东站发出,标志着国内首趟开往阿富汗的中亚班列正式开通。作为海门叠石桥开展国家市场采购贸易试点的重要成果之一,以及"一带一路"南亚地区首个落实项目,该班列的开通为叠石桥市场带来重要机遇。2015年7月22日,国务院将叠石桥市场纳入市场采购贸易试点范围,作为国内最大的内外贸结合家纺专业市场,其国内市场占有率40%,截至2016年底,叠石桥市场累计通关2万票,出口额超26亿美元。

7.海门城乡居民收入位居苏中苏北前列,就业创业致富百姓。

2016年,海门城乡居民人均可支配收入继续走在苏中苏北县市前列,城乡居民可支配收入分别达到4.05万元和2.06万元。居民人均储蓄8.31万元,位居全省县市前列。海门实施一系列富民政策,推动就业创业藏富于民。全年新增城镇就业人员超过1万人,转移农村劳动力4168人,城镇失业人员再就业3598人,城镇登记失业率1.82%,就业创业培训4800多人,发放稳岗补贴396万元,惠及33家企业6715名职工,发放小额担保贷款1584万元,扶持2133人自主创业,带动就业1.1万人。

8.海门跻身首批"国家农产品质量安全县(市)",农业基本现代化稳居全省第一方阵。

2016年,海门跻身首批"国家农产品质量安全县(市)",成为全国百家、全省4家之一、南通首家。海门通过强化生产经营主体行为的监管、强化农业投入品监管、加大执法检查力度等措施,确保农产品生产经营规范有序。连续两年,省级例行监测种农产品、畜产品、水产品的合格率均为100%。目前,海门有规模种植(养殖)龙头企业78家、家庭农场585家,高效设施农业面积占比38.8%,现代农业发展水平85.75%,农业基本现代化稳居全省第一方阵。建成"全国休闲农业与乡村旅游示范县",被农业部列为"中央农作物秸秆综合利用试点县"。

9.海门获评省“法治建设示范市”。

海门始终坚持把法治建设工作放到考量党委、政府执政能力及科学发展水平的高度，进行谋划部署、推进落实。做到工作项目化、项目目标化、目标责任化。各地、各部门主要领导签订法治责任状，严格落实“一把手”责任。建立实施平安法治建设督查考评规范、定点普讲帮扶、明显滞后提示和创建达标退出“四大工作机制”，完善领导干部述法述安考评制度，使责任变成清晰的压力和动力。把法治建设作为“两个率先”的重大政治任务，纳入全市经济社会总体计划和目标考核，做到与经济发展同部署、同落实、同检查、同考核。不断完善镇、村两级《平安法治建设竞赛办法》，提高结果性考核的科学性和公平性。形成行政复议“海门模式”、公共法律服务“海门经验”、诉访分离“海门品牌”。省“法治建设示范市”的获评，是继“全国社会管理综合治理先进县(市)”“全省平安县(市)”“全省法治县(市)创建工作先进单位”“全国平安建设先进县(市)”之后，对海门法治建设工作的又一重要肯定。

10.海门涌现好人群体，精神文明提升新高度。

3月，悦来镇曹建帮入选见义勇为类“中国好人榜”；5月，悦来镇周炳高入选助人为乐类“中国好人榜”；12月，张建伟入选助人为乐类“中国好人榜”……海门高度重视精神文明建设，广泛开展群众道德实践活动，积极培育和践行社会主义核心价值观，成立全国首家县级“美德基金会”，全市涌现一大批见义勇为、助人为乐、敬业奉献、孝老爱亲、诚实守信的先进典型。全市拥有“中国好人”15人、“江苏好人”25人、“海门好人”139人。蝉联“全国公益慈善百强城市”，“江苏省文明城市”实现六连冠，被中央文明办列为“创建全国文明城市提名城市”。

（俞新美）

2016年大事记

1月

1日　市文明办组织“清洁江堤，环保公益”活动，海南小学教育集团、市文化馆、张建伟环保志愿队、楠楠爱心协会的200名环保志愿者参加。

△　即日起，南通至崇明、启东至如皋客运班车到海门配载，海门至河南商丘从车站首发。海门汽车站开通海门至海宁皮革城旅游专线，每周1个班次，发班时间为每周六早晨6点，免收车费。

3日　市有色金属业商会召开成立10周年座谈会，就业界相关问题进行银企交流。市有色金属业商会成立于2005年6月。全市从事有色金属加工企业70多家。

4日　市老干部大学原校长施锷荣获“中国艺术金砚奖金奖”，其篆书“世界人民的希望，反对侵略战争，保卫世界和平，增强团结，善解分歧，民主协商，互利共赢，联合起来，建设美好生活新世界”在联合国纽约展览馆展出。这次联合国纽约展览馆所展出作品是从全国1.86万件作品中评出金奖10名、银奖20名、铜奖30名、优秀奖100名，再从中挑选120件作品参展，并汇编成《庆祝联合国成立70周年纽约书画展专刊》。

5日　市委、市政府出台《关于实施十大民生实事工程的意见》的1号文件，确定2016年十大民生实事工程，分别为扶贫增收工程、就业创业工程、全民社保工程、养老助残工程、教育惠民工程、医疗卫生工程、公共文体工程、安居保障工程、城乡交通工程、生态提升工程，进一步加大民生投入，让发展成果更多惠及百姓，让百姓的幸福更有“质感”。

△　市民政局举行寒衣被发放仪式，向全市各镇、街道、园区困难群众共计发放1800条棉被、3050件棉衣。

6日　海门第19家银行类金融机构——浙商银行海门支行开业，并把开业节省下来的10万元捐给市慈善总会。浙商银行是经中国银监会批准设立的全国性股份制商业银行，总行设在杭州市。该行在海门推广票据池公司业务、增金宝个人理财、小微企业一日贷等产品，全方位满足海门企业及市民的金融需求。

10日　海门经公开招投标确立未来3年全市县乡公路日常养护单位，全市列养县乡公路共380公里。县乡公路日常养护由于其社会公益性和服务性强，具有应急服务、工作延续、项目小等特点，市场化竞争机制一直无法形成。此次将县乡公路日常养护纳入招投标范围，改变原有传统直接发包模式，采用公开招标形式确定养护生产单位，养护期限为3年。至此，海门县乡公路日常养护、养护维修、大中修全部采取公开招标方式，初步形成养护市场化竞争机制，农村公路养护逐步走向规范化、专业化、机械化、市场化。

△　叠石桥国际家纺城获评2015年度“江苏省旅游购物诚信街区”。

11—13日　政协海门市第十三届委员会第五次会议在会展中心开幕。市委书记姜龙在开幕式上致辞。市政协主席黄汉忠作市政协常委会工作报告。席尚俭作市政协十三届四次会议以来提案工作情况报告。审议并通过市政协十三届常委会工作报告和提案工作报告。会议选举陆一飞为市政协十三届委员会主席，李冠斌、李鑫钊为市政协十三届委员会副主席。

12—14日　市十六届人民代表大会第五次会议在会展中心开幕。市委书记、市人大常委会主任、大会主席团常务主席姜龙主持大会。市长杨曹明代表市人民政府向大会作政府工作报告。会议还听取市人民法院院长潘建所作的海门市人民法院工作报告和市人民检察院检察长李铁所作的海门市人民检察院工作报告。大会选举尹建东为海门市第十六届人大常委会委员。通过关于政府工作报告、市人大常委会工作报告等决议。

12日　市饮用水源地达标建设通过省级验收。海门市2006年组织编制《海门市区域供水规划》，2013年编制《海门市应急水源规划》，建立集中式饮用水源地安全保障体系，集中式饮用水源地水质达到国家规定水质标准，供水保证率97%以上。

△　南通市中级人民法院举办“坚

守、传承、展望——回眸法院生涯30年(1985—2015)”荣誉天平奖章颁奖仪式，海门法院潘建、陈旭东、黄雷舟、袁建新等12位法官获奖。

14日　交通运输部综合规划司副司长彭思义一行到江苏海新船务重工有限公司，调研“长天龙”号——1000吨应急抢险打捞起重船建造实施情况，对该船建造技术质量给予肯定。

15日　省作家协会党组书记、书记处第一书记、副主席韩松林率作家团到海门采风，并与当地作家进行文学沙龙活动。

16日　市委、市政府和省苏商发展促进会联合主办“首届江海创新创业资源交易会暨2016苏商新生代企业家领袖年会”。全省杰出新生代企业家代表、投资机构、产业投资人等各界精英约200人参加。

18日　海门获评“全国休闲农业与乡村旅游示范县”，是南通市唯一入选县市。评审工作由农业部、国家旅游局共同开展，每年举行1次。

19日　市建立危险化学品安全监管部门联席会议制度，加强对危险化学品安全生产监管，预防和减少事故发生。成员单位包括安监、发改、公安、环保、住建、交通、商务、计卫、市场监管、消防等部门。联席会议重点通报全市危险化学品安全生产情况，分析、研究危险化学品安全生产形势，指导危险化学品安全监管，向市政府提出有关政策建议；听取各成员单位有关危险化学品安全监管情况汇报，审议加强危险化学品安全监管建议，协调、研究解决危险化学品安全监管重大问题等。

20日　中央电视台新闻中心“新闻联播”节目专题采访叠石桥市场采购贸易方式试点，把海门叠石桥贸易改革试点新经验、新模式推向全国。

中旬　市政府出台《关于促进全市慈善事业发展的实施意见》，提出海门慈善事业发展遵循“拓展创新慈善载体形式，培植先进慈善文化”原则，鼓励公众、企业和社会组织积极参与慈善事业，形成具有海门特色现代慈善事业新格局，每万人拥有公益慈善组织数量不少于8家。

△　海门获省“现代民政示范市”称号，属南通市首批。

23日　海门义工联合会举办成立两周年庆祝活动，从最初几十人到如今300多人，义工们在海门城乡累计服务时间1.65万小时。市文明办、体育局、民政局到场祝贺，活动现场表彰2015年度“十佳优秀义工”。

25日　悦来镇信民村83岁曹建帮老人，跳入冰河坚持20分钟救起落水儿童，入选“中国好人榜”，获评“见义勇为好人”。

26日　第八届“江海之春”文化惠民月活动在江海公园启动。副市长王拥军参加启动仪式，向各区镇文化站赠送价值65万元文化类器材设备。

28日　海门入选“国家新型城镇化综合试点”城市。海门撤县建市20多年，致力新型城镇化建设，以建设江海特色现代文明花园城市为目标，形成“一主三副六中心镇”新型城镇化发展格局，城市建成区面积从38.9平方公里拓展到54.5平方公里，常住人口城市化率从50.3%提高到56.6%。

29日　海门召开扶贫开发建档立卡工作会议，启动新一轮扶贫开发建档立卡工作。根据“十三五”时期扶贫标准，海门有4.3万名农村低收入人口、15个南通市级经济薄弱村、50个海门市级经济薄弱村。

2月

3日　海门中兴能源装备有限公司总工程师朱卫飞获评“南通市科技兴市功臣”。朱卫飞自公司建厂伊始就在该公司工作，历任车间主任、技术副总、总工程师等职。

13日　市委、市政府召开海内外商会会长及企业家新春恳谈会，通报一年来成绩和发展打算，听取参会人员创业经验和对海门发展的意见。

22日　海门社科联获评省社科联系统“工作创新奖”。这是该奖项首次面向县区一级评比表彰，全省仅20家县区获此荣誉。

中旬　省人民法院院长会议在南京召开。海门法院被省高级人民法院记集体一等功，这是海门法院首次获此等级荣誉。

26日　海门籍青年、美国北卡罗莱纳大学助理教授顾臻荣获2016年“斯隆研究奖”。该奖项自1955年设立以来颁发给物理学、化学和数学领域的杰出青年，向这些“早期职业科学家、学者提供支持和认可”。

△　海门沈绣专家周武珍作为中国非遗沈绣江苏唯一代表，携20多幅沈绣作品参加省政府和加拿大安大略省政府主办、省政府外事办和省政府新闻办承办的“美好江苏”文化节活动。

28日　海门首家惠农服务站在施成农机服务专业合作社挂牌，标志海门惠农服务进入“互联网+”阶段。

3月

3日　副省长张雷率商务厅、南京海关等部门负责人到海门调研市场采购贸易方式试点情况。

8日　省供销合作总社党组书记诸纪录一行到海门调研市供销合作总社服务春耕生产、农资供应、基层社及农业合作社建设等情况。

13—17日　省政府研究室副主任沈和率调研组对海门推进结构性改革和经济转型升级情况进行调研。

16日　首届“梦想·互联”微党课创作评选活动颁奖座谈会在北京举行，海门选送的公益微电影《淘宝风云》获二等奖。

中旬　海门出台《关于加快推进知识产权强市的意见》，结合知识产权强国、知识产权强省意见及专利助推产业阳新发展行动方案，推进全市知识产权事业全面发展。

23日　上海工程技术大学校长夏建国一行到海门考察，与市政府签订2016年政产学研用合作行动方案备忘录。

29日　海门市政协委员暨政协干部培训班在国家行政学院开课，这是市政协建立以来首次举行的最高规格培训。

30日　海门荣膺“全国科普示范市”。市委、市政府贯彻落实《中华人民共和国科学技术普及法》和《全民科学素质行动计划纲要》,遵循"政府推动、全民参与、提升素质、促进和谐"工作方针,形成"领导重视、基础扎实、重点突出、效果明显"的大科普工作格局。

△ 万年香沙芋艿经农业部评审成为地理标志产品。

下旬 海门出台《关于加强农村集体聚餐管理的实施意见》。内容包括安全责任及承诺进行公示、200人以上聚餐需提前报告、实行"黑名单"制度等,切实保障农村人民群众饮食安全。

4月

1月,南通机场叠石桥城市候机厅投运接待旅客。

4日 省建筑行业协会召开第六届会员代表大会暨省建筑业"双百强"企业评价排名发布会。南通三建集团排名"双百强"企业首位,苏通建设集团入选"双百强"企业。

6日 江苏南通三建集团有限公司依法整体变更为江苏南通三建集团股份有限公司,并举行创立大会暨第一次股东大会。

8日 海门经济技术开发区被省委、省政府表彰为省先进开发区,为苏中唯一获评省先进经济技术开发区。

10日 中央电视台综艺频道《五一乐三天》栏目组到海门招商局重工录制节目。

11日 南通市纪委常委、监察局副局长张建明率南通市委党建先进单位考核组到海门,对海门3年来的党建工作进行考核。

12日 海门举行2015年度"身边好人·温暖海门"道德人物颁奖典礼。

△ 海门山歌获全国山歌邀请赛"最佳表演奖"。

15日 徐州市委书记张国华,市委副书记、市长周铁根率党政代表团到海门考察市场采购贸易方式试点改革工作。

16日 中国海门经贸投资洽谈会开幕,200多名中外客商参加。经洽会共签约项目118个,其中外资项目36个,民资项目82个,总投资折合人民币超330亿元。

19日 在第20届亚洲跆拳道锦标赛上,市天行伟龙跆拳道馆4名队员获团体第二名,馆长姚伟获个人第三名。

20日 首届南通市专利奖评审结果公示,海门万高药业有限公司一种治疗高血压的分散片获评专利优秀奖。

中旬 2015年江苏省质量奖名单揭晓,共5家企业获奖。江苏京海禽业集团有限公司入选,标志海门市实现省质量奖零突破。

22日 云南省委书记李纪恒,省委副书记、省长陈豪率领云南省党政代表团到海门考察,省委副书记、省长石泰峰,省政协副主席罗一民等陪同。

23日 来自塞内加尔、黎巴嫩、科威特、阿联酋、沙特、伊朗等国家与地区的77个国际采购商到叠石桥国际家纺城参加中国名品全球采购会,听取海门市场采购贸易方式试点介绍,并与海门外贸企业对接。

23—24日 第二届百奥赛图模式动物与生物医药产业大会在海门举行。300多位专家、学者和企业家参加活动。

28日 《2016年国家重点文化产业项目》公布,海门有7个项目入选,入选项目数创历年新高,居江苏省县级市首位。

△ 海门门球队获第二届中韩门球争霸赛第三名。

5月

4日 市委书记姜龙会见到海门考察生物医药产业发展的2001年诺贝尔化学奖得主、美国斯克利普研究所教授巴里·夏普莱斯。

△ 省科技厅公布2016年度省企业知识产权战略推进计划项目,海门2家企业获批,获省财政支持经费130万元,获批总数和资金均位居南通各县市区第一。

7日 香港浸会大学(海门)科技研究院开放日暨项目合作交流会举行,现场签约4个项目。参加活动的有来自美国俄亥俄州立大学、英国卡迪夫大学、澳大利亚悉尼大学等院校的80多名医学专家、学者。

8日 埃塞俄比亚工业部国务部长塔德塞·海勒一行到海门考察,并与海门企业家座谈。

10日 "中国(南通)知识产权维权援助中心海门分中心"揭牌,加强市知识产权公共服务。

12日 海门七大文化产业项目获中国文博会推介,数量位居江苏县市第一,其中2个项目正式签约。海门是全国县市级唯一在综合馆设展的单位。

12—13日 全国首届建筑业"互联网+"技术展示会在海门举行。国内外建筑研究院所专家展示最新建筑产业软件研究成果,与会人员参观龙信集团建设的示范项目。

17日 2016丝绸之路国际博览会暨第20届中国东西部合作与投资贸易洽谈会上,海门总投资2亿元的南通诺博特智能制造项目与陕西眉县成功签约。这是全省20个重大集中签约项目之一,也是南通市唯一签约项目。

18日 海门成立食品行业协会,有101家会员单位。

20—22日 全国"红船杯"气排球邀请赛举行,海门气排球中年女队获第二名(一等奖),中年男队获第五名(二等奖)。

21日 海门与苏商会共同举办2016江苏创转投风云会江海行暨苏商会·海门产业对接会,全省各地的40多位商界人士参会,与海门企业进行产业对接。

24日 海门供电公司的变电站设备异响在线监测与定位系统的研究及应用获省"电工科学技术奖"。

27日 全国9省(区)25城市政协横向联席会成员一行140多人到海门,考察家纺产业发展和市场采购贸易方式试点工作。

30日 海门山歌艺术剧院应邀在上海复旦大学进行专场演出,庆祝复旦大学建校111周年。这是海门山歌剧团首次整团走进国内一流名校专场演出。

6月

1日 海门天籁村枇杷园跻身大世界吉尼斯之最,被认定为中国最古老枇杷园。该园占地 10.5 公顷,有枇杷树近 2000 棵,其中百年以上枇杷树近百棵。

10 日　海门首届围棋联赛开赛,有 6 支队伍参赛。联赛分两个阶段,第一阶段自 6 月 10 日至 9 月 10 日;第二阶段自 9 月 16 日至 2017 年 1 月 1 日,比赛历时时间之长、参赛人员之多,均创历史新高。

15 日　国家防汛抗旱总指挥部办公室（以下简称国家防办）副主任尚全民,长江委防办、省水利厅领导一行到海门检查指导防汛工作。

16 日　2016 金立杯中国围棋甲级联赛海门开发区专场正式开赛。这是全国围棋甲级联赛首次落户南通地区。

17 日　海门首届专利奖评选结果揭晓,10 件专利获评“海门市优秀专利奖”,4 人被评为“海门市优秀发明人(设计人)奖”。

△　佳铝实业股份有限公司分布式光伏发电二期项目成功并网，成为南通地区最大的屋顶分布式光伏发电项目,年减排二氧化碳超 8000 吨。

△　临江新区丁陆村 33 组陈志高创作剧本《第三次生命(上下集)》,共 4 万多字，在全国中文核心期刊《电影文学》5 月号发表。陈志高成为海门市在《电影文学》发表剧作第一人。

19 日　海门设立产业发展引导基金，简称产业基金，总规模 3 亿至 5 亿元,首期规模 1 亿元。

△　2016 年全国自行车冠军赛上,由市业余体校培养输送的运动员袁中、薛赛飞、包赛飞 3 人获得 4 金 1 银的好成绩。

20 日　市留学人员联谊会成立,并举行第一次会员大会暨一届一次理事会,选举产生会长、副会长和第一届理事会。

△　世界最权威科学杂志之一的英国《自然》杂志网络版,公布评选出 10 位“中国科学之星”，海门籍科学家崔维成因其研制出深海载人潜水器“蛟龙”号、成功完成 7000 米级深海挑战而入选。

24 日　中医院医师汤金萍见义勇为事迹在中央电视台“新闻直播间”栏目播出。6 月 20 日傍晚,市区长江路东洲中学路段发生车祸,一男子被撞倒地,后脑受伤。下班途经此地的汤金萍对男子施行救助。当救护车抵达现场后,汤金萍悄然离开。

25 日　海南体育馆落成,填补市中心大型全民健身场馆空白。

下旬　海门中专与新加坡大成国际集团有限公司、新加坡建设专科学院签订协议,实施“新加坡游学营——专业文化之旅”“新加坡建设专科学院合作办学”2 个项目,标志海门中专与新加坡合作办学全面启动。

7 月

3—6 日　中国·海门第五届“朗姿·珂缔缘”杯校园足球国际邀请赛暨“丝绸之路”U14 国际少儿足球邀请赛进行。来自朝鲜、韩国、巴西等 7 个国家和地区及国内 20 支球队参加。市珂缔缘青少年足球俱乐部在 U10、U12、U14 组别比赛中分获第一名、第二名和第四名。

7 日　全市领导干部会议召开,宣布省委、南通市委关于海门市委主要负责同志职务调整决定：陈勇同志任海门市委委员、常委、书记,姜龙同志不再担任海门市委书记、常委和海门市人大常委会主任职务。

△　常乐镇获评“中国红木文玩产业基地”。常乐镇作为红木之乡,拥有苏中苏北地区规模最大的红木制品生产经营集散地——麒麟红木城，红木经营企业和个体加工户 620 多家，从业人员 3200 多人,年销售收入突破 10 亿元。

8 日　市病死动物无害化处理中心投入运行，标志海门建成病死动物无害化处理体系，畜禽产品质量安全进入良性循环。

9 日　中国木兰拳暨民族传统文化展示国际大赛中,海门木兰拳队获团体项目大金奖、2 个个人项目大金奖、5 个个人项目金奖。本次赛事吸引荷兰、新加坡、法国 3 支国外木兰代表队及国内 16 个省、市木兰队伍 700 多名木兰精英参与。

13 日　全市 4 家农村科技“超市”成省级示范,分别为:以南京苏诺农化海门分公司为依托的主要农作物产业分店、岸角主要农作物产业便利店、卫东闸主要农作物产业便利店，以京海禽业集团为依托的悦来特色畜禽产业便利店。

21 日　海门黄丽珍家庭、吴智勇家庭获“江苏最美家庭”荣誉称号。

22 日　南通最大农业智能物联网平台在海门投运，位于常乐镇庵宝村大地辉旺农业基地。该平台覆盖 53 公顷农田,分为综合控制管理系统、外部环境监测系统、视频监控系统、智能化节水喷灌系统、农产品质量可追溯系统。

26—28 日　中共海门市第十四次代表大会举行。市委书记陈勇代表中共海门市第十三届委员会向大会作报告，市长杨曹明主持大会,374 名代表出席会议,姚胜作纪律检查委员会工作报告。

29 日　2016 年“LOOK”杯江苏省青少年场地自行车锦标赛在市自行车训练基地举行。此次比赛吸引苏州、常州、泰州、连云港、无锡等 10 大城市的 150 多名选手参赛。市自行车训练基地运动员代表南通参赛,获两个项目第一。

△　海门被命名表彰为新一届全国双拥模范城,实现“两连冠”。

30 日　首届中国家纺业电商大会暨家纺跨境电商金融运营高峰论坛在叠石桥国际家纺城举行。本次大会主题为“融合、创新、国际化”,叠石桥家纺跨境电商产业中心启动。

8 月

3 日　省委书记李强到海门考察叠石桥国际家纺城和招商局江苏重工。

9 日　2016“互联网+家纺”产业生态大会暨阿里巴巴叠石桥产业园开园仪式举行。阿里巴巴叠石桥产业园是海门与阿里巴巴的第三个合作项目，也是阿里巴巴在杭州以外建立的第一个线下实体园区。

14 日　中国女子围棋甲级联赛在经济技术开发区进行。中国围棋队总教练、世界冠军、职业九段俞斌现场观战。

15 日　市跆拳道协会会长姚伟被评为南通市体育道德模范。这是海门首次有个人获评。

19 日　海门海关办事处开关仪式在经济技术开发区举行，这是海门对外开放的里程碑，标志江海门户的海门从此直通世界。

21 日　海门市被命名为“2016—2020 年实施妇女儿童‘两纲’国家级示范县（市）”。这是海门继荣获 2011—2015 年实施“两纲”示范县(市)后再次获得此项殊荣。

25 日　海门在南通东货运营业站举行南通至阿富汗·海拉顿“中亚班列”开通仪式。

28 日　体彩超级大乐透第 16100 期全国开出 1 注头等奖，单注奖金为 1000 万元,海门一彩民独中该大奖。这是海门体彩历史上首次开出千万大奖。

29 日　海门获评“2011—2015 年普法工作先进市”,受省政府表彰。

30 日　南通三建海外公司中标建亚美尼亚中文学校项目，该项目系中国首个援建亚美尼亚项目。

下旬　市残联通过政府招标方式为全市 1.7 万多名残疾人投保残疾人意外保险。本次投保对象为海门 3 周岁至 74 周岁、持有二代《中华人民共和国残疾人证》的所有残疾人,每份保费 40 元,保费政府买单,金额 71 万多元。

9 月

2 日　海门成为国家专利质押融资试点城市。全国共 40 家,江苏省内县级市仅海门 1 家。

8 日　中南建设、南通三建跻身全球承包商前 50 强,分别名列第 39 位、第 47 位。海门成为全国唯一有两家建筑企业进入前 50 强的县级市。

11 日　海门队荣获全国气排球联赛分赛区亚军。

14 日　以色列经济部环境与可持续发展司司长多娜·莫考维奇率代表团到海门考察访问建筑产业。

29 日　第三届金秋蛎岈山航乐体验游暨通用航空产业招商推介会在海门港新区举行。海门港新区与 4 家航空产业公司签约。

10 月

上旬　海门退伍伤残军人徐永官一项发明获全国科技创新成果，在中国科学家论坛获陈至立、厉以宁等领导、专家勉励。

13—15 日　第十五届中国国际住宅产业暨建筑工业化产品与设备博览会举行。海门首次以城市展团名义参加中国住博会。

14 日　兴旺农牧科技发展有限公司负责人唐慧娟被省委宣传部评为“最美双创之星”。

20 日　招商局重工(江苏)有限公司首艘世界最大 40 万吨级矿砂船开工建造，标志招商局重工转型升级迈出新步伐。

21 日　第五届海门科技人才节开幕,49 个校地合作、专家创业、校企合作项目签约。

△　农业部副部长于康震到海门调研畜牧生产、动物防疫和病死畜禽无害化处理等工作。

31 日　第十八届中国专利奖评审结果揭晓，中南建筑产业集团有限责任公司的发明专利“一种装配式预设吊挂钢筋的楼板支模体系及安装拆卸方法”获优秀奖。这是海门首次获此奖项。

11 月

1 日　“生态·乡愁”首届中国田园山水画双年展在市会展中心开幕。

8 日　上海大学副校长吴明红一行到海门,就校地、校企合作与市委、市政府洽谈，并签订校地协同创新战略合作协议。

10 日　2016·第七届环太湖国际公路自行车赛南通—海门赛段比赛举行，全程 148 公里。海门从 2013 年开始参与赛事的承办。

13 日　海门门协代表队在第二十九届长江沿岸门球联谊赛中夺冠，海门自 2000 年组建门球协会,拥有会员 200 余人。

18 日　海门建立和完善计划生育特殊家庭联系人制度,为年满 49 周岁失独家庭、三级以上残疾家庭建立一户一档，为每户计生特殊家庭落实 1 名村居干部、1 名镇机关干部和 1 名特约联系人,为他们在生产、生活中遇到的问题提供全方位服务。海门有计划生育特殊家庭 1000 多户。

中旬　历时 4 年编纂的《海门文化大观》系列丛书发行。丛书包括文学卷、历代诗词卷、书画卷、海门山歌卷、通东民歌卷、海门山歌剧卷、音乐卷、文物卷、民俗卷、民间故事卷、民谣民谚卷、崔东洲集卷(上、下),共 13 册。

28 日　国家发改委环资司副司长马荣率调研组到海门，就废旧轮胎回收利用作专题调研。海门是国内重要再生胶生产基地之一,有再生胶生产企业 15 家,生产线 82 条。主要产品有轮胎再生橡胶、丁基再生橡胶。南通回力橡胶有限公司年产能超 10 万吨,生产规模居全国同行之首，是世界年产能最大的再生橡胶企业,超欧盟、美国、日本同类企业 2 至 5 倍。

30 日　海门 300 公里县道公路优良率 96.6%,在南通市各县市最高。

下旬　全省首家基层法院清算与破产审判庭在海门成立，企业破产后的劳资、补偿等清算问题处置更优化有效。

12 月

5 日　市公安局在殡仪馆举行追悼会,悼念因公牺牲的民警钱国兵。市公安局监管大队一级警员钱国兵 12 月 3 日在工作岗位上因突发心脏病牺牲，享年 46 周岁。2011 年来,钱国兵先后 4 次被市委、市政府评为“优秀公务员”,2016 年 1 月荣立个人三等功 1 次。

7 日　2016 中国国际人才创新创业大会海门分会暨“海智杯”创业大赛举行,旨在进一步吸引、集聚海内外高层次人才携项目到海门创业。本次大赛设两个行业赛,分为“生物医药与高端医疗器械”和“新材料和智能装备”,共 27 个项目参赛,13 个项目分获一、二、三等奖。

11 日　海门获评“国家首批农产品质量安全市”,成为全国百家、全省 4 家、南通首家建成的“国家农产品质量安全县市”。

15 日　南通官公河畔民宿专业合作社登记成立，是海门成立的首家民宿专业合作社。

18 日　海门获评“创新社会治理全

国优秀城市”。江苏共6家获此殊荣,县市级仅2家。

19日　海门全国百强县排名进入前20强,位列第18位,比上年前移4位,排江苏第8位。

△　王新获评全国先进个体工商户。王新是四甲镇有余村人,中共党员,市鑫驰汽修厂总经理,义务参与抢险救灾,18年来自发抢救伤员2000余人。

20日　上海第一人民医院与海门中医院合作签约挂牌,中医院成为上海第一人民医院海门分院。

23日　第三届“羊家乐”田园风光游暨首届农业招商论坛开幕式举行。海门建有国家A级景区3家,中国历史文化名镇、国家海洋公园、全国特色景观旅游名镇各1家,省星级乡村旅游点4家、省工业旅游点1家、南通市级旅游度假区1家,获评“全国休闲农业与乡村旅游示范县”。　(海　鉴)

美丽的日新河两岸　(蒋瑞祥　摄)

海门概览

江海民俗风情

渔猎·丝网捕鱼 渔夫在船上将丝网放置在河水里或宅沟里，鱼撞到网上因丝网紧密而很快被缠住。渔夫定时起网捕鱼，所用的船也叫丝网船。

郁异人 绘

◎ 责任编辑 张 静 袁 熙

地理位置

【概况】 海门市位于江苏省东南部,地处北纬 31°46′~32°15′、东经 121°02′~122°11′,长江北岸,距入海口 70 公里。东北濒临黄海,东与启东市接壤,南靠长江,西、北与南通市通州区毗邻。处在长江和沿海两大开放带的交汇点上,素有“江海门户”之称,与上海隔江相望,被誉为“北上海”。全境总面积 1148.77 平方公里,地表平均海拔 4.96 米(以废黄河为基准),地势呈西北略高、东南偏低,南北横截面呈弧形,两头低,中间高。

建置沿革

【概况】 公元前,长江大量泥沙沉积于长江口,形成大小不等的沙洲,大约经过 800 多个春秋,至唐末,出现东洲和布洲两大洲及成群小沙洲,沙洲渐次连片。至五代后周显德五年(958)建县,县治设于东洲镇,名海门县。海门濒江临海,屡遭风潮灾害,县境涨坍无常。尤其是明代中叶,境内大片土地坍没,坍至吕四、余东、四甲一线,县治一再迁徙,至清康熙十一年(1672)裁县为静海乡,归并通州。清康熙四十年(1701)前后,江流回向南泓,长江北岸开始涨积,涨出 40 多个新沙,绵亘百余里。清乾隆三十三年(1768),建江苏省海门直隶厅,设治于茅家镇。民国元年(1912)复称海门县。1949 年,中华人民共和国成立后,海门人民护坡治坍,根除坍害,县境稳定,海门隶属于江苏省南通地区。1983 年实行市管县,南通地区撤销,海门县隶于江苏省南通市。1994 年 6 月撤县设市,成立海门市,隶于江苏省南通市,市人民政府驻地海门镇。

环境资源

【概况】 海门属北亚热带温暖湿润季风气候区,四季分明,雨水充沛,光照较足,无霜期长。长江岸线 47.3 公里,海岸线 11.73 公里,野生动植物、海涂、江滩、潮汐和风力等资源较为丰富,海水可煮盐。地表径流比较充裕,属径流多水带地区。境内沟河纵横,成网络状,与江海相通,地下水蕴藏量丰富。东西走向主要有通吕运河海门段、通启运河海门段,南北走向主要有新江海河海门段。全市农用地面积 7.05 万公顷,耕地面积 5.54 万公顷,水域面积 3.24 万公顷,海域面积 1.87 万公顷。农作物主要以棉花、玉米、水稻为主,兼有油料、蔬菜、瓜果等,薄荷、蚕豆、赤豆、小辣椒等在国际市场上有较强的竞争力。猪、羊、鸡、鸭、兔、蜂等畜牧业协调发展,内河发展鱼、河蟹、黄鳝、龟、牛蛙及河蚌育珠,利用近海养殖对虾、梭子蟹、文蛤、牡蛎、扇贝等海产品。 (海 鉴)

气候特征

【气温】 2016 年平均气温 16.6℃,比常年(1981—2010 年,以下同)平均值 15.5℃偏高 1.1℃,其中 12 月异常偏高,2 月、4 月、7 月、8 月、10 月显著偏高,3 月偏高,其余月份正常。年极端最高气温 38.3℃,出现在 7 月 27 日,全年出现≥35℃以上的高温日 13 天,比常年平均(5.5 天)多 7.5 天。年极端最低气温-9.3℃,出现在 1 月 24 日。

【降水】 2016 年降水总量 1724.4 毫米,比常年(1067.5 毫米)偏多 61.5%,其中 4 月、10 月异常偏多,6 月、9 月、11 月份显著偏多,5 月、7 月、12 月偏多,2 月、3 月、8 月显著偏少;其他月份正常。全年雨雪日(≥0.1 毫米)139 天,与常年平均(134 天)多 15 天。≥25 毫米的降雨日 22 天,比常年(11 天)多 11 天;≥50 毫米的暴雨日 8 天,≥100 毫米的大暴雨日 0 天,≥150 毫米的大暴雨日 0 天,日最大降水量 81.7 毫米,出现在 9 月 16 日。

【日照】 2016 年日照时数 1794.2 小时,比常年平均(2014.4 小时)偏少 220.2 小时。其中 8 月异常偏多,2 月显著偏多,10 月异常偏少,6 月、11 月显著偏少;1 月、5 月、7 月、9 月、12 月偏少,其他月份正常。

【梅雨】 2016 年 6 月 19 日入梅(平均入梅日为 6 月 20 日),入梅正常,7 月 20 日出梅(平均出梅日为 7 月 13 日),出梅偏晚,梅期长 32 天;梅期总降水量 551.6 毫米,比常年(常年 234.1 毫米)偏多。梅期暴雨多,短时雨强大。梅雨期间出现 5 个暴雨日,分别为 6 月 20 日、22 日、27 日、28 日和 7 月 2 日,7 月 7 日出现冰雹。

【霜期】 2016 年终霜出现在 3 月 15 日,比常年早 18 天(常年 4 月 2 日);初霜出现在 11 月 27 日,比常年晚 16 天(常年 11 月 11 日);无霜期 254 天,比常年(223 天)多 31 天。全年共出现霜日 39 天,比常年平均(57 天)少 18 天。

【自然灾害概况】 2016 年重大气象事件较为频繁,主要灾害性天气有寒潮、连阴雨、霜冻、暴雨、强对流、高温、台风和大雾天气等,全年共出现大雾 48 天、大风 3 天、暴雨 8 天、高温 13 天、台风影响 3 次、寒潮 5 次、雷暴日数 17 天。其中,6 月降水偏多,出现 5 次暴雨过程,导致城镇道路和农田积水,严重影响夏收进度;10 月份降水日数偏多,降雨量异常偏多,致使田间积水,土壤软烂,机械难以下田,严重拖慢秋收进度。 (李 敏)

行政区划

【概况】 2016 年,全市辖 3 个街道,9 个镇,61 个居民委员会,231 个村民委员会。

2016年海门市行政区划一览

表2

街道、镇	村(居)(个)	村(居)民委员会、社区
海门街道	19	村:秀山、沙东、张北、城兴、振邦、占仁、双桥、中海、高桥、补南、陶港、文俊、德新、培新、岸角、双高、利北、建南、富三
	30	居:海影、海南、拥军、狮山、育才、人民西路、长江、海兴、向民、解放西路、大同、解放中路、城北、海西、五港、港南、张南、日新、嘉陵江、月亮湾、海北、通源路、东风新村、青海路、丝绸路、海东、源东、民生、中南、理想城
滨江街道	8	村:大兴、三和、兄弟、三南、三江、新远、三圩、高店
	3	居:滨江花园、证大、和谊
三厂街道	9	村:厂西、镇西、厂南、青龙港、孝威、耀忠、大洪、孝汉、中兴
	3	居:新东街、中心街、工房街
三星镇	24	村:汇南、益民、永富、太阳、镇南、召良、叠石、林西、宝兴、广丰、大石、建安、光荣、彦英、平山、瑞南、瑞祥、瑞北、金锁、李彬、新凤、银才、贤高、汇通
	5	居:振兴路、富民东街、富民西街、镇南路、德兴街
包场镇	39	村:镇东、宏升、致中、包场、新南、河南、长桥、模范、幸福、浜北、联合、河塘、红中、光耀、闸桥、前哨、鲜海、大东、灵树、友谊、闸中、港新、东灶、头甲、天西、六东、六甲、新群、城河、浩西、浩中、凤飞、福良、池鹏、周成、永康、林英、轧西、锦明
	4	居:包新街、三门闸、六甲街、海欣
临江镇	17	村:丁陆、汤西、鹤丰、新丰、刘洪、为民、丰顺、坚平、介云、江校、稻香、灵江、立周、元菊、希圣、普明、阳应
	1	居:灵甸街
常乐镇	23	村:麒新、广南、麒北、庵宝、双乐、双河、锦程、长德、长春、培育、颐生、玉竹、常中、培才、匡北、中南、为群、如意、文明、八烈、振复、常胜、常来
	3	居:状元街、长兴街、麒北街
悦来镇	35	村:万忠、悦合、信民、悦南、袁李、悦来、习正、三其、凤阳、松林、云彩、保卫、匡南、安庄、启文、忠义、锡祥、耀昌、仲文、廷奎、长征、裴蕾、中圩、万盛、射阳、镇兴、汉兴、普新、同善、阳东、福山、鲜行、永平、保民、友爱
	4	居:悦来、万年、三阳、三条桥
四甲镇	21	村:东南、八索、四甲、合兴、靶场、胜宏、范南、四杨、廷俊、二桥、余合、头桥、丕岩、联同、联义、新街、闸南、有余、金跃、海山、货隆
	3	居:健康路、二桥、新复
余东镇	17	村:长圩、宛平、庄烈、余南、戴青山、木桩港、殷忠、新宇、和平、八一、凤凰、旭宏、新北、新河、新富、启勇、富民
	2	居:启凤街、勋兴街道
正余镇	17	村:新和、新桥、青正、正基、双烈、邢柏、安渡、瑞丰、正南、新岸、古坝、昌盛、五总、桥闸、三合、河岸、王灶河
	2	居:人民路、浩盛街
海永镇	2	村:永北、沙南
	1	居:通江路

注:海门街道的3个村(利北、建南、富三)、9个居委会(通源路、东风新村、青海路、丝绸路、海东、源东、民生、中南、理想城)实际由海门经济技术开发区管理

(海　鉴)

文化遗存

【物质文化遗产】 海门物质文化遗产，包括沈公堤遗址、姜公堤遗址、运盐河遗址、余中场衙门遗址、余东盐码头遗址、余东盐仓库遗址、通州同署衙门遗址七大古遗址。余东老街、东岳庙、武进士故居、姐妹井、芙蓉池、南楼西弄清代民居、钱粮房、范氏宅院、程氏宅院、徽州会馆厅堂等古建筑。张謇故里祠堂碑、六甲城隍庙石刻、江南海关海门分关石刻、太平山观音石像等石刻。天主教耶稣圣心堂、张謇“扶海垞”旧址、张謇故里祠堂旧址、大生三厂旧址、颐生酿造公司旧址、张公堤、王个簃宅、余东剧场等近现代重要史迹和代表性建筑。博物馆、纪念馆包括江海民俗博物馆、张謇纪念馆、季方纪念馆、沈寿艺术馆、江苏省江海博物馆。馆藏文物包括杂器杂项、国画条幅、书法条幅、扇面。

【非物质文化遗产】 非物质文化遗产是一个地方的历史文化根脉。海门市的非物质文化遗产保护工作，按照“保护为主，抢救第一，合理利用，传承发展”的方针，确立非遗保护工作的重点，基本形成项目明确、规划合理、成效显现的良好局面。

2016年，海门市有国家级非物质文化遗产保护项目1个——海门山歌；省级保护项目3个——海门山歌、通东民歌、海门颐生酒酿造技艺；南通市级非遗保护项目7个——海门山歌、海门颐生酒酿造技艺、通东民歌、葫芦工艺美术、海门山羊肉烹制技艺、通海布艺、戚家拳。第三批市级保护项目10个，分别为：海门山羊肉烹制技艺、通海布艺、戚家拳、通东利市、通东号子、海门童谣、竹编、海门灶花、跑五方、跳财神。

全市现有各级非遗保护项目传承人8名。其中，省级传承人会2人：“海门山歌”传承人宋卫香、“梅庵派古琴”传承人倪诗韵；南通市级传承人6人：“通东民歌”传承人崔立民、徐少熙、冯卫琴，“海门山歌”传承人朱新华，“葫芦工艺美术”传承人陈宝龙，“通海布艺”传承人陆晓冉。

保护非遗的目的是传承和利用。2016年，海门市有非遗传承基地10个。以海门山歌艺术剧院作为国家级非遗保护项目“海门山歌”的传承基地，以南通颐生酒业有限公司作为“海门颐生酒传统酿造技艺”的传承基地，以海门港新区(六甲中学)作为“戚家拳”的传承基地，以陈宝龙家庭作为“葫芦工艺美术”的传承基地，以海门文化馆作为“沈绣”“古琴”“通海布艺”的传承基地，市通源小学、麒麟小学、三和小学为“海门山歌进校园”示范基地，正余小学、余东小学为“通东民歌进校园”示范基地。

(张文雅)

地方特产

【概况】 海门山羊饲养历史悠久，是省优良山羊品种，被列入国家畜禽品种资源保护目录。2010年8月，国家质检总局批准对海门山羊肉实施地理标志产品保护。9月，海门市被省农委正式确立为江苏省唯一的山羊产业基地。海门农特产品有“四青”作物：青蚕豆、青豌豆、青玉米、青大豆，“四色”宝豆：绿皮绿仁大豆、大青皮蚕豆、白皮扁豆、大红袍赤豆，此外还有香芋、香沙芋芋艿、西瓜、甜瓜、猕猴桃、葡萄等。水产品有河蟹、牡蛎、文蛤等。

经济和社会发展综述

【概况】 2016年，面对复杂多变的国内外形势和繁重艰巨的改革发展稳定任务，全市上下按照市委、市政府决策部署，以提高发展质量效益为中心，坚持稳中求进总基调，科学统筹稳增长、促改革、调结构、惠民生、防风险等各项工作，全市经济社会保持平稳健康发展态势，实现“十三五”良好开局。

综合实力稳步提升。全年实现地区生产总值1005.06亿元，比上年增长9.4%。其中，第一产业增加值53.28亿元，同比与上年持平；第二产业增加值504.53亿元，增长9.3%；第三产业增加值447.25亿元，增长10.8%。人均地区生产总值111100元，比上年增长9.3%。

产业结构继续优化。全市三次产业结构演进为5.3:50.2:44.5。服务业占GDP的比重比上年提高1.7个百分点。全年实现高新技术产业产值1003.01亿元，占规模以上工业产值比重48.1%。全年实现新兴技术产业产值727.33亿元，占规模以上工业产值比重34.9%。

经济活力继续增强。全年新登记私营企业2328户，比上年增长99%；注册资本109.2亿元，比上年增长6.2%。新登记个体工商户9893户，比上年增长80.1%。年末全市共有规模以上工业企业621家，限额以上批零住餐贸易企业250家，重点服务业企业269家，资质以上建筑业企业176家，房地产企业88家。全年新增城镇就业人数10018人，新增转移农村劳动力4228人。年末城镇化率59.1%，比上年提高1.78个百分点。

消费价格温和上涨。全年居民消费价格比上年上涨2%。分类别看，食品烟酒上涨4%，衣着上涨0.7%，居住上涨2.1%，生活用品及服务上涨2.6%，交通

2016年分类价格比上年上涨幅度情况一览

表3

指标名称	涨幅(%)
一、商品零售价格总指数	1.9
二、居民消费价格总指数	2.0
1.食品烟酒	4.0
其中：粮食	4.3
鲜菜	9.9
畜肉	7.8
水产品	2.4
蛋	-0.1
鲜果	12.5
2.衣着	0.7
3.居住	2.1
4.生活用品及服务	2.6
5.交通和通信	-0.4
6.教育文化和娱乐	1.1
7.医疗保健	0.1
7.其他用品和服务	3.6

和通信下降0.4%，教育文化和娱乐上涨1.1%，医疗保健上涨0.1%，其他用品和服务上涨3.6%。在食品中，粮食上涨4.3%，鲜菜上涨9.9%，畜肉上涨7.8%，水产品上涨2.4%，蛋下降0.1%，鲜果上涨12.5%。

【农林牧渔业】 农业生产总体平稳。全年粮食总产量19.16万吨，比上年减少0.3万吨，下降1.5%。其中：夏粮4.53万吨，下降4.2%；秋粮14.63万吨，下降0.7%。全年粮食播种面积3.99万公顷，比上年增加700公顷；棉花面积8500公顷，比上年减少640公顷；油料面积2.68万公顷，比上年减少1210公顷；蔬菜面积3.1万公顷，比上年增加4849公顷。

林牧渔业总体稳定。全年新增造林面积936公顷，林木覆盖率24%。全年猪牛羊禽肉产量4.32吨，下降0.4%；禽蛋总产量4.36吨，下降0.4%；牛奶总产量4758吨，增长1.4%。

现代农业加快推进。高标准农田比重54.6%，家庭农场635个，农民合作社1310个。农村产权交易市场实现区镇全覆盖。全市新增设施农业面积478公顷，总量2.05万公顷。年末农业机械总动力38.19万千瓦，增长2.9%。

【工业和建筑业】 工业运行保持稳定。全年实现规模以上工业增加值463.28亿元，比上年增长10%。全市规模工业企业实现销售收入2057.1亿元，增长9.6%；实现利税324.11亿元，增长4.2%，其中，利润总额219.72亿元，增长6.5%。

2016年部分工业品产量情况一览

表5

产品名称	计量单位	产量	比上年增长(%)
纱	吨	37653	-1.4
布	万米	8195	19.5
印染布	万米	148258	4.8
服装	万件	2230	5.9
中成药	吨	3777	50.7
水泥	吨	3607074	10.0
商品混凝土	立方米	2124055	4.5
日用玻璃制品	吨	46759	11.0
石墨及炭素制品	吨	5769	8.0
钢材	吨	167165	-1.4
铜材	吨	81692	-0.2
钢丝绳	吨	51917	1.2
锻件	吨	10158	-1.6
气体压缩机	台	602809	22.7
风机	台	1250	6.3
电动手提式工具	台	1216071	32.5
金属紧固件	吨	19954	10.5
光缆	芯千米	1239849	14.7

建筑业稳定发展。年末全市拥有资质以上建筑业企业176家，其中，特级资质建筑企业3家，一级资质建筑企业28家，二级资质建筑企业57家。全市建筑业施工人数31.09万人。建筑企业全年完成建筑业总产值1551.47亿元，增长2.5%。全年施工面积1.46亿平方米，增长6.7%；竣工面积3996.08万平方米，增长17.8%。全年获得鲁班奖2项、参建鲁班奖2项、国优工程2项、参建国优工程2项、詹天佑奖2项、中国钢结构金奖1项、中国安装之星奖1项、全国建筑工程装饰奖4项。

2016年主要农副产品产量情况一览

表4

指标名称	单位	产量	比上年增长(%)
粮　食	吨	191627.00	-1.5
棉　花	吨	10593.00	-0.5
油　料	吨	85772.00	-7.0
瓜　果	吨	113336.00	0.1
禽蛋产量	吨	43605.00	-0.4
水产品	吨	81321.00	-7.8
生猪存栏	万头	10.03	-0.1
生猪出栏	万头	14.16	-0.8
羊存栏	万只	46.11	0.3
羊出栏	万只	47.92	-0.1
家禽存栏	万羽	320.55	-0.4
家禽出栏	万羽	1332.64	-1.0

【固定资产投资】 固定资产投资平稳增长。全年完成固定资产投资613.19亿元，比上年增长8.5%。其中，民间投资536.93亿元，增长10.8%。工业投资367.53亿元，增长6.9%。服务业投资245.66亿元，增长11.1%。完成基础设施投资45.43亿元。全年房地产投资49.77亿元，商品房施工面积411.83万平方米，其中，住宅施工面积335.39万平方米。全市商品房竣工面积149.55万平方米，其中，住宅竣工面积117.81万平方米。全市商品房销售面积122.82万平方米，增长45.9%，其中，住宅销售面积109.42万平方米，增长50.2%。

【国内贸易】 消费品市场平稳运行。全年实现社会消费品零售总额344.6亿元,同比增长10.8%。其中,城镇消费品零售额231.99亿元,增长10.7%;农村消费品零售额112.61亿元,增长10.8%。分行业看,批发和零售业消费品零售额317.46亿元,同比增长10.6%;住宿和餐饮业消费品零售额27.14亿元,同比增长12.6%。

大众消费平稳增长。在限额以上商品零售额中,汽车类零售额比上年下降12.7%,石油及制品类增长1.2%,粮油食品类增长5.1%,烟酒类下降17.7%,服装鞋帽针织品类增长6.8%,日用品类增长6.3%,金银珠宝类下降12.3%,家用电器和音像器材类下降1.9%。

【开放型经济】 对外贸易较快增长。全年进出口总额39.14亿美元,同比增长73.7%。其中,出口总额35.79亿美元,增长152.3%;进口总额3.36亿美元,下降59.8%。出口结构进一步优化。机电产品、高新技术产品出口额分别为15.03亿美元、5.08亿美元,占出口总额比重分别为42%、14.2%。对亚洲、欧洲、北美洲的出口额分别为19.59亿美元、5.4亿美元和3.66亿美元。

外经合作总体平稳。全年新批外资项目33个,新批增资项目7个,其中千万美元以上项目19个。新批协议外资5.89亿美元,增长4.7%;实际到账注册外资3.17亿美元,增长21.7%。新签对外承包劳务合同额4.33亿美元,下降12.9%;完成对外承包劳务营业额7.25亿美元,下降2.9%;新派劳务人员1346人,比上年减少1040人;年末在外劳务人员5852人,比上年减少823人。新批境外投资企业18家,境外投资中方协议投资额1.4亿美元,下降3.4%。

【交通运输、邮政电信业和旅游业】 交通运输能力提升。全年完成公路货物运输量794万吨,增长5.6%,公路货物周转量124875万吨公里,增长4.9%;水路货物运输量11.1万吨,增长5.1%,水运货物周转量8162万吨公里,增长8.8%。公路客运量397万人,下降5.8%,旅客周转量38889万人公里,下降7.5%。市内等级公路2481.48公里,其中,一级公路334.82公里,二级公路135.04公里,三级公路215.66公里,四级公路1795.96公里。

汽车保有量快速增长。年末汽车保有量16.63万辆,增长18.5%,其中,小型汽车16.27万辆,增长18.7%。年末全市个人汽车保有量15.47万辆,增长19%。

邮电通信加快调整。全年实现邮政业务收入1.82亿元,比上年增长10.5%。全年电信业务总收入2.07亿元,下降1.4%。本地电信固定电话用户数20.14万户,比上年减少3.1万户。年末移动电话用户数95.43万户,比上年增加2.89万户。年末互联网用户104.38万户(含手机用户),比上年增加16.27万户。

旅游产业加快形成。海门共有AAAA级景区1家,AAA级景区1家,AA级景区1家。旅游星级饭店7家。省星级乡村旅游区11家,省工业旅游点1家。有旅行社6家,旅行社营业部28家。全年接待游客348.83万人次,比上年增长18.1%,其中,国际旅游者人数10.13万人次,增长10.1%。旅游总收入32.06亿元,增长18.3%,其中,旅游外汇收入1136.32万美元,增长9%。

【财政、金融】 财政收入政策性下降。受营改增政策因素影响,全年实现一般公共预算收入72.41亿元,比上年下降7.6%。其中,增值税9亿元,增长64.2%,营业税16.34亿元,下降52.5%,企业所得税4.64亿元,下降10.5%,契税5.11亿元,增长87.2%。

全年一般公共预算支出85.76亿元,比上年增长0.2%。一般公共预算支出中,教育支出18.26亿元,比上年下降9.1%;公共安全支出5.08亿元,增长28.2%;社会保障和就业支出9.22亿元,增长23.7%;城乡社区事务支出74.5亿元,增长19.5%;科学技术支出2.12亿元,下降17.7%。

金融市场运行稳定。年末全市共有各类商业银行21家,各项存款余额1379.13亿元,比年初增加204.16亿元,增长17.4%。其中,居民储蓄存款余额752.07亿元,比年初增加54.26亿元,增长7.8%;企业存款余额585亿元,增长27.4%。年末金融系统各项贷款余额825.88亿元,增长19.1%,其中短期贷款341.35亿元,下降0.6%;中长期贷款442.19亿元,增长43.5%。个人消费贷款114.97亿元,其中,短期贷款11.04亿元,中长期贷款103.93亿元。

【科学技术和教育】 科技创新能力不断提升。全年新增高新技术企业31家,新建省级工程技术研究中心4家、企业研究生工作站4家。万人有效发明专利16.5件。海门产业技术研究院正式运行。2个项目获江苏省科学技术奖一等奖,2件专利获中国专利优秀奖。被国家知识产权局正式批准为国家知识产权示范城市。新引进国家“千人计划”专家、长江学者等顶尖人才6名,新增高技能人才7154名,每万名劳动力中拥有高技能人才804名。

教育事业全面协调发展。全市共有普通中学34所,在校生3.3万人。其中,高中7所,在校生1.07万人;初中27

2016年年末金融机构本外币存贷款情况一览

表6

指标名称	绝对数(亿元)	比年初增加(亿元)	比上年增长(%)
各项存款余额	1379.13	204.16	17.4
#企业存款	585.00	125.81	27.4
储蓄存款	752.07	54.26	7.8
各项贷款余额	825.88	132.59	19.1
#短期贷款	341.35	-2.07	-0.6
中长期贷款	442.19	133.94	43.5
#个人消费贷款	114.97	42.67	59.0

所,在校生2.23万人。职业中学1所,在校生6304人。小学40所,在校生4.74万人。特殊教育学校1所,在校生131人。各级各类幼儿园57所,在园生2.12万人。全市教职工数9059人,其中,专职教师8332人。教育办学条件不断改善,新建、加固校舍5.72万平方米,新建塑胶化操场7片。张謇职业技术学校二期投入使用,海门港新区实验学校建成启用,数字化校园创建通过南通市级验收。高考本一、本二上线率分别为31%和81.4%,比上年提高2.4和3.7个百分点,持续名列全省前茅。

【文化、卫生和体育】 公共文化服务日益完善。全市年末共有文化馆(站)13个,公共图书馆10个、藏书103.7万册。举办各类文化展览会60次,组织文艺活动115次。有专业技术表演团体24个,演出360场次,观众7万人次。文化惠民成效明显。公共文化服务体系建设全省领先。全市万人拥有公共文化设施面积2300平方米,江苏省江海博物馆完成结构封顶,科技馆土建主体结构封顶。20%的行政村(社区)建成2000平方米健身广场及室内健身用房,公共文化设施覆盖率95%以上。8个公共区域实现免费Wi-Fi服务全覆盖。张謇垦牧公园等6个项目入选国家文化产业重点项目库,文化产业增加值占比超5%。全市有线电视用户累计22.38万户,开通有线电视频道202套,光缆总长度6619公里。广播和电视人口覆盖率均100%。全年出版《海门日报》298期,《海门日报》期发行量2.6万份。

卫生事业健康发展。全市共有卫生机构376个。其中:医院9个,卫生院14个,社区卫生服务中心5个,疾病预防控制中心、妇幼保健所各1个。共有卫生技术人员4681人,其中:执业医师和执业助理医师1753人,注册护士1584人,药师、技师、检验师和其他人员1304人。全市拥有医疗标准床位3694张。全年总诊疗病人511.52万人次。全年统筹新型农村合作医疗基金4.82亿元,参保人数67.35万人,参保率99.99%,覆盖全市所有行政村。全年新型农村合作医疗基金补偿金额4.44亿元,得保人次203.61万人次。全市人均预期寿命80.76岁。卫生服务体系健全率100%。

体育事业持续发展。年末共有体育场地2917个,其中系统内5个。全市人均体育活动面积2.65平方米。全市共有等级运动员420人,其中二级34人,三级386人。全市共有等级裁判员601人,其中一级以上55人,二级284人,三级262人。全市共有三级以上社会体育指导员2580名,其中国家级9名,一级87名,二级720名,三级1764名。全年举办大型全民健身活动和比赛220场(次),参加各类健身活动达35万人。成功承办第七届“环太湖”国际公路自行车赛、第五届“朗姿珂缔缘杯”国际青少年足球邀请赛、中日青少年围棋比赛、江苏省“气排球之乡”比赛、江苏省青少年自行车场地锦标赛等重要赛事。

【城市建设和环境保护】 城市功能持续完善。全年城市维护建设资金支出26.47亿元,比上年增加1.78亿元。人均拥有道路面积21.12平方米。优化合并5条城市公交线路,开通6个区镇10条镇村公交线路,完成119只公交候车亭建设改造工程。实施二期公共自行车项目,建设站点26个,投放自行车570辆。年内新增建成区绿化面积51.8公顷,建成区绿化覆盖率42.3%。市区新增园林绿地面积4.19公顷,园林绿地面积325.44公顷。全年新安装路灯423盏,路灯盏数2.72万盏。城区污水日处理能力保持在12万立方米,年污水处理总量2648万立方米。年内新增供水管道110.4公里,新增用户7646户,全年供水总量3524.89万立方米,售水量2891.69万立方米。全市天然气供气管道长度473公里,用气人口19.34万人。

生态建设成效明显。市区环境质量保持稳定,环境空气主要污染物年平均值二氧化硫0.018毫克/立方米,二氧化氮0.022毫克/立方米,PM2.5 0.045毫克/立方米。全年环境空气质量指数达到良好以上的天数279天,占全年天数的76.2%。区域环境噪声平均值54.4分贝,交通干线噪声平均值64分贝。深入实施大气污染防治及水环境整治工程,地表水好于Ⅲ类水质比例70%以上。林木覆盖率和城镇绿化覆盖率分别为24%和32.5%,获评“国家生态文明建设示范市”。

【人民生活和社会保障】 人口总量保持稳定。年末全市户籍人口100.1万人,比上年末增加0.06万人。全年出生人口6870人,人口出生率6.9‰;死亡人口6915人,人口死亡率6.9‰;人口自然增长率-0.04‰。年末常住人口90.5万人,比上年末增加0.07万人。

居民收入稳步增长。根据城乡一体化住户抽样调查,全年全市居民人均可支配收入30093元,比上年增长9.2%。按常住地分,城镇居民人均可支配收入40509元,比上年增长8.3%;农村居民人均可支配收入20608元,比上年增长8.5%。全市居民人均消费支出19853元,比上年增长7.7%,其中,城镇居民人均消费支出25928元,增长5.6%;农村居民人均消费支出14570元,增长11%。城镇居民人均住房面积47.5平方米,农村居民人均住房面积63平方米。

社保体系逐步完善。城乡基本养老保险覆盖率98.27%,养老保险基金收入21.43亿元,增长7.9%。其中,城镇职工养老保险参保人数15.8万人,增长1.2%;城乡居民基本养老保险参保人数47.16万人,下降0.5%。城乡基本医疗保险覆盖率98.95%,医疗保险收入11.99亿元,增长10.8%。其中,城镇职工基本医疗保险参保19.63万人,增长1.9%;城镇居民基本医疗保险参保3.75万人,下降1.3%。失业保险覆盖率98.72%,城镇失业保险参保12.09万人,增长1.1%。年末城镇登记失业率1.82%,城镇失业人员实现再就业3041人。

社会福利不断健全。全市享受城乡最低生活保障人数7279人,其中城镇448人,农村5190人;提供最低生活保障资金3330万元,其中城镇245万元,农村3085万元。城乡医疗救助资金1975万元,比上年增长24.8%。年末全市拥有各类有证养老机构42个,社区服务站(中心)、社区托老设施488个,共有床位10953张,收养近6000人次。

(海　鉴)

社会主义精神文明建设

【概况】 全市精神文明建设把握构筑道德风尚建设新高地要求，以培育社会主义核心价值观为主线，以创建全国文明城市为契机，主动作为，攻坚克难，城市面貌明显改善，市民文明素养有效提升，推动全市精神文明建设向更高层次、更深内涵、更宽领域迈进，为加快建设“强富美高”新海门凝聚强大的精神力量。

深入开展“海门好人”评选活动，全年共评出“海门好人”38人。其中曹建帮获评见义勇为“中国好人”(3月)，周炳高获评助人为乐 “中国好人”(5月)，张建伟获评助人为乐“中国好人”(12月)。举办2015年度“身边好人·温暖海门”道德人物颁奖典礼，原《解放军报》副总编陶克少将以及雷锋生前亲密战友乔安山夫妇出席颁奖典礼，《雷锋》杂志对此活动进行详细报道。制作“温暖海门”十大人物微电影和专题宣传片，编辑出版书籍《一路芬芳》《文明百佳·德耀江海》，弘扬文明正能量。开展“寻找文明有礼海门人”“你开文明车，我为你加油”和“告别不文明陋习”等主题大型广场宣传活动，实施以“礼让斑马线　文明伴我行”为主题的“畅通海门”工程，强化城市治理，提升民众幸福感。在村(社区)层面普遍建立“善行义举榜”，在区镇层面设置“好人墙”，在市级层面打造“好人一条街”，实现公益全覆盖。举办各类道德讲堂400余场次，评比表彰18个“六有”(有统一标识、有办公场所、有志愿者队伍、有管理制度、有工作台账、有服务项目)志愿者工作站，并给予资金奖励。在市区主街道建设2个志愿工作岗亭，由社会志愿组织值勤，建立志愿服务项目发布机制，共评选奖励29个优秀志愿服务项目。参与制定《海门市人民政府关于进一步加快我市社会信用体系建设的实施意见》，下发《海门市诚信建设宣传教育工作方案》，以诚信经营“十百千万”创建活动为抓手，把海门家纺城和步行街作为诚信市场和诚信经营示范街区建设示范点，推进“诚信海门”建设。

以推动创建常态化、长效化为目标，持续巩固创建成效。参与制定《市委市政府关于深入推进城市管理综合执法体制改革，建立文明城市长效化管理体系的实施意见》，成立市创建全国文明城市工作指挥部，由市主要领导担任总指挥；制订《海门市创建全国文明城市三年行动计划》《海门市创建全国文明城市长效管理考核办法》，成立市创建全国文明城市长效管理办公室，同时市政府专设30万元考核奖励资金。开发融台账上传、点位分布、问题反馈、整改落实、市民建议为一体的文明城市智慧管理平台，提高长效管理的效率和水平。

以打造特色牌、品牌为重点，持续提升未成年人思想道德建设水平。深化“八礼四仪”文明养成教育。承办南通市“青春仪式”观摩展示活动。组织开展全市第四届“美德少年”评选表彰活动，10位同学荣获市“十佳美德少年”称号，78位同学荣获市“美德少年”称号，2位同学获评南通市第四届 “美德少年”，2位获评南通市第四届“美德少年”提名奖。市未成年人成长指导中心心理咨询近200人次，家长公益沙龙9次，帮助市检察院进行涉罪未成年人心理咨询11人次。“星心驿站”家长沙龙、“心理阳光工程”百校行、“七彩的夏日”心理团队辅导进社区、进村镇3个项目列入社科普及活动项目计划。

市领导新春慰问道德模范、身边好人　　（市文明办　提供）

【全国文明城市创建常态督查】 市文明办根据《海门市创建全国文明城市长效管理考核办法》，组织人员对全市12个区镇、32个建成区社区、A/B/C类重点职能部门以及100个实地考察点位的文明城市创建工作进行季度、半年度、年度考核，考核结果在《海门日报》、海门文明网公示，并对排名靠前的进行物质奖励。市创建办全面排查创建工作中存在的突出问题，以问题为导向进行每周督查考评，定期回访整改落实情况，发布创建工作督查通报18期。针对督查考核中暴露出的问题，市文明办同各个职能部门、属地政府，召开创建考核专题通报会，分析当前全市创建面临的新形势和存在问题，就下一阶段深化全国文明城市创建作具体部署。

【“文明出行·志愿值勤” 再出发】 常态化推进“文明出行·志愿值勤”活动，每天安排超过150位机关干部、驾校学员等在城区主要交通路口开展文明交通引导志愿服务，配合交警对“两类对象、三种现象”(行人和非机动车闯红灯、逆向通行、不按道行驶等不文明交通行为)进行劝导，同时开展集中宣传活动，向市民讲解文明交通常识和基本要求，在全社会营造“践行交通文明、告别交通陋习”的浓厚氛围。市文明办协同相关职能部门在学校、农贸市场、医院等重点区域实行联动机制，确保无违章停车、非机动车摆放有序，保障城区高峰时段交通畅通。

4月，在三厂工业园区举办海门市镇村好人评选观摩会　　（市文明办　提供）

【身边好人树立道德标杆】 4月12日，举行2015年度“身边好人·温暖海门”道德人物颁奖典礼，《雷锋》杂志主编陶克少将、雷锋生前亲密战友乔安山等嘉宾出席颁奖礼，并为2015年度温暖海门十大人物、2015年度6月至12月的“海门好人”和100位“文明百佳之星”获奖者颁奖。近年来，市委市政府高度重视精神文明建设，广泛开展群众道德实践活动，培育和践行社会主义核心价值观，在全省成立首家县级“美德基金会”，全市涌现一大批见义勇为、助人为乐、敬业奉献、孝老爱亲、诚实守信的先进典型。2016年，全市拥有“中国好人”15人、“江苏好人”25人、“海门好人”139人，其中周江疆、王新分获第四届、第五届“全国道德模范提名”以及江苏省第四届、第五届“见义勇为道德模范”。

【“道德讲堂”总堂弘扬正能量】 在城乡各地广泛开展道德讲堂活动，活动形式与内容不断求新突破，成为人民群众自我教育的重要舞台、培育践行社会主义核心价值观的重要阵地。每月定期开设市级“道德讲堂”总堂，地税局“家和·税兴”道德讲堂、市监局“做良心食品　保舌尖安全”道德讲堂、交通运输局“弘扬传统美德，争当孝老爱亲模范”道德讲堂、供电公司“你用电我用心　一度电百分情”道德讲堂、文广新局“读好书、习美德、立良行”道德讲堂等，推动全市创新“道德讲堂”形式，提升“道德讲堂”建设水平，使之成为“身边人说身边事，身边人说自己事，身边事教身边人”自我教育的舞台。

【文明家庭倡导家庭美德】 市文明办联合市妇联开展“特色家庭”“五好文明家庭”评选活动，采取自下而上、基层推荐、社会公示、专家评定的方法，评选表彰“公益家庭”“孝心家庭”“诚信家庭”“廉洁家庭”“绿色家庭”“创业家庭”“书香家庭”“艺术家庭”“运动家庭”“平安家庭”10类特色家庭100户，在此基础上评出“五好文明家庭”50户。

【邻里互助弘扬文明新风】 9月，在全市组织开展首届社区“邻里活动月”系列活动，共征集140个特色活动，并于9月6日在海门高新区嘉陵江社区举行“邻里活动月”启动仪式。近年来，海门市着眼于提升居民幸福满意度，将建立新型和谐的邻里关系作为构建和谐社区的切入点。开展访邻志愿服务活动，搭建邻里沟通新平台。开展志愿者“进百家门、认百家人、知百家情、解百家难”的“走百家”活动，重点为社区残疾人、空巢老人、留守儿童、困难农民工等特殊群体提供集中式、钟点式、随机式服务。开展颂邻争先创优活动，展现邻里和睦新气象。开展各类典型评选，依托道德讲堂、社区宣传栏、微信平台等宣传载体，以身边人、身边事反映社区邻里间和睦互助。亲邻文化交流活动，引领邻里融入新风尚。通过家庭才艺大赛、心连心活动、社区广场舞比赛、趣味运动会、书画展、读书交流会、建立社区邻里微信群等形式，邻里关系由相识、相知到相敬，由相疏到相助。开展睦邻清洁家园活动，推动邻里关系新跨越。开展“洁我家园·共创文明”主题活动，解决社区一些地方存在的脏乱差、小广告乱张贴等现象，全面优化居民生活环境和人居环境。

市地税局“家和　税兴”道德讲堂　　（市文明办　提供）

第十届”家庭教育日“活动暨2016年“缤纷的冬日“主题活动启动仪式
(市文明办　提供)

【家风家训传承中华美德】 市文明办、市妇联开展“好家风好家训”征集评选活动，面向社会征集家规家训格言、家风家训故事、家规传承案例。社会各界踊跃参与，共征集到500多条家训格言、139个家风故事、50个家规传承案例，将优秀作品汇编成册，组织在市内媒体选登刊播，在海门文明网开设专题集中展播，多形式、多渠道进行宣传、展示和传承。

【“八礼四仪”文明养成教育深化】 发挥仪式教育的重要作用，推动未成年人“八礼四仪”养成教育往深里做、往常态做。组织全市小学教育管理集团“亲子共绘八礼　文明伴我成长”绘画比赛；“唱童谣　颂美德”全市城市社区亲子童谣传唱现场赛。贯彻省市文明委精神，开展入学、成长、青春、成人仪式教育市级现场观摩会，举办南通市“青春仪式”观摩展示活动。

【培树“身边榜样”教育活动】 开展全市第四届“美德少年”评选表彰活动，获评“十佳美德少年”事迹刊登《海门日报》未成年人专版进行宣传。李贤成、陆佳宁荣获南通市“美德少年”称号，顾青颖、李佳荣获南通市“美德少年”提名奖。6月，组织以“畅想中国未来梦　争做美德好少年”的主题宣传学习观摩活动。12月，开展2016年度海门市“榜样少年”网上推荐评选、宣传学习活动。

【未成年人活动阵地建设】 推进中央、省彩票公益金扶持“乡村学校少年宫”少年宫项目，推进个性化活动项目建设管理。联合市教育局、财政局开展乡村学校少年宫特色项目展评及集中展演活动；7月组织“童心向党”全市乡村学校少年宫特色展示活动。加强未成年人成长指导中心建设管理。全年市未成年人成长指导中心心理咨询共339人次，家长公益沙龙12次，“心理阳光工程”百场宣讲进学校60多场，“七彩的夏日”暑期心理团体辅导进社区20场，帮助市人民检察院进行涉罪未成年人心理咨询12人次，“智慧妈妈成长营”公益讲堂开课12节；“星心驿站”家长沙龙、“心理阳光工程”百校行、“七彩的夏日”心理团队辅导进社区、进村镇3个项目列入社科普及活动项目计划。

【未成年人思想道德建设特色品牌】 举办第十届“我爱我家　相伴成长”家庭教育日活动和“家庭教育日”十年回顾展。开展“唱童谣颂美德”城市社区亲子童谣传唱比赛，“欢欢喜喜迎新年”亲子趣味运动会展示，“我们家的那点事儿”家风家教故事征集，“亲子共绘‘八礼’，文明伴我成长”亲子涂鸦现场赛，开展“星星点灯、传承文明”社科知识进家庭等系列活动，推动家庭教育和学校教育、社会教育有机融合，提升家庭教育水平。

(梁海燕)

友好往来

【市党政代表团赴上海考察学习】 3月16日，市委书记姜龙，市委副书记、市长杨曹明率市党政代表团赴上海产业技

“亲子共绘‘八礼’文明伴我成长”海门市小学教育集团亲子涂鸦现场赛
(市文明办　提供)

术研究院、张江高科技园区、上海工程技术大学学习考察。市领导陆一飞、鲁亚飞、祁中伟、陈水平、储明星、施渠平、金再勤、李冠斌等参加考察活动。在上海产业技术研究院重点学习考察该院的科技创新功能平台,对海门市产业技术研究院建设提供借鉴;张江高科技园区是海门科技创新学习的榜样,对打造海门的众创空间启发很大;上海工程技术大学创新资源足、合作领域广,建立校市全面合作,有助提升海门创新能力,推动海门产业转型升级,双方达成合作初步意向。

【徐州党政代表团到海门考察】 4月15日,徐州市委书记张国华,市委副书记、市长周铁根率党政代表团到海门,专题考察海门市场采购贸易方式试点改革工作。南通市委书记陆志鹏,市委副书记、市长韩立明及海门市委书记姜龙,市委副书记、市长杨曹明,市委常委、海门工业园区党工委书记祁中伟,副市长张炎等陪同考察。姜龙汇报海门经济社会发展情况,祁中伟介绍叠石桥家纺产业集群与市场创新实践。张国华等对海门叠石桥创新发展高度赞同,希望徐州代表团成员认真学习叠石桥敢于探索勇于实践的创新精神,大胆创新实践。张国华一行还实地观摩叠石桥港监管场站试点通关出口关检联合现场查验集装箱等情况。

【云南党政代表团到海门考察】 4月22日,云南省委书记李纪恒,省委副书记、省长陈豪率领的云南省党政代表团到海门考察考察纺织品传统产业转型升级和现代贸易发展情况。江苏省委副书记、省长石泰峰,省政协副主席罗一民等陪同,南通市领导陆志鹏、韩立明、黄巍东,海门市领导姜龙、杨曹明、祁中伟等参加活动。考察团与市场负责人和部分商家深入交流,详细了解市场建设、商品供销等情况。李纪恒主动邀请商家参加南博会昆交会,陈豪向他们推介云南面向南亚、东南亚市场的优势。

【埃塞俄比亚工业部国务部长到海门考察】 5月8日,埃塞俄比亚工业部国务部长塔德塞·海勒一行到海门考察。南通外侨办主任王浦坚,海门市委副书记、市长杨曹明,市领导成伟、祁中伟等参加活动。杨曹明希望进一步健全合作交流机制,搭建交流合作平台,积极开拓家纺、建筑、基础设施建设、矿业开发等领域的务实合作,实现优势互补、互利共赢。塔德塞·海勒介绍埃塞俄比亚概况,希望海门企业家能到园区投资兴业。埃塞俄比亚国家投资委员会总干事费斯图姆·阿雷加作投资环境推介。市部分企业家与埃塞俄比亚考察团作互动交流。

【泰州党政代表团到海门考察】 5月11日,泰州市委书记蓝绍敏,泰州市委副书记、市长史立军率泰州党政代表团,到海门考察叠石桥核心交易区、海关监管场所、叠石桥电商城、海门经济技术开发区。认为在经济新常态下,海门以改革创新推动经济发展、转型升级的做法值得借鉴。南通市领导陆志鹏、黄巍东、朱晋、徐新民等参加考察活动,市委书记姜龙介绍海门经济社会发展等情况,市领导祁中伟参加活动。

【市党政代表团赴海安、通州考察】 8月16日,市委书记陈勇,市委副书记、市长杨曹明率市党政代表团赴海安、通州两地学习考察招商引资和项目建设,园区建设以及城市建设等。市领导陆一飞、葛志娟、邵茂华、祁中伟、杨万平、姚胜、施俊、闫勇、孙伟晋、肖振时、张伟、胡文瑞、黄静等参加活动。市党政代表团先后参观考察海安县经济技术开发区、海安高新区、海安商贸物流产业园及区内企业,海安体育中心;通州区的南通高新区及区内企业,南山湖公园,体育中心和城市展览馆。每到一处,市党政代表团详细听取企业和项目建设情况,为海安、通州两地如火如荼的项目建设所感染,为他们坚持工业立县立区,招引大项目、培育大企业所震撼。两地的城市建设手笔之大、档次之高也给代表团成员留下深刻印象。

【埃塞俄比亚代表团到海门考察家纺市场】 12月21日,埃塞俄比亚人民革命民主阵线中央委员、提克雷人民解放阵线组织部部长阿布拉哈一行31人,到海门工业园区考察海门纺织业产业发展情况和基层党建促进社会治理情况。市委常委、海门工业园区党工委书记祁中伟陪同考察。埃塞俄比亚是具有3000多年历史的文明古国,也是"21世纪海上丝绸之路"的重要节点国家。近年来,埃塞俄比亚经济保持快速增长,是非洲经济增长最快的国家之一,日益成为中国企业走进非洲、投资非洲的首选。双方表示,以此为契机搭建合作交流平台,让埃塞俄比亚与海门对接"一带一路"战略,开展国际产能合作。 (徐海伟)

组织机构与负责人名录

中共海门市委员会

书　记:姜　龙(6月免)
　　　　陈　勇(6月任)
副书记:杨曹明　陆一飞(6月免)
　　　　葛志娟(女,6月任)
常　委:姜　龙(6月免)
　　　　陈　勇(6月任)　杨曹明
　　　　陆一飞(6月免)
　　　　葛志娟(女,6月任)
　　　　陈跃生(6月免)
　　　　鲁亚飞(6月免)　邵茂华
　　　　毛炜峰(女)　祁中伟
　　　　杨万平(6月任)
　　　　施渠平(7月任)
　　　　姚　胜(6月任)
　　　　施　俊(7月任)
　　　　闫　勇(7月任)
　　　　孙伟晋(5月任)
　　　　成　伟(7月免)
　　　　赵新叶(5月免)
　　　　汪国军(7月免)
　　　　王有业(挂职,2月止)

海门市人大常委会

主　任:姜　龙(7月免)
副主任:肖振时(女)　陈水平(7月免)
　　　　柏云冲(党组副书记)
　　　　王兰平(女)
　　　　郭　辉(7月免)

海门市人民政府

市　长：杨曹明
副市长：成　伟(9月免)　施渠平
　　王拥军　张　炎(5月免)
　　储明星(女,7月免)　张　伟
　　张　华(援疆)
　　胡文瑞(7月任)
　　黄　静(女,7月任)
　　王术军(9月任)
　　陈　敢(11月任)
　　杨　利(挂职,1月止)

政协海门市委员会

主　席：陆一飞(1月任)
副主席：郁　斌　黄永成
　　李冠斌(1月任)
　　李鑫钊(1月任)

中共海门市纪律检查委员会(市监察局与其合署)

书　记：陈跃生(6月免)
　　姚　胜(6月任)
副书记：吴　辉　顾卫平(7月免)
　　尤佩娟(女,7月任)
常　委：宋爱武(女)　黄明瑜(12月免)
　　陈　健　龚海峰(7月任)
　　吴　凡(12月任)
监察局局长：吴　辉
监察局副局长：黄明瑜(12月免)
　　袁　辉　陆　杨(女)

中国人民解放军海门市人民武装部

部　长：闫　勇
政　委：汪国军
副部长：汤学华
党委第一书记：姜　龙
书　记：汪国军
副书记：闫　勇
纪委书记：汤学华

海门市人民法院

院　长：潘　建(7月免)
　　周东瑞(7月任)
副院长：吴学权　吴中伟　陈旭东
　　黄新江
党组书记：潘　建(7月免)
　　周东瑞(7月任)
党组副书记：吴学权　吴中伟
政治处主任：黄雷舟
纪检组长：袁建新
审判委员会：陈　冲(4月任,专职委员)

海门市人民检察院

检察长：李　铁(7月免)
　　钱国泉(7月任)
副检察长：保建明　唐立忠　陈永平
党组书记：李　铁(7月免)
　　钱国泉(7月任)
党组副书记：保建明
政治处主任：姜　甫
纪检组长：陈　东
检察长助理：张　斌
反贪局局长：施益兵
检察院检察委员会：羌　琴
　　(女,专职委员)
反渎职侵权局局长：朱　卫

检察院第一检察室

主　任：张　征

检察院第二检察室

主　任：(缺额)

检察院第三检察室

主　任：何卫洪

检察院第四检察室

主　任：(缺额)

市委工作部门及直属事业单位

市委办公室(市委研究室)

主　任：施　俊
副主任：陈新华(12月免)　袁　兵
　　姜　元　赵　江　施　健
　　张东华(1月任)
督查室主任：黄　超(12月免)

市委研究室

主　任：陈新华(12月免)
　　姜　元(12月任)
副主任：袁　兵

市委机要局(市保密委员会办公室)

局　长：黄海江
副局长：钱宇亮

台湾工作办公室(市政府台湾事务办公室)

主　任：袁　兵
副主任：黄胜男(女)

组织部(市委市级机关工作委员会、市委非公有制企业和社会组织工作委员会、人才办与其合署)

部　长：鲁亚飞(6月免)
　　杨万平(6月任)
副部长：范燕燕(女)　冯　彪　张　成
　　尹建东
机关工委书记：顾卫平(11月任)
　　王　飞(1月免)
机关工委副书记：郭海平(女)
机关纪工委书记：赵立忠
部务委员：吴　伟
"两新"工委书记：范燕燕(女)
"两新"工委副书记：王　军(11月免)
　　张卫忠(不驻会)
　　朱国斌(不驻会)
　　周　宏(不驻会)
　　钱卫江(不驻会)

人才工作办公室

主　任：张　成
副主任：赵永伟

党员干部现代远程教育办公室

主　任：解建明(5月任)
　　顾志华(1月免)

宣传部 (市精神文明建设指导委员会办公室、市新闻中心)

部　长：赵新叶(7月免)
　　邵茂华(7月任)
副部长：郁国强　季　春　黄丽华(女)

文明办

主　任：郁国强
副主任：陆昌盛　江　鹤
　　徐　新(援疆)

新闻中心

主　任：俞新美(女)

互联网信息管理办公室
主　任：邹国童

统战部
部　长：杨万平（6月任）
　　　　李鑫钊（6月免）
副部长：朱　洪　张卫忠　茅雷明

政法委员会（市依法治市领导小组办公室、市社会治安综合治理委员会办公室、市国家安全办公室与其合署）
书　记：毛炜峰（女，兼）
副书记：张　炎（不驻会，6月免）
　　　　胡文瑞（6月任）　施介安
　　　　曹　拓
依治办主任：毛炜峰（女，兼）
依治办副主任：陈　俊（12月免）
综治办主任：施介安
综治办副主任：崔　强（1月免）
　　　　　　　陈　俊（12月免）
主任助理：王　锋
国安办主任：曹　拓
国安办副主任：张　磊
政治处主任：政耀华

农村工作办公室（市政府农村工作办公室）
主　任：袁雷松
副主任：黄　磊　沈　克　姜永军
　　　　龚卫东
纪检组长：王辰昱

机构编制委员会办公室
主　任：尹建东
副主任：张炳江

事业单位登记管理局
局　长：袁　新

610办公室
主　任：陈　明（4月免）
　　　　俞　勇（4月任）
副主任：陈　杰　沈新华

老干部局
局　长：祝卫兵
副局长：江守忠　吴建冲　张达华

党史工作办公室（市地方志办公室与其合署）
主　任：季　春
副主任：陶建明　施昀红（女，3月任）

党　校
校　长：陆一飞（兼，8月免）
　　　　葛志娟（女，8月任）
副校长：俞东毅（常务，12月免）
　　　　陈新华（常务，12月任）
　　　　茅胜斌　王　斌

接待办
主　任：施　俊（4月免）
　　　　陈冬华（女，4月任）
副主任：陈　见

海门日报社
社　长：沈健生
总　编：范　军
副总编：袁新忠（1月免）
　　　　陈新龙（1月免）
　　　　王燕琴（女，1月免）　陈　松
党组书记：沈健生
党组副书记：范　军

档案局（馆）
局（馆）长：梁　建
副局（馆）长：盛美英（女）　刘　燕（女）

市人大常委会工作部门

办公室（研究室、信访督办室）
主　任：龚见新
副主任：黄樱璐（女）　赵　洪

财政经济工作委员会（农业农村工作委员会）
主　任：俞建坤　万旭东
副主任：殷　亮

内务司法工作委员会
主　任：季耀祥（12月免）
　　　　王思健（12月任）
副主任：郁继东（12月任）

科教文卫工作委员会（民宗侨台工作委员会）
主　任：晓　天（女，12月免）
　　　　顾建辉（12月任）　黄樱璐（女）
副主任：梁建新

环境资源城乡建设工作委员会
主　任：黄旭东
副主任：吴田强（3月免）
　　　　顾建辉（3月任，12月免）

人事代表工作委员会
主　任：俞永生
副主任：成　实（女）

市人民政府工作部门及直属事业单位

政府办公室（政府法制办公室、政府外事侨务办公室、政府金融工作办公室、口岸办公室、人民防空办公室）
主　任：李冠斌（3月免）
　　　　周国强（3月任）
副主任：王思健（12月免）
　　　　樊丽红（女）　陆建平　喻　华
　　　　顾建兵　秦风雷　薛治安
　　　　沈小明　杨　勇
　　　　黄　超（12月任）
　　　　徐晓彦（1月任，挂职1年）
党组书记：李冠斌（1月免）
　　　　　周国强（1月任）
党组副书记：邵正兴　沈炳良
纪检组长：从国华

法制办公室
主　任：王思健（1月免）
副主任：严水平

外事侨务办公室
主　任：喻　华（1月免）

金融工作办公室
主　任：李冠斌（1月免）
　　　　周国强（1月任）
副主任：薛治安
　　　　徐晓彦（1月任，挂职1年）

口岸办公室
主　任：樊丽红（女，1月免）

人民防空办公室
主　任：沈炳良
副主任：陈正发（1月免）

市政府研究室主任:黄　晨(11月免)

发展改革和经济信息化委员会(物价局,中、小企业局)

主　任:钮　健

副主任:张　频(1月任)　佘尚兵
　　蔡玉新　戴建忠　徐　赟
　　江　军(12月任)　刘宇江
　　张　娟(女)

主任助理:(缺额)

党组书记:钮　健

副书记:张　频　佘尚兵　蔡玉新

纪检组长:王建如

中小企业局

局　长:戴建忠(1月免)

物价局

局　长:张　频(1月免)

副局长:陈　建

纪检组长:(缺额)

沿海地区发展办公室

主　任:徐　赟

副主任:王建华(3月任)

海编发〔2016〕34号,同意在海门市教育局增挂中共海门市委教育工作委员会牌子,为中共海门市委的派出机构,与海门市教育局实行一套班子两块牌子。

教育局(中共海门市委教育工作委员会、体育局)

局　长:许新海

副局长:黄永成　俞兆新
　　袁　峰(1月任)　季立新
　　朱国兴　倪　强

党组书记:许新海

党组副书记:俞兆新　袁　峰　季立新

纪检组长:王　宏

教育工作委员会书记:许新海(3月任)

教育纪律检查工作委员会书记:
　　王　宏(3月任)

市政府教育督导室

主　任:俞兆新

副主任:徐国强(1月免)
　　黄礼宾(3月任)

体育局

局　长:袁　峰(1月免)

副局长:俞卫中

局长助理:沈永华

中小学教师研修中心

主　任:朱国兴

副主任:何仁毅　丁建强(1月免)
　　陆洪飞　张永林(3月任)

党支部书记:朱国兴

新教育培训中心

主　任:吴　勇

副主任:王领琴(女)　张永林(3月免)
　　杨川美(女,3月任)

科学技术局(知识产权局)

局　长:许栋新(1月免)
　　王　飞(1月任)

副局长:赵建新　周新忠(不驻会)
　　黄　玮　陈　忠　黄　健
　　郑文捷(女,8月任,挂职至2017年8月)
　　陆国林(挂职,8月止)

党组书记:许栋新(1月免)
　　王　飞(1月任)

党组副书记:赵建新

纪检组长:沈春霞(女)

地震局

局　长:赵建新

市产业技术研究院

院　长:黄　玮

公安局

局　长:张　炎(7月免)
　　胡文瑞(7月任)

常务副局长:沈为人

政　委:沈忠耀(4月免)
　　沈为人(4月任)

副局长:沈忠耀(4月免)
　　陈　明(4月免)
　　俞　勇(12月免)　江新忠
　　施　村　陆跃勤(女,12月任)
　　倪　平(4月任)
　　陆煌辉(4月任)
　　史元圣(11月任,挂职1年)
　　孙劲松(挂职,10月止)

副政委:黄泽兵(4月免)
　　陆跃勤(女,12月免)
　　陈永刚(12月任)

党委书记:张　炎(6月免)
　　胡文瑞(6月任)

党组副书记:沈为人　沈忠耀(4月免)
　　俞　勇(12月任)

纪委书记:陈永刚(12月免)
　　梁建斌(12月任)

海编发〔2016〕35号,根据南通市编办《关于同意海门市公安局五个大队更名的批复》(通编办发〔2015〕143号)精神,同意公安局五个大队更名,具体如下:市公安局经济文化保卫大队更名为市公安局单位内部安全保卫大队,市公安局执法监督大队更名为市公安局法制大队,市公安局网络安全监察大队更名为市公安局网络安全保卫大队,市公安局交通巡逻警察大队更名为市公安局交通警察大队,市公安局巡防大队更名为市公安局巡特警大队,人员重新任命。更名后的5个大队仍为副科级建制,内设机构仍为股级建制。副科职及正副股职领导职数不变。

政治处

主　任:梁建斌(12月免)
　　陆凯华(12月任)

督察大队

队　长:张宏兵(12月免)
　　魏　兵(12月任)

教导员:刘红梅(女,12月免)
　　石洪兵(12月任)

警务保障室

主　任:周建飞

指挥中心(办公室)

主　任:陆凯华(12月免)
　　陆跃辉(12月任)

教导员:季涛洪

国内安全保卫大队

大队长:徐永平(12月免)

教导员:徐相华

单位内部安全保卫大队
大队长：吴宗辉(11 月任)
教导员：顾　杰(11 月任，12 月免)
　　　　王正国(12 月任)

治安管理大队(水警大队)
大队长：王　兴
教导员：徐雪高(12 月免)
　　　　张宏兵(12 月任)

交通警察大队
大队长：施卫星(11 月任)
教导员：何　勇(11 月任，12 月免)
　　　　庄　捷(12 月任)

刑事侦查大队
大队长：倪　平(12 月免)
　　　　严雪松(12 月任)
教导员：毕永彪(12 月免)
　　　　施　毅(12 月任)

经济犯罪侦查大队
大队长：陆煌辉(12 月免)
　　　　许叶烽(12 月任)
教导员：王正国(12 月免)
　　　　陆志冲(12 月任)

网络安全保卫大队
大队长：许叶烽(11 月任，12 月免)
　　　　张宝兵(12 月任)
教导员：陆跃辉(11 月任，12 月免)
　　　　沈校冲(12 月任)

巡特警大队
大队长：黄新宇(11 月任)
教导员：庄　捷(11 月任，12 月免)
　　　　张　忠(12 月任)

出入境管理大队
大队长：沈校冲(12 月免)
　　　　樊　健(12 月任)
教导员：蒋信文

法制大队
大队长：陆忠鹤(11 月任，12 月免)
　　　　毕永彪(12 月任)
教导员：方锡华(12 月任)

监管大队(看守所)
大队长：黄新平
教导员：魏　兵(12 月免)
　　　　江志锋(12 月任)

禁毒大队(海编发〔2016〕36 号，根据南通市编办《关于同意设立海门市公安局禁毒大队的批复》(通编办发〔2015〕179 号)精神，设立海门市公安局禁毒大队，挂“海门市禁毒委员会办公室”牌子，为海门市公安局执法勤务机构，副科级建制，设大队长、教导员各 1 名，副大队长 2 名，副教导员 1 名。内设综合中队、查禁中队、基础中队。内设机构均为股级建制，综合中队设中队长、副中队长各 1 名，其他中队设中队长、指导员各 1 名，副中队长各 1 名。
教导员：施　勇(12 月任)

叠石桥出入境管理大队
大队长：刘红梅(女，12 月任)
教导员：毛　新(12 月任)

城中派出所
所　长：李　明(12 月免)
　　　　徐雪高(12 月任)
教导员：陆　军

城南派出所
所　长：石洪兵(12 月免)
　　　　孙阿庆(12 月任)
教导员：袁晓辉

城东派出所
所　长：张宝兵(12 月免)
　　　　李　明(12 月任)
教导员：龚海燕(12 月免)
　　　　钱志新(12 月任)

开发区派出所
所　长：陆志冲(12 月免)
　　　　陆忠鹤(12 月任)
副所长：张国华(12 月任)
教导员：张　忠(12 月免)
　　　　李　明(12 月任)
副教导员：陈松柏(12 月任)

三星派出所
所　长：黄志峰(12 月免)
　　　　吴　彬(12 月任)
教导员：施　毅(12 月免)
　　　　赵震辉(12 月任)

德胜派出所
所　长：钱志新(12 月免)
教导员：肖方明

三厂派出所
所　长：严雪松(12 月免)
　　　　黄志峰(12 月任)
教导员：毛　新(12 月免)
　　　　王慧丰(12 月任)

临江新区派出所
所　长：陈松平(12 月免)
　　　　马世奇(12 月任)
教导员：严伟中

海永乡派出所
所　长：江志锋(12 月免)
　　　　周　伟(12 月任)
教导员：陆水坤(12 月任)

常乐派出所
所　长：孙卫星
教导员：许志云(12 月免)
　　　　王俊杰(12 月任)

悦来派出所
所　长：陈松柏(12 月免)
教导员：黄伟钢(12 月免)
　　　　顾　杰(12 月任)

万年派出所
所　长：孙阿庆(12 月免)
教导员：李宪振(12 月任)

四甲派出所
所　长：王慧丰(12 月免)
　　　　龚海燕(12 月任)
教导员：王俊杰(12 月免)
　　　　许志云(12 月任)

货隆派出所
所　长：陆水坤(12 月免)

何　勇(12月任)
教导员:仇　华(12月任)

余东派出所

所　长:陆水强
教导员:丁汉如

正余派出所

所　长:王　沈
教导员:仇　华(12月免)
陆彦国(12月任)

包场派出所

所　长:陆　杰
教导员:冯志平(12月免)
陈松平(12月任)

海门港新区派出所

所　长:李宪振(12月免)
黄伟钢(12月任)
教导员:周　伟(12月免)
冯志平(12月任)

民政局

局　长:江　华(女)
副局长:陆　飞　朱国斌
樊新星(12月免)　姜利军
石　磊(12月任)
局长助理:戴宝根
党组书记:江　华(女)
党组副书记:陆　飞
纪检组长:蔡卫星

司法局

局　长:朱红兵
副局长:刘海忠　唐　强　施建胜
茅敏勇　秦春兵
党组书记:朱红兵
党组副书记:刘海忠
纪检组长:政彩琴(女)

财政局

局　长:肖　飙
副局长:祁雷斌　陈善冲　陈　伟
杨忠平
党组书记:蔡建新(兼,1月免)
肖　飙(1月任)
党组副书记:祁雷斌
纪检组长:钮　凯
总会计师:陆文武(女)

国库集中支付中心

主　任:冯浩平(1月免)
李　莉(女,4月任)

国有资产管理委员会办公室

主　任:秦振飞

市级机关财务服务中心

主　任:张　杰

财政稽查大队

大队长:季永平

人力资源和社会保障局

局　长:冯　彪
副局长:江耀翔　杨颖芳(女)　张陆平
陆沈北(1月免)
蔡维琴(女,1月免)　冯　新
施　威　张志强
党组书记:冯　彪
党组副书记:江耀翔　杨颖芳(女)
纪检组长:杨曙光

人才服务中心

主　任:倪　丹(女)
党支部书记:樊　敏(女)

职工医疗保险基金管理中心

主　任:杨　东
党支部书记:苏小丽(女)

劳动保障监察大队

大队长:江宝新

国土资源局

局　长:江少康(5月免)
刘志凌(5月任)
副局长:陈建明　江建华
党组书记:刘志凌
纪检组长:成　强

地产开发服务中心

主　任:吴季平

土地资产储备中心

主　任:倪善新

国土资源局开发区分局

局　长:朱国华

国土资源局海门工业园区分局

局　长:宋筱炜(女,5月任)

国土资源局滨海新区分局

局　长:余建铭

国土资源局临江新区分局

局　长:王晓萍(女)

不动产登记交易中心　[海编办发〔2016〕1号,根据南通市编办《关于设立海门市不动产登记交易中心的批复》(通编办发〔2015〕194号)文件精神,将原“海门市不动产登记服务中心”更名为“海门市不动产登记交易中心”,并升格为国土局所属相当副科级建制的全额拨款事业单位。核定编制23名(在职人员由原市地政管理站、地产评估所整建制划入及市房产交易登记中心部分划入,原人员性质不变),设主任1名、书记1名、副主任2名。主要为机关行使不动产登记及二手房交易等相关职责提供支持。]

主　任:顾　平
党支部书记:顾红霞(女)

环境保护局

局　长:张　健
副局长:杨　杰　邵向锋　许正娟(女)
廖　敏(8月任,挂职至2017年8月)
总工程师:袁　飞
党组书记:张　健
党组副书记:杨　杰
纪检组长:彭　新

环境监察大队

大队长:钱向东

环保局海门经济技术开发区分局

局　长:邵向锋
副局长:江新华

环保局临江新区分局

局　长：张　磊

住房和城乡建设局（规划局）

局　长：施渠平（1月免）
　　　　施　泉（1月任）
副局长：陆澄平　蔡卫东　黄卫东
　　　　周悦凡（1月免）　范　华
　　　　何耀华　汤　冲　姜金勇
　　　　关贤军（挂职，8月止）
党组书记：施渠平（1月免）
　　　　　施　泉（1月任）
党组副书记：陆澄平　蔡卫东　黄卫东
纪检组长：冯　平

规划局

局　长：施渠平（1月免）
　　　　施　泉（1月任）
副局长：陆澄平

住房制度改革办公室

主　任：俞　忠

房屋征收管理处

主　任：刘春雷（3月任）

城建监察执法大队

大队长：张　琛（女）

城市管理局（城市管理行政执法局）

局　长：唐国强
副局长：陈　萍（女）　张新生
　　　　成世锋　黄　健
局长助理：苏建红
党组书记：唐国强
党组副书记：陈　萍（女）
纪检组长：钱晓华

城市管理行政执法第一大队

大队长：袁春华

城市管理行政执法第二大队

大队长：黄云端

城市管理行政执法第三大队

大队长：沈　慧（女）

城市管理行政执法第四大队

大队长：陆　鑫

“12345”公共服务中心（数字化城市管理中心）

主　任：顾建兵
副主任：施浴宇　钱　胜　胡勤东

交通运输局（港口管理局、铁路办）

局　长：陈　平
副局长：宋玉斌（1月免）　杨兴中
　　　　王振洪　沈　辉（1月任）
　　　　徐海斌　袁庆华（1月辞职）
　　　　陶　雄（1月任）
　　　　姚　佼（8月任，挂职至2017年8月）
总工程师：曹美芳（女）
港口管理局局长：陈　平
副局长：袁庆华（兼，1月辞职）
党组书记：陈　平
党组副书记：杨兴中
纪检组长：罗爱清（女）

铁路办

主　任：陈　平（兼）
副主任：曹美芳（兼）

地方海事处

处　长：汤　飞
党支部书记：汤　飞（1月免）
　　　　　　顾小健（1月任）

运输管理处

处　长：陶　雄（1月免）
　　　　陈颖杰（3月任）
党支部书记：陈颖杰（3月任）

乡镇交通运输综合管理所

所　长：陈颖杰

农业局（林业局、海洋与渔业局）

局　长：曹　冲
副局长：单卫兵　倪志斌（11月免）
　　　　杨洪兴　肖正豪（12月免）
　　　　王晓松（11月任）
　　　　顾黄辉（12月任）
　　　　梁建设（挂职，8月止）
党组书记：曹　冲
党组副书记：单卫兵
纪检组长：俞立新

水利局

局　长：叶大达
副局长：曹　健（3月免）　袁佩新
　　　　葛小军（3月任）
局长助理：杨卫忠
总工程师：陈咏梅（女）
党组书记：叶大达
党组副书记：曹　健（3月免）
纪检组长：王　卫

商务局（粮食局、旅游局）

局　长：左　军（3月免）
　　　　何雪峰（3月任）
副局长：陆冬辉（1月免）
　　　　施惠忠（1月免）
　　　　王　军（11月任）　黄　瑛（女）
　　　　黄建标　薛　锋
　　　　李　俊（3月任）
　　　　冯　军（12月任）
党组书记：左　军（1月免）
　　　　　何雪峰（1月任）
党组副书记：王　军（11月任）
纪检组长：姚忠平

粮食局

局　长：左　军（兼，1月免）
　　　　何雪峰（1月任）
副局长：（缺额）

旅游局

局　长：陆冬辉（1月免）
　　　　何雪峰（1月任）
副局长：施惠忠（1月免）

文化广电新闻出版局

局　长：陈忠新
副局长：王忠裕　郁凯军
　　　　李　平（1月免）
　　　　徐叶飞（3月任）
党组书记：陈忠新
纪检组长：吴　凡

文化行政综合执法大队

大队长：郭建龙

卫生和计划生育委员会
主　任:王　平
副主任:高　峰(1月免)　陈海平
　　　王晓冬　王永伟　刘　勤
党组书记:王　平
纪检组长:杨晓华(女)

市场监督管理局
局　长:赵国兵
副局长:丛发源　戴　娟(女)　俞　飞
　　　周　宏　孙海东　陈思彬
　　　袁　荣(女)　顾俊军　朱金平
党组书记:赵国兵
纪检组长:王小松(女)

市场监督管理局开发区分局
局　长:(缺额)
副局长:梁学衍

市场监督管理局城区分局
局　长:陈　忠

市场监督管理局工业园区分局
局　长:倪雪玛

市场监督管理局三厂分局
局　长:黄永飞

市场监督管理局常乐分局
局　长:(缺额)

市场监督管理局四甲分局
局　长:俞　华

市场监督管理局正余分局
局　长:(缺额)

市场监督管理局余东分局
局　长:(缺额)

市场监督管理局海门港新区分局
局　长:花　忠

市场监督管理局悦来分局
局　长:施　伟

市场监督管理局临江新区分局
局　长:(缺额)

市场监督管理局海永分局
局　长:秦　杰

市综合检验检测中心
主　任:袁　荣(女)

审计局
局　长:张　平
副局长:陈建荣　郁志良　张松华
　　　马爱华(女)　沈　忠
总审计师:陆晓君(女)
党组书记:张　平
党组副书记:陈建荣
纪检组长:陆洪平

经济责任审计中心
主　任:范宴斌

固定资产投资审计中心
主　任:朱庆丰
党支部书记:陆晓君(女)

统计局
局　长:郭宏伟
副局长:江金林　崔正辉　沈焙煊(女,1月免)
总统计师:孙锦华
党组书记:郭宏伟
党组副书记:江金林
纪检组长:姚武彬

安全生产监督管理局
局　长:周　虎
副局长:杨慰华　曹连法　黄　健
　　　陈启兵(3月任)
党组书记:周　虎
党组副书记:杨慰华(3月任)
纪检组长:高善忠

安全生产监察大队
大队长:施仲生

信访局
局　长:张士华
副局长:朱文蔚(女)　龚建军　吴卫东
信访督查专员:袁樱花(女)
党组书记:张士华
党组副书记:朱文蔚(女)
纪检组长:倪　俊

民族宗教事务局
局　长:朱　洪
副局长:陈　如　黄卫杰

建筑工程管理局
局　长:王碧君(女)
副局长:岑　鑫　袁礼春　沈雪松
　　　陈　敏(挂职,8月止)
局长助理:钱卫东
党组书记:王碧君(女)
纪检组长:陈永发

农业资源开发局
局　长:周新忠
副局长:张克平　胡　兵
党组书记:季正玉(女,11月免)
　　　　黄明瑜(12月任)

农业机械管理局
局　长:陈俊高
副局长:刘雪荣　赵国栋
党组书记:陈俊高

市级机关事务管理局
局　长:袁　标
副局长:姚振华　吴　勤(女)　刘　洪
　　　王　勇
局长助理:陈卫忠
党组书记:袁　标
纪检组长:张继东(1月任)

机关后勤服务中心
主　任:顾灵挺

供销合作总社(供销集团总公司)
主　任:尤佩娟(女,11月免)
　　　季正玉(女,11月任)
副主任:赵林忠　沙锦成
　　　倪志群(女,6月免)
总经理:尤佩娟(女)
副总经理:倪志群(女,6月免)
党组书记:尤佩娟(女,11月免)
　　　　季正玉(女,11月任)
纪检组长:宋文华

行政审批局(政务服务中心)
局长(主任):马竞杰
副局长(副主任):钱建生　沈　飞

杨建明　王剑飞
党组书记：成　伟(兼，1月免)
马竞杰(1月任)
党组副书记：(缺额)
纪检组长：赵伟晔(女)

广播电视台

台　长：李　勇
副台长：黄　斌　钱逸鑫　俞煜华
陆宇峰(1月任)
党组书记：李　勇
党组副书记：黄　斌
纪检组长：姜晓平

投资促进局

局　长：彭　皓(4月辞职)
何雪峰(8月任)
副局长：陈　飞(1月免)　曹　卫
吴建荣(1月任)
党组书记：彭　皓(4月辞职)
何雪峰(8月任)

市政府投资项目工程建设中心

主　任：岑炳华
副主任：崔　勇　成鑫如　费锦忠
总工程师：张晓翔
党组书记：岑炳华
党组副书记：崔　勇(3月任)
纪检组长：周　亚(女)

市社会管理服务中心

主　任：毛炜峰(女，兼)
副主任：季炳英(女，常务)　马建平
袁　明
党组书记：季炳英(女)

信息中心

主　任：陆建平
副主任：周晓泉

公共资源交易中心

主　任：黄善明
副主任：黄建石　王水兵　黄　胜(1月任)
党组书记：黄善明
纪检组长：江　琳(女)

江苏叠石桥市场管委会

主　任：江永军
副主任：王继东(常务)　顾兴宝
曹维昌　方锐耀

维护社会稳定领导小组办公室

主　任：沈为人
副主任：冯建江

江苏海门蛎岈山国家级海洋公园管理处

主　任：成　伟(6月免)
副主任：沈　辉
办公室主任：方　宇
保护与开发科科长：包小松
环境监测科科长：(缺额)

南通国土资源数据备份中心

主　任：江少康(5月免)

市政协工作机构

海编发〔2016〕13号，设立海门市政协委员工作委员会，正科级建制，设主任1名。海编发〔2016〕21号，同意在学习文史委员会挂文教卫生体委员会牌子，城乡建设事业与法制委员会不再挂文教卫生体委员会牌子，文教卫生体委员会的职能划入学习文史委员会。

秘书长：梁　辉

办公室

主　任：梁　辉(12月免)
陈　平(12月任)
副主任：潘学东(6月免)
夏　燕(女，12月免)
机关党组书记：梁　辉(12月免)
陈　平(12月任)

政协委员工作委员会

主　任：夏　燕(女，12月任)

学习文史委员会(文教卫生体委员会)

主　任：陈　平(11月免)
俞东毅(12月任)

提案委员会

主　任：沈　华(女)

经济科技委员会

主　任：戚　毅(1月免)
姚继伟(1月任)
副主任：潘学东(1月免)

城乡建设与法制委员会

主　任：梁　平(1月免)
许栋新(1月任)
副主任：陈吴静(女，1月任)

港澳台侨委员会

主　任：陈卫荣(1月免)
戚　毅(1月任)

文史资料编辑部

主　任：张　敏(女)

市纪委工作部门

办公室

主　任：陆　婕(女)

监察干部管理监督室

主　任：徐峥嵘

信访室

主　任：黄雅静(女)

第一纪检监察室

主　任：龚海峰(12月免)
俞　辉(12月任)

第二纪检监察室

主　任：李永强

第三纪检监察室

主　任：黄松波

第四纪检监察室

主　任：李海鹰

案件审理室

主　任：黄　娟(女)

案件监督管理室

主　任：尹天擎(1月免)
吴建华(1月任)

宣传教育室

主　任：顾鸣凤(女，1月任)

党风政风监督室
主　任:张剑波

派驻第一纪检监察室
主　任:陈　健(3月任)
副主任:俞　辉(12月免)　薛瑜松
　　朱　华(12月任)

派驻第二纪检监察室
主　任:宋爱武(女)
副主任:吴建华(1月免)　龚雪峰
　　汤　英(女,3月任)

派驻第三纪检监察室
主　任:黄明瑜(12月免)
副主任:崔琼飞　郁金石

派驻第四纪检监察室
主　任:袁　辉
副主任:孙启栋　陆　阳

综合电子监察中心
主　任:顾鸣凤(女,1月免)
　　尹天擎(1月任)

市群团组织及其他机构

总工会
主　席:顾玉琴(女)
副主席:钱卫江　徐　红(女)　黄水新
　　冯　新(兼,不驻会)
　　杨慰华(兼,不驻会)
　　叶剑生(兼,不驻会)
党组书记:顾玉琴(女)
党组副书记:钱卫江
纪检组长:黄秀梅(女)

团市委
书　记:俞　璟(女,1月免)
　　陈东明(3月任)
副书记:袁锦娉(女)
　　钱永浩(挂职,8月止)
　　唐　彬(挂职,9月止)
党组书记:俞　璟(女,1月免)

妇　联
主　席:姜　敏(女)
副主席:陆剑红(女)
党组书记:姜　敏(女)

科　协
主　席:顾建平
副主席:姜志斌(1月免)　沈　飚
　　甘加喜(11月任)
党组书记:顾建平

侨　联
主　席:李振东(3月任)
副主席:(缺额)
党组书记:(缺额)

工商联
主　席:郁　斌(兼)
副主席:张卫忠　顾志华(1月任)
　　张　强(不驻会)
　　朱仲辉(不驻会)
　　倪雪文(不驻会)
　　陆亚萍(女,不驻会,12月免)
　　方玉丽(女,不驻会)
　　王　斌(不驻会)
　　郑新平(不驻会)
　　徐竹林(不驻会,12月免)
　　陈祖新(不驻会)
　　李建新(不驻会)
　　王振京(不驻会,12月免)
　　徐瑞鹏(12月任)
　　陆亚行(女,12月任)
　　蔡东升(12月任)
党组书记:张卫忠

残　联
主　席:张　伟
副主席:陆警岗　王　平(不驻会)
　　江　华(女,不驻会)
执行理事会理事长:陆警岗
执行理事会副理事长:徐　平　张焰平
　　郁　健
党组书记:陆警岗
党组副书记:徐　平

文　联
主　席:黄丽华(女)
副主席:朱慧玮(女)
　　宋卫香(女,不驻会)

社科联
主　席:顾青山

计划生育协会
会　长:(缺额)
副会长:吴　燕(女)

红十字会
会　长:王拥军(兼)
副会长:王　丹(女,常务)
党组书记:王　丹(女)
纪检组长:方　燕(女)

法学会
专职副会长:从璐璐(女)

新通海沙综合整治工程指挥部
总指挥:施亚民
副总指挥:陈　平　曹　健　曹雪歧
　　王士荣
党组书记:施亚民

垂直管理部门

国家税务局
局　长:马　铭
副局长:盛建新　陈虎斌　沈　强
党组书记:马　铭
纪检组长:姚筱煜

地方税务局
局　长:陈　敏
副局长:沈黎光　盛险峰
党组书记:陈　敏
纪检组长:沈　峰

供电局(公司)
总经理、党委副书记:刘　飞(1月免)
　　李秋实(1月任)
副总经理、党委书记:徐　森
副总经理:江晓晔(1月任)　陈庆涛
　　茅建华(1月任)
　　黄　霆(1月免)
　　陆建锋(1月免)
纪委书记、工会主席:陆正兵
海门运维站经理:丁雪峰(1月免)
　　汤向华(1月任)

中国邮政海门市分公司
总经理:朱轶辉(11月免)
　　黄　炜(11月任)
副总经理:王则亚(女)　袁　柳

党委书记:朱轶辉(11 月免)
　　　　黄　炜(11 月任)
纪委书记:王则亚(女)

邮政管理局

局　长:姜晓毅

江苏有线海门分公司

总经理:何伟华
副总经理:崔　平　高　希　高卫豪
党委书记:何伟华
纪检书记:陆建香(女,12 月任)

中国电信海门分公司

总经理:钮奇奇(10 月任)
副总经理:徐　茹(女,主持工作,10 月免)
　　　　张　健　胡洪辉　陆　炜
党委书记:徐　茹(女,10 月免)
　　　　钮奇奇(10 月任)
纪委书记:张　健

中国移动通信海门分公司

总经理:戴萍萍(女,2 月免)
　　　徐　建(2 月任)
副总经理:高卫星(5 月免)
　　　　黄怀红(5 月任)
　　　　朱颂华(9 月任)　施和平

联合网络通信海门分公司

总经理:郭卫秦
总经理助理:周云清　姜培荣

气象局

局　长:葛亚东
副局长:许春艳(女)
廉政监督员:李振亚(5 月免)
纪检监察员:李振亚(5 月任)

烟草专卖局

局　长(经理):徐建春
副局长:陆卫国
副经理:俞　华
党组书记:徐建春

盐务局

局　长:李勇林
党支部书记:陶耀忠(9 月退休)

人民银行海门市支行(外汇管理局)

行长(局长):樊雄辉
副行长(副局长):李锡芳　黄培香(女)
兼纪检组长稽核:崔丽娟(女)
党组书记:樊雄辉

中国银行海门支行

行　长:李　勇(7 月免)
　　　施凯丰(7 月任)
副行长:朱　姝(女)　陆宇红(女)
　　　蒋碧松
党支部书记:李　勇(7 月免)
　　　　　施凯丰(7 月任)
党支部副书记:张　慧(女)
纪检组长:张　慧(女)

工商银行海门支行

行　长:陈　岩
副行长:曹建平　姜素萍(女,6 月免)
　　　吴开军(5 月任)
　　　黄继前(10 月任)
纪委书记:陈　勇

农业银行海门市支行

行　长:张俊强
副行长:倪　晨　施晓霞(女)　龚　斌
　　　陆建兵
党委书记:张俊强
党委副书记:倪　晨
纪委书记:施晓霞(女)

建设银行海门支行

行　长:赵启山(8 月免)
　　　顾新生(8 月任)
副行长:陈明辉(4 月免)
　　　朱伟国(5 月免)
　　　蒋松波(8 月免)
　　　吴　卫(8 月任)
　　　薛　梅(女,3 月任)
　　　黄向荣(5 月任)
党委书记:赵启山(8 月免)
　　　　顾新生(8 月任)

农业发展银行海门市支行

行　长:成矫健(女)
副行长:黄敏华　魏晶晶
党支部书记:成矫健(女)
纪检小组长:黄敏华

江苏银行海门支行

行　长:乐振华(11 月免)
　　　宋卫军(11 月任)
副行长:薛　忠　马卫琴(女)
党支部书记:乐振华(11 月免)
　　　　　宋卫军(11 月任)
行长助理:饶立俊

交通银行海门支行

行　长:施　伟
副行长:黄　雨(4 月免)　龚朝晖
　　　张　烨(4 月任)
党支部书记:施　伟

海门农村商业银行

董事长:沈向东
行　长:杨恩荣(5 月免)
　　　钱伟东(5 月任)
监事长:张士锋
副行长:钱　兰(女)　姜丰平
　　　朱春花(女)　张　俊(11 月免)
　　　刘　锋(11 月任)
党委书记:沈向东
党委副书记:杨恩荣(5 月免)
　　　　　钱伟东(5 月任)
纪委书记:张士锋

邮储银行海门支行

行　长:倪盛全
副行长:徐郁华(女,3 月免)
　　　王　东(3 月任)　马新平
行长助理:吴爱国(6 月任)

常熟农村商业银行海门支行

行　长:苏雪明
副行长:钱银江(4 月免)
党支部书记:苏雪明

招商银行海门支行

行　长:杨允辉
副行长:邵建东
党支部书记:杨允辉

兴业银行海门支行

行　长:施　海
行长助理:刘　莉(女)

民生银行海门支行

行　长:邱永华

行长助理:赵海冬(女)　单　华

华夏银行

行　长:陈晓旺

副行长:李　松

人民保险公司海门支公司

总经理:徐　强(12月任)

副总经理:袁卫东　李　庆

党支部书记:徐　强

人寿保险公司海门支公司

经　理:王小挺

副经理:倪红燕(女)

总经理助理:施菁红(女)

太平洋财产保险海门支公司

总经理:陈苏南

华泰证券海门营业部

总经理:茅伟平

中信证券海门营业部

总经理:郭海峰

国家统计局海门调查队

队　长:张卫新

副队长:史　飞

南通住房公积金管理中心海门管理部

主　任:黄雪忠

新华书店

总经理:杨重波

党支部书记:杨重波

石油公司

经　理:程　晓

副经理:沈伟伟((8月免)

张建华(8月免)

葛海军(8月任)

黄卫华(女,8月任)

党支部书记:程　晓

江心沙农场

党委书记:许嘉宁

党委副书记:朱江胜

场　长:许嘉宁

南通海关驻海门办事处(8月19日根据海关总署关于设立南通海关驻海门办事处的有关通知,下发《南京海关关于南通海关驻海门办事处开关有关问题的通知》(宁关人发〔2016〕193号),南通海关驻海门办事处开关。)为副处级建制。

主　任:张晓春(3月任)

副主任:赵　辉(11月任)

综合科科长:仇卫军(11月任)

监管科科长:张小华(11月任)

党支部书记:张晓春(7月任)

组织委员:陈宇杰(12月任)

纪检兼宣传委员:蒋　政(12月任)

区、街道、镇

海门区经济技术开发区(滨江街道)

区党工委书记:姜　龙(9月免)

党工委副书记、管委会副主任:

张　炎(5月任)

党工委委员、管委会副主任:

毛海兵　王一兵

程　鹏(6月任,挂职至2016年12月)

党工委委员、纪工委书记:张　松

纪工委副书记:张　军

装备制造产业园管委会主任:朱健华

装备制造产业园管委会副主任:

陈　汉(挂职,8月止)

装备制造产业园管委会副主任:

袁建辉(8月任,挂职至2017年8月)

科技研发外包产业园管委会主任:倪卫彬

科技研发外包产业园管委会副主任:

张丽英(女)　郭光明

张　华(挂职,8月止)

张瑞辉(女,8月任,挂职至2017年8月)

汽车零部件产业园管委会主任:张　峰

汽车零部件产业园管委会副主任:施爱东

办公室主任:陈　瑜

党群工作局局长:周祖斌

党群工作局副局长:戴金妹(女,3月任)

经济和科技发展局局长:宋　军

经济和科技发展局副局长:潘卫星

招商局局长:龚　健

招商局副局长:陈红敏(女)

行政服务中心主任:潘卫星

行政服务中心副主任:(缺额)

住房和建设局局长:陆金田

住房和建设局副局长:张　冲

郁翠红(女,3月任)

农村工作和社会事业局局长:杜宏华

农村工作和社会事业局副局长:

沈光辉　王士荣(3月任)

陈　娟(女,3月任)

综合执法局局长:张　冲

综合执法局副局长:姜爱东(11月任)

安全生产监督管理局局长:翟卫祖

社会管理服务中心主任:周永久

财政局局长:王　炎

财政局副局长:袁洪飞(3月任)

监察室主任:张　军

监察室副主任:(缺额)

人武部部长:张裕兵

人武部副部长:(缺额)

政协工作联络委主任:周祖斌

人大工会主任:葛友林

民生办事处党总支书记:茅庆生

民生办事处主任:顾徐忠

通源办事处党总支书记:樊永华(女)

通源办事处主任:樊永华(女)

江海办事处主任:朱建华(兼)

謇公湖办事处主任:倪卫彬(兼)

三和办事处主任:张　峰(兼)

海门工业园区(三星镇)

区党工委书记:祁中伟

党工委副书记、管委会主任:江永军

党工委副书记、管委会常务副主任:

陈爱涛(1月免)

夏林辉(1月任)

党工委副书记、管委会副主任:王顺达

沈国峰

党工委副书记:曹正平

汤　池(挂职,10月止)

徐中其(8月任,挂职至2017年8月)

管委会副主任:江　军(12月免)

沈　辉(1月免)

王继东

濮慧杰(女,1月任)

张木平(1月任)

曹　健(3月任)

陈　俊(12月任)

温　润(挂职,8月止)

纪工委书记：曹正平
纪工委副书记：黄振芳（女）
党委委员、林西村党总支第一书记：
顾　杰（11月任，挂职2年）
办公室主任：俞晓勇
党群工作部主任：龚星燕（女）
财政局局长：陆颖波（女）
招商局局长：吴建荣（1月免）
徐　华（3月任）
规划建设管理局局长：赵　峰
农村工作局局长：顾人健
社会事业局局长：黄伟红（女，3月免）
企业发展局局长：沈旭东（3月任）
政法综治办公室主任：朱振平
综合执法局局长：沈　威
人武部部长：沙建忠
安监局局长：钱　锐
镇党委书记：江永军
党委副书记：夏林辉（5月任）
王顺达（5月任）
镇　长：陈爱涛（1月免）
夏林辉（1月任）
人大主席：王顺达
纪委书记：曹正平（5月任）
政务便民中心主任：毛裕平
行政服务中心主任：顾佩华（女，3月任）
政协工作联络委主任：濮慧杰（女）
宣传委员：俞晓勇（5月任）
组织委员：龚星燕（女，5月任）
统战委员：沈旭东（5月任）
政法委员：顾佩华（女，5月任）
天补办事处党总支书、主任：张木平
天补办事处党总支副书记、副主任：
徐　忠
天补办事处副主任：仇利忠
德胜办事处党总支书记、主任：
濮慧杰（女）
德胜办事处副主任：陈占平
徐　华（3月免）
曹莉莉（女，5月免）
秦善祥
徐　钢

海门港新区（包场镇）

区党工委书记：邵茂华
党工委副书记、管委会主任：曹晓东
党工委副书记、管委会常务副主任：从建军
党工委副书记：施盘石
宋兵辉（3月免）
鲍海忠（11月任，挂职2年）
姚　佼（8月任，挂职至
2017年8月）
管委会副主任：张　锋　从水华
沈　辉　邹　宇
沈国龙
陈永标（3月任）
镇　斌（挂职，8月止）
纪工委书记：于东芳（女）
六东村党总支第一书记：鲍海忠（11月
任，挂职2年）
办公室主任：严　华（3月免）
陈　镒（3月任）
党群工作局局长：邱雨娟（女，11月免）
财政局局长：沈国龙
招商局局长：杨　雯（女）
社会事业与旅游局局长：
张利民（3月免）
朱爱华（3月任）
规划建设环保局局长：陈永标
农村工作局局长：朱爱华（3月免）
周　凯（4月任）
经济发展局局长：成　杰
港口建设局局长：仇锦梅（女）
社会管理局局长：姜　军
综合执法局局长：赵玉峰
政务便民中心主任：姜桂明
人武部部长：许立飞
镇党委书记：曹晓东
党委副书记：从建军（5月任）　施盘石（5
月任）
镇　长：从建军
人大主席：施盘石
政协工作联络委主任：宋兵辉
纪委书记：于东芳（女，5月任）
统战委员：杨　雯（女，5月任）
宣传委员：朱爱华（5月任）
政法委员：姜　军（5月任）
党委委员：许立飞（5月任）
组织委员：邱雨娟（女，5月任）
包场办事处党总支书记、主任：
蔡　琴（女）
包场办事处副主任：施美芳（女）
严　华（3月任）
刘福根
东灶港办事处党总支书记、主任：
张　锋
东灶港办事处副主任：周　凯（4月免）
刘浩办事处党总支书记、主任：
沈雪梅（女，3月免）
宋兵辉（3月任）
刘浩办事处副主任：石　军

临江新区（临江镇）

区党工委书记：徐　骏
党工委副书记、管委会主任：张　勇
党工委副书记：黄　晨（11月任）
顾广新（8月任，挂职至
2017年8月）
陈小锋（12月任）
顾华平（11月免）
顾　健（11月免）
邱卫东（挂职，8月止）
管委会副主任：施颖威（女，11月免）
李虎琴（女）
顾　健（11月免）
沈　飞　黄健辉
姜　勇
陈　巍（挂职，8月止）
郑文捷（8月任，挂职至
2017年8月）
纪工委书记：陈　杰（5月免）
曹莉莉（女，5月任）
办公室主任：陈　妹（女，5月免）
党群工作部主任：黄春华（女）
财政局局长：邵卫丰
招商局局长：黄健辉（9月免）
规划建设管理局局长：蔡卫星
农村和社会事业工作局局长：董云辉
企业发展局局长：沈叶峰
安监局局长：梁宏飞（5月免）
人武部部长：黄荣华
政务便民中心主任：陈洪胜
镇党委书记：张　勇
党委副书记：黄　晨（11月任）
镇　长：张　勇
人大主席：施颖威（女）
政协工作联络委主任：李虎琴（女）
纪委书记：曹莉莉（女，5月任）
宣传委员：沈叶锋（5月任）
组织委员：黄春华（女，5月任）
统战委员：沈　飞（5月任）
政法委员：姜　勇（5月任）
党委委员：黄荣华（5月任）

海门高新技术产业园区(海门街道)

区党工委书记:沈　序
党工委副书记、管委会主任:成东波
党工委副书记:张　鸣　李　强
黄　辉
梁建设(挂职,8 月止)
廖　敏(8 月任,挂职至 2017 年 8 月)
吕昭月(女,8 月任,挂职至 2017 年 8 月)
管委会副主任:吴仲斌
冯　军(12 月免)
周　康　李兰萍(女)
顾新杰　高　晖(女)
朱向荣
石　华(3 月免)
仇薇薇(女)
纪工委书记:李　明
政法委员:黄丹凤(女,11 月任)
办公室主任:朱红飞
党群工作部主任:王冠兰(女,1 月免)
招商局局长:冯　军(12 月免)
企业发展局局长:陈　东
科技与人才工作局局长:陈　霞(女)
规划建设管理局局长:朱向荣
财政局局长:(缺额)
农村工作局局长:范张辉
人武部部长:胡善良
政务便民中心主任:朱　娟(女)
街道党工委书记:沈　序
办事处主任:张　鸣
人大工委主任:陆丽华(女)
办事处副主任:吴仲斌　周　康
顾新杰　高　晖(女)
东洲中心社区党总支书记:毛卫中
东洲中心社区主任:丁　冲
茅镇中心社区党总支书记:陈　杰
茅镇中心社区主任:孙红静(女)
城南中心社区党总支书记:高　宏(女)
城南中心社区主任:陆永飞
城西中心社区党总支书记:陈　尧(女)
城西中心社区主任:(缺额)

三厂工业园区(三厂街道)

区党工委书记:周国强(1 月免)
姜　勇(1 月任)
党工委副书记、管委会主任:
姜　勇(1 月免)
俞　璟(女,1 月任)
党工委副书记:顾煜晖　李忠平
龚新萍(女)
陆国林(挂职,8 月止)
董希强(8 月任,挂职至 2017 年 8 月)
管委会副主任:施正辉　张尽辉
石　华(3 月任)
葛小军(3 月免)
俞祖平
郑柯文(8 月任,挂职至 2017 年 8 月)
纪工委书记:沈陈燕(女)
办公室主任:陈裕娟(女,兼)
招商局局长:吴　杰
企业发展局局长:朱春丹(女)
规划建设管理局局长:李　兵
财政局局长:谢　英(女)
农村工作局局长:龚新萍(女)
人武部部长:徐　辉(3 月免)
安监局局长:杨　杰
政务便民中心主任:施超英(女)
街道党工委书记:周国强(1 月免)
姜　勇(1 月任)
办事处主任:顾煜晖
人大工委主任:施　斌
政协工作联络委主任:(缺额)
政协工作联络委副主任:陈裕娟(女)
统战委员:范宜慧(女,11 月任)

常乐镇(常乐弘謇工业园管委会)

镇党委书记:景裕辉
党委副书记、镇长:顾　闯
工业园管委会主任:顾　闯(11 月任)
人大主席:张俭林(3 月任)
政协工作联络委主任:姜东华(11 月任)
党委副书记:姜东华
陈　敏(挂职,8 月止)
徐　欢(挂职,2017年10月止)
副镇长:沈卫东　沈协飞　袁鹏飞
江兰英(女)　张　荣　蔡向忠
黄丹凤(女)
纪委书记:施振飞(5 月免)
陈　妹(女,5 月任)
组织委员:龚　青(女)
宣传委员:童国华(3 月免)
姜东华(6 月兼,11 月免)
马　丹(11 月任)
统战委员:马　丹(女,11 月免)
张春华(11 月任)
政法委员:孙夏炎
党委委员:沈卫东(5 月任,11 月免)
人武部部长:施健伟
麒麟办事处党总支书记、主任:
张俭林(6 月免)
袁鹏飞(6 月任)
麒麟办事处副主任:袁鹏飞(1 月免)
范云岩
龚卫忠
张向明
陶明富(11 月任)
张謇文化旅游景区管理处主任:
沈卫东(11 月免)
倪天颖(11 月任)

悦来镇(悦来工业园管委会)

镇党委书记:王　帆
党委副书记、镇长、工业园管委会主任:
黄卫国(3 月任)
管委会副主任:温　润(挂职,8 月止)
人大主席:张裕丰
人大副主席:张健生
政协工作联络委主任:杨卫华
党委副书记:杨卫华　郁　逵(11 月免)
黄　勇(11 月任)
副镇长:王建华(3 月免)　杨晓辉
张建新　王晓松
施昀红(女,3 月免)
张利民(3 月任)
黄洪兴(3 月任)
纪委书记:黄红杰
组织委员:姜爱东(11 月免)
杨卫华(11 月任)
宣传委员:吴　胜(3 月免)
张文婷(女,6 月任)
统战委员:奚东浩(6 月免)
杨卫华(6 月兼,11 月免)
缪佳云(女,11 月任)
政法委员:杨卫华(3 月兼,6 月免)
奚东浩(6 月兼,11 月免)
张凯华(11 月任)
党委委员:田志辉
人武部长:田志辉
三阳办事处党总支书记、主任:
张裕丰(11 月免)
三阳办事处副主任:杨晓辉(1 月免)

黄洪兴(3月免)
万年办事处党总支书记、主任:黄幼石
万年办事处副主任:
施昀红(女,1月免)

四甲镇(四甲工业园管委会)

镇党委书记:施　泉(1月免)
宋　涯(6月任)
镇　长:冯　斌
工业园管委会主任:冯　斌(11月任)
党委副书记、工业园区管委会副主任:
陈　巍(挂职,8月止)
人大主席:周玉忠
政协工作联络委主任:龚新宝(11月免)
张剑均(12月任)
政协工作联络委副主任:施雪娟(女)
党委副书记:龚新宝(5月免)
黄　勇(11月免)
冯　斌(6月任)
张剑均(12月任)
副镇长:石桂英(女,1月免)
姜国强(3月免)
孙晓钧　李　俊(3月免)
袁　洪　顾幸泉(3月任)
周　杰(3月任)
党委副书记、货隆村党总支第一书记:
顾永周(11月任,挂职2年)
党委副书记、闸南村党总支第一书记:
黄凯轶(11月任,挂职2年)
纪委书记:汪　滔
组织委员:黄　勇(6月兼,11月免)
钱丽丽(女,11月任)
宣传委员:顾幸泉(11月免)
陈海霞(女,11月任)
统战委员:陈海霞(女,11月免)
沈晓燕(女,11月任)
政法委员:许舒娜(女)
党委委员:孙晓钧(5月任,11月免)
人武部部长:姜国兵
货隆办事处党总支书记、主任:
马淑珍(女)
货隆办事处副主任:姜国强(兼)
施雪娟(女)
奚东浩(11月任)

余东镇(余东工业园管委会)

镇党委书记:何雪峰(1月免)
陆冬辉(1月任)
党委副书记、镇长:夏林辉(1月免)
陈爱涛(1月任)
工业园管委会主任:陈爱涛(1月任)
工业园区管委会副主任:邱卫东(挂职,8月止)
人大主席:陈　芳(女)
人大副主席:戴美英(女,3月任)
政协工作联络委主任:江建生
党委副书记:姜利松
副镇长:崔玉英(女)　冯　伟　袁天明
袁卫涛　李　宁
纪委书记:方永泉
组织委员:沈　雨(11月免)
王　彬(11月任)
宣传委员:刘春雷(3月免)
袁天明(6月任,11月免)
徐风雷(11月任)
统战委员:朱春华(女)
政法委员:彭惠兵
人武部部长:周建红
树勋办事处党总支书记、主任:
陈启兵(3月免)
王婷琳(女,12月任)
树勋办事处副主任:赵亚林
陶明富(11月免)
顾红霞(女,6月免)

正余镇(正余高新技术工业园管委会)

镇党委书记:黄　静(女,11月免)
陈　忠(11月任)
党委副书记、镇长:宋　涯(1月免)
党委副书记、工业园管委会主任:
陈　忠(11月免)
俞　军(11月任)
工业园管委会副主任:镇　斌(挂职,8月止)
人大主席:姜雪琴(女,3月任)
党委副书记、政协工作联络委主任:
俞俊民(11月免)
张剑斐(11月任)
副镇长:蔡载余　倪雪峰　陈晓春
李　敏(女)　张剑斐
纪委书记:朱卫强
组织委员:宋小卫
宣传委员:张文婷(女,3月免)
王　思(女,3月任)
统战委员:宋云华
政法委员:俞永生
人武部部长:翟小春
王浩办事处党总支书记、主任:
姜雪琴(女)
王浩办事处党总支副书记、副主任:
俞俊民(1月免)
王浩办事处副主任:陆　飞
张　华
王剑萍(女)

海永镇

镇党委书记:徐秋华
党委副书记、镇长:俞　军(11月免)
副书记:黄　华　顾　健(11月任)
关贤军(挂职,8月止)
人大主席:徐秋华(1月免)
吴田强(3月任)
人大副主席:陆美英(女)
副镇长:庞道义　徐　勇
纪委书记:顾宏图(11月免)
黄　华(11月任)
组织委员:杜　琴(女)
宣传委员:杜　琴(女)
统战委员:杜　琴(女)
政法委员:金宴峰
人武部部长:徐　勇

其他事业单位

海门中学

校　长:石　鑫
副校长:顾助东　岑彭新　王美华(女)
高迎九　黄　晏
党委书记:石　鑫
校长办主任:张　辉
校长办副主任:曹荣彬
教务处主任:沈永飞
教务处副主任:张丽华(女)　黄颖泉
政教处主任:朱建军
政教处副主任:张继斌　邱　刚
教科处副主任:张晓阳　许卫高
顾　华
总务处主任:王红星
总务处副主任:陈　洪
团委书记:王大春
国际交流中心主任:吴永平
国际交流中心副主任:徐东萍(女)
陆丽英(女)

证大中学

校　长:岑彭新

副校长:张　辉(4月免)
　　吴永平(12月免)　成云廉
　　梁淑星(女)　曹荣彬　朱海峰

海门中专(电大)
校　长:徐　忠
副校长:黄　冲　陈志平　袁祖冀
　　陆卫平　周卫星　周桂岐
党委书记:徐　忠
党委副书记:黄　冲　陈志平

实验学校
校　长:俞仁礼
副校长:郁森炎　唐惠斌　仇献勇
　　吴新华　俞祝强
党委书记:俞仁礼(6月免)
　　陆汉兵(6月任)
党委副书记:郁森炎

2016年5月27日,海编发〔2016〕10号,同意将海门市冠今中学更名为"海门市第一中学"。
校　长:茅　健
副校长:薛　辉　张利平　黄　芳(女)
　　姜文勇　施金兵　曹　兵
　　蔡中坚　沈　华
党委书记:张岐友(8月任)
党委副书记:薛　辉(8月任)

三厂中学
校　长:陆汉兵
副校长:马建相　董卫平　姜文勇
　　曹　兵
党总支书记:陆汉兵(6月免)

麒麟中学
校　长:张岐友
副校长:张利平　蔡中坚　施金兵
党总支书记:黄礼宾(3月免)
　　张岐友(3月任,8月免)
党总支副书记:张利平(8月免)

四甲中学
校　长:朱成祥
副校长:顾丽春　许志忠
党总支书记:曹新春

包场中学
校　长:宋　健
副校长:江炳新　彭　涛　俞如新
党委书记:宋　健

人民医院
院　长:吴　杰
副院长:周　飞　陈芷青(女)　成　钢
　　施晓健
党委书记:吴　杰
党委副书记、纪委书记:许晓虎

中医院
院　长:顾自强
副院长:戴海强　薛应斌　黄　琴(女)
　　姜新峰　施明生
党委书记:戴海强
党委副书记:顾自强

卫　校
校　长:陈卫红(女)
副校长:沈耀英(女)
党支部副书记:沈耀英(女)

第二人民医院
院　长:陆郭春
党支部书记:陆郭春

第四人民医院
院　长:王　钧
党支部书记:蔡锦和

疾病预防控制中心
主　任:冯　新(1月免)
　　钱俊华(1月任)
党支部书记:钱俊华
党支部副书记:冯　新(1月免)

卫生监督所
所　长:李建平
党支部书记:李建平

妇幼保健所
所　长:陈和新
党支部书记:陈和新

海门街道第一社区卫生服务中心
主　任:陆卫根(1月免)
党支部书记:陆卫根(1月免)

农科所
所　长:俞圣平
党支部书记:俞圣平

农干校
校　长:徐耀辉
党支部书记:盛　华

农技推广中心
主　任:顾黄辉

沿江淡水养殖场
场　长:沈光辉
党支部书记:沈光辉

种羊场
场　长:张　浩
党支部书记:张　浩

长江芦荡养殖场
场　长:陈宝庆
党支部书记:陈宝庆

包场渔场
场　长:张李兵
党支部书记:张李兵

三厂苗圃
场　长:沈健华
党支部书记:沈健华

产业发展

江海民俗风情

渔猎·鱼鹰捕鱼 鱼鹰又叫鱼鸭。渔夫放鱼鹰到河里捉鱼。鱼鹰矫健敏捷地在河中扑腾，一会儿扎入水中，硕大的鱼咬在口里但吞不下去，因为颈脖下被关草筋扎住，游到船边被渔夫捞上来将鱼倒入船仓中。

郁异人 绘

◎ 责任编辑 薛卫菊

经济运行

【概况】 2016年,全市围绕“争做改革创新排头兵、争当科学发展领头雁”工作主题,紧盯“创新转型的示范区、接轨上海的示范区、全面小康的示范区”工作目标,统筹推进稳增长、促改革、调结构、惠民生、防风险各项工作,全市经济社会在新常态下取得稳中优进新业绩。全年实现地区生产总值1005.06亿元,比上年增长9.4%。其中,第一产业增加值53.28亿元,与上年持平;第二产业增加值504.53亿元,增长9.3%;第三产业增加值447.25亿元,增长10.8%。三次产业结构比优化为5.3:50.2:44.5。“两新”产业快速发展,全年实现新兴产业产值727.33亿元,增长16.1%,占全市规模工业产值比重34.9%;实现高新技术产值1003.01亿元,同比增长12.7%,占全市规模以上工业产值比重48.1%。实现规模以上工业总产值2086.97亿元,增幅10.3%,名列工信部县域经济百强县(市)第17位。服务经济提速增长,服务业增加值占地区生产总值比重较2015年提高1.7个百分点。实现一般公共财政预算收入72.41亿元,继续保持南通各县(市、区)第一。全年实现社会消费品零售总额344.6亿元,同比增长10.8%。完成全社会固定资产投资613.19亿元,增长8.5%。其中,完成工业技改投入251.11亿元,同比增幅27.3%,占工业投资的比重超60%;完成服务业投资245.66亿元,同比增长11.1%。全年新开工超千万元项目349个,其中超亿元项目168个,南通市认定的超亿元产业项目78个。全年完成进出口总额39.14亿美元,同比增长73.7%,其中出口额35.79亿美元,同比增长152.3%,总量、增幅均列南通第一。注册外资实际到账3.17亿美元。金融生态环境继续名列全省县(市)第一,直接融资144亿元,名列南通第一,新增挂牌上市企业3家。县域经济综合实力再攀新高,名列“第十六届全国县域经济与县域基本竞争力百强县(市)”第18位,比上年前移4位,位居全省第8位。 (陈　帅)

农　业

综　述

【概况】 2016年,海门现代农业发展成绩喜人,全市实现农业总产值94.12亿元,比上年增长3.6%;农业增加值59.63亿元,与上年持平。农民人均可支配收入20608元,比上年增长8.5%。5月,在农业部召开的全国休闲农业工作会议上,海门市被授予“全国休闲农业与乡村旅游示范县”奖牌。12月,海门市荣获首批“国家农产品质量安全县”称号;国家蔬菜综合标准化示范区通过上级专家组的考核验收。全市农业“三品一标”总数发展到464个。其中,无公害农产品420个,绿色食品31个,有机食品9个,地理标志农产品4个。“现代农业发展水平”预测得分85.1分,农业现代化发展水平稳居全省先进地位。在六大类22个指标中,海门市实现程度超过80%的指标有16个,其中实现程度100%的指标有9个。森林覆盖率24.02%,首次达到“更高水平小康”和“农业现代化”24%的指标值。

【家庭农场】 继续出台发展家庭农场的扶持政策意见,市财政安排100万元,补贴符合现代农业发展要求和建设标准的省、市、县三级示范家庭农场。开展家庭农场认定、登记和日常监测工作,全面推进家庭农场发展。2016年,新增家庭农场142家,新培育省级示范家庭农场6家、南通市级示范家庭农场6家,三厂家庭农场果蔬集聚区获批省级家庭农场联盟(集群)。至年底,全市建成家庭农场635家,其中,省级示范家庭农场11家,南通市级示范家庭农场6家。家庭农场(专业大户)经营比重44.42%,较2015年增加8.01%。

【海洋环境监测】 2016年,海洋环境监测工作围绕县级海洋环境监测机构“七有”(有机构、有编制、有人员、有场所、有设备、有经费、有资质)目标,逐项梳理,逐一落实,海洋环境监测能力建设稳步推进。市海洋环境监测站于2013年9月由市机构编制委员会批准成立,核定事业编制2人,设站长1名。2015年8月新招录环境科学专业硕士研究生1名,11月市编办同意市海洋环境监测站事业编制由2名调整为5名,其中行政管理人员1名、专业技术人员4名,设站长1人、副站长1人。2016年1月从市水产技术指导站划转2个编制和2名技术人员,4月从海门港新区调进1人。在编5人均取得检验检测机构资质认定/认可内审员证书,2人获得质量负责人资质,3人获得技术负责人资质。市海洋环境监测站专项经费8万元和海洋环境监测实验运行经费20万元纳入年度部门预算,保证海洋环境监测各项后续工作正

味之原有机农场　　(市农业局　提供)

常运行。

（曹　冲　杨洪兴　陈春英　林文丽　张　英）

种植业

【概况】 2016年，全市粮食单产4886公斤/公顷，比上年减少1.97%，总产19163万公斤。油料单产3287公斤/公顷，比上年减少0.15%。蔬菜西甜瓜播种面积4.05万公顷，总产量122万吨，总产值21.1亿元。大棚蔬菜0.71万公顷，小棚0.23万公顷，喷滴管0.45万公顷，防虫网0.17万公顷，遮阳网0.25万公顷。全市粮棉油瓜蔬生产主要实绩如表7所示。

2016年海门市粮棉油瓜蔬生产情况

表7

类　别	单　产		总　产	
	公斤/公顷	比2015年(±%)	万公斤	比2015年(±%)
夏　粮	2968	-5.89	4535	-4.2
秋　粮	6074	-0.41	14628	-0.7
棉　花	1246	6.5	1059	-0.05
油　料	3287	-0.15	8577	-7.0
瓜　蔬	30140	0.17	122070	0.59

【特色粮经蔬种植基地】 大力发展稻麦轮作，推行“旱改水”的同时，保持特粮特经复种指数高、土地产出率高的特点，发展夏季高效茬口、秋季玉米田间套种和晚秋高效特色作物种植。全市形成以海门港新区、四甲镇、临江新区、经济技术开发区为主的0.7万公顷稻麦连作粮食基地；海门高新区、海门工业园区、常乐镇、四甲镇、三厂工业园区为主的0.19万公顷特经作物基地。全市建成各具特色的五大瓜蔬生产基地：以三厂街道、临江镇、余东镇、四甲镇、正余镇为主的450公顷大棚芦笋生产基地；以四甲镇、悦来镇、余东镇为主的500公顷地方特色蔬菜生产基地；以正余镇、余东镇、悦来镇为主的1746公顷江苏省菜篮子工程永久性蔬菜生产基地；以常乐镇、海门高新区、三星镇、包场镇为主的600公顷设施草莓生产基地；以常乐镇、正余镇、余东镇、包场镇、悦来镇为主的800公顷设施西甜瓜生产基地。

【农业成果】 万年香沙芋艿获得农业部农产品地理标志，芋艿覆膜机获国家实用新型专利证书，国家蔬菜综合标准化示范区在国家考核验收中获优秀等级。

【推广技术与品种】 全市在农业生产中引进、推广的新技术有特色粮经饲蔬多元多熟高产高效立体种植技术、“四青”作物无公害栽培技术、水稻毯苗机插秧栽培技术、油菜大小行栽培技术、玉米增密纯作技术、小麦机械匀播高产栽培技术、“两网一灌”技术等。重点推广蔬菜轻基质穴盘育苗、“两网一膜”覆盖、长季栽培、病虫害绿色防控、连作障碍治理、水肥一体化6项技术。引进和推广一批优良品种，玉米主要推广：“苏玉20”“苏玉30”“苏玉29”“中江玉1号”“中糯2号”“苏玉糯5号”“海鲜玉1号”等，示范种植“苏玉28”“苏玉35”“长江玉9号”；水稻主要推广“南粳5055”“南粳9108”“南粳46”，示范种植“扬农稻1号”等；油菜主要推广 “沣油737”“秦优10号”“宁杂1818”“史力佳”，示范种植“金地99号”“常油杂5号”；小麦主要推广“扬辐麦4号”“扬麦20”，示范种植“扬麦23”；蚕豆主要推广 “海门大青皮”“通蚕鲜6号”“日本大板豆”；叶菜类推广“苏州青”青菜、“三青皮” 莴笋、“射手101” 球生菜、“青研87-114”白菜、“文图拉”西芹；甘蓝类推广“优秀”西兰花、“二岸”松花菜、“金杆”芥蓝、“傲春”结球甘蓝；豆类推广“绿先锋”青毛豆、“8-16”刀豆、“成功30”食荚豌豆、“巨丰王” 芸豆；茄果类推广“凯越”番茄、“中椒七号”甜椒、“萧美七号”辣椒、“青皮”长茄；瓜类推广“海蜜系列”甜瓜、“早佳8424”西瓜、“津萃12”黄瓜、“翡翠”丝瓜、“一串铃”冬瓜；草莓推广“红颊”“太空2000”。良种覆盖率98%。

（施晓晖　沈　华　王银元　曹国华　朱明华　戴彩英）

强盛公司的蔬菜基地　　　　（市农业局　提供）

畜牧业

【概况】 2016年，全市畜牧业生产总体平稳，规模养殖占比稳步提高，其中生猪大中型规模养殖占比75.21%，超额完成省下达的74%的目标任务。新增畜牧生态健康养殖创建单位1个，为四甲镇繁荣羊业专业合作社；畜牧生态健康养殖复检单位6个，分别为开发区南海种猪场、市福源牧业有限公司等。江苏兴旺农牧有限公司、海门金盛山羊有限公司分别建设生猪和山羊两个供精点。根据上级要求,结合全市实际,科学制定防疫方案方针,层层落实各项防疫措施,强化动物基础免疫。组织和规范开展全市动物疫病监测和流行病学调查工作,全面掌握主要动物疫病的病原分布和流行趋势,为科学防控提供技术依据。全市畜牧业主要生产实绩如表8所示。

【畜牧项目建设】 组织申报2016年中央现代农业生产发展(畜禽标准化养殖)项目2个,项目实施单位为市天蓬牧业有限公司、江苏金盛山羊繁育技术发展有限公司,每个项目分别给予扶持资金40万元。

山羊高效养殖基地 (市农业局 提供)

【专业人员技能训练】 在开展日常兽医工作的同时,对专业人员适时开展理论培训及技能训练,提升全市兽医人员业务能力。在2016年南通市动物防疫职业技能竞赛中,荣获团体第一名,2人获个人技能二等奖,1人获个人技能三等奖;2人代表南通市参加省级比赛,获得省二等奖的好成绩。

(全永新 黄益红 王 丹 杨晓峰)

2016年海门市畜牧业生产情况

表8

项 目	数量	单位	比2015年(±%)
生猪出栏	14.16	万头	-0.77
生猪存栏	10.03	万头	-0.10
能繁母猪	1.06	万头	-0.93
家禽出栏	1332.64	万只	-0.97
家禽存栏	320.55	万只	0.35
羊出栏	47.92	万只	-0.10
羊存栏	46.11	万只	0.26
兔出栏	—	万只	—
兔存栏	0.26	万只	0
禽蛋产量	4361	万公斤	-0.39
猪肉产量	1016	万公斤	-0.78
羊肉产量	666	万公斤	0
禽肉产量	2633	万公斤	-0.23

2016年海门市林特产业生产情况

表9

项 目	数量	单位	比2015年(±%)
全民义务植树	80	万株	-20
营造成片林	933.33	公顷	2.3
四旁植树	100	万株	0
森林覆盖率	23.04	百分比	0.96
果品产量	14313	吨	-2.4

(陈 军 杨永康)

休闲观光农业

【概况】 2016年,海门市放大"全国休闲农业与乡村旅游示范县"效应,先后举办枇杷文化农旅节、航乐节、"开泰田宿羊家乐,鱼羊美食天下鲜"海门山羊节等休闲农业节庆活动。海永镇永北村被农业部评定为2016年中国美丽休闲乡村;金盛生态度假村、金伍叶休闲农庄被农业部、国家旅游局评定为全国休闲农业与乡村旅游四星级园区示范点;三厂工业园区大洪村被认定为省休闲观光农业示范村。"海门枇杷—山羊生态种养系统"列入全国重要农业文化遗产名录库。加快建设12个生态主题农业公园园区,确保全市尽快形成一批农业主题主业明确、休闲功能突出、接待功能完善、生态环境优美的新型现代休闲农业园区。 (陈春英 曹 亮)

林 果 业

【概况】 2016年,全市完成造林935.87公顷,全民义务植树80万株,四旁植树100万株,完成2个省级森林生态示范村、8个省级村庄绿化示范村、5个重点

海门港新区的绿化 （市农业局 提供）

农业园区绿化示范点，林木覆盖率24%。全市林特产业生产主要情况如表9所示。

水产业

【概况】 2016年，全市水产业围绕渔业增效、渔民增收目标，以优化渔业产业结构为主线，以机制创新、科技创新、品牌创新为动力，发展特色、优质、高效渔业，进一步把生态、资源优势转化成产业优势，促进渔业生产持续健康发展。全市养殖面积6480公顷(全部为淡水养殖)，水产品总产量6.4万吨，总产值35.2亿元。累计投放各类鱼种4075吨、蟹种300吨。全市水产养殖和捕捞主要实绩如表10所示。

【稻田生态养殖推广】 2016年，全市推广水稻水产养殖面积30公顷，主要为稻田养殖小龙虾、罗氏沼虾、河蟹。水稻平均亩产180公斤，小龙虾亩产300公斤，罗氏沼虾亩产400公斤，河蟹亩产200公斤。由于采取生态养殖方式，绿色产品的品质较高，经济效益显著，平均亩毛利8000元左右。“水稻水产”生态养殖，选择优质抗病毒水稻品种，采用大垄双行种植方式，减少病虫害，在四周环沟套养水产品，一水两用、一地多收，不仅提高土地和水资源的利用率，而且稳定农民种粮积极性，确保基本粮田的稳定，更重要的是整个种养过程中使用的都是通过生物技术净化后的清水，不使用任何杀虫剂、消毒剂、农(渔)药、化肥等，是完全有机的绿色生态种养方式。

【适新品种引进】 为促进渔业生产转型升级以及养殖品种、结构的优化，市水产站从苏州引进6000尾体长5厘米的梭鲈鱼苗进行池塘混养试验，至12月底，梭鲈体重0.4~0.75公斤，平均亩增产量65公斤，亩增效益2000元。梭鲈抗病能力极强，生长速度快，肉质细嫩，肌间刺少，营养价值极高，其蛋白质含量比鳜鱼还高，有“淡水鱼王”之称，市场前景广阔。

（陈礼平 严英娴）

2016年海门市水产品生产情况

表10

项目	面积(公顷)	产量(万公斤)	比2015年(±%)	
			面积	产量
淡水养殖	6480	2526	0	1.10
精养塘	2068	1339	0	1.21
沟河	4412	1187	0	0.94
特种水产养殖	7580	863	0.97	1.10
鳜鱼	597	39	1.51	5.40
青虾	538	75	-1.46	-1.30
南美白对虾	533	221	0	4.20
河蟹	3568	212	0	1.90
成鳖养殖	0	0	-100	-100
人工繁殖鱼苗(万尾)	–	27500	–	5.70
海洋捕捞	–	2899	–	-2.20
淡水捕捞	–	169	–	-1.70

高效农业规模化

【概况】 2016年，全市高效设施农业总面积发展到2.05万公顷，占比38.46%，实现全省发展高效设施农业先进县“九连冠”。把原有的重点农业园区进行整合升级，集中打造成集高效设施农业、科技智慧农业、质量品牌农业、休闲旅游农业、文化创意农业于一体的生态主题农业园区。三厂工业园区把7个小园区整合打造成三厂星期七生态综合园，海门高新区把低档次的农业园区提升为智谷绿海生态农业园，海永镇全力打造“浪漫江洲、花香海永”生态休闲农业园。大力发展科技智慧型农业，市委、市政府把智能温室的建设列入补贴范围，每平方米根据材质不同补贴150~300元不等。2015—2016年，全市建设占地面积1.33公顷以上的钢结构智能温室6个，新建面积12万平方米，新建物联网项目6个，水肥一体

新建智能温室　　(市农业局　提供)

20个，示范面积1333公顷；采集土样300个，分析化验土样260个，玉米、油菜试验的植株样品68个，共计完成1247项。完成商品有机肥推广4500吨，结合技术培训和配方肥的推广，使农户施肥结构更加科学合理，减少化肥施用量，有效防止盲目施肥造成的农业面源污染。

【农作物暴发性病虫害控制】 2016年农作物暴发性病虫害有：油菜菌核病发生2.05万公顷次、小麦赤霉病0.19万公顷次、小麦白粉病0.82万公顷次、棉红蜘蛛0.41万公顷次、瓜类白粉病0.19万公顷次。针对大发生病虫害及常规性病虫害，市植保站开展农作物、园艺作物病虫害监测、预警与治理，播放《每周农作物病虫电视预报》38期，下发《病虫情报》15期，发生期预报准确率100%，发生量准确率96.2%。在3个镇设置性诱剂测报点4个，涉及小菜蛾、甜菜夜蛾、斜纹夜蛾。在10个区镇选择16个蔬菜病虫绿色防控示范区，较大面积示范性诱技术、灯诱技术、色诱技术、生物防治技术，反响很好。全市开展化学防治病虫草鼠14.81万公顷次，挽回粮食损失2.22万吨、挽回皮棉损失720.3吨、挽回油料损失4832.2吨、挽回蔬菜损失1.55万吨。

(陆金萍　徐耀辉　蒋咏梅　蔡良华)

化应用面积80公顷。

(李振兴　张　巍)

农业科技

【科技信息服务】 全年组织8批农技人员82人次赴高等农业院校参加业务知识培训，组织举办1期村级农技人员培训班；6人被评为省农业科普宣传工作先进个人；编辑海门《农业信息》网刊20期，海门农业网站运行正常。《海门市“12316”三农热线工作站建设》信息为全市4000多农户免费开通“12316”惠民短信，全年发送短信近20万条次；开展新品种、新技术、新机具引进、试验、示范和技术培训86场，组织观摩活动35场，发放技术明白纸7560份。

【农业科技成果】 2016年，承担省农业三项工程3项，获省级财政资金130万元。“江苏省沙乌头猪遗传资源保护”由江苏兴旺农牧科技发展有限公司承担实施，“麦秸全量还田全程机械化技术集成”由市绿野农机服务专业合作社承担实施，“设施葡萄堆垄式栽培技术示范推广”由市海发果蔬专业合作社承担实施。悦来镇裴雷村王永康获农业部农业科技推广贡献奖。

【农民培训工程】 市农干校完成新型职业农民培育6446人，完成省下达任务数的214.87%。开展农业职业技能培训班27期，培育新型职业农民6153人。其中，春播作物高产高效栽培技术培训班6期，培育新型职业农民1364人；设施蔬菜优质高效栽培技术培训班5期，培育新型职业农民743人；“四青作物”高产高效栽培技术培训班3期，培育新型职业农民735人；玉米、棉花优质高产栽培技术培训班3期，培育新型职业农民1184人；露地蔬菜优质高产栽培技术培训班2期，培育新型职业农民587人；设施瓜蔬优质高效栽培技术培训班6期，培育新型职业农民1210人；蔬菜园艺工培训班2期，培育新型职业农民330人。举办农产品电子商务培训班1期，培育新型职业农民137人，通过培训，让参加培训的农产品生产经营者“会上网、会开店、会营销”，熟练掌握农产品网络营销技能，提升农产品上网营销水平。举办新型农业经营主体带头人培训班1期，分2个阶段展开培训，培育新型农业经营主体带头人152人。选派4人参加农业部举办的2016年农村实用人才带头人培训班。

【测土配方】 市土肥站围绕耕地质量提升总体目标，通过实施农业部测土配方施肥和省耕地质量提升综合示范区建设项目，实现耕地地力水平提高。分别在玉米、油菜、蔬菜等作物上推广测土配方施肥面积7.73万公顷次，安排建立示范方

农产品质量建设

【概况】 2016年，海门市结合国家农产品质量安全县创建，全方位开展宣传教育，营造共治共享，维护农产品质量安全社会氛围。重点加强村级协管员队伍建设，筑牢监管工作第一道防线，建立由241名村干部兼任的村级协管员队伍，制定全市村级农产品质量安全协管员管理考核办法，落实村级协管员劳务报酬，进一步完善市、区镇、村、企业(基地)“四级”农产品质量安全监管体系，实行农产品质量安全监管绩效考核机制；建立财政定补托底、处理与保险联动、“户申报、站受理、镇集中、场处理、所监管、市补助”六步法工作流程的病死动物无公害处理长效运行新机制；开展创牌立信，全市2641个农产品

红烧海门山羊肉在全国农产品交易会上参展 （市农业局 提供）

生产经营单位都向监管部门递交农产品质量安全承诺书。创建省级“创牌立信”示范单位2家，海门市级示范单位16家。海门市域内主要农药种子生产企业2家、主要的农药种子批发商10家及区镇经营规模较大的农药种子经营门店22家全部纳入农资溯源网，实现农业投入品信息化监管。推行农业标准化生产技术，创建省级蔬菜和水果标准园2个、省级畜禽养殖标准化示范场1个。12月，国家蔬菜标准化示范区项目通过考核验收。全市新获证“三品一标”产品60个。其中，无公害农产品47个，绿色食品3个，有机产品9个，地理标志产品1个（万年香沙芋艿）。种植业“三品”总产占食用农产品总产比47%。

【农产品质量检测】 全年编辑《农产品质量检测简报》23期，向上级业务部门报送《监测报告》52期，在海门农业信息网上公布农产品质量安全检测报告52期，媒体报告52份。开展省级农产品质量安全风险监测4次、农业“三品一标”产品专项监测1次，抽取蔬菜水果食用菌等样品196个，总体合格率100%。市农产品质量检测中心检测各类农畜水产品4317份，总体合格率99.2%。其中，定性检测瓜果蔬菜3710份，合格率99.8%；定量检测瓜蔬471份，合格率94.5%；畜产品122份，合格率100%；水产品14份，合格率100%。按照全省土壤重金属污染防治普查工作的指导意见，开展“两带”（沿江、沿海两个经济开放带）高风险污染区监测，涉及海门工业园区、海门高新区、三厂镇、临江新区等7个区镇，采集土壤50个、农产品100个，合格率均100%。

（张兴国 谢燕萍 姜慧梅）

农业行政执法

【概况】 根据全国、全省农资打假护农电视电话会议精神，结合全市农资打假行动方案要求，以强化源头治理、狠抓专项整治、健全管理制度、规范经营行为为重点，开展农业投入品和农产品监督执法工作，保障春耕秋播生产顺利进行，确保全市人民吃上安全放心农产品。全年出动执法人员500多人次，结合农时季节和农业生产特点，开展春季农资打假、夏季百日行动和秋冬季农资打假等多次专项整治行动，严厉打击各类制假售假、生产经营违禁产品等违法活动，规范农资市场秩序，保护农民利益。

【质量监督检查】 以主要农作物种子的真实性，农药、肥料、兽药和饲料的有效成分含量、是否添加其他成分和是否添加违禁物品为检测重点，扩大抽检范围，提高抽检覆盖面。抽检农资样品196个批次。其中，种子29个批次，农药89个批次，肥料46个批次，兽药14个批次，饲料18个批次。对不合格农资产品的生产经营单位立案查处，加强监控，严防假劣农资流入市场，危害农业生产安全。

【执法监管方式创新】 运用省农委研发的“江苏省农业行政执法信息系统”，实现农业执法工作信息化。所有监管单位入库，并在日常检查中精准定位。日常工作中所有的投诉举报、执法检查、执法抽检、案件管理业务都通过系统的相关模块运行，实现每起投诉举报登记在网、每起执法检查留有痕迹、每起质量抽检现场打印、每起案件及时发布。

【违法案件查处】 对监督检查发现的、农民投诉的、企业举报的每起案件，按照“五不放过”（不合格产品的来源和去向没有查清的不放过，涉嫌单位责任没有查清的不放过，问题产生原因查找不全面、不透彻的不放过，对相关责任单位查处不到位的不放过，后续整改防范措施不落实的不放过）原则，彻查生产源头和销售网络。全年立案查处违法违规案件29起，结案28起，累计罚没款8万多元。其中，种子案件1起，肥料案件10起，兽药案件4起，农药案件12起，林业案件1起，野生动物案件1起。检查中未发现生产、经营、使用甲胺磷等违禁农业投入品行为，也未发现侵犯品种权行为。

【农产品监督抽检】 在全市范围内，对农产品生产企业和合作社“三品一标”的使用、生产记录等情况进行检查，同时对生产的农产品进行监督抽检，检查农产品生产企业和合作社40个次，监督抽检农产品50个批次，合格率100%。

（徐锦前）

渔政管理

【长江禁渔】 市渔政执法大队按照上级部门的决策和部署，严格执行禁渔制度，重点加强执法力度，确保长江禁渔达到上级要求，积极争取各级财政支持，健全禁渔休渔渔民生活保障制度。围绕长江禁渔期管理的工作目标,加强禁渔管理组织领导和宣传教育,做到任务明确,管理到位,责任到人。联合长航公安、水上警察进行清江执法检查,特别是交界水域的执法检查,完成车辆检查6次,渔政艇巡航12次,清除违规渔具16口,驱赶外地渔船46艘。

【海洋伏季休渔】 围绕"船进港、网入库、人上岸、证集中"的休渔管理目标,加强休渔组织领导和宣传教育,在港口、码头悬挂宣传横幅4条,张贴宣传标语200条。全市应休渔船126艘100%参加伏休,其中异地伏休17艘(启东休渔12艘,如东休渔2艘,射阳休渔2艘,通州休渔1艘),分别向南通市局滨海园区分局、启东、如东、射阳、通州的渔政部门发出委托管理函。组织2次集中查船查港行动,检查渔船62艘次。对靠泊在东灶港闸外2号港池的41艘渔船,分别向阜宁、赣榆、射阳、如东、启东和浙江嵊泗渔政部门作出函告,要求其返回船籍港休渔,或进指定泊位休渔。

【渔业执法】 坚持做好日常执法巡查工作。严厉打击渔业捕捞违法违规行为,联合公安、水利等开展多部门联合专项整治,累计开展渔政巡查36多车船次,其中车辆巡查24多车次,快艇巡查12多船次,收缴电鱼工具15台套。

(施胜彪 徐 莉)

农业机械

【概况】 2016年,市农机局按照"补短板拓领域促发展,调结构提质效转方式"的思路,加快转变农机化发展方式,努力打造具有海门特色的农业机械化。至年底,全市拥有农机总动力38.2万千瓦,当年新增动力2.76万千瓦,农业机械化水平85.26%。

【农机推广】 以推进种植业结构调整为重点,以"旱改水"工程为突破,推进粮食生产全程机械化,推动农机装备水平提升。全年使用中央及省级农机购置补贴资金1146.92万元,受益农民239户,新增各类农机具938台,其中新增大中拖188台、粮食烘干机40台、油菜收获机52台。全年举办各类农机化培训班24期,培训人员1085人。市农机局与省农村废弃物利用技术与装备创新中心联合研发的蔬菜废弃物处理系统,实现10~15吨的蔬菜废弃物及农村水生植物日处理量。11月29日,全省农村废弃物机械化处理与利用现场会在海门市召开。海门街道春天农机合作社、余东镇一品蔬合作社申报的农机化科技示范基地通过南通市级验收。

插秧机在插秧　　(市农机局　提供)

【秸秆综合利用】 2016年农作物秸秆综合利用工作成效明显,海门市被列为全国农作物秸秆综合利用试点县(市)。三麦机械化还田面积8279公顷,还田率92.3%,水稻秸秆机械化还田面积3760公顷,还田率89.62%;全年商品收贮油菜秸秆3.1万吨,油菜秸秆实现肥料化、基料化、燃料化、炭化等多元化利用;开展饲料化利用技术推广,联合省农科院试点创新油菜秸秆氨化技术,饲料化利用面积近1133公顷;创新推广油菜"机收+还田"模式,油菜机收还田面积373公顷。

【合作社建设服务】 市农机局推进全市粮食生产全程机械化水平,引导合作社积极流转土地来开展水稻生产全程机械化服务,全市新增水稻机械化生产示范方58个,新增水稻种植面积1227公顷,新建10个粮食烘干中心。全市有151家主体申报"全托管"项目161个,其中124家申报南通"全托管"项目全部通过验收,全市新增"全托管"服务面积2267公顷,新成立农机合作社24家,至年底全市拥有农机合作社141家。

【安全生产】 2016年,全市农机安全生产工作以平安农机创建为标杆,巩固农机安全监管堡垒作用,按照省、市农机安全生产目标管理考核内容,牢固树立"科学发展、安全生产"理念,以"强化红线意识,促进安全发展"为主题,以提高农机"三率"(挂牌率、年检率、驾驶人持证率)为重点,组织开展农机年检年审、专项整治、执法检查、宣传教育等一系列活动,全年累计检验各类拖拉机1355次,联合收割机103台次,全市未发生道路外农机死亡事故。

(季旭东)

农业资源开发

【概况】 2016年,海门农业综合开发围绕高标准农田建设和扶持农业优势主导产业两大任务,全面完成年初确定的工作目标。申报建设三星、悦来、临江3个共1000公顷国家立项高标准农田项目,本级财政立项的333公顷高标准农田落实在四甲镇；通过申报国家财政贴息扶持新型经营主体5家，国家财政补贴扶持2家；争取上级立项财政投资2729万元。完成"十三五"高标准农田建设实施方案编制工作，并指导各镇区将"十三五"高标准农田建设任务落实到具体区域位置，明确分年度建设任务。培育2017年度国家农业综合开发后备项目11个。其中，高标准农田项目4个，规模2000公顷；产业化经营项目7个。2月，市农资局被南通市委、市政府表彰为"农业综合开发工作先进单位"。

【高标准农田建设】 2016年当年建设高标准农田1333公顷，占比实现值当年提升2.5%。国家农业综合开发存量资金土地治理项目2个，建设规模666.67公顷，总投资1612.5万元，包含悦来镇高标准农田建设项目333公顷，计划投资787.5万元，投资额中财政投资750万元，项目区自筹37.5万元；三星镇高标准农田建设项目333公顷，计划投资额825万元，投资额中财政投资750万元，项目区自筹75万元。国家农业综合开发增量资金土地治理项目1个，为临江高标准农田建设项目，开发任务333公顷，计划投资825万元，投资额中财政投资750万元，项目区自筹75万元。市级财政投资建设的高标准农田项目333公顷，建设地点四甲镇，财政投资750万元。

【产业化经营项目】 2016年建设产业化经营项目5个，分别是2个一般产业化经营财政补助项目：南通强盛农业科技发展有限公司实施的"南通市海门市180亩优质蔬菜种植基地新建项目"，江苏联海生物科技有限公司实施的"南通市海门市3万吨优质蔬菜有机肥加工改扩建项目"；3个中央财政贷款贴息项目：南通市鸿基食品有限公司实施的"南通市海门市3000吨蔬菜加工原料收购流动资金贷款贴息项目"，南通顺星农副产品有限公司实施的"南通市海门市1万吨优质蔬菜原料收购加工流动资金贷款贴息项目"，南通市志堂农副产品有限公司实施的"南通市海门市8000吨速冻蔬菜加工收购生产原料流动资金贷款贴息项目"。继续开展农业综合开发产业化经营项目单位与低收入农户结对帮扶工作，结对6户低收入农户进行开发式扶贫，投入3.6万元扶贫资金用于海门山羊养殖扶贫项目。市农资局连续第三年被评为"扶贫开发工作先进单位"，相关工作经验在南通市扶贫帮困工作会议上作交流。

【创先争优】 2016年，海门市农业综合开发项目建设管理保持南通领先，7月在南通率先通过上年度项目验收，8月代表南通市通过省级抽查；项目推进速度与质量在南通领先，8月南通市农发局在海门市召开现场观摩推进会；争取农业综合开发扶持产业化项目财政投资保持南通领先，在一些地方申报农业综合开发扶持产业化项目出现明显下降的情况下，海门市继续强化服务农业新型经营主体意识，积极争取项目，申报项目数量和质量保持良好态势。

（倪　静）

市委书记陈勇调研海门工业园区高标准农田项目区　　（市农资局　提供）

工　业

综　述

【概况】 2016年，全市工业战线紧扣市委"争做改革创新排头兵、争当科学发展领头雁"工作主题，围绕"创新转型的示范区、接轨上海的示范区、全面小康的示范区"目标，狠抓工业经济爬坡过坎，突出做强做大产业，提升企业整体实力。充分发挥骨干企业的领头带动作用，深入挖掘骨干企业的中坚支撑力量，鼓励骨干企业锐意创新、勇于突破、增创价值，整体取得质效进一步优化、后劲进一步增强、贡献进一步提升的喜人成绩。

奖牌总数新突破。全市工业骨干企业总数237家，实现应税销售393.4亿元，占全市工业应税销售总量的61.8%；完成入库税金25.4亿元，同比增长0.5%，占全市工业入库税金总量的80.2%。奖牌企业总数132家，较2015年增加13家，创近五年新高。奖牌企业中，金牌企业32家，比2015年增加5家，占奖牌企业总数份额24.2%，较2015年提升1.5个百分点；银牌企业32家，比2015年减少7家；铜牌企业68家，较2015年增加15家，显示出较强的发展后劲。

单体实力新发展。全市237家骨干企业户均完成应税销售1.7亿元，与2015年基本持平。应税销售超亿元的企业97家，实现应税销售、入库税金323.4亿元和19.3亿元，分别占全市总量的50.8%和60.8%。97家应税销售超亿元的骨干企业中，超10亿元大企业、大集团8家，比上年净增2家，总量最大的招商局重工（江苏）有限公司全年实现应税销售 26.8 亿元，联海生物(16.6 亿元,2.4%)和通光集团(16.5 亿元,17.7%)分列第二、三位。重点企业实力明显增强,招商局重工首艘世界上最大的 40 万吨级矿砂船开工建造，中兴能源装备的“核工业不锈钢无缝管”入列国家首批制造业单项冠军培育企业，海隆重机的大型、高效 XC4000t/h 抓斗卸船机和南通金坤机械的 NBT500 重载码坯机器人系统两台装备被认定为省首台(套)重大装备。

税收贡献新水平。237 家骨干企业实现入库税金 25.4 亿元,户均贡献 1072 万元，其中税收贡献最大的企业为金轮蓝海股份有限公司，全年完成入库税金 2 亿元,同比增幅 710%。通光集团有限公司(1.3 亿元)、江苏晨牌药业股份有限公司(1 亿元)的入库税金分列二、三位。英力科技、容汇通用、友德电器、环宇建筑、三鑫电子、汉晨药业 6 家企业由原来的银牌晋升为金牌企业,郎晖实业、泰山石膏、斯德雷特光纤 3 家企业从铜牌或者应税超亿元企业直接跨级跃升为金牌企业。

结构优化新阶段。全市骨干企业在产业结构合理化和产业结构高级化的进程中快速前进。2016 年六大新兴产业合计完成产值 727.3 亿元，总量比上年提高 100.7 亿元,同比增长 16.1%,新兴产业产值占全市规模工业产值的三成以上，增幅较规模工业产值高出 5.8 个百分点。高新技术企业持续涌现,新认定高新技术企业 50 家,完成高新技术产业产值 1003 亿元，占规模工业比重 48.1%,总量比上年增加 110.9 亿元，同比增长 12.7%。237 家骨干企业中,电子信息产业和机械产业分别实现产值 278.3 亿元和 520.1 亿元，以超过 15%的高速增长领跑其他行业;化工行业、建材行业增速均在 10%以上。

创新发展新动力。树立“将改革和创新作为引领新一轮发展的第一动力”理念，全年全社会研发投入占地区生产总值比重 2.51%,累计提高 0.51 个百分点,新引进“千人计划”等顶尖人才 6 人,20 人入选省“333 工程”,每万名劳动力中拥有高技能人才 803 人，较上年增加 135 人。全市 4 家企业研发中心新列入省工程技术研究中心，新增 4 家省级企业研究生工作站，全市省级以上研发机构 64 家。招商局重工获评“国家级企业技术中心”(海门市首家)。中兴能源装备有限公司和江苏京海禽业集团有限公司 2 家企业获省科技进步一等奖。金呢工程织物成为全市首家省级互联网与工业融合创新试点企业。南通振康焊接机电有限公司“振康及图”商标、海门市晋帛家用纺织品有限公司“晋帛”商标,斩获 2016 年行政认定的中国驰名商标。江苏飞拓界面工程科技有限公司的 TSD 助镀剂获评 2016 年省“专精特新”称号。江苏通光电子线缆股份有限公司、金轮针布(江苏)有限公司荣获“第七届南通市长质量奖”。当升材料科技有限公司铝电池正极材料研发与产业技术开发项目获评省自然科学基金项目，实现海门市省知识产权重点推进计划和省自然科学基金项目零的突破。江苏容汇通用锂业股份有限公司成功挂牌“新三板”,全市挂牌上市企业总数 14 家。其中,IPO 企业 4 家,新三板挂牌企业 8 家,区域性股权交易市场挂牌企业 2 家。

2016 年海门市金牌工业企业一览

表 11

序号	企业名称	所在地区	行业	销售收入		入库税金	
				本期(万元)	增幅(±%)	本期(万元)	增幅(±%)
1	金轮蓝海股份有限公司	四甲镇	机械	13271	-40.3	20097	710.0
2	通光集团有限公司	海门港新区	电子	165032	17.7	12610	20.7
3	江苏晨牌药业股份有限公司	海门高新区	化工	20526	3.9	10020	195.0
4	中兴能源装备有限公司	三厂工业园区	机械	49936	-25.6	7828	-45.5
5	海门市森达装饰材料有限公司	海门工业园区	机械	123085	2.5	7004	-27.7
6	南通海迪化工有限公司	临江新区	化工	53139	8.6	6575	21.4
7	南通回力橡胶有限公司	海门港新区	化工	37193	-43.8	6190	13.3
8	南通市冠东模塑科技有限公司	经济技术开发区	轻工	46565	7.4	4813	-18.1
9	金轮针布(江苏)有限公司	四甲镇	机械	43049	4.7	4703	59.4
10	南通东辰安费诺汽车电子有限公司	海门高新区	电子	31695	117.8	4097	397.3
11	南通市申海工业技术科技有限公司	三厂工业园区	机械	28812	13.7	3825	1.5
12	江苏万高药业有限公司	经济技术开发区	化工	26760	30.8	3454	17.3
13	路特利举升机(海门)有限公司	经济技术开发区	机械	42386	6.4	3410	-6.6
14	招商局重工(江苏)有限公司	经济技术开发区	机械	268481	-53.3	3334	-87.7
15	南通爱尔思轻合金精密成型有限公司	四甲镇	机械	22912	-2.2	3246	17.8

续表 11

序号	企业名称	所在地区	行业	销售收入		入库税金	
				本期(万元)	增幅(±%)	本期(万元)	增幅(±%)
16	江苏世泰实验器材有限公司	海门高新区	电子	17805	5.7	2815	-21.8
17	江苏省朗晖实业发展有限公司	海门高新区	轻工	32750	49.3	2702	333.3
18	海门市新港医药科技有限公司	临江新区	化工	18360	39.5	2617	24.3
19	江苏希诺实业有限公司	余东镇	轻工	18878	2.6	2614	28.9
20	江苏英力科技发展有限公司	三厂工业园区	化工	29382	-7.3	2534	111.6
21	海门依科过滤设备有限公司	常乐镇	机械	15928	-17.2	2443	-21.1
22	海门海螺水泥有限责任公司	经济技术开发区	建材	65991	4.7	2434	-5.0
23	海门容汇通用锂业有限公司	三厂工业园区	化工	42041	61.3	2278	115.7
24	友德汽车电器(海门)有限公司	经济技术开发区	电子	19866	33.2	2205	77.6
25	南通市交通钢绳有限责任公司	经济技术开发区	冶金	27959	-14.3	2168	-0.3
26	江苏环宇建筑设备制造有限公司	常乐镇	机械	161976	27.6	2156	9.6
27	南通龙翔化工有限公司	临江新区	化工	17563	-2.8	2155	10.2
28	泰山石膏(南通)有限公司	经济技术开发区	建材	30760	0.9	2115	1459.7
29	南通三鑫电子科技股份有限公司	经济技术开发区	电子	28234	-19.2	2100	43.0
30	江苏联海生物科技有限公司	临江新区	化工	166399	2.4	2062	-40.4
31	江苏斯德雷特通光光纤有限公司	海门高新区	电子	27568	35.5	2048	2134.1
32	江苏汉晨药业有限公司	悦来镇	化工	10227	15.8	2038	44.0

2016 年海门市银牌工业企业一览

表 12

序号	企业名称	所在地区	行业	销售收入		入库税金	
				本期(万元)	增幅(±%)	本期(万元)	增幅(±%)
1	南通中远重工有限公司	经济技术开发区	机械	39921	3.6	1898	2.7
2	康奈可(海门)车用空调压缩机有限公司	经济技术开发区	机械	26326	20.2	1682	13.7
3	海门市油威力液压工业有限责任公司	海门高新区	机械	17075	-15.3	1660	-23.0
4	南通市常海食品添加剂有限公司	三厂工业园区	轻工	28181	-40.1	1648	141.6
5	美奥迪电机(海门)有限公司	经济技术开发区	机械	14051	-5.5	1642	-29.5
6	江苏高科物流科技股份有限公司	海门港新区	机械	10862	37.2	1614	190.1
7	南通市海圣药业有限公司	临江新区	化工	9574	-9.3	1543	5.7
8	凯盛家纺股份有限公司	海门高新区	纺织	15348	-7.9	1366	-14.3
9	海门埃夫科纳化学有限公司	三厂工业园区	化工	12116	-1.2	1352	113.4
10	海门市海真真空设备有限公司	海门高新区	机械	5118	-3.0	1346	55.3
11	南通振康焊接机电有限公司	正余镇	机械	15806	-1.1	1339	-0.5
12	海门贝斯特精细化工有限公司	三厂工业园区	化工	10514	5.1	1308	23.4
13	乾钟鞋业(海门)有限公司	经济技术开发区	轻工	11039	9.5	1269	16.7
14	南通维达鞋业有限公司	悦来镇	轻工	8947	-11.0	1262	-12.3

续表 12

序号	企业名称	所在地区	行业	销售收入		入库税金	
				本期(万元)	增幅(±%)	本期(万元)	增幅(±%)
15	南通市争妍颜料化工有限公司	临江新区	化工	18386	4.2	1215	5.0
16	南通海林汽车橡塑制品有限公司	正余镇	化工	11327	−9.7	1211	−18.4
17	海门鑫源环保热电有限公司	经济技术开发区	电子	10431	−8.4	1159	16.0
18	南通伟恩汽车配件有限公司	正余镇	电子	11480	−0.4	1093	6.3
19	江苏铁锚工具有限公司	海门港新区	机械	30189	26.1	1087	22.5
20	江苏通海染整有限公司	悦来镇	纺织	46648	−18.7	1072	−8.8
21	南通恒秀铝热传输材料有限公司	海门高新区	电子	100556	37.9	1068	−50.8
22	金轮橡胶(海门)有限公司	经济技术开发区	化工	7229	−43.0	1068	0.2
23	海门市海四达电子有限公司	海门高新区	机械	13108	−1.4	1065	−1.1
24	江苏嘉丰化学股份有限公司	临江新区	化工	37703	−3.1	1064	4.0
25	华通联合(南通)塑胶工业有限公司	经济技术开发区	轻工	14102	−5.2	1062	−1.8
26	维柏思特衬布(南通)有限公司	三厂工业园区	纺织	15623	−3.2	1055	10.8
27	江苏白兔纺织集团股份有限公司	经济技术开发区	纺织	24901	−3.1	1044	−7.4
28	海门慧聚药业有限公司	三厂工业园区	化工	14054	12.0	1040	18.8
29	南通之禾时装有限公司	经济技术开发区	纺织	4984	−18.1	1029	−12.3
30	南通恒嘉厨具有限公司	经济技术开发区	建材	5941	−1.8	1011	28.9
31	南通合硕电子有限公司	海门高新区	电子	6103	−13.3	1007	13.3
32	江苏金呢工程织物股份有限公司	悦来镇	纺织	12211	13.5	1004	−15.5

2016 年海门市铜牌工业企业一览

表 13

序号	企业名称	所在地区	行业	销售收入		入库税金	
				本期(万元)	增幅(±%)	本期(万元)	增幅(±%)
1	南通嘉禾化工有限公司	临江新区	化工	15651	15.4	978	71.5
2	南通和泰通信科技有限公司	海门高新区	电子	19386	27.4	977	14.4
3	南通华润大生纺织有限公司	三厂工业园区	纺织	14789	−2.6	972	−18.3
4	上海建工(江苏)钢结构有限公司	经济技术开发区	建材	48017	35.0	911	95.1
5	南通林磊船舶机械有限公司	海门港新区	机械	4699	−53.7	900	−52.9
6	南通华夏电子科技有限公司	经济技术开发区	机械	8059	8.9	896	9.3
7	海门市铁路机车车辆配件厂有限公司	海门高新区	机械	4403	−2.5	865	9.8
8	海门市利国玻璃制品有限责任公司	海门工业园区	建材	9892	−6.1	833	24.3
9	海门市五洋化工有限公司	临江新区	化工	8910	−2.9	803	14.7
10	江苏中兴精密机械有限公司	四甲镇	机械	12065	−7.7	797	24.0
11	海门市飞达标准件厂	海门高新区	机械	7640	8.7	779	4.9
12	南通赛博通信有限公司	经济技术开发区	电子	9859	−6.8	769	−32.1
13	南通泰格动力机械有限公司	经济技术开发区	机械	11359	−22.7	760	71.3

续表 13

序号	企业名称	所在地区	行业	销售收入		入库税金	
				本期(万元)	增幅(±%)	本期(万元)	增幅(±%)
14	南通大力神钢绳有限公司	三厂工业园区	冶金	14049	–2.2	746	15.0
15	海门市自来水公司	经济技术开发区	轻工	15408	22.0	744	–66.0
16	海门市正大电子有限公司	海门高新区	电子	12220	–4.8	737	–21.6
17	南通联海生物热电有限公司	临江新区	电子	11765	7.5	712	–0.3
18	南通易搏瓶盖有限公司	海门高新区	轻工	9868	2.1	710	430.8
19	江苏亨通电子线缆科技有限公司	经济技术开发区	电子	38533	14.6	686	–1.2
20	江苏大岛机械集团有限公司	海门工业园区	电子	7079	9.7	685	–26.8
21	江苏三瑛电子有限公司	海门高新区	电子	13508	–16.6	672	–13.9
22	新嘉澍纺织绣品(南通)有限公司	经济技术开发区	纺织	6207	–7.2	665	71.4
23	南通三鑫车灯配件有限公司	正余镇	机械	4326	15.7	649	17.7
24	江苏水龙江山消防发展有限公司	常乐镇	纺织	5212	–2.2	620	1.9
25	江苏晨牌邦德药业有限公司	海门高新区	化工	4903	36.4	620	51.0
26	南通华尔康医疗科技股份有限公司	经济技术开发区	化工	2683	40.1	619	72.4
27	海门市信德衬布有限公司	经济技术开发区	纺织	8066	42.4	614	163.8
28	永井食品(海门)有限公司	经济技术开发区	轻工	6728	–1.7	603	73.6
29	南通克莱克空气处理设备有限公司	正余镇	机械	4959	–17.4	597	–23.3
30	南通鼎鑫金属制品有限公司	海门高新区	机械	2619	–1.9	596	47.2
31	海门市新通海沙建材有限公司	经济技术开发区	建材	12907	–19.5	593	–31.8
32	南通市威士真空设备有限公司	海门高新区	机械	5876	18.2	593	0.5
33	南通铭升印染有限公司	三厂工业园区	纺织	7886	–5.3	592	2.5
34	海门市环宇化工厂	临江新区	化工	7408	–4.6	591	7.3
35	南通环球塑料工程有限公司	常乐镇	轻工	5163	–10.2	589	137.6
36	南通新锦江印染有限公司	临江新区	纺织	12043	1.1	588	–32.1
37	雅姿服饰(南通)有限公司	经济技术开发区	纺织	4515	–14.8	582	27.0
38	施凯乐橡胶制品(江苏)有限公司	海门港新区	轻工	4849	–14.7	582	0.3
39	江苏佳铝实业股份有限公司	经济技术开发区	建材	15798	–60.6	580	–52.3
40	海门市银燕电子有限公司	经济技术开发区	电子	6146	–26.8	574	–25.9
41	南通市亚诺合成化工有限公司	经济技术开发区	化工	3631	–2.2	556	5.6
42	江苏泰森食品有限公司	海门港新区	轻工	130645	–18.3	555	–8.4
43	南通金琪化工有限公司	经济技术开发区	化工	16772	2.5	549	–5.1
44	上海水星家纺海门有限公司	海门工业园区	纺织	10077	11.8	548	0.0
45	力神(海门)液压设备有限公司	经济技术开发区	机械	8693	3.1	547	143.7
46	江苏雄风科技有限公司	正余镇	化工	20546	–1.2	544	–52.0
47	江苏华宇碳素有限公司	海门港新区	冶金	4745	19.2	542	19.2
48	江苏三协铝业科技有限公司	海门高新区	冶金	7175	–5.5	540	–1.1
49	南通市梵泰斯针织制衣有限公司	海门工业园区	纺织	10399	–29.9	540	–39.6

续表 13

序号	企业名称	所在地区	行业	销售收入		入库税金	
				本期(万元)	增幅(±%)	本期(万元)	增幅(±%)
50	开美化学科技(南通)有限公司	三厂工业园区	化工	15767	18.9	537	37.7
51	海门市麒龙机械制造有限公司	常乐镇	机械	7042	-16.6	536	1.4
52	海门锦星汽车线束有限公司	正余镇	电子	6407	18.7	535	-5.8
53	南通海腾铜业有限公司	悦来镇	电子	111154	49.8	534	116.2
54	南通天龙化工有限公司	三厂工业园区	化工	6715	45.9	534	265.6
55	江苏天力锌业有限公司	余东镇	冶金	10987	-17.2	534	41.7
56	南通康达鑫电子有限公司	海门高新区	电子	3998	3.6	533	-2.4
57	海门亿峰机械零部件制造有限公司	余东镇	机械	10294	8.0	532	-5.3
58	江苏华海船舶信号制造有限公司	经济技术开发区	化工	3503	-3.0	531	-12.5
59	南通东盛之花印染有限公司	三厂工业园区	纺织	9364	-14.1	527	-29.7
60	南通威尔精密螺丝有限公司	海门高新区	机械	3784	1.5	522	2.2
61	海门市舒利珀鞋业有限公司	经济技术开发区	轻工	4150	-27.7	522	-17.2
62	江苏中联风能机械有限公司	正余镇	机械	6349	-7.6	521	-25.7
63	南通亿林针织服装有限公司	经济技术开发区	纺织	5372	17.1	520	-0.2
64	海门市大千热电有限公司	三厂工业园区	电子	10448	-1.0	514	-53.0
65	江苏海峰电力机械集团股份有限公司	正余镇	机械	4728	-4.6	514	10.2
66	燕达(海门)重型装备制造有限公司	海门港新区	电子	44872	428.2	510	105.5
67	南通华谊汽车橡塑制品有限公司	正余镇	化工	2492	10.8	509	26.0
68	南通英菲新能源有限公司	经济技术开发区	机械	6205	-32.4	505	218.7

(高　琦)

产业结构

【概况】 2016年,全市轻、重规模工业产值分别完成491.6亿元和1595.4亿元,同比分别增长7.5%和11.2%,重工业产值已超轻工业3倍。新兴产业产值727.3亿元,同比增长16.1%,总量占规模以上工业比重34.9%,比2015年提高1.8个百分点;装备制造业发展较快,实现产值1139.1亿元,同比增长14.2%,占规模以上工业比重54.6%,比2015年提升2个百分点。2016年,全市规模以上企业623家。其中,纺织(服装)业182家,机械(船舶)业140家,轻工(食品)业78家,化工(医药)业80家,电子信息业49家,冶金业52家,建材业42家,除建材业外,其余六大行业产值均实现正增长。机械(船舶)业和电子信息业增长较快,分别实现产值763亿元、351.2亿元,同比分别增长15.2%、13.3%;化工(医药)业、纺织(服装)业、冶金业和轻工(食品)业平稳增长,分别实现产值355.8亿元、284.9亿元、131.6亿元和142.2亿元,同比分别增长7.7%、6.7%、5.4%和3.5%。

2016年海门市工业骨干企业行业分布一览

表 14

行业名称	企业数	2016年应税销售				2016年入库税金			
		实绩(万元)	同期(万元)	增幅(±%)	占骨干比重(%)	实绩(万元)	同期(万元)	增幅(±%)	占骨干比重(%)
合计	237	3933737	4106248	-4.2	100.0	253948	244758	3.8	100.0
纺织(服装)业	43	347292	389318	-10.8	8.8	20283	21243	-4.5	8.0
机械(船舶)业	59	1206304	1494912	-19.3	30.7	88792	104547	-15.1	35.0

续表 14

行业名称	企业数	2016 年应税销售				2016 年入库税金			
		实绩(万元)	同期(万元)	增幅(±%)	占骨干比重(%)	实绩(万元)	同期(万元)	增幅(±%)	占骨干比重(%)
轻工(食品)业	31	475763	492275	−3.4	12.1	24551	21556	13.9	9.7
化工(医药)业	45	767386	726453	5.6	19.5	61887	47610	30.0	24.4
电子信息业	30	754949	592589	27.4	19.2	40377	34233	17.9	15.9
冶金业	12	149932	163806	−8.5	3.8	6219	5959	4.4	2.4
建材业	17	232111	246895	−6.0	5.9	11839	9610	23.2	4.7

(高　琦)

企业结构

【概况】 2016 年，全市规模以上企业 623 家，实现规模以上产值、销售收入、利税、利润分别为 2087 亿元、2057.1 亿元、324.1 亿元、219.7 亿元，同比分别增长 10.3%、9.6%、4.2%、6.5%。其中，销售超 10 亿元企业 38 家，比上年增加 2 家，占规模企业总数 6.1%，销售总量占规模比重 50.1%；销售 1 亿~10 亿元企业 254 家，占规模企业总数 40.8%，销售总量占规模比重 43.8%；销售 2000 万~1 亿元企业 317 家，占规模企业总数 50.9%，销售总量占规模比重 6.1%。全市工业骨干企业（入库税金超 200 万元及应税销售超亿元）总数 237 家，实现应税销售 393.4 亿元，占全市工业应税销售的 61.8%。金、银、铜牌企业 132 家，实现应税销售 322.6 亿元。其中，金牌企业 32 家，银牌企业 32 家，铜牌企业 68 家。全市应税销售超亿元企业 97 家，实现应税销售 323.4 亿元，占全市总量的 50.8%，其中超 5 亿元企业 11 家。

2016 年海门市销售收入超亿元企业一览

表 15

序号	企业名称	所在地区	行业	销售收入(应税+免税)		
				本期(万元)	同期(万元)	增幅(±%)
1	招商局重工(江苏)有限公司	经济技术开发区	机械	268481	575299	−53.3
2	江苏联海生物科技有限公司	临江新区	化工	166399	162467	2.4
3	通光集团有限公司	海门港新区	电子	165032	140170	17.7
4	江苏环宇建筑设备制造有限公司	常乐镇	机械	161976	126984	27.6
5	江苏泰森食品有限公司	海门港新区	轻工	130645	159892	−18.3
6	海门市森达装饰材料有限公司	海门工业园区	机械	123085	120128	2.5
7	南通海腾铜业有限公司	悦来镇	电子	111154	74214	49.8
8	南通恒秀铝热传输材料有限公司	海门高新区	电子	100556	72930	37.9
9	海门海螺水泥有限责任公司	经济技术开发区	建材	65991	63009	4.7
10	江苏晨牌药业集团股份有限公司	海门高新区	化工	62416	52636	18.6
11	南通海迪化工有限公司	临江新区	化工	53139	48945	8.6
12	中兴能源装备有限公司	三厂工业园区	机械	49936	67154	−25.6
13	上海建工(江苏)钢结构有限公司	经济技术开发区	建材	48017	35581	35.0
14	江苏通海染整有限公司	悦来镇	纺织	46648	57366	−18.7
15	南通市冠东模塑科技有限公司	经济技术开发区	轻工	46565	43367	7.4
16	江苏当升材料科技有限公司	临江新区	化工	44879	21062	113.1
17	燕达(海门)重型装备制造有限公司	海门港新区	电子	44872	8495	428.2
18	金轮针布(江苏)有限公司	四甲镇	机械	43049	41115	4.7

续表 15

序号	企业名称	所在地区	行业	销售收入(应税+免税)		
				本期(万元)	同期(万元)	增幅(±%)
19	路特利举升机(海门)有限公司	经济技术开发区	机械	42386	39848	6.4
20	海门容汇通用锂业有限公司	三厂工业园区	化工	42041	26066	61.3
21	南通中远重工有限公司	经济技术开发区	机械	39921	38530	3.6
22	江苏亨通电子线缆科技有限公司	经济技术开发区	电子	38533	33617	14.6
23	江苏嘉丰化学股份有限公司	临江新区	化工	37703	38921	-3.1
24	南通回力橡胶有限公司	海门港新区	化工	37193	66221	-43.8
25	江苏中宝食品有限公司	四甲镇	轻工	36336	25412	43.0
26	江苏省朗晖实业发展有限公司	海门高新区	轻工	32750	21929	49.3
27	江苏宝钢精密钢丝有限公司	经济技术开发区	冶金	32304	33116	-2.5
28	南通东辰安费诺汽车电子有限公司	海门高新区	电子	31695	14553	117.8
29	泰山石膏(南通)有限公司	经济技术开发区	建材	30760	30474	0.9
30	江苏铁锚工具有限公司	海门港新区	机械	30189	23936	26.1
31	江苏英力科技发展有限公司	三厂工业园区	化工	29382	31687	-7.3
32	南通市申海工业技术科技有限公司	三厂工业园区	机械	28812	25345	13.7
33	南通三鑫电子科技股份有限公司	经济技术开发区	电子	28234	34958	-19.2
34	南通市常海食品添加剂有限公司	三厂工业园区	轻工	28181	47038	-40.1
35	南通市交通钢绳有限责任公司	经济技术开发区	冶金	27959	32633	-14.3
36	江苏斯德雷特通光光纤有限公司	海门高新区	电子	27568	20338	35.5
37	江苏万高药业有限公司	经济技术开发区	化工	26760	20451	30.8
38	康奈可(海门)车用空调压缩机有限公司	经济技术开发区	机械	26326	21902	20.2
39	江苏海新船务重工有限公司	经济技术开发区	机械	26121	16384	59.4
40	江苏白兔纺织集团股份有限公司	经济技术开发区	纺织	24901	25695	-3.1
41	南通联海维景生物有限公司	临江新区	轻工	24622	25643	-4.0
42	南通爱尔思轻合金精密成型有限公司	四甲镇	机械	22912	23436	-2.2
43	南通展阳纤维有限公司	经济技术开发区	纺织	22088	41092	-46.2
44	江苏雄风科技有限公司	正余镇	化工	20546	20806	-1.2
45	友德汽车电器(海门)有限公司	经济技术开发区	电子	19866	14919	33.2
46	南通和泰通信科技有限公司	海门高新区	电子	19386	15216	27.4
47	江苏希诺实业有限公司	余东镇	轻工	18878	18391	2.6
48	南通市争妍颜料化工有限公司	临江新区	化工	18386	17644	4.2
49	海门市新港医药科技有限公司	临江新区	化工	18360	13166	39.5
50	江苏世泰实验器材有限公司	海门高新区	电子	17805	16843	5.7
51	南通诚峰铜业有限公司	正余镇	冶金	17769	21847	-18.7
52	南通龙翔化工有限公司	临江新区	化工	17563	18073	-2.8
53	海门市油威力液压工业有限责任公司	海门高新区	机械	17075	20168	-15.3
54	南通金琪化工有限公司	经济技术开发区	化工	16772	16357	2.5
55	江苏海创农产品开发有限公司	常乐镇	轻工	15995	13621	17.4

续表 15

序号	企业名称	所在地区	行业	销售收入(应税+免税)		
				本期(万元)	同期(万元)	增幅(±%)
56	海门依科过滤设备有限公司	常乐镇	机械	15928	19240	-17.2
57	南通振康焊接机电有限公司	正余镇	机械	15806	15978	-1.1
58	江苏佳铝实业股份有限公司	经济技术开发区	建材	15798	40048	-60.6
59	南通浩大精密合金带材有限公司	正余镇	冶金	15785	18554	-14.9
60	开美化学科技(南通)有限公司	三厂工业园区	化工	15767	13255	18.9
61	南通嘉禾化工有限公司	临江新区	化工	15651	13567	15.4
62	维柏思特衬布(南通)有限公司	三厂工业园区	纺织	15623	16142	-3.2
63	海门市自来水公司	经济技术开发区	轻工	15408	12632	22.0
64	凯盛家纺股份有限公司	海门高新区	纺织	15348	16669	-7.9
65	首帆动力科技江苏有限公司	海门港新区	机械	15146	455	3227.5
66	上海现代制药海门有限公司	临江新区	化工	14953	15061	-0.7
67	南通华润大生纺织有限公司	三厂工业园区	纺织	14789	15177	-2.6
68	华通联合(南通)塑胶工业有限公司	经济技术开发区	轻工	14102	14874	-5.2
69	海门慧聚药业有限公司	三厂工业园区	化工	14054	12553	12.0
70	美奥迪电机(海门)有限公司	经济技术开发区	机械	14051	14863	-5.5
71	南通大力神钢绳有限公司	三厂工业园区	冶金	14049	14360	-2.2
72	赐宝新型薄板(江苏)有限公司	经济技术开发区	机械	13903	27209	-48.9
73	江苏三瑛电子有限公司	海门高新区	电子	13508	16197	-16.6
74	金轮蓝海股份有限公司	四甲镇	机械	13271	22247	-40.3
75	海门市海四达电子有限公司	海门高新区	机械	13108	13296	-1.4
76	海门市新通海沙建材有限公司	经济技术开发区	建材	12907	16034	-19.5
77	亚洲新能源(中国)有限公司	经济技术开发区	机械	12559	14011	-10.4
78	海门市正大电子有限公司	海门高新区	电子	12220	12836	-4.8
79	江苏金呢工程织物股份有限公司	悦来镇	纺织	12211	10759	13.5
80	海门埃夫科纳化学有限公司	三厂工业园区	化工	12116	12261	-1.2
81	江苏中兴精密机械有限公司	四甲镇	机械	12065	13073	-7.7
82	南通新锦江印染有限公司	临江新区	纺织	12043	11916	1.1
83	南通联海生物热电有限公司	临江新区	电子	11765	10949	7.5
84	南通伟恩汽车配件有限公司	正余镇	电子	11480	11531	-0.4
85	南通泰格动力机械有限公司	经济技术开发区	机械	11359	14697	-22.7
86	南通海林汽车橡塑制品有限公司	正余镇	化工	11327	12542	-9.7
87	乾钟鞋业(海门)有限公司	经济技术开发区	轻工	11039	10080	9.5
88	海门昇运铝材有限公司	海门高新区	电子	11004	2238	391.8
89	江苏天力锌业有限公司	余东镇	冶金	10987	13264	-17.2
90	江苏高科物流科技股份有限公司	海门港新区	机械	10862	7915	37.2
91	海门贝斯特精细化工有限公司	三厂工业园区	化工	10514	10000	5.1
92	海门市大千热电有限公司	三厂工业园区	电子	10448	10553	-1.0

续表 15

序号	企业名称	所在地区	行业	销售收入(应税+免税)		
				本期(万元)	同期(万元)	增幅(±%)
93	海门鑫源环保热电有限公司	经济技术开发区	电子	10431	11389	-8.4
94	南通市梵泰斯针织制衣有限公司	海门工业园区	纺织	10399	14827	-29.9
95	海门亿峰机械零部件制造有限公司	余东镇	机械	10294	9534	8.0
96	江苏汉晨药业有限公司	悦来镇	化工	10227	8835	15.8
97	上海水星家纺海门有限公司	海门工业园区	纺织	10077	9013	11.8

(高　琦)

项目建设

【概况】 2016年,全市坚持“招商第一、项目为王”发展理念,完成全社会固定资产投资613.19亿元,增幅8.5%,完成工业投资367.53亿元,增幅6.9%,总量分列南通五县(市)第二和第一。全市实施超千万元工业项目692个,其中,超亿元项目148个,超10亿元项目7个。总投资100亿元的招商局重工(江苏)有限公司全面竣工,2016年实现销售收入85亿元。总投资20亿元的云创金属高纯度特种钢项目、总投资15亿元的临江新区国际中小企业科技园项目、总投资超10亿元的海新重工装备项目、复旦复华高新技术园配套园项目和中能集团综合体项目顺利推进,为海门今后的发展和产业结构的提档升级奠定坚实基础。

2016年海门市实施超亿元工业项目一览

表 16　　单位:万元

序号	企业名称	项目内容	计划总投资	累计完成投资	项目所在地
1	南通荣泰纺织有限公司	特宽化纤织造项目	10000	8600	经济技术开发区
2	海门康圣塑料科技有限公司	塑料制品生产	10000	10000	三厂工业园区
3	南通斌奥工业科技有限公司	汽车配件生产	10000	10100	正余镇
4	南通海林汽车橡塑制品有限公司	汽车外饰件及天窗功能性产品技术改造项目	10000	3262	正余镇
5	南通市冠东模塑科技有限公司	年产线束总成8000万根	10000	5000	经济技术开发区
6	海门市唐锦特种金属材料有限公司	特种材料项目	10000	10000	正余镇
7	江苏佳铝实业股份有限公司	年产20万平方米铝模板技改项目	10000	8500	经济技术开发区
8	海门市海雷紧固件有限公司	年产20亿件车用标准件	10000	10000	海门高新区
9	江苏兴农环保科技股份有限公司	年产1830台(套)环保设备新建项目	10000	10660	经济技术开发区
10	南通振康焊接机电有限公司	引进先进设备研发生产工业机器人1000台技改项目	10000	3217	正余镇
11	江苏斯德雷特通光光纤有限公司	年产200吨RIC预制棒扩建项目	10000	10000	海门高新区
12	南通市冠东模塑科技有限公司	生产线技术改造项目	10142	4000	经济技术开发区
13	江苏亨通电子线缆科技有限公司	年产8050公里新能源汽车传导充电系统用电缆产品	10200	10700	经济技术开发区
14	江苏撷能电池有限公司	年产1.5亿粒锂锰系列扣式电池项目	10200	5563	海门港新区
15	南通华宇石墨科技有限公司	石墨粉精细加工提纯项目	10300	5500	经济技术开发区
16	海门海螺水泥有限责任公司	码头扩建工程	10368	11760	经济技术开发区
17	江苏凡庭家纺科技有限公司	床上用品制造	10500	10500	海门工业园区
18	南通市海易金属制品有限公司	年产800万套金属制品(电饭锅内锅)	10500	1850	海门高新区
19	江苏日和照明电器有限公司	年产6200万个照明灯罩项目	10500	10500	海门港新区

续表 16

序号	企业名称	项目内容	计划总投资	累计完成投资	项目所在地
20	南通江勤美金属制品有限公司	年产 2000 吨弹簧带钢新建项目	10600	6200	经济技术开发区
21	南通中远重工有限公司	生产线技术改造	10670	6000	经济技术开发区
22	江苏省朗晖实业发展有限公司	烟标印制及水松纸	10700	2540	海门高新区
23	南通嘉禾化工有限公司	年产 100 吨缬霉威原药等	10948	5311	临江新区
24	海门市大千热电有限公司	改扩建工程配套系统	10990	9270	三厂工业园区
25	江苏英力科技发展有限公司	光引发剂项目	11000	7309	三厂工业园区
26	上海宣泰海门药业有限公司	口服固体药物制剂生产项目	11000	6000	经济技术开发区
27	海门鑫铠塑胶制品有限公司	制造电梯扶手	11000	11000	海门港新区
28	江苏德晋塑料包装有限公司	塑料制品二期项目	11000	11000	海门港新区
29	海门市辉皇新型建材有限公司	年产节能环保轻质墙板 375 平方米	11000	5966	海门港新区
30	南通浩大精密合金带材有限公司	新型铜带生产	11000	11000	正余镇
31	南通正天金属制品有限公司	年产 500 万件金属配件新建项目	11000	7500	四甲镇
32	海门市德兴电动工具有限公司	年产电动工具 100 万台	11000	11000	海门港新区
33	南通三鑫电子科技股份有限公司	生产线技术改造项目	11000	7500	经济技术开发区
34	江苏捷昱电动工具有限公司	年产电动工具 2000 万件	11100	11100	海门港新区
35	江苏易飞迅物流科技有限公司	物流设备项目	11200	4987	海门港新区
36	江苏海隆重机有限公司	港机专用码头建设项目	11232	11242	经济技术开发区
37	江苏中兴精密机械有限公司	年产 3 万吨新型环保罐体内衬材料项目	11500	11500	四甲镇
38	江苏希诺实业有限公司	喷涂生产线技改项目	11600	7630	余东镇
39	江苏兴旺农牧科技发展有限公司	年屠宰加工 30 万头生猪产业化项目	12000	6598	海门港新区
40	江苏中宝食品有限公司	年储存 8 万吨有机蔬菜冷冻库项目	12000	12000	四甲镇
41	海门市美之源家用纺织品有限公司	床上用品制造	12000	12000	海门工业园区
42	南通梦情缘纺织品科技有限公司	年产 50 万件家纺用品	12000	10180	海门高新区
43	江苏怡舜木业有限公司	木制品和家具制造	12000	12000	正余镇
44	江苏当升材料科技有限公司	新型动力锂电正极材料产业化项目	12000	4510	临江新区
45	海门埃夫科纳化学有限公司	专用工业生产物流项目	12000	3680	三厂工业园区
46	燕达(海门)重型装备制造有限公司	年产防腐剂 10 万吨	12000	12000	海门港新区
47	江苏汉晨药业有限公司	扩建三期制药车间	12000	12000	悦来镇
48	南通力驰复合材料有限公司	年产 3000 吨玻璃纤维增强塑料格栅、盖板新建	12000	396	正余镇
49	南通正天金属制品有限公司	1000 万件五金配件项目	12000	12000	四甲镇
50	南通优宾机械科技有限公司	制药装备灌装系统新建项目	12000	12000	三厂工业园区
51	江苏广中电子科技有限公司	年产 300 万片各类智能微电脑控制器和电子元器件项目	12000	5129	海门港新区
52	海门市沪海有色铸造有限公司	年产 5000 吨铝合金医疗器械配件改建项目	12000	5520	四甲镇
53	南通创欣新能源科技有限公司	太阳能光伏组件项目	12000	12000	三厂工业园区
54	江苏亨通电子线缆科技有限公司	汽车用电缆扩建	12000	9600	经济技术开发区
55	南通伟恩汽车配件有限公司	橡塑制品项目	12000	12000	正余镇

续表 16

序号	企业名称	项目内容	计划总投资	累计完成投资	项目所在地
56	海门市江乐农药化工有限责任公司	油漆涂料技改项目	12200	12200	三厂工业园区
57	美奥迪电机(海门)有限公司	生产线技术改造项目	12230	6200	经济技术开发区
58	江苏晨牌药业集团股份有限公司	固体制剂车间 GMP 生产线建设	12478	11650	海门高新区
59	南通恒秀铝热传输材料有限公司	年产 2 万吨新型复合铝材	12500	2760	海门高新区
60	南通青松纺织品有限公司	纺织品生产项目	12600	10410	海门工业园区
61	江苏三和美智洗涤设备有限公司	生产车间及办公大楼扩建	12600	2100	余东镇
62	南通振康机械有限公司	工业机器人产业园	12600	1224	正余镇
63	南通颐生酒业有限公司	车间及酒窖池群技改项目	12794	2230	常乐镇
64	江苏至卓特种门业科技有限公司	加工特种门	13000	13000	海门港新区
65	泰山石膏(南通)有限公司	纸面石膏板产能项目	13500	10500	经济技术开发区
66	海门市森达装饰材料有限公司	不锈钢装饰板生产	13500	10880	海门工业园区
67	江苏中兴精密机械有限公司	铝合金螺旋焊管等技改项目	13563	8740	四甲镇
68	海门英内电子标签有限公司	电子标签技改项目	13888	3190	常乐镇
69	江苏三阳运动器材有限公司	年产 5000 万只运动球	13900	13900	悦来镇
70	南通市卡茜奴家用纺织品有限公司	床上用品制造	14000	14000	海门工业园区
71	江苏万高药业有限公司	固体制剂车间技改扩产项目	14000	10500	经济技术开发区
72	华通联合(南通)塑胶工业有限公司	国内最新五层共挤压低密度聚乙烯薄膜项目	14000	14500	经济技术开发区
73	南通长三角金属材料有限公司	年加工 1 万吨钢结构制品	14000	2950	海门高新区
74	南通恒金复合材料有限公司	年产 3 万吨铝钢复合材料	14000	14000	海门高新区
75	南通乐峰机械配件有限公司	机械配件项目	14000	14100	常乐镇
76	江苏欧凯新材料科技有限公司	年产 6000 吨汽车塑料配件	14000	8650	海门高新区
77	江苏美罗家用纺织品有限公司	抽纱刺绣工艺品制造	14100	11250	海门工业园区
78	江苏锦瑞制药有限公司	1200 吨/年果糖二磷酸钠原料药	14508	14508	临江新区
79	江苏金呢工程织物股份有限公司	成型网干网扩建	14800	9800	悦来镇
80	江苏海创农产品开发有限公司	海创农产品三期	15000	10200	常乐镇
81	南通大宋红木制品有限公司	红木制品制造	15000	15300	常乐镇
82	海门鹏程纸品有限公司	年产 3000 吨游戏卡片	15000	15000	海门高新区
83	江苏雄风科技有限公司	新建仓储项目	15000	15000	正余镇
84	江苏科诺牧业设备技术有限公司	年产畜牧养殖设备 1 万台	15000	15000	海门港新区
85	江苏鑫海腾线缆有限公司	新建年产 200 万米电缆生产项目	15000	15000	悦来镇
86	南通隆泰通信材料科技有限公司	年产 300 万公里光缆加强件	15000	14460	海门高新区
87	江苏宏沃体育用品有限公司	年产 1000 万件体育用品	15200	15200	海门港新区
88	江苏大岛机械集团有限公司	工业自动控制系统装置制造	15300	12270	海门工业园区
89	明圣化工机械(南通)有限公司	年产反映器、换热器、发酵容器 1000 套	15800	15800	海门港新区
90	南通市万盟铝线有限公司	年产 5000 吨电标电工用铝包钢生产线项目	15800	10000	经济技术开发区
91	江苏飞拓界面工程科技有限公司	年产 1000 吨有机锡技术改造	16000	15523	三厂工业园区
92	实密精工(海门)有限公司	精密模具项目	16000	13100	常乐镇

续表 16

序号	企业名称	项目内容	计划总投资	累计完成投资	项目所在地
93	江苏飞马橡塑机械有限公司	船舶压载水处理控制系统加工生产新建项目	16000	4710	临江新区
94	江苏中联风能机械有限公司	新建大型低噪声空冷风机	16000	16000	正余镇
95	海门市恒昌织带有限公司	线带扩建项目	16080	15350	三厂工业园区
96	中信环境水务(海门)有限公司	2 万吨/日污水处理项目	16968	6735	临江新区
97	海门市龙耀家用纺织品有限公司	年产 200 万套床上用品	17000	17000	海门高新区
98	江苏水龙江山消防发展有限公司	大口径消防水带	17000	13600	常乐镇
99	南通环球塑料工程有限公司	九层共挤保鲜膜	17000	13800	常乐镇
100	江苏锦瑞制药有限公司	酵母浸膏及酵母粉、果糖二磷酸钠、果糖二磷酸钙等建设	17508	5690	临江新区
101	海门恒润纺织科技有限公司	纱线生产	18000	2280	常乐镇
102	南通科博莱工艺品有限公司	年产 1000 万只玻璃礼品和设计开发项目	18000	11221	正余镇
103	南通龙鹰真空泵业有限公司	龙鹰科技成套设备项目	18000	18500	常乐镇
104	天宏轴承南通有限公司	轴承生产	18500	18500	三厂工业园区
105	江苏三和美智洗涤设备有限公司	年产 1500 台洗涤设备项目	18600	18630	余东镇
106	南通状元木制品有限公司	木制品制造	19000	19480	常乐镇
107	江苏乘鹰新材料股份有限公司	年产 8500 吨油性包装涂料等建设	20868	6150	临江新区
108	金轮针布(南通)有限公司	智能高新车间项目	21000	17620	四甲镇
109	金轮科创股份有限公司	年产 5000 套整体锡林、55 万只分梳辊扩建项目	21000	21000	四甲镇
110	中国能源工程(海门)昌泰电气有限公司	年产 200 台(套)中低压输配电产品	21300	18170	经济技术开发区
111	江苏当升材料科技有限公司	新型动力锂电正极材料产业化开发项目	21877	1574	临江新区
112	泰莱斯(南通)医药化工有限公司	液晶高分子 LCP 项目	22000	16793	三厂工业园区
113	海门市海鹏过滤设备有限公司	冷却液集中过滤系统设备新建项目	22280	7087	三厂工业园区
114	南通新兴特种金属材料有限公司	年产 80 万套镍基防火合页和 6000 吨高温镍基合金材料扩建项目	22800	3980	余东镇
115	海门市协和车辆配件有限公司	年产 1800 万条丁基胶内胎 100 万双橡胶制品新建项目	24000	2770	余东镇
116	海门市千圣机械有限公司	高速电脑绗缝机生产	25000	1520	海门工业园区
117	海门市自来水公司	深度处理工艺改造	27600	12000	海门高新区
118	海门市新叶卧室用品有限公司	厂房办公楼建造	28300	10170	海门工业园区
119	海门亿峰机械零部件制造有限公司	建造生产车间及宿舍项目	28600	500	余东镇
120	海门浦海混凝土制品有限公司	新建厂房项目	28700	10820	海门高新区
121	江苏巨丰家用纺织品有限责任公司	高档床上用品生产项目	29600	10430	海门港新区
122	江苏厚诚钢构有限公司	钢结构加工项目	29800	29800	海门港新区
123	南通振康焊接机电有限公司	机器人及 RV 减速机项目	29800	20498	正余镇
124	江苏深蓝远洋渔业有限公司	水产品加工项目	30000	30000	海门港新区
125	江苏春戈玻璃有限公司	年产 2500 万平方米太阳能玻璃扩建	30000	6960	海门高新区
126	海门亿峰机械零部件制造有限公司	年产 3500 万套汽车电动工具精密配件生产设备	31070	3750	余东镇
127	南通市远大彩印包装有限公司	包装袋包装箱生产项目	31100	11410	海门工业园区

续表 16

序号	企业名称	项目内容	计划总投资	累计完成投资	项目所在地
128	金建(海门)钢结构有限公司	金属制品生产项目	31200	6950	海门工业园区
129	海门市韩世寝室用品有限公司	年产 50 万套四件套	32550	10980	海门工业园区
130	江苏环宇建筑设备制造有限公司	铝合金模板生产	32700	480	常乐镇
131	海门市华杰家用纺织品有限公司	床上用品生产	33500	2940	海门工业园区
132	江苏通光信息有限公司	年产 800 万芯公里普通室外光缆	34000	34000	海门港新区
133	情人草寝饰用品(南通)有限公司	纺织品生产项目	34350	11080	海门高新区
134	赐宝新型薄板(江苏)有限公司	年产 3 万吨特种电工钢	34500	35060	经济技术开发区
135	江苏通光信息有限公司	1000 万芯普通室外光缆加工	37500	37048	海门港新区
136	海门山峰玻璃科技有限公司	生产车间综合楼建造	39110	7790	海门工业园区
137	燕达(海门)重型装备制造有限公司	年产重型机械设备 100 台	46800	46800	海门港新区
138	江苏天峰低碳建筑产业有限公司	低碳建筑产业基地	49600	49920	经济技术开发区
139	南通国和新能源有限公司	电商城太阳能光伏项目	56500	6720	海门工业园区
140	南通国和新能源有限公司	叠石桥市场三期太阳能光伏项目	64700	6950	海门工业园区
141	海门临江生物医药科技创业园有限公司	生物医药科技创业园项目	94971	94971	临江新区
142	江苏新天下能源有限公司	电脑及其配件	100000	100000	海门高新区
143	江苏海新船务重工有限公司	二期工程	120000	75530	经济技术开发区
144	招商局重工(江苏)有限公司	海门海工基地配套完善工程	120000	9800	经济技术开发区
145	海隆海洋石油开发有限公司	年产钻杆接头、套管	150000	113142	海门港新区
146	江苏深蓝远洋渔业有限公司	南极磷虾加工基地新建	153000	56510	海门港新区
147	江苏海临实业发展有限公司	临江新区国际中小企业科技园	156192	75269	临江新区
148	云创金属股份有限公司	年产 10 万吨高性能金属材料	200000	14500	经济技术开发区

技术创新

【概况】 2016 年,全市实现高新技术产业产值 1003 亿元, 同比增长 12.7%,占规模工业产值比重 48.1%; 新兴产业产值 727 亿元,同比增长 16.1%,占规模以上工业比重 34.9%。新增南通市级企业技术中心 4 家、省级企业技术中心 3 家,招商局重工(江苏)有限公司成功申报国家企业技术中心, 实现海门市国家企业技术中心零的突破;新认定省首台(套)重大装备及关键部件 2 个、南通市首台(套)重大装备及关键部件 2 个;新增省管理创新示范企业 1 家、省管理创新优秀企业 3 家; 新增南通市示范智能车间 3 个; 新增省互联网与工业融合创新试点企业 1 家;高科物流获评“江苏省企业互联网化重点培育发展服务机构 (第一批)”; 海门工业园区成功创建省两化融合试验区。中兴能源装备有限公司的核岛用高性能关键金属构件精密塑性成形技术及装备和江苏京海禽业集团有限公司的国家级新品种京海黄鸡的培育与分子设计辅助育种 2 个项目获省科技进步一等奖。当升科技、恒秀铝热、海隆重机 3 家企业获省工业和信息产业转型专项资金 450 万元。 (张淑芝)

节能减排与低碳发展

【概况】 秉持“精用能源,善用资源”的绿色发展理念,坚持“节能、低碳、减污、增效”八字方针,构建资源节约型和环境友好型社会,圆满完成节能减排低碳发展年度目标任务。全年实施节能减排低碳发展项目 54 个 (含清洁生产项目 14 个),完成总投资超 10 亿元,取得良好的综合经济效益, 年节约能源 6611 吨标煤,间接减少煤炭消费量和二氧化碳排放,减少废水、废气、废渣的产生与排放。6 家企业完成能源管理体系建设并通过认证或评价,1 家企业采用合同能源管理模式开展节能改造,管理节能日益深入人心,形式逐渐丰富。5 个项目获省工业和信息产业转型升级专项资金(产业绿色发展类)扶持,共计155 万元。

2016 年海门市实施节能降耗重点项目一览

表 17 单位:万元

序号	企业名称	项目名称	总投资	基本情况	所在区镇
1	海门市海港城宾馆	太阳能系统改造	50	废除原有的高能耗老设备,引进安装先进的太阳能智能设备	经济技术开发区
2	海门市民族村酒店	太阳能系统改造	50	废除原有的高能耗老设备,引进安装先进的太阳能智能设备	经济技术开发区
3	海门鑫源环保热电有限公司	汽轮机抽背双功能改造	20	1. 在抽汽调节的中压油动机上安装机械提升装置,增加调节行程,提高调节能力。2.加装中压油动机进出油管道阀门,改变调节的液动方式。3.加接前汽封漏汽至低加管道,平衡改造后可能发生的轴向推力变化。4.通过增加新的喷淋装置和改造旧的喷淋管路来解决排汽温度过高的问题	经济技术开发区
4	江苏包罗铜材集团股份有限公司	短流程白铜管生产工艺	10000	以冷穿孔替代传统的热挤压,采用:熔铸—冷穿孔—拉伸—矫直—成品退火,达到短流程生产白铜管,省却了热挤压需要的加热以及后道的酸洗工序,每吨产品节约能源约 190 千瓦时,降低原材料损耗约 10 公斤,杜绝污水排放 1.3 吨,达到节能环保的目的	经济技术开发区
5	南通兴达贝妮梦家用纺织品有限公司	仿丝棉生产线电改气项目	400	电加热烘箱系统拆除,改为气加热烘箱,采用意大利百德品牌的烘箱燃烧器	海门工业园区
6	南通欣昌家居饰品有限公司	生产线节能改造	300	淘汰印花机 2 台、定型机 2 台、卷染机 4 台等,更换为新设备	海门工业园区
7	南通回力橡胶有限公司	再生橡胶生产节能改造	800	1.对再生胶炼胶设备电机进行改造,将原耗能高的 Y1 系列电机改为 YCE2 型节能电机。2.对再生胶脱硫设备进行改进,将能耗较高的电加热脱硫罐改为节能型电磁波常压脱硫装置,从而有效降低企业生产电耗	海门港新区
8	海门市新港医药科技有限公司	酮砜精制工艺节能技术改造	550	在精制阶段采取粗品加 0.9 倍 DMF 升温到 70℃保持 1 小时,在溶清后降温结晶、离心、烘干的成品,在这种温度条件下酮砜粗品会与 DMF 不会反应生成别的杂质,从而使成品纯度提高且收率大幅升高,并且减少保温时间,这样能耗大幅降低,效率大幅提升	临江新区
9	南通市争妍颜料化工有限公司	颜料红 3BL 盐析工艺改造、溶剂车间 DMF 精馏塔改造、真空抽滤节能改造	150	通过增加纳滤膜深度过滤颜料红 3BL 产生的盐析废水,截留废水中有效成分进行回收,提高颜料红 3BL 的得量,减少废水处理费用,达到节能增效的目的;溶剂车间对 DMF 塔内件、在沸器和填料等进行改造,提高处理效率,降低能耗;同时对溶剂车间真空抽滤设备改造为洗涤离心一体机,提高产品含固量,缩短烘干时间,节约蒸汽和电的消耗	临江新区
10	南通嘉禾化工有限公司	溶剂循环利用技术改造项目	150	1.采用新型高效冷凝器代替原有冷凝器。2.建立尾气循环使用系统,代替部分蒸汽,降低蒸汽消耗。3.建立冷冻机热回收利用装置	临江新区
11	南通新锦江印染有限公司	生产及辅助设备的节能降耗改造	500	锅炉设备的系统改造和保温,高耗能生产设备的改造。生产车间印花机、定型机、氧漂机的系统改造	临江新区
12	南通中德电子发展有限公司	薄膜开关生产专用设备和检查设备更新换代	500	薄膜开关生产专用设备和检查设备更新换代	海门高新区
13	南通市常海食品添加剂有限公司	年产 600 吨二氧化硫、800 吨醋酸钠、400 吨氯化铵节能技术改造项目	800	对原有三氯蔗糖厂房进行适应性改造,购置反应釜、加热釜、离心机、冷凝器、二氧化硫吸收塔、干燥塔和压缩机等国产设备 95 台(套)	三厂工业园区

续表 17

序号	企业名称	项目名称	总投资	基本情况	所在区镇
14	中兴能源装备有限公司	变压器、电机节能改造、10T 锅炉节能替换	130	更换新型节能变压器 6 台共计 6600 千伏安，更换新型节能电机 45 台共计 938 千瓦，电机新加装变频器 4 台共计 475 千瓦，将原 1 台 10 吨锅炉拆除报废，改用商品蒸汽	三厂工业园区
15	海门慧聚药业有限公司	青龙港厂区光伏发电项目(合同能源管理)	160	在海门慧聚药业有限公司的仓库、配电室、综合楼和动力站的建筑屋顶(4340 平方米)安装光伏板，建立 200 千瓦太阳能屋顶光伏电站	三厂工业园区
16	海门市工业用呢厂	定型设备节能改	200	红外线定型耗电较大，改造为油热定型设备	常乐镇
17	江苏裕康复合材料有限公司	无尘车间热量回收与热源隔断改造工程	210	增加热量回收装置，改造车间隔热保温层	常乐镇
18	江苏正禾新型墙体材料有限公司	泡沫玻璃窑炉改造项目	290	原设备(窑炉)为单推进模盒发泡设备，窑炉散热快；原设备(窑炉)长度短，发泡时间长，由于在生产过程中需保持高温发泡，导致模盒在推进过程中速度缓慢，因此造成产量低，能耗高。改造为能耗低效率高的新窑炉	正余镇
19	海门市冠东玻璃制品有限公司	玻璃窑炉节能降耗改造工程项目	1500	原 50 立方米马蹄形三通道改造成新型马蹄形二通道火焰窑炉；采用新型耐火材料和新型更加合理的窑炉结构提高热效率，延长窑炉的使用寿命；对配套的空压机及电机、电控系统实施变频调速技术改造	悦来镇
20	江苏中宝食品有限公司	东冷库增容节能降耗改造工程	360	建设一座占地面积 1350 平方米，地面高度达 12 米的双层新冷库的土建工程，购置安装制冷管道、设备、冷库二层钢板、库房内部和送冷系统保温层等	四甲镇
21	海门鑫源环保热电有限公司	能源管理体系建设	—	完成能源管理体系建设并通过评价	经济技术开发区
22	南通顾艺印染有限公司	能源管理体系建设	—	完成能源管理体系建设并通过评价	海门工业园区
23	南通市争妍颜料化工有限公司	能源管理体系建设	—	完成能源管理体系建设并通过认证	临江新区
24	南通海迪化工有限公司	能源管理体系建设	—	完成能源管理体系建设并通过评价	临江新区
25	南通市常海食品添加剂有限公司	能源管理体系建设	—	完成能源管理体系建设并通过认证	三厂工业园区
26	海门市大千热电有限公司	能源管理体系建设	—	完成能源管理体系建设并通过评价	三厂工业园区

2016 年海门市实施循环经济重点项目一览

表 18　　单位：万元

序号	企业名称	项目名称	总投资	基本情况	所在区镇
1	南通鼎丰生物能源有限公司	生物质秸秆颗粒燃料生产项目	900	8000 平方米钢结构厂房，生物质颗粒机 6 台，冷却机 1 台，秸秆打包机 1 台，秸秆粉碎机 3 台，秸秆烘干机 1 台，水幕除尘设备 1 套，提升机 3 套，秸秆筛料设备 1 套	海门工业园区
2	南通国和新能源有限公司	三星国际家纺城 5.1 兆瓦光伏项目	4000	利用家纺城屋顶，安装 1.96 万块 265 瓦太阳能光伏板，通过 102 台逆变器经升压后接至光伏城 10 千伏开闭所，所发电能自发自用，余电上网	海门工业园区
3	海门市五洋化工有限公司	废酸减量回收回用项目	350	通过新工艺、新技术，进行必要的设备改造，使废酸产生量减少。通过废酸回收设备，使大部分再生酸能回收套用。建成后，将削减 70%的废酸产生量	临江新区

续表 18

序号	企业名称	项目名称	总投资	基本情况	所在区镇
4	南通恒伟农业科技有限公司	生物质秸秆颗粒燃料生产项目	200.00	新建生物质秸秆颗粒煤生产流水线 2 条,包括颗粒机 2 台,秸秆打捆机 2 台,制粒生产线 2 套。另购抓草机 1 台,叉车 2 台,建标准化厂房 1 万平方米	海门高新区
5	江苏京海禽业集团有限公司	畜禽尸体无害化处理中心建设	600.00	建设生产车间 1237 平方米,办公综合楼 237 平方米, 冷库 173 平方米等; 购置无害化处理设备 1 套,运输车辆 3 台。年可处理动物尸体 3000 吨,减少污染	悦来镇
6	海门市江淤电镀有限公司	清洁生产审核	40.50	滚镀锌自动线改造项目等	经济技术开发区
7	海门市平生镀饰厂	清洁生产审核	19.45	加热设备改造、废水处理工艺改进	海门工业园区
8	海门市瑞祥电镀厂	清洁生产审核	67.72	滚镀锌自动线改造项目等	海门工业园区
9	海门市包场电镀厂	清洁生产审核	160.20	引进自动电镀线	海门港新区
10	南通市海圣药业有限公司	清洁生产审核	71.20	离心设备更新改造等	临江新区
11	海门慧聚药业有限公司	清洁生产审核	391.00	新增干式螺杆真空泵溶剂冷凝回收系统、太阳能光伏电站项目等	三厂工业园区
12	海门瑞一医药科技有限公司	清洁生产审核	33.30	更新工业冷冻机组设备项目等	三厂工业园区
13	海门市禾丰化学肥料有限公司	清洁生产审核	232.60	废气治理改造项目等	三厂工业园区
14	海门市三厂东风电镀厂	清洁生产审核	192.80	废水污染物单独收集处理工程	三厂工业园区
15	通力电子南通有限公司	清洁生产审核	520.90	废水回用工程	三厂工业园区
16	开美化学科技(南通)有限公司	清洁生产审核	23.50	3 立方米醚化釜更新改造项目	三厂工业园区
17	海门市宏伟镀锌厂	清洁生产审核	36.30	镀铜锌合金手工线改造	四甲镇
18	南通玉洁镀饰有限公司	清洁生产审核	88.50	镀锌手工线改自动线、酸雾吸收装置等	余东镇

(盛　东)

工业经济考核

【概况】 根据市委、市政府关于 2016 年度全市区镇、部门目标管理绩效考核工作的实施意见,对各区镇工业经济工作进行年度考核。2016 年度考核是在分组考核打分后分别排名得出名次,主要考核指标包括工业应税销售、工业入库税金、工业用电量、规模工业产值、战略新兴产业产值、新增长点培育等;加分部分包括大企业(集团)培育、微小企业进规模、超亿元工业企业、基地、园区创建、净增骨干企业、净增夺牌企业、两化融合等;减分项目为信用贯标。经考核,2016 年工业经济竞赛考核园区组排名依次为:海门高新区、三厂工业园区、海门港新区、经济技术开发区、海门工业园区、临江新区;乡镇组排名依次为:悦来镇、四甲镇、正余镇、常乐镇、余东镇。

2016 年海门市各园区、镇工业主要经济指标完成情况一览

表 19

单　位	全部工业企业销售收入(应税+免税)		工业入库税金		工业投入		工业用电	
	实绩(万元)	增幅(±%)	实绩(万元)	增幅(±%)	实绩(万元)	增幅(±%)	实绩(千瓦时)	增幅(±%)
经济技术开发区	2084206	8.7	77191	–22.6	787027	–1.0	71390	–1.6
海门工业园区	586760	2.3	39430	23.1	326914	–35.1	21355	10.1
海门港新区	625651	12.0	22874	–6.1	811279	12.7	21647	8.2
临江新区	504922	4.7	22894	6.9	255063	18.6	23465	10.9
海门高新区	676055	19.6	53424	13.9	305590	43.5	22560	12.2

续表 19

单　　位	全部工业企业销售收入(应税+免税)		工业入库税金		工业投入		工业用电	
	实绩(万元)	增幅(±%)	实绩(万元)	增幅(±%)	实绩(万元)	增幅(±%)	实绩(千瓦时)	增幅(±%)
三厂工业园区	459814	3.7	35416	−37.4	212637	18.2	30583	8.0
常乐镇	345144	23.6	11922	−5.6	189990	10.3	9606	1.9
悦来镇	386798	41.1	12495	3.2	199435	40.2	9636	10.7
四甲镇	252354	28.2	18900	49.3	198760	19.3	9082	1.4
余东镇	165360	30.5	8082	7.8	175370	15.6	5666	8.6
正余镇	272737	25.5	13572	−5.6	213210	18.3	7562	13.6
海永镇	8306	13.0	633	30.8	—	—	—	—

(高　琦)

重点企业简介

【金轮蓝海股份有限公司】 金轮蓝海股份有限公司成立于1987年,经过20多年的发展,已成为国内纺织梳理器材行业的龙头企业,2014年在深圳证券交易所中小企业板上市。金轮股份上市之后,将传统主业交由全资子公司承接并独立经营,母公司转型为产业投资,定位以资本和智本推动工业品细分领域的产业进步与升级,致力于成为工业品细分领域卓越的产业投资集团。实施首个并购项目,通过收购市森达装饰材料有限公司100%股权进入不锈钢薄板行业,并投资设立钢聚人电商有限公司,金轮股份未来将通过钢聚人平台,在不锈钢加工或贸易方面开展投资活动,构建线上线下融合的不锈钢薄板业务生态系统。2016年,公司实现应税销售1.3亿元,完成入库税金2亿元,进入市金牌企业行列。根据公司发展战略,金轮股份在纺织相关的棉花、纱线、面料等细分领域进行一系列的投资、布局,将在进一步完整产业链布局的基础上,推动所投资企业在纺织产业链各细分领域打造国内领先的专业电商,并沿纺织产业链形成协同,促进纺织产业的进步与升级。

【南通冠东模塑股份有限公司】 南通市冠东车灯有限公司创建于1984年10月,2003年11月合资重新注册,为港澳台合资企业,注册资金1494.36万美元,2014年1月公司更名为南通市冠东模塑科技有限公司。2015年1月公司重新整合后,更名为南通冠东模塑股份有限公司,注册资金1.13亿元。公司有职工1200人左右,大专以上各类科技人员350多名,研发人员138人。设有注塑、线束、冷冲、模具等主要生产车间和技术中心、省工程技术研究中心(下设4个独立的开发部)等开发、保障部门。2016年实现应税销售4.7亿元,完成入库税金4813万元。

公司属汽车零部件生产企业,在汽车零部件制造行业特别是车灯、线束系列、汽车外饰件系列行业中有着显著地位,多个新产品为国内首创,在轿车轻量化方面起到引领和推动作用。公司长期为上海大众、上海通用、一汽、广汽等著名企业集团以及福特、别克、马自达、本田、雪佛兰、荣威、斯柯达等国内外著名品牌轿车配套;同时为相关汽车配套企业提供高精度模具的设计、制作、加工服务。

公司有一批老中青结合的以青年技术骨干为主的科技人员、技术工人和创业、创新管理团队,产品开发和技术创新主要依靠企业自身力量(技术中心、工程研究中心),同时也建立健全多渠道的交流、合作平台,与多所高校研究所建立长期有效的产学研合作机制,创新水平和创新能力不断提高,先后被评为"市十佳创新型示范企业"和"省科技创新型企业"。

【江苏佳铝实业股份有限公司】 江苏佳铝实业股份有限公司是一家集铝合金建筑系统型材、工业铝型材研究、设计、生产及销售于一体的综合性大型企业,专注于为建筑工程、交通运输工业等领域提供符合严谨规格要求及质量标准的高品质铝型材产品。公司是江苏省综合实力最强、规模最大的铝加工企业之一,拥有20条国际领先的生产线及国际一流的检测研发设备,可实现15万吨的年产能力,位居行业前列。公司建筑型材产品主要用于高层大型幕墙,工业铝型材产品广泛用于轨道交通、汽车制造、集装箱制造、航空航天、电子散热等领域。公司始终坚持质量管理和绿色环保,通过ISO 9001质量管理体系认证、ISO 14001环境管理体系认证、OHSAS 18001职业健康安全管理体系认证。获评"全国质量信得过单位""江苏省质量信得过单位"和"中国民营科技企业500强"。2016年,公司实现应税销售1.6亿元,完成入库税金1217万元。

公司依托自身技术优势,自主研发330系列宽大幕墙系统,率先掌握城市铝制防洪板、钢铝复合共挤压导电轨等关键技术和制造工艺,先后与中南大学、上海交大等科研机构建立密切的技术合作关系,成立"江苏省高性能特种铝型材工程中心""南通企业技术中心"和"南通市工程技术研究中心",获得专利授权50项,科研实力跃居行业前列。凭借先进的技术、优质的产品和服务,公司不断抢占市场份额,在境内拥有100多家多元化的稳定客户群,同时坚持全球化经营战略,贸易辐射亚洲、非洲等地区的十几个国家。

【江苏通海染整有限公司】 江苏通海染整有限公司始建于1978年,前身是市王氏染整有限公司、市正章染厂，位于友爱村，市奖牌企业。企业负责人王斌，海门市政协常委，印染商会会长。公司有固定资产5580万元，占地面积6.5万平方米，其中建筑面积4万平方米。员工680人，其中科技人员125人，党员22人。公司拥有5条染整生产流水线，生产各类纺织品及服装面料里料的漂白染色及后整理产品，年生产能力2亿米，是江浙两省最大的服装里料出口基地，是上海、北京、南京、宁波等地纺织品进出口公司的最大合作伙伴。2011年起进入市奖牌企业行列，2016年，公司实现销售4.6亿元，完成入库税金1061万元，保持银牌企业的位置。

近年来公司淘汰10条落后生产线，新增13条全新的定型机流水线，月生产能力2500万米。公司先后获得“南通市百强私营企业”“南通市产学研示范企业”“海门市重点骨干企业”“市铜牌企业”“市文明单位”“市纳税大户”“市劳动关系和谐企业”“市党建工作示范点”“市模范职工之家”“市慈善先进企业”等荣誉称号。 （陆淼娟）

建 筑 业

综 述

【概况】 面对国家经济与行业发展新常态，全市建筑战线上的广大干部职工以更加主动、更加自信的姿态融入发展大势，突破传统发展思维定势，摆脱传统发展瓶颈制约，保持建筑业稳中有进，实现调速不减产量增质更优的预期目标。建筑业总产值再攀新高，其他各项主要经济指标全面实现历史性超越，综合实力再次名列江苏省各县(市)之首。

2016年，全市实现建筑业总产值1551.47亿元，同比增长2.5%，总量继续保持全省领先。建筑业实现地税入库18.3亿元，同比增长19.8%；在建施工面积1.46亿平方米，同比增长6.7%；当年新开工面积4194万平方米，同比增长39.83%；承接高层3439栋，超高层1227栋，承建10万平方米以上小区及配套工程88个；海外市场完成营业额6.96亿美元，占年计划的116%，新增出国人数906人，期末在外人数5082人。全市建筑业从业人员32.03万人，建筑业劳动生产率53.58万元/人，同比上升4.63%。其中，一级建造师1084人，二级建造师2665人，建筑业从业人员年人均劳动报酬超7万元。

上海御桥小区B地块商业项目获“鲁班奖” （市建管局 提供）

行业发展

【概况】 全市建筑企业进一步做大做强。年末，全市建筑企业总数265家，总产值超亿元企业73家，超15亿元企业13家。6家企业分别新增公路工程施工总承包、机电工程施工总承包、建筑幕墙工程总承包、建筑装修装饰工程专业承包等短缺的项目资质，为全市建筑企业转型提档，进一步开辟市场、拓展业务奠定基础。

产业集中度进一步提升。南通三建、中南集团、龙信集团3家特级资质企业全年合计产值1102.17亿元，占全市建筑业总产值的68.84%；28家一级资质企业合计产值330.55亿元，占全市建筑业总产值的20.65%，建筑业产业集中度89.49%。

产融结合进一步实现。建筑企业进一步从普通施工总承包向工程总承包转型，从实业经营向资本经营、资源经营、轻资产运营转型。继2009年中南建筑产业集团成为江苏省建筑行业第一家上市公司和海门市第一家上市公司后，2016年7月，南通三建集团公司正式获批新三板挂牌上市，推动产业与资本双轮驱动经营，为企业进一步做大做强创造条件。

业务领域进一步纵深拓展。一批龙头骨干企业逐步向市政、道路、桥梁、水利等领域拓展，部分企业围绕主业纵向延伸或横向拓展，广泛涉足房地产、建材生产等诸多领域。南通三建集团着力打造“筑集采”平台，改变建筑业的采购模式，成功引入南通五建、昌大建设、高科物流等5家核心企业，平台上有供应商8115家、采购商239家，全年总交易量40多亿元。海门设备安装公司用“互联网+”思维再造企业发展新模式，收购南京东昇科技中心所持有的上海筑网信息科技有限公司的部分股份，进入国内安装行业首个B2B平台“安装通”。

【市场开拓】 2016年，全市建筑业施工面积1.46亿平方米，同比增长6.7%，其中，中部地区增长2.71%，西部地区增长29.27%，东部地区增长2.4%，建筑业由东部发达地区向中西部新兴地区拓展。超百亿元的市场5个，分别是山东、上海、海门市市内、河北、北京；超50亿元的市场3个，分别是南京、天津、安徽。8个市场合计产值994.35亿元，占全市的62.1%。超10亿元的市场26个，其中，省外市场19个,省内市场7个。

中南集团成功进入深圳和东莞建筑市场,获取业务承接17亿元,承接温岭项目、济南羊山景区、安丘青云山文体中心等3个PPP项目,实现中南建筑PPP项目"零"的突破。

龙信集团加大对国内市场的开拓力度,优化区域布局,以上海、南京、苏州为代表的长三角市场,以北京、天津为代表的京津冀市场,以广州、珠海为代表的珠三角市场,以武汉、株洲、成都为首的长江中上游沿岸市场,形成"四区布局、两翼先行,沿长江经济带拓展壮大"战略格局。

开辟国内市场的同时,积极拓展国际市场。南通三建集团海外区域发展公司与央企中信建设、中建国际、中工国际等国际承包商合作,在赞比亚、安哥拉、阿尔及利亚、马来西亚、澳大利亚等多个国家承揽各类大型工程20多项,中标援建多哥议会大厦项目、亚美尼亚中文学校、刚果(金)加丹加省综合医院项目等8个项目。中南建设集团、龙信建设集团、苏通建设集团等企业已迈开进军国际市场的步伐。

【创优夺杯】 2016年,全市建筑业继续实施精品工程战略,突出品牌创建,荣获一大批国家、省、市优质工程奖。南通三建集团承建的上海浦东御桥小区B地块商业项目、龙信集团承建的成都仁恒滨河湾一期荣获中国建设工程鲁班奖,全行业先后获评"国家优质工程奖"2项、土木工程"詹天佑奖"2项、"钢结构金奖"1项、"中国安装之星"1项、"全国装饰奖"4项、"参建鲁班奖"2项、"参建国优"2项,获得省以上优质工程74项。海门市内工程有10项获得南通市"紫琅

北京天洋城4代★太空之窗获"中国钢结构金奖" (市建管局 提供)

2016年海门市建筑企业获国家级优质工程一览

表20

序号	奖励名称	获奖项目	施工单位
1	鲁班奖	上海御桥小区B地块16-02(H块)商业项目	江苏南通三建集团有限公司
2		成都仁恒滨河湾一期	龙信建设集团有限公司
3	国家优质工程	新龙广场(盐城城南.南纬商务中心)D2号楼	江苏中南建筑产业集团有限责任公司
4		南京仁恒江湾城二期	龙信建设集团有限公司
5	詹天佑奖	中海曲江花园A地块二期二标段	江苏中南建筑产业集团有限责任公司
6		中海曲江花园A地块二期二标段	南通南建工设备安装有限公司
7	钢结构金奖	天洋城4代*太空之窗	江苏中南建筑产业集团有限责任公司
8	中国安装之星	盐城体育中心体育场机电安装工程	南通市中南建工设备安装有限公司
9	全国装饰奖	北京宏泰兴华经贸公司办公楼装修	江苏南通三建集团有限公司
10		上海国际医学园区D2-02-05地块商品房项目2标装修工程	江苏南通三建建筑装饰有限公司
11		南通星光耀广场商业部分精装修工程	江苏南通三建建筑装饰有限公司
12		第101医院内科综合大楼装修工程	江苏南通三建建筑装饰有限公司
13	鲁班奖(参建)	上海御桥小区B地块16-02(H类)商业项目	南通裕成建设有限公司
14		上海御桥小区B地块16-02(H类)商业项目	浩嘉恒业建设发展有限公司
15	国家优质工程(参建)	南京生物医药谷研发楼一期建设项目研发楼一期水电安装工程	海门市设备安装工程有限公司
16		哈尔滨哈西万达广场地块一A1号楼(酒店)工程	江苏南通三建建筑装饰有限公司

杯”奖，南通纺都商务大厦工程获得省“扬子杯”奖。

行业管理

【概况】 2016 年，全市拥有资质以上建筑业企业 176 家，其中，特级资质企业 3 家，一级、二级、三级资质企业分别有 28 家、57 家和 63 家。新申报资质企业 9 家，其中，二级升一级 1 家，三级升二级 1 家。

【科技创新】 2016 年，全市建筑企业获得省级工法 43 项，获国家级 QC 成果 21 项、省级 67 项；获发明专利 18 项、实用新型专利 28 项，取得新技术应用示范工程 11 项。建筑产业现代化、住宅产业现代化、绿色建筑、中德低碳城市建设作为一个整体共同推进。

南通三建集团敏锐把握国家产业导向和建筑业发展方式加快转变的契机，大力发展以被动式超低能耗绿色建筑产业为主导方向的新型建筑产业，建立江苏省首家国家级被动式超低能耗绿色建筑产业园，形成集自主设计、研发、施工以及材料设备、部品配件开发于一体的建造体系和生产体系。园区里 10 条 EPS 模数聚苯板生产线已投产，年生产能力 15 万立方米，并被住建部科技中心列入被动式低能耗建筑产品目录。

中南集团装配式混凝土结构(PC)在建项目施工面积近 50 万平方米，其中昆山中南世纪城 21 号装配式钢结构住宅作为国家级绿色住宅示范工程项目重点推进。中南集团发明的“一种装配式预设吊挂钢筋的楼板支模体系及安装拆卸方法”获“中国专利优秀奖”。该专利产品已应用面积 120 万平方米，实现新增销售额 3.6 亿元，新增利税 3146 万元。

龙信集团在建筑设计标准化、部品生产工厂化、现场施工装配化、结构装修一体化、管理过程信息化产业化特征的基础上，进行项目管理一体化，实现“五化一体”，公司承接的南通政务中心停车综合楼和自主开发的龙信广场二期项目，采取 EPC 总承包管理，探索龙信特有的产业化发展模式，实现产业化全过程管理，打通产业化从设计、制造、施工、运维的各个环节，形成集成技术，实现全过程的资源优化。

2016 年，市内采用装配式技术建设的项目 15 个，建筑总面积 64 万平方米；被动房项目 3 个，建筑面积 4.2 万平方米；成品房项目 15 个，建筑总面积 147 万平方米；获二星级以上绿色建筑设计标识的项目近 50 万平方米；列入建筑产业现代化指标的建设项目 6 个，计 99 万平方米。

【安全生产】 市建管局坚持“安全第一、预防为主、综合治理”的理念，以落实企业安全生产主体责任为重点，以建筑安全生产专项整治为着力点，强化日常监管，落实安全生产各项措施，与全市各建筑施工企业签订安全生产责任状，开展建筑施工企业“三类人员”(建筑施工企业主要负责人、项目负责人和专职安全生产管理人员)继续教育培训和延期变更工作，全市有 1576 人次报名参加三类人员的取证考试，9709 人次参加特种作业取证培训考试，3952 人次参加特种作业证书延期复审培训考试，2472 人次参加特种作业换证培训考试。开展“安全生产月”活动，推进“平安工地”建设。开展建筑安全大检查、大督查活动，抓隐患排查治理，采取有力措施切实防止安全责任事故的发生。加强建筑施工现场扬尘管控，强化文明施工，市内建筑工地创“省级建筑施工标准化文明示范工地”6 个、“南通市级建筑施工标准化文明示范工地”10 个。

【墙材革新】 2016 年，市墙改办加大宣传贯彻落实《江苏省新型墙体材料发展条例》的力度，结合省墙改办《关于开展 2016 年墙改节能宣传周活动的通知》，围绕“节能领跑，绿色发展”活动主题，重点宣传墙改政策、法规，墙改基金征收、返退的有关规定，《条例》的主要内容，以及普及节能减排低碳的法律、政策、标准及相关知识，宣传企业技术革新和产品转型升级的重大意义，鼓励企业淘汰高耗能、高污染等落后产能。帮助南通联泷建筑材料公司确立新墙体材料科研项目——“装配式自保温墙板结构体系房屋受力性能研究”，获省墙改科研项目补贴。海门泰利来新型建材有限公司应用硫氧镁技术自主研发生产的建筑用隔墙条板新型墙材产品，通过省经信委鉴定。全年完成新墙材应用项目验收 124 个，征收墙改基金 1671 万元，返退墙改基金 881 万元，5 家企业通过省换证认定，帮助 1 家企业申报省技改补贴。

规模企业

【概况】 2016 年，海门建筑行业的品牌效应加速形成，3 家高资质龙头骨干企业产值规模不断扩大，一批新兴建筑企

2016 年海门市建筑业总产值前 10 名企业一览

表 21　　单位：亿元

序号	企 业 名 称	建筑业总产值
1	江苏南通三建集团股份有限公司	490.83
2	江苏中南建筑产业集团有限责任公司	432.85
3	龙信建设集团有限公司	178.49
4	中联世纪建设集团有限公司	45.15
5	苏通建设集团有限公司	40.15
6	南通市裕成建设有限公司	25.96
7	江苏南通三建建筑装饰有限公司	24.05
8	江苏南通三建集团第三建筑安装工程有限公司	23.01
9	江苏竑成建设集团有限公司	19.81
10	海门市设备安装工程有限公司	18.01

盐城体育中心体育场工程获中国安装之星　　　　（市建管局　提供）

业迅速崛起。

南通三建集团全年经济总量突破600亿元，列中国企业500强第196位、中国民营企业500强第34位，名次分别比上年前移20位和3位，荣登江苏省建筑业竞争力百强榜首、南通市建筑业30强榜首。

中南集团列中国企业500强第263位、中国建筑企业500强第8名、中国民营企业500强第63名、中国城市运营商前20强、中国50家最佳建筑承包商第6位、中国建筑企业双百强第34位。

龙信集团跻身全国优秀施工企业，列中国建筑业竞争力百强企业第42位，以及江苏省建筑业百强企业综合实力类、江苏省建筑业百强企业建筑外经类双10强，龙信商标获评中国驰名商标。

苏通集团继连续4年被评为“江苏省建筑业竞争力百强企业”后，2016年首次被评为“中国建筑业成长性200强企业”。

中南建设和南通三建首次跻身2016年度全球承包商250强中前50强，分别列第39位和第47位，海门市成为全国唯一有两家建筑企业同时进入前50强的县级市。　（陆秀昌）

房地产业

【概况】 2016年，全市房地产市场总体呈平稳发展态势，市场量价都保持相对稳定状态。截至12月底，全市住宅、商贸等房地产开发项目施工面积441.09万平方米。其中，商品房开发项目施工面积257.22万平方米，拆迁安置房施工面积183.87万平方米。2015年结转面积245.82万平方米，其中，商品房结转面积152.02万平方米，拆迁安置房结转面积93.8万平方米；新开工面积197.92万平方米（2.65万平方米5月份已竣工备案），其中商品房新开工面积107.85万平方米；竣工面积169.26万平方米，其中商品房竣工面积96.56万平方米；完成投资额63.34亿元。

房地产市场相对平稳，住房量升价稳。全市商品房预(销)售1.06万套，面积122.82万平方米，同比增长45.87%，销售金额112亿元，同比增长69.93%。其中，住宅9116套，面积109.42万平方米；商办类1518套，面积12.89万平方米。市区全年商品房预（销）售6778套，面积87.81万平方米，同比增长34.08%，销售金额84.18亿元，同比增长52.56%。全市普通商品住房平均销售（去除精装修住房及别墅）价格为7439元/平方米，与2015年全市普通商品住房平均销售价格(7056元/平方米)相比，同比增长5.43%。

【建筑产业、住宅产业现代化】 制定政策文件，起草《海门市购买全装修商品住宅补贴实施细则》《海门建筑产业现代化推进工作方案》，成立市建筑产业现代化专家委员会，将建筑产业现代化及绿色建筑建设指标列入国有建设用地出让方案及地块规划设计条件，并在国有建设用地划拨决定书中注明。10月，受住建部邀请，以城市名义参加第十五届中国国际住宅产业暨建筑工业化产品与设备博览会。5月南通市建筑产业现代化推进会、11月全省被动式超低能耗绿色建筑推进会、12月全省贯彻建筑产业现代化战略推进房地产供给侧结构性改革交流会均在海门市召开。获得2016年度省级建筑产业现代化示范基地2个、示范项目1个。全年新开工的预制装配式建筑施工面积约20万平方米，成品房面积40万平方米。

【房地产市场管理】 严格开发企业资质管理，全年办理企业资质81家。其中，新办2家，资质延期79家。按照“一次性告知、五日内办结”工作要求，加强商品房销售许可证审批管理，全年办理商品房预售许可证46份，现备12份。中南集团、龙信集团、西部集团、东恒盛有限公司参加南通市“濠河杯”优质楼盘评比。

【老旧危房排查治理】 先后起草下发《市政府关于城镇户区(危旧房)和城中村改造工作的实施意见》《关于转发建设部开展全国城市老旧建筑安全排查整治工作的通知》《关于明确全市城市老旧危房解危工作有关事项的通知》《关于开展年末老旧建筑安全排查工作的通知》等文件，加强对镇、区排查治理情况的指导和督促。加强数据统计，建立《老旧危房安全管理台账》，全年各镇、园区、部门排查出疑似危险房屋计287幢13.2万平方米。其中，尚待鉴定的房屋128幢1.86万平方米，经鉴定直接确认为危险房屋70幢2.16万平方米，已经采取相关治理措施的房屋12幢0.23万平方米。

【小区物业管理】 按照“行业监督、属地负责、部门联动、业主自治”原则，新建的居住区由市住建局、属地政府和相关职能部门，共同参与前期规划方案的设计和审定，把物业管理配套设施(车位、物业用房)规划、建设的具体要求落实到前期规划设计中；参与物业项目配套验收和综合验收，确保物业管理设施建设到位、及时移交。至12月底，全市有物业服务企业 57 家，服务项目 114 个，其中已成立业主委员会 10 家，成立物业管理委员会 1 家。坚持每月调研督查不少于 2 个物业服务小区，加强综合考评并建立信用档案，对问题实行限期整改。做好住宅专项维修资金的归集和使用，及时调整和完善维修资金使用流程，确保专项维修资金使用的公开、公平、公正。至 2016 年底，全市收缴 41 个项目的住宅专项维修资金 1.21 亿元，开具专用收据 1.66 万余份，维修资金累计余额5.99 亿元。使用住宅专项维修资金 461 余万元，维修工程主要涉及屋面防水、下水管道维修、楼宇门更换等 223 个项目。制定《关于规范我市住宅专项维修资金应急使用有关事项的通知》，在确保资金安全使用的前提下，简化使用手续，保障住宅共用部位、共用设施设备的维修和正常使用，维护业主合法权益，使维修资金的监管使用更加规范化。完成市住宅专项维修资金信息化管理系统公开招标文件的制作，通过完善的信息化手段建立全市住宅专项维修资金管理系统，实现资金的金融级管理和业务信息化处理。

【房产服务管理】 根据住建部《房屋交易和产权管理工作导则》及省住建厅《关于切实做好房屋交易和产权管理工作的指导意见》有关要求和规定，落实市存量房交易合同网上签约工作，按计划完成系统建立，进一步规范存量房交易秩序和经纪行为，保障交易当事人合法权益，促进房地产市场健康、稳定发展。做好房产面积测绘审核工作，全年审核测绘成果函 68 份，同比增长 33.33%；商品房网上备案合同审核 1.28 万份，同比增长 75.27%。（杨勤俭）

服 务 业

综 述

【概况】 2016 年是全面实施“十三五”规划的开局之年，也是服务业谋求突破、力求转型的关键年。全市上下坚持以理念创新为导向，以项目建设为支撑，夯实

海门中南城购物中心　（市发改和经信委 提供）

基础、狠抓落实，服务业发展进入稳中有进、进中有为的新阶段。全市实现服务业增加值 447.3 亿元，同比增长 10.8%，占地区生产总值比重 44.5%；完成社会消费品零售总额 344.6 亿元，同比增长 10.8%；完成服务业应税销售 571.2 亿元，同比下降 24.7%；完成服务业税收 42.4 亿元，同比下降 17.6%；完成服务业投资 245.7 亿元，同比增长 11.1%。

【扶持政策完善】 修定《海门市服务业引导资金使用管理办法》，促进服务业结构优化调整升级，有效推进服务业良性健康发展，对服务业新兴业态、现代集聚区、公共服务平台、创新示范企业、重大项目等给予重点扶持。编制出台《关于加快海门市现代服务业集聚区发展的意见》，明确今后 5 年现代服务业集聚区发展的总体目标、重点工作和保障措施，为现代服务业集聚区的发展找准定位，确立方向。

【载体平台打造】 通海港区集装箱物流码头一期工程启动，水域部分全面施工，陆域部分完成建筑物实质性规划设计；叠石桥家纺城积极探索“互联网+家纺”产业新模式，与电商巨头阿里巴巴实现全面深度合作，实力产业园正式开园，“产地优选”项目全新上线，创造“线上产业带+线下产业园”的全新模式。复旦科技园、临江生物医药科创园、国际中小企业科技园、悦来东方教育装备创新城等一批特色鲜明的产业园相继建设、招商、运营。

【集聚区建设】 做优特色产业、完善产业配套、延伸产业链条是发展现代服务业集聚区的主题主线。省级现代服务业集聚区叠石桥国际家纺城，南通市级示范性现代服务业集聚区临江生物医药科创园，南通市级现代服务业集聚区蛎岈山国际海洋生态旅游度假区、麒麟红木文化产业园、海门科技创业园等注重推进高端产业集聚和服务功能提升，有力支撑全市服务业转型发展。6 家省、南通市级服务业集聚区全年实现营业收入 800 亿元，同比增长 11%；税收 2.6 亿元，同比增长 30%。其中，叠石桥国际家纺城充分发挥市场采购贸易方式试点优势，先后筹建市场采购贸易联网信息平台、国际贸易服务中心、国际货运服务中心、跨境电子商务检验检测认证基地等公共服务平台，极大地提高叠石桥贸易便利化能力和水平，市场成交额突破 650 亿元；临江生物医药科创园签约入驻企业 50 余家，吸纳一批国内技术权威及创业创新优秀人才，获评省“众创空间”、省“创业孵化示范基地”等称号。

【发展动能积聚】 坚持“招商第一、项目为王”的发展理念，抓住项目招引和建设关键环节，将服务业项目列入服务业季

度竞赛考核内容加以推进。推行市领导与重点服务业项目挂钩联系机制，及时有效解决项目建设中存在的问题，确保服务业项目引得进、建得快。全年新开工亿元以上服务业项目26个，涉及健康养老、商贸服务、服务外包、科技服务、现代物流、电子商务等多个新兴领域。土建项目进展顺利。总投资17亿元的通海港区集装箱物流项目、总投资5.3亿元的临江国际中小企业科技园二期项目、总投资2.8亿元的“一网天下”电子商务产业园、总投资2.7亿元的悦来东方教育装备创新产业城等一批产业型服务业重大项目促进服务业产业规模做大做强。新文峰广场、商和休闲广场、中南城购物中心等商业综合体建成运营，满足市民购物需求，显著提升全市生活服务业的发展层次。社保类项目取得突破。海门华祥医药科技有限公司、市冠飞汽车线束科技有限公司、市旋奥网球科技有限公司、市沪博金属材料科技有限公司、南通力恒环境科技有限公司、百奥赛图江苏基因生物技术有限公司等科技研发、服务外包等新兴服务业企业全面营运，有效提升全市项目建设水平和活力。（潘燕燕）

现代物流

【概况】 2016年底，全市注册登记各类物流企业156家，叠石桥物流中心有经营户68家，专线124条，年发送量165万吨，覆盖全国300多个城市和地区。货物经营专线70余条，市陈成运输有限公司“海门—广州”线、正扬物流有限公司“海门—上海”线为“江苏快货”品牌线路。全市在册的货运业户3020家，其中2438家个体户；拥有营运性汽车4121辆，总吨位2.64万吨，平均单车吨位6.4吨，平均每户拥有车辆1.36辆；货运辅助业户有176户，以个体经营户为主。

【叠石桥物流中心】 叠石桥物流中心内有经营户68家，通往全国物流专线124条。全年发出货物车数2.27万辆，运送各种货物605万件165万吨，货运价值190亿元。该公司被评为全国物流行业先进集体，是全国AAAA级物流企业，省重点物流基地。（万　佳）

国内贸易

市场体系建设

【概况】 2016年，全市市场成交额756.83亿元，比上年增长8.1%，其中亿元以上市场成交额721.68亿元，比上年增长7.26%。全市新建农贸市场1个：岷海农贸市场。为企业申报省级商务发展专项资金80万元。监管回收拆解报废汽车415辆。

市场运行管理

【概况】 2016年，全市实现社会消费品零售总额344.6亿元，增幅10.8%。其中，批发零售业实现零售额317.46亿元，增幅10.6%，住宿餐饮业实现零售额27.14亿元，增幅12.6%；限上企业实现零售额92.32亿元；城镇实现零售额231.99亿元，增幅10.7%，乡村实现零售额112.61亿元，增幅10.8%。

从限上商品分类零售额看，粮油、食品类实现零售额14.32亿元，同比增幅24.7%；饮料类实现零售额2.18亿元，同比增幅10.9%；烟酒类实现零售额4.56亿元，同比增幅15.8%；家用电器和音像器材类实现零售额7.37亿元，同比增幅8.9%；汽车类实现零售额26.27亿元，同比增幅0.6%。消费热点不断涌现。

【市场运行监测】 以市商务预报平台建设为抓手，做好26家商务部样本企业(其中，重点流通样本企业13家、生活必需品样本企业5家、生产资料样本企业5家、应急商品数据库2家、信息泵样本企业1家)报表数据的收集、审核、网上报送。加强商务信息、市场运行分析报送工作，报送季度分析4篇、月度分析12篇、商务信息102条。通过对市场运行进行跟踪、监测和分析，掌握市场动态，定期发布有关信息，引导市民合理消费，提高公共信息服务水平。制定《海门市生活必需品市场供应应急预案》。春节期间，要求各大型商场、超市积极组织生活必需品的储备，确保市场供应。

【成品油市场管理】 加大对成品油销售行业管理力度，规范工作流程，严格把好市场准入关，促进企业规范经营和行业健康发展。做好全市76个加油站、点的年检及成品油零售经营许可证书到期换证工作。至年底，正常营业61个，歇业状态15个。海门市成品油“十三五”规划编制完成，开始实施。

【电子商务发展】 落实扶持政策。根据《关于促进海门市电子商务发展的实施意见》文件精神，完成市电子商务扶持(奖励)资金的申报、审核和发放工作，全年用于电子商务奖励扶持资金约536万元。强化考核，把电子商务发展工作纳入2016年区镇开放型经济考核项目中。加强统计和监测，组织6家电子商务企业和2家快递公司开展商务部电子商务典型企业直报系统的报送工作。2016年，与淘宝网共同打造的“中国质造海门叠石桥家纺产业带”已经上线156家，平台月销售额过4000万元；以跨境电子交易为特色的阿里巴巴速卖通家纺专区在线企业36家，平台月销售额过40万美元。3月，市政府与阿里巴巴签订“1688实力产业群”示范园区项目，这是全国首批阿里巴巴授牌及授权的线下实体产业园；6月3日在苏州签约“互联网+外贸”项目，推动跨境电商发展；12月20日，市政府与阿里巴巴农村淘宝项目签订合作协议，推动互联网扶贫，建设美丽新农村，打通物流“最后一公里”。海门工业园区叠石村先后获得“省电子商务示范村”“省电子商务十强村”称号；海门工业园区获得“省电子商务示范园区”称号；海门市被阿里研究院评选为“2015年中国电子商务百佳县”。

市场秩序管理

【单用途商业预付卡管理】 根据《南通市单用途商业预付卡管理工作评价体系》有关要求，2016年在全市范围内开展单用途商业预付卡例行检查行动。对照南通市提供的各地发卡企业数量，每月对全市7家售卡、发卡企业进行三项制度(实名登记、限额发行、非现金购卡制度)等随机抽查，查阅73家次发卡制度、发卡记录、台账、销售发票、财务报表、存管及付款凭证等相关材料，各发卡(售卡)企业三项制度落实情况较好。年内新增其他发卡企业1家：南通商和商业股份有限公司。

【专项行动】 市双打办做好2016年打击侵犯知识产权和制售假冒伪劣商品专项行动，有效整合全市行政、司法资源，切实加强对重点地区、重点领域、重点产品侵权假冒行为的打击力度，努力构建知识产权保护长效机制，取得一定成效。农业、市场监督、科技、文化版权等部门共立案442件，办结351件，涉案金额543.68万元，案件移送司法机关19件，涉案金额541.99万元，捣毁犯罪窝点78个，案件信息公开345件；公安部门破获案件50件，抓获犯罪嫌疑人89人；检察部门批捕案件2件5人，起诉案件5件12人。

【酒类流通管理】 办理备案(更改)登记1家，发放酒类流通随附单11本。继续加大对酒类流通随附单制度情况监督检查力度，加强与有关部门协作配合，力争实现对进口酒类产品全过程随附单溯源管理。2016年3月，酒类流通备案登记划归市行政审批局。11月，商务部发布《商务部关于废止部分规章的决定》，《酒类流通管理办法》被宣布废止，因此，市商务局不再负责酒类流通管理工作，由市场监督部门承担。 (陈立峰)

供销合作

【概况】 2016年，全市供销社系统抓综合改革主线，坚持为农服务宗旨，强化基层社建设，提升为农服务社、专业合作社水平，推进供销合作事业再上新台阶，打造服务农民生产生活的综合平台。全年新建为农服务社10家，组建专业合作社13家，新增农资经营网点10个，发放“三农”及小微企业贷款3.07亿元。在全省供销社年度考评中，市总社蝉联全省20强县级社，并揽获“农民专业合作社建设”“农村综合服务社提升工程先进单位”和“基层社建设先进单位”3个单项奖；余东、三厂供销社获“省供销社千个乡镇基层社推进为农服务工作先进单位”。在南通市农业农村工作考评中，市供销合作总社获评“为农服务建设先进单位”；在南通市供销合作社系统综合考评中，市总社蝉联综合业绩考评特等奖第一名。总社机关受到市委、市政府嘉奖。临江杨应四青作物专业合作社成为“全国农民专业合作社示范社”。

【为农服务成效明显】 新建为农服务社10家，提档升级32家，完善服务功能，提升为农服务社档次。组建专业合作社12家、联合社1家。现有省级专业合作社示范社10家。推进苏合联社、强禾果蔬、欣乐露地蔬菜等项目建设，推动专业合作社参与现代农业建设，培育品牌产品，增强市场竞争力。通过典型引路、以点带面、示范带动，推进系统合作社规范发展。嘉原农资继续抓好网点建设，新增连锁网点10家。与山东史丹利等品牌企业合作，对种田大户实行一对一服务，对土壤进行测土配方，有针对性调整化肥配比结构，适应土壤需求。这种“测土到田、配方到厂、供肥到点、指导到户”的一条龙服务，得到种田大户的肯定，确保农资市场的安全。对接省供销社的地平线网上商场，建设农副土特产品海门馆，网上推销海门特色农副产品，打造地方特色品牌，弘扬海门特产文化。

【资产改造提升实力】 对三和社的天补原药材收购部地段进行改造，计划建设建筑面积1000平方米的2层综合性商务楼。经过前期的规划、图纸设计、稳评等环节，审核蓝图、办理规划许可证等工作基本完成，准备进行招投标。改造德胜社双窑收花部、德胜社坝头镇杂店部危房、正余社新街菌种厂房屋，均全部完成并投产。根据省社“强化合作、农民参与、为农服务”要求，将基层社打造成具有自主经营实体、农民社员主体、合作经济联合体和综合实力强、为农服务能力强的“三体两强”基层社，创建三和社、大发公司、余东社3个“三体两强”示范基层社，全部通过验收。通过补齐短板、夯实发展基础，全面提升基层社服务水平，改造提升刘浩社和临江社2个薄弱基层社。土地确权办证工作继续进行，全市新确权土地17宗，面积3.04万平方米，划拨转出让土地38宗，面积6.9万平方米。所有基层社基本完成土地确权工作，防止供销社社有资产流失，为供销社发展夯实基础。

【农村金融拓展创新】 中合嘉融小额贷款有限公司作为供销社开辟农村金融服务的载体，增加银行征信，可以直接查询客户信用情况，控制一定风险。尝试“建设小微债”分销商业务，并与供销金融平台开始合作。2016年，小贷公司发放贷款271笔3.07亿元，收回贷款298笔3.06亿元，12月末在贷余额1.65亿元。开业以来，累计发放贷款15.7亿元。

【综合性农民合作社试点】 贯彻落实省“十三五”规划纲要提出的“积极开展合作社综合社试点”要求，将三和社作为综合性农民合作组织示范点建设单位，5月，组织到兴化市社参观学习。制定建设方案，明确主要任务、保障措施、进度安排等，年底三和农业专业合作社联合社在工商部门注册登记。 (潘春颖)

粮油贸易

【概况】 2016年，全市粮食行业以保障粮食安全和促进农民增收为中心，开拓创新，真抓实干，全面完成各项目标任务。全市国有粮食企业实现购销总量28.85万吨，占全年任务240.42%，较好地发挥粮食购销主渠道作用；地方储备粮质量完好、数量真实，粮食仓储“一符四无”(账实相符，无虫害、无鼠雀、无霉变、无事故)、“一符三专四落实”(账实相符，专人、专账、专仓，品种、地点、数量、质量落实)合格率继续保持100%，科学保粮率常年保持在90%以上；四甲粮库新建1.2万吨平房仓，于当年夏粮收购投入使用；依法开展粮食流通监督检查，执法准确率100%。

【仓储设施完善】 四甲粮库新建1.2万吨仓容，在夏粮收购期间投入使用，有效缓解仓容不足矛盾。投入60万元对货隆粮食储备库进行智能化升级改造。投入150万元为货隆、三厂、四甲等粮库新建机械棚库、维修场地、添置地磅和清杂机等设备，全市粮食仓储设施得到明显改善。

【储备粮安全稳定】 年初，委托南方小麦交易市场公开竞价销售储备小麦1.17万吨，6月开始对储备小麦公开竞价采购，9月完成小麦轮换入库。创新1.35万吨储备稻谷轮换模式，有效规避储备粮轮换价差风险。运用科学保粮技术，将“双低”(低氧、低药)或“三低”(低温、低氧、低药)储粮技术合理组合，灵活运用，确保储备粮储存安全，数量真实。

【“一卡通”结算系统启用】 为规范收购程序、严格执行国家粮食收购政策，在2016年夏秋两季粮食收购中，货隆、四甲、三厂3个收储网点推行使用政策性粮食收购“一卡通”系统。政策性粮食收购“一卡通”系统，即售粮户在入库前办理1张IC卡，通过该卡完成从收购入库登记、验质、检斤、入仓、结算、资金支付等各环节业务，使粮食收购业务全过程在同一个公开透明的信息平台上规范运行，实现粮农、粮库、银行间的衔接，确保资金安全。

【粮食市场监管】 以粮食流通联席会议为平台，以放心消费为目的，在节日期间及中、高考期间，协同工商、物价等部门多次开展粮食市场联合执法，有效保障百姓粮油消费安全。全面完成3批次库存粮油质量抽检，开展放心消费专项检查30人次，检查对象实现全覆盖。对纳入全市统计范围的粮食经营企业以及饲料、工业用粮企业，开展统计制度执行情况专项检查，有效整治和规范全市粮食流通市场秩序，提高粮食统计数据质量。(张　娟)

烟草专卖

【概况】 2016年，市烟草专卖局以“行业楷模”发展战略体系为工作主线，主动适应新常态，聚焦聚力新目标，争先争创新业绩，坚定不移推进“战略、规范、创新、质效、管理、文化、队伍”七大要素落地生根，提升企业发展活力与后劲，完成年度目标任务。先后被评为省“文明单位”、省档案工作“五星级”、市“金牌企业”、市“廉政文化示范点”、市“法治建设先进集体”“市级机关先进部门”、市级机关“五好”党组织等，课件《市场化取向改革系列培训》荣获国家烟草学会网络课件竞赛一等奖。

【经营质效】 围绕“消费、状态、价类、价位、品规、客户、区域、进度、流动、政策”10个视角，紧盯经营目标任务，突出“稳销量、提结构、增税利”工作主线，调稳客户状态、做实货源投放、育强品牌根基、用精经营数据、创新工作举措，实现经济运行指标再创佳绩。含税销售收入突破10亿元大关，税利总额同比增加2415万元，增长8.5%，实现利润2.55亿元，同比增长9.15%，主要经济指标再创历史新高。以“筑防线、稳市场、保税利”为目标，狠抓守土有责、依法行政这个维度，市场监管质效明显提升，精心组织“冬季会战”“闪电19号、20号”和“3·15”专项整治行动，市场净化率保持在98%以上，查获各类案件89起，破获1万~5万元案件21起、5万元以上案件8起，查获各类违规卷烟5732.6条，案值125.01万元，获嘉奖令2次。

【创新创优】 坚持创新驱动发展理念、问题导向原则，以解决岗位实际需求为出发点，推进多层面、多岗位创新实践。开展合理化建议征集活动，以“消除各种浪费、优化资源配置、提升工作实效”为主题，全员结合岗位实践提出意见建议51条，17条转交承办部门具体落实，激发全员“以企为家”的主动性和向心力。加快推进“面向消费”工作体系建设，在海门文峰大世界开辟4个吸烟室，方便消费、引导消费，改善外部消费环境。开展QC小组活动，推荐5名骨干参加QC初级诊断师培训，“缩短样本客户信息采集的时间”获省QC小组成果交流会二等奖。完成九大门类档案材料的收集、整理、归档、录入工作，成功创建省“五星级档案室”。

【精益管理】 把精益管理作为追赶先进的主支撑，强化目标管理、对标管理和基础管理，推行精益方法。落实精益目标管理。落实《卷烟市场秩序综合评价体系》，提升销售结构稳定零售价格，精准把控五星级档案室建设、重大物资采购、安全管理、费用精细化工作重点，各项管理目标有步骤、有计划地抓落实、抓细化、抓量化。加强对标指标管理。以通过市局(公司)定期发布的各县(市)营销、专卖、物流、财务等各项对标指标为依据，采取纵横比较、差异分析等做法，在持续改善中提高企业经营业绩和管理水平。注重精益基础管理。按照“管理升级、精益支撑”思路，追求企业管理更高效率、更大效益、更优效果。打造“精益五环”特色营销；结合“APCD”工作法(进行分析、制订计划、实施检查、分类处理)和ABC分类

市烟草局文化室　　(市烟草局　提供)

管理办法（对卷烟库存商品按品种和占用资金的比例划分为ABC三类）为基础，创新实施“321”市场监管模式（三级巡查、两层考核、一个联合）；开展专项检查，确保安全稳定；规范考核流程，改进考核措施，加大考核力度，强化人力资源精益管控；动态分析收支情况，实施财务精准管理。

【社会责任】 以“同心”文化为核心，以“同心耀金叶”志愿者服务为载体，常态开展“关爱留守儿童”“帮扶孤寡老人”等志愿活动；以扶贫帮困为形式，定期慰问困难群众、“两退军人”“海门好人”等群体，全年捐赠10.2万元；以“文明出行”道路志愿执勤、“义务献血”等大型活动为载体，参加各类公益活动；定期维护“江苏文明单位在线创建及风采展示平台”，树立责任烟草的良好形象。

（姜雪峰）

石油经营

【概况】 2016年，海门石油公司围绕工作目标，明确工作思路，团结全体员工，经营管理齐抓共进，全年安全生产无事故，实现成品油销售量13.08万吨，同比增长14.5%。其中，零售11.58万吨，批发1.5万吨。完成非油品销售2609万元。

【安全生产】 自觉履行安全职责，有计划地组织公司全体员工HSE三级教育培训，完成全员HSE三级安全教育考试，强化员工的安全理念和安全意识。注重全员平时的安全教育和培训，通过消防演练等活动，调动员工的安全工作积极性，加大安全自查力度，让员工掌握制止未遂事故的本领和技能，有效防范和处置各种突发事件，确保公司全年无安全责任事故。

【站点发展】 3月，公司与海门汽运集团签订加气业务合同。4月，海门沿江加油站开业，位于江心沙农场上海路沿江公路南侧，是通往上海及其他地方的交通要道，该站销售势头良好。11月，海兴路加油站开业，位于城区海兴路南京路口，方便南部新城区居民加油。

（沈雨菲）

食盐专营

【概况】 2016年，市盐务局在盐业体制机制改革之际，以科学发展观为指导，围绕改革与发展年度工作目标，团结一心，攻坚克难，扎实工作，海门市域盐市场秩序稳定。食用碘盐市场覆盖率98.33%、食用碘盐合格率97.92%、碘盐使用率96.33%。全年销售各类盐产品1.2万吨。其中，小包装食用盐3881吨，大包装加工用食用盐1551吨，工业盐6568吨。非盐类产品销售收入1600万元。发出与签订行政指导书300份，承诺书700份，发放宣传资料2万余份，张贴省、南通市两级多部门联合通告400份，开展执法行动250次，查获涉盐违法案例33起，查处违法盐产品2360公斤，没收1400公斤，依法罚款9991元，未发生1起行政起诉、复议案件。海门市域内无因食盐发生食物中毒事件。

【盐业体制改革】 5月5日，国务院印发盐业体制改革方案，提出在完善食盐专营制度的基础上，重点推进四项改革：改革食盐生产批发区域限制、改革食盐政府定价机制、改革工业盐运销管理、改革食盐储备体系。市盐务管理局、南通市江晟盐业有限公司，面临盐业体制改革新形势、新挑战，从海门市实际出发，以确保食盐质量安全和供应安全为核心，在坚持食盐专营制度基础上推进供给侧结构性改革。坚持依法治盐，创新管理方式，健全食盐储备，严格市场监督，确保海门市行政区域内食盐安全，使海门人民吃、用合格盐、放心盐。

【营销体系改革】 南通市江晟盐业有限公司为适应盐业改革，促进海门盐业改革顺利实施，从2016年下半年起，调整盐业原营销渠道，营销经营渠道由原区域划分、客户经理管理维护制，改为专项渠道与区域划分相结合的客户经理管理维护制，提高客户经理对非盐经营专业性要求，增强客户经理销售渠道维护与服务意识。

【用盐普法宣传】 节点宣传。“3·15”消费者权益日，定点设摊开展“新消费、我做主”咨询活动。“5·15”碘缺乏病危害防治宣传日，在外来人口多、复杂的三星镇农贸市场，有针对性地宣传盐业法规政策、科学补碘、盐品妙用等科普常识；在南通市通州区二甲镇和海门市边界区域盐市场混乱地区，设立盐业宣传阵地，宣传食用散装盐、工业盐、非碘盐的危害，教育百姓自觉拒绝购买非食用盐，鼓励举报违法行为。活动展示宣传展板7块，悬挂宣传横幅2条，演示真假碘盐对比测试20余次，发放宣传彩页和公开信2000余份。媒体宣传。全年在《海门日

碘缺乏病防治宣传日活动

报》专题宣传2次，刊登非碘盐供应点告示和防治碘缺乏病知识。在“中国海门”门户网站、“海门盐政”微博等新媒体上定期更新盐业法规、海门盐业咨询、盐业动态公示告示等信息。日常宣传。在日常工作和“元旦·春节”“五一·端午”“打击制假贩”“校园食堂安全管理”“养(托)老院及建筑工地食堂食盐安全”等专项执法检查行动中，发放、张贴《致食盐零售户和食品加工用盐户的一封信》《食堂工业盐危害》等宣传资料1万余份。

【工业废渣盐管理】 根据南通市盐务管理局《关于做好工业副产盐备案管理工作的通知》精神，市盐务局对市内有生成工业副产盐企业的产、销、管理情况进行走访核查。核查结果全市有4家企业备案手续完备，流向可控，副产盐由专人管理，并签订行政指导书和安全承诺书，4家企业均表示要加强副产盐的管理工作，确保不发生一丝失误。

【专项执法检查】 按照省、南通市食品安全办公室、盐务管理局要求和部署，开展多次专项执法行动。2016年春节前后针对山羊屠宰加工用盐不规范情况，进行拉网式普查和整治，查处违法违规用盐案件6起。针对食品加工小作坊点多面广、变化多的情况，市盐务管理局对辖区内的食品加工小作坊进行逐一登记和规范治理工作，做到不遗漏1家，历时3个月形成一套食品加工小作坊用盐户(1300家)资料，为今后的监管打下基础。开展对旅游景区、养(托)老机构和兼职工地食堂食盐安全专项执法行动，市盐务局盐政执法人员历时1个月，检查走访养(托)老机构80家，旅游景点2处，建筑工地食堂30个，未发现1起涉盐违规案件。 (张志安)

金　　融

中国人民银行海门市支行

【概况】 2016年，中国人民银行海门市支行面对经济金融发展的新形势和从严治党、从严治行的新常态，贯彻落实上级行工作会议精神和各项工作部署，外抓履职创新、内抓规范管理，求真务实、锐意进取，整体履职能力有新提升。年末，本外币各项存款余额1379.13亿元，比年初净增204.16亿元，余额列南通各县(市、区)第二，增量列南通各县(市、区)第一；本外币各项贷款余额825.88亿元，比年初净增132.59亿元，各项贷款余额列南通各县(市、区)第一，增量列南通各县(市、区)第一。

【金融生态环境建设】 2016年，全市上下整体联动，营造金融稳定首善之区，促进地方经济健康发展。海门第三次排名第一，实现三连冠，金融生态建设继续保持全省领先。健全考核指标体系，将金融生态环境建设列入镇、园区年度工作目标，明确书记为金融生态创建第一责任人，与经济工作同部署、同落实、同考核。持续强化金融风险监测预警，重点关注家纺行业的担保圈、建筑企业的资金链、联保贷款的商务圈风险。与市人民法院建立“金法对话”机制，协调金融运行中遇到的问题，组织开展金融案件集中执行活动，发挥司法护航作用。按季对规模以上骨干企业进行健康体检，形成综合评判报告。

【“五星示范窗口”打造】 支行拓展金融服务内涵，加强业务培训，提高对外服务水平，打造“五星示范窗口”。推进辖区支付结算电子化，启动智慧菜场、智慧小区和智慧校园建设。加强征信管理工作，开展征信知识宣传，组织征信知识演讲，推广信用评级结果应用。推进反洗钱工作，组织开展业务培训，先后在叠石桥家纺市场、文峰广场、商和广场开展反洗钱宣传，接待群众咨询1000余人次，发放宣传资料3500份。加强人民币流通管理，打造长江路“升级版人民币流通满意工程一条街”，做好反假货币宣传、硬币自循环工作，开展打击利用人民币图案印制冥币专项整治活动。提升农村金融综合服务站功能，调整农村金融服务站布局，加强考核，明确奖励与退出机制。开展“金融消费者权益日”系列活动，做好日常金融消费者投诉维权工作。严格落实跨境资金流动本外币一体化管理，密切关注跨境人民币净流出额较大的企业和银行，及时掌握情况，加强对跨境人民币资金流动监测。

【中小企业融资难题化解】 针对辖内中小企业各项经济指标劣变加速、一些中小企业货款收不回、贷款借不到、盈利艰难情况，努力配合地方政府化解中小企业融资难、融资贵问题。先后出台《海门市中小微企业信贷风险补偿资金池管理暂行办法》《海门市财政性资金存款与银行业金融机构支持实体经济投放挂钩激励暂行办法》《关于鼓励海门市银行业金融机构积极支持实体经济发展的考评办法》及《海门市科技型中小微企业贷款风险补偿资金池管理实施细则》等，督促银行维持现有担保条件、降低贷款利率上浮幅度、创新金融新品、支持企业渡过难关。至年末，辖内人民币贷款加权平均利率5.38%，比年初下降27.73个基点，同比下降33.31个基点。

【“金法对话”】 支行与市人民法院建立“金法对话”机制，协调金融运行中遇到的问题。全年组织开展“金法对话”2次，出台《关于防范逃废金融债务风险，维护良好金融生态环境的实施意见》，收集整理73个未执行金融案件，总标的1.27亿元，组织开展金融案件集中执行活动，发挥司法护航作用。

【硬币自循环成效显著】 5月，支行成立硬币鉴定清分中心，实现硬币自动清分、鉴定、包装、再投放等功能，为南通辖区构建硬币自循环体系打下良好基础。客户通过各营业网点张贴的告示和《海门日报》公告，拿出家里的硬币到清分中心进行清分包装，沉睡硬币不断“唤醒”，硬币回笼机制初步形成。硬币流通渠道畅通，自循环体系基本形成。 (徐　雷)

中国工商银行股份有限公司海门支行

【概况】 2016年，中国工商银行海门支行牢牢把握海门的区域优势，以服务地方经济为己任，重点坚持“四个不动摇”(坚持发展争先进位不动摇、坚持经营回归本源不动摇、坚持管理精

金融知识宣传

（工行海门支行 提供）

细落地不动摇、坚持党领导发展的主体地位不动摇）开展工作，攻坚克难，全力以赴，较好地完成市委、市政府和上级行交办的各项工作任务。年末，本外币各项存款余额 92.93 亿元，较年初新增 8.19 亿元；贷款余额 78.11 亿元，较年初新增 7.86 亿元。全年依法合规经营，继续保持零案件、零重大事故和风险事件、零重大负面舆情。支行成为省分行首批“私银超百户支行”，三厂支部被省分行评为“先进基层党组织”。

【服务地方经济】 坚持“一区一链一群一市场”为新户拓展的主阵地，加强对省、市行级重点攻关项目的营销。2016 年，完成项目核准提款 13.25 亿元；创新融资形式，用于整合地方债务的组合基金 24 亿元于 12 月获批，成为系统内首单。以“小微企业创业贷”等优势产品为支撑，履行国有银行服务地方经济的职责，全年累计投放 1.4 亿元。不定期走进社区、车站、商场等人流量较大的场所，宣传普及金融知识，提高市民的风险防范意识。

【党建工作】 强化党建工作，完善党建。支行严格落实各级管理者“一岗双责”，围绕中心抓党建，抓好党建促发展，引导广大党员干部群众始终保持干事创业、开拓进取的精气神，奋发有为、主动作为，逐渐形成“讲了就要听、定了就要做、安排布置了就要认真落实、不听不做不落实就要问责”的新常态。严格遵照年度党建工作任务，在全行范围内开展“两学一做”学习教育活动。班子成员深入支部、基层，摸实情、接地气。通过党课教育、集中学习、党建微信群等多种形式组织全体党员学党章党规，学习习近平总书记系列重要讲话。

【服务质效提升】 围绕规范化服务活动要求，提升服务效能。紧扣服务态度、服务效率、服务功能等重点问题，着力完善窗口服务改进工作机制，促进窗口服务改进常态化、长效化。统筹安排网点劳动组合，根据网点业务峰谷变化情况，实行弹性工作制，确保业务高峰期开足窗口，有效化解客户排长队问题。劳动组合合理调整，充分发挥网点自助设备的作用。推行和加强二线为一线服务，提高各级管理层的服务管理意识，充分调动基层网点负责人和广大员工的积极性。

（冯佳丽）

中国建设银行股份有限公司海门支行

【概况】 2016 年，中国建设银行海门支行围绕政府经济工作重点，以服务地方经济发展为主线，加大对重点领域的信贷支持和项目储备，以高度的社会责任感，切实服务海门当地经济的发展。年末，支行一般性存款日均余额 162.07 亿元，系统内第一；个人存款日均新增 6.1 亿元，列系统第二；对公存款日均余额 63.94 亿元，列系统第一位；各项贷款余额 79.8 亿元。

【党建引领促发展】 海门建行创新“两学一做”教育方式，开展 3 项特色主题活动促党建出实效。“服务先锋我最靓”，结合普及金融知识和万里行活动，走进市场，深入客户，亮建行服务品牌；完善“党员之家”，开展文明支部创建；评先评优树典型，结合纪念建党 95 周年，评选优秀党员，掀起学习先进、争当先进的浓厚氛围。

“党在我心中”主题演讲比赛

（建行海门支行 提供）

职工运动会 (建行海门支行 提供)

【合规先行保平安】 支行树立“合规即是效益”的理念，完善合规管理的体系制度建设，学习、排查、整改、惩戒、弘扬，上下一心抓履职，凝心聚力谋发展。2016年海门支行被市外管局评为执行外汇管理规定A类银行。

【创新驱动谋发展】 充分发挥自身优势，创新服务方式，全力助推地方经济发展。支持工业企业“走出去”，提供国际业务服务；创新金融产品，推出善融贷、税易贷等信用贷产品；成功搭建“助保贷”业务平台，解决小微企业贷款担保难问题。

【社会责任勇担当】 开展争创“青年文明号”活动，全面推进柜面服务质量；全行总动员，参加一日捐；心系盐城灾区，爱心捐款全员参与；青年员工深入社区，帮扶贫困老人。暖人的举措获得政府、群众的好评。 (施健红)

中国银行股份有限公司海门支行

【概况】 2016年，中国银行海门支行围绕上级行“系统有担当、同业有口碑”发展定位，坚持“发展”这一主基调，高度重视党建引领，克难奋进，稳中有胜，克服经济下行给经营管理、业务发展带来的困难，各项工作取得明显成效。年末，支行本外币存款余额122.69亿元，较年初新增15.04亿元；人民币贷款余额79.5亿元，较年初新增7.73亿元；实现中间业务收入1.09亿元，完成全年预算目标109%；实现拨备前利润3.2亿元，完成全年目标的103.76%。支行获评江苏省、南通市、海门市“文明单位”，2015年度目标管理绩效考核“市级机关先进部门”“海门市女职工工作先进集体”“树一流形象　争二次率先”好班子。腾达支行获评“江苏银行业四星级营业网点”、2015年度中国银行江苏省分行中银优秀“二十佳网点”“南通市工人先锋号”。营业部、开发区支行获评“江苏省分行青年文明号”。袁卫华工作室获评“江苏省十佳女劳模创新工作室”。员工杜海东获评“南通市五一创新能手”，袁卫华获评十大“南通工匠”。

【综合金融服务】 海门支行调整授信结构，重点支持中型及小型生产型企业，择优发展大型客户，同时大力拓展各类表内外贸易融资产品，走综合金融服务商的发展道路。进一步提升中型制造业客户授信占比，丰富中小企业新模式授信产品，促进投行类跨境产品落地。为海门农商行办理金融机构债券分销业务1亿元，成功洽谈与南通三建合作的总额3亿美元海外债项目。零售贷款紧抓市场行情，较年初新增5.26亿元，全量卡分期交易额2.09亿元。

【党建引领】 2016年，海门支行全面落实党建工作要求，支行成立党总支，建立15个党支部，网点党员覆盖率100%。结合网点实际，开展“党建引领温馨后场”活动。改善员工工作生活环境的同时，突出企业文化氛围的营造和党员活动阵地的打造。制订“两学一做”学习教育计划，落实好规定动作的同时，创新学习方式，通过参与人民银行主题活动、邀请海门市微党课宣讲团等方式，提升学习成效。

中行海门支行与市人武部开展党建结对共建 (中行海门支行 提供)

开展儿童金融体验活动　　（中行海门支行　提供）

【风控保障】　以"合规季"活动、"学案例、讲操守、防风险"主题活动、反洗钱专项活动为契机，夯实员工思想防线。成立贷后管理小组，切入贷后管理各环节，提升资产质量管理能力，控制风险隐患。多角度开展员工异常行为排查，强化风控管理，第一时间发现风险苗头，护航稳健发展。

【社会责任担当】　中国银行总行推出"公益中行"APP，海门支行员工注册率100%，通过购买扶贫商品，对陕西省贫困农户进行精准扶贫。支行工会组织员工参加义务献血，巾帼服务进社区，青年志愿者进福利院、敬老院，"结对帮扶"扶贫等，为构建和谐社会贡献力量。

（顾夏菲）

中国农业银行股份有限公司海门市支行

【概况】　2016年，中国农业银行海门市支行认真贯彻落实上级行工作要求，强化党建引领，突出市场营销，加快经营转型，夯实基础管理，各项业务取得健康有效发展。至年末，全行本外币各项存款总量189.02亿元，增量18.8亿元，增量列系统和"四行"第一，为5年来最高；贷款总量稳步增长，全年大项目贷款金额16亿元；考核口径中间业务收入超亿元，列系统前茅。获评2016年度省分行"四好"领导班子、盈利先进支行。

【党建工作深化】　海门农行坚持把党建工作作为全行各项工作的统领，推进作风改进，促进和谐发展。一是细化抓好"两个责任"的落实。根据党组织书记抓党建工作"双20条"责任清单和党建"三化三严"（党建工作常态化、支部建设规范化、组织生活正常化，组织纪律严明、党员管理严格、监督评价严肃）创建办法，每季度专题部署和推进全行党建工作，层层级级抓落实。制定党建工作考核细则，将党建工作同中层干部评先评优挂钩。落实党建工作联系点制度，班子成员先后20多次深入到落后网点进行谈心谈话，解决网点实际困难。二是多频次开展学习教育。党委中心组带头增加集中学习频次，全年组织"两学一做"集体学习12次。聘请党建专家解读十八届六中全会精神，并运用支行党务公开网站、微信公众号、微课堂等多种形式宣传学习，在全行形成浓厚的学宣气氛。三是营造党建引领氛围。持续推进"三亮四比三评"（亮标准、亮身份、亮承诺，比技能、比作风、比业绩、比合规，群众评议、党员互评、领导点评）活动；开展"岗位标兵"评选活动，鼓励岗位建功，争做标兵；举行"我身边的优秀共产党员"专题演讲活动；成立吴裕菊劳模工作室，以典型引路，营造创先争优氛围。四是持续推进作风建设。深入持久抓好中央八项规定、总行28条和省行20项措施落实，进一步规范会议安排、公务接待。全年业务招待费、会议费同比下降。五是突出党建带动作用。加强人文关怀，扎实推进"六件实事"（为基层员工减负减压、加大薪酬分配向基层倾斜力度、深入开展"建家"活动、建立农银爱心基金、关心基层员工职业发展、关爱基层员工身心健康），促进"职工之家"提档升级。吴裕菊入选"江苏农行十大好人榜"，支行被评为"2013—2015年度江苏省文明单位"。

【发展基础夯实】　海门农行坚持"稳中求进"主基调，不断转型创新。统筹兼顾抓存款业务。通过抢抓旺季，狠抓客户资金预约，保持个人存款总量和增量领先优势，至年末个人存款总量及增量均列系统和"四行"第一；采取细分存款市场，分类确定客户名录，通过载体推动，产品增存，考核激励等措施，实现对公存款的持续增长，年末人民币对公存款日均增量创历史新高。一着不让抓贷款投放。围绕重点项目的储备和投放，积极开展相关工作。抢抓楼市旺销机遇，做强一手房、做大二手房，至年末个人住房贷款份额列系统前茅。千方百计增效益。全行在努力营销投资银行类"中收"（中间业务收入）的同时，进一步重视代理保险、对私理财、"两金"业务、电子银行等轻型资本中间业务的发展，至年末轻型资本"中收"占比比上年上升5个百分点。规范费用开支、加强流程管控、严格审批制度，年末实现账面拨备前利润、账面拨备后利润同比增长。

【风险管理基础增强】　全年全行保持平安运行，未发生大要案件、重大风险事件和声誉风险。维护资产质量稳定，实现不良贷款余额、不良贷款率双降。开展"两加强、两遏制"（加强内部管控、加强外部监管，遏制违规经营、遏制违法犯罪）回头看专项治理活动，以"员工风险行为"和"违规操作行为"为重点进行专项自查、排查，通过检查和合规教育，警示员工时刻筑牢思想防线，严防风险隐患；以"三化三铁"（推进临柜业务"标准化、规范化、制度化"建设，促进营业机构实现"铁账、铁款、铁规章"管理目标）、"三化三达标"（安全保卫工作标准化、制度化、精细化，实现物防、技防、人防达标）创建为载体，稳步推进各项基础工作。加强诈骗案件防范工作，切实履行社会责任。全年成功堵截电信网络诈骗10起,涉案金额11.17万元;堵截假借记卡1张,涉案金额4000元;假存单1起,涉案金额4000元。未出现大的操作差错和责任性事故,被南通市公安局评为"2016年度治安保卫先进集体"。

【文化引领显著】 突出品牌建设。以提升客户体验为目的,优化内部流程,细化大堂管理,着力打造优质文明服务的升级版,客户满意度明显上升。2016年,支行营业部被评为总行级"工人先锋号"。坚持以人为本。坚持"想做事、能做事、做成事"的用人导向,全年组织3次公开竞聘,提拔3名优秀大学生到机关中层和运营主管岗位。结合岗位到期交流,对当家主任、运营主管进行调整。深入推进全覆盖、宽领域、多形式的分层培训,在市分行举办的业务技术比赛中,取得团队第一的好成绩。持续推进家园文化建设。对职工书屋新添置150多册图书,更新健身活动器材。关心救助困难员工,全年慰问失去亲人及患病住院员工包括离退休人员56人次。 (杨璟楠)

中国农业发展银行股份有限公司海门市支行

【概况】 2016年,中国农业发展银行海门市支行以业务创新转型为驱动,着力提升发展的质量效益,支农成效、党建、治行呈现新气象,无事故案件及严重违规违纪问题。年末各项贷款余额28.97亿元,较年初新增10.99亿元;存款余额9.7亿元,较年初新增1.63亿元;实现账面利润6827万元,同比增加1649万元。被中国农业发展银行江苏省分行评为"依法经营、合规管理"达标行。

【信贷支持力度提升】 2016年,支行以重点项目为抓手,实现突破。落实已批项目的贷前条件,做好已批贷款的投放,一季度投放海门市整体城镇化项目贷款和农村河道整治项目贷款9.6亿元,为首季开门红和完成全年任务奠定坚实基础。主动服务地方经济建设,围绕海门发展规划要求和总行政策方针,以地方政府关注的民生项目为营销方向,寻找与业务范围相吻合的中长期项目,组成由行长为首席客户经理的信贷项目营销小组,主动上门服务,推动项目早启动、早落地,重点营销12亿元的海门市棚户区改造项目。做好新项目储备,与地方政府紧密对接,围绕政府工作目标,储备高标准农田建设等贷款项目和海门高新区农民集中居住项目等意向项目。

【队伍打造】 支行党支部坚持把党建工作谋在前、抓在先、做在实,全面落实"两个责任"(党委负主体责任、纪委负监督责任),注重发挥党员旗帜和党组织战斗堡垒作用,结合"两学一做"学习教育活动,在全体党员中开展"三亮三比三评"活动,组织党员重温入党誓言、参观红色基地、收看电视纪录片《榜样》《中国共产党的九十年》等,丰富"三会一课"内容,通过谈体会、上党课、心得交流,让党员走上讲台,让全体党员感受到党建工作就在身边。致力打造专业队伍,开展多元培训,注重提升培训效果。坚持利用晨会结合工作实际,系统学习相关制度;坚持每周学习日制度,抓好政治理论、专业理论和职业道德教育,促使员工及时了解掌握上级行文件精神,及时补充业务知识的不足,提高工作能力;坚持每月召开自检自测会制度,组织员工交流工作经验,分析、解决各自工作中遇到的困难和问题,使大家自觉把合规意识、责任意识、服务意识和学习意识融入到岗位工作中。开展"制度月学季考",实行全员学习制度经常化,建立学习档案,组织制度学习竞赛活动,评选"制度月学季考"先进部室、学习标兵。大力倡导团结协作,互帮互学,充分发扬"传、帮、带"优良传统。通过学习和培训,支行锻造一支业务精、素质高的员工团队,在2016年总行组织的财会专业上岗资格考试中,支行参考的3名新入行大学生全部通过;在南通人行组织的反假货币上网资格考试中,5名参考人员一次性通过。(鲁承娟)

交通银行股份有限公司海门支行

【概况】 2016年,交通银行海门支行以"两学一做"为引领,围绕"效益优先、资产为王、兼顾规模"经营理念和"两创一多"(创新、创优、多贡献)工作思路,奋力拼搏,不断夯实发展基础,形成良好发展态势。至年末,实现存款总量20.04亿元,比年初新增4.83亿元;贷款总量16.94亿元,比年初新增3.08亿元。

【"金融知识进万家"活动】 4月,交通银行海门支行在通源新村开展"金融知识进万家"银行业金融知识宣传服务活动。搭建活动展台,摆放统一印制宣传折页,并利用宣传横幅、多媒体触摸屏、液晶电视、自助设备、微信平台等渠道,滚动播放各类金融知识。通过不断向过往居民发放宣传材料,对前来咨询的居民进行深入浅出的讲解,营造良好的金融知识学习氛围。为使客户易于掌握,还通过有奖问答的方式举办金融知识小讲座,巧妙提高活动的针对性和趣味性,提升社会公众知晓度和参与度,推进金融公众教育常态化机制的建立。

【服务质效提升】 交通银行海门支行要求员工详细询问客户要办理的业务,引导客户去自助机具或低柜办理,及时分流客户,减少客户等待时间,若客户等待时间超过10分钟,则主动递上一杯水,及时安抚客户情绪。支行周围中老年居民较多,为照顾中老年客户,支行设置无障碍通道,方便坐轮椅的客户进入网点;在大堂和每个柜台配备度数不同的老花镜,供客户在输入密码和签名时使用。支行还配备医药急救箱、便民饮水机、读报台、防骗标识等,不断从硬件上提升客户满意度,此举得到客户一致好评。

【内部管理】 从规范业务操作、严防风险出发,不断完善各项规章制度。根据业务发展实际情况,针对平日发现的问题和漏洞,及时修改和完善有关规章制度,并将制度要求和奖惩措施结合起来,促进相关业务健康发展。坚持周会制度,各部门负责人定期汇报业务完成情况,从实际出发制定下阶段工作目标。加强各业务同时不忘安全工作,海门交行开展防火、防抢预案演练,预防减少网点突发事件带来的危害,维护正常运营秩序,保护客户合法权益不受侵犯。 (郭佳庆)

江苏银行股份有限公司海门支行

【概况】 2016年,江苏银行海门支行主动适应新常态、积极应对新挑战,坚持以市场为导向，危中寻机，主动融入并支持海门地方经济，以党建促发展、以合规为底线，各项业务均获得稳步发展。年末，各项存款余额70.22亿元，较年初新增7.57亿元。其中，对公存款54.86亿元，较年初新增4.86亿元；储蓄存款15.36亿元，较年初新增2.7亿元。各项贷款余额55.39亿元，较年初新增7.48亿元。其中，公司类贷款余额47.63亿元，较年初新增5.94亿元，完成市政府考核目标任务；零售类贷款7.76亿元，较年初新增1.54亿元。国际业务结算量2.52亿美元，票据贴现17.23亿元。支行以业务转型为主线，以抢抓优质资产为突破口，成功投放城市发展基金7亿元，债权融资计划5亿元，融资性保函5亿元，银团贷款0.5亿元。

【服务小微企业】 一是用足上级行政策。及时落实总行在第四季度调整的内部考核政策，将实体企业和小微企业贷款经济资本占用下调至0%，在实体经济授信定价方面给予政策倾斜；授信政策调整，将节能环保、具有市场前景和一定技术含量的小微工业企业，授信政策由适度支持调整为优先支持。二是扩大信贷投放规模。用足用好现有信贷规模，积极争取上级行倾斜和支持，并有效拓展内保外贷、金融衍生工具、结构化融资、债权融资计划等表内外业务，为实体经济发展提供更多的资金支持。2016年末，支行实体类企业贷款余额14.47亿元，较年初新增2.35亿元，实体企业投行类产品融资余额0.6亿元(全部为年内新增)。三是加快公司产品应用。推动银团贷款、项目贷款、保理等资产业务和大额可转让定期存单、理财等负债业务，为实体经济发展提供更多的融资渠道。年末，支行累计大公司授信户78户，累计产品运用245个。四是加大产业转型支持力度。围绕产业结构、需求结构和要素投入结构的调整，着力优化信贷结构，加大对有市场发展前景的先进装备制造业、生物医药行业、新材料行业、现代信息技术产业和信息消费、服务业以及绿色环保等领域的资金支持力度。五是加大对中小企业扶持力度。优先支持通信、电子信息、生物工程、制药、能源、新材料等高技术含量、高成长性的企业，切实缓解中小企业融资困难。重点打造科技金融优势，加快推动投贷联动业务发展，切实有效推进“税e融”“苏科贷”等业务，从经营实体、担保措施等源头，解决中小企业融资需求，实现“三个不低于”监管要求。六是深化工业技改、并购业务。推广“走出去”的企业信贷投，在高新技术、新型材料、智能制造、信息智能处理等领域寻找合适项目，支持地方重点企业在重点领域的技术改造，促进传统工业企业转型升级。

党员进社区活动 （江苏银行海门支行 提供）

【社区结对共建】 支行坚持以多种形式与周边社区展开结对共建活动，通过“请进来”——将市民请到支行参加金融知识讲座、理财沙龙等特色活动，和“走出去”——党员进社区，为社区居民提供业务咨询活动，不断扩大支行产品的影响力。

【特色业务深化】 支行以特色业务为主线，进行产品营销和品牌推广。适应大数据互联网金融发展趋势，推出支持实体企业的“e融”系列信贷产品和其他科技创新产品，陆续推出“创e融”“房e融”“金e融”等个人网贷产品。支行在原有“苏科贷”、科技担保贷款、“人才贷”的基础上，又推出“人才保”和“投融贷”产品，配合国家、省、市扶持科技人才创业，提升科技金融服务水平，探索科技金融业务新模式，扩大优质客户资源，在市场上反响良好。 （蔡　挺）

中国邮政储蓄银行海门市支行

【概况】 2016年，中国邮政储蓄银行海门市支行面对宏观经济新常态，坚守零售银行的战略定位，坚持服务“三农”、城市社区和小微企业的市场定位，以深化转型发展为目标，以能力提升和精细管理为抓手，支持地方经济和社会发展。年末，储蓄总余额16.33亿元，年度净增3.02亿元；个贷总余额13.85亿元，年度净增3.46亿元；小企业贷款余额8620万元，年度净增1620万元；公司存款时点余额12.18亿元，同比增长126%。支行获评“2013—2015年度江苏省文明单位”。

【服务地方建设】 按照服务“三农”、服务中小企业的定位要求，发挥网络和资金优势，创新产品，拓宽渠道，竭力服务地方经济社会发展。2016年，个人贷款净增3.46亿元，小企业贷款净增1620万元，为全市广大种植、养殖、小微企业主提供有效资金支持。创新金融产品和服务方式，麒麟红木加工行业家庭农场(专业大户)贷款业务获批开办。成功办理全区第一笔第三方存单质押贷款、全区第一笔贸易融资，成功上报银团贷款1亿元及集团综合授信25亿元。

【风险管控强化】 根据上级行及监管部门要求，分别开展网点综合检查及管理人员履职检查、春节旺季邮政金融资金安全专项检查、抵制非法集资宣传月活动、南通银监分局六项风险排查、“3·15”金融消费者权益日活动、“两个加强、两个遏制”回头看、网点负责人“六个一”(开展一次个人重大事项报告、一次个人征信排查及宣教、一次案防及合规制度考试、一次家访、一次日常行为排查、一次合规谈话)管理活动、国庆期间资金安全专项检查、反洗钱专项检查等。在全员中进行风险事件通报及案例讲解，引导员工从身边人、身边事中体会到案防的意义，自觉增强守法意识、合规意识和道德意识，保障业务可持续发展。同时，有效开展不良清降，资产质量持续保持稳定。

“3·15”金融消费者权益日宣传　（常熟农商行海门支行　提供）

【优质服务深化】 积极参与星级网点、青年文明号、文明单位创建及海门市创建全国文明城市活动，把星级网点、青年文明号、文明单位、文明城市创建融入全行各项工作之中，持续开展文明规范服务工作，推进大堂一站式服务、绿色通道服务等便民服务措施，内强素质，外树形象，全力打造邮储银行品牌。支行获评“2013—2015 年度江苏省文明单位”，营业部获评“2015 年度南通市青年文明号”，海洪支行获评“江苏银行业普惠金融文明规范服务四星级营业网点”。

【社会责任履行】 常态化开展金融知识宣传及志愿服务活动，履行金融企业社会责任。开展“3·15”金融消费者权益日、“金融知识进万家”暨“金融知识普及月”活动，加强内外部人员宣传教育，加深社会公众对金融知识的了解，提高风险防范能力。组织开展银行诚信建设专项活动，宣传以诚待人、以信立身的理念，构建全市和谐金融氛围，营造良好的社会信用环境。秉承普惠金融服务理念，组织人员深入田间，送信贷服务至专业大户，真心真意服务农民。开展慈善一日捐、义务献血、“城乡结对、文明共建”等活动，定期帮扶经济薄弱村，为低收入农户送温暖。

反假币宣传贴近百姓　(邮储银行海门支行　提供)

【和谐企业构建】 在全行开展合理化建议、企业精神、员工新语征集及“阳光、感恩、快乐、健康”企业文化主题征文活动，团结动员员工参与企业管理，推动创新科学发展，构建以人为本的和谐文化。组织党员干部开展“两学一做”，推进“强基固本”建设工程，发挥党组织战斗堡垒作用和党员先锋模范作用，做好表率，典型引路，带领员工围绕企业中心工作而努力。开展“提能力、优作风、强机制”机关建设，定期总结分析，提升机关建设成效，打造效能型、服务型、创新型机关。

(陆　玮)

江苏常熟农村商业银行股份有限公司海门支行

【概况】 2016 年 9 月 30 日，常熟农商银行在上海证券交易所挂牌上市，揭开了跨越发展的新篇章。海门支行秉承“敢闯、敢试、敢为”的拼搏精神，不断进取，努力为海门经济发展发挥外来农村中小银行的应有作用。支行在海门有 4 个网点：海门支行、长江路分理处、叠石桥支行、包场分理处。年末，支行贷款总额 20.85 亿元，贷款总户数 6469 户。其中，公司类 133 户，个人 6336 户；公司户均 835.41 万元，个人户均 14.07 万元。

【小微金融团队】 常熟农商银行海门支行传承“专注中小、灵活高效”的经营理念，坚持自身客户定位，与大银行错位经营，致力于打造中小企业专营银行，走特色化发展之路。海门支行小微金融团队有 49 人，分 3 个团队：经营性贷款团队、消费类贷款团队、汽车贷款团队。2016

年度累计放款笔数8425笔，累计放款金额11.87亿元，贷款余额7.95亿元，户数6327户，余额户均12.57万元。

【员工队伍建设】 面对日新月异的新变化、新要求，以及因经济下行而不断出现的外部新形势，支行通过晨会及每周工作例会、全员会议等，及时将政府、总分行新的工作要求、规章制度传达并落实到工作中。在支行双百分考核中，明确提高素质方面的加分奖励项目；在海门市金融系统业务技能比赛中，获市“第二十次万人劳动（金融部业务）技能比赛团体一等奖”；陶香获“单指单张点钞一等奖”，并被市劳动竞赛委员会授予“海门市技术状元”称号。（黄艳花）

江苏海门农村商业银行股份有限公司

【概况】 2016年，海门农商银行坚持“稳中求进”总基调，以“两学一做”学习教育为抓手，以提高发展质量和效益为中心，突出创新驱动、服务升级、风险防控和精细化管理，不断增强发展的主动性和应变性，较好地完成全年各项目标任务。年末，全行各项存款余额276.99亿元，较年初净增30.5亿元，增幅12.38%；各项贷款余额177.3亿元，较年初净增18.69亿元，增幅11.78%，存贷款总量、增量、市场份额占比稳居全市金融机构之首；五级分类不良贷款余额3.49亿元，较年初上升1.23亿元；不良贷款占比1.97%，较年初上升0.55个百分点；实现拨备前利润5.82亿元，较上年同期净增0.81亿元，增幅15.99%；贷款损失准备金余额6.56亿元，拨备覆盖率187.33%，拨贷比3.7%，资本充足率13.25%，各项风险监管指标保持较好水平。在2016年省联社等级行考评中获AAAAA级，在银监监管评级中荣获CC级。

先后获得“江苏省文明单位”“江苏省书香企业”示范点、“银行业金融机构优秀青年干部挂职工作先进单位”、省联社技能比赛团体三等奖、海门市“市级机关先进部门”等荣誉；营业部被评为“全国千佳示范单位”；德胜支行被中银协指定为乡镇五星级网点评定示范单位；3家支行被评为省“普惠金融文明规范服务五星级营业网点”，2家支行被评为省“普惠金融文明规范服务四星级营业网点”。

【负债业务转型】 构建科学考核体系。组织一系列劳动竞赛，明确规模增长、结构优化和FTP创利目标，引导全行营销低成本存款，优化负债结构，降低付息成本。2016年末，全行单位存款余额（不含保证金）40.27亿元，较年初净增13.66亿元，增幅51.31%；活期存款余额44.12亿元，较年初净增10.57亿元，增幅31.51%。丰富负债管理工具。加大人民币理财、大额存单、同业存单、同业负债等新兴负债业务发展力度，丰富负债业务产品库，稳步提升主动负债占比。提升科学定价能力。启动产品定价系统建设，通过建立标准化定价、差异化定价、客户贡献度积分等模型，实现更大的客户群覆盖，提高农商行的市场竞争力。

【金融供给结构优化】 加大实体贷款投放。紧跟地方经济结构调整和产业结构优化升级步伐，挖掘有效信贷需求，培育信贷增长点，持续加大信贷投放力度，服务实体经济和“三农”发展。2016年末，全行实体贷款余额144.82亿元，较年初净增14.13亿元，增幅10.81%。涉农贷款余额137.67亿元，较年初净增13.56亿元，增幅10.93%；小微企业贷款余额125.73亿元，较年初净增18.85亿元，增幅17.64%，实现涉农贷款“两个高于”和小微贷款“三个不低于”目标。优化网格管理模式。根据地域分布、产业链关联等因素差异，试点设立3个营销区域大网格，通过重叠覆盖和交叉营销，发挥“鲶鱼效应”，激活营销队伍活力，有效避免金融服务的“盲区”和“真空”。加大金融创新力度。通过产品创新和服务升级，扩大金融供给，化解三农和小微企业融资难题。先后开发“票据贷”“流转贷”“林权抵押贷”“绿能贷”等一系列创新金融产品，并编写信贷产品手册，强化产品应用考核，实现由“关注研发”向“批量投放”的转变。

【新兴战略业务】 做强金融市场业务。实施“走出去”战略，成立金融市场部上海研发中心，依托上海区域、信息和渠道优势，对接资本市场，用流量扩大收入来源，释放金融市场板块生产力，成功发行5亿元二级资本债券。2016年末，全行实现投资净收入6.53亿元，较上年同期净增0.65亿元，增幅11.05%；资产配置平均收益率4.01%，同比提高15个百分点。积极布局消费金融。紧贴居民消费升级需求，研发推出“爱家贷”“房易贷”“公积金信用贷”、白领幸福贷、信用卡分期等产品，提高消费信贷的可获得性。加快发展国际业务。以本外币一体化经营为目标，通过构建多渠道外汇清算体系，推出市场采购贸易、跨境人民币结算、网上银行结汇等新产品，满足客户多元化需求。大力拓展代理业务。丰富“圆鼎借记卡”

海门农商银行金融市场部上海研发中心开业　（海门农商行　提供）

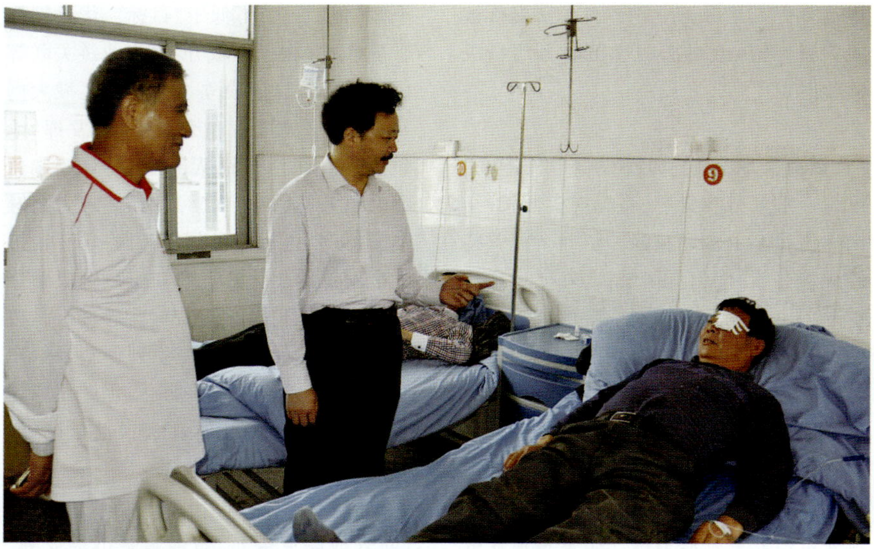

海门农商银行启动“夕阳复明”工程　　（海门农商行　提供）

功能，拓展与居民生活息息相关的水电费、电信费、有线电视费、燃气费等代收业务，初步实现社会服务与金融运用“一卡通”；发展代理保险、代理贵金属、第三方存管等业务，提升中间业务附加值。

【渠道服务升级】 打造“体验型”网点。启动网点转型2.0版，升级改造20多家网点，在网点功能布局上新增休闲区、阅读区、儿童娱乐区、健康体验区等区域，并推进智能厅堂项目，引入预处理终端、自助填单机、自助发卡机、机器人大堂经理等智能化设备，探索向社区银行转型。突出“主题式”改造。以德胜支行“26℃银行”、常乐支行“状元之行”为试点，从文化元素提炼、主题策划创意、内部装饰布局、服务细节创新、行为礼仪规范等方面进行全方位改造。初步完成城西支行智慧网点建设，提升网点智能化水平，推动物理网点向智能网点升级。搭建“社区型”平台。在全省农信系统率先研发上线“小苏大爱”手机APP客户端，打通在线支付结算通道，实现银行卡积分兑换消费功能。

【精细管理水平】 流程银行方面，启动流程银行2.0版建设，成立信贷管理部和投资银行部，通过组织和流程优化不断增强核心竞争力；集中运营方面，上线抵押品管理系统、印刷品仓库管理系统、智能印章管理系统、自助回单系统、人民币冠字号码系统、理财双录系统，优化远程授权、风险预警、网银对账、远程监控、会计标准化管理等平台功能，初步搭建起涵盖集中作业、服务保障和风险监控等全流程运营的基础性操作后台体系；财务管理方面，启动利率定价系统建设，通过建立标准化定价、差异化定价、客户贡献度积分等模型，促进单一业务定价向客户综合回报定价模式转变；信息科技方面，正式启动数据仓库平台建设，通过开发上线管理驾驶舱、客户可视化分析、信用评级、运营管理报表等一系列应用系统，深入挖掘数据资源，为精准化营销、全面风险管理、经营资源的优化配置提供科技支撑。

【风险管理底线严守】 通过提高新增和新准入贷款的抵押物标准，建立市场化抵质押评估程序，分类施策“破圈解链”，提高中长期贷款占比等举措，提高抗风险能力。至2016年末，实体贷款抵质押率、中长期贷款占比分别为48.35%和29.47%。对银监全面检查和“两加强、两遏制”回头看排查中发现的问题，严格执纪、严肃整改。全年经济处罚255人次，总金额14.97万元，扣减绩效18人次，行政处罚17人。

【企业文化建设】 推进企业文化落地。成立企业文化领导小组，组建总行管理团队和覆盖全辖的“文化种子”队伍，出台企业文化建设考评制度，推动企业文化“上墙”“进家”“入心”。优化人力资源配置。全年引进33名大学毕业生和专业型人才；选拔33名年轻员工进入后备人才库；选拔5名优秀人才进入管理序列岗位；先后对支行行长、会计主管、客户经理、柜员等各系列人员进行153人次的岗位轮换、人员调整和借用调剂；组织培训36批次，参与培训2180人次。积极履行社会责任。启动“夕阳复明工程”，设立志愿者“春蕾班”，向市慈善基金会捐款30万元，组织全行员工为阜宁射阳龙卷风冰雹灾区捐款11万余元，落实25万元资金帮扶结对挂钩村海门工业园区永富村。2016年，海门农商行获省文明单位、省书香企业、市“十佳慈善之星”、市“慈善明星企业”等荣誉称号。（孙富胜）

招商银行股份有限公司海门支行

【概况】 2016年，招商银行海门支行坚持“以客户为中心”和因时而变、因势而变的理念，着力打造“轻型银行”，抓基础，创服务，各项业务稳健增长。年末，支行人民币自营存款日均余额32.79亿元，较年初新增4.07亿元。其中，储蓄存款日均余额7.53亿元，较年初新增1.31亿元，任务完成率75.3%；人民币对公存款日均余额25.26亿元，较年初新增3.2亿元。零售AUM新增6.06亿元，任务完成率81%；零售中高端客户新增720户，任务完成率100%；对公有效客户净增184户，任务完成率203%。

【特色金融】 2016年，招行海门支行确立“内建平台、外接流量、流量经营”的互联网金融发展策略，率先推出闪电贷、刷脸取款、“一闪通”支付等创新服务，按照“手机优先”战略，迭代创新手机银行和掌上生活APP，抢占移动互联网时代新高地。创新推出具有里程碑意义的、境内第一个基于客户号管理的借记卡——“一卡通”，首个真正意义上的网上银行——“一网通”，第一张国际标准双币信用卡，首个面向高端客户的理财产品——“金葵花理财”，并在境内银行业率先推出离岸业务、买方信贷、国内信用证业务、企业年金业务、现金管理业务、银关通业务、公司理财与网上承兑汇票业务等。（顾玉娟）

兴业银行股份有限公司海门支行

【概况】 2016年，兴业银行海门支行坚持“真诚服务，相伴成长”经营理念，致力于为客户提供全面、优质、高效的金融服务，重点推出“四大人生”品牌产品，“百富人生”财富管理、“安愉人生”养老金融、“寰宇人生”出国金融、“活力人生”信用卡品牌，为客户提供量身定制的差异化金融服务。年末，支行存款余额30.33亿元，贷款余额17.4亿元，管理个人金融资产15亿元。

【经营发展】 企业金融业务方面，坚持“效益优先，结算先行”，以人民币存款为主要目标，努力拓展低成本、高结算类核心存款。零售业务方面，以综合金融资产、经营收益为主要目标，努力实现客户基础、业务规模、效益贡献同步提升。金融市场业务方面，重点抓好资产管理、同业投资等传统业务，适时调整经营策略，加大资本市场类等配置力度，努力培育新业务增长点和盈利贡献度。（刘 莉）

华夏银行股份有限公司海门支行

【概况】 华夏银行海门支行成立于2013年1月，是华夏银行在南通地区成立的首家县域支行。2016年，支行坚持“上规模、防风险、夯基础、谋创新”总体经营思路，把握好上级行经营政策总基调——即做最优的中小企业金融服务商、做最佳的个人客户大众理财银行，以信贷投放为引领，坚持联动发展、借力发展、合力发展，不断提升自身社会服务形象，各项业务实现快速、健康发展。年末，全行一般性存款余额28.43亿元，比年初净增7.2亿元，各项贷款余额27.67亿元，比年初净增5.86亿元，贷存比97.33%，信贷资产质量精良，全年未发生逾欠息。

【践行普惠金融】 2016年，在系统内率先做到网银及手机银行渠道汇款全免费，借记卡“跨国界免费取款”的品牌效应也越来越家喻户晓，POS收单业务让更多海门商户得到刷卡手续费返还的实惠，销售的每期理财产品均达到预期收益，开展“防范电信诈骗、参与非法集资不受法律保护”宣传活动，围绕主题组织、落实并创新各类载体活动。

【资产业务引领】 支行响应市委、市政府关于金融服务要注重实体经济的内涵发展要求，加大对建筑、制造业等传统产业的支持力度，并结合海门市政府城市建设提档升级要求，强化对当地基础设施建设信贷投放的注入力度。创新服务手段，灵活运用年审贷、循环贷等产品，借鉴工业企业供应链融资产品，拓展建筑企业项目经理信用贷款，赢得众多项目经理青睐，全年该平台投放额3000多万元，有效支持驻外建筑施工企业的发展。

【员工队伍打造】 2016年初，华夏银行海门支行在全员业务技能、营销能力及产品知识等方面制订培训计划，年内长抓不懈，既锤炼队伍、提升素质，又展示形象。在海门市金融系统技能比武中继续蝉联“团体三等奖”荣誉称号。

（毛国鹏）

人民币反假知识宣传 （华夏银行海门支行 提供）

中国民生银行股份有限公司海门支行

【概况】 2016年，民生银行海门支行秉承总行“服务大众、情系民生”经营理念，坚持“做民营企业的银行、做小微企业的银行、做高端客户的银行”宗旨，为海门地方经济的发展贡献力量，争做金融同业的领跑者。年末，各项存款余额56.36亿元，比年初新增10.23亿元；贷款余额37.52亿元，比年初新增6.77亿元，贷款投放的新增量在6家系统内经营机构中排名第一。各项业务在南通市系统内名列前茅，获评2016年海门市政府目标绩效考核嘉奖单位、民生银行南通分行2016年度先进集体等。

【金融业务创新】 调整客户结构和业务结构，在金融创新业务方面有所突破。支行和上海自贸区分行合作开展两笔美存美贷业务，创新开展海外债业务，融资手段更加多元化，成本更加低廉，与国际化接轨。

【推出新产品】 针对小微商户，推出二维码收银产品，不需要传统POS机，硬件投入零成本、费率低；支持借记卡和信用卡，直接清算至银行卡，节省提现手续费；一码多付，支持微信、支付宝及QQ钱包等方式。配套推出ATM专属理财产品，突破传统理财产品必须到银行网点购买的局限性，只要找到任意一台民生银行ATM机，即可轻松购买专属理财产品，节约市民排队等待时间。

（曹鸣华）

中国人民财产保险股份有限公司海门支公司

【概况】 2016年，中国人民财产保险海门支公司围绕“创新求变、稳中求进”的工作主基调，以“双超双优领先”为目标，以提升“销售、管理、服务、文化”四大能力为着力点，谋创新求变之策，破解发展

人保财险海门支公司营业大楼　　（人保财险海门支公司　提供）

难题，施强化管控之举。全年实现保费收入2.62亿元，比上年增长8.7%，完成上级公司下达的年度目标任务，保费规模列南通各县（市）前三位。其中，车险保费2.05亿元，同比增长13%；非车险保费0.4亿元，同比增长6%；政策性农险保费0.17万元。全年发生各类赔案3.05万件，赔款支出总额1.75亿元，赔付率67%，实现利润1900万元，市场份额占42%以上。

【管理机制创新】 公司对相关部室进行调整，新设销管部，组建车险转保团队，筹建包场营业部和正余镇营销服务部，部门设置更规范、职能更清晰、职责更明确、业务更顺畅，提升人员管理、业务管理、制度管理，员工的绩效考核得到正确评估，运作简便高效。针对公司人员老化现象，加快人才储备，全年招聘30名具有本科学历的青年员工，进行人才储备和培养，保持公司活力和竞争力。

【农村市场拓展】 为更好地为三农服务，提高农村、农民、农业抗风险能力，公司利用农村保险网络优势，通过广泛宣传保险、组织培训、散发保险资料等有效途径，增强广大农民的保险意识，提高他们的投保热情，农险承保量和面，比上年有较大幅度增长。

【农险合规检查】 聘请4位农业专家，提高农业保险专业化能力，同时引进第三方审计机制，对农业保险进行承保理赔审计，农险合规管理基础进一步夯实。

【社会责任勇担】 完成市政府组织的慈善一日捐、人道万人捐活动；在市政府倡导的帮扶经济薄弱村、一对一扶贫活动中，公司积极参与，长期资助1位贫困学生，全年累计资助现金和实物近8万元。

（郁敏敏）

中国人寿保险股份有限公司海门支公司

【概况】 2016年，中国人寿保险公司海门支公司围绕建设“三优四强”（平台支撑优、创新能力优、服务体验优，系统化协作强、市场化竞争强、专业化技能强、模式化创新运作强）现代企业，以“加速发展核心渠道、切实提升公司效益、确保实现争先进位”为指导思想，在全体员工和销售人员的共同奋斗下，在艰难中求得跨越式发展，取得喜人成绩。实现总保费4.23亿元，公司综合职能考核位列全市系统第二。

【科学管理】 坚持依法合规经营，把科学管理、诚信销售、合规经营纳入各个关键岗位的日常考核体系，提升各关键岗位日常合规经营意识。为促进依法合规经营，堵塞经营管理漏洞，从源头上防范化解经营风险，严格执行“341”即“三自四查一问责”（自省、自警、自诺，自查、群查、内查、专查，责任追究）风险管控工作模式，加强展业督察，严格风险预警管理，确保诚信展业落实到位，保障公司业务健康、稳定、持续发展。

【文化引领】 业务队伍飞速发展的同时，公司紧密抓好精神文明建设，做到业务队伍发展和精神文明两手抓，开展一系列活动：组织“迎奥运”万人公益健走活动，开展扶贫帮困慰问活动，举办2016年度员工秋季运动会，组织员工无偿献血，参加“长征精神”演讲比赛，创办员工读书室。

【智能化服务】 全面推进电子工作，利用云助理、微报案、微回执、E宝账、红利通知书电子化等一系列智能化手段，提升销售人员智能化服务，推动公司各项业务数据化服务，为广大保险消费者提供便利。

（黄晓霞）

中国太平洋财产保险股份有限公司海门支公司

【概况】 2016年，中国太平洋财产保险股份有限公司海门支公司坚持诚信服务，合规经营，以市场为导向，以客户为中心的经营理念。全年实现保费收入3959.2万元，比上年增长689万元，增幅21.07%。各项赔款支出2803.43万元，综合赔付率70.81%，超额完成各项目标任务，公司又一年实现良性增长。坚持“以客户需求为导向”的战略转型，从根本上让客户满意，通过精细化管理狠抓承保和理赔服务质量提升，定期组织柜面人员学习《太平洋产险窗口服务礼仪规范》，让窗口服务人员在与客户交往中赢得理解、好感与信赖，树立公司在社会公众中的良好形象。利用晨会，强化窗口服务和投诉人员服务意识，组织岗位技能竞赛，提高服务技能和水平。加强对车险优质客户的服务，专设增值服务电话，由专人负责提供咨询、施救、理赔等各方面的服务。

【叠石桥营销部设立】 5月，公司在叠石桥设立营销服务部，基本确立人员配置、考核方案等。营销部立足当地市场保源，着重于企业财产险、货运险、人身意外伤害险等非车险，并与当地汽修企业、汽车俱乐部等单位签订车险渠道业务协议，在当地保险市场提高太平洋财产保险品牌影响力，力争有长足发展，成为公司业务发展新增长点。（陈 刚）

华泰证券股份有限公司海门解放中路证券营业部

【概况】 华泰证券海门营业部秉持“以客户服务为中心、以客户需求为导向、以客户满意为目的”服务理念，依托总部强大的研究实力、专业的资讯平台和全方面业务链的理财产品，竭诚为广大客户提供最具有参考价值的投资理财建议和最贴心、最及时、最满意的服务，为海门地方经济贡献力量。截至2016年底，海门营业部已开发客户4万余户，总资产近百亿元，融资规模超5亿元。

【合规经营】 营业部在发展基础业务的同时，注重合规经营与企业文化，定期开展员工合规培训。灌输风控、合规理念，以合规经营为原则，服务每一位投资者；坚持事前管理与监测，完善内部控制制度，为投资者营造安全规范的交易环境。

【投资者教育基地】 海门营业部坚持维护投资者的合法权益，建立投资者教育基地。定期做好电话回访，提醒客户加强防范意识，防范利用电话、短信和网络进行非法证券咨询，保护投资者账户安全。开展防范非法证券活动讲座，为客户讲解股票、期货、期权等基础知识，普及反洗钱知识，加强与客户的沟通与交流，增强客户的满意度和忠诚度。

【财富管理】 海门营业部秉承稳健的投资理念，以良好的投资业绩和专业的理财服务回报客户。坚持以客户需求为核心的业务宗旨，将合适的产品，以合适的方式、合适的价格，在合适的时间推荐给合适的客户，给投资者带来丰富的体验感与满意度。公司已经形成以客户和市场为中心的涵盖客户资源开发、产品设计、投资管理、客户服务、风险监控等方面内容的业务体系，在业内树立稳健创新的良好形象。（范 璐）

中信证券股份有限公司海门人民西路证券营业部

【概况】 2016年，中信证券海门营业部经历投资者从股票型向产品型，纯散户化向专业化、机构化客户的方向转型和发展过程，全年新增客户3230户，实现营业收入1613万元，净利润856万元。

【合规经营】 完善营业部岗位责任制度，规范业务操作规程。明确不同岗位的工作任务，建立相互配合、相互监督的工作关系。认真学习公司关于风险控制方面的各项规章制度，逐一对照落实。坚决执行关于从业人员禁止行为的规定，建立高素质的员工队伍。

【反洗钱工作】 继续将反洗钱作为一项重点工作常抓不懈，落实公司有关反洗钱客户风险等级划分标准的通知，结合客户的职业、资产、当地行业平均年收入等因素对客户进行重新划分。加强营业部反洗钱队伍培养和建设力度，持续提升反洗钱工作的合规性和有效性。

（高天赐）

信息服务业

邮 政

【概况】 2016年，海门邮政坚持“一体两翼”（“一体”即以邮政窗口资源为基础，以市场需求为导向，积极打造适应现代电子商务发展模式线上线下为一体的综合便民服务平台；“两翼”即金融和寄递）经营发展战略，突出抓好金融和包裹快递业务发展，推进综合服务平台建设，加大资源整合力度，提升信息化水平，加快推进企业改革创新和转型升级，社会效益和经济效益齐头并进、协调发展。实现业务总收入1.82亿元，同比增幅10.48%，收入规模在全省县（市）局中排名第六位，实现移位争先。连续两年在全省邮政企业分等分级评定中被评为最高级——一等六级，获评省文明单位、市“精神文明建设工作先进集体”、市“优秀志愿者组织”等。分公司运保中心获评全国“安康杯”竞赛优胜班组，三厂支局获评南通市“工人先锋号”，万年支局获评南通市“青年文明号”。

【“绿衣雷锋”便民服务进社区】 3月4日，市邮政公司组织志愿者在海南社区开展“绿衣雷锋”便民服务进社区活动。活动围绕“送健康、送文化、送保障、送服务”主题展开，志愿者现场为社区居民量血压，上门为社区退休老党员量血压，赠送《家庭医生》杂志，为社区居民“送健康”；向社区居民展示精品邮册、“雷锋”纪念封特色邮票、小人书、美丽家乡明信片等，为社区居民送去“文化大餐”；进行反假币、防电信诈骗、行车安全等业务知识宣传，为社区居民的人身财产安全送

第七届邮政职工职业技能大赛 （市邮政公司 提供）

去保障;帮助社区清理小广告等城市“牛皮癣”。

【“爱心邮路 情系万家”道德讲堂】 5月31日,市邮政公司举办二季度“道德讲堂”,以“爱心邮路 情系万家”为主题,围绕“五个一”(诵一段经典、看一部短片、听一个故事、谈一番点评、唱一首歌曲)标准模式开展。来自机关、专业局、班组的志愿者代表共同诵读《青年志愿者之歌》,与会人员观看“江苏好人”徐国勇先进事迹短片,聆听东洲“爱心邮路”志愿者服务队的感人故事,现场观众参与互动畅谈感悟,共同演唱歌曲《明天会更好》。

“爱心邮路 情系万家”道德讲堂 (市邮政公司 提供)

【“亮身份、树形象、作承诺”主题活动】 市邮政公司党委在各党支部和党员中开展“亮身份、树形象、作承诺”主题活动,深化“两学一做”学习教育活动。活动围绕三个方面开展,一是亮出党员身份,党委为全体党员配发党徽,明确全体党员在工作场合要坚持戴党徽,设立“党员示范岗”工作台牌,将党员身份亮出来;二是作出党员承诺,全体党员围绕履行党的宗旨和“邮政连着你我他,文明服务千万家”的服务口号作出具体可行的公开集体承诺;三是树立良好形象,要求全体党员在思想上、行动上当先锋、作表率,在带头坚定理想信念、增强“四个意识”(政治意识、大局意识、核心意识、看齐意识)、强化宗旨观念、树立清风正气、立足本职岗位等方面发挥先锋作用,树立“四讲四有”(讲政治、有信念,讲规矩、有纪律,讲道德、有品行,讲奉献、有作为)的良好党员形象。

【“全民阅读联络点”建设】 市邮政公司联合市委宣传部、文明办、阅读办,在邮政“村邮站”上建设“全民阅读联络点”,引导全社会参与阅读,营造浓厚的文化氛围,建设书香海门。该联络点与村“农家书屋”在功能上互为补充,“农家书屋”主要是阅读的功能,而“全民阅读联络点”更多的是弘扬阅读的好处,传达阅读信息,推荐阅读书目,提供购买、订阅渠道,同时帮助村民解决阅读中遇到的疑问,侧重于“教学”,提升新农村的文化品味。通过“全民阅读联络点”在“村邮站”的建设,邮政成为图书和报刊在农村市场的销售主渠道。

【海永直达汽车邮路开通】 2016年,市邮政公司与速递公司合作,开通海门至海永直达汽车邮路。海永镇位于长江入海口崇明岛,是海门市在崇明岛上的一块“飞地”,邮件报刊原先委托启东社会车辆运输,一般时限为3天,当地政府和居民用邮不便。直达汽车邮路开通后,海永进出口邮件可当日到达,得到当地政府和群众的好评。 (苏鑫泉)

电 信

【概况】 2016年,中国电信海门分公司立足“十三五”发展新起点,在经济新常态下,把握互联网化转型新趋势,围绕“加快发展、变革创新、强化管理”三大主线,努力化解工作压力,积极破解发展难题,全力拓展业务发展,为“率先实现小康升级、率先融入苏南发展”工作目标的实现做好电信支撑与服务工作。公司全年实现通信业务收入2.07亿元,获评省文明单位、南通市“工人先锋号”、市“精神文明建设先进集体”。

【网络建设】 2016年,完成LTE宏基站建设196个,室内分布系统41个,滴灌53个,建设并开通RRU信源601个,为海门无线城市建设做好能力支撑与保障。开展“4G客户感知提升”专项行动,4G网络质量进一步提升,4G用户感知相关运行指标均达标,下载速率远超友商。前后端协同推进全光网格改造,全年完成全光网格改造37个,光改用户1.3万户,存量H占比88%,获全区全光网改造三等奖。

【装维支撑】 加强网络安全管理,全年完成包场、四甲、树勋、国强、海洪等20多台OLT安装调测,完成EPON、GPON板扩容168块。完成政企响应订单和工作联系单609张,无资源响应工单2265张。各项网络运行质量全面达标。加大政企客户支撑力度,建设大客户专线环2。完成银行、水利、工商、邮政专线电路巡检;农行、中行、招商银行等10多个网点的机房整治、26个网点的PDH设备割接和带宽升级;平安保险各网点的专线电路开通调试;全市260个村的市政务外网实施;全市视频监控的日常维护和故障处理;配合完成多个大客户搬迁等,较好实现对政企的支撑。通过培训指导、通报管控等多措并举,装维能力显著增强。在全区率先推出百兆宽带“当日装,当日修,慢必赔”服务,赢得用户肯定,全年装维服务指标完成良好。

【客户服务】 加强服务管控,提高电信品牌美誉度。继续深入开展投诉处理集

中国电信教育云桌面现场观摩会在海门中专举行　　(市电信公司　提供)

约工作，月平均投诉转派率降到6.9%，大大降低一线人员工作压力。加大咨询投诉工单分析，关注短期内高发投诉，做好服务预警，对共性问题积极与责任部门协商整改。每月提取预判成立投诉并交由各单元反馈后落实考核。每季度召开服务监督员会议，为服务工作把脉。开展政风行风在线、"3·15" 现场咨询活动等，获用户好评。全年综合满意度同业排名第二。

【企业文化】 推进"两学一做"教育活动，开展党员学习日、集体党课、企业文化大讨论、"改革同心、发展同行"等主题实践活动，营造"两学一做"良好氛围。开展文明创建工作，公司再次被评为省级文明单位。推进廉政建设，党委切实贯彻上级要求，落实工作责任，加强教育监督，查处违纪行为；纪委创新载体抓教育，突出制度抓规范，关口前移抓监管，为促进企业经营发展和推进战略转型提供有力保证。深化专项治理，开展"四风问题"回头看，开展小金库、领导及其亲属围绕企业经商、选人用人、采购招标与业务合作4个专项治理。推进"建四小、创六好"("四小"即小食堂、小浴室、小厕所、小活动室，"六好"即生活好、管理好、学习好、氛围好、形象好、业绩好)长效管理；实施送温暖工程，多途径关心关爱员工，多纬度对员工进行慰问，促进企业和谐发展。

(袁继红)

移动通信

【概况】 2016年，海门移动公司加强党的建设，强化责任担当，坚定转型实践，破解发展难题，凝聚强大合力，在业务拓展、提质增效等方面取得成效，为建设"强富美高"新海门提供强有力的技术支撑及服务支撑。年末，移动用户数超65万户，4G用户突破40万户，宽带规模15万户，完成上级公司下达的2016年度目标考核任务，综合排名全区第一。获评省文明单位、省"价格诚信单位"、南通市"五一巾帼标兵岗"等。

【网络支撑能力】 聚焦4G网络质量，"广、深、厚、精"四维度推动4G网络覆盖提升，增强网络支撑能力，为用户提供优质稳定的通信服务。累计投入1200万元建设4G网络，已建成基站近780个，城乡覆盖率98.02%，进一步提升用户流量使用感知。完成光改小区建设38个，实现农村区域100%光纤入户，为弥补城乡数字鸿沟做出贡献。完成46台OLT上行裸纤整改，完成219个PON口整治，单PON口用户从300多个下降到96个以下，城域网网速核心出口带宽扩容至200G。

【优质服务】 开展星级服务评选、技能比武大赛、政风行风在线、政府门户网站在线访谈等主题活动，建立追求客户100%满意服务的监督、检查、跟踪机制，提升内外服务的深度和广度。以改善服务短板为立足点，聚焦客户关注的热点问题，逐一排查解决并建立长效机制。响应国家提速降费要求，开展降资费、优服务，打响"用了都说好"的口碑。推出4G新资费，制定"8+优"举措，涵盖夜间、假日、国际及港澳台流量优惠，全面降低4G资费门槛，取消国内漫游费，让移动服务"好用不贵"。在客户满意度和NPS等测评中，相关测评项目均达上级公司标准，所有营业厅服务标准平均分达上级公司指标，投诉处理满意度达标，客户满意度持续保持行业领先地位。

【信息安全】 保障绿色安全的信息服务。开展伪基站专项追踪整治，强化

海门移动公司成立劳模工作室

资源保障，搭建伪基站侦测与追踪系统，配合执法部门破获伪基站案件3起；建立骚扰电话智能拦截平台，实施骚扰电话专线治理，日均拦截骚扰诈骗电话1.3万余个；开展垃圾短信拦截及溯源，日均拦截垃圾短信近1200条；严格执行国家要求，开展号码规范管理，实名认证率100%，打击非法VOIP，杜绝虚假改号，协同社会各界力量共同整治，彰显社会责任。

【文明创建】 参与文明城市创建活动，组织参与文明志愿值勤、孤寡老人帮扶、慈善一日捐等公益慈善活动，提高职工文明素养。探索并推动践行以“海纳百川、敢为人先、勇毅笃行”为核心要素的江海文化，利用各种载体宣传江海文化内涵，强化员工感知，倡导正确价值观，塑造优质窗口服务形象。打造立体化沟通平台，通过总经理信箱、“心想法”论坛、一线支撑平台等载体，集聚员工智慧，传递主流声音，为推动城市文明建设贡献力量。（王晓庆）

联合通信

【概况】 2016年，中国联合网络通信有限公司海门市分公司树立“沃4G+”“联通放心用”品牌，新建营业厅10家，老厅改造8家；新增建设4G基站80个，2G/3G/4G移动网络实现海门地区全境覆盖；新增覆盖家庭用户5万户，新增覆盖商务楼宇10幢，各项业务收入稳定发展。重视节假日和重大活动的通信保障，圆满完成高考、中考等重大考试的监控保障任务。配合有关部门进行有害信息处置，及时提醒用户自检自查，防范网络安全威胁。

【特色业务】 海门联通响应市委、市政府加快推进“互联网+”行动计划的实施意见要求，参与市公安局4G警车图传、公安局便民Wi-Fi、无线4G考场监控等项目建设；联合市经信委推进“千兆宽带入园区，百兆宽带入企业”为主题的“企企通”工程，搭建中小企业云平台，新增宽带网络覆盖园区6个，新增覆盖企业60余家；响应政府服务民生、提速降费的号召，推出无限流量卡、沃家视频免费看、IPTV免费看、慧学南通免费家校通学习平台等惠民产品与应用，惠及海门民众。

【社会活动】 以企业文化传递正能量，参加文明城市创建活动，组织参与文明志愿值勤、城区沟河保洁志愿服务，开展“一日捐”“义务献血”等活动，为推动海门文明城市建设做出贡献。（王志茜）

叠石桥家纺市场

【概况】 中国叠石桥国际家纺城建筑面积约100万平方米，2万多间商铺，50万就业人员。家纺产品全国市场占有率超50%，畅销全国350多个大中城市，远销全球130多个国家和地区。2016年，叠石桥市场以转变家纺产业发展方式为主线，以实施家纺行业质量强区兴园战略为载体，推进家纺产业质量发展与品牌建设。叠石桥家纺产业公共服务平台被省经信委评为“2016年度江苏省服务小微企成长十佳优秀服务平台”，叠石桥国际家纺城国家AAAA级景区被省旅游局评为“江苏省购物旅游诚信街区”，被南通市旅游局评为“南通市旅游工作文明单位”。

叠石桥市场完善国际贸易、海关监管、检验检疫、质量检测、版权保护、指数发布、流行趋势、国际物流、品牌培育、游客服务等产业公共服务平台，市场保持良好发展态势。全年市场成交额突破650亿元，新注册个体工商户超2455户，增幅222.6%；贸易中心接待国内外贸易商1000多人次咨询，新注册各类贸易公司250多家；出入境管理大队办理出国(境)1800余份、办理外国人签证17份，临时入境外籍人员1574人次；检测中心完成产品质量检测3356件，增幅44.16%；指数中心编制发布指数45期次(累计321期次)；物流中心累计发送货物605多万件，计165多万吨；快递网供日均发货18.94万件；版权办登记各类花型1120件，受理相关侵权投诉42件，挽回经济损失57万元。市场被评为“全国知识产权保护规范化培育市场”“全国内外贸结合示范市场”。

【贸易改革试点推进】 国家级贸易改革——叠石桥市场采购贸易方式试点有序推进、顺利开展、成效显著。全年试点通关1.99万票，出口26.35亿美元，平均每月通关1658票，出口2.2亿美元。4月为出口高峰，当月通关4975票，出口贸易额6.84亿美元。试点出口商品100多种，出口120多个国家和地区。市场采购贸易出口额分别占海门市出口额的77.2%和南通市出口额的12.46%。有223家商户、116家外贸公司、24家货代公司完成注册和备案，开展市场采购贸易。

叠石桥电商城

【家纺电商】 叠石桥市场抢抓互联网经济发展机遇，将发展电子商务产业作为推动产业转型升级的重要抓手，围绕“互联网+”，创新思维和举措，叠石桥跨境电商产业中心、叠石桥电商城相继建成投运，中国质造叠石桥家纺产业带专区、国际速卖通叠石桥家纺产业带专区上线，阿里巴巴1688叠石桥实力产业群示范园区开园。叠石桥区域快递网供日均发货18.94万件，线上线下总成交额超1000亿元。

【旅游购物】 叠石桥国家AAAA级旅游景区全年接待境内外游客超100万人次。借助旅游口碑相传持续提升和扩大叠石桥家纺行业之外的影响力和知名度，推动叠石桥商圈餐饮、休闲、娱乐等现代服务业发展，叠石桥AAAA级景区成为华东地区黄金旅游线路。

【品牌创建】 引导企业提升品质，培育和弘扬“工匠精神”，全面推进“品质革命”，逐步形成区域品牌与产品品牌同步建设、同步培育的品牌建设工作新局面。2016年，新申报商标注册199件，“晋帛”商标获评全国驰名商标，获评省著名商标1件、南通知名商标1件，园区累计有全国驰名商标4件、省著名商标15件。

【诚信建设】 叠石桥市场高度重视文明诚信经营管理，开展创建活动，创新党员嵌入式服务，加强诚信经营管理，规范市场经营秩序，开展诚信文明评比，加大维权工作力度，构建信用管理体系与信用评价机制。全年市场“12315”消费者权益保护站受理各类消费者咨询、申(投)诉1464件，调解成功率95%以上，为消费者挽回经济损失30余万元。 (赵永根)

对外及对港澳台经贸

综　　述

【概况】 2016年，海门市对外及对港澳台经贸保持稳中有进、稳中提质良好局面。全年实现进出口总额39.14亿美元，工商登记注册外资5.89亿美元，实际到账3.17亿美元，新批境外投资中方协议投资额1.4亿美元，完成对外承包劳务营业额7.25亿美元，外经营业额在南通各县(市、区)中排名第一，完成服务外包执行额5529万美元。

【外经五年发展目标】 市商务局明确外经发展五年总体目标：对外承包工程和劳务合作保持全南通市领先，外经营业额年均增长10%以上，加快推进境外产业集聚区和经贸合作区建设，培植1家以上省级境外产业集聚区，培育2家以上具有一定国际竞争力的海门跨国企业。完善政策促进、服务保障和风险防范体系，进一步扩大境外投资规模，拓宽行业领域，创新合作方式，提升质量水平，提高境外投资对全市产业结构调整、产能有序转移和经济社会发展的贡献度，加快提升海门经济国际化水平。 (陈立峰)

招商引资

【概况】 2016年，市委、市政府发出“招商第一、项目为王”的号召，由市商务局牵头，组建招商队伍，完善制度体系，健全招商网络，筹划招商活动，取得一定成效。至年底，全市在手在谈项目219个，累计签约总投资超千万元项目188个，协议总投资290亿元，其中超亿元项目57个，总投资207亿元。

【招商队伍组建】 4月，市新设招商引资推进办公室，统筹全市招商工作。9月，重组专职招商队伍，从各区镇、部门选派212人组建专职招商队伍，实行外出驻点招商。

【制度体系完善】 颁布实施《海门市招商引资管理办法》，强调专职招商队伍的组建与管理方法，提倡专职与社会招商并重，明确项目招引的奖励与兑现，鼓励多种招商方法与单位间的招商联动。制定《专职招商人员考核管理细则》，强化对专职招商人员日常管理，促进招商工作规范化。

【招商网络健全】 以市投资促进局、各区镇为主体，在全国设立47个驻点，形成以上海为代表的长三角核心区为中心，辐射珠三角、京津冀等经济发达地区的驻点招商网络。

【招商活动】 4月，中国海门经贸投资洽谈会签约项目118个，其中外资项目36个，总投资15.5亿美元。6月28日，在上海举办中韩(海门)经济文化交流之夜，以汽车及相关产业为重点，邀请韩国驻沪领事馆副总领事、韩国汽车产业财团、韩国各道驻沪办事处官员、相关协会及韩国各界客商150余人出席，与相关协会签订战略合作协议，聘请12名韩国客商担任招商顾问，为今后的对韩招商工作打下坚实基础。年内连续在上海举办“上海客商座谈会”19期，邀请各类客商、中介567人参加，获取项目信息209个，有76个项目签约。

(王志兵)

利用外资及港澳台资

【概况】 2016年，全市新批外资项目33个，新批增资项目7个，其中千万美元以上项目19个(注册3000万美元以上重大外资项目9个)，累计实现工商登记注册外资5.89亿美元，注册外资实际到账3.17亿美元，同比分别增长4.73%和21.65%。

【引资渠道拓宽】 加大境外委托招商力度，先后与韩国、以色列驻沪领事馆取得联系，并与德、美、意、日、韩等国中介机构合作进行招商工作，取得一定成效。全年共计9个国家和地区的私人或公司到海门市新设外资企业。其中，中国香港地区是本年最大外资来源地，合同利用外资4.31亿美元，占比73.17%；其次是中国台湾和加拿大，合同利用外资分别为3664万美元和2739万美元，占比分别为6.22%和4.65%。

对外及对港澳台贸易

【概况】 2016年，全市外贸自营进出口39.14亿美元，同比增长73.7%。其中,自营出口35.79亿美元,同比增长152.3%;进口3.36亿美元,同比下降59.8%。

出口主体明显增多。全市有外贸进出口实绩的企业561家,同比增长12.2%。其中,进出口额超亿美元企业有6家,超5000万美元21家,超1000万美元企业79家,500万~1000万美元企业45家,100万~500万美元企业168家。

出口结构更加优化。随着全市加快推进转型升级、创新驱动战略,机电产品、高新技术产品的出口占比逐步提高。全市机电产品实现出口额15亿美元,同比增长309.6%,占全市总额42%;高新技术产品出口额5.08亿美元,同比增长233.7%,占全市总额14.2%;纺织品出口额7.27亿美元,同比增长102.7%,占全市总额20.3%。

【贸易新政成效明显】 市场采购贸易方式试点在叠石桥实行一年多,进展顺利、成效显著。“监管制度化、贸易便利化、管理规范化、服务专业化”的国际贸易综合管理服务体系逐渐成型,各类主体开展外贸的积极性不断增强,贸易新政的辐射影响力持续显现扩大,真正实现“家门口通关”,各贸易主体蜂拥而至,外贸货源不断集聚,综合服务不断优化,配套功能不断完善,试点业务呈现快速激增态势,叠石桥带动力和辐射影响力日趋明显,叠石桥正成为长三角进出口商品的集散中心。全年通过市场采购贸易方式出口1.74万票,2.2万只标箱,出口总额23亿美元,占全市出口总额的64.3%。但也存在着不少问题,一是全市出口过于依赖市场采购贸易方式,出口大户以贸易公司为主,实体企业出口并不理想。1-12月,出口超千万美元的70家企业中,只有22家生产型外贸企业,4家传统外贸公司,其他全部是从事市场采购贸易方式出口的贸易公司。二是进口下降明显,降幅59.8%,主要原因是部分进口大户受政策、经济形势等影响,进口大幅减少。三是外贸产品中,家用纺织品等传统产业占比较高,缺乏科技含量和核心竞争力。

2016年海门市出口超500万美元企业一览

表22　　　　单位:万美元

企业名称	累计出口	名次	企业名称	累计出口	名次
南通豪坤家纺有限公司	20387.6	1	江苏铁锚电动工具有限公司	4045.0	23
南通市巴尔干国际贸易有限公司	13194.9	2	南通市荣思琪国际贸易有限公司	3996.5	24
南通市福载国际贸易有限公司	11425.1	3	海门沃达兴国际贸易有限公司	3771.7	25
燕达(海门)重型装备制造有限公司	11381.2	4	南通市威胜邦国际贸易有限公司	3574.0	26
南通丰盈达国际贸易有限公司	10163.9	5	南通市捷涛国际贸易有限公司	3544.1	27
南通市钮思达国际贸易有限公司	9469.2	6	南通市格奥国际贸易有限公司	3247.1	28
南通威特斯国际贸易有限公司	8365.1	7	南通市新捷径国际贸易有限公司	3204.0	29
南通市吾斯特贸易有限公司	8113.3	8	南通市斯科特国际贸易有限公司	3191.3	30
南通市赛丝登国际贸易有限公司	7536.4	9	海门聚通国际贸易有限公司	2632.9	31
南通市苏尔赫国际贸易有限公司	7359.3	10	海门市固胜国际贸易有限公司	2457.8	32
南通市莎博斯国际贸易有限公司	6891.1	11	南通龙都家用纺织品有限公司	2448.3	33
南通奥格国际贸易有限公司	6850.0	12	南通海之门国际贸易有限公司	2257.2	34
南通六月天国际贸易有限公司	6785.1	13	南通海迪化工有限公司	2227.9	35
南通惠基国际贸易有限公司	6724.3	14	南通市湛龙昌大贸易有限公司	2216.0	36
江苏叠石桥国际贸易有限公司	6671.4	15	南通恒秀铝热传输材料有限公司	2090.5	37
南通红月亮国际贸易有限公司	6583.8	16	南通市加雷斯国际贸易有限公司	2009.3	38
南通市面创国际贸易有限公司	6345.2	17	南通市池通鸿国际贸易有限公司	2005.8	39
南通市鼎禾盛国际贸易有限公司	6275.7	18	南通市优远国际贸易有限公司	1974.2	40
南通活力国际贸易有限公司	5268.4	19	江苏世泰实验器材有限公司	1957.1	41
路特利举升机(海门)有限公司	5245.6	20	南通爱尔思轻合金精密成型有限公司	1949.3	42
南通市名马国际贸易有限公司	4891.4	21	南通盛之久国际贸易有限公司	1948.2	43
海门一达通国际贸易有限公司	4836.5	22	南通市载煜国际贸易有限公司	1941.1	44

续表 22

企业名称	累计出口	名次	企业名称	累计出口	名次
南通市润瑞贸易有限公司	1928.9	45	海门市森达装饰材料有限公司	837.5	81
海门市尊缘贸易有限公司	1889.6	46	永井食品(海门)有限公司	796.6	82
南通中远重工有限公司	1772.7	47	海门米萝国际贸易有限公司	781.7	83
南通市深港马国际贸易有限公司	1712.7	48	南通曼仙妮纺织品有限公司	779.0	84
江苏英力科技发展有限公司	1669.4	49	维柏思特衬布(南通)有限公司	773.1	85
南通回力橡胶有限公司	1550.8	50	海门丹之荷贸易有限公司	767.2	86
南通市塞雷斯贸易有限公司	1549.8	51	海门市利国玻璃制品有限责任公司	765.3	87
海门康乾国际贸易有限公司	1508.2	52	华通联合(南通)塑胶工业有限公司	747.7	88
南通市常海食品添加剂有限公司	1503.8	53	海门市乾钟贸易有限公司	746.8	89
海门市盛源卧室用品有限公司	1423.4	54	海门昊煜翔纺织品有限公司	741.4	90
乾钟鞋业(海门)有限公司	1417.6	55	施凯乐橡胶制品(江苏)有限公司	724.5	91
南通市地厚国际贸易有限公司	1377.5	56	海门市尊怡国际贸易有限公司	714.5	92
南通市艾莉尔国际贸易有限公司	1360.8	57	江苏曼诺普家纺有限公司	699.7	93
海门慧聚药业有限公司	1345.8	58	力神(海门)液压设备有限公司	686.1	94
南通帝佑贸易有限公司	1309.2	59	南通巴黎春天生态纺织品有限公司	675.9	95
南通阿巴斯贸易有限公司	1300.9	60	江苏泰格游艇制造有限公司	675.7	96
南通维达鞋业有限公司	1297.2	61	南通吉美斯纺织有限公司	673.7	97
南通星瑶纺织品有限公司	1250.4	62	南通艾维瑞医药化工有限公司	660.6	98
海门阳光国际贸易有限公司	1228.0	63	南通环球塑料工程有限公司	621.6	99
美奥迪电机(海门)有限公司	1160.8	64	南通迪凯纺织品有限公司	617.6	100
江苏海隆重机有限公司	1145.0	65	南通宝威纺织品有限公司	606.8	101
南通联海维景生物有限公司	1133.2	66	南通欧比亚卧室用品有限公司	594.0	102
上海现代制药海门有限公司	1113.2	67	江苏南通三建集团有限公司	585.1	103
海门市卓普国际贸易有限公司	1111.0	68	海门埃夫科纳化学有限公司	584.5	104
南通风一帆贸易有限公司	1046.6	69	南通金悦来运动器材有限公司	580.6	105
南通富之岛寝具发展有限公司	1002.1	70	南通市苒鼎国际贸易有限公司	564.4	106
江苏当升材料科技有限公司	993.8	71	南通凯旋体育用品有限公司	551.6	107
南通市晟泽鸿国际贸易有限公司	946.6	72	南通森港桐国际贸易有限公司	551.6	108
南通泽雅国际贸易有限公司	944.1	73	江苏通光光缆有限公司	548.9	109
南通申博金属制品有限公司	942.4	74	海门市龙鑫越纺织品有限公司	545.1	110
南通嘉禾化工有限公司	932.3	75	南通火玛特纺织品有限公司	544.7	111
海门市蒙迪国际贸易有限公司	915.1	76	海门丰汇德纺织品有限公司	543.4	112
新嘉澍纺织绣品(南通)有限公司	911.2	77	雅姿服饰(南通)有限公司	534.6	113
海门陆江锌材料有限公司	907.6	78	南通晟晨家用纺织品有限公司	526.5	114
浩博(海门)机械制造有限公司	901.2	79	海门市盛发纺织品有限公司	508.8	115
南通易搏瓶盖有限公司	874.4	80	海门市舒利珀鞋业有限公司	504.6	116

外经合作及与港澳台地区合作

【概况】 全市新签对外承包劳务合同额4.33亿美元,同比减少12.91%;完成营业额7.25亿美元,同比减少2.85%;新派劳务1346人,期末在外5852人。新批境外投资企业18家,境外中方协议投资额1.4亿美元,同比减少3.42%,境外投资额连续5年超亿美元。

【服务企业】 争取省以上各类扶持资金。全年帮助企业获得省级各项扶持资金127.74万元,减轻企业负担,提高企业"走出去"积极性,促进企业加大力度开拓国际市场。帮助外经企业申请经营资格。市设备安装工程有限公司和江苏南通三建建筑装饰有限公司获得对外承包工程经营权。截至2016年底,全市对外经营权企业已有18家,外经主体队伍进一步壮大。

【境外投资】 企业"走出去"保持良好态势。龙信集团异军突起,新签合同额3.11亿美元,实现营业额1.87亿美元;南通三建营业额保持领先,实现营业额4.33亿美元;中南建筑完成营业额6764万美元;南通三建国际投资中心在香港投资的中通盛建集团有限公司,中方协议投资额9500万美元。

【媒体宣传】 开展多种形式的宣传,帮助劳务人员了解市外派劳务服务中心,掌握出国劳务知识,维护自身合法权益。利用电视发布公告、在报纸上登广告、发放宣传手册3.5万册,微信公众服务号"海门出国劳务"运行良好。2016年通过服务中心派出劳务人员1300多名,无1起劳务纠纷。

【外派劳务市场整治】 积极处理劳务纠纷,加强对外派劳务市场管理,加大对违法违规企业查处力度,做到发现1家查处1家。接待处理劳务纠纷上访案件30多批次,答复"12345"各类信件25次,协调处理出国劳务纠纷9起,接待上访人员200多人次。

服务外包

【概况】 海门服务外包产业主要以医药研发与测试、工程设计、工业研发设计的技术性知识流程外包(KPO)和提供电子商务平台、信息系统管理与维护服务的信息技术外包(ITO)。2016年,新增服务外包企业9家,完成服务外包执行额5529万美元,同比增长33%,其中离岸服务外包业务额3185万美元,列南通前列。打造以生物医药研发与测试为特色的服务外包产业集聚园区,已进驻企业30多家,并陆续投入运营。巴塞利亚、慧聚药业被省商务厅评为"2015年度离岸外包业务成长型企业"。

(陈立峰)

民营经济

综　　述

【概况】 2016年,全市民营经济总体保持平稳发展态势,全民创业类指标稳步增长。新增小规模纳税人4386户,新增一般纳税人1367户;新增个体工商9688户,新增私营企业2780个;引进市外民资超亿元项目21个,注册资本14.3亿元,总投资96.3亿元。民营经济转型升级步伐加快,新增高新技术企业50家;新增南通三建、容汇通用锂业2家新三板挂牌企业。新增省级以上企业技术中心4家,分别是招商局重工(江苏)有限公司技术中心、南通恒秀铝热传输材料有限公司技术中心、南通振康焊接机电有限公司技术中心、江苏容汇通用铝业股份有限公司技术中心;新增省级以上工程技术中心4家,分别是省海洋能源开发装备工程技术研究中心、省智能物流仓储装备工程技术研究中心、省高端原料药合成工程技术研究中心和省装配建筑工程技术研究中心。新增规模以上工业企业41家。江苏飞拓界面工程科技有限公司的TSD助镀剂被评为省中小企业"专精特新产品",并实现专板挂牌。

【考核评价机制调整】 2016年,进一步调整和完善民营经济考核细则,强化超5000万元(园区组为超亿元)重大市外民资项目的招引,加大重大市外民资的分值占比,并对引进超5亿元和超10亿元的项目给予额外加分。继续加大新增小规模纳税人、新增一般纳税人、新增个体工商户和新增私营企业数的考核力度。强化目标管理,聚焦民营经济的质量与质效。将考核的重点放在转型升级、高新技术与特色园区的融合发展上。为引导支持企业走出去,参与"一带一路"投资建设,将民营企业境外投资列入民营经济转型升级质量评价体系,作为加分因素;为支持企业技术创新、提升科技附加值,将新增高新技术企业数、技术中心等作为加分因素;为突破产业发展要素、土地瓶颈等制约,实现"生产空间集约高效"目标,将生产性产业综合体竣工量也作为加分因素。根据南通市民发办制定的考核评价办法,将新增纳税3000万元以上民营企业等指标列入民营经济年度考核项目。

【突出招商引资】 坚持"招商第一、项目为王"不动摇,出台《招商引资管理办法》,从队伍建设、经费管理、招商奖惩、资源共享等方面作详细规定,传递精力向招商集中、资源向招商倾斜、力量向招商整合的鲜明导向。全市招商氛围浓烈,全年招商成效显著。在苏州举行的2016江苏海门投资环境推介会上,签约项目12个,总投资10.5亿元;在2016中国海门经贸投资洽谈会上,签约民资项目82个,其中超亿元项目47个;在第五届海门科技人才节暨科技成果推介会上,签约项目49个,投入研发资金2.9亿元。出台重大产业项目建设考评办法,通过月通报、季考核的形式,实施压力传递,真正让"项目为王"贯穿始终,从上到下急起来、忙起来、动起来。建立市领导挂钩联系重大项目的"双挂钩、双推进"制度,进一步加大重点项目督查力度。

【民营人才培育】 推进以科技创新为核心的全面创新,加快要素驱动向创新驱动转变。一是有效提升创新能力,推进产学研合作以加速科技成果转化。在科技人才节上，现场签约的产学研项目重点聚焦新技术、新工艺、新产品。二是注重名企、名品、名人“三名工程”推进，以“南通企业家日”设立为契机，激励广大企业家更好地传承和弘扬先贤张謇的实业报国精神，海门涌现出一批南通“三名”(名企、名品、名人)人物、“三创”(创业、创新、创优)人物等优秀企业家群体，他们创新创业、回报家乡，成为海门企业家的典范。三是加强企业家素质提升，定期开展由市发经委牵头、高校院所合作的“千企升级”培育活动。组织企业参加上级经信委各类培训讲座。四是积极招引人才，深入实施“东洲英才”引进计划、“510转型升级工程”，重点围绕智能装备、新材料、生物医药等新兴特色产业，有的放矢地抓好高层次人才引进开发。2016年新引进“千人计划”专家等顶尖人才6名，每万名劳动力中拥有高技能人才数超过800人。

【众创空间发展】 响应上级部门号召，集聚优化众创布局，整合创新创业项目、载体、资金、人才等要素，发展众创空间。正在建设的有临江新区的“玲珑湾创客中心”、海永镇的“设计空间”、凯盛家纺的“益凯众创”、海门工业园区的“阿里巴巴叠石桥家纺产业园”、常乐镇的“缘木创客空间”和产业技术研究院的“海门国际创新谷”6家，其中临江新区的“玲珑湾创客中心”入选省科技厅第三批省级众创空间，吸引品尚医药、雨霖细胞科技等20余家科技型初创企业和创新创业团队入驻，推动海门科技人才工作进步和高新技术产业发展。

【助推企业融合发展】 针对宏观经济下行压力，充分利用政策、规划等各种手段激发民营经济活力。深入实施“3+3+N”产业发展战略，协同省经济和信息化研究院编制生物医药、新材料和先进装备制造3个新兴产业发展规划，引导民间资本布局投入，加大对节能减排、淘汰落后产能方面的政策引导和资金扶持。推动企业上市进程，鼓励企业多渠道进入资本市场，扩大融资渠道。2016年，南通三建、容汇通用锂业在新三板挂牌。鼓励企业“走出去”。8月底，海门市开通从叠石桥市场到阿富汗·海拉顿的中亚班列，将家纺等产品通过专列销往中亚地区，既使市场采购贸易销售渠道更广，更将市场采购贸易新政融入到国家“一带一路”发展战略中，为新政效应的快速放大注入新动力。

【板块培育】 2016年，研究出台《海门市龙头企业示范发展监测培育工程推进方案》《海门市制造业生产装备升级计划》等文件，引领全市小微企业壮大规模，规模企业提档升级。推动制造业向高端迈进，打造特色鲜明的先进制造业基地。总投资3亿元的振康机器人产业园一期项目生产国际领先的RV减速器，预计产能10万台(套)，目前厂房已封顶，将成为国内生产机器人关键部件的重要生产基地。推动企业集群集聚发展，国际家纺城顺利实施市场采购贸易方式试点，阿里巴巴1688实力产业群等一批电商项目启动；市级现代服务业示范集聚区临江生物医药科创园入园企业61家；麒麟红木文化产业园电商中心吸引216家电商户签约入驻。

【产业项目支持】 在政策上，出台《海门市关于降低实体经济企业成本的实施意见》等文件，帮助企业降成本，稳定企业发展信心。在运筹上，实行市领导挂钩联系重点企业制度，对2015年入库税金超1000万元或重点龙头企业共70家，实行“双挂钩双推进”制度；创新企业“健康体检”结果应用，全年对骨干企业、规模企业和部分规下企业体检4次。在要素保障上，通过部门联动，协调解决企业发展中遇到的融资、用工、用地等困难，开展小微企业“助保贷”等业务，解决小微企业贷款担保难、成本高的问题，入池企业28家；设立首期规模1亿元的产业引导基金，对重点企业、重点产业项目进行投资入股，扶持实体经济做强做大。

专业村镇

【概况】 专业特色村作为海门市全民创业发展的一大亮点，始终坚持将之作为民营经济工作重心之一，引导群众发展优势项目，形成特色产业。全市有麒麟红木、包场龙虾、余东足球、四甲不锈钢及书画、东灶劳防用品等70多个专业村，涉及产业主要是种植、养殖、农产品加工、轻工纺织、制造加工及销售服务七大类。2016年，实现销售收入超300亿元，特色专业村的发展，已经成为解决农村剩余劳动力、增加农民收入、造福一方百姓、维护社会稳定的有效途径。

【中南村——建筑工业】 中南村因地处常乐镇中南部而得名，是著名清末状元、实业家、教育家张謇先生的故里。全村总面积1.2平方公里，耕地47公顷，人口

中南村　（市民发办　提供）

959人,9个村民组。近年来,在国家特级资质企业——中南控股集团董事局主席、党委书记兼中南村党总支书记陈锦石的带领下,认真落实科学发展观,因地制宜培育富民产业,高点定位推进环境整治,把昔日一穷二白的贫困村建设成为苏中地区颇有名气的文明、富裕、幸福新农村。中南村拥有6家较大的建筑企业,其中中南建设为上市企业,年建安产值在600亿元以上。与此同时,中南村民营工业快速发展,先后建成锦城钢结构、康民全预制构件、汇通光伏、环宇建机等6个民营工业项目,总投资3亿元,年产值突破10亿元,并为本村农民创造400多个就业岗位,务工人员年均工资3.6万元。

【叠石村——电子商务】 叠石村是叠石桥家纺市场的所在地,位于海门工业园区西部,由原民乐、叠石、同乐3个村合并而成。2016年,全村个私企业617家,个体工商户688户,在市各村中名列榜首。从2008年叠石桥地区家纺电子商务业务兴起至今,家纺网上店铺数量从最初的几百家激增至1万多家。叠石村作为叠石桥家纺产业的发源地,也是叠石桥电子商务的起点,聚集大量网销卖家。据统计,叠石村网上店铺数量已有800多家,以淘宝网为主要平台,销售以四件套为主的床上用品。他们拥有强大的自主生产加工能力,大部分网销卖家均销售自己生产的产品,从源头上进行质量把关。良好的发展势头和加工优势促成新型行业——"网销供货"的诞生,成就"宁好家纺""阿牛席业"等一大批网供明星店铺。2016年叠石村电子商务销售额5.6亿元。

【镇东村——小龙虾】 镇东村位于包场镇镇区东端,包临公路和刘余线穿村而过,由于田块分散,发展规模农业受限,村民经济收入一度很低,但镇东村河沟纵横交错,水资源丰富,特别适合发展淡水养殖业。2009年4月,由村干部和部分水产养殖大户共同发起,村党总支、村委会利用全村54公顷水面全部发包的优势及部分水产养殖大户的需求,筹建成立市正东淡水养殖专业合作社,7年多来专业户不断扩大,从起初的34户到114户。如今的镇东村是省生态示范村,淡水养殖不仅带动34户家庭脱贫奔小康,也美化环境,生态健康养殖得到主管部门肯定,包正牌小龙虾也已小有名气,2016年实现销售收入800万元。

【振邦村——西红花】 振邦村位于海门高新区西北角,因种植西红花而远近闻名。原产于西班牙、希腊等南欧各国及伊朗等地的西红花,具有活血化淤、凉血解毒、解郁安神等功效。近几年的研究表明,西红花酸具有抑制肿瘤细胞生长和增殖的作用,对帕金森症有治疗和预防功效,市场对西红花的需求逐年提高。振邦村种植西红花农户452户,种植面积20公顷,平均亩收入3万~5万元。2008年由村委帮助种植户成立西红花合作社,如今西红花种植户已经全部加入合作社。通过合作社交流种植技术,共享销售信息,避免互相哄抬价格、造成市场混乱。随着网络信息的发布,2016年,除浙商外,四川、河北、安徽等地的客户都入驻振邦村抢购西红花,西红花价格的提高,增加农民的收益。 (张译誉)

海门高新区振邦村西红花 (市民发办 提供)

园区经济

江海民俗风情

渔猎·丝网船捕鱼 从事这项捕捞业的范围不大，在海门地区的西北靠二甲镇附近。到冬天撑着小船在乡间的民沟、横沟沿港里赤手摸鱼十分艰辛。天气寒冷，鲫鱼及鲈鱼一般避在河边水中的反坎里，摸鱼者将其摸出，有经验的人一天能摸到好几十斤鲫鱼。

郁异人 绘

◎ 责任编辑 薛卫菊

海门经济技术开发区

【概况】 海门经济技术开发区位于长江入海口北岸，与国际大都市上海市隔江相望。全区总面积88.2平方公里，分为中央商务区、江海工业城、謇公湖科教城三部分，人口8.66万人，下辖3个社区居委会、8个行政村，代管海门街道的3个村、9个社区居委会。

2016年，开发区紧扣“开放、创新、改革”总基调，锁定“融入苏南、接轨上海、走向国际”总目标，突出“经济转型添动能、项目建设求突破、产城融合出新彩、小康社会上水平”总要求，积极应对复杂多变的经济形势，从容应对区域竞争的严峻挑战，有效破解制约发展的诸多难题，全区经济社会在逆境中创造新业绩，为“十三五”经济社会实现跨越发展开好头。

科学发展全省领先。2016年，园区经济实力、科技创新、开放水平、生态文明、集约发展、社会贡献、管理水平等各项指标稳中有升，园区综合实力始终稳居全省开发区第一方阵。“全省开发区科学发展综合评价”活动中，海门经济技术开发区科学发展水平位列全省44家国家级开发区第12位，比上年上升2个位次，列全省县市级国家级开发区第3位；4月，在全省推进供给侧结构性改革工作会上，开发区被省委、省政府表彰为“江苏省先进开发区”，成为苏中地区唯一一家获此殊荣的开发区；在全市目标绩效考核中，开发区获得市委、市政府嘉奖，更高水平小康建设、城镇建设、服务业经济、民生工程等4项工作获得全市先进。

经济运行质态良好。全区实现应税销售204.8亿元，同比增长4.4%；实现规模工业产值328.86亿元，同比增长5.8%；实现新兴产业产值135.93亿元，同比增长7.5%；实现高新技术产业产值157.12亿元，同比增长7.6%。全区有规模以上企业138家，市金银铜牌企业53家，比上年增加12家。泰山石膏、英菲新能源、上海建工钢结构、友德汽车、泰格动力等28家企业入库税金同比增幅超50%。

招商重工生产的海工平台即将出坞　　(海门经济技术开发区　提供)

招商引资卓有成效。突出“招商第一、项目为王”理念，通过强化招商团队，优化工作机制，聚合区内外各类招商资源，灵活开展专题招商、驻点招商、网络招商，积极探索中介招商、委托招商，主动出击，积极跟踪，取得明显成效。全年签约项目32个，其中超亿元项目25个，总投资近140亿元，包括总投资50亿元的云创超纯金属项目、总投资12亿元的大学科技园PPP项目、总投资10亿元的海新重工二期项目等；江海大厦招引总部经济项目39个，注册资金近7.5亿元；全年完成合同利用外资2.8亿美元，实际到账外资1.01亿美元。在谈超亿元项目近80个，外资项目4个，既有新能源汽车等战略性新兴产业项目，也有高成长、高技术、高潜力的行业龙头项目。在招商策略上，积极抢抓上海产业转移契机，主动承接优势产业转移，4个专业招商小组驻点上海外高桥保税区域、闵北工业园区、奉贤工业园区、虹桥商务区等展开地毯式招商。全年举办各类招商活动10多次，接待各地客商近百批次，组织上海汽车零部件专题招商会、上海搬迁企业专题招商会、昆山台商协会专题招商会等各类推介活动。

项目建设持续升温。全年新开工超千万元以上工业和服务业项目114个，其中超亿元项目28个，10亿元以上项目2个。省级装备制造产业园、省级汽车零部件产业园、现代建筑产业园等一批特色产业园加快建设，规模初显；新开工的中国能源辰鑫环保、锦恒幕墙、海新重工一期、中技天峰、海螺水泥矿渣微粉等9个项目竣工，部分投产或试生产；云创金属、昌泰电气、赐宝电工钢、荣泰纺织二期、台辉材料、东亚管道材料扩建、万盟铝线扩建、中远重工扩建等9个项目开工建设，加快推进。总投资5000万元的海门青少年足球训练基地竣工，已承接多场高水平比赛；总投资6亿元的张謇职业技术学校二期5幢教学楼装修完成，现代化操场竣工并投入使用；总投资4000万元的农副产品交易中心土建基本完成；总投资1.1亿元的海门养老中心即将投入使用；复华文苑2.2万平方米别墅结构封顶，小高层即将结构封顶。总投资17.5亿元的南通通海港口有限公司3个七万吨级杂货码头项目完成3座引桥打桩工程，并高分通过省“平安工地”考核，位居全省港口第一名。

科技创新亮点纷呈。全年实现高新技术产值157.12亿元，同比增长7.6%，占规模以上比重为47.4%，比全市平均水平高1个百分点。龙信产业、海新船务、华尔康医疗等10家企业获批国家高新技术企业；招商局重工成为海门唯一获评国家级企业技术中心的企业，同时成功创建省级工程技术研究中心；宝钢精密获批省级研究生工作站；泰山石膏、龙信产业、金轮橡胶3家企业建成南通市级工程中心。全年签约产学研项目28个，实施15个；京海禽业获省科技进步一等奖；招商局重工获评省优秀企业；京海禽业、通光线缆和中远重工分别获评“2015年度江苏省质量奖”和南通市、海门市“市长质量奖”。全年新引进院士1人，国家“千人计划”3人，省“双创人才”3人，省“博士集聚计划”2人，省“高技能人才”1名，“东洲英才”8名；获批省“创新团队”1家。

产城融合加速推进。完成《謇公湖科教城控制性详细规划》中间成果、新安江路西侧地块商业配套用地的修建性详细规划、立新小区修建性详细规划等规划编制工作。全年新开工道路18公里，竣工道路6公里；在建叠港路、长苏路北段、苏州路西延等市政工程项目10项，总投资约2.5亿元；完成长江边苗圃二期、滨江华都广场、厦门路等绿化工程项目4项，总绿化面积近30万平方米。全年完成拆迁面积12.4万平方米，万高药业、中部苏港路、1000千伏特高压项目等重点地块拆迁实现重大突破；在建绿茵水岸二期，绿茵港湾一期、二期等安置房建设近12万平方米。

各项事业同步提升。完成村居“两委”和人大代表换届选举工作，培育招商局重工、上海建工钢结构等一批非公企业党建典型；加强党风廉政建设，配合上级纪委办案，挽回经济损失20多万元；开发区党工委被南通市委表彰为先进基层党组织，被海门市委评为“树一流形象，争二次率先”好班子，开发区先后被省委组织部、宣传部表彰为党员冬训示范乡镇(街道)。全年投入民生实事工程建设资金近3000万元，新建农路5条，新建公益性公墓49间，实施护坡工程6.5公里，拆坝建涵230座，村居环境明显改善。新型农村合作医疗参保率99.9%，开发区医院成功创建省卫生室；教育质量全面提升，证大中学高考本二上线率84.04%，超额完成市教育局下达的最高指标，并晋升为省四星级高中，开发区中学中考优秀率名列全市前列，再次培养出中考状元，开发区小学获市“素质百分考核特等奖”。

【获评全省先进开发区】 开发区以建设国内一流的国际化创新园区为目标，积极应对新常态，提升发展理念，创新发展路径，坚持以特色园区建设为平台，产业链开发为重点，产城融合，推进“三城一区”建设，集聚大项目、发展新产业，成为央企集聚地、创新发展新高地，开放度与经济运行质效明显提升。在2016年省商务厅组织的全省开发区科学发展综合评价活动中，开发区科学发展水平位列全省44家国家级开发区第12位，比上年前移2位，稳居全省开发区第一方阵。4月，省委、省政府表彰13家省先进开发区，海门经济技术开发区是苏中地区唯一受表彰的开发区。

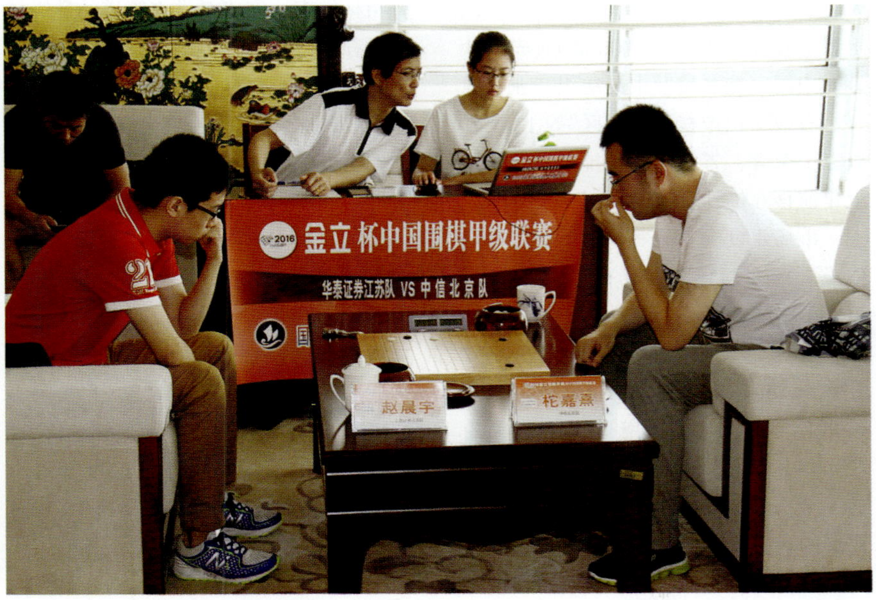

中国围棋甲级联赛在开发区江海大厦举行　　（海门经济技术开发区　提供）

【跻身江苏区域创新十强产业园区】 开发区积极应对经济新常态的新挑战，把创新发展作为第一驱动力，推动供给侧结构性改革，实现创新平台、创新产业、创新人才的深度融合发展，科技创新的贡献力持续提升，综合实力稳步增长。2016年，开发区企业科技创新实现重大突破，招商局重工企业研发中心晋升为国家级企业技术中心，京海集团获评省“科技进步一等奖”，全区高新技术企业超过30家。中国投资协会、新华网、全国产业与金融创新联盟等联合评出“江苏区域创新十强产业园区”，海门经济技术开发区名列其中。

【中远码头获批对外开放】 中远重工码头位于开发区装备制造产业园江岸，该工程于2013年7月开工，2014年5月通过交工验收，2015年3月投入试运行，2016年5月通过南通市港口管理局组织的联合竣工验收。10月，省口岸办代表省政府召集江苏海事局、南京海关、江苏省公安边防总队、江苏检验检疫局领导及专家对中远重工码头开放工作进行验收，验收组一致同意中远重工码头对外开放。省政府于11月发文，对南通市政府《关于南通中远重工有限公司码头对国际航行船舶开放的请示》作出批复，同意南通中远重工有限公司码头对外开放。这是海门市第一个沿江获批对外开放的码头。

【通海港区集装箱码头建设】 通海港区集装箱码头项目是海门市利用新通海沙西部工程形成的深水岸线资源，与南通开发区共同建设并由海门经济技术开发区控股的项目，项目水上工程投资17亿元，为南通市重大项目。该项目一期工程1号、2号引桥全面贯通，3号引桥完成工程总量70%。项目全部建成后，南通通海港口将成为面向长江流域的港航区域性总部，在国际、国内有一定影响力的沿江集装箱运行贸易枢纽、近洋集散中心、远洋分拨中心和辐射长江流域的现代化物流园区。

【招商引资创新高】 开发区将招商引资放到更为突出的位置，把招商重点放在

德国工业园项目签约　　　　　　　　　　　　　(海门经济技术开发区　提供)

先进制造业、现代服务业等大体量高精尖项目,把北上广深、欧美日韩尤其是上海作为开发区招商的主攻方向。成立招商引资领导组,整合人才资源,完善招商架构,优化招商队伍,全年签约项目超过30个,其中超亿元项目25个,外资到账突破1亿美元,为近5年最好水平。

【全国首家“中国田园山水画史馆”建成】 2016年11月,全国首家“中国田园山水画史馆”在开发区建成并举行开馆仪式。该画史馆是全国首创,专门陈列中国田园山水画史图片、普及中国画高雅艺术知识的公益性文化景点,由海门经济技术开发区主办,市文广新局主管,总建筑面积近千平方米。画史馆的宗旨是弘扬中华民族文化、建设海门文化品牌、推动田园山水画艺术发展。画史馆有组织展示、研究、传播、培训、收藏的功能。

(顾荣荣)

海门工业园区

【概况】 海门工业园区位于海门市西部,与三星镇合一,是全国家纺产品集散中心、省民营经济集群示范区、南通市区域经济核心板块,拥有国内最大的家纺专业市场——中国叠石桥家纺市场。园区总面积100.95平方公里,常住人口9.27万人,下辖5个居委会、24个行政村。

2016年,园区瞄准“时尚之都、购物天堂、产业基地、国贸中心”的定位,突出“市场采购贸易方式试点”和“内外贸结合市场试点”两大主题,围绕“解放思想敢闯新路、定位工作敢争一流、落实指标敢挑重担”3个重点,聚焦“创新转型新领域、产业布局新节点、现代商贸新中心、接轨国际新门户”4个关键,各项工作顺利推进。实现地区生产总值123.85亿元,完成固定资产投资64.06亿元,工业应税销售64.06亿元,一般公共预算收入5.12亿元,农民人均纯收入3.2万元,叠石桥家纺市场成交额650亿元,线上线下总成交额突破1000亿元,先后获评“中国家纺名城”“中国纺织产业基地市”“省级知识产权示范园区”等12项省级以上荣誉,省级开发区排名43位,比上年前移6位,综合实力再上新台阶。

市场建设成效显著。全年新注册个体工商户超2455户,已有223家商户、116家外贸公司、24家货贷公司参与试点,通过市场采购贸易方式累计通关2万多票,出口26.9亿美元,分别占海门市出口额的77.2%、南通市出口额的12.46%,带动南通市外贸出口增速上扬12个百分点。首条国际货运专列——中亚班列成功发车;参加首届世界旅游发展大会;与米奥兰特公司联合举办中国名品全球采购会;举办“时尚家纺,快乐生活”家纺购物游活动以及世界旅游小姐选拔赛。与新疆华凌市场、沈阳五爱市场结成友好市场,市场辐射影响区域不断扩大。吸引中央电视台新闻中心、中央电视台三套、中央电视台发现之旅频道、新华网CNC等国家级媒体到叠石桥拍摄制作专题宣传片。

产业转型步伐加快。完成新开工超千万元工业项目38个,其中超亿元项目3个,服务业超千万元项目12个,超5000万元项目1个。农业项目总投入1.44亿元,新凤、瑞祥投资825万元的农资开发项目,成为南通市典型。跨境电商、现代物流供应链、离岸金融等新兴业态加快集聚,中铁叠石桥跨境电商产业中心运营,阿里巴巴叠石桥电商示范园区启动。组建22人的招商队伍,驻点上海、深圳、南京、苏州招商。全年参加各类招商活动22次,在谈项目20个,签约超千万元项目12个,完成外资到账2800万美元。

城市建设卓有成效。围绕“拔高炮、除广告、拆违建、治流摊、连路网、整街面”6个重点,对叠港路、三星南大道、震蒙大道、纺都大道进行重点整治,拆除高炮32只、龙门架3只,改善园区环境。新建农路8.7公里、农桥6座,支一路、经五路竣工通车,完成高速路口绿化工程及纺都大道示范段绿化工程,新增绿化面积6000平方米。市民公园进入深化设计,德胜镇区绿化公园及海二线亲水平台招标结束。完成对供水管道的升级扩容工程、雨污分流工程。新凤佳苑、建安佳苑完成施工招标,纺都花苑二期、锦汇嘉苑二期及国贸华府南侧地块正在规划。完成天补木材市场整体搬迁、宁启铁路拆迁、特高压线扫尾工作,启动叠港公路搬迁和瑞北双置换工作。拆除违建1万多平方米。

社会事业彰显亮点。教育事业健康发展。完成三星小学新建工程,总投资约700万元的三星初中、天补初中、太阳小学、瑞祥小学的加固工程加快推进;在市教育质量百分考核中,三星小学、德胜小学、瑞祥小学获特等奖,天补初中、三星初中、德胜初中、天补小学获一等奖。民生工程扎实推进。总投资约200万元的群众文化活动中心投入运行,完成11条一事一议道路，11个村完成公益性骨灰存放室建设工作，卫生院扩建进入招标程序，集敬老、托老、居家养老、残疾托养为一体的三星养老院建成投入使用，叠石桥绣品城被命名为南通市文化产业示范园区。和谐构建加快实现。新型农村合作医疗参保率99.7%，完成改厕任务250座，镇南、彦英等农民小公园开工建设，开展送电影下乡活动288场次。

发展环境更加优化。完成三星镇党委换届选举、村党组织换届选举和市、镇人大换届选举工作，为推动园区发展提供坚强的组织保证。开展“两学一做”学习教育活动，各级干部党员主体意识和职责担当增强。重视群众来信来电来访工作，“12345”服务热线受理有效信息4628件，群众满意率超过95%。公共资源交易中心进行交易的各类项目共计269项，交易金额5347.9万元，通过工程招投标和集中采购比预算节约资金999.1万元，资金节约率15.74%。落实党风廉政建设责任制各项要求，做到教育引导在前、制度约束在前、严格监督在前，全年立案22件，与上年相比增幅29.4%。开展机关作风督查20次，通过查办案件，震慑违纪人员，教育警示广大党员干部。

【市场采购贸易方式试点验收】 1月中旬，叠石桥国际家纺城市场采购贸易方式试点通过商务部、海关总署、质检总局、国税总局、外汇总局(人民银行)、工商总局、财政部、发改委等单位的联合验收。验收中，各验收组根据参与试点具体职责特点，通过听汇报、查看现场、查阅台账、走访参与试点各类贸易主体、市场商户等形式对试点进行综合评价和业务总结，并对下阶段试点工作提出意见和建议。

【阿里巴巴1688叠石桥实力产业集群示范园区揭牌】 3月31日，“阿里巴巴1688叠石桥实力产业集群示范园区”授牌仪式在人民大会堂举行，市委副书记、市长杨曹明，市委常委、海门工业园区党工委书记祁中伟等率叠石桥家纺产业集群区近10家品牌家纺企业与电子商务公司负责人参加揭牌仪式。叠石桥家纺和阿里巴巴B2B事业群签署的“实力产业带”项目主要有利于推动家纺电商业规范化、规模化、国际化发展，将有助于以电子商务引领家纺业新跨越，依托实体市场创新渠道，构建电商平台，线上线下融合，集聚更多电商团队，以试行“市场采购贸易方式试点”为契机全面实施“万众创新、大众创业”，全力打造“世界级家纺制造贸易中心”。

阿里巴巴叠石桥实力产业群示范园区揭牌 (海门工业园区 提供)

【南通机场叠石桥城市候机厅投运】 4月1日，位于国家AAAA级旅游景区叠石桥国际家纺城游客服务中心的南通机场叠石桥城市候机厅投运接待旅客，机场直达免费航空巴士首班首发前往南通兴东机场。此次开通的南通机场往返叠石桥的航空巴士上、下午各发班1次(上午9:20，下午15:40)，另从南通机场发车到达叠石桥均在下午（南通机场发车分别为12:30和18:30)。

【叠石桥举办中国名品全球采购会】 4月23日，海门工业园区管委会与米奥兰特国际会展公司在叠石桥国际家纺城联合举办“GO CHINA百城千站中国名品全球采购会”。此次举办“GO CHINA百城千站中国名品全球采购会”海门叠石桥站贸易洽谈对接活动是海门工业园区基于加快推进国家级贸易改革——海门叠石桥市场采购贸易方式试点，全面策应外贸供给侧结构性改革，加速叠石桥国际家纺城国际化进程的综合考虑。主要开展市场采购贸易推介暨国际贸易洽谈会、国际采购商参观外贸产品展以及贸易对接配对等系列活动。

【叠石桥国际家纺购物游活动】 6月5日，由海门市委、市政府联合主办，海门工业园区管委会、市旅游局联合承办的2016叠石桥国际家纺购物游活动启动仪式在叠石桥国际家纺城核心交易区举行。此次叠石桥国际家纺购物游活动为期1个月，活动主题为“时尚家纺，快乐生活”，旨在进一步提升叠石桥家纺城景区在旅游市场的知名度，活跃家纺采购市场，打造海门特色旅游节会品牌形象。

【第一届中国家纺业电商大会召开】 7月30日，以“融合、创新、国际化”为主题的第一届中国家纺业电商大会暨家纺跨境电商及金融运营高峰论坛在园区召开。市领导杨曹明致欢迎词，中国电子商务协会副理事长陈震，国际纺联家纺委员会主席、中国家用纺织品行业协会会长杨兆华，中国家用纺织品行业协会副会长朱晓红，海门市委常委、工业园区党工委书记祁中伟分别为大会致辞，工业和信息化部产业政策司副司长辛仁周、国务院研究发展中心局长邓寿鹏分别讲话。论坛旨在搭建企业与政府主管部门之间、企业与企业之间的桥梁纽带，联合重点企业、重点机构、专家团队，建立协同互惠机制，打造资源共享服务平台，最大限度发挥家纺委和政府的组织、协调、引导、服务作用，推动行业发展。

【阿里巴巴叠石桥产业园开园】 8月9日，阿里巴巴和叠石桥电商城举办"互联网+家纺"产业生态大会，双方共同签署阿里巴巴叠石桥生态产业带合作项目。当日，阿里巴巴叠石桥产业园开园，意味着叠石桥家纺城将全面打通从生产端到消费者端的全渠道、全平台供应链，创造"线上产业带+线下产业园"的全新模式。此次与阿里巴巴的合作，将进一步整合叠石桥家纺产业优质资源和生态链条，从研发设计、生产制造、质量管控、销售链路以及售后服务进行全方位合作，以"互联网+"推动传统家纺全面转型升级。

【中国首列中亚国际班列发车】 8月25日，中亚班列(南通—阿富汗·海拉顿)开通，中国外交部阿富汗事务特使邓锡军、阿富汗驻华大使贾楠·莫萨扎伊出席开通仪式并讲话，江苏省副省长张雷宣布列车开通。"中亚国际专列(南通—阿富汗·海拉顿)"项目由海门工业园区管委会和江苏勤耕实业有限公司合作共建。这条从海门市到阿富汗海拉顿的国家货运集装箱专线，主要依托南通的交通和产业、配送、分拨能力，将外贸产品从海门工业园区叠石桥港报关，在南通铁路货运东站装车发车，从新疆阿拉山口出境后，途经哈萨克斯坦、乌兹别克斯坦，进入阿富汗境内，最终抵达海拉顿，全线约7000公里，其中我国境内4510公里。专列返程则以海运模式，将阿富汗及周边国家优势资源进口运抵南通(海门叠石桥)，逐步形成铁路、海运联运的完整物流链，打造"中阿双向贸易产品集散中心"。

【环境综合整治】 9月中旬，园区开展以环境优化、秩序整治、道路联网三大工程为重点的环境综合整治行动，打造"一个核心区、五条景观带、七个城市节点"，有效解决环境薄弱地段脏、乱、差问题，改善区容区貌，顺畅交通秩序，提升基础设施承载能力，健全管理体制机制，提高长效化、常态化管理水平，实现园区环境整洁有序、生态宜居。 (何新华)

海门港新区

【概况】 海门港新区位于海门市东北部，是海门市策应江苏沿海大开发、长三角一体化两大国家战略，全力打造的重要经济增长极，是江苏省沿海开发的重点先行区域，也是上海城市圈的核心组成部分。新区现有行政区域面积155.58平方公里，总人口14.6万人，下辖5个居委会、39个行政村。

2016年，海门港新区紧扣"港产联动、陆海统筹、区镇融合、城乡一体"四大重点，秉承"创新、协调、绿色、开放、共享"发展理念，深化改革激发内生活力，适应新形势、引领新常态，承前启后、谋划新篇，全区经济社会发展继续保持稳定良好的发展态势。

提升综合实力，加快经济发展驱动力。完成地区生产总值116.25亿元；一般公共预算收入3.6亿元；实现工业应税销售62.57亿元，固定资产投资128.21亿元，分别同比增长12%、12.2%；建安产值72.56亿元；进出口总值2.34亿美元，再创历史新高；完成注册外资1.5亿美元，实际到账外资6095万美元；成立海门港上海招商办事处，全年实现新招引工业项目20个，其中超亿元项目14个，5个实现当年签约当年开工。

加快项目建设，强化产业发展支撑力。东灶新河及套闸工程加快施工，套闸管理用房及河道疏浚即将竣工；2万吨级码头二期工程加速推进，后方陆域主体工程完工，新增2台40吨级门机安装完毕；航道建设持续加快，三夹沙南支航道通过航标效能验收；新签约的燕达格雷仕、广中电子等项目前期手续基本完成；至卓门业、日和照明等超亿元在建项目推进迅速；通光信息项目加速施工，实现主体完工；金由新材料实现2栋主体车间结构封顶，二期厂房及办公研发楼开始规划；蛎岈山海洋公园项目完成海上平台单元建设；东灶新河大桥竣工通车，南海路、南京路南延顺利推进，港东大道南延完成清表，秦皇岛路及与通州湾连接桥梁完成设计招标并开工建设。在市超亿元重大项目考核中，海门港新区为全市唯一完成序时进度的园区。

促进转型升级，强化区域经济竞争力。通光集团、回力橡胶、铁锚机电等新区骨干支撑企业应税销售全市领先；新投产的德晋塑料、首帆动力、可可琳纳食品等企业应税销售成绩喜人，发展新动能培育成果显著；燕达重工实现应税销售超4亿元，企业专用码头投运，已有10余艘外籍货轮靠泊装货；新增规模流转土地133多公顷，高效设施农业100公顷，创建全国四星级农业休闲企业1

中亚班列开通仪式 (海门工业园区 提供)

家，农业产业市场化发展态势良好；完成高新技术产业产值135.5亿元；全年实现新签约工业项目20个，形成新区经济社会发展的强大后劲；承办世界旅游小姐海门赛区选拔赛等各项活动，到区旅游30万人次。

推动平台申报，强化对外开放吸引力。打造“申港产业园”，承接上海优质外溢资源；加快推进江苏(海门)海产品国际贸易中心建设，海产品贸易中心展馆建成开放；申报省级滩涂综合开发试验区并申请享受省级开发区待遇，已完成所有省级厅委流程，进入省政府优先审批序列；通用航空临时起降点获省政府批准，规划机场腹地，举办首届通航产业招商会；推进科创园建设，招引科技型、绿色型企业入驻，为企业转型升级提供智力支撑。

改善人居环境，强化海港新城感召力。江苏工院建筑、航空2个学院全部搬至海门校区，在校师生有3000人；新区九年一贯制实验学校竣工，对外招生；举办第三届金秋蛎岈山航乐体验游系列活动，大东博士园开业，长三角知名旅游目的地品牌打响；文体服务中心初具雏形，配套体育健身器材、图书2万册到位；城市公共自行车系统新城区全覆盖；久辉商业综合体初具雏形，配套餐饮、KTV、电影院日益完善，夜景灯光亮化工程基本完成。

发展民生事业，强化和谐社会凝聚力。新区学校中考、高考成绩喜人，综合考评全市领先；开展“海门之夏”、送戏下乡、文体节等活动，群众精神生活日益丰富；推进新区现代公共文化服务体系建设，满足群众日益增长的文化需求；推进农村大病医疗工作，参保率突破99.5%；抓实民生保障工程，低保、扶贫、养老等专项工作落到实处；加快镇区环境综合治理，人居环境有效改善；做好社会稳控工作，有效应对企业信访维稳问题，化解信访积案30起；狠抓安全生产，排查隐患2336条，未发生重大安全生产事故。

筑牢党建堡垒，强化组织建设推动力。创新基层党建，探索搭建“书记面对面”谈党建工作平台，召开4次基层党组织书记党建工作会议，20名支部书记走上讲台；试点建立“党员365工作服务站”，累计为群众提供各类信息咨询和代办事项470余人次，其中《海门市海门港新区港新村“党员365工作站”，服务群众“不打烊”》等多篇材料在南通市级以上刊物发表；探索实施“红色驿站”工程，通过驿站发布党建信息183条，组织党员网上培训4次，接受党员意见建议76条，解决组织关系接转咨询等问题50余件。精神文明成果显著，唐慧娟被评为江苏省最美双创人物，灵树村、浜北村、友谊村获评“江苏省文明村”，包场镇获评“南通市文明镇”。

【省水利厅副厅长朱海生到新区调研】 3月9日，省水利厅副厅长朱海生一行到海门港新区，调研龙桥至启海交界段海堤加固工程建设情况。在工程施工现场，朱海生详细了解工程建设内容、建设进度和投资完成情况，询问工程建设过程中遇到的问题与困难。

【澳门贸易投资促进局执行委员吴爱华到新区考察】 3月16日，澳门贸易投资促进局执行委员吴爱华一行到海门港新区，实地考察中国(海门)海产品国际贸易中心、海门港5万吨级通用码头、国家级中心渔港，双方洽谈海洋渔业方面的合作途径、内容和举措等。

【首艘万吨外轮到新区】 6月2日，海门港一类口岸开放获批后，迎来首艘万吨级外轮“英伦莫尔”，准备装载燕达(海门)重工的模块成套设备运往澳大利亚。市委书记姜龙，市委常委、宣传部部长、海门港新区党工委书记邵茂华，市委常委、常务副市长成伟等到海门港新区燕达重工码头了解外轮停泊和港口建设情况。

【南通市沿海开发项目推进观摩点评会在新区召开】 8月9日，南通市二季度沿海开发项目推进观摩点评会在海门港新区召开。南通市委常委、市政府常务副市长单晓鸣，市政府副秘书长张建华等南通市级领导及沿海各县(市)、园区主要负责人参加会议，市委常委、宣传部部长、海门港新区党工委书记邵茂华就海门港新区二季度项目推进情况进行汇报。

【省人大到新区开展立法调研活动】 8月11日，省人大法制委副主任委员、常委会法工委副主任王腊生率队，到海门港新区开展村委会组织法实施办法立法调研活动。调研组通过实地走访，了解以村民小组为基础单元的村民自治试点工作情况，听取对实施办法修订草案的意见和建议。

【蛎岈山航乐体验游】 9月29日，第三届金秋蛎岈山航乐体验游暨通用航空产业招商推介会在海门港新区举行。活动主题是领略南黄海自然风光，共享海门港丰收果实，在为期1个月的航乐游活动中，开展健康骑行节、金秋风筝节、滨

南通市委副书记、市长韩立明到海门港新区调研 (海门港新区 提供)

蛎岈山金秋航乐游开幕式 (海门港新区 提供)

海航模节、乡村音乐节、南黄海蟹文化节等主题活动,还开展“蛎岈山探秘+烧烤派对一日游”欢乐家庭乡村体验游、自然风光摄影大赛等活动。开幕式上,海门港新区分别与上海中瑞通用航空公司签署航空飞行作业、航空器驾驶员培训合作协议,与上海啸翔通用航空服务公司签署商务飞行、航空器飞行作业项目合作协议,与上海专翼航空技术公司签署通用航空技术服务项目协议等。

【成为上海产业转移承接地】 海门港新区抓住崇启大桥通车、海启高速公路开建等带来的新机遇,充分放大沿海开发优势,牢固树立“面向大海、对接上海”发展战略,坚持上海产业转移新基地发展定位,加大与上海在产业、人才、科技、平台等方面交流与对接。2016年,海门港新区融入上海、接轨上海的力度更大,借助上海FM990广播电台,全天候宣传“开工厂到海门港”,扩大海门港新区在上海的影响力,并在上海建立招商中心,组建29人的专职招商团队,分成9个组,开展驻点招商,获取重大项目信息后,主要领导及时跟踪对接,推动项目尽快签约。每季度在上海分专题开展招商活动,全年签约的项目中70%来自于上海。2012年以来的5年间,海门港新区成功招引上海企业57家,海门港新区已经成为上海产业转移的承接地。

(龚 雪)

临江新区

【概况】 临江新区位于海门城区东南部,南倚长江,北接宁启高速公路,沿江公路横贯全区。总面积74.78平方公里,人口5.28万人,下辖1个居委会、17个行政村。

2016年,临江新区坚持“国际化、特色化、精品化”发展理念,突出“以改革创新统领全局”主题,抓住“产业、科技、人才”关键,优化“平台+资本”模式,通过建设科技园区、高尚社区、创业校区、特色景区“四区”融合的科技小城,产业链、创新链、人才链、资本链“四链”融合的科技园区,推动产业园区向科技小城转型。

综合实力快速提升。全年完成工商税收总收入3.17亿元,一般公共预算收入2.33亿元。工业经济提速增效。全年完成工业应税销售50亿元,工业入库税金2.2亿元。奖牌企业发展到“4金4银4铜”12家,亿元企业13家,超5亿元企业4家。项目建设量质并举。矽时代材料、锦瑞制药、飞马橡塑竣工投产,乘鹰新材料试生产,联合水务2万吨污水处理项目年底竣工,当升二期、百朗德二期面膜项目、嘉禾二期、新港二期开工建设。开放型经济难中有进。完成工商注册外资2234万美元,实际到账外资2785万美元。现代农业加速转型。开太有机农业及人造海洋度假项目完成概念规划,一期33公顷“种养结合”的生态农业已实施,1.33公顷智能温室搭建完毕;红如意生态农庄新增苗圃基地1公顷。高效设施农业新增面积33公顷,高效设施渔业新增面积6.67公顷。临江新区在东南片一期规划333公顷的国家级高标准农田项目开工建设。现代服务业蓬勃发展。百奥赛图、中科基因、海悦康生物医药、南通因诺威生物、诺泰二期等项目投运,谕爱文化创意、仰视化学研究院有限公司、科贝科技展示中心等项目开工建设。全区运营的技术服务外包企业有9家,专职从事研发服务外包人员202人,硕士及以上27人,完成服务外包营业额1000万元。创新活力加速释放。全区新兴产业产值占比65.6%,高新技术产业值占比74.9%。新增高新技术企业2家,有效发明专利137件,产学研项目签约10个,实施项目10个,申报市级以上科技进步奖2个。

创新发展亮点纷呈。海门科技园紧抓企业化改革有利契机,创新活力,激发潜力,发展水平加速提升。园区软实力持续提升。香港浸会大学(海门)科技研究院开放日暨项目合作交流会顺利举办,研究院正式运行,硬件设施不断完善,药物研发、生物医药双博士课程进展顺利,创新队伍不断壮大,相继组建肿瘤疾病、神经退化性疾病等13个研究团队,成立精准医学和创新药物研究所。百奥赛图模式动物药物研发平台项目正式运营,第二届模式动物和生物医药产业大会在新区召开。“千人计划”专家联谊会生物医药与生命科学专业委员会2016年干细胞专业研讨会暨细胞产业资本对接会在新区召开。园区获评“江苏省级众创空间”“江苏省留学生创业园”。欧美同学会留学报国江苏海门基地、江苏区域细胞制备中心(筹)揭牌。2016中国海门“海智杯”创业大赛3个获奖项目:综合性灵长类及大动物临床前药效试验以及成效性评价服务平台、定制化机器人、电池直驱式的音响系统项目签约新区。创新平台加速打造。生物医药科创园一期、二期17.6万平方米全部建成并投入使用,引进各类科研项目30多个。公共实验服务平台对外开放，海悦康新药报批服务平台、百奥赛图药效评价中心均实现运行。国际中小企业科技园一期10万平方米全部投入使用，二期6.5万平方米正在施工。佰润邦光电科技、艺德环保、炭微新材料等项目相继入驻。玲珑湾科教文创园引进数研信息、双爱文创孵化器、诺迪教育、悦好教育等文创项目，启动3公里文创水街建设。招商引资成效显著。紧紧依托产业、资本和平台优势，成立3个专业招商小组，快速寻找、招引并集聚一批优质项目资源。签约超千万元以上项目20个，总投资额20亿元。其中，超5000万元项目10个，超亿元项目8个，基金类项目2个。人才集聚优势凸显。沈月雷博士的“模式动物”药物研发平台项目、张培霖博士的细胞重编程技术在抗癌新药研发及再生医学领域的应用，分获江苏创新创业大赛二等奖、入围奖。百奥赛图江苏基因生物技术有限公司沈月雷、海门品尚医药科技有限公司王正平、海门雨霖细胞科技有限责任公司张培霖3位人才入选省“双创计划”，另有3人入选省第五期“333工程”培养对象，2人入选省留学回国人员创新创业项目，3人入选市“东洲英才”。资本项目加快设立。设立海门临江高科技投资有限公司，完成对入驻园区的高科技企业的股权投资；推进时代伯乐股权投资基金、桥石资本的管理运营，2个基金已获较好投资收益；与“千人计划”专家联谊会海创智库科技服务中心签约；与南京银行达成战略合作；与中兴康宁、利彤资本签约合作，打造国内最大的中兴国际生物医疗转化器基地。商务配套日趋完善。滨湖花园二期人才公寓开始施工建设，玲珑创意文化街、玲珑湖生态休闲运动公园施工基本结束，喆啡酒店投入运营，科创园展厅及沙盘投入使用，职工中心、A1楼会务中心开始施工。11月，生物医药科创园被评为南通市“十佳创业孵化基地”。

人居环境不断优化。规划引领作用强化。完成临江镇总体规划，控制性规划、水环境系统、交通系统、特色空间、绿地系统、消防系统等6项规划完成编制，准备评审。中心社区加快推进。旭日二期、三期14.2万平方米交房，锦云新村一期、二期进入招投标程序，东升花园三期主体工程封顶。全区完成补偿协议签订250户，选房工作220户，安置工作650户。镇村面貌不断改善。悦来至临江生活污水管网主体工程完成90%。150盏路灯以及3个交通路口信号灯建设完毕。45户危房完成改造。新区内部公共交通完成，海门市区到临江定制公共交通基本完成。宁启铁路临江段完成先行用地，搬迁坟墓近200座，房屋、企业拆迁工作完成70%。全区违章建筑得到有效控制与处理，小区物业管理正常运转。土地管理成效明显。全年办理征转用地4个批次，合计86.77公顷；出让5宗，出让面积29.97公顷；申报占补平衡项目1个，新增耕地2.6公顷，申报增减挂钩项目2批次，超额完成市下达任务。农业农村发展加快。农村产权交易平台运行规范、管理到位，人员、设施、制度等各项配套齐全。16个行政村完成土地确权工作。造林绿化完成193公顷。培育申报示范性家庭农场3家。新增“全托管”经营主体11个。农产品检测与监管工作人员到位，措施扎实，工作任务推进顺利。财政一事一议奖补路、扶贫工作、拆坝建涵工程、秸秆禁烧与综合利用等重点难点工作顺利推进。环境保护力度加大。充分发挥大气监测站、企业厂界监控系统作用，实时监测空气质量指数，有效杜绝企业废气不达标排放情况，全面减少因大气味道而产生的信访矛盾。污水厂二期进水调试，并通过验收进入正式生产，加快园区固废处理中心建设，推进填埋场所工作开展，为企业的固废处置寻求出路。

民生福祉全面保障。各项事业全面发展。临江卫生服务中心全面进入施工阶段；新农合参保率99.8%；村骨灰存放室改造完毕；完成2个行政村共计1000座农村改厕任务；成功回购临江幼儿园，投入资金706万元，对辖区内2所中小学进行加固重建；投入250万元完成6个村7.5公里财政一事一议奖补路工程；投入扶贫帮困资金50万元，帮扶751户，其中开发式帮扶98户。社会治理不断创新。全区无有影响的群体性事件发生、无非正常赴省进京上访事件、无重大矛盾纠纷上交，社会治安形势和信访维稳工作总体平稳。开展“七五”普法活动，针对青少年、农民工和老年人等重点群体开展法治宣传教育和法律咨询活动。成立临江新区平安志愿者联盟分会，提升全区综治和平安建设质效。镇、村两级调处各类矛盾纠纷107起，化解率100%。安全生产落实到位。全年新区未发生一般及以上安全生产事故，安全生产形势整体平稳可控。创新检查方式，以专家检查组方式开展季度检查，出具检查报告40份，查处隐患1200余条。继续实施三级隐患排查，推动全区安全管理水平提升。开展安全生产教育活动，完成对园区1000多名职工培训。建成安全生产综合信息平台（即智慧安监系统），即

玲珑湾科教文创产业园推介及签约仪式 （临江新区 提供）

将进入验收。

党的建设扎实推进。基层基础全面夯实。召开中共临江镇第十六次代表大会，选举产生中共临江镇第十六届委员会、新一届纪律检查委员会和出席海门市第十四次党代会代表。全区 17 个村和 1 个居委会完成换届选举工作。创新组织工作载体，推进党建工作信息化建设。设立党建工作指导站，选派党建工作指导员，实现非公企业党的工作全覆盖。严格党员发展“入口关”，新发展预备党员 20 名。注重典型引领，发挥党员先锋模范作用，1 人获评“南通市优秀党务工作者”，5 人、3 家单位获得海门市委“七一”表彰。开展“两学一做”学习教育活动，新区副科级以上党员领导干部紧密联系工作实际，做到“七查摆七强化”，全体党员争做“四讲四有”合格党员。廉政建设落实到位。全年查办案件 9 起，处理党员 9 人。进行效能督查 4 次，发现问题 3 起，廉政谈话 32 人，诫勉谈话 9 人。开展好“5·10”思廉日和算账教育月等系列活动，副科职以上领导上党课 7 次，主要领导上党课 2 次。“清单式部署党风廉政建设责任制落实”“五查五树机制”“以优良的家风塑造清廉的政风”三大品牌工作同时创建。“三资”管理信息平台、“e”路清廉风运行良好。文明创建卓有成效。开展寻找“最美家庭”活动，汤西村陆建忠家庭获评南通市“最美家庭”。开展好人评选和道德模范宣讲，坚平村陈启良获选“海门好人”。组织系列外宣活动，完成“海门之夏”临江专场文艺活动。开展“讲文明、树新风”活动，引导群众遵守交规、孝老爱亲、爱护家园，提升公民思想道德素质。

【苏商(生物医药)产业合作对接会】 4 月 16 日，省苏商发展促进会联合市委、市政府在生物医药科创园内举办 2016 苏商(生物医药)产业合作对接会，探讨建立形式多样的政产学研合作平台，壮大生物医药自主创新产品研发，推动生物医药外包和药品物流产业发展，快速壮大海门生物医药产业。

【合力打造生物医药创新平台】 5 月 7 日，香港浸会大学(海门)科技研究院开放日暨项目合作交流会举行，现场签约 4 个项目。香港浸会大学校长钱大康、副校长黄伟国、原校长陈新滋和海门市领导姜龙、杨曹明等出席活动。会上，香港华宝精准医学、香港健鹤药业、上海大齐生物医药、南通南复汀生物医药 4 家企业分别介绍各自企业及合作项目情况，香港浸会大学(海门)科研院介绍有关科研项目。参加活动的还有来自美国俄亥俄州立大学、英国卡迪夫大学、澳大利亚悉尼大学、西北工业大学、第二军医大学、中科院上海药物所、美国康州生物医药产业创新联盟、上海光华医院、交大附属第六人民医院、同济附属第十人民医院等以及国内外的生物医药企业代表等 80 多名医学专家、学者、企业家。

【第二届模式动物和生物医药产业大会举行】 4 月 23 日，由海门科技园与百奥赛图基因生物技术有限公司共同主办的第二届模式动物和生物医药产业大会在临江举行，同时百奥赛图海门动物中心启用。300 多位来自模式动物研究及生物医药产业领域的知名学者、教授、企业创始人、高管、知名投资机构及创业科技园的负责人等集聚海门，探讨如何让模式动物推动生物医药研究，为学术、企业、资本以及园区对接创造一个良好的碰撞平台，加速项目与资本高效融合，为中国生物医药发展提供新的契机。落户于海门临江生物医药科技创业园内的百奥赛图模式动物药物研发平台项目，由北京百奥赛图基因生物技术有限公司投资建设，总投资约 1 亿元，一期投入 6000 万元主要用于动物中心及实验平台建设，使用面积 1.5 万平方米。该项目由国家“千人计划”专家沈月雷博士领衔，主要为国内外从事生命科学基础研究的科研院所以及新药研发公司提供模式动物定制开发与 CRO 服务。

【高层次人才到新区考察】 5 月 26 日，海创智库(千人计划)科技服务中心组织“海创荟”暨 2016 年度北美精英回国创业考察团一行到海门科技园考察。各海外高层次人才就各自的项目进行推介，详细了解，洽谈合作。

10 月 26 日，来自世界各地近 40 位高层次人才到海门科技园，出席 2016 百名博士江苏行海门专场活动。参加活动的海外博士均在国外高校、科研机构或企业单位从事专业工作 3 年以上，并持有相关发明专利或高新技术项目，主要涉及新能源、新材料、互联网、生物医药等领域。与会的海外博士观看海门宣传片，听取临江新区的环境推介并实地参观园区内的企业及配套设施。

10 月 29 日，中科院上海有机所博士、博士生导师一行到海门科技园参观

海外精英回国创新创业考察团到海门科技园考察推介　　(临江新区　提供)

考察，就择业焦虑、创业难点等问题进行交流互动。

【省科协副主席阮仁良到临江新区调研】 5月5日，省科协副主席阮仁良一行到海门科技园调研海智工作，并参观园区沙盘模型展示区和品尚医药公司。阮仁良一行对园区的发展、定位给予赞许和肯定，对园区发展提出建议，将在国际技术合作方面加大对海门科技园的支持。

【中国首个新业态AR/VR专业孵化器落户】 5月10日，中国首个新业态AR/VR专业孵化器启动仪式在海门科技园举行，来自AR/VR业界的国内外专家学者、投资分析机构、企业代表、知名人士共同探讨孵化器的未来发展方向。AR影视专业委员会、AR网络公司、AR电影海报公司及ATAA培训学院4个项目成为首批入驻孵化器的项目。海门科技园AR/VR孵化器的建设是科技园又一创新举措，此次海门科技园联合AR/VR业界核心企业共同打造AR/VR全产业链发展模式，立足海门、面向全球构建世界领先的AR/VR全产业生态系统，致力于将海门科技园打造成为中国AR/VR产业核心区域，并依托AR/VR技术的发展，布局AR/VR行业应用、企业应用及公众应用三大领域，以教育、旅游、交通、医疗、文化、娱乐、游戏等与人们生活密切相关的应用领域为突破口，快速推动AR/VR产业发展。

【参加中韩国际技术合作研讨会】 5月26—27日，参加中韩天然植物国际技术合作研讨会(2016 China-Korea Conference on International Technology Network)。此次会议吸引韩国科学院、韩国KIST中小企业支持中心、韩国BF Technology & Tomorrow Co., Ltd、AD·BIOTECH、ECOSTHE、Arlico、Rooicell、Chuncheon Bioindustry Foundation、East Hill、温州医科大学、延边大学、百朗德、安得森生物科技、BOOYONG Bio等众多中韩企业和研究机构参与。会议期间，专题推介临江新区韩国生物科技园，与多家韩国企业及韩国科学院等进行交流。其中，韩国科学院计划在生物医药科创园建立天然物研究所，专门研发用于化妆品、保健食品的天然提取物。

【美国硅谷企业家到园区考察】 6月2日，美国都柏林市市长David Haubert携硅谷Coval公司总裁Richard Stenberg、Reltek公司总裁Robert Lindberg及项目有关工作人员到园区考察，参观生物医药科创园、玲珑湾科教文创园。6月3日，David Haubert市长及Coval公司和Reltek公司的代表就纳米分子涂料项目、高分子黏合剂项目事宜与新区深入洽谈。

【国家防总到临江指导防汛】 6月15日，国家防办副主任尚全民，长江委防办、省水利厅领导一行到临江新区检查指导防汛工作。尚全民一行到长江大新段防护应急处理工程现场，实地察看并询问工程进展情况。该工程属国家防总下拨专项资金用于汛前对长江一些重要地段进行加固抢修的应急工程，是国务院重点关注的重大工程，概算投资232万元，对长江大新港西侧2处深塘江堤近岸河床实施抛石防护，以确保长江防洪体系安全运行。

【中兴利彤(海门)医疗产业转化器暨配套基金签约】 9月14日，由海门科技园发展有限公司与中兴康宁生物科技有限公司、上海利彤创业投资有限公司三方合作发起设立的中兴利彤(海门)医疗产业转化器项目暨配套基金签约仪式在海门科技园举行。中兴康宁生物公司是国内最大的通讯业上市公司中兴通讯的下属公司，在全球100多个国家和地区设有研发或办事机构。利彤创业投资公司是一家专注于生物医药领域内的创业投资机构，为创投企业提供资本、战略咨询、设计、财务规划、市场营销、IPO上市等专业系统服务。此次合作将有利于海门生物医药科创园充分利用中兴的优势，集中资源实施海门中兴国际医疗产业转化器项目，进一步加大国外优质项目的转化和落户。

【韩中交流研究所到海门科技园考察】 10月28日，韩中交流研究所事务局长郑英勋一行到海门科技园考察。郑英勋一行参观百朗德生物、玲珑湾科教文创园，对园区的环境及配套给予高度评价，双方都期待达成长期合作，创造互利共赢局面。

【生物医药科创园获评"省级留学回国人员创新创业园"】 11月，临江生物医药科创园获评"省级留学回国人员创新创业园"称号。园区内2项人才项目入选留学生创新创业项目，分别是海门雨霖细胞科技有限责任公司的"细胞重编程技术在肿瘤治疗及干细胞领域的应用与研发"项目、江苏海和食品科技有限公司的"特殊医学用途配方食品及肠内外营养乳剂"项目。

【海门爱创思文化演艺产业园签约落户】 11月28日，海门爱创思文化演艺产业园签约落户海门科技园。海门爱创思文化演艺产业园投资总额4亿元，占地面积12.73公顷，致力于打造文化演艺全产业链园区、中国知名文化演艺产业园

中兴利彤(海门)医疗产业转化器签约仪式 (临江新区 提供)

区,包括人员培训、创意策划、版权交易、公共活动、舞美设计、设备设施、场地租赁、录制与直播以及演出物业。依托企业资源,发展"一校、一棚、一司、三平台"核心业务,通过建造文化演艺行业的专业培训学校,以演播厅为中心的栏目录制、直播制作基地,专业的舞美外包公司,打造成一个专业的文化创作知识产权服务平台、专业的文化类企业服务平台和专业的文化交流论坛平台。　(王爱娟)

海门高新技术产业园区

【概况】 海门高新区地处主城区,南靠长江,北邻海门工业园区,东连三厂工业园区,西依浒通河,是海门市政治、经济、文化中心。全区总面积100.62平方公里,常住人口16.62万人,下辖30个社区居委会、19个行政村,其中3个村、9个社区居委会由海门经济技术开发区代管。

2016年,海门高新区紧扣"强势开局十三五、加速创建高新区"目标,突出"高新引领、产城融合"主题,立足"高定位、高平台、高标准,新产业、新业态、新形象""三高三新"发展新格局,主动适应新常态,把握新机遇,展现新作为,在2016年度全市更高水平小康建设、财政工作、工业经济、农村工作、项目建设、民营经济、开放型经济和建筑业经济8个单项工作评比中取得6个第一、1个第二、1个第四的优异成绩,并在综合先进区镇评比中勇占鳌头,完成高新区经济社会大跨越的发展目标,实现"十三五"良好开局。

经济发展逆势而上。全年实现财政收入24.36亿元。其中,一般公共预算收入9.46亿元,国税收入7亿元,地税收入7.9亿元,同比分别增长17.9%、68.3%、3.9%。工业经济提速增效。通过内部培植和外部引进双管齐下,鼓励企业加大设备投入、技术改造、转型升级,促进产业龙头企业、骨干企业提质增效,已形成有色金属、通信设备、新能源和电子信息四大新材料板块。园区规模以上工业总产值268亿元,同比增长10.3%,其中新兴产业和高新技术产业产值占比分别为27.8%和47.1%;完成工业应税销售收入68亿元,工业入库税金5.3亿元,同比分别增长19.6%和13.9%。油威力、世泰实验、晨牌药业3家企业启动上市工作。现代农业特色彰显。全区实施立项农业项目19个,完成项目总投资2.8亿元。其中,种养休闲项目12个,投资1.3亿元;农产品加工、市场项目7个,投资1.5亿元。智谷绿海农业园区进入全面建设阶段,累计投入8000万元,占年计划的80%;望旺农场新增种植无花果、冬枣等果木33.33公顷;南通强盛、惠凯农场、都市园林和天籁村新建各类智能温室5万多平方米;天籁村推进游客接待中心、文化广场、景观道路、景观绿化及水、电改造工程建设,并于6月初举办市首届枇杷文化农旅节。全年举办各类农业科技培训班3期,培训人员400多人次,新增持证农民380人,推行蔬菜种植新技术6项,推广种养新品种10个;申报认证无公害农产品6个,申报完成新增绿化造林面积88公顷,完成秸秆综合利用4500吨;土地承包确权登记11个村全部通过市级验收;即征即保工作有序推进,完成用地12宗,计40公顷。服务经济成效显著。限上企业全社会消费品零售额完成34.5亿元,规模以上服务业企业完成营业收入35.5亿元,同比增长19.5%;服务业应税销售102亿元,入库税金7.47亿元,同比分别增长13.5%和49.6%。完成6个超亿元南通市推磨式项目,各项指标均达序时进度。

发展后劲持续增强。招商引资全面突破。坚持"招商第一、项目为王"工作理念,配强招商队伍,发挥驻点招商优势,在德国、瑞士、上海等多地举办招商专场活动,邀请客商350多人,签约项目14个,在谈项目12个,实际到账外资3152万美元,外贸进出口1.92亿美元。在一、二季度经济工作竞赛活动中,开放型经济工作获2次单项先进。项目建设全速突破。建立项目推进督查制度,每周通报重点项目推进进度,明确工作目标和完成时限,细化分工,责任到人。全区投资超千万元工业项目57个。其中,上年度结转项目28个,新开工项目29个,竣工35个。新开工项目中超千万元项目19个,超5000万元项目3个,超亿元项目7个。项目建设进度在一季度经济工作竞赛中列园区组第二名,二季度第一名,在半年度重大项目专项评比中列园区组第一。接轨上海全面深化。高新区在接轨上海扩大开放、融入上海争先发展中不断明确自身定位,在错位发展中拓展发展空间。全区300多家工业企业与上海建立多种形式的合作关系,工业合作已发展到生产配套、联合开发、合资合作、定牌加工、项目配套、成果转让、商标使用、投资参股等多种形式,有效提高技术水

海门高新区(上海)创新产业对接会签约仪式　(海门高新区　提供)

平，改善产品结构，促进企业发展。

城乡质态不断优化。城市动迁强势推进。通过采取“双向选择”实行集中办公，增强搬迁队伍战斗力，坚持和完善“八公开一监督”，提高搬迁安置公信力。完成结转地块签约产权22户，企业8个，独立附属设施30户，累计搬迁面积5万平方米；实现10个结转地块清拆；新地块7个，完成签约126户，企业2家，搬迁面积3.5万平方米。宁启铁路二期完成产权户141户，企业5家，鱼塘大棚12户，苗木114户，搬迁面积5万平方米。累计签约289户，企业15家，附属设施156户，搬迁面积13.5万平方米。安置房建设加快推进。交付安置房建设项目2个，分别是富江一品五、七标段和南海湖一期、二期，总建筑面积17.7万平方米，住宅1138套；在建项目1个，总建筑面积9.1万平方米，住宅613套，有效缓解动迁安置房源紧张的局面。所有工程倒排工程完成时间节点，各项配套工程（供水、供电、供气、电信）提前介入，保持各项施工环节紧密衔接，确保工期按时照序。文明城市创建工作持续推进。园区成立文明城市创建领导小组，全面开展城乡环境整治工作。加快老小区改造步伐，对老小区外墙脱落、排污管堵塞、楼道损坏等进行全面排查和维修，墙面刷新3422平方米，室外场地改造1.51万平方米，雨污水管道改造1412平方米；清理“牛皮癣”小广告3000多平方米，对腾达花园和海影社区进行停车位改造；投入100多万元对农村环境进行全面整治，投入35万元实施道路养化工程；在补南、陶港、高桥等6个村实行农村保洁市场化运行模式，总体运行情况良好；高标准推进农路、水利设施建设，投入60多万元实施“一事一议”奖补道路8条，投入1800多万元组织实施“小农水重点县（2016—2018年）项目”建设工程；对长秀花苑、海兴华府、都市五星、嘉北小区、红星美地5个新接收安置小区物业管理实行市场化运作；开展城郊环境集中整治行动，下决心、出重拳，重点整治拆迁废墟、抛荒土地、废品收购点等难点问题，城乡面貌焕然一新。

社会大局和谐稳定。拓展社会保障范围。街道和城市社区日间照料服务中心站点建设完成，针对辖区内的居家养老服务对象开展服务工作；将116户残疾人家庭纳入建档立卡扶持对象，开展无障碍环境改造工程、贫困盲人复明工程和残疾儿童抢救性康复工程。夯实社区服务基础。完成海影、向民等6个社区公共服务中心改造，辖区内所有社区公共服务中心投入使用，使社区服务群众的水平更上层楼。加强和谐社会建设。做好信访维稳和平安法治等工作，加强社区综治平台建设，调处矛盾纠纷400余起；受理市“12345”热线平台下派工单3455件，办理完成3392件，及时办理率99.91%，办结率100%。强化安全生产工作，开展危险化学品、建筑施工、人员密集场所（消防）、特种作业、烟花爆竹等专项整治工作。检查危险化学品企业26家（次），烟花爆竹经营户60家（次），特种作业重点企业41家（次），并开展安全生产月、“安康杯”竞赛、安全知识进社区活动，增强公众的安全意识和自我保护能力，确保社会和谐稳定。

党建保障坚强有力。推进“两学一做”学习教育。按照市委部署，结合园区实际制定一系列方案制度。至10月底，辖区内277个党支部全部按时保质完成学习教育任务，通过开展“亮身份、树形象”活动、“领导干部立家规、共产党员正家风”主题活动等，推进“两学一做”学习教育在全体党员中更深入、生动的融入日常。完成村、社区党组织集中换届选举工作。制定下发《关于做好海门高新区村（社区）党组织换届选举工作的实施意见》，召开换届选举工作会议；严格选人标准，确保选优配强村（社区）党组织班子；突出重点环节，换届选举前，深入调查研究，抓好排查摸底，换届选举时，加强督查指导，确保换届选举工作和谐、稳定、顺利完成。通过选举形成合理的年龄结构，换届后村（社区）党组织领导班子平均年龄38.05周岁，35周岁以下干部90名，其中30周岁及以下干部59名；改善性别比例，换届后村（社区）党组织领导班子中女干部113名，占53%；优化知识结构，换届后村（社区）领导成员中，本科学历76人，占35.7%，大专学历64人，占30%；新进班子成员81名，占38%。

【“公民道德宣传日”示范观摩活动】 9月18日，高新区举办以“践行爱敬诚善，争当文明市民”为主题的“公民道德宣传日”示范观摩活动。组织机关年轻干部、雷锋车队、银星艺术团、志愿者艺术团等，精心编排舞蹈、情景剧、演讲、合唱等一系列精彩感人的节目，宣传身边典型，为各区（镇）社区开展好宣传活动树立榜样。在观摩活动中，高新区对刘超、陆恒健、沈俭学等10名三季度“高新区好人”进行表彰，希望他们的道

“公民道德宣传日”活动　　（海门高新区　提供）

德故事能带动身边的市民，一起践行“爱敬诚善”。

【考察团赴德国、瑞士招商】 2月23日至3月1日，应德国奥芬堡国际地热大会组委会、瑞士瑞中商务合作中心邀请，高新区党工委书记沈序率经贸招商考察团一行赴德、瑞两国，进行为期8天的经贸招商活动。邀请方设专门推介宣传展位，举办“海门高新区投资环境推介会”，邀请欧洲企业高层及各界人士20多人，推介海门及高新区发展情况。本次招商推介会，为海门高新区提供一个了解欧洲、熟悉企业、联络各界人士、广交朋友的平台，一方面为“走出去”招商积累经验，增强信心，一方面也达到推介海门、宣传海门、扩大海门知名度的目的。

【重点项目集中开工仪式】 3月28日，高新区举行重点项目集中开工仪式，江苏欧凯新材料、隆泰通信材料等6个重点项目同时开工，涉及新型材料、信息通信、生物医药等多个领域，总占地7.73公顷，建筑面积7.5万平方米，总投资6.8亿元。此次项目集中开工，是高新区在“全力奋战一季度，确保实现开门红”目标压力下掀起的第一轮项目建设高潮，为全年的项目建设工作开好头。

【首届枇杷文化农旅节开幕】 6月6日，位于海门高新区万顷良田的天籁村生态主题庄园举行开园仪式，同时，市首届枇杷文化农旅节开幕。天籁村的枇杷历史悠久，距今约300年历史，占地10多公顷的枇杷园内有2000多棵枇杷树，其中百年以上的枇杷树有近百棵。后期天籁村将增种枇杷、蓝莓等四季水果及有机时蔬，开发海门小耳羊、枇杷园散养家禽等生态养殖项目，倾情打造枇杷养生文化、田祖状元文化、亲子亲农文化、户外婚礼文化等，将海门的休闲农业文化做大做好，也让海门的百年枇杷文化得到更多推广。

【创新产业对接会】 8月11日，高新区在上海举办创新产业对接会。会议从高新区的产业定位、产业发展现状、重点招商的项目进行推介，承诺将以最大的诚意、最优的服务、最实在的政策，建立健全与国际惯例接轨的管理体系，按照“零障碍、低成本、高效率”要求，为所有投资者提供专业化的优质服务。10个项目在会上集中签约，包括科研创新、合作共建、产业基金等四大类，总投资20亿元。

社区邻里月活动启动仪式 (海门高新区 提供)

【首届“社区邻里月”活动】 9月6日，首届“社区邻里月”活动在高新区嘉陵江社区拉开帷幕。围绕“结友好邻里，建和谐家园”主题，通过开展系列活动，倡导“与邻为得，与邻为善，与邻为乐，与邻为亲”的亲情邻里关系，加强推进文明创建工作向纵深发展，推动和谐社会建设。20个社区根据各自特色开展系列活动140个，产生良好社会效益。

【“帮扶引”工程助力企业发展】 2016年，高新区将服务企业、服务企业家作为组织运筹工业经济的主抓手，在全面走访的基础上，实施企业“帮扶引”工程，构筑紧环境下高新区企业发展“小气候”。“帮”即帮助企业化解生产经营、办证报批等方面遇到的问题，营造好发展环境；“扶”即制定扶持政策，尤其是制定企业技改、科技创新等方面的扶持政策，扶持企业发展；“引”即引导企业产业链延伸，在有效投入中做强做大。企业“帮扶引”工程实施后，帮助企业解决30多个发展中遇到的问题，在企业中产生强烈反响，企业思发展、谋发展的积极性空前高涨，高新区工业经济应税销售增幅20%，增幅、时序完成率均名列园区组第一。

(陆振争)

三厂工业园区

【概况】 三厂工业园区(三厂街道)位于海门市区东部，总面积34.78平方公里，常住人口5.23万人，下辖3个居委会、9个行政村。

2016年，园区上下以“四个融合”发展为统领，以打造“高质量经济、高品位街区、高素质市民”为主线，全面实施“园区开发提升年”“项目建设效益年”“城市建设形象年”三大工程，在推进更高层次小康社会的进程中书写崭新篇章。全年实现财政总收入3.93亿元，其中地方一般性预算收入2.58亿元，完成全社会固定资产总投资36.29亿元。在全市区镇目标管理绩效考核中，名列综合先进区镇第二名，16个单项考评中，6个单项进入全市先进行列，其中科技创新、开放型经济单项考核列第一名。

区域经济稳健回升。全年实施超千万元工业项目28个，其中超亿元工业项目7个。工业入库税金3.54亿元，工业应税销售45.98亿元，实际到账外资1020万美元。中兴能源成为全国首批制造业单项冠军。全区有16家奖牌企业，呈现4金5银7铜的发展格局。协办市第三届“羊家乐”田园风光游暨首届农业招商论坛。海门山羊研发中心列入“国家星火计划”，被评为“农业部标准化示范养殖场”，并签约院士工作站。万人发明专利拥有量33.33件，为全市最高。引进“千人计划”专家2人，申报高新技术企业9家，“高企”占比保持全市领先。

城乡质态明显提升。实施“城市建设形象年”工程，加快融入主城区的步伐。全面启动投资1.2亿元、总长25公里的城区地下雨污水管网建设工程；重点实施秀山路小区三期工程，总投资4000多万元，建筑面积2.4万平方米，土建工程已竣工；青龙化工园周边村居民安置签约率88.3%；投资2000多万元的望江路改造工程竣工通车；新建成6500平方米的大型公共停车场1处；投资180多万元，在东城建设9个共享单车停放点。星期七农业生态观光园被评为“国家现代农业示范区”“农业部休闲农业与乡村旅游AAAA级景区”“江苏省AAAA级乡村旅游示范点”，味之原有机农场获评全国“十佳”最美有机农庄。

社会民生持续改善。集体经济收入30万元以上行政村实现全覆盖，50万元以上的行政村7个。全区186名党员干部与贫困户结成帮扶对子，推行社会保障扩面提档，做好城乡低保、五保工作，新型合作医疗参保率99%以上。探索公办民助的敬老院模式，新敬老院基础工程全面开工。实施三厂二小、大洪小学合并工程，成立东城小学；三厂高中迁出后，迁入三厂初中，全区的教育资源布局进一步优化。常态化开展村庄环境整治活动，全区农村道路硬化率80%以上。通过中央文明办复查，保留“全国文明村镇”荣誉称号。推进群众性文化建设，开展“海门之夏”等系列群众性文化活动。围绕保民安，坚持不懈抓好环保、安监工作和各类社会矛盾调处工作。

党的建设不断加强。围绕“学”“做”“转”关键字，推进“两学一做”学习教育。园区组织党员干部参加集体学习、上党课、知识竞赛、学习大讨论、演讲比赛“五个一”活动，开展“立家规、树家风”“亮身份、树形象”主题活动。厂南村率先推行党员统一活动日“五个一”流程，获市委组织部肯定。结合园区“融合发展”工作主线，形成具有三厂特色的“党建+”工作模式。完成村级党组织换届选举工作，公开招聘一批村(居)后备干部。制定完善述职述责制度、蹲点挂钩制度、日常管理制度、效能督查制度、“耕牛奖”评比等制度，落实“一岗双责”，做到用制度规范从政行为、按制度办事、靠制度管人，营造风清气正、干事创业的良好氛围。

冬季微骑行暨公共自行车开通仪式　　（三厂工业园区　提供）

【中兴装备入围全国首批制造业单项冠军培育企业】 12月1日，工信部公布全国第一批58家制造业单项冠军（培育）企业名单，南通市3家企业入围，中兴能源装备股份公司作为“核工业不锈钢无缝管”单项冠军培育企业，名列其中。中兴装备专注能源工程特种管材产业化发展已经走过25个年头，是国内最早取得国家颁发的民用核电安全设备制造许可证的企业。公司研发生产的核电站一回路核心波动管，核电站用异性特殊管、棒等关键装备用特种管材，国内市场占有率85%，产品远销欧美、日本等高端市场，成为国内能源工程特种管材行业的领军企业。

【容汇通用登陆新三板】 5月20日，江苏容汇通用锂业股份有限公司在全国中小企业股份转让系统(新三板)挂牌，证券简称：容汇锂业，证券代码：837358，成为2016年海门市首家上市企业。容汇通用锂业公司2006年在青龙工业园成立，从事工业级的碳酸锂正极材料研发和生产，是中国有色金属协会锂业分会副会长单位。公司坚持科技创新发展战略，于2008年实现工业级碳酸锂向电池级碳酸锂的升级。在这基础上，进一步改造工艺技术，将电池级碳酸锂纯度从99.5%提升到99.99%，成功开发出高纯碳酸锂正极材料，这2个产品均为省级高新技术产品，企业在新能源市场上站稳了脚跟，并不断壮大。随着新能源汽车的快速发展，公司产品市场价格不断上涨，且供不应求，2016年跻身市金牌企业。

【休闲农业与乡村旅游品牌壮大】 三厂工业园区依托城郊优势，以农业“接二连三”(对接二产、连着三产)的发展理念，规划667公顷，建设星期七生态园，以种植高档水果、珍稀苗木、有机蔬菜和养殖羊、鸡、猪“三种三养”为主导产业，以休闲农业、乡村旅游为发展导向，打造金盛绿园、维景生态园、味之原家庭农场、中维生态园、翡翠园、世外桃

第三届"羊家乐"田园风光游暨首届农业招商论坛　　(市农业局　提供)

源、京海禽业、海南养猪场八大特色产业板块,已成为南通国家现代农业示范区、国家科技农业示范区的核心板块之一,也是海门市城市国家休闲农业和乡村旅游示范市的核心板块。2016年,三厂星期七休闲观光园区以建设中国长三角地区"最美后花园"为新的发展目标,努力推进种养游深度融合,重点打造休闲观光型、景区带动型、特色资源型、民俗文化型、地方美食型、有机农场型特色乡村旅游模式,不断提升星期七农业生态园休闲观光农业和乡村旅游的影响力和美誉度,全年接待来自上海等地的游客超10万人次。金盛绿园获评"国家级休闲农业与乡村旅游四星级示范区",味之原农场获评全国"十佳"最美有机农庄。

【养老服务中心开工】 9月2日,由三厂在外能人投资的集养老与护理于一体的居家式休闲养老服务中心——海门弘謇养老服务中心破土动工。该项目是全省首宗土地挂牌、市场化运作的医卫慈善用地项目,总投资1.2亿元,建筑面积2万平方米,是南通市重点项目,具有敬老院和居家式休闲养老服务两大功能,计划建设养老床位400张,是囊括日间照料、医疗保健、康复休闲、娱乐为一体的享受型及养护型养老机构,采用医养结合的养老新模式,为入院老人进行健康评估,建立健康档案,定时为老人检查身体,不定期开展琴棋书画、手工剪编、健身活动,举办读书会、文化讲座,组团休闲养生旅游,趣味竞赛互动。

【"党建+"服务发展路径】 园区党工委结合"两学一做"学习教育,探索新形势下党建,实施"党建+"发展新模式,实现党建与经济社会发展深度融合,并就"党建+什么、怎么+、如何+"进行专题研究,重点搭建若干个"党建+"平台,打造特色载体,有效促进党建工作化"虚"为"实",实现基层党建的高附加值。"党建+产业发展",园区领导干部挂钩联系重点骨干企业,帮助企业快速解决审批、用工、用电、资金等方面问题;"党建+作风建设",通过健全考评制度,建立问责机制,设立"耕牛奖""蜗牛奖"奖项,全面营造"真干、实干"的工作氛围;"党建+干部教育",创新党员统一活动日"五个一"活动流程,并通过"亮身份、树形象"、轮岗轮训等方式,提升基层干部队伍素质;"党建+民生服务",打通服务群众"最后一公里";"党建+和谐共建",推动和谐三厂建设;"党建+科学发展",规范党员领导干部从政行为;"党建+文化驱动",推动三厂文化产业发展;"党建+网络媒体",营造良好的发展环境。三厂"党建+X"拓展党建工作新路径,把每个人的正能量都链接到建设"时尚街区、幸福家园、创新之城"上来,为打造"强富美高"新海门夯实基础、凝心聚力。　(叶　平)

旅游休闲

江海民俗风情

渔猎·刻笼　一种捕鱼的器具，竹篾做成，上口略小呈圆锥形。到下午三四点钟，捕鱼人在较平坦的沟底的水中下鱼饵（诱饵）做上记号。到晚上八九点，捕鱼者肩扛剋笼轻手轻脚来到沟头，朝有记号的水面猛剋下去，将正在吃食的鱼剋在笼中捕捉。一般在夏秋两季为宜。

郁异人　绘

◎ 责任编辑　王　寅

综　　述

【概况】 2016年,海门旅游围绕“江海风情,田园风光”主题,推动乡村旅游发展。全年接待游客348.83万人次,比上年增长18.1%,其中,国际旅游者人数10.13万人次,增长10.12%。旅游收入32.06亿元,增长18.26%,其中,旅游外汇收入1136.32万美元,同比增长9.02%。全市共有A级景区3家(其中叠石桥国际家纺园景区为国家AAAA级景区、张謇纪念馆为国家AAA级景点、沿江渔村为国家AA级景点);旅游星级饭店7家(其中东恒盛国际大酒店为五星级;光华国际大酒店为四星级;另三星级2家、二星级3家);省星级乡村旅游区11家(沿江渔村、金伍叶休闲度假村、金盛生态度假村为四星级;另三星级8家);有旅行社6家,旅行社营业部28家。

景区景点建设

【乡村旅游发展推进】 2016年,市政府出台《海门市乡村旅游发展三年行动计划(2016—2018)》,明确全市乡村旅游发展目标、政策扶持等,并逐步落实。7月

第三届“羊家乐”田园风光游暨首届农业招商论坛活动　　(市旅游局　提供)

下旬,组织乡村旅游发展相关部门、各区镇分管领导和部分乡村旅游区负责人,赴四川大学就乡村旅游经济发展进行为期6天的专题学习培训和现场教学活动,学员们收获颇丰。

【项目建设】 推进以“羊家乐”田园风光游集聚为核心的乡村旅游项目,六大主题农业公园和一批生态休闲农庄项目建设成果显著。金伍叶水上餐厅、蒙古包项目完工,并在包临线东侧扩展近60公顷,用作养殖、种植体验区,扩大度假村接待能力,提升旅游体验值。金盛生态度假村建设拓展训练基地、羊文化博物馆、异域风情蒙古包等项目。SS1538、知了果业、绿海智谷、开泰鱼文化等项目顺利推进;经济技术开发区金牛寨农庄、常乐镇九龙岛休闲度假村、海门港新区大东博士园,成功创建省三星级乡村旅游区。海永镇旅游度假区申报创建省级旅游度假区,区域内福美农场、SS1538、鸽笼港河“夜崇明”等项目有序推进。

【资金扶持】 全年为海门港新区金伍叶休闲度假村和三厂星期七生态观光园,分别申请获得省级旅游专项资金40万元和30万元;市级旅游专项财政扶持资金275万元,建设11座旅游A级厕所和8个旅游项目,相关旅游项目的基础设施和配套服务功能得以改善,接待能力显著提升。

羊家乐主题公园　　(市旅游局　提供)

旅 游 推 介

【特色旅游节庆活动】 全年组织举办第二届叠石桥国际家纺购物游、2016海门乡村旅游活动季——首届沿江渔村杯钓鱼比赛、首届天籁村枇杷节、第三届金秋蛎岈山航乐游、第三届“羊家乐”田园风光游暨首届农业招商等活动;结合乡村旅游季活动,分别在海永镇、叠石桥家纺

城、张謇纪念馆、蛎岈山国家海洋公园、市文化广场“海门之夏”平台举办5场“2016世界旅游小姐大赛海门分赛区”系列比赛活动，取得预期效果。

【宣传推介】 组织市内相关旅游企业参加苏州、南京、北京、西安等6个专题旅游交易推介会，宣传海门旅游。11月14日，邀请上海和南通地区的120多家旅行社负责人以及美国美鹿旅游巴士集团总裁，在金盛生态度假村举行海门旅游招商推介会，向他们推介具有“江海风情，田园风光”特色的海门旅游，得到大家认可和欢迎。通过多渠道、广角度的旅游宣传推介活动，有效传播海门旅游品牌形象，叠石桥家纺城景区、金盛生态度假村、金伍叶休闲度假村等景区景点和乡村旅游区接待游客量稳步提升。

旅游服务

【行业管理】 完成驻海旅行社分社备案登记、导游人员登记年审等工作。利用旅游节庆活动和“5·19”中国旅游日等时机，开展文明旅游宣传和“文明旅游我表率”签名活动。对旅行社“零、负”团费、旅游合同签订、旅行社营业部是否超范围经营等行为，进行定期检查和不定期抽查，有效规范全市旅游市场经营秩序。

【安全监管】 年初，召开全市旅游安全生产工作会议，与各单位签订《2016年度旅游安全生产责任状》和承诺书，邀请市安监局宣讲《新安全生产法》。在春节黄金周、“五一”、国庆等重大假期来临前，做好旅游行业安全监管工作。5月，联合安监、卫生、运管、交通等部门开展“安全生产大检查”工作，对全市7家星级宾馆、3个A级旅游景区、6家旅行社和11个星级乡村旅游区的安全生产工作进行检查，对发现问题提出整改意见，确保行业安全无事故发生。

【投诉处理】 全年处理“12345”市民热线、游客直接投诉等案件4起，依照《旅游法》和《江苏省旅游管理条例》等相关法律法规，旅游质监所切实履行职责，妥善处理相关投诉，规范市场、稳定社会、促进全市旅游行业健康稳定发展。

景点选介

【大东博士园】 大东博士园位于海门港新区大东村，该村至2016年共培养13位博士，是名副其实的博士村。大东博士园，按四星级标准规划，三星级标准装饰，园区占地面积约2.5万平方米，具有浓厚的文化气息和现代休闲度假功能。园区建设不搞固定建筑，挖塘建鱼塘，取泥建泥墙，墙坡搞绿化，搭建钢架玻璃房，建造地下居室，以南通红木珍稀柞榛木家具、特种盆景及九色阳光大厅为特色，美化环境，走立体农业之路。园区依托东灶港蛎岈山旅游风景区品牌效应筹建南通蛎岈山壹号俱乐部，以品海门港海鲜、举办大型宴会、房车露营、烧烤、垂钓、渔家体验、户外拓展、篝火晚会、咖啡茶室、豪华套房等特色服务项目于一体的旅游实体，与蛎岈山海洋公园、华夏第一龙桥、望归石、海防第一哨等景观紧密相接匹配联动，共同打造南黄海旅游第一品牌。

【金牛寨农庄】 金牛寨农庄位于经济技术开发区富江路和三民路交界处，占地面积7万多平方米，建筑面积2万平方米，总投资7000万元。现有20个包厢，4个宴会厅，1个会议室，其中一、二、三楼有能容纳400多人的多功能餐饮大厅，另有90人的小宴会厅。整个餐厅一次性能容纳1300人同时就餐。宾馆部有14个度假休闲水上木屋、小别墅，还有酒吧、KTV配套设施，每套内设棋牌室、健身房、钓鱼、烧烤设施。有千米休闲长廊、九曲桥、儿童游乐园，1个1200平方米的野生动物观赏区，1个家养动物散养区，2个共3000平方米的钓鱼休闲区。庄园同时展出1000平方米树木观赏区，3000平方米的瓜果蔬菜采摘区，具有浓郁的传统文化氛围和江海乡村文化气息。

【九龙岛休闲度假村】 九龙岛休闲度假村位于常乐镇为群村，依官公河而建，环境优美、僻静，占地面积20多万平方米，建筑面积5000平方米，总投资3000万元。度假村有海门地区特色农副产品的多功能展示室，彰显知青文化的知青文化陈列室、名录榜，体现江海农耕历史的文化长廊，展示江海农耕文化的农具、家具300多件，华东地区藏獒驯养基地，13公顷垂钓鱼塘。是知青的欢聚之地，都市人难觅的休闲度假之处。

大东博士园全景 （市旅游局 提供）

海门市旅游饭店、旅行社一览

表 23

单位名称	星　级	创建时间	地　　址
海门东恒盛国际大酒店	五星级	2014.11	海门街道北京中路 777 号
海门光华国际大酒店	四星级	2005.5	海门街道南海东路 1 号
海门市中海宾馆	三星级	2003.5	海门街道友谊路 1 号
南通永泰国际大酒店	三星级	2007.9	海门街道解放西路 179 号
海门市华祥酒店	二星级	2013.12	正余镇浩盛路 275 号
南通海普大酒店	二星级	2013.12	海永镇海长路 1 号
海门市菜根香大酒店	二星级	2014.9	正余镇新桥村 2 组 50–1 号
海门市金天旅行社	—	1997.9	海门街道秀山东路 77 号
海门市师山旅行社	—	1999.3	海门街道解放路 246 号
海门市山水旅行社	—	2002.6	海门街道静海路 43 号
海门市青春旅行社	—	2005.3	海门街道师山路 125 号
海门市假日旅行社	—	2006.3	海门街道镇中路 142 号
海门市新起点旅行社	—	2012.5	海门街道东洲公园知春楼

海门市旅游景区(点)一览

表 24

单位名称	景区级别	创建时间	地　　址
江苏海门叠石桥国际家纺园景区	国家 AAAA 级景区	2012	海门工业园区大岛路 88 号
张謇纪念馆	国家 AAA 级景点	2011	常乐镇状元街
沿江渔村	国家 AA 级景点(省四星级乡村旅游点)	2008	市沿江公路与长海路路口往北
金盛生态度假村	省四星级乡村旅游点	2015	三厂街道大洪村
金伍叶生态农庄	省四星级乡村旅游点	2015	海门港新区包临公路与临海高等级公路交叉口
王灶河生态农庄	省三星级乡村旅游点	2014	正余镇汤正公路与 335 交界口往南
味之原有机农场	省三星级乡村旅游点	2015	三厂街道孝汉村
世外桃源	省三星级乡村旅游点	2015	三厂镇耀忠村
鹿鸣庄园	省三星级乡村旅游点	2015	S336 绕城常乐镇培育村
孝德乐生态文化园	省三星级乡村旅游点	2015	余东镇启勇村 22 组
金牛寨农庄	省三星级乡村旅游点	2016	富江路三民路路口
大东博士园	省三星级乡村旅游点	2016	海门港新区大东村,G328 沿线启东海门交界处
九龙岛休闲度假村	省三星级乡村旅游点	2016	常乐镇为群村 5 组
海永旅游度假区	南通市级旅游度假区	2014	海永镇
蛎岈山国家级海洋公园	中国八大国家级海洋公园之一	2012	海门港新区发展大道 1 号
余东古镇旅游景区	国家级历史文化名镇	2008	余东镇

(王兴华)

城乡建设

江海民俗风情

渔猎·钓黄鳝 钓钩用自行车钢丝做成，将钩子绑在约两米长结实的竹篾片上。串上大青蚯蚓，背上环篮，到沟头的茭白丛里，浸在水中的烂草堆里或芦青丛中钓黄鳝。青蚯蚓在水中发光还有腥味，黄鳝游过来咬住钩子将其钓出。

郁异人　绘

◎ 责任编辑　张华杰

城乡规划

【概况】 坚持规划引领,推进城乡统筹、协调发展,完成“中新仁恒”等控制性详细规划、绿地系统等专项规划;推进北城等概念规划、城市设计工作;全面完成镇村布局规划优化工作。

城区规划。组织完成D3、D4、E3、E5地块控制性详细规划及《中新仁恒(海门)长江生态科技城控制性详细规划》(A601-603、C501、C601)编制、论证等工作,启动并推进C4、C5、E6、E7、F3、F4等单元控制性详细规划。组织完成综合交通、给水、排水、供电、防洪排涝、通信、消防等专项规划的报批工作;组织完成绿地系统、绿线、蓝线等专项规划的编制、论证工作;推进抗震防灾、综合管线、综合管廊等专项规划的编制工作。推进“城市绿核”概念性景观设计、南部新城沿江风光带景观设计、解放路沿线城市更新策划设计、北城概念规划等城市设计和概念规划。组织并完成中南锦尚名苑、长江紫园西侧地块、同善新村、弘謇养老服务中心等15个地块修建性详细规划论证、报批工作。

乡镇规划。根据《省政府办公厅关于加快优化镇村布局规划的指导意见》要求,市住建局委托南通市规划设计院有限公司编制海门市优化镇村布局规划。推进全市城乡空间优化和土地综合整治,促进乡村集约建设,引导公共资源配置和公共财政投向,明确乡村发展空间载体。6月21日,全市镇村布局规划优化成果通过南通市规划局组织的专家论证,并履行公示、报批等程序,报省住建厅备案。组织包场镇、三星镇等6个镇的消防专项规划评审会,余东镇长圩村、悦来镇友爱村的“美丽乡村”整治规划评审会,以及常乐镇官公岛度假山庄、临江新区介云新村等5个重要地块的修建性详细规划的评审论证及报批工作。

审批管理。参与相对集中行政许可权改革试点。全年拟定各类大小地块规划条件(47)份;签发建设工程竣工规划核实表(72)份。

行政执法。完善日常巡查机制,对城市规划区范围内在建工程实行实时监控;加强对城市规划区范围内违法建筑、违法装修行为的执法查处力度,全年行政处罚立案查处29起,结案23起。乡镇、园区违反规划法律法规处罚授权后,规划类处罚案件明显减少,建设类处罚占比逐渐呈上升趋势,2016年开辟处罚新种类,首次处罚违法挂靠案件。重点加强违章装修查处,坚持“装修前告知、装修中处罚”,力求违规装修查处程序规范化,全年现场调查违章装修327起。

城市建设

【概况】 2016年,城市建设突出“争创江苏省绿色建筑示范城市、国家住宅产业化综合试点城市、国家园林城市”三大重点,取得明显成效。

路桥设施不断完善。按照“构建完善与城市空间布局相协调的道路网络系统”的发展思路,统筹新、老城区市政交通需求,加强市政路桥工程建设,完善城市“八横八纵”(八横是:336绕城路、丝绸路、解放路、秀山路、南海路、北京路、上海路、广州路;八纵是:叠港路、滨港大道、富江路、江海路、长江路、瑞江路、嫩江路、望江路)道路网络。全年计划实施市政路桥项目55个,总投资9.9亿元。

新城一景　　(市住建局　提供)

城区环境优化。海门市瞄准国家园林城市创建目标，推进绿化工程建设，全年市区新增绿化面积117万平方米，以2768万平方米的建成区面积计算，建成区绿地率37.62%。新扩改建道路、小区和背街小巷装灯率100%；城区亮灯率98%、设施完好率96%以上。启动城市照明专项规划的编制和智慧照明监控系统的升级改造；完成民生路南延、新海路、通江路等新扩改建道路的路灯安装；完成广电传媒大厦、镇中路地块高层等高层建筑亮化建设和东洲公园、映翠园、丝绸路大桥等公园绿地亮化改造，进一步美化城市夜景。实施第二期市区路灯LED节能改造，推进绿色照明，提高路灯亮化节能水平。

征收搬迁创新创优。全面推行“八公开一监督”(政策依据公开，征收程序及操作方式公开，评估机构及结果公开，被征收人权利和义务公开，公示地点、载体和时限公开，安置房源及选房情况公开，征收部门、征收实施单位和征收工作人员及纪律公开，加强监督)、“模拟搬迁”两项核心机制，实现搬迁工作公平、公正、公开，破解被搬迁对象拒拆、愿拆、想拆问题。试行“三轮齐转”“五位一体搬迁”两项创新体系，即：搬迁工作引入服务外包公司，形成指挥部“正规军”、属地政府“地方军”和搬迁服务外包“专业军”的三轮齐转新格局；在搬迁工作节点签约与腾房阶段，现场组、保障组、联动组、服务外包公司、属地社区等“五位一体”，联合联动，集中攻坚，解决专业化、社会化、市场化问题，破解搬迁难、腾房难、拆房难问题。创新制度全局尝试。尝试“三项审批”“三轮公示”“签腾一体化”3项创新制度，实现序时推进、均衡发展、质效明显，提升领导层和现场组驾驭力、统筹力、执行力。通过开启“城建搬迁大比武”，借助“二平台(短信平台、显示屏平台)一简报(城建搬迁安置简报)”开展天天信息、周周通报、月月点评的“城建搬迁绩效晒”，落实六条禁令、议事规则、工作准则等，激发工作事业心和责任心，提升廉洁意识和责任意识。全市全年完成结转搬迁住户563户、企业6个，面积8.6万平方米；启动新搬迁地块10个、住户1385户、单位12个，面积25.3万平方米。

加强绿化养护 (市住建局 提供)

【路桥项目工程】 全年计划实施市政路桥项目55个，总投资9.9亿元。完成新海路改造、城区部分道路功能完善、部分道路人行道盲道改造、非机动车候车亭、海兴路北延及汉江路等6个工程；加快推进红海路、东洲国际学校周边道路、黄海路西延等道路工程；完成浦江路南延、岷江路(北京路—人民路)及北京路辅道(海兴路—岷江路)等项目施工招标。仁恒及中南一级开发区域市政路桥等基础设施工程有序推进，完成科技馆南侧、张謇大道西侧、汇智路等道路工程，其余项目基本完成施工设计，部分进入施工招标程序，做好开工准备工作。

【绿化项目工程】 全年实施园林绿化工程51个，总投资9.4亿元。1月，市政府南侧江海公园可实施区域正式开园；完成东洲河两侧绿化景观工程20%的工程量；建成商和广场周边绿地，聚秀园、张北富江花园东侧绿地，南海路北侧绿地、国际华府东侧绿地，民政局北侧绿地；下半年，S336绕城公路绿化工程和富江路北延绿化工程完工。深化优化张南苑、大同苑、海门河南民生路西侧绿地、海门河北狮山桥东侧等绿地，待施工条件具备时开工建设。

【城市亮化工程】 同步跟进市政配套建设，完善功能照明，确保新扩改建道路、小区和背街小巷装灯率100%；主要完成民生路南延段、东海南路、张謇大道西侧等新建道路及新海路、通江路等改造道路174组道路路灯，腾达花园老小区、滨江花园、浦西小区、绿茵河畔西区、绿茵水岸、滨江华都、海兴华府、南海湖小区、红星美地等安置小区533组小区路灯的安装调试和通电亮灯工作，确保居民群众的出行安全；打造特色景观，突出江海文化，推进市区高层建筑亮化工程建设和公园绿地破旧景观灯履行工作亮化工程建设。完成广电传媒大厦、镇中路地块高层等高层建筑亮化建设，东洲公园北大门西侧、人民路沿线北侧62套、映翠园50套景观灯以及丝绸路大桥两侧210套点光源的安装改造工作；对东洲公园舞池、质量广场两侧以及雕塑投光灯等老式光源进行LED改造，更换改造新型LED光源约1800套，提高市区亮化美化水平；贯彻节能减排，实施路灯LED节能改造，实施第二期约6000盏市区道路路灯的LED节能改造，改造后的综合节电率50%以上，提高全市路灯绿色节能水平。全年处理“12345”及数字城管平台案件400多件，办结率100%，维修各类路灯及亮化设施故障2000多盏(处)，确保路灯设施完好率96%、亮灯率98%以上，在南通各县(市、区)中领先。

【信息管线工程】 全年完成弱电管道建设工程80孔/公里,实现工程总量523.6万元。其中,完成S336环城西段、海兴路北延、天目湖路、新海西路、汇智路、临江园区临江大道、临永大道的弱电管道建设50孔/公里,完成海兴华府、红星美地、富江一品五七标段、南海湖生态居住区等住宅小区的弱电管道建设30孔/公里、穿线工程2500户。

村镇建设

【概况】 响应国家新型城镇化发展要求,发挥城镇在社会经济发展中所承担的作用,把中心镇建设成为“整体形象美、经济实力强、体制机制活、集约水平高、带动效应好”的新兴小城市,形成以三星镇、包场镇2个省级重点镇,正余镇、常乐镇、悦来镇3个南通市级中心镇,余东镇、四甲镇2个海门市级中心镇的新布局。2016年,5个中心镇完成沿街立面改造1900米,新增镇区绿化面积近130万平方米,建设污水管网近55公里,新增路灯380盏。

申请上级项目补助资金,助推村镇建设。全年获上级项目资金1707.1万元。余东镇长圩村、悦来镇友爱村申报2016年度省级“美丽乡村建设示范项目”,共获补助资金410万元,2个示范村庄完成整治建设规划编制,按计划推进村庄整治建设;争取到2016年度农村危房改造指标300户,获中央补助资金407.1万元,实际帮助310户困难家庭改造危房;四甲镇四甲村四甲坝、常乐镇颐生村颐南,申报2016年度省级传统村落保护项目,共获补助资金400万元,完成2个村落的保护规划编制,待南通市规划局组织专家论证;正余镇三合村申报2016年度省级康居村庄建设项目,获补助资金约120万元,联系设计单位编制俞家园村庄整治建设规划;申报2016年度重点及特色镇发展项目,常乐镇获补助资金300万元,基本完成项目建设;申报2016年度省级城市维护费补助项目,获补助资金70万元。通过上级资金的引导、市本级财政的配套、镇村两级的自筹,加强镇、村两级的基础设施建设,加快新农村建设步伐。

(杨勤俭)

城市管理

【概况】 2016年,市城管局将服务、保障招商引资作为日常工作的重点之一,以文明城市创建为契机,牢固树立“环境也是生产力”的理念,坚持环境维护和文明提升并重,突出整治与长效管理同步,城市管理取得长足进步。先后获评“全省城市环境综合整治先进集体”“全市平安建设先进集体”,继解放路、江海路、长江路之后,育才路成功创建省城市管理示范路;由市城管局牵头组织实施的公共自行车系统获“长三角十大公共自行车推广典范城市”,由城管局环卫处牵头建造的中日友好会馆公厕,凭借独特的民国建筑风格、良好的如厕环境以及人性化的设计,获“全国最美公厕文化奖”,为南通唯一获得此项奖项的县级市。

【难点领域突破】 强化渣土(扬尘)管理,拟定《海门市建筑垃圾、砂石运输处置管理规定》,对城区36辆后八轮渣土车车牌进行升级安装,淘汰2家不达标渣土运输企业,促进海门城区土堆变小、弃土变少、空气变好,严格户外广告管控,坚持物业化管理、窗口处审批、纠察式整治,全年办结行政许可220项,无群众投诉,拆除落地支架广告2块,墙面竖式灯箱广告7块、墙面广告2块、楼顶广告5块、高立柱广告1块,共17块大型违章广告。加大对违法建设的管控力度,采取“游击”式巡查、交办式告之、“闪电”式拆除等方法,打击违法建设,2016年违建立案362起,违建拆除139起,拆除面积2850.68平方米。

【民生工程】 2016年,惠民工程——东洲惠民之家疏导点投入运营,安置各类流动摊主120多人。启动公共自行车二期工程,建设站点26个,投放自行车570辆,安装锁车器700个,配套建设顶篷56个,除对主城区一期工程点位的补充之外,超过一半的点位集中在城郊结合部,全市公共自行车系统形成“广覆盖、多层次、易使用”的格局。同时,对88个公共自行车服务点增加“扫码租车”功能。按照有特点,重协调,便群众的原则,推进城区公厕的改造升级工作,完成城区5座一类公厕改造,升级提档城区10座三类公厕。城区有一类公厕16座,二类公厕14座,逐步形成布局合理、设施齐全、环境协调、管理规范的城市公厕服

全市公共自行车二期工程投入运营 (市城管局 提供)

务体系，缓解区域内居民如厕问题，提升城市配套服务能力。

【依法行政规范提升】 建立、完善城管系统全员执法档案，构建全体执法队员学法、宣法、执法、案件评查、责任追究“五位一体”综合评价体系，提升执法队伍的法治素养和执法水平。制定并修改《海门市城管局行政处罚案件内部流转程序》《海门市城市管理行政执法局行政执法文书管理制度》《关于加强城市管理行政执法领域案件协作的指导意见》《关于建立城市管理执法档案的工作意见》，消除监督盲点，规范行政执法。

卫生创建

【概况】 市城管局统筹安排全国文明城市、城市管理示范道路、G20峰会保障等各项创建工作，整体推进。开展市容环境“百日攻坚”活动，以群众反映的热点问题为导向，坚持“一周一路一整治”，在城区各主次干道开展“户外违规广告”“农贸市场周边环境秩序”“超门店占道经营”“违法建设”“乱设摊点、乱堆放、乱张贴”专项整治行动，清理路边灯箱广告300余个，清除路边乱拉挂横幅400余条，清理乱张贴1000余处，对占道废品收购点教育整改130余次，清除堆放占道物品20余车（农用车），一大批城市市容问题得到解决。利用省环境综合整治和国家卫生城市创建两个活动，牵头及联合工商、住建、公安、属地等部门，加强对老旧小区、背街小巷等重点、难点区域整治，有效配合各类创建活动，提升市容品质。

【城市环境综合整治】 按照省、南通市“931”（九整治、三规范、一提升）接续行动要求，围绕市委、市政府“全力推进生态建设，加速打造美丽海门”目标，突出“提升城市形象”和“改善民生”主题，综合整治与城市建设改造、增强城市服务功能、完善城市长效管理机制相结合原则，全面开展各项整治工作。2016年度全市18个“九整治”项目、12个“三规范”项目、19个拓展项目，均按要求完成年度整治任务，城区人居环境持续改善，市民满意度提升，城市环境整治取得成效。

【老旧小区整治】 全年市城管局牵头组织10多次“毁绿种菜”整治行动，出动执法人员800多人次，对腾达花园南区、北区等多个老旧小区破坏绿化种菜现象进行集中清理，清除“菜园子”6000平方米，清理乱堆放60多处、卫生死角30多处、无主装潢、建筑垃圾70余吨，拆除鸡棚、棚屋10多个。部分老小区居民出行难、停车难、环境差的问题得到解决，居民满意度有新提升。

【背街小巷整治】 对市区友谊路进行综合整治，补植绿化260平方米。改造路边围墙300余米，拆除破旧雨棚16个，拆除违建1处，提档升级门头广告17块，更新、改造环卫设施4处，维修公厕12处，对破损的墙面进行修补上色，完成墙面出新800平方米。

【占道经营规范】 市城管局针对市场、学校、重点区域流动摊点进行多次集中整治，全年出动执法人员近万人次，对违规占道摊点进行劝导，开出书面整改通知书2000余份，对年度整治项目——步行街夜市进行集中整治，安排执法队员定时定岗执勤。对下岗失业人员、残疾人、失地农民群体的摊贩进行规范经营，通过合理设置便民疏导点、双休日跳蚤市场、爱心亭等方式，解决弱势群体的生计问题。西郊美食坊、东洲惠民之家运营逐渐步入正轨，经营面积超过4000平方米，摊位百余个，缓解市区流摊占道经营的压力。

【规范户外广告设置】 根据省环境综合整治户外广告规范要求，结合《江苏省海门市户外广告规划（2013）》确定的户外广告设置标准，对全市中心城区范围内的大型户外广告进行集中整治。全年拆除落地支架广告2块、墙面竖式灯箱广告7块、墙面广告2块、楼顶广告5块、高立柱广告1块、升级改造门头广告200余处近2000平方米，有效推进城市环境综合整治。制定《全市开展城管系统户外广告及亮化设施安全检查方案》，全方位排查全市大型户外广告安全状况，查找安全隐患，督查广告业主做好日常安全维护。

（郁　伟）

交通基础设施

【概况】 2016年，全市共投入9.6亿元，实施交通重点工程建设项目19个。全面推进宁启铁路二期工程海门段和海启高速海门段服务保障工作，开工建设叠港公路（S336至海太汽渡段），完成S335线东灶新河大桥、包场大桥、通启高速收费站改扩建、50公里农路提档升级工程、26座农桥改造工程、三德线6个大中修工程，新常久线东延绿化工程、S336启东界至临江段等3个亮化工程。

至年底，海门市境内公路总里程2521.53公里，其中高速公路40.05公里、一级公路334.82公里、二级公路135.04公里、三级公路215.66公里、四级公路1795.96公里，公路客运场站11个，长江汽渡2个。

航道总里程347.98公里，其中，三级航道28.58公里、四级航道3公里、五级航道51.13公里、六级航道61.34公里、七级航道64.88公里、等外级航道23条139.05公里。

全市现有内河码头109座，泊位136个，占用岸线8597米。

【老通吕线四甲段改道工程】 老通吕线四甲段改道工程起于货四线，终于S222线，线路全长1.86公里，二级公路标准。2016年底，路基、桥梁施工完成，路面水稳施工结束，进入路面沥青摊铺阶段。

【宁启铁路二期工程海门段】 宁启铁路二期工程海门段路线全长约38公里，途经海门工业园区、海门高新区、常乐镇、悦来镇、临江新区5个区镇，其中，海门站为客货运站、临江站为会让站。2016年底，完成主线红线内勘界，相关

全市宁启铁路二期工程服务保障工作推进会　　（市交通局　提供）

征地手续上报至市国土局；完成安置小区规划选址，组织开展相关迁建工作。

【叠港公路（S336至海太汽渡段）】 叠港公路（S336至海太汽渡段）全长11公里，路线北起于S336线，向南止于海太汽渡，一级公路建设标准。2016年底，完成工程量产值3460万元，进行路基、桥涵施工；全年未发生1起安全事故，申报2016年省级平安示范工地。

【筹建项目规划报批】 G345东延工程通过省发改委和省交通运输厅联合组织的工可报告审查，取得环评、洪评批复，开展初步设计工作。G228通州界至海门三星段改扩建工程取得省发改委工可批复，初步设计通过省发改委审查；海启高速海门港互通连接线一期工程完成项目初步设计；东先线工程取得省发改委的项目建议书批复，工可通过省发改委组织的审查，取得环评、地灾、压矿批复；委托上海城市规划设计院开展崇海通道轨道交通课题研究，起草《关于启动“海门—上海铁路通道规划研究与方案研究”的策划建议》，委托中铁第四勘察设计院集团有限公司开展沪崇海通道方案研究工作；完成海门铁路站初步设计工作，上报至上级有关部门；开展海门铁路综合客运枢纽布局规划研究，完成规划方案。

【港口码头建设】 通海港区通用码头、海润达码头、东灶港两万吨级码头工程陆域堆场开工建设；燕达重工码头、通光光缆码头、海门海螺码头二期工程等相继建成并通过交工验收；宝钢物流码头、中远重工码头通过竣工验收，投入使用；招商局重工码头进行试运行备案。

（万　佳）

给排水

【概况】 2016年，计划实施区域供水工程2个，总投资0.88亿元；全年城区供水量2912万吨，管网漏损控制在15%以内，向乡镇园区转供水3918吨，出厂水、管网水及龙头水水质综合合格率100%；城区河道管理进一步加强，城区河道水质保持良好水平。

【区域供水】 长江水厂深度处理工艺改造土建工程完成90%工程量，设备安装工程完成10%工程量，逐步实现由“合格水”向“优质水”转变；完成老小区楼道立管改造工程；结转项目城区应急深井建设工程完成80%工程量。

【城区供水】 全年完成城区长江水厂供水量2912万吨，售水量2319万吨，管网漏损控制在15%以内，向乡镇园区转供水3918吨，总产值近1.2亿元。出厂水、管网水及龙头水水质综合合格率均100%。城区新增用户8123户，“海门供水”公众号新增微信绑定交费用户2.86万户，方便群众缴费。投入20余万元完成老小区出户水表的保温工作，确保老城区用户冬季正常用水。全年铺设各类口径供水管线9.9公里，改造立管1000根，拆除老小区楼顶水箱422个，改造老居民住宅楼庭院管45根，户表改造1200户，完成各类口径供水管道应急抢修800多次，累计安装市政消火栓300只。

【河道及防汛管理】 城区防汛排涝工作主要针对往年易涝片区提前编制抢险排涝预案，涵闸、强排泵站24小时派人值班；利用联合疏通车、管道机器人对周边的排水管网进行汛前疏通检测，确保管道畅通；根据天气预报，在积水严重小区提前安排大功率排水泵、发电机、疏通车等设备和技术人员，24小时值班，随时准备抢险排涝，2016年汛期，城区没有出现大面积积水。城区日新河、宏伟河、通沙河每天均有值班人员巡查，发现河道水质变差，立即换水，平均每两天换水1次，保证河道的水质感官良好，水位正常。　（杨勤俭）

供　电

【概况】 2016年，市供电公司围绕市委、市政府“稳增长、促改革、调结构、惠民生、优生态、防风险”的工作大局，以“建好网、供好电”为重点，发挥电力要素支撑保障作用，为全市经济社会转型升级提供有力保障。全年全社会用电量38.6亿千瓦时，同比增长7.09%；电网调度最高负荷73.39万千瓦，同比增长8.1%；公司完成售电量36.3亿千瓦时，同比增长7.36%；线损率4.38%，同比下降0.2%；完成固定资产投资4.28亿元，实现主营业务收入21.76亿元，缴纳税金1.16亿元。同业对标夺得省公司综合标杆、管理标杆、营销专业管理标杆“三项标杆”。公司获“江苏省文明单位”、市公司“党风廉政建设标兵单位”、市“金牌企业特别贡献奖”“市级机关先进部门”等荣誉。

【电网建设】 在市委、市政府的支持下，完成特高压工程海门段属地管理工作。投入主网建设资金1.2亿元,110千伏刘浩、叠石输变电工程等重大项目投产,解决海门港新区、海门工业园区等重点发展区域用电紧张问题。超前完成220千伏瑞北、110千伏麒麟输变电工程前期工作,为海门后续发展积蓄可靠电源储备。

【重大项目建设】 围绕全市招商引资、项目建设发展方向和用电需求,成立用电项目服务中心,全年业扩报装量同比增长9.87%,项目接电周期平均缩短9.5个工作日,海螺水泥股份有限公司、恒秀铝业有限公司、东洲国际学校等重大项目接电周期平均缩短15个工作日。推进直购电工作,累计为招商局重工(江苏)有限公司、海螺水泥有限责任公司、江苏宝钢精密钢丝有限公司等11家重点客户节约用电成本600多万元。开展"电力体检"工作,帮助企业算好"安全、时间、负荷、电费、能耗、电价"6笔账,为1024家企业用户节约成本1670万元。

【惠民利民举措】 完成16个新建小区、13个安置小区105万平方米住宅电力配套工程。投入3亿元,完成1526个配、农网改造升级项目,提高供电可靠性。建立以台区为核心的微信群5639个,"零距离"服务电力客户。推动城区15个老旧小区表箱集中改造,更新农村居民接户线1225公里,惠及用户7万多户。

【社会责任履行】 促请市政府在全省率先出台电锅炉替代燃煤锅炉激励政策,公司完成电能替代项目23个,推广电锅炉37台,替代电量9639万千瓦时。建成宁启高速麒麟服务区、大千公交车回车场等电动汽车充电站5座,推动海门经济社会清洁、绿色发展。

【电力设施保护】 全年出动电力通道巡视检查人员2000余人次,实现35千伏及以上线路"零外破、零强停"目标。强化应急保障,完成迎峰度夏(电力系统为准备度过夏季,迎接电力负荷高峰而采取的一系列措施)、防台防汛、全市"两会"、经贸洽谈会、"环太湖"国际自行车赛、中高考等重点时段和重大事件的保电任务。 (夏 令)

燃气供应

【概况】 2016年,全面完成天然气置换任务。全力推进海门天然气利用工程海门站—海门城区项目,全年实现销售天然气1970.91万立方米,收入6279.89万元;液化气5881.1吨,折合天然气738.08万立方米,收入1805.14万元。按天然气销售,气量合计为2708.99万立方米。新增用户1.07万户,总开户6.88万户。完成19条中压

重大项目建设电力保障 (市供电公司 提供)

管线铺设,总长约9.42公里,通过验收。完成中南世纪锦城二期、江城逸品二期、海兴华府一期等住宅小区的燃气管网的铺设,以及通光集团、中南商业城一期、新文峰大世界等8家餐饮燃气管道的铺设和安装,埋地管线铺设长度PE管26.11千米、立管为27.35千米。

【燃气专项规划】 完成编制《海门市燃气专项规划》,包括《加气站专篇(2015—2030)》《液化石油气站专篇(2015—2030)》《输配系统专篇(2015—2030)》《海门港新区(包场镇)天然气专项规划(2015—2030)》《海门市海永镇天然气专项规划(2015—2030)》。报市政府批准同意,予以实施。

【天然气置换完成】 截至年底,完成中南世纪城(丝绸路北)、绿茵水岸、一心苑、文化苑、荔园公寓、日新小区、东洲半岛、通源北村、丝绸路别墅区、海德花园、龙馨家园、南海小区、公安新村、光明新村、博士花园、静海新村、海上名门、光华、秀山、海南、海景、新华园27个小区1.99万户天然气入户置换,提前两个月完成海门城区的天然气置换任务。累计置换小区84个,用户近5万户。

【中压管网铺设】 2016年,完成越秀路(黄海中路—秀山路)、张謇大道西侧(南京路—聚贤路)、丝绸路—中南雅苑小区、人民路(通源路-长江路)、人民路(长江路—越秀路) 越秀路 (人民路—秀山路)、新海路(江海路—镇中路)、人民路(海兴路—宋季河)、解放路农贸市场、海兴新村周边、北海路—星海湾、长江路(南海路—北京路)、广电局~锦尚名苑、南京路(瑞江路—嘉陵江路)、南海路(越秀路—江城逸品)、解放路—金牛广场等19条约9.42公里中压燃气管网的铺设。

【庭院管网铺设】 完成中南世纪锦城二期、江城逸品二期、海兴华府一期、东恒盛国际华府、红星美地、利北嘉园、南海湖、海亮·悦榕墅、中南雅苑、中南锦苑一期等住宅小区的燃气管网的铺设,发展新用户1.07万户。发展通光集团、中南

商业城一期、新文峰大世界、市公共资源交易中心食堂、商和广场等52家工商服用户。

【燃气管理】 严格审批职能，在市域范围内将燃气管网备案手续作为领取施工许可证的前置条件，全年审查燃气管网文件85份，保护协议备案5份，确保地下管网安全。严格燃气管理职能，对燃气工程设计、施工、监理单位、安全保护措施等进行严格把关，确保燃气工程建设管理规范、安全运作。实行燃气企业安全生产目标管理责任制考核制度，与各燃气经营企业签订2016年燃气企业安全生产责任状14份，签约率100%。开展城镇燃气安全生产专项整治，本次专项整治被列入蓝表(存在一般安全隐患，需限时整改)企业10家、隐患22处，红表(拟列入取缔、关闭、转产、搬迁)企业1家。针对蓝表企业下发整改通知书，限时整改，并上报整改情况汇报；红表企业——海门中石油昆仑燃气公司城北液化气站，在全市完成天然气置换工程后关闭停运。取缔“黑窝点”3处，暂扣气瓶15只。加强燃气日常管理，全年外出安全巡查30余次，发现并督促整治安全隐患40余次，组织4次规模较大、针对性较强的安全检查。加强安全用气宣传，发放宣传资料800余份，悬挂燃气安全标语20多条，普及燃气防爆安全知识，同时加强燃气企业从业人员安全培训教育。全年燃气入户安检5.17万户，完成120个小区、453公里管线巡检，发现105处泄漏点，4处阀门井被埋，全部修复。更换腐蚀管道1.32千米，完成111只阀门井的防水防腐改造，安装调压柜3台、调压箱721只，取消阀门井771座、集水井129座，拆除调压器1.28万只。完成28台特种设备的定期检定，每半年对48个阴极保护测试桩进行检测，排除隐患1100起。 (杨勤俭)

垃圾处理

【概况】 以全国文明城市长效管理为标准，在全系统开展“让城市每个角落都干净”活动，坚持教育引导、问题导向、持久整治、错时管理、服务帮助，采取人机结合等方式，确立“一把扫帚扫到底、扫干净、扫彻底”“一杆水枪冲掉霉味、臭味、焦味”的工作标准，确保条条道路天天有人扫、生活垃圾天天有人运。实现对城区近300万平方米道路保洁，机械化清扫面积240万平方米，垃圾日产日清，清运率100%，市民生活环境质量显著改善。市城管局环卫处对城区4个基层环卫所升级改造，增加作业车辆停放、数字环卫站所管理平台，以及职工休息、就餐、沐浴等功能区域，为一线环卫职工提供便利；加快推进城南生活垃圾中转站建设，完成配套压缩转运设备、渗滤液处置设备招投标，进行地质勘探、建筑施工图深化。项目建成后，城区将增加300吨的生活垃圾日压缩转运能力。 (郁 伟)

环卫工人雨中清运垃圾 (市城管局 提供)

污水处理

【概况】 2016年，启动市东洲水处理有限公司五期工程，实施城镇污水处理主管网工程4个，实现全市污水收集管网全覆盖、城镇污水收集率90%以上的目标。

【东洲水处理三、四期工程】 3月，市东洲水处理有限公司三、四期工程通过竣工验收，主要服务区域覆盖海门市城区、经济技术开发区、海门工业园区、三厂镇及常乐、四甲镇等建制镇镇区，包含天补、三和、德胜、麒麟、树勋、万年、货隆等自然镇镇区，服务面积约556平方千米，约占海门市总面积的50%；全年处理污水3297万吨，削减COD（化学需氧量）1.07万吨、NH3-N（氨氮含量指标）530吨；出水水质稳定，达一级A排放标准。

【东洲水处理五期扩建工程】 组织开展市东洲水处理公司五期扩建工程（新增污水处理4万吨／日)的前期准备工作。确定五期工程建设用地范围，办理建设项目选址意见书。完成可研报告的评审稿，完成排污口设置论证报告的编制。启动五期工程环境影响报告书、社会稳定风险评估报告的编制。

【污水主管网工程】 截至年底，污水主管网工程均竣工或进入收尾阶段，其中投资4800万元、9公里长的上海路污水收集主管网工程，完成90%的工程量，投资3500万元、23公里长的常乐至余东污水收集主管网，完成90%的工程量，投资1500万元、7.6公里长的四甲至货隆收集主管网，完成90%的工程量，投资2300万元、6公里长的德胜至三星污水收集主管网工程，完成80%的工程量。投资950万元、7公里长的新城区南新区域排水管网工程，完成90%工程量；投资

3700万元、14公里长的北海门路以北区域排水整治工程,完成90%工程量;投资450万元、3.2公里长的岷江路污水总管工程,完成50%工程量。

【乡镇污水管网改造工程】 截至年底,区镇负责实施的城镇建成区污水收集管网工程进入收尾工作,除三厂工业园区及四甲二标段未完工外,海门工业园区、余东、常乐、悦来、正余、海永等乡镇进入竣工验收阶段。

市政公用事业管理

【市政路桥管理】 高标准实施城市道路养护管理,全年完成瑞江路、浦江路、秀山路等车行道专项维修1.3万平方米;完成青海路、狮山南路、光明路人行道板专项维修约5500平方米;完成沥青砼路面裂缝灌缝8万米。全年零星维修车行道坑槽、拥包等病害约4200平方米、道板砖4500平方米、侧石6800米。加强城市桥梁管理,对全市养护区范围内的86座桥梁进行常规检测和锦绣东路桥的特殊检测,对1.3万平方米的栏杆、木质铺装进行油漆。加强城市交通设施管理,通过招投标确定养护施工单位,实现主动养护,全年对城区5.6万平方米的标线进行施划更新,警示桩反光膜更新2000余根,维修护栏1000余米、修整更换指路牌400余块、维修新增减速垄500余米,组织养护单位对城区护栏进行2次全面清洗,保障城市面貌与道路通行安全。加强建设工程市政配套设施竣工验收监管及备案管理,组织龙信广场、海兴华府二期、东洲佳苑等17个开发项目的综合管线评审,办理中南锦城、中南雅苑、江城逸品二期等22个项目的配套工程验收备案。

【园林绿化管理】 控制改变绿化规划、绿化用地的使用性质审批与临时占用城市绿化用地许可申请受理数量,全年受理改变绿化规划、绿化用地使用性质的行政许可2项和临时占用许可4项。严把新建、改建和扩建项目配套绿化审核关,重点把控居住区配套绿化工程的方案审核、施工图审查及竣工验收备案,全年办理绿化方案审核15项、绿化施工图审查13项、竣工验收备案20项。严把绿化企业资质审核关,2家企业通过资质初审并成功申报三级资质。落实城区绿化养护长效管理工作,完善绿化养护考核管理制度,加强绿化养护管理。开展城区绿化养护资料整理工作,逐步建立城区绿化养护资料数据库,经统计,城区二级管护绿地91.16万平方米,三级管护绿地217.04万平方米;建立业主代表制度,实行日常巡查管理,督促养护单位做好各项管护工作;严格落实每周绿化养护考核制度和例会制度,确保养护质量与考核结果直接挂钩;全年发放专项通知4份、考核通报12份,扣除养护经费8.5万元。优化东洲公园和江海公园环境和服务质量,实行保安全天候值班制度,开展园内绿化管护、设施维护工作,安排和组织园内活动45次,确保全年安全无事故,打造市民满意的城市公园。参加以"菊映南山·魅力通州"为主题的第27届南通菊花展,获得金奖1项、银奖2项、铜奖7项。

【排水管理】 加强市政排水设施巡查养护,8月,将城区分成4个片区,安排专职巡查人员进行巡查,提高主动养护效率,减少各类安全隐患。至年底,处理各类平台单子约2500个,全年无各类安全事故发生。排水管网养护采用管道机器人技术,对问题管道进行检测,精确定位管道缺陷部位,提高管道养护效率。全市排水户排水许可管理工作从无到有,逐步完善,明确新建项目接入市政管网必须办理排水许可,全年办理排水许可40份,发出整改通知书3份。

(杨勤俭)

改造一新的新海路 (市住建局 提供)

交通运输管理

【公共交通事业】 完善公交服务体系。购置20辆纯电动新能源公交车;完成102、103、109、112、118路城市公交线路的优化合并和延伸;完成102辆出租车的更新;购置10辆镇村公交车辆,开通8条镇村公交线路,镇村公交开通率100%。推进客运站场建设,完成大千西侧公交回车场场地建设,配套站房封顶,液化天然气公交加气站房建设,23只充电桩年前完工;基本确定经济技术开发区、海永、临江、悦来、正余、四甲、常乐等7个区镇客运站场选址,签订设计合同,基本完成施工图设计;119只公交候车亭建设改造全部完工,配合住建部门完成城市公交线路的9只候车亭改造任务。启动智能公交建设,结合南通市公共

全市交通运输系统工作推进会 （市交通局 提供）

交通一卡通工程，委托南通智慧交通科技有限公司形成《海门市公共交通信息化项目实施计划书》；全面推进“江苏交通一卡通”工作，完成公交车辆车载器具技术改造、业务受理网点建设，培训一卡通工作的管理人员、网点人员。完成新能源车辆 300 个标准台的推广，其中公交车 20 辆、其余各类车辆 31 辆，完成 100 根充电桩的建设。

【运输市场秩序】 全年实施行政许可 245 件，行政处罚 102 件，罚款 23.06 万元。加强对客运、驾培、货运市场的规范整治，查处无证从事道路客运运输 29 起、出租车违规行为 22 起、驾培类违章 5 起、其余各类违章 46 余起。完成春运以及小高考、高考、中秋、国庆等运输保障工作。

【优美路域环境创建】 以创建全国文明城市为契机，推进优美路域环境整治，提升公路管养水平。省道公路优良路率保持 100%，公路技术状况指数 96，县乡公路优良路率 96.6%。农村公路管养工作全省领先，被交通运输部评为“全国公路管理养护年先进集体”，成为全省首批 10 个“四好农村公路”示范县之一。

【港口码头管理】 引进第三方机构，配合开展内河港口危险货物码头隐患排查，推进危险货物港口作业网上申报审批制度，换发港口经营许可证 4 张；组织危险化学品港口经营人的装卸管理人员、主要安全管理人员参加省交通厅举办的从业资格考核；制定《海门市沿江非法码头专项整治工作实施方案》，开展专项整治，16 家无证经营码头中的 8 家企业按要求整治到位；开展未批先建行为专项整治行动，相关企业按规定完善手续。

【安全生产监管】 以全面贯彻落实新《中华人民共和国安全生产法》为工作主线，推进安全生产专项整治工作，抓牢落实企业安全生产主体责任和行业监管责任两个重点，狠抓事故隐患排查治理工作，强化基层基础建设。全年组织开展拉网式安全生产大检查 5 次，排查安全隐患 426 处，全部整改完毕，确保全年交通运输系统安全生产形势持续稳定。

（万 佳）

建筑市场监督管理

【工程建设管理】 加强建筑企业资质和市场准入管理、基本建设程序管理，全年共办理企业资质、人员注册、变更等事项 225 件；审核办理项目立项登记 170 件，勘察设计合同备案 227 件，施工合同备案 95 件，监理合同备案 66 件。完善工程质量保证体系，贯彻落实《海门市工程质量治理两年行动方案》，对在建项目展开拉网式执法检查 3 次，对各方责任主体的质量行为、五方责任承诺、工程技术资料以及工程实体质量进行抽查，指出存在问题，督促建设各方质量责任主体立即整改到位，确保在建工程质量。全年有 18 项工程获“南通市优质工程”“南通市优质结构工程”等荣誉称号，完成工程质量治理两年行动。推广绿色建筑，贯彻《江苏省绿色建筑发展条例》，中南总部基地宿舍楼、综合楼两个项目获二星级绿色建筑设计标识，龙信广场 1-14 号楼获三星级绿色建筑设计标识。海门市被省财政厅、住房和城乡建设厅确定为“江苏省绿色建筑示范城市(县级)”。强化依法行政，完成建设条线行政权力清单标准化编制，为每一项审批职能，编制详尽办事指南和工作流程，提供可以网上下载的配套表格。按照《江苏省绿色建筑发展条例》《建设工程勘察设计管理条例》《建筑工程施工许可管理办法》等法律规定，确定工程建设条线的随机抽查事项清单，明确抽查方式、抽查内容及要求，依法开展相关监管检查。

【施工图设计审查】 加强施工图审查技术人员培训，提高审图质量。全年审查工程项目 160 项，审查面积 168 万平方米，核发施工图审查合格书 102 份。通过技术审查，查出违反建设工程强制性条文数 467 条，违反强制性标准数 2846 条，从源头上保证建设工程质量，提高各设计单位设计水平。

【建设工程抗震设防审查】 对 160 个工程的施工图进行抗震设防设计审查，审查面积 168 万平方米，核发建设工程抗震设防审查证书 106 份。配合教育局实施校安工程，全年对 24 所学校的校舍进行抗震加固施工图审查，增强学校建筑抗震防灾能力。依据全市城市抗震防灾规划，遵循“统筹规划，平实结合，结合利用，分期实施”的原则，推进全市应急避难场所建设。3 月，完成《海门市地震应急避难场所布局规划》(2015—2030)编制评审工作。通过结合广场、绿地、公园、人防工程、学校、体育场馆等公共设施建设,完成12个固定应急避难场所和1个中心地震应急避难场所建设,完成省政府下达的中期目标任务。

【工程质量监督】 全年监督1120个单位工程,其中新监工程514个、结转工程606个;市政工程27个,2016年新开工建筑面积283万平方米。加强质量管理基础,举办见证员、取样员培训班各1期,培训人数分别为141人、189人,资料员培训班1期,培训人员180人,提高施工现场质量管理能力。加强工程质量巡查力度,全年组织全市房屋工程质量巡查3次,巡查112个项目,面积近380万平方米。强化建设工程质量通病防治、分户验收和质量投诉工作,建立工程质量保证体系,贯彻工程建设标准强制性条文,加强市政基础设施及保障性住房的质量监督力度,加强建筑节能监督力度,落实五方责任主体项目负责人质量终身责任。健全工程质量监督、监理机制。

【工程造价管理】 2016年,组织"营改增"培训班3期300多人;定期召开招标控制价质量分析会,对招标控制价备案中发现的问题进行剖析,有效地从源头上减少工程造价纠纷的发生;加强造价信息工作,组织2次人工工资价位调整;聘用37位土建、装饰、安装、市政、绿化信息员共同参与信息价格研讨,完善材料价格测报工作,提高材料价格发布质量,规范信息价采集报送时间,统一信息员采集报送材料价格时间,使信息价格更加贴近市场行情;全年编发《海门市建设工程造价信息》6期;参与核定文明施工措施费328项;招标控制价备案135份;调解造价纠纷10起;配合协助省站及南通市造价处对建筑工业化定额的研究。

【白蚁防治】 对新建房屋签订省房屋白蚁预防工程合同书60份,开具省房屋白蚁预防工程竣工报告(证明)60份,完成合同白蚁防治面积210万平方米,鉴订合同的工程防治率100%,白蚁灭治2000平方米,按时灭治率100%。

市领导视察城建工作 (市住建局 提供)

城建档案管理

【概况】 2016年,接收587个单体建筑工程项目的竣工档案、9个市政基础设施项目竣工档案和4个绿化工程竣工档案,签发省建设工程档案专项验收意见书120份、建设工程档案接收证明书120份。接收整理2015年的规划、用地、选址档案806卷;立卷归档8277卷,馆藏档案8.83万卷。推进馆藏档案数字化扫描和声像档案工作,数字化档案占用空间130兆字节,跟踪拍摄城市建设重大活动、重点工程建设照片532张。全年接待查档347人次,提供档案876卷,底图262张,出具档案证明材料2681页。

【档案业务指导】 加快推进全市村镇建设档案工作,按照省村镇建设档案室目标管理评估办法,指导海门经济技术开发区、海门高新区、三厂街道、海门工业园区、临江新区村镇建设档案室达标升级。12月,省考评组对全市村镇建设档案室进行考核,5个村镇建设档案室晋升为省特级村镇建设档案室。

(杨勤俭)

水 利

【概况】 2016年,市水利局围绕全市经济社会发展大局和水利重点工作目标,加快水利现代化、水生态文明建设。全年争取13项次、4967万元上级水利专项补助资金,有效促进全市重点水利工程加快实施。《全市河道及水利工程范围划定实施方案》通过专家审查并获得市政府批准。全年完成征收水资源697万元,水利工程水费408万元,河道堤防占用费38万元。市水利局班子被评为全市"树一流形象、创一流业绩"好班子。

【农村水利建设】 继续实施河道清障及长效管护,按照"统一标准、规范程序、注重质量"原则,市财政再投入2800多万元,完成全市4800多座配套建筑物的改造升级,实现"三年任务两年完成"目标。一、二级河道机械化保洁实现常态化、规范化,保洁效果明显。完成年度县乡河道疏浚任务,疏浚18条(段)县乡级河、土方81.2万立方米。实施2016年度中央财政小型农田水利重点县工程,完成河坡整治36公里,疏浚河道53条24公里,新建过路涵6座。组织引江调水41潮次5056万立方米,有效改善水环境。小型农田水利工程管理工作经省考核确定为优秀,获得省级奖励资金。编制完成

《海门市“十三五”水利发展规划》,通过专家评审,获得市政府批准。

【小型水利工程产权制度改革】 组织实施小型水利工程产权制度改革,健全组织网络,制定政策文件,开展调查摸底和工程登记造册等工作,累计颁发产权证、使用证各245份。

【防汛防旱防台】 重视汛前工作。6月,下发《海门市防汛防旱应急预案》和《海门市防台风应急预案》,召开全市防汛工作会议,做到组织到位、物资到位、队伍到位、责任到位。采取特事特办、急事急办方式,完成全市长江大新段防护应急处理工程,防汛应急指挥系统一期工程率先建成,并投入使用。完成省重点水利工程——海堤龙桥至启海交界段加固工程,通过省水利厅的专项稽察。督促指导海门经济技术开发区实施招商重工地段主江堤修复工程,通过完工验收,协助长江水利委员会设计院开展主江堤提标工程前期勘测调查。落实市局领导带班24小时值班制度,做好汛情通报、水情调度、上传下达、监督检查和江海堤防巡查等工作,组织防汛抗旱专业队参加南通市局组织的防汛演练和排涝实战,及时处置各类险情16次,累计组织排水321潮次6.67亿立方米,有效应对台风、暴雨和干旱灾害,减轻损失。

河水清清

【水资源管理】 落实最严格水资源管理制度,协助市政府召开专题会议,研究部署最严格水资源管理目标任务,分解下达到各区、镇。临江新区水资源规划论证工作通过上级审查。推进深井封填工作,完成第三年度46眼封井任务。不定期明察暗访全市供水企业深井,落实地下水压采工作。

【水行政执法】 以打击长江非法采砂为重点,严格水行政执法,落实专人服务保障和全程监管长江口北支海永段岸线整治工程采砂过程。完成执法巡查102起,受理举报24起,其中立案查处5起,有效维护正常水事秩序。

【农田水利现代化水平监测】 推广节水灌溉技术,农业灌溉用水实现负增长,灌溉水利用系数提高至0.66,有效灌溉面积5.23万公顷,旱涝保收面积4.77万公顷,节水灌溉工程控制面积1.41万公顷,高效节水灌溉工程面积3000公顷,231个行政村小型农田水利工程管护实现全覆盖。 (张国华)

生态环境

江海民俗风情

渔猎·搪网捕鱼 这种网较大，有网纲绳和网杆，网底有铁脚。捕鱼人在沟沿的两岸拖网底和拉网纲杆，慢慢前进，拖到沟的尽头，此时整条沟里鱼大部分被赶到沟头，最后取网出水，将鱼一网打尽。一般在过年过节时应宅沟或横沟的养鱼主人之请后捕鱼，捕鱼人收取捉鱼铜钿。

郁异人 绘

◎ 责任编辑 王 寅

综　　述

【概况】 2016年,开展化工园区整治专项行动、塑料粒子和废铝加工行业淘汰专项行动等10个专项行动。全年立案处罚案件92件,罚款金额562.7万元,其中,对项目未审批及验收、未取得排污许可证的处罚182.2万元,涉及水污染的处罚265.5万元,涉及大气污染的处罚99万元,涉及固废方面的处罚16万元。实施查封扣押3起,行政拘留2起,对2人实施强制措施。全年征收排污费2450万元。解决灵甸水务、东部管网、黄海水务等历史遗留问题。关闭企业22家,停产整治63家,限改34家;违法违规建设项目清理企业155家,完善备案1150家,整顿规范132家,开展33场环保"三进三讲"宣讲活动,在各级报刊杂志发表文章近200篇。全年开工整治项目22个;累计争取补助资金2982万元;为区镇、企业提供专项服务20余次,制定服务工作专项方案10多个,"送罚单不如送服务"的理念在全国得到推广。淘汰10蒸吨以下燃煤锅炉135台,完成清洁生产审核企业15家,完成3家企业的VOC(挥发性有机化合物)治理。全年产生固废1.2吨,转移6921吨。淘汰黄标车489辆。秸秆禁烧保护国家、省市通报"零火点"。

【环境保护综合行政执法体制改革】 2016年,市环保局开展环保综合行政执法体制改革,整合环保行政执法职能,优化资源配置,推进环保执法重心下移,充实基层执法力量,强化环保监管基础建设,初步构建立体化的环境保护监管执法网络,实现监管执法全覆盖。将市环保局及其所属事业单位分别行使的固体废物、核与辐射、机动车尾气等方面的执法职能整合,统一划入相应的环境监察执法机构,实现"一支队伍管执法"。根据地域范围、人口数量、产业结构、经济规模和《南通市人民政府关于海门市环境保护综合行政执法体制改革试点工作方案的批复》文件精神,组建海门工业园区分局、海门港新区分局、临江新区分局(撤销原事业性质的临江新区分局)、常乐分局、余东分局,均为副科级建制,与海门经济技术开发区分局同为市环境保护局派出机构。4月,市政府印发《海门市环境保护局派出机构主要职责内设机构和人员编制规定》,明确环保分局的主要职责、内设机构、人员编制以及各分局的管辖范围、执法力量。市环境监察大队统筹安排19名以上工作人员到各环保分局工作,确保按区域设置的各环保分局人员不少于10名,其中行政事业人员不少于8名。6个环保分局使用劳动合同制执法辅助人员数共12名。通过省公务员招考补充市环保局及分局13人。

科普站建成活动　　　　(市环保局　提供)

【环境信访】 制定《海门市环境应急值班出警管理办法》,实行24小时值班制。全年双休日、夜间出警76次,夜间监测采样56次,同时通过畅通信访渠道,完善环境信访调处机制,强化部门整体联动,有效降低环境信访总量和越级信访。全市信访形势总体稳定,全年处置群体性信访事件9起,处理率100%,回复率100%,累计受理群众环境信访投诉4074起。成功处置环境突发事件2起。未发生因环境污染引发的群体性越级上访和影响社会稳定的事件。3月,市环保局被省环保厅评为"2015年度环境信访工作成绩突出县(市、区)环保局"。

环境质量

【空气质量】 2016年,市区环境空气质量达标率76.2%,总体状况良好。其中优105天、良174天、轻度污染65天、中度污染18天、重度污染4天。环境空气主要污染物年日均值分别为PM2.5 45微克/立方米、PM10 63微克/立方米、二氧化硫18微克/立方米、二氧化氮22微克/立方米,全市环境空气质量除PM2.5外,其余项目均符合国家环境空气质量二级标准。降尘年月均值5吨/平方公里·月,符合参照标准。

【降水质量】 全市降水pH年均值6.67,酸雨频率15.4%。降水中阴离子浓度最高的是硫酸根离子,其次是硝酸根离子;阳离子中浓度最高的是铵根离子,其次是钙离子和镁离子。

【水环境质量】 地表水。长江海门段总体水质良好,近岸水域水质达到地表水质量Ⅲ类标准,主流道水体达到地表水质量Ⅱ类标准。通启运河、通吕运河海门段水质以Ⅲ类为主,总体良好,省控通启运河海洪大桥、通吕运河货隆大桥各项监测指标丰、平、枯水期的达标率均为100%。城区主要河流中,海门河水质以Ⅴ类水质为主,丰水期水质可达Ⅲ类,枯水期下降为劣Ⅴ类,属于重度污染;圩角河水质以Ⅴ类水质为主,丰水期水质可

水环境百日整治——悦来百裕河整治 （市环保局 提供）

达Ⅲ类，枯水期下降为劣Ⅴ类，属于重度污染。

饮用水。海门长江水厂吸水匡河水体属尚清洁水质，监测的29个项目均符合地表水Ⅲ类标准，水质状况良好，水质达标率100%。

地下水。全市地下水潜层水符合地下水Ⅲ类标准，水质状况良好。第三承压层水质为Ⅳ类标准，水质较差，主要氨氮指标超标。

水环境功能区。全市地表水环境功能区18个点位中，9个点位超标，水质年均值达标率50%。其中，Ⅱ类水质占比5.56%、Ⅲ类水质占比44.44%、Ⅳ类水质占比22.22%、Ⅴ类水质占比16.67%、劣Ⅴ水质占比11.11%。

内河底泥。全市内河底质等级为轻污染Ⅱ级，底质中各指标均未超过《土壤环境质量标准》（GB15618-1995）中二级标准。

近岸海域。全市近岸海域水质各监测点位水质均达到二类标准，海水水质良好。

【声环境质量】 2016年，海门市区域环境平均等效声级值54.4分贝，处于较好水平，城区各功能区噪声昼夜等效声级值达标率50%。城区道路交通噪声昼间平均值64.4分贝，达到4类区标准，道路交通噪声环境质量等级为“好”。

【土壤环境】 2016年，海门市监测点位土壤环境质量达到《土壤环境质量标准》（GB15618-1995）中二级标准。

生态建设

【概况】 2016年，为进一步加强生态红线区域管控措施、建立完善生态补偿机制，加大生态红线护区资金扶持力度，完成《海门市生态红线区域保护规划》《海门市生态红线区域保护监督管理暂行办法》的制订与审核，将以市政府名义下发。覆盖拉网式农村环境综合整治工程稳步推进。全年有15个行政村开工建设，7个村完成招投标，19个试点村完成工程建设，共完成主管网建设31.6千米、支管网建设23千米，塑料井2106个、砖砌井2290个、进户4334户，完成污水处理设施12个。制定并下发《海门市政府关于规范畜禽养殖管理工作的意见》，加大农村面源污染防治力度，畜禽养殖污染防治稳步推进，畜禽养殖场粪便综合利用率98%。全年新建的绿地超过100公顷，园林城市创建成果得到巩固。3月30日至31日，海门中德低碳生态试点示范城市建设经验在全国“中德低碳生态城市创新与实践”论坛上交流，县级市仅两家。

污染减排

【水污染物减排】 全年完成水污染物项目9个。3月，市东洲水处理有限公司三期扩建工程通过验收，设计日处理量4万吨，实际日处理量2万吨，削减化学需氧量1458.32吨、氨氮191.97吨、总氮211.35吨、总磷12.44吨。江苏金雪集团有限公司、南通鑫海绿色制冷剂有限公司、海门市南洋化工有限责任公司、南通金秀铜材有限公司、海门市达利针业有限公司、海门市美图制针有限公司、海门市亨利制针有限公司、南通华东制针有限公司8家小型企业关停，削减化学需氧量50.31吨、氨氮5.67吨、总氮9.88吨、总磷2.89吨。全年削减化学需氧量1508.63吨、氨氮197.64吨、总氮221.23吨、总磷15.33吨，四项水污染物指标化学需氧量、氨氮、总氮、总磷削减比例分别为17%、12.9%、5.9%、3.47%。

【大气污染防治】 印发《海门市2016年大气污染防治工作计划》和《海门市2016年高污染燃料锅炉整治工作方案》，南通市政府下达海门市162台10吨以下燃煤小锅炉淘汰任务，已完成淘汰135台，完成率83%。工业大气污染治理快速推进。通海染整1台20吨燃煤锅炉8月完成脱硫和烟尘提标改造工程并投入正常运行；4月，完成联普化学有限公司石化行业废气治理提标改造。全年实现二氧化硫减排1426.12吨，氮氧化物269.08吨；9月，完成环宇化工厂、化工原料厂、埃夫科纳3家企业挥发性有机化合物治理任务。完成7个建筑示范工地创建工作；开展3轮城区露天烧烤整治，重点区域的油烟污染有效遏制；城区道路机

青龙、灵甸化工园区环保专项整治通报会　　(市环保局　提供)

扫洒水率90%以上，黄标车淘汰 489 台，完成率 87.3%。

环境监管

【环境监管网格化】 出台《海门市网格化环境监管实施方案》，建立网格化环境监管体系，按行政区域将全市划为市、镇(园区、街道)、村(居委会、社区)三级网格，推行环境执法监管网格化管理。落实环境保护主体责任，按层级定区域、按职责定任务，通过属地管理、分级负责、全面覆盖、无缝衔接、责任到人的网格监管，确保排污单位得到有效监管、环境违法行为得到及时查处、突出环境问题得到稳妥解决。

【环境监测】 2016 年，投入 130 多万元新增等离子体光谱仪 (ICP)、翻转振荡器、自动洗瓶机、纯水机、电子滴定器、噪声显示屏等设备。全年完成报告编制 777 份(水监 274 份、水委 298 份、综委 119 份、比对 86 份)；编制监测快报 10 期；编制多类汇总表 169 份（生态补偿 24 份，污染源监督监测 12 份，例行监测 113 份，专项监测 20 份)。共取得监测数据 12.66 万个，其中空气环境质量监测(空气自动站)数据 10.51 万个、地表水环境质量监测数据 4458 个、声环境噪声监测数据 4032 个、土壤监测数据 150 个，其他监测数据 1.28 万个(污染源监测、委托监测数据等)。

【环保专项行动】 2016 年，以“打击违法违规行为，保障群众环境权益”为目的，重点实施化工园区、塑料粒子和废铝加工、东部管网印染企业、灵甸工业集中区进管企业特征因子、企业排污总量控制、青龙园区化工废气、海门高新区德新村环境整治、水环境百日整治、突出环境问题整治、秸秆禁烧等 10 个专项行动。累计检查出各类环境问题 308 个，发出限期改正通知书 34 份，立案查处环境违法行为 23 个，关闭企业 22 家，停产企业 63 家，限改企业 34 家，环境监察人员累计加班 4012 人次。

【绿色护考】 中、高考期间，出动人员 80 人次，重点巡查建筑施工、工业企业、文化娱乐场所、考试考点和食宿点等区域的噪声排放情况。对违反限时作业规定、给居民和考生造成环境噪声污染的单位及时制止并严肃处理。共调处群众噪声投诉近 30 起，处理率 100%，满意率 100%，为考生营造一个宁静的学习、休息和考试环境。

【环境应急管理】 督促重风险企业开展环境应急预案及风险评估正式备案 26 家，指导企业开展突发环境事件应急演练 20 家，联合海门经济技术开发区开展长江码头突发环境污染事故应急演练，在青龙化工园区慧聚药业联合消防、卫生、园区等多部门开展全市突发环境事件应急演练。

【环境信用评价】 对全市 276 家企业(其中 10 家为国控重点企业)2015 年度的环保信用情况进行评价，促使企业严

会同农业专家等查看、调处疑企业烟囱气体导致大片玉米叶面斑点问题
(市环保局　提供)

查封塑料粒子加工场 （市环保局　提供）

格规范环境行为，提高环境管理水平。经评审确定，6 家为绿色等级企业、224 家为蓝色等级企业、34 家为黄色等级企业、9 家为红色等级企业、3 家为黑色企业。通过环保与金融、物价等部门的信用共享及失信联动惩戒机制，推动企业环保信用评价结果在评先评优、信贷支持等工作中广泛应用。

【违法、违规建设项目整顿】 坚持“全覆盖、零容忍、重实效”的要求，以“属地管理、统筹兼顾、分类处理”为原则，开展环保违法违规建设项目清理。成立 6 个工作小组，对 1437 家企业进行现场分类，梳理需“完善备案”项目 1150 个、“淘汰关闭”项目 155 个、“整顿规范”项目 132 个。12 月，完成全部 1437 家企业的项目清理工作。

【秸秆禁烧】 在夏秋季秸秆禁烧期间，100 多人组成白天和夜晚各 6 个巡查组，以“5+2”“白+黑”的工作模式，白天查黑斑、夜间查火点，24 小时、节假日不间断地监控，保持禁烧高压态势，做到时间上不出盲点、地域上不留死角。累计出动 1600 多人次，其中晚间和双休日加班 800 人次。对禁烧不力的乡镇园区，及时通报并上报有关部门进行效能督查，诫勉谈话，并层层追究秸秆禁烧责任。国家、江苏省的环保卫星和气象卫星遥感监测中，海门夏秋秸秆禁烧连续 4 年均为“零火点”。

【危险固物管理】 对 91 家产废企业进行月度审核，共审核 1200 家次以上，全年产生危险固废 1.2 万吨，转移 6921 吨，其中省内 4536 吨、省外 2385 吨；办理跨省转移手续 18 家次，全年未发生未审批转移问题。

【放射源管理】 对全市 38 家医院和 13 家生产、使用辐射源或装置的单位进行拉网式检查，对相关人员进行岗前安全操作培训，对 2 家外省使用源单位进行监督检查。确保全市核与辐射安全。

环保宣传

【概况】 市环保局结合新常态下环境宣教转型发展和海门实际，发挥环境宣传教育在环境保护和生态文明建设中的驱动作用，2016 年获省“生态文明建设宣传一条街”活动优秀奖、首届“江苏环保网络文化季”优秀活动项目、首届“江苏环保网络文化季”优秀组织单位、《江苏环境》宣传工作先进单位等多项荣誉。

【“三进三讲”宣讲】 “三进”即进学校、进企业、进村庄；“三讲”即讲环保新政和形势、讲环保工作和成果、讲低碳生产和生活。“三进三讲”的主要成员有市环保局领导班子成员、二线及退休老干部及在职环保骨干，通过组织专题环保宣讲活动向广大村民、教师学生、干部职工宣传生态理念及实践，解析环境形势，展现环保工作成果，倡导生产生活的绿色转型。宣讲活动共进行 33 场，其中进村镇（社区）22 家，进学校 5 家，进企业 6 家，约 2000 多名村民、3000 多名师生、300 名职工参与互动宣讲。宣讲活

“6·5”环境日活动 （市环保局　提供）

动获市“宣传思想工作改革创新案例二等奖”。

【环保科普】 发挥4个科普教育基地作用,结合各自特点展示环境理念,普及低碳生活和绿色消费方式。加大对公益性生态宣教设施建设和运行经费的投入,挖掘社会资源,完善设施,形成各具特色的具有互动性、体验式的环境科普场馆。围绕公众关心的环境热点,利用“环境日”“地球日”“世界水日”“无车日”“科普宣传日”“法治宣传日”“全民阅读日”等主题活动,开展全民环保行科普活动。麦穗书房科普站开展“赛一姐姐讲故事”环保诵读会。开展“小树的四季”环保手工沙龙活动、环保微摄影比赛活动。大气污染防治科普站组织自行车协会、张建伟环保志愿者协会开展“绿色出行”科普站参观活动,水污染防治科普站开展学生实践考察活动。

【环境日系列宣传】 “6·5”世界环境日期间,市长在《海门日报》发表环境日讲话;市环保局长到余东镇为近300名机关干部、村民代表、企业负责人开展“改善环境质量,推动绿色发展”环保讲座。在育才路及人民路财富广场至电视塔段开展“生态街”宣传,采用灯箱广告、路灯道旗等形式,制作环保宣传海报,涉及绿色理念、环境监控、低碳生活、公众参与、环保标志等多方面内容。世界环境日当日,在通海染整有限公司开展环境日暨通海染整治污设施提升工程投运启动仪式,印染、化工、电镀、橡胶等企业家协会代表开展“王斌现象——企业家治污责任论坛”,畅谈企业家治污责任,共同签署环境宣言;组织灵甸园区特征因子治理企业及青龙园区废气治理企业开展“通海现象——园区整治再推进”会议,向全社会发出环保倡议;开展“对标奋进——印染行业进行时”活动,组织18家印染企业对照治污标准,落实治污责任,向全社会公开环保承诺书。

【媒体宣传】 增强媒体宣传力量,宣传途径、渠道、形式多样化,宣传效应充分体现。全年在各级报刊杂志发表文章近200篇,其中国家级18篇、省级19篇、南通市级20篇,《中国经济周刊》刊登《江苏海门的“理性治污”》,《中国环境报》刊发《海门防微杜渐化解环境信访纠纷》,《中国环境监察》刊发《持续发力铁腕查处环境违法行为》。摸索新媒体与传统媒体的互动配合,市环保局与《海门日报》、市电视台、电台联办每月1期的环保专版、专栏。利用网站、微信、微博等宣教资源,在央广网、省厅网页、微博、镇政府、学校、科普站的网站等共刊播50多篇。8月,开通《海门环保》微信平台,推送反映全市环境执法、环保团队面貌等内容,发挥网络平台的宣传引导功能,受到广泛好评,点击率逐步上升,形成良好效应。

环保志愿者行动　　(市环保局　提供)

环保服务

【G20峰会保障】 G20峰会期间,成立保障G20峰会领导小组,下设8个巡查组,对全市32家化工、热电、印染等行业企业实施限产、停产。在为期20天的保障期内,实施昼夜连续巡查,确保空气质量保障任务完成。

【环评验收】 2016年,市环保部门为国家级开发区的规划环评申报和海门高新区创建省级高新区申报工作,上门举办两次环评验收业务培训,60多个企业负责人参加。对6家环保验收把握不准的企业主动上门进行服务指导。完成环评二轮整改39个工业项目、35个房地产等非工业项目的环保“三同时”竣工验收。

【清洁生产审核】 3月,下发《海门市2016年度重点企业清洁生产审核工作的通知》。4月,召开工作部署会议,全市14家企业列入清洁生产重点工作名录。经过编制单位方案编制、企业项目落实、市级专家评审等工作程序,除电镀三厂停产未开展审核工作外,其余13家企业完成清洁生产审核工作。　　(邵　雷)

公共管理

江海民俗风情

渔猎·摸鱼 穿皮衣裳摸鱼是20世纪七八十年代的副业。皮衣裳一般用汽车内胎皮做成，脖颈往下连成一体，不进水，一般在冬天下河作业。天气冷，鱼会在反坎里和水下草丛里栖息，摸鱼人下水后用手捉鱼，比较艰辛，但收入较高。

郁异人 绘

◎ 责任编辑 张华杰

经济事务管理

招商局重工(江苏)有限公司外景　　（梁　军　摄）

宏观经济管理

【概况】 2016年，市发改和经信委明确“争做改革创新排头兵、争当科学发展领头雁”工作主题，紧扣“创新转型的示范区、接轨上海的示范区、全面小康的示范区”奋斗目标，坚持稳中求进工作总基调，协调推进招商引资和项目建设、做大做强产业、提升企业实力等重点工作，有序推进农业、工业、服务业、民营等经济，完成调查研究、计划执行、接轨上海、区域协作等各项任务，投资项目服务、综合资源利用、江海联动开发、信息信用建设等多个方面成效显著，全市经济社会发展保持总体平稳向上的良好态势。

【专题调研活动】 坚持开展调查研究，深入把握决策动向，在广泛征求意见的基础上，研判发展趋势，关注热点难点，围绕经济社会发展的新情况、新问题，提出行之有效的解决措施和方法。结合全委重点工作内容，确定“抢抓机遇　融入上海——全力打造环沪地区节点城市”“关于加快我市现代服务业集聚区建设的思考”“海门市建设创新之城的路径探索”等13个调研课题，落实到具体科室，形成一批高质量理论成果。“南通地区经济发展中面临的人口流动困境及其出路”获南通市委宣传部和南通市社科联主办的2016年度经济与社会发展重点难点课题研究项目评比三等奖。“海门市经济发展中面临的人口流动困境及其出路”课题成果获2016年南通市人口发展研究课题优秀奖，新型城镇化试点工作成果获市创新奖评比一等奖。

【计划目标管理】 主动适应经济社会发展新形势，严格对照全市计划目标管理考核细则，组织撰写《关于海门市2016年国民经济和社会发展计划执行情况与2017年国民经济和社会发展计划(草案)的报告》，总结2016年经济社会工作取得的成效，分析当前经济社会中存在的困难和问题，科学提出2017年度国民经济和社会发展的主要预期目标，并将目标任务分解落实到各区镇。做好国民经济运行情况的定期跟踪和超前预测，通过预测数与实际数相比较，发现问题、落实措施，及时向市委、市政府提出促进经济发展的对策和建议。完成每季度经济形势分析报告，继续编发《工业经济运行情况》《工业经济概览》《骨干企业概览》等内部刊物，进一步增强市发改委和经信委谋发展、抓改革、促创新的综合能力。

临江科技小镇　　（赵蓓莉　摄）

【对接服务上海】 积极抢抓一带一路、(沪)苏通经济圈、长三角城市群、江苏沿海开发等多重战略机遇，主动承接上海大都市建设的辐射效应，全面接轨上海、服务上海和融入上海。高点定位，把全方位、高水平接轨上海作为首要战略任务，推进包括打造“接轨上海的示范区”在内的“三个示范区”建设。坚持把研究上海、配套上海作为重要方向，加强与上海市政府发展研究中心的合作，制定出台《海门市“十三五”规划纲要》。坚定三次产业同步，承接上海外迁产业项目，引进上海利彤、中兴康宁等联合成立的合作基金，推进供沪农产品基地建设。海宝工业园、复旦复华高新园等沪海合作园区的落户项目进展顺利并加快投产。全市新组建200多人的专职招商队伍，以上海为主阵地开展重点招商、精准招商。在沪开展产学研对接活动，吸引上海高新技术研发机构、人才服务机构入驻，高新技术骨干企业借助上海名校资源建立的各类科创平台实现全覆盖，一批"千人计划"专家、"双创"人才加盟海门。教育、卫生、文化、旅游等社会事业和人文领域的接轨日益深入，活力不断显现。

【区域协作支援】 组织参加第二十届中国东西部合作与投资贸易洽谈会，举办经贸洽谈活动，与相关地区开展合作项目，开拓西部市场。总结海门市与陕西省长武县1997—2015年对口援建成效，赴陕西省勉县开展前期对接考察，根据上级要求拨付30万元到陕西省财政厅，支援苏陕挂钩扶贫工作。加强与新疆伊宁县对接沟通，做好海门市与伊宁县在干部挂职锻炼、医疗骨干培训、教育学术交流、文体器材捐助以及贸易项目合作等多领域的协作工作。海门市与云南省腾冲市缔结友好城市，两市党政代表团开展互访考察。配合市委、市政府做好对湖北省秭归县的支援工作，全年全市帮助三峡工程库区移民销售脐橙1.83万箱。

【投资项目服务】 注重对交通、水利等基础设施和教育、卫生等社会事业重点项目开展主题调研和现场论证，以提高投资质量和调优投资结构为目标，扩大有效投入。2016年，全市完成固定资产投资613.19亿元，增长8.5%。其中，工业投资367.53亿元，增长6.9%；服务业投资245.66亿元，增长11.1%。投资结构进一步优化，完成技改投资258.11亿元，增长30.1%；完成民营投资536.93亿元，增长10.8%。围绕国家产业政策和投资重点，完善项目储备库，主动与上级部门沟通联系，协同项目单位做好项目报批。坚持问题导向推进、项目集中开工和"人单合一"(员工的价值实现与用户价值合一)工作推进等制度，战略性新兴产业和优势主导产业项目实现新突破。当升科技新型动力锂电池正极材料产业化项目全面投产后可新增销售15亿元；振康机器人产业园一期项目生产国际领先的RV减速器，成为国内生产机器人关键部件的重要生产基地。2016年，全市在建超千万元项目707个，其中，新开工项目572个；竣工超千万元项目592个。全市亿元以上项目219个，10亿元以上项目11个。

【综合资源利用】 以政策宣传和引导为抓手，促进散装水泥事业大力发展，加大行政执法力度，推广预拌混凝土和预拌砂浆。秉持"精用能源，善用资源"绿色发展理念，坚持"节能、低碳、减污、增效"方针，全年实施节能减排低碳发展项目54个，其中，含清洁生产项目14个，年节约能源6611吨标煤以上。6家企业完成能源管理体系建设并通过认证或评价，1家企业采用合同能源管理模式开展节能改造。5个项目获省工业和信息产业转型升级专项资金（产业绿色发展类）扶持，计155万元。电力运行平稳有序，2016年，全社会用电38.6亿千瓦时，增长7.1%。其中，工业用电25.9亿千瓦时，增长3.6%。强化电力保障，优化服务举措，加快推进"迎峰度夏"(电力系统为准备顺利度过夏季，迎接电力负荷高峰而采取一系列措施)电网工程，指导帮助近300家工业企业完善内部应急预案。帮助企业减少用电成本，组织企业申报电力直接交易。

【江海联动开发】 坚持以高追求引领新发展，以高定位激励快跨越，全面构筑沿海发展新优势，沿海前沿区域科学开发、统筹开发和纵深开发水平不断提升。产业基础不断夯实，通光集团有限公司、回力橡胶有限公司、铁锚机电有限公司等传统骨干企业应税销售海门领先，新投产的德晋塑料、首帆动力等企业应税销售成绩喜人。基础配套持续完善，东灶新河及套闸工程加快施工，三夹沙南支航道已通过航标效能验收，燕达专用码头正式投运，南通首艘外籍货轮"英伦莫尔"号靠泊装货。加快建设投资20亿元的具有国际先进水平的2艘南极磷虾捕捞船，通用航空临时起降点获省政府批准，省级滩涂综合开发试验区进入省政府审批序列。社会事业全面推进，海门港新区九年一贯制实验学校全面竣工，大东博士园开业，举办金秋蛎岈山航乐体验游系列活动，打造长三角知名旅游目的地品牌。

【信息信用建设】 牵头推进"城区主要公共区域免费Wi-Fi覆盖项目"，首批建设政务中心、汽车站、海门体育场、图书馆、东洲公园、文化广场、滨河广场、市民广场(在建)8个区域全面投入运行。落实《海门市企业互联网化提升实施计划》，金呢工程织物股份有限公司获评省互联网与工业融合创新试点企业，中兴能源有限公司、晨牌药业股份有限公司获评省两化融合贯标管理体系试点企业，江苏斯德雷特、振康机械有限公司、江苏高科物流股份有限公司获评"南通市级智能车间"。以政务诚信、商务诚信、社会诚信和司法公信为主要内容，建立健全信用政策体系，制定出台《关于进一步加快我市社会信用体系建设的实施意见》，沟通19个"红黑榜"、48个"双公示"、34个基础数据项报送单位的工作意见，逐步统一海门市社会信用管理平台建设标准。 （张　赟）

财　政

【概况】 面对国内经济下行压力持续加大和"营改增"(营业税改增值税)扩围带来的财政增收难度加大的严峻形势，在市委、市政府的正确领导下，全市财政系统围绕"争做改革创新排头兵、争当科学发展领头雁"主题，不断创新财政支持方式，支持经济转型发展，重点支出得到保障，基本完成深化财税体制改革，深化政府预算管理制度改革，建立全面规范、公开透明的现代预算制度，构建"十三五"现代财政体系框架，全市经济社会事业健康稳步发展。2016年，全市一般公共预算收入完成72.41亿元，同口径增长5.1%，总量继续名列南通各县(市、区)第一，实现"十三五"良好开局。

【促进经济持续增长】 2016年，通过探求财源建设与经济发展的有效结合点，依托招商引资、重点项目建设，加强征收

全市财政工作会议 (市财政局 提供)

管理等措施,壮大实体经济发展,培育重点财源,促进全市经济可持续发展。市财政部门创新财政政策,转变财政支持方式,加大资金扶持力度,全年申报各类项目77个,获上级各类补助资金2.57亿元。市本级财政加大对企业扶持力度,安排各类扶持企业资金1.45亿元,为优化全市产业经济结构夯实基础,推动经济发展方式加快转变。

【民生保障水平提高】 面对收支矛盾的压力,财政部门按照"有限、有序、有效"的财政资金管理要求,推进财政资金统筹使用管理,盘活财政存量资金,加大对民生实事项目的资金投入。2016年,一般公共预算投入到民生领域的支出68亿元,占一般公共预算支出比例提升至79.3%。其中,农林水支出10.1亿元,教育支出18.3亿元,社会保障和就业支出9.2亿元,医疗卫生支出10.5亿元。

【财政队伍建设加强】 财政部门紧扣"两学一做"学习教育活动主线,突出重点,注重实效,推进学习型队伍建设,提升财政部门和财政干部形象。2016年,市财政局通过省级文明单位复查,蝉联"江苏省级文明单位"称号,被省财政厅评为全省财政"六五"法治宣传教育先进单位,连续三年获省法治财政标准化建设先进单位,被市委评为"'树一流形象、争二次率先'好班子"。 (袁 晖)

国 税

【概况】 2016年,市国税局围绕税收管理现代化目标,以全国税收征管规范2.0版和深化国、地税征管体制改革两个试点为主抓手,抓住组织收入、风险管理、纳税服务、依法治税、队伍建设,紧扣"营改增"(营业税改增值税)全扩围和"金税三期"上线等重点工作,完成各项工作任务。全年全市实现国税总收入32.74亿元,同比增长9.18%;实现地方公共财政预算收入13.36亿元,同比增长64.53%,收入质量指标继续领跑南通各县(市、区)。依法落实税收政策,全年办理各类减免退税11.96亿元,有力支持地方经济发展。收集招商引资有效信息,开展税收经济分析,撰写的《海门叠石桥市场采购贸易方式运行情况及发展建议》获省领导批示,《全面"营改增"对海门税收的影响》等6篇税收分析为地方党政领导决策提供重要参考。深化征管改革,持续巩固改革成效,通过省局"税收管理改革综合示范点"验收评审。优化纳税服务,推进"便民办税春风行动",建立国地税委托代征、办税实名制、预约服务等办税新模式,提升服务效能,征纳关系更加融洽。落实税收法治原则,执行税收职责清单,落实行政审批制度改革,统一国地税自由裁量基准,争创法治教育示范基地,依法维护纳税人权益。落实总局绩效管理系统4.0版和数字人事系统试点,突出岗位能力建设,开展分级分类培训,促进干部综合素质提升。市国税局获评"全省国税系统信息工作先进单位""南通市青年文明号""南通市五四红旗团委争创单位"、市级机关先进部门等多项荣誉;市局与3个分局蝉联"江苏省文明单位"称号。打造"三维清风行"廉政文化品牌,强化"三清"示范区建设。市局连续3年获市"廉政文艺作品展演优秀组织奖";机关和所属9个分局全部获评省级、南通市级、海门市级"廉政文化建设示范点"。

【税收征管】 落实全国征管规范2.0版,推进各项试点工作;落实国地税合作规范2.0、3.0版,完成17个重点合作项目的推进。推开"营改增"试点,开展

现场指导"营改增"工作 (市国税局 提供)

新增“四大行业(建筑、房地产、金融、生活服务)”“开好票、报好税、分析好、改进好”工作,完成管户迁移4758户次,实现税制的平稳转换。推进“金税三期”上线,清理维护数据1.57万余条,完成业务流程测试0.86万次,实现征管核心系统的迭代升级。加强风险管理的过程控制,依托自行开发的“风险应对检视窗”系统,对风险应对过程实施“五个一”(一表、一窗、一榜、一评、一办法)全程监控,提升风险应对效能。2016年,采集涉税情报6.24万条,完成风险应对222户次,实现应对成效1亿元,帮助企业规范生产经营。

【纳税服务】 严格执行《纳税服务规范》《纳税服务工作任务管理办法》和职责清单,实地调查大幅减少;完善综合咨询服务体系,全年为1.7万户次纳税人解决各类涉税咨询问题,通过短信平台等多渠道开展税收政策宣传解读,全年累计发送短信103.39万条。深化国地税合作,以一分局搬迁新政务服务中心为契机,发挥国地税共驻优势,建立新的联合办税服务大厅。2016年,国地税联合办理各类税务登记近2万户次,联合为1.3万户纳税人进行纳税信用等级评定,联合为异地到海门的建筑企业办理项目登记1875户次、征收各类税款6000多万元。推广应用电子税务局,全年在线办理外经证开具、财务制度备案、对外支付备案等申请4269户次,通过自助开票设备开具增值税专用发票1668份。推进实名制办税、增值税发票管理新系统、税收失信联合惩戒等改革举措,防范税收流失风险。

【依法行政】 落实税收检查、纳税服务两个任务管理办法和税收职责清单,规范权力运行。强化省局风险应对模板和纳税评估法律指引的推广应用,加强内控制约,规范纳税评估和稽查案件的复核审理,严格执法督察,促进干部依法履职。落实总局关于组织收入、政策落实等巡视整改要求,开展自查自纠。坚持征纳双方法律地位平等原则,探索完善由纳税人参与的“质辩式”审理工作机制,得到地方法制部门和上级局肯定。开展以

全力以赴确保金税三期个税系统成功上线 (市地税局 提供)

打击虚开发票和骗税为主要内容的“双打”专项行动,加大稽查查处力度,全年查处10万元以上大要案20件,其中百万元以上大要案7件,查补税款、滞纳金及罚款1715.61万元。 (林 海)

地 税

【概况】 2016年,南通市海门地方税务局围绕“条上争先、块上保先”的总目标,顺应改革,突出从严治队,坚持以问题导向、目标导向、创新导向为指引,以“带好队、收好税、服好务”为统领,全面推进“增强队伍活力、提升收入质量、深化征管改革”三大任务。全年组织入库各项收入80.31亿元,其中,税收收入53.79亿元,社保费23.86亿元,其他基金费2.66亿元。全年入库地方公共财政预算收入39.85亿元,同口径同比增长30.3%,占全市地方公共财政收入比重55.04%,组织入库地方税收总量、地方公共财政预算收入均列南通各县(市、区)局第一。构建“人本、惠民、和谐”的新型党建文化,分解落实党风廉政建设主体责任和监督责任,开展廉政教育活动,组织新一轮科长、分局长竞争上岗,推行数字人事系统,完善绩效管理各项制度,推进“岗位大练兵、业务大比武”活动,引导干部职工参加职称考学。深化税制改革,完成“营改增(营业税改增值税)”过渡衔接工作;整合应对资源,重置机构布局;加强部门协作,落实国地税合作规范,在全省率先与国土资源部门创设土地数据交换与共享机制;推进金税三期上线。落实税收执法权力清单制度,完善权力运行监督机制;创设职工权益诉求室,畅通企业职工合法权益诉求渠道;强化部门协办,依法强制执行,履行社保追缴职能;切实开展督察内审,加强执纪监督,纠正违规违法行为;拓展联合稽查,建立联合选案管理机制,形成打击涉税违法犯罪行为的工作合力。落实国地税合作,搭建联合办税阵地,联合开展税收宣传、培训辅导、信用评定等,开展拟上市企业税收服务与管理工作;深化税银合作,完善“互联网+税务+金融”模式,扶持“大众创业、万众创新”;开展主题税收宣传月活动,放大“局长接待日”和“地税开放日”服务品牌效应。

【税收征管】 在“营改增”前,重点做好项目清理、欠税清理、发票清理、数据移交和申报衔接工作,全市清理建筑项目1568个,入库陈欠税款366万元,移交管户5561家。重新构建“一主两翼”(以主城区重点税源“集约化”管理、西部地区叠石桥市场“专业化”管理、东部地区“大区域”管理为特点)三大新型应对分局模式,有效提升应对质效。在联合纳税服务、联合税务稽查、联合大企业服务管理等方面,携手国税下好国地税合作“联手棋”。创新建设产权涉税数据应用体系

(1.0),搭建"一线、一网、一库"(数据专线、交换网络、税源智库)立体式数据交换平台,获评"南通地税年度优秀创新项目三等奖"。开展家纺、印染、小额贷款、非学历教育行业风险应对,实施团队式运作和竞赛型应对,完成中等风险应对999户,入库税款3.13亿元。

【依法行政】 强化重大案件集体审理,开展案卷"面批面纠"活动,在市行政处罚案卷评比中获三等奖。全市首创税收法制文化展厅,被首推参加省、市联创两级法治文化示范基地,获"2011—2015年度南通市法制宣传教育先进单位",税务宣传动漫《爱情发票》获"全国法制动漫微电影作品动画类二等奖"。加大与市人民法院等部门的沟通协作,对16户欠费单位依法申请法院强制执行。建立"举报优先、国税发起、地税发起"三轨并进的选案机制,查补税款7100万元,稽查结案率、查补入库率等指标位列南通地税系统首位。全省打击发票违法犯罪工作现场会在市地税局召开,报送的案例《标准化作业、模块化管理,以归零的勇气和底气创造辉煌》在全省地税系统稽查案例评比中获第一名。

【纳税服务】 国、地税联合设置通办窗口、导税岗位、自助服务区,实现"进一家门、办两家事"。落实"互联网+纳税服务",推行预约办税、一窗通办、容缺受理、网银支付、潮汐式办税等便民服务举措,方便广大纳税人。依托"纳税人学校"平台,先后举办新办纳税人、企业所得税汇缴、行政事业单位个人所得税自查、金税三期个税系统等培训。推进国地税联合服务大企业,通过签订税收遵从协议、专题培训、企业走访、走进董监高(董事、监事、高管人员)等方式,帮助企业健全风险内控机制,促进纳税遵从度和公众满意度提升。深化税银合作,完善"互联网+税务+金融"模式,继续打造"税易贷"平台,扶持"大众创业、万众创新"。

【队伍建设】 打造党建文化展厅、长廊和党员活动室等文化阵地,开展税企结对共建,成为南通市委组织部"两学一做"主题教育活动特别巡视点、海门市委党建工作市级机关推荐样板点。压实两大责任,强化监督检查,严肃问责追究,推进"三清"(干部清正、政府清廉、政治清明)示范区建设,蝉联市廉政知识竞赛冠军。激发队伍活力,构建组织和个人"双轨"绩效层级管理体系,在省局专题简报作经验推广。开展助学促考,全系统拥有"三师"(律师、注册会计师、税务师)62人次,占比33%,位列全省地税系统县级局第一。开展志愿服务、扶贫帮困、道德讲堂等活动,营造浓厚文化氛围,先后获评"江苏省文明单位""江苏省'五四'红旗团支部"。 (周丽君)

金融管理

【概况】 2016年,全市金融管理工作在市委、市政府的领导下,以服务实体经济发展为导向和根本宗旨,做好"银企服务、小贷监管、企业上市和生态创建"四大板块工作,营造更高层次金融生态环境,全市金融工作取得良好成效,多项运行数据继续居全省、南通市前列,有效支撑全市经济社会平稳健康发展。截至2016年底,全市各项存款余额1379.13亿元,比年初新增204.16亿元,增幅17.38%;各项贷款余额825.88亿元,比年初新增132.59亿元,增幅19.12%。全市9家小贷公司2016年实收资本13.4亿元,各项贷款余额15.35亿元,累放贷款17.34亿元;累计发放贷款88.07亿元,有力支持全市"三农"(农村、农业、农民)和小微企业的发展。金信担保公司当年累计担保14.16亿元,2009—2016年累计担保76.6亿元,在保余额12.36亿元,担保放大倍数超过6.2倍;中小企业应急互助基金累计为107家会员企业转贷2323笔,提供应急资金66.26亿元。全市金融生态环境综合评估再次位列全省69个县(市、区)首位,金融生态连续3年领跑全省,全市金融知名度和区域影响力进一步提升,支持和服务实体经济发展水平进一步增强,优质的金融生态吸引越来越多的金融机构到海门发展。

【企业上市】 2016年,全市新增香港联交所创业板上市企业1家(美固科技),新增IPO(首次公开募股)辅导备案企业2家(冠东模塑、万高药业),新增"新三板"挂牌企业2家(容汇锂业、南通三建)。全市拥有上市(挂牌)企业14家,其中4家IPO上市企业,8家"新三板"挂牌企业,2家区域性场外市场挂牌企业,多层次资本市场体系初具雏形。

【贷款余额南通第一】 2016年,全市银行机构新增贷款132亿元,超额完成年初制定的新增100亿元目标,至年末各项贷款余额826亿元,超越多年来位居榜首的海安县(2016年末贷款余额800亿元),成为南通各县(市、区)银行信贷新的标杆,2016年年末贷款余额、全年新增贷款和增幅均居南通各县(市、区)第一。

【金融体系南通领先】 2016年,张家港农商行海门支行、浙商银行海门支行以及光大银行海门支行相继开业运营,苏州银行海门支行正在筹备中。截至年底,全市有各类银行业金融机构21家,继续在南通各县(市、区)保持领先,小额贷款公司9家,融资性担保公司1家,证券公司营业部6家,保险公司分支机构30多家,股权投资机构6家,基本形成以银行、证券、保险为主体,融资担保、小额贷款公司、私募基金等为补充的金融组织体系,全市金融体系日趋完善。

【金融创新】 2016年,全市各金融机构改革创新,设计差异化金融产品和服务,推动金融机构担保抵押方式创新,推广知识产权、农村土地承包经营权、海域使用权、海上构(建)筑物等抵质押贷款业务,金融创新呈现良好局面,金融创新实力再上新台阶。截至2016年底,累计推动"苏科贷""助保贷""荣誉贷"、土地承包经营权抵押贷款和"流转贷""创业贷"等超6亿元。

【打击非法金融活动】 坚持预防为主、防范结合的原则,保持打击非法金融活动的高压态势,做好互联网金融企业清理整顿。2016年,先后从市金融办、市场监管局、公安局、地税局、人行海门市支行等部门抽调专人进行全面摸排和重点核查，掌握其运行状况、风险隐患等信息，并按照“一企一册”建立基础档案，形成重点核查总结报告向市政府进行专题汇报。加大宣传教育，营造打击非法集资的氛围，展示市委、市政府对互联网金融风险整治的决心，引导人民群众主动拒绝和远离非法金融活动。2016年，全市印发宣传材料2.2万份、海报5000份、横幅100条，在东洲公园、叠石桥家纺城等地举办3场大型户外宣传活动，取得良好成效。 （杜江辉）

国土资源管理

【概况】 2016年，全市国土资源系统主动适应经济发展新常态，服务发展更加有力，保护资源更加严格，资源利用更加节约集约，维护权益更加有效，实现“十三五”良好开局。耕地保护“十百千”工程继续保持南通领先，余东镇获评“省级耕地保护激励单位”，全市连续25年实现耕地总量动态平衡。全市供应各类建设用地使用权93宗442公顷(不含融资项目)，全年办理各类不动产业务7万多件，服务企业融资270多亿元，“一站式审批、一条龙服务”得到社会各界赞誉。海门市连续4年获评“全国土地利用和管理形势观测分析工作先进单位”，被省国土资源厅表彰为“全省国土资源节约集约利用模范市”，市国土资源局信访、政务信息等工作在全省国土系统位次居前，被市委、市政府表彰为全市目标管理绩效考核“市级机关先进部门”。

【土地利用总体规划一般性修改】 为保障各级重点项目落地，完成年度城乡建设用地增减挂钩任务，促进陆海统筹发展，实现土地集约节约利用，创造条件组织开展2016年度土地利用总体规划一般性修改，涉及全市13个镇（街道、园区、场），新增村控区面积533.33公顷，一般农地区、有条件建设区和允许建社区之间相互调整面积119.33公顷，当年获省政府批文。

【土地利用总体规划调整完善】 土地利用总体规划调整完善是2016年的重点工作。上半年，预先启动摸底调查工作，完成各街道、乡镇(园区)的基本农田调整的统计、上图工作。向上争取流量指标1200公顷，新增建设用地空间626.67公顷，核减耕地保有量25.67万公顷，核减基本农田面积76.4万公顷，保证全市重大项目落地和城市建设转型升级。探索陆海统筹，将东灶港已围垦并取得合法手续、暂不利用的部分土地在全市范围内统筹规划，确保中心城区发展用地，保障今后几年全市项目建设需求。

【项目用地应保尽保】 全年完成海启高速公路、宁启铁路2个重点工程235.73公顷独立选址项目用地报批，其中海启高速获国务院批准；7个村镇批次321.53公顷征转用地全部获省政府批准，保障116个重点项目及时落地。全市供应各类建设用地使用权93宗442公顷(不含融资项目)，其中经营性用地14宗61.33公顷，合同出让金33.76亿元；工业用地41宗102.8公顷，合同土地出让金2.33亿元，为地方财政稳中有增做出贡献。规范土地市场管理，全市国有土地交易全部实现网上交易，房地产市场发展健康。

【城市周边永久基本农田划定】 在全省和南通市范围内率先组织实施并上报城市周边永久基本农田划定成果方案，全市划定城市周边永久基本农田保护面积230.93公顷，划定数量和划定区位实现最佳预期目标。

【耕地保护“十百千”工程】 2016年，余东镇获评“省级耕地保护激励单位”，获奖励资金200万元，海永镇、余东镇获评“南通市2015年度耕地保护‘十佳乡镇’”，悦来镇裴蕾村等16个村获评“南通市基本农田保护示范村”，170个农户通过南通市基本农田保护模范户复查考核。

【耕地占补平衡项目】 2015年度全市申报的21个耕地占补平衡项目，均通过南通市国土资源局和南通市农委的数量、质量验收，确认新增耕地面积46.79公顷。2016年度市政府下达计划任务数43.33公顷，全市实际入库项目20个，入库面积40.92公顷，督促相关区镇加紧实施。

【土地挂钩复垦项目】 2015年度市政府下达计划任务数111.33公顷，全市实际入库项目107个、入库面积86.16公顷，完成95个项目、69.87公顷，准备接受南通市级验收。2016年，市政府对各区镇分两次下达333.33公顷的增减挂钩土地复垦任务，第一批次全市11个区镇组织申报63个增减挂钩土地复垦项目，入库面积53.8公顷；第二批次挂钩复垦项目临江、悦来、正余、余东、三厂、常乐和四甲7个区镇进行申报，面积203.93公顷。

【高标准农田建设】 推进悦来、四甲2个南通市级“双百整治”高标准基本农田

全市国土资源系统规范化管理工作会议 （市国土局 提供）

全国土地日宣传进小区 （市国土局　提供）

建设项目，督促区镇加快实施进度，高标准做好验收。保障配合市农资局申报的2016年度3个高标准农田建设项目占补、挂钩两个1%指标任务，两个1%项目得到落实。

【土地利用管理形势分析】 在国家土地督察南京局召开的2016年度土地利用管理形势分析会议上，海门就新型城镇化过程中土地管理形势分析与对策思考问题作经验交流，获国家土地督察南京局领导的好评。全市土地利用和管理形势观测点数据上报和情况分析工作成绩突出，连续4年被国家土地总督察办公室评为“全国土地利用和管理形势观测分析工作先进单位”。

【节约集约创建】 围绕“保护资源、节约集约、维护权益、改革创新”的工作总要求，开展省级国土资源节约集约利用模范县(市、区)创建工作，全市节约集约用地“双提升”行动取得明显成效，被省国土资源厅表彰为“全省国土资源节约集约利用模范县(市、区)”，获33.33公顷农用地转用奖励指标。

【工业用地调查及低效产业用地再开发】 根据《省政府办公厅关于促进低效产业用地再开发的意见》等文件精神，开展全市工业用地调查和低效产业用地再开发专项规划。调查工业企业4464家，涉及工业用地3299.27公顷，调查成果率先完成并接受南通市级复检。全市工业用地调查和低效产业用地再开发各项工作开展均列全省和南通市前列。

【闲置土地专项清理】 重点对2015年土地例行督查发现的40宗闲置土地、省厅下发的83宗疑似闲置土地、2008—2015年清理发现的各类闲置土地，进行全面清理，下达督查整改任务，督促整改落实。

【建设用地批后监管】 执行建设用地批前、批中、批后管理制度，开展市乡联动建设用地全程跟踪管理，建立“周巡查、月报告”的建设用地督查反馈机制，实行项目用地开工、竣工、验收申报制度和项目用地使用情况通报制度，督促跟踪管理工作落实到位，责任到人，确保巡查到位率100%。全市办理土地使用权变更手续37宗，补收土地出让金0.18亿元；办理项目用地竣工验收手续99宗，补收土地出让金0.25亿元；核发建设用地批准书86份；办理建设用地批准书延期手续35宗；办理国有土地使用权转让手续9宗。

【土地执法监管共同责任机制】 以例行督察整改为契机，根据《关于切实加强土地执法监管共同责任机制建设的意见》，向有关区镇及供电等部门发出土地执法监察函18份，查处和遏制新增违法违规用地。在正余镇推进以属地政府为主导的“全天候监测、全自动对比、全智能预警、全定位核查”的“四全”综合执法监管新模式，实现违法用地“早发现、早制止、早查处”，用地秩序较2015年同期明显改善。

【卫片执法检查】 做好990个388.37公顷监测图斑土地变更调查，涉及的违法用地全部查处整改到位。开展卫片执法检查，及时上报图斑数据，按要求做好大图斑重点核查跟踪，卫片执法再次实现“三零”(零通报、零约谈、零问责)目标。

【法治国土建设】 把握“地球日”“土地日”“法治宣传日”等活动契机，深入群众、社区开展法治宣传教育，提高国土资源法治宣传效果。根据市政府依法行政工作要点，强化依法行政意识，依法规范行政行为，组织行政许可、处罚案件抽审，组织开展规范性文件清理，做好行政诉讼工作。落实信访分类处理和走访权益保障卡制度，开展排查化解突出信访矛盾，规范重点信访调查、答复，做好信访化解工作。

【安置房建设】 下属地产开发服务中心竣工交付的6个小区，建筑面积50.2万平方米，住宅4637套。其中，已安置住宅3870套41.6万平方米，剩余房源767套8.6万平方米。在建项目有红星美地、海兴华府、海北佳苑、东洲佳苑、嘉秀花园、港南三期、同善新村7个，总建筑面积74.75万平方米，建成后有6760套住宅。

【被征地农民权益维护】 落实《江苏省征地补偿和被征地农民社会保障办法》，对2013年以来征收土地的批后实施工作进行“回头看”，实现所有批次征地补偿安置公告、征地补偿费用和保障资金发放“三到位”，被征地农民权益得到维护。

【不动产统一登记】 按照“示范窗口”和“保姆式服务”要求，抓好不动产统一登记的平台完善、流程优化和管理服务3方面的创新创优工作，制定《不动产登记业务指南》，编制不动产登记平台操作手册，规范10大类101项业务操作不动产登记信息平台具备与住建、法院、金融、财税等部门开展相关共享的信息链接条件，数据可实时接入国家级信息平台。全年办理各类不动产业务7万多件，服务企业融资270多亿元，“一站式审批、一条龙服务”得到社会各界的赞誉。

【农村宅基地和农房统一调查登记试点】 海门作为全省农村宅基地和农房统一调查登记发证试点单位，选取常乐镇麒新村开展试点，年内完成1005宗外业部分的控制测量、外业测图、房屋边长堪丈以及调查确权，内业部分完成调查材料的整理及编辑宗地权属线等，积极形成调查成果。出台《关于进一步规范农村农房不动产登记的通知》，探索解决农村宅基地、房产登记发证难题。

【改革创新工作】 结合业务工作推进，创新工作思路，破解实际工作中遇到的各类难题，课题“土地规划空间统筹利用的研究与实践”获市机关部门“创新奖”三等奖，课题“农村‘双置换’，效益‘双提升’”获评“南通市国土资源系统创新项目二等奖”。推进新型城镇化综合试点，出台《海门市创新城乡土地管理试点工作方案》，通过多规融合，优化城乡规划空间布局；探索通过“市场配置、利益共享、公众参与”等方式，因地制宜推进城镇低效用地再开发；深化农村土地制度改革，探索土地所有权、承包权、经营权三权分置办法，引导土地有序流转，促进农业适度规模经营和农业产业化发展；根据南通市陆海统筹工作部署，结合海门实际，推进“以农村住房和宅基地置换城镇住房、以农村土地承包经营权置换社会保障”的“双置换”试点，探索建立农村宅基地依法、自愿、合理、有偿退出机制。 (季向明)

市场监督管理

【概况】 2016年，全市市场监督管理工作以服务海门经济社会发展为目标，以维护市场经济秩序，强化产品质量和确保公众食品药品安全为目的，加速大融合，开创市场监管工作全新格局。先后获评“省文明单位”、全市“年度考核优秀部门”。

【机构改革】 10月，根据市机构编制委员会文件，设立市综合检验检测中心，将市农业局所属的市农产品质量检测中心、市市场监督管理局所属的市产(商)品质量监督检验所、市计量检定测试所以及市商务局(粮食局)的粮油质量检验检测职能、市农业局(海洋与渔业局)的海洋渔业检验检测职能、市市场监督管理局的药品检验检测职能进行整合，组建海门市综合检验检测中心，为市市场监督管理局所属相当副科级建制的全额拨款事业单位。

【市场主体准入改革】 根据《海门市相对集中行政许可权改革试点方案》的要求，深入推进登记制度改革，全面推行“多证合一、一照一码”(申请人办理企业注册登记时，只需填写一张表格，由市场监管部门核发加载统一社会信用代码的营业执照)登记，从2月6日起，市市场监督管理局行政服务科及其市场主体准入整体划入市行政审批局。基层分局代为行使登记职能。全市新登记各类市场主体1.21万户，注册资本164.3亿元，其中有限公司2396户，注册资本103.7亿元，合伙企业11户，注册资本337.1亿元，个人独资企业206户，注册资本0.39亿元；个体工商户新增9414户，出资额8.9亿元。农民专业合作社50户，出资总额0.6亿元。

【企业监管】 坚持改革创新与基础监管并举，以强化事中、事后监管为主线，进一步落实商事制度改革。加强企业信息公示，试行企业公示信息“双随机”抽查，强化经营异常名录管理，组织开展以证照管理和安全生产为内容的节日市场大检查，维护节日市场秩序和社会稳定，开展快递行业专项整治，组织对全市投资理财类专项整治，检查投资理财类经营企业317家，发放友情提醒资料3000份、宣传单5000份、防范风险手册2000份等宣传资料；查处涉及投资理财类违法案件1件。

【市场监管】 全市有各类集贸市场44个，其中工业品市场6个、集贸市场37个、生产资料市场1个，有各类市场经营主体7916户，市场成交额526亿元。重点加强日常监管，组织节日期间食品经营、集贸市场安全生产大检查，维护节日市场秩序和社会稳定。加强网络市场监管，推进企业电子亮标工程，全市296家企业申领和公开电子标识，有网络经营主体927户。结合“全国文明城市”“国家卫生城市”创建工作，加强集贸市场创建整治力度。加强市场巡查，落实对禽流感

“3+3”高端纺织与商标国际注册论坛 (市市场质量监督管理局 提供)

疫情的防控,全市活禽交易平衡,无疫情发生。

【商标发展】 积极引导企业树立品牌经营理念,指导培训驰名商标3次,省著名商标、南通市知名商标指导培训1次,组织开展高端家纺与商标国际注册论坛,促使企业增长方式转变。全市新增中国驰名商标3件、省著名商标10件、南通市知名商标12件、注册商标1053件。自主品牌增加值占GDP(地区生产总值)比值25.7%。强化部门协作,注重执法效果。对恶意侵权、重复侵权以及情节严重、影响恶劣的商标侵权行为,加大惩处力度,涉嫌犯罪的及时移送司法机关处理,立案查处商标侵权案件47件,其中移送司法机关5件。

【合同监管】 全年登记动产抵押登记合同69份,抵押物价值944亿元,担保主债权金额6.63亿元;全市现有"守合同重信用"企业875家(其中南通市级611家、海门市级222家),全年新发展AAA级"守合同重信用"企业37家。在全市农民专业合作社、中介单位和建筑装饰装修企业中,推广国家工商总局有关土地流转、家政和装饰装修格式规范合同文本。督促企业规范合同管理,加强诚信自律,争创"守合同重信用"企业,提升企业品牌形象。

【特种设备安全监察】 围绕"预防发生特种设备事故、保障特种设备安全运行"为中心,抓日常安全巡查和专项整治,及时消除事故隐患,规范特种设备使用及维保单位的管理,实现全年特种设备零事故的工作目标。全市特种设备使用单位1702家,气瓶充装单位16家,从事电梯维保业务企业47家,在用特种设备共1.33万台,其中,锅炉258台、压力容器4321台套、压力管道466段、电梯4088台、起重机3195台、厂内机动车939台、大型游乐设施10台,持有特种设备安全监察员证47人。重点落实使用单位安全主体责任,开展电梯安全提升工程,气瓶、叉车安全专项整治,检查特种设备使用单位778家,发现隐患680条,发出监察整改通知346份,整改隐患674条,立案查处特种设备违法案件50起。全年组织各类作业人员理论考试27批1600多人次、实操考试29批,新发证各类作业人员1500多人次,复审各类作业人员1200人次。

【标准化建设】 推动企业参与国家标准、行业标准的制修订工作,指导、帮助企业主导起草3项国家标准、3项行业标准,参与起草5项国家标准、5项行业标准。截至年底,海门有45家企业参与制定122项国家、行业标准。组织申报6项省农业地方标准、1个农业标准化示范区、1个农业标准化试点、1个工业标准化试点,市政府承担的香沙芋生产标准化示范区和市兴旺肉制品有限公司承担的生猪养殖循环农业标准化试点通过省质监局立项。督促、指导国家蔬菜综合标准化示范区项目、海门山羊养殖标准化示范区项目、市官公岛现代农业产业园区标准化试点项目,通过国家质监总局、省质监局的年度考核。鼓励企业采用国际标准和国外先进标准,指导、帮助21家企业获得采用国际标准证书。

【计量监管】 指导督促第一批通过能源计量审查的14家重点用能单位,按照审查规范的要求开展自查工作,并上报自查报告。对全市36家集贸市场的3863台电子秤、69台台秤,农村医疗机构的1370台医疗计量器具实施免费检定。以东洲市场为试点,对集贸市场推行"五统一"(统一配置、统一管理、统一检定、统一轮换、统一维修)管理。组织开展"5·20世界计量日"系列宣传,元旦、春节期间餐饮业和超市计量专项监督检查、春耕农资定量包装商品计量专项监督检查、第二季度定量包装产品和商品包装计量监督检查、中秋国庆定量包装产品和商品包装计量监督检查、供热计量专项监督检查、物流业计量专项监督检查、集贸市场公平秤设置使用监督检查。

【质量监管】 9月,举办"卓越绩效管理模式"培训现场班,清华大学特聘教授洪生进行专题辅导,全市品牌企业、质量奖梯队企业负责人、质量管理人员共120余人参加培训。以企业申报省市质量奖、标兵企业为切入点,组织重点骨干企业推进卓越绩效管理模式,全市获省质量奖2家、南通市"市长质量奖"1家。南回集团、凯盛家纺股份有限公司、海螺水泥有限责任公司3家企业角逐海门市"市长质量奖"。9月,联合9个部

"质量节"咨询活动　　(市市场监督管理局　提供)

外商送锦旗　（市市场质量监督管理局　提供）

门在市质量主题公园开展广场咨询活动，发放宣传资料1000多份。推动全市企业开展质量管理体系等体系认证，全市新增质量管理体系证书52张。

【行政执法】　以查办大要案件为稽查工作核心，强化食品药品安全、特种设备监察和反不正当竞争执法。依法组织查处滥用垄断地位强制交易、强制服务、不正当竞争，危害食品、药品安全，特种设备安全等违法行为。开展公共服务行业专项治理，依法制止滥用行政权利限制竞争行为，破除行业垄断和地区封锁，查处损害公平竞争和消费者权益的重大垄断和不正当竞争案件。全年立案一般程序案件374件，罚没入库574.19万元，向公安机关移送14件，立案查处各类假冒伪劣商品案件184件，罚没款270.47万元；其中立案查处商标侵权案件40件，罚没款45.9万元；立案查处特种设备案49件，罚没款113万元；查处食品案件119件，结案69件，罚没款159万元，向公安移送4件；查处药品案件23件，罚没款44万元，向公安移送3件；查处药械案件4件，罚没款6万元。

【消费维权】　以“新消费　我做主”年主题为中心，开展“3·15”国际消费者权益日纪念活动。以消费纠纷调处机制完善为抓手，推进消费维权救助体系建设，完善“消调对接”和“诉调对接”工作制度，以拓展消费教育和引导为重点，打造特色鲜明的消费教育体系。全年共受理消费者投诉1133件，争议金额106.89万元，办结1079件，调解成功998件，为消费者挽回经济损失95.46万元，加倍赔偿金额1.22万元。　（杨建新）

2016年度海门市获得中国驰名商标、省著名商标、南通市知名商标企业一览

表25

新获得中国驰名商标企业(3家)

序号	企业名称	商　　标
1	龙信建设集团有限公司	longxine 及图
2	海门市晋帛家用纺织品有限公司	晋帛时代
3	南通振康焊接机电有限公司	振康及图

新获得省著名商标企业(10家)

序号	企业名称	商　　标
1	南通兴达贝妮梦家用纺织品有限公司	兴达贝妮梦
2	南通市志堂农副产品有限公司	芊绿
3	江苏美罗家用纺织品有限公司	美罗
4	江苏凯利绣品有限公司	凯利艺海
5	南通市威士真空设备有限公司	海珠
6	南通市净海暖通设备有限公司	狮山
7	南通恒秀铝热传输材料有限公司	恒秀
8	江苏世泰实验器材有限公司	世泰
9	南通凯旋体育用品有限公司	威士达
10	海门市油威力液压工业有限公司	VTOZ

新获得南通市知名商标企业(12 家)

序号	企业名称	商　　标
1	开美化学科技(南通)有限公司	开美化学
2	南通圣菲亚照明电器有限公司	圣菲亚
3	江苏紫浪装饰装潢有限公司	Zilang
4	南通龙翔化工有限公司	龙翔化工
5	江苏华宇碳素有限公司	图形
6	南通三星健身器材有限公司	金悦来
7	南通欧若拉家具有限公司	Lareve 朗悦
8	南通中远重工有限公司	CHIC
9	海门市盛源卧室用品有限公司	绣花女
10	南通市洁王服装机械有限公司	霓裳
11	江苏雄风科技有限公司	XFKJ
12	江苏华宇碳素有限公司	图形

物价管理

【概况】 2016 年,全市价格工作按照省市价格工作总体要求,高点定位,科学谋划,工作成效显著,全年全市居民消费价格指数(CPI)累计 102.3,控制在年初确定的合理调控目标内。被省人力资源社会保障厅、省物价局表彰为“2012—2015 年度全省价格系统先进集体”,获省物价局“2016 年度全省价格工作先进单位”“2016 年度全省价格系统思想作风建设奖”荣誉,《规范电商价格行为　在探索中创新创优》获省物价局“2016 年度全省价格系统创新创优成果奖”。

【价格监管】 提请市政府出台《2016 年度价格调控目标责任制的实施意见》,明晰政府及相关部门目标任务和各自职责,坚持价格调控联席会议制度。落实社会救助和保障标准与物价上涨挂钩的联动机制,会同人社、民政等部门放低收入群体物价补贴 950 万元,有效缓解因物价上涨给失业、低保、五保等特殊群体带来的生活困难。修订完善《海门市价格异动应急预案》,对机制启动、干预措施、后期处理、奖惩措施等予进一步明确。规范价格调节基金的管理和使用,市财政设立 200 万元价格调节基金,安排 56.22 万元用于平价商店的考核和补助,增强价格调控监管能力。

【平价商店建设】 发挥平价商店“稳价、惠民”作用,按照省局“平价商店规范年”建设活动要求,落实南通市关于完善平价商店网络系统管理平台建设、全面升级改造的部署,实现平价商店远程监管和数据传输自动化、智能化。加强督查考核,实行周巡查、月考核、季讲评,做到日常管理求精细、制度管理求规范、平台建设求便捷、稳价惠民求长效。坚持日常管理与制度建设相结合、日常考核与年度奖补相挂钩、全面提档升级与争创价格诚信单位相融合、惠及民生与稳价调控相统一的监管模式。全市 8 家平价商店布局合理,建设规范,运行正常,优惠幅度符合规定,达到“六统一”(统一门头标识、经营区域标识、平价农副产品价格对照公示牌、明码标价签、平价商店服务承诺和经营管理台账)的标准,形成经营者协作配合、消费者普遍认同、社会反响较好、政府全力支持的良好局面。全年平价商店累计销售平价蔬菜 91.74 万公斤,米油肉蛋 88.74 万公斤,受益 236.1 万人次,为居民节约开支 132.48 万元,为农民增加收入 59.2 万元。

【收费管理】 开展收费事中、事后监管工作。对全市上年度行政事业性、经营服务性收费进行统计汇总。对全市 13 家收费单位的收费情况进行巡查,发现问题及时纠正,提出建议措施,督促整改到位。对全市 12 个重点部门及收费单位,进行 2009 年至 2016 年各项清费降本减负政策落实情况专项检查,走访 8 家企业和 4 个社区,专项检查着力推动清费降本减负政策落实,为企业发展和民生改善营造良好的价费环境。落实上级价格主管部门下达的清费减负政策,降低房屋转让手续费收费标准,扩大农机、农业、市监等部门拖拉机行驶证费等共 18 项行政事业性收费免征范围。强化收费公示制度管理,印制 1000 份涉农收费清单分发到基层单位和村委员会。

【价费改革】 厘清县级定价目录清单。开展厘清县级价格部门定价权限及价格管理业务文件清理,承接省物价局下放的供热、养老、殡葬等定价权限。逐项梳理县级定价权进行,提出价格管理规范性文件“废、改、留”意见和权责清单。完善权力清单和责任清单,厘清与市场监督等 9 个相关部门的职责边界。

巩固价费改革阶段性成果。对 7 家参加综合医改的医疗单位南通市级定价的医疗服务项目进行摸底调查,确保市县医改价费衔接。落实行政事业性收费清单动态管理和评估管理体制。督查“十

服务企业,现场指导电商网上标价行为 (市物价局 提供)

二五"水价改革落实情况,重点抽查阶梯水价格政策落实情况。

深化资源性产品价格改革。根据环保部门公布的信用评价结果,继续对10家评为"红色""黑色"等级高污企业实行加收污水处理费的惩罚性价格政策,加收标准提高到0.6元/吨和1元/吨。对3家环境信用评级达到"黄色"及以下标准的原"红色"等级高污企业,取消加收污水处理费政策。因煤炭平均价格上涨,根据煤热联动机制,年内两次上调蒸汽中准价格15元/立方米,鼓励燃煤热电企业进行脱硝改造,继续实施蒸汽脱硝加价3元/吨,促进生态文明建设。会同市发改委对完成能耗超限整改的中兴能源装备有限公司,向省物价局申请停止执行惩罚性电价措施。

加快实施环境价格改革措施。调整污染物收费标准,实施差别化的排污费收费政策。在海永镇开征污水处理费,污水处理费征收按要求全部落实到位。着手化学需氧量、氨氮、总磷以及氮氧化物排污权有偿使用试点,促进节能减排和资源集约节约利用,促进经济结构优化调整和环境保护。

【监督检查】 加强价格行为专项监督检查。开展涉企收费减免政策落实情况专项检查、旅游市场价格专项检查、机动车安全检测专项检查。从检查结果看各单位均能较好地执行现行的收费标准,对于取消、取缔、免征的收费项目不再收费,未发现自立收费项目和自定收费的行为。针对商品房价格上涨的情况,两次组织对全市在售楼盘明码标价情况的专项检查,抽查楼盘14个。开展旅游门票的专项整治,对蛎岈山景区门票价格虚高问题,约谈该景区负责人,开展成本监审,按程序核定,门票价格由230元降到190元。

加大价格行为巡查、督查力度。组织节日市场价格专项巡查,确保民生价格基本稳定。开展春、秋季教育收费督查,重点规范基础教育收费以及学生食堂、校园商店等相对封闭区域的经营收费行为,与教育主管部门、学校签订三方合同,约束校园商店的价格行为。开展物业服务收费巡查,重点抽样调查物业企业的公共能耗费,对龙馨家园物业公共能耗费过高的行为进行约谈,针对调查中发现的共性问题,以书面形式向全市近40家物业企业发出政策提醒函。对"十二五"水价政策落实情况抽查过程中,发现少数供水企业擅自提高减免条件、减少对困难群众水价补贴情况,及时送达水价政策限期整改通知书。

处理价格咨询投诉。落实价格信访领导值班制度和价格举报工作机制,加强价格举报数据分析汇总,提高价格监督服务针对性,提升价格信访工作效能。全年受理"12358"价格举报案件141件,承办政府"12345"平台案件54件,政府市长、书记信箱转办25件,退还当事人金额1.13万元。办理答复率100%。

【保障机制】 简政减权。清理规范行政审批权力,由24项减少到14项。规范行政权力网上公开运行行为,按照权力清单及工作流程图行使权力,行政非许可审批、行政处罚案件,全部在网上运行完成。实时更新权力清单,制定行政权力责任清单,接受社会监督,确保行政权力运用程序规范、运行顺畅。

完善行政决策机制。形成成本监审、价格制定、价格处罚等一套完整的工作规程和制度,保证价格决策的科学性、民主性和透明度,促进廉洁执政。依照《价格法》等相关法律依据,确定价格行政处罚自由裁量梯次标准。落实集体审议制度和重大事项集体研究制度。

规范政务信息公开。建立健全政府信息公开、依申请公开、受理、年度报告、责任追究等相关制度,应公开的文件全部在海门政务信息网上公布,及时更新海门价格信息网,拓展提升网络平台在政策公示、价格查询、网上投诉举报等方面的功能,方便社会公众和企事业单位获取公开信息。

健全责任追究机制。坚持行政决策"谁决策、谁负责"原则,对导致行政决策失误或对行政决策执行不力的6种情形,按有关法律法规追究责任人责任。通过追究机制倒逼,确保重大价格决策的合理性、有效性,推进价格决策科学化、民主化。

【价格诚信】 以商品和服务实行明码标价为抓手,要求经营者在显著位置做到"六标一签"(品名、产地、规格、等级、计价单位、零售价格和物价员签章),经营户明码标价率98%,准确率95%。开展争创"价格诚信单位"活动,旨在通过活动,弘扬价格诚信,促进经营者和其他组织诚信经营、公平竞争、守信践诺。江海大药房、欧尚超市、移动海门分公司3家单位获省级"价格诚信单位"称号。

(陆 陈)

统　计

【概况】 2016年,全市统计系统认真贯彻落实市委市政府和上级统计部门决策部署,围绕全面建设"现代化服务型政府智库"目标,以开展"改革创新年"和"能力提升年"活动为抓手,突出抓好全面履行部门职能、推进统计改革、加强队伍建设3项重点,锐意进取,奋发作为,统计改革发展各项工作取得新进步。2016年,局机关再次获评市级机关先进部门,海门市经济运行监测预警系统获评市政府创新项目二等奖,机关效能评议继续跻身市级机关前列。统计业务工作南通领先;改革创新工作全省领先,获评全省统计规范化建设示范单位。

【统计监测预警】 全国百强县监测实现新进位。海门名列"第十六届全国县域经济和县域基本竞争力百强县"第18位、"2016全国科学发展百强县市"第22位。更高水平小康监测实现新提升。36个指标中,30个指标达到省定升级版小康目标值,6个指标实现程度超过80%,生态、民生类重难点指标持续提升,更高水平小康综合得分超过98分。经济运行预警监测取得新成效。全市GDP总量超过1000亿元,规模工业产值超2000亿元,固定资产投资超600亿元,社会消费品零售总额超340亿元,高新产业、新兴产业产值占比分别超过48%和34%。

【统计改革创新】 市统计部门规范化管理水平得到进一步提升,12个区镇统计办全面达到省定规范化建设标准,联网直报企业规范化进程95%以上。统计数据质量得到新提升,主要统计指标质量评估认定办法稳步实施,数据质量提升工程稳步推进,重点领域数据质量持续提升。统计信息化应用实现新突破。"数据海门"3.0暨统计资料库投入使用,开发建设海门经济运行监测预警系统,统计信息化水平全省领先。服务型统计建设全面深化,《统计月报》《统计年鉴》等期刊全面升级,《统计快报》《海门经济运行情况》定期印发,数据发布水平稳步提高。

【统计队伍建设】 "两学一做"专题教育扎实开展,作风效能建设常抓不懈,反腐倡廉教育经常性开展,党风廉政建设责任制全面落实。开展统计青年志愿活动,推进统计基础工作提升工程,强化机关工作目标考核和绩效管理,开展扶贫帮困结对活动。完善统计业务培训机制,市、镇两级统计人员专业培训参训率100%,年内新增统计专业职称6人,机关干部专业化率70%,区镇统计队伍专业化率50%。开展统计青年优秀论文评选,组织信息化技术应用培训,举办第二届数据可视化作品创作大赛,统计干部的综合素质和能力显著提升。

南通市统计局领导到海门调研统计工作　　（市统计局　提供）

【第三次全国农业普查】 本次普查目的是查清全市农业、农村、农民基本情况,掌握农村土地流转、农业生产、新型农业经营主体、农业规模化和产业化等新情况。普查标准时点是2016年12月31日,时期资料为2016年度资料。按照上级要求,市镇两级通力协作,科学组织,分别成立农业普查领导小组,建立农业普查办公室,严格挑选普查员和普查指导员,认真开展农业普查试点,精心组织普查业务培训,为第三次全国农业普查全面展开奠定基础。7月19日至8月20日,在海门经济技术开发区三和村开展普查综合试点,为农业普查全面展开提供样本。　（茅明霞）

统计调查

【概况】 2016年,海门调查队在省调查总队的领导及市委、市政府的支持下,贯彻落实全省调查工作会议精神,围绕年初制定的工作目标,开拓创新,扎实工作,取得良好工作成绩。

【国家调查】 按时完成2015年人事、财务年报总队行政管理各项工作,完成住户一体化调查、农民工监测、种植业、主要畜禽监测、农户固定资产投资、中间消耗、农产品价格、劳动力转移、脱贫攻坚监测、工业品价格、规模以下工业、部分服务业、企业采购经理等常规性的调查工作。

【第三次农业普查农作物面积遥感测量】 在省总队指导下,贯彻落实全省第三次农业普查农作物面积遥感测量工作会议精神,组织开展第三次全国农业普查农作物面积遥感测量。抽中9个区镇的20个行政村,利用遥感技术、地理信息系统、全球定位系统和无人机技术等现代高新技术,获取卫星遥感影像和航拍影像,通过对影像的拼接、裁剪、处理、提取、分析等,展现农作物种植情况的时空分布,计算农作物种植面积,实现定时、定量、定位的精准监测,取得真实客观的种植面积数据,查清全市农业、农村、农民基本情况，掌握农村土地流转、农业生产、新型农业经营主体、农业规模化和产业化等新情况。

【统计执法检查】 根据江苏调查总队要求，下发《国家统计局海门调查队2016年统计执法检查工作计划》，7—9月，对部分工业品价格调查、企业景气调查、规模以下工业抽样调查、部分服务业抽样调查及农村住户调查、畜禽等专业的部分企业及镇村进行检查。

【统计调查服务】 加强统计基础工作，狠抓统计数据质量，注重开展优质服务。全年撰写分析报告6篇，被国家调查总队内网等采用4篇；采编上报经济信息23条，国家调查总队内网采用16条，国家内网采用1条；上报各类工作动态29条，国家调查总队内网采用16条。

【统计法制宣传】 以“12·4”全国法制宣传日、“12·8”《统计法》颁布纪念日及世界统计日为契机，开展宣传活动；利用统计开放日，谋划中国统计开放日宣传活动，通过悬挂宣传横幅、广场宣传咨询等形式介绍海门调查队承担的各项统计调查工作，推进各项调查工作的开展。（梁 辉）

审 计

【概况】 2016年，市审计工作以“创新、协调、绿色、开放、分享”五大发展理念为指导，增强政治意识、大局意识、核心意识和看齐意识，在维护财经秩序、促进廉政建设、保障经济健康发展方面发挥积极作用。

全年完成审计项目584个，其中，计划审计项目37个，工程竣工结算审计项目515个，标底审计项目17个，财务决算审计10个，领导交办项目5个。计划审计项目查出违规及管理不规范金额33.41亿元；工程竣工结算审计送审金额38.94亿元，核减3.59亿元，核减率9.29%；标底审计送审7.64亿元，核减4779.63万元，纠错7026.31万元，纠错率9.2%。向相关部门移送案件线索2条，被立案查处案件4个，受党纪、政纪处分6人。上报各类审计报告、结果报告、专题报告和宣传信息500多篇，被国家审计署网站、《中国审计报》等相关媒体录用230多篇，申报的“创新政府投资审计，助推海门经济健康发展”项目获市级机关创新奖经济建设类二等奖。

全市统计调查工作会议 （市统计调查队 提供）

市审计局2016年“算好廉政账”专题教育月活动 （市审计局 提供）

【财政审计】 以预算执行、资金绩效、资金安全、民生福祉和公共建设资金板块，对全市财政、税务等12个部门和单位进行审计，发现10个方面35个问题，查出管理不规范金额25.96亿元。市人大常委会审议通过2015年度财政预算执行和其他财政收支审计工作报告，肯定2016年同级审工作，认为审计为依法维护全市财政经济秩序，促进廉政建设，提高财政资金使用效益等方面发挥重要作用。

【经济责任审计】 出台《全市党政主要领导干部经济责任审计等级评定细则》，增加环境资源、生态建设等促进环境资源保护方面的指标。在全市经济责任审计工作领导小组会议上，对2015年19位被审计对象进行打分，确定等级评定结果，将结果及时反馈给被审计对象，同时提供给组织、纪检等部门，作为使用、监督或惩处领导干部的重要依据。

【协审单位管理机制创新】 2016年,市审计局创新协审单位管理机制,形成以“公开招投标、建立资源库、双挂钩付费、百分制考核”为主要内容的规范化管理制度,首次印发审计配合告知书,告知建设、施工等相关单位在项目开展审计过程中,需要积极配合,同时告诫相关单位无正当理由不履行。《海门日报》在头版头条以《确保政府投资项目不多花一分钱——市审计局创新协审单位管理机制》为题作专题报道,引起市领导重视。

(沈蓓红)

公共资源交易管理

【概况】 2016年,市公共资源交易中心依托“优质服务年”主题活动,以新中心搬迁为契机,围绕交易格式化、监管常态化、服务规范化的工作目标,打造真诚为民、真心为公、真情投入、真挚服务的“四真”品牌。全年完成进场交易项目1598个,交易总额109.08亿元,增收节约资金27.95亿元。其中,工程建设交易项目260个,交易额34.15亿元,节约资金4.19亿元;政府采购项目1191个,交易额4.07亿元,节约资金0.52亿元;产权交易项目107个,交易额0.29亿元,增收0.02亿元;国土资源交易项目40宗,交易额70.57亿元,增收23.22亿元。

2016年,市公共资源交易中心获评“江苏省文明单位”,是全省公共资源交易系统内唯一一家获此荣誉的单位。南通市文明办组织各县(市、区)文明办主任到中心观摩文明创建工作。金坛、扬中、洪泽等10多家省内外兄弟单位慕名到中心学习考察,公共资源交易工作的“海门模式”在省内有影响,业内有地位。市公共资源交易中心将参加活动作为提升党员干部素质、展示中心对外形象的重要载体,先后获得南通市摄影比赛三等奖、市诗文朗诵二等奖、廉政知识竞赛二等奖、廉政文艺作品三等奖、读书征文二等奖、微型党课三等奖、感人故事演讲三等奖、社科活动二等奖。“爱心甘蔗”志愿服务在社会上引起较好反响。

【新中心整体搬迁】 6月12日,市公共资源交易中心随政务中心整体搬迁至长江南路777号。新中心总面积4228平方米,有4个开标室、4个独立的评标室。中心分为交易服务大厅、信息发布大厅、开标区、评标区及办公区等,设有监控室、评委休息室、廉政教育室、心理调试室、阅览室、党员(工会)活动室、荣誉展示室等,中心功能布局合理,软硬件设施到位,在全省公共资源交易系统内首屈一指。

【获评“江苏省文明单位”】 9月,市公共资源交易中心获评“2013—2015年度江苏省文明单位”,市中心将精神文明创建工作与品质文化、活动文化、团队文化、家风文化的培育有机结合,以文明铸魂、文明树品、文明修身,在文明创建活动中,中心创设浓郁的文化氛围,强化志愿服务,履行社会责任,传递文明、引领道德风尚。

读书交流提素质　　(市公共资源交易中心　提供)

【“容缺招标”新机制】 勇于担责,打破项目进入招投标程序前,用地手续、立项批文、规划许可证、审图合格证缺一不可的传统惯例,允许一些重点项目、民生项目在缺少上述招标前置条件的基础上,先行进入招投标程序。总投资4.3亿元的建安嘉苑拆迁安置小区、总投资7亿元的尚贤新村拆迁安置小区等29个标段实行容缺招标,平均节约50多天,为项目早开工、早投产、早见效赢得时间,此创新做法被《海门日报》头版头条报道。

【“直接备案”制】 全面放开非国有资金投资项目的招标,推行直接发包备案制,省去招投标进场交易环节。原先需要20多天完成的招投标手续,在前期手续齐全情况下,只需半个小时,提高招投标工作效率,推进企业快速发展,受到企业主的广泛好评。全年实施直接发包项目74个,交易金额20.03亿元,其中,龙信广场、中南锦苑、锦尚名苑、乐颐佳园4个大的房地产项目交易金额10.15亿元。

【电子化招投标全覆盖】 依法招标的房屋建筑和市政工程项目全部实行电子招投标;资格后审施工、监理、材料设备电子招投标率100%;采用综合评估法的国有施工、监理项目均实行省级平台的远程异地评标;开发完成资格预审电子招投标工具软件。

【评标区域管理】 加强评标区域日常管理,增加评标设施设备的投入,在评标区域外放置手机存放柜,安装手机探测门及指纹签到系统,配备专门的评委休息室。供评委使用的电脑实现开机还原功能,通过技术手段实现评标电脑不能访问除评标功能以外的其他网站及通信软件。对评标区域进行全天候监控,将评标活动全程置于监控下,确保评标过程和评标结果的公开、公平、公正。

2016年度优秀代理机构及评标(评审)专家表彰会议　(市公共资源交易中心　提供)

【"五随机"制度】 创新建立招投标"五随机"制度,即随机抽取审查入围资格、随机确定评标办法、随机确定评标基准价下浮系数、随机抽取评标专家、随机确定远程标评标地点,有效打击围标、串标等不法行为,被省内多家兄弟单位借鉴运用。

【诚信体系建设】 全面实施招标代理日常考核,有7家代理机构进驻中心办公,与中心人员统一制服、统一挂牌。修订《海门市招标代理机构考核细则》,把一标一考落实到实处。出台《海门市政府采购供应商诚信管理办法》,在开评标过程中实时评定记录供应商诚信得分,进一步规范供应商诚信行为。完成省评标专家库中评委续聘工作,充实完善评标专家库,根据评标专家专业特长,细化评标专业分类;全面梳理评标专家最新信息,完善评标专家回避情况,对不能胜任评标工作的专家进行清退,优化专家队伍,确保评标没有瑕疵。

【竞争性磋商】 12月2日,南通首个政府与民资合作项目——开发区海门大学科技园PPP(政府和社会资本合作)项目完成招标。中心打破政府采购常规的公开招标、竞谈等方式,将竞争性磋商方式引入政府购买服务活动中。招标过程由20天缩短到10天,将12亿元的社会资本运用到政府基础设施建设,减轻政府财政负担,帮助开发区完成4100万美元的外资任务。

【政府采购绩效提升】 打造具有本地特色、覆盖面广、操作规范、效果显著、公众满意的政府购买公共服务的新模式。扩大协议采购范围,将图书协议供应商纳入其中。探索开展"跟单采购"试点,对于近1年内通过公开招标等方式采购的部分特种设备或特殊设备以及相关服务,经采购单位申请,报财政局同意后,委托中心进行"跟单采购",有效提升工作效率。

【产权交易办法优化】 根据纪检监察职能及国资监管职能的工作要求,不断调整产权交易房屋续租价格评审机制,引进行风监督员等社会监督力量,全程监管交易项目实施,及时中止并更改交易条件,预防交易失败或围标串标。着力推进新竞价系统及新保证金系统的整合,取消报名环节。

【招投标相关规定清理】 对中心成立以来发布的47份规范性制度文件进行集中清理,对其中9份被新制定的上位法覆盖和明显不适应改革要求的文件予以废止,对6份文件的部分条款进行修订,促进建立和完善统一的招投标规则体系。根据省招标办文件精神,调整一系列招标文件条款,取消差额保证金条款、取消法定代表人到场制度条款、取消海门市外投标企业授权委托书公正条款等,为企业减负。

【异议投诉流程优化】 建立公平、公正、高效的招投标活动异议和投诉的处理机制。中心纪检组牵头,编制异议和投诉的处理流程和告知单,起草投诉书和投诉处理决定的格式文本。进一步畅通投诉的申诉通道,让投诉单位有规可依,有章可循,营造风清气正的招投标环境。

【党建共同体】 中心党支部与开发区沪海房地产发展公司党支部、中南集团预制构件党支部、常乐镇锦程村党总支、高新区高桥村党总支、通源社区党支部等签订组织联建协议,发挥机关部门的党建资源与独特优势,帮助、带动基层党组织共同发展。打造文化共融、组织共建、资源共享、携手共进的党建服务品牌,依托"统一活动日"平台,活动联办、党员联育,成效显著。

(崔　鞭)

海关监管

【概况】 8月19日,南通海关驻海门办事处正式开关。自开关来,主动作为,服务政府、对接企业,充分发挥海关为国把关、服务经济的职能,支持地方开放型经济又好又快发展。据海关统计,2016年全市实现外贸进出口总值257.8亿元,比2015年(下同)增长84.5%,占同期南通市进出口总值的12.6%。其中,出口235.6亿元,增长167.4%,占同期南通市出口总值的15.5%;进口22.2亿元,下降57%,占同期南通市进口总值的4.2%;累计实现贸易顺差213.4亿元。

【监督管理】 全市市场采购贸易试点一度呈爆发式增长态势,海门办事处始终以促进市场采购健康有序发展为己任,并将打击虚假贸易和打击侵犯知识产权作为监管重点。以"打建结合、保促互补"为原则,通过建立价格预审机制、外部合作机制、部门间的响应机制、内部集中审议机制,各项监管要求全覆盖。全年办理涉及市场采购贸易两简案件41起,查处市场采购贸易下知识产权侵权案件16起,查处侵权货物11万余件,其中查获侵权“香奈儿”挎包案入选省年度十大知识产权案件。

【服务开放型经济】 响应国家“一带一路”发展布局,助推叠石桥市场采购贸易发展,截至12月31日,市场采购综合管理平台上注册备案企业627家,其中外贸企业162家、商户417家、货代34家,其他14家;市场采购贸易出口货物1.99万票,总值累计26.3亿美元,分别占南通市和海门市出口贸易总额的12.4%、76.7%。在轻纺、家居等海门优势产业,提升市场采购贸易方式的份额,尽快集聚全国和全球资源,打造世界级家纺制造贸易中心以及轻纺工等产业贸易平台,构建“南有义乌,北有叠石桥”的外贸发展新格局。围绕全市重点工程主动作为,加班加点确保中亚铁路首列顺利开通,截至年底,班列开通4列,叠石桥市场采购贸易从单一的海运逐步跨越为陆海统筹。

【风险防控】 办事处通过制度建设打牢风险防控的基础。突出日常监管痕迹化管理,在南京关区首推查验执法录证制度,对查验流程的所有要素全部扫描建立电子档案。充分利用HZ2011、HL2008

赴招商局重工(江苏)有限公司指导海关监管场所设置

(南通海关驻海门办事处　提供)

(海关执法廉政风险预警处置)系统,全面开展业务内控复核,有效化解执法风险。2016年,全年向缉私部门移交案件线索7起,通过HZ2011平台发起稽查协助1起,提交风险动态并转化处置下达布控指令2起。全年未发现违法违纪情事。

【便利化通关】 释放通关改革叠加效应,统筹推进市场采购贸易方式、跨境电商、多式联运的通关模式改革,配套实施简化申报、“出口提前申报、运抵验放”、通关无纸化、转关无纸化、“掌上物流”等通关便利组合,缩短通关时间,提高通关效率。 (仇卫军)

全市民政工作暨作风建设会议　　(市民政局　提供)

社会事务管理

民政事务

【概况】 2016年,市民政局围绕“以民为本、为民解困、为民服务”的宗旨,以“惠民、强基、善政”为着力点,持续推进民政实事工作,完善具有海门特点的民政事业体系。获评民政部“全国2016年度宣传工作先进单位”、南通市“十二五”时期民政工作先进部门、“全国创新社会治理优秀城市”“全国社会工作服务综合示范区”。海门市第三次获评“全国双拥模范城”,成为苏中地区唯一获评的县级市;成功创建省现代民政示范市。

【社区治理工作模式创新】 2016年,全市社区治理工作依托村民小组自治,打造适合海门实际的“微自治”模式。村民小组作为家庭以外最小的基层单元,在营造“邻里互帮·守望相助”过程中发挥着重要的粘合剂作用,激活村民小组长的能动性,带动群众参与社区治理的积极性,发挥村民小组的桥梁和纽带作用,实现社区治理由"为民做主"到"由民做主"的转变,年底该模式实现全覆盖。海门市提出并推广的"布局四微四新机制·探究微自治模式",于12月被评为"全国创新社会治理优秀城市",海门市被民政部列为"以村民小组为基本单位的村民自治试点单位"。

【村(居)委会换届选举工作】 2016年是省第十一届村委会和第六届居委会换届选举年,海门市从10月初至12月15日,经过摸底调查、届满审计、建立机构、宣传发动、分级培训、选民登记、提名报名、投票选举等一系列程序,全市293个村(居)全部经投票选举产生新一届村(居)委会,一次成功率100%;全市农村登记选民70.78万人参加选举,参加投票选举选民数67.19万人,参选率95%;1405人当选新一届村(居)委会成员,其中,初任村(居)委会成员536名,占总数的38.1%;773名妇女成员当选,占总数的55%;文化层次明显提升,大专以上学历占52.3%。

【文明殡葬改革】 2016年,全市有105个行政村进行农村公益性骨灰存放室标准化建设改造,新增格位11.45万余个。为倡导和鼓励文明生态葬法,2016年发放惠民殡葬补贴514.45万元,惠及6056人。深化殡葬改革,推行节地生态葬,全年全市有2例海葬。

【婚姻登记】 6月12日,市婚姻登记处搬迁至市政务中心统一办公,在A区2楼设结婚窗口6个(159~164号窗口)、查档窗口2个(165~166号窗口),在B区3楼设离婚办公室,内有3个离婚窗口。为满足群众服务的需求,设有档案室、颁证室、婚调室,并在结婚窗口附近设置照相室。硬件环境的改善,极大提升婚姻登记处为民服务能力。全年完成结婚登记8725对,离婚登记1950对,婚姻登记合格率100%。

【地名事务】 截至2016年底,配合第二次全国地名普查工作基本完成对12个乡镇的地名审查,审查地名7031条、地名数据信息成果2536条、地名标志登记1028条,完成历史地名研究302条。全年全市命名住宅小区5个(市区4个、临江镇1个),道路命名3条,修复损坏的路名牌40块,新制作路牌15块。地名管理工作持续加强,全市3个街道、9个镇基本资料,及67个居委会、231个村的地理位置、坐标、面积、人口、经济等信息全部录入省地名信息库。全市所有的地名实体信息,小区、道路、河流等全部更新录入民政部地名管理实时信息系统。

【全国创新社会治理优秀城市】 2016年12月,海门市申报"布局四微四新机制·探究微自治模式"获评优秀案例,并获"全国创新社会治理优秀城市"。江苏省有6个城市获此荣誉,其中县市级2家。全市加快创新基层社区治理,先后进行"政社互动""三社联动""村民小组自治"等实践,其中2015年提出"四微四新"微自治模式,2016年初显成效。"四微四新",即培育"微组织",营造和谐善治新局面;打造"微平台",整合社区义工新联盟;推行"微公益",探索基层治理新路径;建构"微团队",打造"政社互动"新景象。"四微四新"微自治模式的实施,实现政府"他治"、市场主体"自治"、社会组织"互治"结合,形成政府、市场与社会协同共治的"善治"模式。

2016年核准登记的社会团体一览

表26

注册登记证号	社会团体	法人代表	成立时间
海社成登字〔2016〕0001	海门市阳光公益联合会	张　林	02.22
海社成登字〔2016〕0004	海门市旗袍文化协会	周占贤	03.04
海社成登字〔2016〕0009	海门市足球协会	何伟华	03.10
海社成登字〔2016〕0011	海门红木艺术品协会	郭　丽	04.13
海社成登字〔2016〕0012	海门市篮子协会	苏　浩	04.20
海社成登字〔2016〕0013	海门市长跑运动协会	黄伟华	04.11
海社成登字〔2016〕0015	海门市馨暖志愿者协会	黄　全	04.27
海社成登字〔2016〕0017	海门市食品行业协会	曾建平	05.25
海社成登字〔2016〕0018	海门市历史学会	黄彩萍	05.26
海社成登字〔2016〕0021	海门市留学人员联谊会	李　鹏	07.18
海社成登字〔2016〕0024	海门市人民调解协会	蔡玉娟	12.26
海社成登字〔2016〕0027	海门市农村专业技术协会	朱望旺	09.08
海社成登字〔2016〕0032	海门市社矫安帮协会	袁俊森	12.27
海社成登字〔2016〕0035	海门市排球协会	龚振家	10.14
海社成登字〔2016〕0037	海门市全民阅读促进会	杨重波	12.16
海社成登字〔2016〕0047	海门市川渝商会	徐在禄	12.27

2016年核准登记的民办非企业一览

表27

部门登记证号	单位名称	法定代表人	登记时间
海社成登字〔2016〕0002	海门市李老师教育培训中心	李虹臻	02.26
海社成登字〔2016〕0003	海门市明途教育培训中心	陆　卫	02.29
海社成登字〔2016〕0005	海门市龙信乐颐荟老年公寓	陈祖新	03.03
海社成登字〔2016〕0006	海门市交响少儿网球俱乐部	卞瑞娟	03.09
海社成登字〔2016〕0007	海门市东洲围棋俱乐部	高卫豪	03.08

续表 27

部门登记证号	单位名称	法定代表人	登记时间
海社成登字〔2016〕0008	海门市科蒂英语教育培训中心	许　维	03.15
海社成登字〔2016〕0010	海门市辰语儿童康复中心	仇晓燕	03.10
海社成登字〔2016〕0014	海门市牵缘婚姻服务所	姚立英	03.31
海社成登字〔2016〕0019	海门市宝葫芦民间艺术馆	陈　云	09.22
海社成登字〔2016〕0020	海门市灵鹰舞蹈培训中心	金　岳	07.18
海社成登字〔2016〕0022	海门市法润东洲社会组织培育发展中心	杨佳佳	06.27
海社成登字〔2016〕0023	海门市天辰古筝艺术培训中心	马隽飞	06.14
海社成登字〔2016〕0025	海门市阳光舞蹈培训中心	朱雨成	07.12
海社成登字〔2016〕0026	海门田暖里健康睡眠研究所	张宸瑜	09.14
海社成登字〔2016〕0028	海门市新东洲教育培训中心	黄春海	07.28
海社成登字〔2016〕0030	海门市求是教育培训中心	仇美琴	08.11
海社成登字〔2016〕0031	海门市壹格教育培训中心	汪　叶	08.26
海社成登字〔2016〕0033	海门市联合跆拳道俱乐部	曹文明	12.02
海社成登字〔2016〕0036	海门市运动宝贝早教中心	蔡建辉	12.30
海社成登字〔2016〕0038	海门市滨江街道三南村香雅残疾人之家	刘亚香	11.14
海社成登字〔2016〕0039	海门市三星镇德胜残疾人之家	陈亚香	11.14
海社成登字〔2016〕0040	海门市滨江街道至善残疾人之家	李海荧	11.14
海社成登字〔2016〕0041	海门市四甲镇翔梦残疾人之家	殳永军	11.14
海社成登字〔2016〕0043	海门市飞扬舞蹈艺术教育培训中心	陆　云	12.09

（赵　倩）

人口和计划生育

【概况】 2016年，海门市出生人口5757人，出生政策符合率99.91%，人口自然增长率-0.16‰，出生人口性别比109.57，各项指标继续控制在责任值以内。

【全面"两孩"政策】 准确把握计划生育基本国策新内涵，全面实施"两孩"政策，做好政策调整前后各项工作的衔接。改革完善计划生育服务管理，强化宣传引导，优化办事流程，简化办理手续，实行生育登记服务制度。全市办理生育登记服务5325件，其他符合条例规定办理再生育审批109件。

【人口计生服务】 主动适应新型城镇化发展新要求，提升流动人口计生服务和管理水平，落实流动人口基本公共卫生计生服务项目。完善流动人口信息平台建设，建立信息核查反馈机制，及时率和准确率均为95%以上。推进实施计生惠民工程，引导群众转变传统生育观念，进一步提高出生人口素质，优化人口结构。保持查处"两非"(非医学需要的胎儿性别鉴定和选择性别人工终止妊娠)案件的高压态势，规范违规生育案件查处程序。

【家庭发展能力建设】 全面落实计划生育各项奖励优惠政策，年内确认农村计划生育家庭奖励扶助对象6.92万人、特别扶助对象2521人，发放奖、特扶金8005万元，发放到位率100%。开展"幸福家庭"创建活动，培育家庭发展能力建设典型，正余镇双烈村被列入南通首批"新家庭计划——家庭发展能力建设"项目试点单位。因地制宜健全完善利益导向政策体系，通过走访慰问、生活帮扶、心理疏导等方式，提升计划生育特困家庭的发展能力和幸福指数。

（东　华）

民族宗教事务

【概况】 市民族宗教事务局以中央统战工作会议、中央民族工作会议和全国宗教工作会议精神为指导，探索全方位、多层次、立体化的民族宗教工作管理新模式。

推进民族团结进步。开展少数民族精准扶贫工作，助力少数民族同胞发展致富，完成全市32户少数民族困难家庭建档立卡工作，采取安置就业、低保救助、扶持种养殖业等措施，落实帮扶任

全市第三届少数民族同胞风采展示活动　　（市民族宗教事务局　提供）

务。利用市少数民族专项经费，优先照顾少数民族贫困户发展致富项目；会同市财政局对余东镇富民村少数民族创业园农产品深加工项目及四甲镇“民族情蔬菜园”特色农产品种植基地进行验收，分别发放15万元、20万元项目资金。加强流动少数民族经商人员的服务管理，为13名回族经商人员办理健康证；协同教育部门解决8名少数民族同胞子女就学问题。协调处理多起涉及少数民族同胞在经商、工作过程中的矛盾纠纷。

提高场所建设管理水平。开展“星级宗教活动场所评定”活动。推进海宁寺南出入口建设、海门镇天主堂迁建项目、海门镇基督教堂广场征地手续办理工作。指导各场所开展宗教文化活动，天主教界举办“天主教本地化研讨会”，海宁寺举办“美丽海宁寺摄影展”，绍隆寺成立“云门书院”，天佛寺举行“2016中华善文化节暨海门禅武医文化基地揭牌仪式”，法光寺举办“迎请佛祖真身舍利供奉法会暨佛宝文物展示”活动。出台《宗教活动场所安全管理标准化细则》，开展安全宣传咨询、消防知识讲座、隐患排查、安全生产督查等活动，确保场所安全稳定。

加强依法行政。开展行政权力事项标准化工作，研究制定“双随机一公开”（随机抽取检查对象，随机选派执法检查人员，抽查情况及查处结果及时向社会公开）具体事项，形成随机抽查事项清单。制定通过法定途径处理的信访投诉请求清单。严格行政执法，对4处擅自设立的宗教活动场所和1起非法宗教活动进行行政处罚。南通市民族宗教依法行政培训班上，海门市就依法行政作经验介绍。

【民族团结宣传教育进校园】 与市教育局联合在少数民族学生较多的三星小学建立“民族团结宣传教育基地”。与市委统战部、市教育局联合举办“全市少数民族学生演讲比赛”“海门市第三届少数民族同胞风采展示”活动，促进民族团结，增进民族共融。

落户海门市少数民族人口统计一览

表28 单位：人

民 族	人 口	民 族	人 口
蒙古族	62	满 族	124
回 族	143	侗 族	182
藏 族	11	瑶 族	32
维吾尔族	1	白 族	49
苗 族	343	土家族	300
彝 族	134	哈尼族	15
壮 族	198	景颇族	46
傣 族	294	土 族	8
黎 族	29	羌 族	10
傈僳族	25	独龙族	1
畲 族	10	仡佬族	11
拉祜族	4	锡伯族	1
柯尔克孜族	1	阿昌族	22
纳西族	2	仫佬族	12
布依族	143	朝鲜族	81
毛南族	3	普米族	3
基诺族	2	水 族	2
佤 族	6	德昂族	1
合 计	2311		

【海宁寺“爱心慈善会”】 4月，“海宁寺爱心慈善会”举行揭牌仪式。该慈善会是以海宁寺僧众和护法居士为主的爱心慈善团体组织，所有捐款全部作为慈善资金专款专用。海宁寺方丈心如法师代表爱心慈善会向海门经济技术开发区学生捐赠助学金，向证大幼儿园捐赠电脑。

【民族成分登记管理新办法落实】 2016年，新的《中国公民民族成分登记管理办法》出台，市宗教局通过市民族宗教网站、工作群、《海门日报》等平台，广泛宣传新政策；主动与市公安局人口管理部门工作对接，做好新《办法》实施前后的衔接工作；对电话或前来咨询的群众耐心讲解新《办法》，对来办理民族成分变更手续的，严格依据新《办法》，做好初审工作。

【道风建设指导】 指导市佛教协会召开道风建设动员会议，组织学习上级文件精神及有关法律、法规、佛教制度。开展道风自查自纠活动，整改问题。召开道风建设民主生活会，进行批评与自我批评。市佛协制定“寺院道风建设承诺书”和“个人道风建设承诺书”，全市各寺院和僧人都作出承诺。

【教职人员按立教职】 4月，根据“政治上靠得住，学识上有造诣，品德上能服众，关键时候起作用”的要求，指导基督教完成2名副牧师、1名长老的按立教职工作。 （陆佩君）

信 访

【概况】 2016年，全市信访工作着力打造“阳光信访、责任信访、法治信访”，全力维护群众的合法权益，营造和谐稳定的社会环境。市信访局被南通市信访工作联席会议评为“2016年度综合绩效考核优秀单位”，业务工作获多个单项先进。

全年办理群众来信5025件，办结率100%，群众满意率95%以上；接待来访群众825批5224人次，其中集访182批4240人次，无一群众投诉；查办督办案件15起，一批久拖不决的疑难案件得到推进和结案；受理复查件5起，出具不予受理告知书46起，未发生1起被复核退回的；劝返越访群众，劝返赴京上访183批251人次，去省上访58批163人次，未发生有影响事件。加强全市信访工作目标考核，全年全市因信访事项被诫勉谈话领导9人次。

全市依法逐级走访权益保障卡制度推行会 (市信访局 提供)

【阳光信访系统运行】 全市建成“阳光信访”信息系统，依托互联网建立网上信访信息综合平台，实现信访工作全过程监督和规范。实现市、区镇二级联网，全市96个单位接入信息系统，实现信访数据互联互通和资源共享。

【权益保障卡制度】 按照省、市工作统一部署，上半年全市抓培训、宣传工作。下半年推行群众依法逐级走访权益保障卡制度，按照“初次走访领卡、逐级走访凭卡、处理结果记卡、保障权益用卡”的要求规范操作，推动信访问题在当地及时解决，维护信访群众合法权益，减少越级访和重复访。

【信访积案化解】 开展越级进京访专项整治“百日会战”工作、信访维稳“百日攻坚”等专项活动，全年119个信访案件，通过逐案分析、一案一方案，一大批信访“骨头”案、“钉子”案得到化解，有效维护信访群众的合法权益。

【领导干部接访下访】 在全市范围内开展党政领导干部信访接访活动，发挥市领导接访下访的示范引领作用，抓好市、区镇领导干部接访下访，完善接访形式，采取重点约访、专题接访、带案下访、领导包案等方式，把行政资源集中用于解决层面性问题和重大疑难复杂问题。

【工作制度完善】 完善信访形势分析通报制度，市信访局实行“赴京上访即时报、周快报、月通报、季分析”制度，剖析工作中存在问题，分析当前信访形势，部署下阶段工作，有效把握信访工作方向，提升工作整体水平。落实完善领导包案，全市所有信访疑难案件实行市领导包案。完善驻京、驻宁信访应急工作机制，杜绝在京、在宁发生有影响的信访事件。增强接访力量，市信访局每天安排1名班子成员在底楼接待大厅接待上访群众，突出问题书面向市委、市政府汇报，有效化解一大批信访问题。

【干部队伍建设】 加强思想建设，全面提高信访工作人员“为党分忧、为民解难”的精神境界。进一步加强组织建设，改善信访干部队伍的知识结构、年龄结构，加大信访干部培养、交流和使用的力度，使全市信访干部队伍充满生机活力。加强能力建设。抓好岗位练兵、加强业务知识更新、相关法律知识和相关政策法规的培训，重点加强对区镇一级信访干部的培训，增强信访干部做好群众工作的能力。 (张 丽)

社会矛盾纠纷调处

【概况】 2016年，市社会管理服务中心坚持系统治理、依法治理、综合治理、源头治理，探索新形势下预防化解矛盾纠纷的方法途径，优化“一综多专”(由市社会管理服务中心综合协调，成立多个专业调解组织)大调解体系和效能，建立健全有机衔接、协调联动、高效便捷的矛盾纠纷多元化解机制，最大限度消除不和谐因素，解决影响社会稳定的源头性、根本性、基础性问题，确保全市人民安居乐业，社会安定有序。2016年，全市各级调解组织受理调解纠纷1.92万件，调解成功1.9万件，调解成功率96.9%。受理数和调解成功数比2015年分别上升9.8%和9.9%。排查上报各类重大矛盾纠纷172起，成功化解129起，协调稳控43起。全市成功防止群体性事件、越级上访、民转刑事件65批2175人次。中心先后接待省内外考察调研13批150多人次。

制定全市镇级专职调解员考核办法，每季度组织1次对调解员的集中考核，及时掌握调解员工作情况。全年市镇两级召开矛盾纠纷排查协调会议累计300次，汇编《每日维稳事项报告》200多期。常态化开展志愿者活动，与多部门及区镇联合开展“营造和谐医患环境，建设幸福美好家园”“依法化解社会矛盾，共建绿色和谐家园”“倡导诚信价格文明消费，共创安全和谐消费环境”等主题调解志愿服务活动，参与活动964人次，发放宣传资料1.5万余份，解答群众咨询1400余个。

【调解员队伍建设】 以政府购买服务形式，推进区镇调处中心及公调对接站专职调解员的配备工作，全市配备镇级专职调解员90名。2016年，全市镇级调解员成功调处纠纷521起，工作责任心、业务水平均得到有效提升。完善分层次、常态化、全覆盖的培训学习机制，提高全市调解人员的业务能力、调解技巧、职业操守。全年对调解员集中培训 2 次、视频培训 10 次，组织中心人员业务考试 10 次，提高调解员自觉运用法律知识和法治方式开展矛盾纠纷调处工作的水平。中心网页开设专栏，定期上传经典调解案例以及最新的法律法规知识等内容，方便全市专兼职调解员在线学习，掌握最新调解的知识。

【化解质效提升】 制定全市矛盾纠纷排查化解工作意见，明确排查工作目标、内容和要求。保持高度的矛盾纠纷敏感性和责任意识，有针对性地部署开展劳资纠纷等专项排查活动、矛盾纠纷排查化解百日竞赛活动。2016 年，累计开展专项排查活动 5 次，排查发现各类重大矛盾 172 起，成功化解 129 起，有效稳控 43 起。加强对矛盾纠纷的动态掌握，注重分析研判，通过日报告、零报告、重大矛盾纠纷实时报等制度，做到矛盾纠纷底数清、情况明。全年召开矛盾纠纷协调会议 300 次，上报会议纪要和分析报告 12 期。坚持执行矛盾纠纷通案、每周工作情况汇报分析和重点案件联合协调会议等系列工作机制，为提高化解效果和作出分析预警奠定基础。重大矛盾的化解处置坚持全面分析、综合施策、整合资源、联动联调的工作模式，化解各类重大矛盾 31 起，协助基层化解稳控重大矛盾 65 起。

【服务能力增强】 出台《海门市大调解服务基层五项工作举措》，转变工作作风，简化办事程序，切实帮助基层化解疑难复杂矛盾纠纷。严格控制会议文件，切实改进转变会风、文风，提倡少发文，少开会，行短文，开短会。落实联系基层制度，坚持杜绝门难进、脸难看、事难办等现象。制定《2016 年全市调解志愿服务工作实施意见》，明确督查工作方式和目标。对 12 个区镇开展调解员经费发放、调解志愿者活动等的专项督查。形成督查通报 4 份，发放整改反馈表 33 份，提出整改意见 98 条，整改落实率 80.6%。

【对接工作完善】 制定《关于成立海门市长江水域(沿海港区)纠纷调处工作领导小组和工作站的实施意见》，建立沿江水域纠纷调处工作站。制定《关于整合延伸专业对接调解机制的实施方案》，规范市场监督管理、房屋征收和金融消费纠纷调处工作站的建设。全年召开案件协调会议 16 次，联合化解矛盾纠纷21 起，形成调解卷宗 30 件，上报典型案例、分析报告 40 篇，上报各类信息 11 篇。

全市调解员培训班 (市社会管理服务中心 提供)

【信息技术运用】 以大调解信息系统和综治系统两大平台为载体，及时更新完善矛盾纠纷信息。采取定期沟通、主动提醒的方式督促系统操作人员做好新发矛盾纠纷的新增或导入，实现系统数据实时更新。全市大调解信息系统访问总量 2.73 万次，市、镇、村矛盾纠纷排查调处信息录入率 100%，完整率、准确率 98%。综治信息系统新增矛盾纠纷 18618 件，办结 18608 件。完善绩效考核，加强日常工作督促，提高矛盾纠纷流转效能。各类矛盾纠纷的网上流转做到实时上报、网上流转、及时交办、快速响应、督办化解。对领导批示的矛盾纠纷实行网上交督办，全年向区镇和成员单位交办 4 件，全部得到落实。 (董春华)

寄递市场监管

【概况】 海门邮政管理局围绕中央综治办《关于加强邮件、快件寄递安全管理工作的若干意见》和《国务院关于促进快递业发展的若干意见》，夯实行业管理基础，促进各方力量融合，提高行业监管效能，推进海门邮政快递行业发展。

【“平安寄递”创建活动】 2016 年，市邮政业寄递渠道安全管理小组开展“平安寄递”创建活动，排定 3 年内的创建时序和任务，落实企业主体责任、部门管理责任，增强邮政、快递企业及各营业场所守法经营、安全经营意识，规范行业管理，完善行业自律机制，落实收寄验视、实名寄递、安全检查等源头预防制度，严防不法分子利用寄递渠道进行渗透破坏活动，严防因寄递渠道安全防范不到位而引发重大案件，严防寄递行业因快速粗放发展而引发群体性事件。

【快递行业形象提升】 年初，推进快递企业投入“X 光机”等先进设备，全市快递企业已自助投入两台；鼓励快递企业推广企业安全管理科学化新模式。3 月，联合市文明办、市总工会、海门日报社进行“最美快(投)递员”评选宣传表彰活动，参与企业 13 家，推荐上报候选对象 22 人，10 名入选事迹通过南通市邮政管理局公共微信平台、海门报社等媒体宣传报道，传递行业正能量。4 月，召开全市快递企业标准化示范门店推进会，通过细化的标准化建设实施方案，对快递企业的门店规模、服务标准、操作规范等方面进行规范和要求。通过系列活动的开展，提高邮政快递行业的社会关注度，促进快递行业的形象提升。

全市"平安寄递"创建活动动员会　　(市邮政管理局　提供)

【联合执法】2016 年,针对外地邮政小包跨区揽件现象,与南通市局、江苏省局汇报协调,应对处置外地小包在叠石桥地区的违法行为。9 月,南通市邮政管理局、海门市公安局、海门邮政管理局夜间联合执法,在海门工业园区纺都大厦附近查处 1 起快递跨区揽件案。通过取证、处罚上海、苏州的百世汇通、圆通几例跨区揽件行为,有效预防和处置因不正当竞争行为引发的冲突,消除社会不稳定隐患,维护快递市场良好运营环境。

【助推行业发展】海门邮政管理局会同海门邮政分公司探索村邮站叠加服务功能,加快推进便民服务平台建设,助力推动村级电商培育,打造政府、邮政、社会、用户四方共赢的"海门特色"城乡流通大平台。协调、促成南通邮政家纺城邮件处理中心暨电子商务产业园项目落地,项目完成土地招投标,面积 7.2 万平方米。做好申通、圆通等几大民营快递企业投资发展的信息收集,及时上报商务局。对几家民营快递联合请求政府规划用地,筹建快递园的要求形成书面报告,提交市政府。发挥"村邮站"功能和效应,推动电子商务与农村经济融合发展,推进农村电商服务站建设。

【G20 峰会期间寄递安保】联合市公安局召开全市邮政业 G20 峰会寄递渠道安全保障工作会议,部署 G20 峰会期间寄递安保工作。通过不分昼夜、不定时间 50 余人次的检查,落实邮件、快件 3 个"百分百"制度(对所有邮件、快件实行 100%验视、100%实名收寄、100%过机安检),加贴安检标志。层层签订落实安全责任协议,强化监管部门、企业负责人、揽收人员的职责,加快推进手机 APP 软件和二代身份证识别仪的使用率和上传率,从大数据、云计算提供保障寄递渠道安全。(梁华锋)

公共安全管理

防灾减灾

【概况】2016 年,市防灾减灾工作贯彻落实上级有关防灾减灾的决策部署,积极宣传贯彻《中华人民共和国防震减灾法》和《江苏省防震减灾条例》,牢固树立"灾情第一"的理念,坚持"预防为主,防御与救助相结合"的工作方针,扎实推进地震监测预警、灾害预防和应急救援工作,努力提升防灾减灾整体水平。

【联席会议机制】市地震局建立、健全以市政府分管领导负责,发经委、建设局、民政局、财政局、卫计委、公安局、教育局、地震局等职能部门负责人参加的联席会议制度,统筹协调全市防震减灾工作,完善和落实防震减灾目标管理责任。年初,组织召开联席会议,传达中央、省、市有关防震减灾会议文件精神,通报震情形势,研究解决防震减灾工作中的重要问题。市政府与各乡镇、园区及相关职能部门签订防震减灾工作目标管理责任书,形成政府统一领导、各部门齐抓共管、全社会共同参与的防震减灾工作局面。

【地震监测预警】海门市是国务院确定的地震重点监测防御区,加强海门强震台、苏 14 号观测井和 5 个地震宏观测报点的维护管理,依法保护地震监测设施和地震观测环境,协调落实电力、通信、交通等保障条件,保持震情监测信息渠道畅通,确保震情监测数据及时、连续、准确。海门强震台多次获省"强震动观测运行维护优秀奖"、省"强震动观测记录奖"全省第一名。推进省地震局新建的海门深井数字地震台建设,加快房屋、避雷和供电供水等配套设施建设。协助国家地震局做好新建在海门市的地震监测设施的选址定位及项目建设。2016 年全市登记在册的"三网一员"(地震宏观测报网、地震灾情速报网、防震减灾知识宣传网和乡镇防震减灾助理员)258 人,组织人员参加省、市级地震应急演练测试,建立、健全群测群防工作网络体系,提高地震预测预警能力。

【震害防御】依法履行震害防御的监管与服务职能,提出建设工程防震标准,对重大建设工程提出地震安全性评价要求,进行备案管理。全年在行政审批局窗口受理抗震设防管理审核件 45 单。依法参与重大建设工程抗震设防要求的联合竣工验收,参与校舍安全工程技术指导服务。加强农村民居地震安全工程建设,培育农村民居地震安全工程示范点,以点带面,指导各地按照抗震防灾要求进行村镇建设规划,引导农民自建房屋时采取抗震设防措施。加大地震安全社区创建力度,按照省、市标准,分类指导、稳步推进,提高地震安全社区的覆盖率。全市建成省级地震安全社区 5 个,申报创建省级地震安全社区 1 个。

【地震应急救援】修订编制《海门市地震应急预案》,要求各地各部门做好各类地震应急预案的制定修订,加强预案动态管理。建立健全地震应急基础数据库,

防震减灾宣传活动 （市地震局　提供）

编制完善抗震救灾指挥部成员应急工作卡，增加必备的地震应急装备设施，加强抗震救灾指挥部及其办公室建设，完善应急与救援协作联动机制。发展地震应急救援队伍，配合有关部门发展地震救援志愿者队伍，开展专业培训，参与园区、企业、学校等单位应急疏散预案指导编制和应急演练组织。协调推进应急避难场所建设，参与地震应急避难场所建设技术指导和竣工验收。

【防震减灾宣传】 将《江苏省防震减灾条例》纳入普法教育规划，明确政府及部门防震减灾职责；在电视台、电台、报刊和网络等主流媒体，开设专题栏目或专题节目，宣传地震科普知识，倡导先进防震减灾文化。利用科普宣传周、“5·12”防灾减灾日、“7·28”唐山地震纪念日，组织防震减灾宣传教育，通过设立宣传咨询台、设置宣传展板和标语、发放宣传资料、上门业务讲座、指导应急演练等形式，提高公众防震减灾知识普及率。推进防震减灾科普示范学校的创建，依法把防震减灾知识纳入中小学公共安全教育内容，编印6000册学生地震知识读本和部分防震减灾知识宣传展板，组织防震减灾知识有奖竞赛，促进学校防震减灾科普教育深入开展。组织“送电影进社区”防震减灾知识专场活动，为创建省、市地震安全示范社区放映地震专题科教片。 （千芰芰）

【自然灾害惠民保险】 与保险公司合作，由市财政买单，对海门市范围内的普通户籍居民和所住房屋，在海门市行政区域内因自然灾害、居住地火灾、爆炸等造成人身伤害和房屋损失的，以及在自然灾害抢险救灾中受到人身伤害的施救人员（含非户籍居民）进行保障，其中人身伤害保险单位保费1元，家庭房屋保险单位保费4元，全年全市支出保费252万元。

（赵　倩）

【气象防灾减灾部门联动机制】 加强与海门农科所、植保站、作栽站、科教信息站等部门合作，实现资料和信息共享。与植保站一起进行田间调查，联合发布特色农业服务材料；与环保局联合发布海门市空气质量信息报告，及时提供雾霾预报信息；与防汛办密切联系，做好防汛防旱工作。

【防雷安全管理】 全年对全市新建建筑、危化企业开展防雷安全检查、检测，化工企业、加油站、液化气站及烟花爆竹等易燃、易爆场所检测覆盖率100%，全面降低防雷安全隐患。根据中国气象局统一部署，海门从2016年10月1日起全面放开防雷装置检测市场，气象局不再从事与防雷有关的中介服务，转变职能，放管结合，进一步加强防雷安全管理。 （李　敏）

食品药品监管

【概况】 围绕确保“两品一械”（食品、药品、医疗器械）质量安全这个中心任务，严守食品安全底线，提升“两品一械”监管的能力和水平，确保不发生重大安全事故，促进全市食品药品市场健康有序发展，全年未发生重大食品药品安全事件。

【食品安全监管】 全市有食品生产企业90家、食品添加剂生产企业3家，指导新申领生产许可证2家、到期换证23家，全年许可过期未申请换证或到期换证未通过审核的6家；全市有食品销售经营主体6021户，全年办理新设立销售类食品经营许可登记1458户，其中新办理婴幼儿配方乳粉经营许可157户、保健食品许可226户、其他婴幼儿配方食品许可90户。立案查处销售类食品案件67件，没收假冒伪劣食品1094件；全市共有餐饮类食品经营主体2850家，其中餐饮服务经营者2299家、单位食堂551家。全年新申请餐饮服务类食品经营许可1171家，其中餐饮服务经营主体972户，单位食堂199户。立案查处餐饮类食品案件31件。组织开展进口乳制品专项整治，查处非法进口的越南酸奶；开展网络订餐行业专项整治，查处无证餐饮网络外卖案件；开展凉皮制品、中高考期间餐饮服务、保健食品非法添加等专项整治，开展农村食品安全“扫雷”专项治理，完成海门经贸投资洽谈会、高考、中考、环太湖自行车赛等6次重大活动食品安全保障工作。

【药品风险管理】 全面检查三级以上风险较高药械企业和全市一级以上医疗机构，排查各领域的风险点和检查要求，设计10种风险检查表，使检查更具靶向性和效率性。邀请南通市药监局专家组对全市4家高风险、生产品种较多的药品生产企业开展全项目检查，进一步帮助企业落实责任意识，降低药品安全事故的发生。以实施药品安全风险防控为契机，对4家基药企业进行全品种覆盖检查，重点检查原辅料购进、物料平衡、处方工艺等关键环节。加强含特殊药品复方制剂管理。督促企业建立健全并严格执行销售异动报告、购销审查确认、流弊责任追究等制度和限量销售等有关规定。加强对复方地芬诺酯片、复方甘草片和含“瘦肉精”类药品的管理,严格落实凭处方销售制度。落实含可待因复方口服溶液列管措施,强化麻黄碱安全监管,督促药品生产经营企业强化麻黄碱复方制剂销售流向核实,防范流弊事件发生。

【疫苗专项检查】 2016年山东疫苗事件发生后,海门市及时下发《关于开展海门市疫苗专项检查的通知》,会同卫计委对疾控中心、医疗机构和各镇(园区)卫生院等疫苗接种单位全面检查,重点检查疫苗储存条件、效期管理及购销渠道等是否符合规定要求。对全市24家预防接种门诊及接种点检查。

【新版GSP认证】 严格按照新版GSP(《药品经营质量管理规范》)的标准,对药店认证。抓好检查缺陷项目的整改,完善质量文件,强化内部评审,健全组织机构,配全设施设备,提高人员素质,落实岗位责任,加强质量内审和风险管控,优化质量体系,提高企业质量管理水平。全年组织认证32家,其中1家整改后通过。加强互联网药品信息服务监管,每月对4家互联网药品信息服务企业进行监管检查,截图保存网站运行情况,有证网站检查覆盖率100%。

【化妆品监管】 按照产品风险、开工状态、质量安全、企业诚信等情况,合理确定监督频次,加强重点产品的突击检查,注重对停产时间较长企业情况的跟踪检查,确保生产企业监管覆盖率100%。开展化妆品经营单位日常监督检查,落实进货查验、索证索票和台账管理制度,推进经营企业监管基础档案建设,全面建立一企一档。开展美容院使用化妆品专项检查。

【药品不良反应、医疗器械不良事件监测】 全年全市收集上报药品不良反应报告823份,其中新的、严重不良反应报告数304例。医疗器械不良事件监测293例。

市领导检查食品卫生　　(市市场监督管理局　提供)

【国家级食品安全城市创建】 5月,南通市被列为“第三批国家食品安全创建试点城市”,海门作为南通地区的重要组成部分,制定出台全市创建实施方案,将28项创建项目细化为80项创建具体任务,并根据创建指标体系,制定130条具体工作要求,明确创建主体责任部门和工作时间进度,紧扣创建工作时间节点,找准工作薄弱环节,加快食品检测中心项目、“三小”(小作坊、小餐饮、食品小摊贩)行业放心工程、食品安全事故应急预案修订等重点项目建设。年底达到省级创建验收标准。

【食品安全协调】 市食品安全委员会办公室办出台《海门市村(居)食品安全协管员信息员考核方案》,明确村(居)食品安全协管员、信息员工作职责,加强管理考核,发挥基层食品安全监管人员作用。举办各区镇食品安全监管人员和全市村(居)食品安全协管员、信息员业务培训会议,重点就如何开展好农村集体聚餐管理进行业务培训。开展农村流动厨师摸底建档工作,全市有登记备案集体聚餐流动厨师706名,委托市食品行业协会统一组织培训、体检和发证,逐步实行农村流动厨师持证上岗制度。6月,举办食品安全宣传周广场宣传咨询活动,向群众发放食品安全知识宣传材料和食品安全宣传手册1000多份,接待和解答群众咨询。

【推进行业自律】 5月18日,市食品行业协会召开成立大会暨第一次会员代表大会,表决通过协会章程,选举产生协会第一届理事会成员、常务理事单位,以及理事会领导机构负责人。协会有理事单位101家,常务理事单位19家。开展食品行业从业人员健康检查服务、食品法律法规教育服务,对食品生产企业、食品销售主体、中型以上餐馆、学校和养老机构等单位食堂以及提供农村集体聚餐服务的厨师等,多业态食品安全法律法规和食品安全知识培训,共集中培训19期,培训食品安全管理人员和食品从业人员3000多人。　(杨建新)

安全生产监管

【概况】 2016年,全市安全生产工作强基础、抓重点,重监管、促长效,推出系列具体措施,安全生产形势持续稳定向好。基层安监机构能力建设“海门模式”得到各级领导肯定,全市安监队伍能力显著提升。“安全海门”的全民文化建设模式成为全省安全文化建设的样板,受到全国总工会、国家安监总局的联合表彰,并多次在全国和全省会议上作经验介绍，在全社会营造"关注安全，关爱生命"的文化氛围，形成"政府推动、部门负责、社会参与、企业落实"的安全文化建设良好局面。全市安全生产死亡事故起数和死亡人数连续5年呈双下降态势，连续两年控制在个位数，事故控制情况列南通市第一。

【安监队伍建设】 至2016年底，12个区镇安监机构均单独设置，独立运行。按照"园区不少于10人、乡镇不少于6人"的要求配备人员，全市2个省级以上开发区、2个化工园区、8个区镇共配备安监人员87人，形成"委托执法、独立办案、分片指导、联合监察"的安全监管新格局。12月9日，海门市在全省基层队伍能力建设会议上作经验交流发言，基层安监机构能力建设"海门模式"得到上级部门充分肯定。

【"三大一严"专项行动】 为全面摸清全市工贸企业的安全底数，进一步提高企业风险防范能力，有效预防和遏制各类事故发生，市委、市政府研究决定，在全市范围内开展工贸企业"大排查、大辨识、大评估、严管控"安全生产专项行动。截至年底，专项行动领导小组派遣30个行动小组，分赴海门港新区、临江新区、三厂工业园区、悦来镇、余东镇、正余镇等地，完成800余家企业的风险排查及评估工作。排查隐患4503条，发出限期整改指令书60份，责令停产停业整顿9家，办理行政处罚案件82起。

【危险化学品管理】 2016年，海门市着力强化危化品专项整治，制定全市危险化学品安全专项整治实施方案，按照企业自查自纠、区镇部门普查、政府巡查督查3个层面推进，全市危化品重点企业负责人与市政府签订承诺书。全市专项整治范围内的危险化学品企业共551家，其中危险化学品生产企业33家、经营储存企业8家、使用危险化学品的化工企业24家、加油站63家、使用燃气的学校食堂85家，涉及化学、化工实验室和化学试剂仓库的学校35家，涉及氧气制备和储存的医院28家，危险化学品运输企业4家以及危险化学品码头8家。对2家企业实施关闭，责令8家企业停产整顿，488项隐患问题限期整改。

【事故预警五级预防机制】 尝试推行网格化安全事故预警五级预防机制（安全生产宣传教育、企业安全生产隐患自查自改、乡镇安全检查督促、监管部门安全监督管理、市级政府综合监管），通过落实企业安全主体责任、深化隐患排查治理、加强安全生产风险监控管理、推进安全生产标准化建设等措施，深化企业安全自治，有效控制安全生产死亡事故起数和死亡人数。

全市"三大一严"专项行动动员部署会　　（市安监局　提供）

【安全生产教育培训】 围绕"强化安全发展观念，提升全民安全素质"主题，开展"安全月"系列宣传活动；组织开展"安康杯"知识竞赛活动；深入开展"大学习、大培训、大练兵、大比武"活动；组织150名基层安全监管人员开展执法能力提升培训，提升基层安监干部"会监管、懂检查、能执法、优服务"能力。　（胡小莳）

地方海事管理

【概况】 市地方海事管理工作以加快推进法治海事建设为主线，提升海事形象，狠抓规范执法，全面推进海事船检各项工作。做到海事监管信息化，行政许可规范化，行政执法规范化，队伍建设专业化。2016年，上航1581人次，出动海巡艇356艘次，检查船舶1680余艘，办理船舶进出港签证970艘，其中，危化品船舶110艘，行政处罚1112起，计罚没收入100万余元，无行政复议和行政诉讼。

【行政执法规范】 开展学法、测法活动，制订学习计划，通过市交通局组织的安全讲坛、验船师讲坛、法制讲坛，法治海事"e"课堂等平台，采取个人自学、集中授课等形式，对市交通局船舶现场监督检查处理工作指南及相关法律法规进行系统学习。规范执法记录仪使用管理，按照《海门市海事执法记录仪使用管理规范》的要求开展巡航执法，明确执法人员在巡航检查、现场执法、船舶安检、事故调查处理中做到全过程记录使用，做好违法证据的收集和固化工作，规范执法行为。定期对站所执法情况进行督促检查，规范执法流程。

【应急能力建设】 探索地方海事安全监管新模式，利用现有电子监控、短信预警平台、AIS(船舶自动识别系统)平台巡航手段，制定现代管理模式。提升应急搜救能力，海事服务船民、保障船民安全的职能落实到位。修订和完善市内河水上交通突发事件应急预案，提升预案可操作性和实用性，将预案提交市政府进行讨论。完善与气象、水利、航道等部门的沟通协调，及时掌握辖区航道通航安全信息,通过手机通信短信平台、微信平台,及时将台风、排水、水上水下施工作业等安全信息发送至船民,加强对灾害性天气、水位陡涨陡落的预警预报,强化对事故预防、预控能力。提前做好船舶安全预控,开展春季排咸通航保障工作,成功处置船舶搁浅险情4起,有效提高应急处置等方面的能力。

【安全生产月活动】 深入到港口码头、船舶集散地,发放船民宣传安全服务手册500余份,悬挂张贴宣传标语横幅10余幅,发布安全短信480余条。在常乐所组织开展船民咨询日活动。解答船民提出的问题,宣传水上交通安全航行知识及在汛期安全注意事项,受到广大船民的好评。6月16日、6月30日组织海事骨干参加海太、崇海汽渡组织的轮渡火灾、人员紧急疏散撤离的水上搜救演习,提高水上搜救的能力。组织安全知识答卷竞赛、观看安全生产警示教育等活动,分析本辖区水上交通安全形势,并拟制研判报告,提高预防预控能力。组织开展水上交通安全知识进校园活动。针对暑期即将来临,水上安全形势严峻的现状,到通源小学、城北初中(外来务工子女学校)组织安全教育课,让中小学生进一步了解水上安全知识,学会落水自救,组织学生现场穿着救生衣,示范灭火器使用方法等,达到教育一个学生、影响一个家庭、带动整个社会的效果。《中国水运报》《江苏交通》、海门电视台、《海门日报》等媒体进行报道。 (熊建华)

水上交通安全知识进校园 (市地方海事管理处 提供)

交通安全管理

【概况】 2016年,市公安局交警大队实施文明交通、农村警务、安全监管、民生服务以及队伍建设五大优化工程,全市道路交通安全形势持续平稳。全年,查处各类交通违法行为50.22万起,其中酒后驾驶违法行为1247起,抓获醉驾犯罪嫌疑人88名、毒驾犯罪嫌疑人5名、网上逃犯3名,行政拘留交通违法行为人201名。亡人事故发生数、交通事故死亡人数在南通各县(市、区)继续保持最低。市公安局交警大队被南通市公安局记集体三等功,春运道路交通安全管理工作连续3年被南通市公安局考评为第一名,年度执法质量考评列第一名。

【"一镇一策"道路交通综合治理】 组织对全市23个农村集镇,围绕学校、市场、医院等重点部位逐乡镇、逐点位实地踏勘,排查交通设施、交通隐患等问题。联合政府职能部门研究制定"一镇一策"道路交通综合治理方案,逐项明确整改目标和整改措施。市公安局交警大队通过问题清单推动政府加大交通管理设施投入,三厂街道、常乐、悦来、余东、三和、经济技术开发区等19个集镇、园区、实施辖区渠化灯控路口、拓宽改造路面、建设专门停车场、增加监控设备等,累计投入建设资金1800万元。

【智能交通建设】 在城区主干道实施夜间、平峰、高峰等多套配时方案,提高道路通行效率。增补"电子警察",全时空抓拍不文明违法行为和易引发拥堵、发生事故的严重违法行为。全年非现场处罚闯红灯5.06万起,超速8.88万起,不礼让行人382起,网格线内停车1143起,不按规定变更车道3.27万起。通过自建布控系统,及时精确打击各类严重交通违法行为。运用科技手段,查获假牌套牌车辆13辆、查扣"交通违章王"102辆、未年检车350余辆,侦破重大交通肇事逃逸案件11起,一般交通逃逸事故83起,侦破率分别为100%和97.2%。

(张松华)

社会事业

江海民俗风情

渔猎·数鱼秧　乡间的宅沟、民沟、横沟里数上几十、几百条青鱼、白鱼等小鱼秧，一年后即捉起食用。出售鱼秧的人挑着担子到乡下卖，按鱼秧尾数计款。挑担时要不停地上下颤动扁担，让鱼秧桶里的水不停地翻滚，这样能使氧气调节，防止鱼秧因缺氧而死掉。

郁异人　绘

◎ 责任编辑　张　静

人民生活

【城镇常住居民收入】 根据国家统计局海门调查队对110户城镇居民调查资料显示,2016年城镇常住居民人均可支配收入40509元,比2015年增长8.3%。其中,人均工资性收入27476元,比2015年增长8.5%;人均经营净收入5313元,比2015年增加6.3%;人均财产净收入948元,比2015年增长11.5%;人均转移净收入6772元,比2015年增长8.5%。

【城镇常住居民消费支出】 根据国家统计局海门调查队对110户城镇居民调查资料显示,2016年城镇居民人均生活消费支出25928元,比2015年增长5.6%。在消费支出中,人均食品消费支出7597元,比2015年增长5.1%;人均衣着消费支出3544元,比2015年增长7.9%;人均生活用品及服务支出1545元,比2015年增长9.5%;人均医疗保健消费支出1158元,比2015年增长5.1%;人均交通和通信支出4508元,比2015年增长1.3%;人均教育文化娱乐服务支出4884元,比2015年增长7.5%;人均居住消费支出1753元,比2015年增长4.2%;人均其他用品和服务支出939元,比2015年增长10.2%。

【农村常住居民收入】 根据国家统计局海门调查队对73户农村居民家庭的调查,2016年全市农村常住居民人均可支配收入20608元,同比增长8.5%。其中,工资性收入人均11478元,同比增长9%;经营净收入人均6981元,同比增长7.1%;转移净收入人均1378元,同比增长9.9%;财产净收入人均771元,同比增长12.6%。

【农村常住居民消费支出】 根据国家统计局海门调查队对73户农村居民家庭的调查,2016年全市农村居民人均生活消费支出14570元,同比增长11%。其中,食品消费支出人均4269元,同比增长9.9%;衣着消费支出人均1144元,同比增长12.9%;居住消费支出人均2164元,同比增长7.3%;生活用品及服务消费支出人均1040元,同比增长8.4%;交通和通信消费支出人均1443元,同比增长5.8%;教育文化娱乐消费支出人均2668元,同比增长17.5%;医疗保健消费支出人均1510元,同比增长14.3%。

(梁　辉)

就业创业

【概况】 就业是民生之本。2016年,全市大力实施就业优先战略和就业创业行动,推动扩大就业与提升质量并重,创业带动与促进就业并举,政策落实与能力提升并进,促进社会更加充分、更高质量就业。

规模以上企业劳动合同签订率98.6%,已建工会企业集体合同签订率95%,人力资源服务业从业人员培训130人,城镇新增就业1万余人,城镇登记失业率1.82%,城镇失业人员再就业3041人,就业困难人员再就业779人,新增转移农村劳动力4228人,离校未就业高校毕业生实名制登记率100%,离校未就业高校毕业生(有就业服务需求)服务率100%,支持成功自主创业2133人(其中引领大学生创业181人、扶持农村劳动力自主创业601人),创业担保贷款1584万元,创业培训964人,城乡劳动者就业技能培训3853人,城乡新成长劳动力技能培训1403人,失业保险参保12.09万人,失业保险基金征缴收入8200万元。

【促进线上、线下同步就业】 多途径开展用工需求调查统计,收集招聘信息,并通过人力资源市场信息展板、查询电脑、《海门日报》、海门人才招聘网和海门人力资源网等纸质、电子、网络媒体发布招聘信息。对登记求职的下岗失业人员、大中专毕业生等各类求职人员采取"一对一"和"集中式"的职业指导,进行个性化的推荐介绍和面试指导服务。除每周五定期招聘洽谈会外,2016年还举办春季大型人力资源交流洽谈会、夏季毕业生专场、"三八"妇女专场、个私协会专场、残疾人专场等特色专场招聘会。积极提供专门场地、大型展板,为冠东模塑科技、中南集团、当升材料、铁锚工具、文峰广场等企业组织现场招聘专场。

【创业孵化与扶持】 全市各部门、区镇开展创业孵化平台建设,已认定创业孵化基地12家,已建和正在筹建的各类电子商务创业平台15家,市人社局负责的创业服务中心也在筹建之中。2016年,发放小额贷款1584万元,带动665名下岗失业人员再就业,全市新增创业

人社局长进校园暨就业指导大讲堂 (市人社局　提供)

2133人，带动就业1.09万人，引领大学生创业181人，扶持农村劳动力自主创业601人。

【鼓励企业稳定就业】 为切实降低实体经济企业成本，积极预防失业、稳定就业，根据省人社厅《关于调整失业保险费率有关问题的通知》文件精神，2016年1月起，全市失业保险费率在2013年8月下降1个百分点的基础上再次下降0.5个百分点，其中用人单位缴费比例由1.5%降至1%、个人缴费比例0.5%不变。失业保险费率下调，切实减轻企业保费负担，支持企业稳定用工，全市3000多家企事业单位受益。此次降费措施全年为企业减负近2000万元。此外，出台《海门市关于进一步做好失业保险支持企业稳定岗位工作的通知》，组织实施稳岗补贴，鼓励企业稳定就业，全年共支付稳岗补贴资金396.19万元，补贴惠及33家企业、6715名职工。

【失业职工保障】 2016年，落实发放3项补贴，保障失业职工基本生活。一是按时足额发放失业待遇。1月，根据全市企业职工最低工资标准的调整，及时上调失业保险金标准上限，调整后的失业保险金标准上限为每月1770元，下限为每月754元。全年共为3641名失业职工发放失业保险金2251.02万元，发放农民工生活补助15.46万元。二是发放医保补贴。采取由经办机构直接为失业职工办理医保续交业务，确保职工失业后医保关系及时续接，医保待遇及时享受。全年累计为正在领取失业保险金期间的失业职工缴纳医疗保险费528.71万元，缴纳医保人月数19879，使更多的失业职工享受到医保普惠政策。三是发放物价补贴。按月启动失业保障与物价上涨挂钩联动机制，发放物价补贴，缓解因物价上涨等因素给失业人员带来的生活困难。全年共发放物价补贴124.81万元，累计2万多名正在领取失业金期间的失业人员享受此项补贴。

【技能、创业培训】 大力开展职业技能提升培训、转业转岗培训和创业培训，在全市范围内组织开展送技下乡、进工地、入车间、进校园活动，大力培育“海门工匠”“海门创客”。劳动就业培训中心结合市场需求和企业转型升级需要，专设家政、花卉、电工、焊工、数控车床、装配作业等数十项技能培训项目，对参加职业技能培训并取得职业技能鉴定证书的，由财政给予补贴。2016年劳动就业培训中心开展特种作业培训12期1512人、家政类5期213人、缝纫工4期222人、计算机操作员6期197人、各类中高级培训班38期1714人、电子商务创业培训班18期964人，发放获证奖励资金179.31万元，惠及城乡劳动者1929人，其中享受省获证奖补资金人数1335人，涉及金额121.88万元；从再就业资金中获得培训补贴的跨省外来农村劳动力和城镇职工594人，金额57.43万元。

【基层平台管理】 加强协理员业务培训，组织学习劳动保障法律法规，讲评创建台账、数据分析、动态跟踪等规范管理；对50名协理员进行国家三级职业资格考前培训及考试；加大管理考核，组织基层平台创建管理考核领导组人员对各行政村（社区）服务站进行不定期巡回式的明察暗访，检查、督促协理员的业务工作和行为规范，落实考核办法的奖惩措施。26个社区中4个社区被认定为省“充分就业示范社区”，省“农村劳动力充分转移乡镇”创业率100%，“充分就业村”创建率100%。

社 会 保 障

社会保险

【概况】 2016年，全面开展“全民参保登记”，扎实做好养老保险依法征缴工作，社会保障体系不断完善。全市企业职工养老、职工及城镇居民医疗、失业、工伤、生育、居民养老、新农合保险参保人数分别为15.8万人、23.4万人、12.09万人、16.8万人、12.05万人、24.8万人、67.35万人，养老、医疗、失业等主要险种参保率98%，基本实现全覆盖。加强制度建设，完善社会保障体系，出台《海门市关于进一步完善城乡居民基本养老保险制度的意见》等养老、医疗、生育保险政策文件。重点改革顺利推进，启动实施机关事业单位养老保险制度改革，城乡居民基本医疗保险制度整合顺利完成。调整费率减轻企业负担，企业职工养老保险单位缴费费率由20%降至19%，失业保险费单位缴费费率由1.5%降至1%，工伤保险由三类行业风险类别调整为八类，每年为企业减负6900万元。实施“同舟计划”，以项目参保等灵活参保方式推动建筑业等高风险行业全员参加工伤保险。进一步完善被征地农民社会保障办法，全面落实刚性进保措施，被征地农民生活保障费从555.5元/月提高到583元/月。城乡居民养老保险基础养老金从105元/月提高到115元/月，新农合筹资标准提高到人均700元。加强“金保工程建设”，开通社保网上申报服务，全年发放社保卡23万张，持卡人数累计75万人。

【全民参保登记】 11—12月，在全市范围内，对具有海门市户籍的人员，以及居住在本市、持有本市公安机关核发居住证的非本市户籍人员，开展“全民参保登记”入户调查。调查登记内容包括个人基本信息、个人就业状态、本地参保情况等。市成立领导小组，制定工作方案，依托全市人力资源社会保障工作平台，将任务层层分解，设定工作目标，作为年终考核的依据。做好入户宣传，2万张海报张贴到所有镇（街）、园区和村（社区）宣传栏、居民小区楼道口，20万份宣传资料分发到每家每户，在广场、菜场等人员密集场所进行现场专题咨询宣传，营造浓厚舆论氛围，扩大影响力；利用《海门日报》、海门广播电视等媒体，宣传全民参保登记工作及社保政策。编发通俗易懂的手机短信，使全民参保宣传深入人心，确保宣传工作的高效率和实效性。组织各镇（街）、园区对村（社区）完成的调查信息进行初审，将符合要求、准确规范的信息录入系统，再由市人社局严格审核入库数据，对录入不完整、不规范、不准确的数据不予通过，并要求及时整改。通过对全体社会成员参加社会保险的情况进行记录、核查和管理,形成覆盖全部常住人口、完整准确、动态更新的社会保险基础数据库,提升社会保险管理服务水平。

【养老保险网上申报服务】 进一步优化养老保险网上服务项目,完成网上服务大厅的搭建工作并正式运行。首批网上申报业务包括企业参保人员增减、人员基数变动等缴费工资申报业务,有效解决偏远乡镇办事难、申报高峰期排队拥挤的问题。

【企业退休人员资格认证】 每年4—6月的退休人员生存状况认证工作,量大且杂,涉及面广,除为本市的4.8万多名退休人员(包括供养人员2100人)认证外,还要协助其他地区的1.2万名退休人员进行委托异地认证。市退管中心加大宣传力度,通过"两台一报"全面刊登资格认证工作通告,提前告知退休人员认证时间、认证对象以及认证办法,营造资格认证的社会氛围;在全市各社区设立专门服务窗口,统一严格值班制度,确保居住在全市任何区域内的退休人员都能在居住地进行生存认证;对年老体弱、患病或行动不便的退休人员,由退管站工作人员上门核实,以人性化、亲情化服务为企业退休人员办理生存认证手续。同时,加强与财政、公安系统数据库对比,直接筛选出死亡对象,提高数据库准确率,有效遏止养老金冒领现象发生,确保社保基金安全运行。

【养老、工伤保险费率调整】 7月1日起,全市按照参保单位的工伤保险缴费情况、工伤保险基金使用率、工伤风险行业划分等因素开展工伤保险费率调整,调整后的费率从2015年10月起执行,全市有985家企业的工伤费率上调,2767家企业工伤费率下浮,146家没有变化。8月,企业养老保险费率下调,单位缴费费率由20%降为19%,全市3430家用人单位参与调整。2016年,养老保险累计为企业减收1022.5万元,工伤保险累计减收503万元,有效降低企业用工成本。 (钱宁宁)

社会救助

【救助政策力度加大】 2016年,"一站式"医疗救助年最高限额设定为城乡医保补偿年封顶线的50%。实现民政医疗救助13.1万人次,救助金1405.74万元。共救助特殊困难家庭大病医疗912人次,发放救助金263.76万元,审核103户因病支出型贫困家庭,其中7户贫困家庭获得一次性10万元骨髓移植医疗救助金。推进救助家庭经济核对系统建设,实现救助对象应救即救、应退即退。2015年系统运行以来,已对2万余户申请社会救助家庭的经济状况进行核对,比对出不合格家庭3000余户,检出率15%。

【困境儿童排查】 根据省、市要求,组织各镇对辖区内留守儿童进行摸底。据统计:全市困境未成年人数553人,其中孤儿53人、监护人监护缺失的儿童79人、监护人无力履行监护职责的儿童50人、重残重病及流浪儿童132人、其他需要救助的儿童239人;农村留守儿童699人,其中父母双方同时外出的584人、父母一方外出另一方无监护能力的115人。

【城乡低保动态管理】 开展城乡低保一体化试点工作,完善《全国最低生活保障信息系统》相关数据,提升城乡低保月保障标准至590元、530元,城乡低保标准之比为1.113:1。截至12月,全市共有低保对象5454户7294人,其中城市低保对象261户448人,农村低保对象5193户6846人。共发放城乡低保资金3278.7万元,其中城镇低保资金244.7万元,人均补差392.5元;农村低保资金3034万元,人均补差363.1元。补差系数0.7。
(赵 倩)

【慈善宣传】 市慈善基金会联合市民政局、司法局、宣传部和文明办,在东洲公园、文化广场等公共娱乐场所举办"慈善法专栏宣传"和"慈善法"读本发放及拉横幅开展慈善宣传及咨询活动;利用主流媒体宣传慈善法;举办由各镇区宣传委员、民政助理及市级机关政工干部参加的"慈善法"学习培训班;开展"学习慈善法"知识竞赛活动。打造"透明慈善",提升社会公信力。特邀市人大代表、市政协委员、慈善监督员、爱心企业代表、市民代表、受助对象和"两台一报"直接参与慈善项目回访直通车活动,通过直观近年来海门慈善济困十大项目,深刻感受慈善济困项目设计的严谨性、管理的科学性和实施的精准性。表彰慈善先进,营造慈善氛围。9月,市委、市政府召开全市慈善工作会议,确定每年9月为全市宣传月、"一日捐"月,表彰15家明星慈善企业、7家履约先进企业、4家爱心企业。利用主流媒体扩大宣传效应。全年,由电视台、电台宣传慈善新闻20篇、《海门日报》专版40篇、南通日报头版头条刊载海门慈善新闻1篇,《现代快报》12月9日图文并茂介绍海门"十大举措普惠7万多困难群众"。省市慈善专刊刊载海门慈善文章及信息6篇,国家《慈善公益报》录用3篇。进一步扩大海门慈善工作社会影响力。

【慈善基层组织建设】 根据上级慈善总会要求,海门市委、市政府高度重视基层慈善组织建设,先后下发《市政府关于促进全市慈善事业发展的实施意见》《关于推进全市基层慈善组织建设意见》。4月,召开全市基层慈善组织建设现场推进会,提出6月底前各区镇2~3个村(居)做好试点,年底村(居)慈善工作站全覆盖的要求。各区镇按要求进行全面发动,月序推进。11月,召开全市慈善分会会长、秘书长工作会议,加强检查和督促。截至12月底,全市12个区镇全部建立慈善分会,285个村(居)全部建立慈善工作站。各慈善分会各项规章制度已建立,进入正常运行阶段;2016年分会共募集捐款521.2万元,计入其他增值收入等391.6万元,累计善款900多万元。

【慈善募捐】 全年实现募捐总量1789.63万元,完成扶贫济困10大项目926万元,惠及困难群众近万人次。加强与认捐签约企业联系,积极宣传企业社会责任,鼓励企业认捐履约,全年企业协议捐赠达账263万元;除接收日常捐款外,引导企业围绕民生项目开展定向捐赠,如"夕阳复明工程"由海门农商行冠名资助,全年各类定向或冠名捐款86.5万元,捐赠物品折价48万元。全年收到机关企事业单位捐款810.2万元,社会成员零星捐款35.7万元,9000多人参与募捐活动。在确保基金安全和年度10大济困项目正常支出前提下,进行适量投资理财,2016年收益500万元。12月,中国慈善联合会发布第四届中国城市公益慈善指数,揭晓"中国城市公益慈善百强",海门榜上有名,综合指数列全国256个城市第41位。

【慈善救助】 2016年,市慈善基金会主要实施10个救助项目。助医项目:向市社会救助事务服务中心注入300万元,为大病患者提供补充性医疗救助和特困大病家庭二次救助,减轻大病群体家庭经济压力;慈善健康体检车继续为贫困职工免费体检,3年中为1500多位贫困职工提供免费体检,为1.2万位市民提供上门服务;实施省贫困家庭儿童重大疾病慈善救助,8人获受助,发放省、市慈善资金30多万元。助学项目:资助2016年贫困大学新生103人、在校贫困高中生104名,资助总额50.7万元。夕阳复明项目:2016年为90名贫困老人免费摘除白内障,累计15.69万元。慈善扶贫帮困项目:根据市扶贫办建档立卡低收入家庭名单,出资30万元为全市116个贫困家庭免费提供户均5只苗羊,并提供优质羊苗及防疫、技术指导及销售渠道一条龙服务,帮助扶贫对象增收脱贫。助老项目:6个镇敬老院改扩建工程全部收官,4年累计为6个敬老院新增床位823个;对解放前和解放初期贫困老党员提供10万元慈善救助。暖冬项目:春节前夕,在上级拨发16万元基础上,再注入60万元配套资金,慰问城乡4000多名贫困群众。助残项目:为市特殊学校注入10.94万元资金为学生全年提供免费午餐,减轻聋哑学生家长经济负担;配合南通市慈善会为海门儿童免费安装助听器2件。慈善超市项目:全年向全市慈善超市提供近10万元资金,为特困家庭提供临时生活急需品。特困职工救助项目:为全市特困职工免费体检的同时,对他们进行慈善救助。应急求助项目:对全市150户(人)次因灾或重疾特困人员进行临时救助,总额90.32万元。 (宋建庚)

【精准扶贫】 海门市按照农民人均纯收入不足7000元贫困线标准,通过农户自行申报、评议推荐、审核评议等程序,确定"十三五"建档立卡低收入农户数8073户、1.35万人。2016年,全市投入1500万元帮扶资金,其中开发式资金约800万元,开发式比例22%;全市脱贫2465户、脱贫4080人,脱贫率30.16%,顺利完成省、南通市下达的年度脱贫任务;新增低收入农户数56户、119人。2016年底,建档立卡低收入农户总户数5664户、9568人。

【保险扶贫】 2016年,为全市建档立卡低收入农户缴纳政策性农业保险个人缴费部分,涉及耕地面积800公顷;财政共计投入205万元为全市建档立卡低收入农户缴纳新型农村合作医疗、大病医疗保险个人缴费部分,其中补交和返还两项合计共有4725户、8602人受益,财政补助金额129万元。

【开发式扶贫】 加大整村推进带动低收入农户增收力度,市扶贫办与市扶贫开发协会合作,通过项目单位采取无偿资助方式进行整村推进扶贫开发,带动有劳动能力的低收入农户增收脱贫。全年投入400.05万元(其中财政投入300万元)用于整村推进扶贫开发,实施整村推进扶贫项目24个,帮助带动1671户、2738人增收脱贫,户均、人均分别增加5897元、3599元。加大整体扶贫开发工作力度,要求对口帮扶单位投入每户的开发式项目资金不少于2500元。全市各帮扶单位投入开发式扶贫资金500万元左右。

【教育就业扶贫】 海门市和上海工程技术学院等学校合作,开辟与探索低收入农户职教扶贫工作。2016年,全市100多个低收入家庭的孩子免费进入该校学习。同时,全市所有进入该校学习的低收入家庭的孩子均顺利就业,进入上海大型国企工作。这种教育结合就业的扶贫新模式彻底解决低收入家庭孩子的教育和就业问题,阻断贫困代际传递,实现彻底脱贫。

【市级薄弱村物业项目实施】 为确保"十三五"实现村村有物业目标,海门市出台《扶持经济薄弱村发展集体经济实施意见》。除扶持14个南通市级经济薄弱村发展物业项目外,另外扶持50个海门市级经济薄弱村发展物业项目。实现海门市级和南通市级的薄弱村同时部署和要求、同步实施和推进、同等督查和考核,带动更多的薄弱村增收致富,壮大村级集体经济,确保经济薄弱村拥有持续

低收入农户领羊 (市扶贫办 提供)

市委书记陈勇(左二)慰问低收入农户　　　　(市扶贫办　提供)

增收致富渠道。"十三五"期间,市财政将安排3900万元扶持薄弱村发展物业经济,其中每年安排500万元扶持发展海门市级经济薄弱村,同时要求帮扶部门充分在资金、技术、信息方面给予最大帮助,每年资助金额不少于5万元。

(杨苏敏)

社会福利

【优抚安置】 在春节、"八一"对重点优抚对象进行普惠式慰问,每次每人发放慰问金200元;落实重点优抚对象水、电、气补贴政策,下拨补助资金123万元,解决各类优抚对象的生活、医疗、住房等困难;组织40名重点优抚对象赴南通、如皋疗养。对13名符合政府安排工作条件的退役士兵,按照"档案考核、积分排名、按序选岗"的办法进行岗位安置。

【福彩公益】 2016年,全市共销售福利彩票近1.53亿元,共筹集市本级福彩公益金1374多万元,连续8年获评全省"福彩销售先进县(市)"。全市共有福彩投注站114个、中福在线销售厅1个,安排就业人员200多人。秉承"扶老、助残、救孤、济困"的发行宗旨,开展一系列公益慈善项目,全年度投入福彩公益金560余万元,分别用于养老、大病医疗救助、关爱孤困儿童、公益创投项目、自然灾害惠民保险工程等社会福利和公益事业。先后投入100.16万元用于居民意外伤害保险,24.3万元用于第二届公益创投首款,6.67万元用于首届公益创投二、三笔资金,153.96万元用于政策性农民家庭财产保险,9.45万元用于关爱基金慰问孤困儿童。福利彩票作为取之于民、用之于民的一项公益性慈善事业,得到人民群众的热情参与和积极支持。(赵　倩)

【养老机构建设】 推进养老机构建设。建筑面积2.68万平方米、床位628张的市养老中心工程全部完工,与上海申丞医疗控股投资有限公司签订合作协议,实施公建民营运作;三厂弘謇养老服务中心建筑面积1.5万平方米,新增床位350张,2016年完成主体工程;推进养老服务业多元化发展,海永红磡养老产业基地一期工作全面建成,新增养老床位200张。深入推进医养融合发展。市养老中心、弘謇养老服务中心、龙信乐颐荟老年公寓、朝阳养护院等机构均配置社区医疗卫生机构,较大规模的养老机构设置医务室,并与当地医疗机构签订医疗服务协议,建立老年人挂号、就医绿色通道,保障老年人享受便捷的医疗服务。

【困难老人养老】 将全市60周岁以上分散供养的"三无""五保"老人,低收入、低保家庭中的空巢失能老人,70周岁以上无固定收入的重点优抚对象,80周岁以上生活困难的重度失能老人共2679人纳入政府购买服务范围,结合市经济发展水平,服务标准A类每人每月120元、B类每人每月100元,由全市区街、镇居家养老服务中心采取依托养老机构、成立专业服务队伍、"一对一"邻里照料等多种形式提供助餐、家政等服务,解决贫困高龄失能老人的生活困难。

【尊老敬老】 组织"敬老爱老、全民行动"为主题的敬老月活动,以送温暖、送娱乐、送医疗活动形式,为老年人办实事,做好事,献爱心。市领导慰问百岁以上老人,卫生、妇联、残联、慈善等部门着力解决特困、高龄、"空巢"、残疾老人的生活困难问题,开展"我们的节日——重阳"系列活动,举办老年人戏曲大赛及敬老孝亲摄影展等活动,老人参与热情高涨,活动有声有色。2016年,有4.9万余位老人享受"尊老金",市财政共发放"尊老金"3800余万元。开展"安康关爱行动",与中国人寿海门支公司共同推进老年人意外伤害保险,提高老年人抵御风险能力,全市投保13.8万人,占老年人总数57%。

2016年海门市百岁以上老人一览

表29

序号	姓　名	性别	出生年月	住　　址
1	梅秀英	女	1917.12.9	海永镇东西场大队3组29号
2	姜玉珍	女	1916.7.14	四甲镇合兴村12组

续表 29

序号	姓名	性别	出生年月	住址
3	姜金彩	女	1916.10.27	四甲镇新街村 16 组
4	沈志高	男	1914.11.11	四甲镇合兴村 14 组
5	毛中杰	男	1912.9.18	四甲镇合兴村 6 组
6	郁静连	女	1913.8.20	四甲镇廷俊村 28 组
7	李金凤	女	1917.6.21	四甲镇合兴村 32 组
8	汤志安	女	1917.11.17	四甲镇八索村 23 组
9	陈青云	女	1910.10.6	常乐镇麒新村 3 组
10	周玉兰	女	1912.6.29	常乐镇玉竹村 25 组
11	郁礼珍	女	1914.2.6	常乐镇庵宝村 11 组
12	翟三元	男	1915.11.14	常乐镇匡北村 14 组
13	张志珍	女	1915.11.13	常乐镇长春村 18 组
14	徐素珍	女	1915.12.7	常乐镇八烈村 4 组
15	杨云芳	女	1916.3.25	常乐镇振复村 7 组
16	王桂珍	女	1916.7.16	常乐镇文明村 23 组
17	施友兰	女	1917.10.9	常乐镇玉竹村 25 组
18	黄培兰	女	1917.3.18	常乐镇玉竹村 22 组
19	龚鹏冲	女	1917.10.6	常乐镇常中村 15 组
20	杨友芳	女	1917.4.21	常乐镇常来村 25 组
21	蔡云汉	男	1917.1.15	常乐镇广南村 21 组
22	陆秀珍	女	1917.11.9	常乐镇庵宝村 10 组
23	樊发顺	男	1917.3.7	常乐镇庵宝村 26 组
24	王德英	女	1917.8.14	常乐镇双河村 33 组
25	陈汉才	女	1910.9.9	三星镇宝兴村 14 组
26	李振兴	男	1914.6.7	三星镇海二公路 73 号
27	朱美英	女	1914.8.25	三星镇汇通村 5 组
28	施召珍	女	1914.12.7	三星镇太阳村 12 组
29	施云娣	女	1915.9.20	三星镇光荣村 36 组
30	李作明	男	1916.8.5	三星镇德兴街居委会
31	季世章	女	1916.12.29	三星镇金锁村 10 组
32	陈金娣	女	1916.3.10	三星镇瑞北村 45 组
33	茅凤希	男	1917.7.11	三星镇广丰村 10 组
34	王卓如	男	1917.12.8	三星镇汇通村 19 组
35	陈福标	男	1917.11.21	三星镇林西村 17 组
36	黄玉英	女	1917.5.13	三星镇林西村 28 组
37	施秀英	女	1917.12.28	三星镇彦英村 5 组
38	刘秀英	女	1917.6.2	三星镇彦英村 30 组
39	黄志祥	男	1917.1.23	三星镇银才村 27 组
40	江来珍	女	1915.1.2	包场镇镇东村 24 组

续表 29

序号	姓 名	性别	出生年月	住 址
41	张锦明	男	1915.11.14	包场镇联合村 4 组
42	成庙先	女	1915.8.24	包场镇包场村 13 组 3 号
43	江桂仙	女	1915.8.15	包场镇幸福村 2 组
44	张彩红	女	1913.12.23	包场镇长桥村 19 组
45	陈小凤	女	1913.6.6	包场镇长桥村 31 组
46	徐步祥	男	1915.10.28	包场镇大东村 13 组
47	陈来云	女	1905.7.31	包场镇大东村 14 组
48	施素莲	女	1915.12.25	包场镇浩中村 1 组 45 号
49	张来芬	女	1911.12.20	包场镇天西村 18 组
50	江成祥	男	1914.7.13	包场镇城河村 3 组
51	江小桃	男	1914.12.24	包场镇城河村 4 组
52	戴素良	女	1916.4.24	包场镇宏升村 40 组
53	周秀珍	女	1916.4.7	包场镇锦明村 18 组
54	徐来子	女	1917.12.25	包场镇闸中村 5 组
55	江云洲	男	1917.11.19	包场镇闸桥村 20 组 17 号
56	陆娥娥	女	1917.1.20	包场镇长桥村 3 组
57	张亚芳	女	1917.2.13	包场镇永康村 12 组
58	陆文球	女	1917.9.19	包场镇锦明村 15 组
59	陈惠芳	女	1917.5.11	包场镇浩中村 10 组
60	陆彩云	女	1917.9.17	包场镇灵树村 20 组
61	成素珍	女	1917.12.13	包场镇光耀村 6 组
62	陆来娥	女	1917.5.9	包场镇河塘村 1 组
63	王金仙	女	1917.8.13	包场镇宏升村 8 组
64	徐洪清	男	1917.1.14	包场镇宏升村 20 组
65	马德凤	女	1916.7.8	余东镇五泰路 140 号
66	朱菊仙	女	1916.6.22	余东镇新宇村 20 组
67	石崔先	女	1914.12.12	余东镇八一村 43 组
68	花玉珍	女	1916.7.20	余东镇启勇村 35 组
69	李美英	女	1915.1.18	余东镇启勇村 27 组
70	周锡桃	男	1915.8.24	余东镇凤凰村 26 组
71	郁秀珍	女	1917.5.5	余东镇凤凰村 23 组
72	邵茂娥	女	1917.5.22	余东镇木桩港村 13 组 21 号
73	李树基	男	1917.12.25	余东镇木桩港村 9 组 31 号
74	张德先	女	1917.1.19	余东镇和平村 6 组 13–1 号
75	高秀英	女	1917.10.16	余东镇余南村 32 组 45 号
76	冯红红	女	1915.12.8	正余镇邢柏村 19 组
77	石兰清	女	1915.5.31	正余镇邢柏村 20 组
78	沈桂兰	女	1917.5.14	正余镇邢柏村 30 组

续表 29

序号	姓 名	性别	出生年月	住 址
79	王改余	女	1912.8.4	正余镇河岸村 22 组 12 号
80	王小改	女	1914.2.26	正余镇三合村 4 组 13 号
81	陈福贞	女	1916.2.4	正余镇瑞丰村 26 组
82	姜改先	女	1916.4.28	正余镇王灶河村 24 组 15 号
83	蔡思珍	女	1916.4.29	滨江街道棉种场大队
84	施玉英	女	1915.11.2	滨江街道大兴村 24 组
85	朱锦章	男	1917.6.15	滨江街道兄弟村 20 组
86	施秀文	男	1917.12.23	滨江街道三南村 25 组
87	姚秀英	女	1915.2.13	海门街道民生居委会 19 组
88	施静宜	女	1915.7.27	海门街道通源新村 803-305
89	张素珍	女	1914.6.10	海门街道民生村 13 组
90	施银翠	女	1913.10.6	海门街道建南村 2 组
91	施桂珍	女	1917.12.17	海门街道青海居委会 6 组 129 号
92	汤锦芝	女	1917.5.13	海门街道海东居委会 14 组
93	张廷文	女	1917.6.25	海门街道海东居委会 18 组
94	陈小兰	女	1917.10.19	海门街道海东居委会 4 组
95	陆忠芳	女	1917.12.18	海门街道利北村 5 组
96	陆廷兰	女	1913.9.15	海门街道利北村 43 组
97	张志鹏	男	1913.6.16	海门街道岸角村 5 组
98	管思温	男	1914.2.3	海门街道岸角村 34 组
99	林云礼	女	1916.11.14	海门街道岸角村委会十四组
100	胡跃英	女	1917.2.25	海门街道岸角村 16 组 16 号
101	曹新宝	女	1914.9.10	海门街道秀山村 51 组
102	黄阿美	女	1912.3.17	海门街道秀山村 1 组
103	朱秀明	女	1917.5.1	海门街道秀山村 5 组
104	茅妹妹	女	1914.9.10	海门街道沙东村 10 组 23 号
105	宋学文	男	1913.10.19	海门街道双高村 22 组
106	茅锦兰	女	1916.5.6	海门街道文俊村 21 组
107	林巧林	女	1912.10.15	海门街道张南居委会 1 组
108	沈玉珍	女	1916.9.20	海门街道日新居委会 12 组
109	龚迪珍	女	1917.12.24	海门街道振邦村 1 组
110	黄朝秀	女	1917.6.25	海门街道占仁村 31 组
111	毛菊英	女	1917.9.15	海门街道双桥村村委会一组
112	黄凤英	女	1917.9.6	海门街道中海村 27 组
113	季秀英	女	1910.10.18	海门街道陶港村 10 组
114	杨桂芳	女	1916.10.4	海门街道城北新村 1105 幢 302 室
115	龚海安	男	1916.8.23	海门街道解放东路 136-1 号
116	张西美	女	1910.11.2	海门街道长江新村 213 幢 208 室

续表 29

序号	姓 名	性别	出生年月	住 址
117	沈岳如	女	3613.3.31	海门街道狮山居委会友谊路 87 号
118	许学秀	女	1915.1.15	三厂街道果园新村 16-405 室
119	成爱民	女	1916.12.13	三厂街道厂南村 27 组
120	朱玉珍	女	1916.3.24	三厂街道厂南村 11 组
121	杨培兰	女	1916.10.16	三厂街道孝威村 30 组
122	杨朝良	男	1915.4.15	三厂街道孝威村 14 组
123	张士梅	女	1917.1.18	三厂街道孝威村 3 组
124	黄兰英	女	1917.1.6	三厂街道孝威村 5 组
125	王思贞	女	1917.2.22	三厂街道耀忠村 6 组
126	蔡丽珍	女	1917.10.21	三厂街道文化弄 42 号
127	宋翠兰	女	1914.2.20	三厂街道钟楼新村 905-202 室
128	黄桂兰	女	1916.1.29	三厂街道中心路 9 号
129	朱赏英	女	1915.3.7	临江镇汤西村 16 组
130	李林	男	1917.8.9	临江镇大新路 507 号
131	李亚珍	女	1917.9.13	临江镇汤西村 32 组
132	施林兰	女	1915.12.16	临江镇丁陆村 16 组
133	陆金康	男	1916.3.17	临江镇刘洪村 24 组
134	陈龙珠	女	1916.10.4	临江镇新丰村 20 组
135	龚卫英	女	1916.5.8	临江镇新丰村 31 组
136	施守先	男	1915.1.18	临江镇介云村 36 组
137	蔡守兰	女	1916.9.3	临江镇介云村 23 组
138	季思兰	女	1916.10.17	临江镇介云村 24 组
139	毛静兰	女	1913.12.25	临江镇介云村 16 组
140	陆品岐	男	1917.12.18	临江镇灵江村 10 组
141	杜家芳	女	1917.10.7	临江镇鹤丰村 1 组
142	陈金礼	女	1917.3.3	临江镇立周村 13 组
143	宋淑珍	女	1917.2.14	临江镇立周村 5 组
144	施玉兰	女	1913.11.26	悦来镇保民村 3 组 3 号
145	施国兰	女	1914.7.7	悦来镇保民村 23 组 6 号
146	朱士兰	女	1915.10.15	悦来镇保民村 19 组 7 号
147	蒋志新	女	1916.6.2	悦来镇保民村 18 组 44 号
148	黄佩英	女	1915.3.25	悦来镇福山村 42 组 29 号
149	尹占能	女	1913.1.21	悦来镇普新村 15 组 14 号
150	陆爱林	女	1915.6.21	悦来镇启文村 13 组 41-1 号
151	沈未兰	女	1917.8.30	悦来镇启文村 14 组 54 号
152	张玉英	女	1915.3.10	悦来镇松林村 9 组
153	戴玉珍	女	1911.3.19	悦来镇松林村 17 组
154	邢桂芳	女	1917.2.21	悦来镇同善村 26 组 8 号

续表 29

序号	姓 名	性别	出生年月	住 址
155	李秀兰	女	1916.3.6	悦来镇刁正村 19 组 36 号
156	潘士俊	男	1906.3.22	悦来镇信民村 6 组 36 号
157	杨利德	男	1917.2.25	悦来镇信民村 9 组 16 号
158	黄松云	男	1917.11.25	悦来镇信民村 19 组 100 号
159	朱正英	女	1915.9.21	悦来镇信民村 29 组 29–1 号
160	茅灿兰	女	1913.10.16	悦来镇阳东村 17 组
161	黄玉兰	女	1916.11.18	悦来镇悦合村 16 组 25 号
162	陆秀兰	女	1916.2.7	悦来镇云彩村 13 组 2 号
163	陆仁达	男	1917.10.24	悦来镇镇兴村 15 组
164	李素英	女	1915.11.21	悦来镇忠义村 17 组
165	郁秀珍	女	1914.5.31	悦来镇仲文村 10 组
166	沈兰英	女	1917.10.24	悦来镇仲文村 23 组
167	施来利	女	1917.7.9	悦来镇保卫村 24 组
168	戴静兰	女	1917.2.1	悦来镇保卫村 16 组

（高 峰）

住房保障

保障房建设

【保障性安居工程】 2016 年，省厅下达“棚户区（危旧房）改造安置住房新开工 3000 套，基本建成 2800 套；公共租赁住房基本建成 150 套”的目标任务，全年完成棚户区（危旧房）改造安置住房新开工 3057 套，基本建成 3140 套，公共租赁住房基本建成 156 套，超额完成省厅下达的任务。

【安置房建设】 全年计划完成新开工面积 120 万平方米，竣工面积 70 万平方米。截至 12 月底，全年总竣工面积 73 万平方米。其中浦西小区、海兴华府一期、北上海建材五金城住宅区、绿茵西区、红星美地 21.6 万平方米、都市五星 1.2 期 9.1 万平方米、绿茵港湾 2.1 期 2 万平方米、秀山东路小区三期 2.38 万平方米，按计划竣工交房；东海新村、尚贤新村一期、謇公湖一期、长江紫园西侧地块、龙江二期 5 个完成开工，开工面积 105 万平方米；大桥新村、春江花园一期、富江西苑，由于原二化厂的土壤修复、春江花园土地利用变更以及富江西苑的引入外资等因素，没有开工。安置房建设管理中心按照“统一下达、统一协调、统一指导、统一讲评、统一考核”的原则，全面设立项目督导员、技术指导员，全力开展常态化的周例会、问题协调会、建设讲评会，开启绿色通道、快建渠道，实现安置房建设的既快又好。（杨勤俭）

住房公积金管理

【概况】 2016 年，南通市住房公积金管理中心海门管理部坚持以民生需求为导向，扩大住房公积金政策惠及面，加强舆论宣传，完善内部管理，提升服务效能，全年归集住房公积金 9.64 亿元，归集余额 22.47 亿元；发放住房公积金贷款 1961 户 8.9 亿元，个贷比率 109.89%，为促进全市房地产市场平稳健康发展、职工住房条件持续改善和全市住房保障建设做出重要贡献。

【住房公积金归集与支取】 全年归集住房公积金 9.64 亿元，同比增长 27.34%，新开户单位 236 个，新建人数 1.25 万人，净增人数 7209 人。其中归集额的完成率、增长额，应缴额增长率，新建单位增长率，均排名九县（市）区第一。全年职工因购建房、退休等提取公积金 1.36 万笔 5.27 亿元，逐月还贷提取 1.84 亿元，合计提取公积金 7.11 亿元。截至 2016 年底，累计归集住房公积金 56.03 亿元，累计提取住房公积金 33.56 亿元，归集余额 22.47 亿元。

【住房公积金贷款与回收】 全年发放住房公积金贷款 1961 户 8.9 亿元，同比增长 70.5%，列除崇川区外八县（市）区第一。其中发放纯公积金贷款 1448 户 6.25 亿元，发放“公转商”贷款 513 户 2.65 亿元，2016 年回收贷款 3.02 亿元。截至 2016 年底，累计发放公积金贷款 1.72 万户 43.9 亿元，公积金贷款余额 24.7 亿元，个贷比率 109.89%。

【扶贫帮困活动】 海门管理部始终坚持向困难群众伸出援助之手，共建和谐社会，受到当地政府和群众的一致好评。组织党员赴包场镇永康村对 5 户困难家庭帮扶慰问；对四甲镇 1 名老复原军人走访慰问;与悦来镇锡祥村结对,为该村谋划项目与资金扶持,全年向锡祥村投入8000元扶持资金。

【资金运作与增值】 2016年,全年业务总收入7734.58万元,实现增值收益3170.75万元,增值收益率1.47%,在按规定提取贷款风险准备金后,上交城市廉租住房建设补充资金1086.15万元,为全市住房保障和经济社会发展做出贡献。 (唐舟海)

教 育

综 述

【概况】 2016年,全市教育系统围绕办好"人民满意、师生幸福的现代化教育"总目标,以率先创建省教育现代化示范市为统领,以"聚焦素养、重构学习"为主题,立足新起点,创生新思路,激发新动能,增强新优势,实现教育改革创新发展的五大新突破,开创全市教育事业新一轮发展的新局面。海门市获评2016年度全省唯一的"全国青少年校园足球试点县(市、区)"、2016年度"江苏省中小学责任督学挂牌督导创新县(市、区)"。市教育局先后获江苏省"促进义务教育均衡发展先进单位""教育宣传工作先进单位""厅属教育报刊宣传通联工作先进集体""教科研系统先进集体""南通市先进基层党组织""社会科学普及示范基地",2016年度南通市"优秀教研室"和"优秀教科室",海门市"树一流形象、争二次率先"好班子、2016年度"目标管理绩效考核市级机关先进部门""市级机关部门创新奖一等奖"等30多项省市集体荣誉。

【党组织建设】 成立市委教育工委和教育纪工委,在全市各类学校调整健全学校党政班子,制定出台《基层党组织书记职责任务清单》等一系列文件。各基层党组织通过专题党课、专题讨论、民主生活会、组织生活会等多种形式,推进"两学一做"学习教育活动。在全系统开展"铸师魂、亮身份、树形象""三讲三比"等专题教育,设立党员示范岗,发挥党员先锋模范作用。市教育局获评"南通市先进基层党组织"、海门市"树一流形象、争二次率先"好班子。

【党风廉政建设机制创新】 创新"清单制"和"督查制":以完善责任清单细化党风廉政建设责任,以查案执纪营造"三清"系统,组建督查工作领导小组和督查员专家库,全年开展3轮党风廉政督查,完成对9所学校的督查。督导室对21所中小学幼儿园进行素质教育发展性督导,对市区民办非学历教育机构进行专项督导。通过加强机关作风建设提升主动服务水平,通过信访预测、主动作为有效化解各类矛盾,全面提升教育行风。

【晋星提档喜人】 高中教育方面,以跨校联盟为载体、项目攻坚为抓手,发挥工作室分层辐射功能,推动高中学校特色发展与创星晋星工程。证大中学、实验学校分别获批省四星级与省三星级高中,四甲中学、第一中学接受省三星级高中复评,海门中专通过省高水平现代化职业学校验收。学前教育方面,推进园长轮岗交流和挂职、支教制度,深化共同体管理机制。海门港、民生和海永幼儿园被评为省优质幼儿园,龙信、证大幼儿园被评为南通市优质幼儿园。成功申报课程基地(项目)国家级1个、省级6个,获评省前瞻性项目3项、省精品课题1项,全省领先。市教育局被省委、省政府表彰为"江苏省促进义务教育均衡发展先进单位",获评省教育宣传、教育科研等先进单位,被南通市委、市政府表彰为先进集体。

【教育质量丰收】 推动教育由"成才"走向"成人",教育质量全面丰收。2016年高考,普通类本一上线率30.97%,比上年增加2.38%;本二上线率81.44%,比上年增加3.7%;400分以上特高分39人,7人进入全省前60名。海门中学张喻、毛佳纯分获南通市文科第一名和第三名,清华、北大上线16人,占南通清华北大总人数的三分之一。职教对口高考主要指标位居全省第二,五年制大专"专转本"名列全省第一。中考成绩取得明显突破,南通市内位次不断前移。

【素质教育深化】 海门学子在青少年科技创新、机器人、校园足球、珠心算等比赛中分获全国冠军,全市学生在全国、省各类竞赛中数量、名次均领跑南通。海门中专获省第27届青少年科技创新大赛1金3银;特殊教育学校获全国特殊教育学校排舞比赛师生组团体一等奖;余东小学金凤宸少儿京剧团参加中央电视台《快乐戏园》节目录制荣获优秀演出奖;海门中学被评为"全国青少年科技创新教育名校";实验小学、东洲小学被评为省"艺术教育特色学校"。

【名师队伍与效应】 加强师资队伍建设,启动校长领导力提升、青年教师专业成长等13个专项行动计划,开展名师工作室、乡村公益助教行、新教育种子教师培训、新任校级领导专题研修和青年后备干部培训等活动,促进全市各类教师群体的新发展。2016年又有5人获评省特级教师,1人荣获全国职业教育最高奖"黄炎培教育奖",新评省"333工程"高层次人才4人,南通市学科带头人39人、骨干教师46人、教坛新秀45人。1人获评正高级教师,168人获评高级教师。增建"名师(名品)工作室"7个。

【师资管理培训机制】 在整合三厂、麒麟、冠今3所高中的同时,稳妥交流高中教师587人,优化高中师资机构。深化集团化管理机制改革,义务教育学校交流教师与校长的比例16.96%。深化职称评定、岗位设置改革,通过学段设岗、学段职称评审,打通教师职称、岗位晋升新平台,推进"单位人"向"系统人"的转变。创新培训机制,完善师训体系,满足参训需求,规范学时管理,从"要你培训"转变为"我要培训",提高教师参训主动性和培训质量,实现教师培训理念与管理的新突破。全年组织专任教师参加各类培训项目126个,其中组织参加省市级以上培训80个、县市级培训46个,培训教师3.77万人次。

【校园足球特色】 推动校园足球向各学段普及,成功创建2016年全省唯一的

中国·海门第五届"朗姿·珂缔缘"杯校园足球国际邀请赛暨"丝绸之路"U14国际少儿足球邀请赛 (市教育局 提供)

"全国青少年校园足球试点县（市）",15所学校成为"全国青少年校园足球特色学校";3所幼儿园被评为"江苏省校园足球特色幼儿园"。举办中国·海门第五届"朗姿·珂缔缘"杯校园足球国际邀请赛暨"丝绸之路"U14国际少儿足球邀请赛。青少年足球训练基地建成启用,并挂牌成为江苏省和南通市两级青少年足球校外活动中心。

【新教育品牌】 4月、12月,分别举办全国新教育实验海门开放周暨"推进每月一事"习惯养成研讨会、全国新教育实验"构筑理想课堂"深度研讨会,新教育培训中心为来自全国21个省市自治区的校长、教育骨干举办42批次1.69万人次的培训,海门新教育品牌享誉全国。开展全市小学、幼儿园新教育晨诵课程实施研讨会和全市新教育乡村种子教师培训,推进在各义务教育集团和幼儿园共同体内新教育专题培训。继栖霞海门高中班与栖霞海门实验初中创办后,新创办的昆山柏庐高级中学成功运行,进一步放大海门教育影响力。

【教育布局优化】 高中学段,整合三厂中学、麒麟中学、冠今中学,成立市第一中学;海门中专8000余师生入驻新校区。义务教育学段,海门港新区实验学校建成开学,三厂初中、长春初中整体迁入原三厂中学与麒麟中学校区,汤家初中和临江初中合并改建,成立东城小学,三星小学、天补初中完成改扩建工程,实验初中新校区、第一实验小学、新教育小学、能仁小学新校区开工建设。学前教育阶段,月亮湾、海西、浦瑞等新建幼儿园投入使用。瑞祥、临江、三和、麒麟4所幼儿园顺利回购为公办幼儿园。新一轮教育布局调整,有效盘活教育资源,化解城市化进程带来的教育资源配置不均衡问题,为率先建成"江苏省教育现代化示范市"奠定坚实基础。

【教育民生工程】 2016年,校安工程建设总投资6708万元,完成校舍加固建筑面积3.54万平方米,新建校舍面积1.8万平方米。张謇职业技术学校二期投资4亿元,建筑面积11.6万平方米。投资1.6亿元、建筑面积5万平方米的海门港新区实验学校正式启用。第一实验小学主体建筑封顶,实验初中、新教育小学、能仁小学新校区完成主体结构施工。东洲小学和东洲中学的食堂完成主体结构施工。投资330万元完成5片操场塑胶化工程建设。市青少年足球训练基地一期4片人工草、2片天然草标准足球场及足球公园启用。

【教育信息化建设】 实施"三通两平台"(宽带网络校校通、优质资源班班通、网络学习空间人人通,建设教育资源公共服务平台、教育管理公共服务平台)等教育信息化建设,教育信息化3年行动计划圆满收官,完成海门智慧教育云平台建设和海门教育网新网站建设、教育城域网改造,2016年又有12所学校创建成南通市数字化校园,至此全市所有学校完成南通市数字化校园创建。海门市信息化应用比赛成绩列南通市前列。财务上以项目创新为载体,争取国家、省项目资金1.12亿元,为改善办学条件提供资金保障。

(江伟明)

幼儿教育

【概况】 全市幼儿园57所,其中省优质幼儿园40所,占比70.18%,南通市优质幼儿园9所,市优质幼儿园以上占比85.96%。幼儿班级574个,幼儿2.12万人,公办幼儿园在读幼儿数1.3万人,占比61.3%。学前教育全额、差额拨款和政府购买服务教师582人,专任教师1298人,占比44.8%;"两教一保"(一个主任、一个配班、一个保育员)配备达标班级占比100%。

【优质幼儿园创建】 加强乡镇公办幼儿园省优标准化建设,增强省优挂牌园的达标管理;挖掘市优、合格园发展潜力,提升申报创省优的能力。2016年,上半年完成海门港新区幼儿园、民生幼儿园、海永幼儿园的省优创建;下半年完成龙信幼儿园、证大幼儿园的南通市优创建。努力实现农村和城镇省优幼儿园比例差距不超过10%。扩大小区配套教育资源,重点提高城镇及城乡结合部学前教育资源总量。优化布局结构,重点建立公办幼儿园和普惠性民办幼儿园服务区制度。三和幼儿园、瑞祥幼儿园、麒麟幼儿园、临江幼儿园由当地政府回购为公办幼儿园。

【幼儿园文化建设】 以学前教育改革发展示范区为标准,抓好省优质园创建、公办幼儿园建设，重点实施乡镇农村幼儿园标准化建设；在全面消除幼儿园危房的基础上，促进幼儿教师将愿景、使命和核心价值观与自身的工作结合。通过平台搭建、项目推进和展示分享等方式助推幼儿园文化建设，促进幼儿园内涵发展和品质提升。

【课程游戏化项目推动】 根据《省教育厅、省财政厅关于开展幼儿园课程游戏化建设的通知》要求，指导幼儿园以课程游戏化项目为抓手，以自由、自主、愉悦、创造的游戏精神，指导幼儿园围绕确定课程目标、整合课程资源、组织实施课程、评价课程效果4个基本过程参与卓越课程研发。2016年，海南幼儿园与四甲幼儿园的共建项目获评省课程游戏化项目，3个项目获评南通市级课程游戏化项目。

【学前教育教学管理】 市区领衔园与区镇幼儿园共同加强课程执行力、游戏创新力、科研辐射力的研究活动，以"讲座优选""课例优展""绩效共享"的共同体年度叙事进行交流分享，促进共同提高的研究氛围，提高共同体活动质量与管理水平。以园本课题活动为抓手加强幼儿园科研水平，为全市幼儿园教师提供弘謇杯教师教育教学活动评比平台，提高教师课程游戏精神的实践研究水平。

【新教育"每月一事"推进】 组织全国新教育"每月一事"主题幼儿园开放周活动，与全国幼教同行共同探讨，获得与会代表高度评价。每个共同体围绕1个养成教育主题，开展理论指导实践，实践总结成效，成效论证理论的深度研究，形成具有指导水平的课程样式，5个共同体以同类不同题的方式全面开展"每月一事"的教育活动，使教师与孩子把"每月一事"的习惯养成作为共同生命成长的教育必然。完成晨诵课程的生命叙事研讨活动，进一步完善生命课程的教育内涵。生成学前教育不同年龄段的12个月的主题内容，把游戏化课程与生命教育有机结合。

（范菁华）

小学教育

【概况】 全市有全日制小学40所。设教学班1012个，在校学生4.74万人，比2015年增加215人。小学适龄儿童入学100%，年巩固率100%，小学毕业升学率100%。

【集团生活编织】 2016年，各集团继续完善以集团理事会为最高决策机构、监事会为监督机构的新型法人治理模式，初步形成以共同愿景、使命、价值观为灵魂，以集团章程为核心，以规章制度和规则程序为纽带的集团治理体系。继续编织常态生活，践行"管理统一、主体独立、抱团发展"的集团发展机制，初步构建起凸显文化特质、契合发展现状、师生认同向往的组织平台、领衔项目、运作规程，指向教育教学核心领域，服务学校、教师与学生的成长。各集团成立学术委员会等专业性委员会，实施乡村教师支持计划、农村学校提升行动，提升农村学校的教育品质。

【特色文化培育】 3月，市"特色文化品质提升"第一次发展论坛暨第72次小学校长俱乐部活动举行，论坛正式发布《海门市小学特色文化品质提升计划》，明确提出"十三五"海门小学教育再出发的主题词：特色文化品质提升。9月，市小学教育工作会议发布《海门市小学特色文化品质提升行动指南》，明晰特色文化品质提升的目标愿景、策略路径：系统重构特色文化，在学校核心价值理念的统引下，凝练创造属于我们每一个学校的"建设美丽校园、研发卓越课程、构筑理想课堂、书写生命传奇、聚焦核心素养、创新教育治理"的教育教学核心领域的概念主张、行动策略，从而有效构建起特色文化主张系统，全面丰富办学内涵、提升教育品质。11月，市小学"特色文化品质提升"论坛暨第76次校长俱乐部活动举行，三阳小学、平山小学、德胜小学作学校特色文化顶层设计微报告，指引全市小学的特色文化顶层设计展开。

【课堂生态重构】 各校认真研究和制定校本化的课堂变革推进机制，通过"每周一课""挂牌开放""同课异构""骨干示范""推门听课"等方式推动教师深度参与。进一步壮大市级和集团两个层面学科工作室力量。组织多批次的"名师下乡"活动，10月10—12日，全国新教育实验海门开放研讨活动暨构筑理想课堂深度研讨会举行，来自辽宁、山东、重庆等16个省(市、自治区)的700多人参加活动，全方位展示海门坚守学程导航构筑理想课堂的最新成果。

【卓越课程研发】 各集团出台年度卓越课程研发计划，本着资源整合、互惠互赢、团队作战的原则，全面完成"卓越课程三年行动计划"。11月，组织第二届"卓越课程"评比活动，收到165个参赛课程，共评出特等奖35个、一等奖39个。12月，开通市小学卓越课程资源网，为全市小学师生构建起一个安全、便捷的卓越课程资源交流、分享、提升的平台。深入开展"选课走班"的探索与实践，各校成立以校长为核心、分管校长为主要负责人的课程管理中心，构建和完善"选课走班""选课走网"的管理制度和评价制度，"选课走班"已成为海门小学教育的一种生活常态。

【个性成长助力】 严格执行课程计划，保证科学课程、艺术课程、体育课程等开齐、开足、开好。充分发挥"本真音乐""审美人生""机器人创客"等工作室的示范引领作用。开展卓越教师送教下乡、艺术名师工作室乡村行等艺术教研活动，提升城乡艺术教师的教科研水平。2016年，省市书画竞赛、合唱大赛、"三独"(独唱、独舞、独奏)比赛中，全市500余名学生获特等奖和一、二等奖；东洲小学、证大小学参赛队分获青少年机器人世界杯中国赛区冠、亚军；市特殊教育学校荣获全国特殊教育学校排舞比赛师生组团体一等奖；汤家小学严驰陆等3位同学荣获2016年全国青少年模拟飞行锦标赛冠军；育才小学袁奕等3位同学荣获第十五届"校园时代"国际青少年书画作品大赛特等奖；海南小学、四甲小学荣获江苏省足球大课间评比一等奖；三阳小学、悦来小学分获南通市小学生排球比赛男、女组冠军；余东小学金凤宸少儿京剧团参加中央电视台《快乐戏园》节目录制荣获优秀演出奖；实验学校附属小学阳光武术队受邀参加中央电视台少儿春晚拍摄。 （施健斌）

初中教育

【概况】 全市有初中27所，其中民办学校1所。在校学生2.23万名，515个班级，其中接收外来务工随迁子女就读2058名。初中入学率100%，年巩固率99.9%，毕业率100%。初中毕业后升学率99.12%。

【素质教育百分考核】 以全面、特色、优质内涵发展的理念，对全市初中进行素质教育评价考核。包场初中、东洲国际、东洲中学、海南中学、开发区中学、六甲初中、能仁中学、三和初中、树勋初中、实验初中、汤家初中、王浩初中、万年初中、悦来初中、正余初中、中南东洲国际学校获特等奖，长春初中、德胜初中、四甲初中、三星初中、天补初中、业余体校获一等奖，城北初中、常乐初中、东灶港初中、海永学校、货隆初中、临江初中、三厂初中获二等奖；三和初中、天补初中、王浩初中、包场初中、悦来初中获显著进步奖。实验初中教育管理集团、东洲中学教育管理集团获一等奖，能仁中学教育管理集团、海南中学教育管理集团、东洲国际学校教育管理集团获二等奖。

【发展内涵丰富】 建立体现核心素养教育要求、以学生发展为核心、科学多元的教育质量评价考核制度，以考核评价引领教育创新，架构全面衡量综合素质、具有国际眼光的"绿色"考核评价体系，扭转单纯以学生学业考试成绩和学校升学率评价学生和学校的倾向，减轻学生课业负担，丰富优质均衡发展的新内涵。

【治理水平提升】 巩固教育管理集团章程建设的成果，成立集团各相关学术委员会开展工作。在优化运行机制、强化管理功能的基础上，落实集团在办学模式、育人方式、资源配置、人事管理等方面的自主权，推动义务教育向优质均衡化转型发展。推进章程建设，形成依法办学、自主管理、民主监督、社会参与的现代学校制度。结合十三五规划，完善学校发展规划，凝练学校特色文化，促进学校品质提升。增强校长专业发展自觉性，开展学校治理的创新实践。

【品质建设推进】 以展示活动带动学校卓越课程的研发与实施水平的提升，优化社团课程的实施路径，使学生得到全面而有个性的发展。每月1次的课堂改革、课程变革暨校长俱乐部活动，以观课议课、专家点评、经验交流、成果分享等方式，聚焦核心素养，突出重构学习，推进"学程导航"教学范式的高度融合。结合省基础教育教学改革行动计划，关注省前瞻性教学改革实验项目，提升课程课堂建设整体水平。推动学校提高管理水平，实现学校治理的法治化和规范化。

【项目攻坚推动】 创设适合每一位学生成长的课程，让不同的学生能够选到适合其兴趣和能力、适合其未来职业选择与人生方向的课程。从让学生"成人"与"成才"的角度，整合教育资源，研发具有集团特色的课程。实施农村初中提升行动计划，从课程意识、教育价值、专业视角赋于改弱增强更多的内涵。按照乡村教师支持计划，加强教师专业思想发展，引领新突破。结合信息技术支撑规划，注重教学水平、管理水平、文化建设、制度保障等软件建设，实现农村初中学有优教。 （李志军）

普通高中教育

【概况】 全市有普通高中7所，教学班273个，在校生1.07万人，其中毕业班学生4336人。普通高中学校教职工1578人，其中专任教师1405人。

【高考质量创新高】 2016年，海门市高考成绩又创新高，普通高考实现六连涨。普通类本一上线率30.97%，比上年增加2.38%；本二上线率81.44%，比上年增加3.7%；400分以上特高分39人，其中文科进入全省前20名2人、44名1人，理科进入全省前60名4人。海门中学张喻、毛佳纯分别以412分和409分的高分夺取南通市文科第一名和第三名，清华、北大达线16人，再次列全省同类地区之首。

【高中布局新变化】 2016年暑期，将市三厂中学、麒麟中学、冠今中学整合成"海门市第一中学"，迁入海门中专秀山路校区，3年后迁入新址。中南东洲国际学校开设国际高中部，这是海门首家民办高中，发展态势良好。

【普高教育势头强劲】 普高教育围绕"聚焦素养、重构学习"两大主题，把握新走向、新要求，致力提质量、创特色，保持持续强劲的发展态势。本一、本二上线率大幅提升，特别是本二录取率近80%，海门教育的美誉度与人民群众的教育获得感同步增强。海门中学圆满承办省师陶杯教科研论文颁奖综合学术活动，"同课异构"教学活动反响好、评价高。

【高中创建推进】 证大中学、实验学校、第一中学提升办学品质，分别晋升为省四星级、三星级普通高中，海门实现区域优质高中全覆盖。海门中学的"普通高中创新后备人才培养教育生态的构建"被

新成立的第一中学 （市教育局 提供）

列入省基础教育第二批前瞻性教学改革实验项目;包场中学海港文化获评“省级课程基地”;全员参与南通市首届特色学校(项目)评选。

【辐射影响新亮点】 继栖霞海门高中班成功创办后,受海门、昆山两地政府之约打造的昆山柏庐高级中学成功运作;继援藏后,援疆队支教伊宁,进一步放大海门教育的影响力。 (陆洪飞)

中等职业技术教育

【概况】 全市职业学校3所,其中1所主体职业学校为江苏省海门中等专业学校,两所行业办学为海门建校和海门卫校。2016年,海门中专在经济技术开发区异地建成,占地面积33.87公顷,建筑面积24.7万平方米,教职工689人,在校生6304人,学历教育在校生1.1万多人。学校涵括幼儿教育、中职教育、高职教育、学历函授、社会培训五大板块,形成“中职、高职贯通,职前教育、职后培训并举,实时教学、远程教育互补”的办学格局。

【师资专业建设】 职业技术教育有专任教师496名,中高级教师294人,本科以上学历98%,研究生60人,专业教师312人,“双师型”教师286人,省领军人才3人,省级名师7人,省特级教师1人,县(市)级以上骨干教师、学科带头人102人。共开设30个专业,形成机械加工、土木工程、电子信息、商贸财经四大专业群,拥有机械加工技术、数控技术应用、计算机及应用、工业与民用建筑、电子技术应用、建筑工程施工、现代农艺、服装工艺与设计8个省级示范专业和品牌专业。共有80个校内实训场所和65个校外实习基地,拥有工民建和数控两大省级实训基地,其中数控实训基地为中央财政专项支持的省级实训基地。与长三角地区近百家企业达成长期合作协议。学生中级工以上取证率100%,“双证书”取证率100%,就业率98%,就业稳定率93%,对口就业率90%。为社会各界输送合格毕业生5230名,年培训1.31万人次。

【对口高考创新高】 健全单招教育教学制度,深化高效课堂、技能课堂教学研究,完善质量考核奖惩机制。2016年,对口高考在参考人数比上年减少100多人的情况下,保持平稳优质的发展态势,本科上线272人,主要考核指标位居全省第二。“专转本”考试再结新硕果,2016年共有94位学生参加考试,通过76人,录取率80.85%,比省平均录取率高出56个百分点,再次名列全省第一。

【学生技能比赛创佳绩】 2016年,全市职业学校参赛选手获一等奖12个、二等奖15个、三等奖31个,另家禽病理剖解与镜检、果蔬嫁接、物流单证处理等竞赛项目的多名参赛选手,将直接参加2017年省职业学校技能大赛。2016年省“文明风采”大赛,全市职业学校共提交作品48件,35件作品获奖,其中一等奖4个、二等奖12个、三等奖10个、优秀奖9个,王熙华、孙春娟等9位教师获评“优秀指导老师”,海门中专获评江苏省“文明风采”大赛“优秀组织奖”。创新大赛创造新历史,海门中专制作的“外来杂草一枝黄花在海门地区的适应性研究”入围全国第31届青少年科技创新大赛;省第27届青少年科技创新大赛,市职业学校获1金3银2铜;省第七届职业教育创新大赛,市职业学校获一等奖3项、二等奖3项、三等奖3项,获奖等级与数量为历年之最,参赛成绩首次位列南通市职业学校之首。教科研工作产生新影响,海门中专连续3年在南通市职业学校教科研综合考核中名列第一。全市在省市各类教育教学比赛中获省级特等奖1个、一等奖4个、三等奖9个;南通市级一等奖5个、二等奖4个、三等奖7个。

(朱士华)

特殊教育

【概况】 2016年,市特殊教育学校设14个教学班,其中聋教学班4个、培智教学班8个、残障儿童学前班2个。有学生131人,教职工39人(其中教师34人)。

【特教学校建设】 打造以“心”教育为核心价值观的学校文化建设,办学水平和先进经验吸引兄弟学校到校参观交流。注重让教师聆听窗外的声音,相信他山之石可以攻玉。校长参加长三角名校长培训班,赴江、浙、沪、皖等知名特殊教育学校考察学习,随考察团赴俄罗斯州立大学,参观特殊教育学校;教师参加广东佛山、福建霞浦、上海董李凤美、宁波达敏等特殊教育学校,深入了解他们的办学理念、文化建设和课程设置。

【特教学校教研】 承办两次南通市特殊教育专题研讨活动,主题分别是“送教上门实践研究”和“特校卓越课程研发”。助残日期间,市特殊教育指导中心挂牌成立,指导全市的随班就读、送教上门工作,特校老师、资源老师、残联康复师以及志愿者共同参与的送教模式初步成型。全年送教360多人次,送教学生近400人次。10月,市区域推进特殊教育会议暨资源教师培训会召开。11

江苏省海门中等专业学校 (市教育局 提供)

月，学校的江苏省"十二五"教育规划课题"基于残障学生生活的主题教育活动研究"和"特教学校综合实践活动校本化研究"结题。学校参加市中小学百分考核评比获直属小学组特等奖；通过南通市数字化校园验收；被评为市"先进基层党组织"。

【特教师生成长】 学校注重发展学生的个性特长。自创学生舞蹈《共享阳光》获市校园艺术节特等奖，南通市学生才艺比赛获绘画、软彩泥一等奖，水果拼盘项目获二等奖。11月，学校12名师生参加全国首届特殊教育学校排舞公开赛荣获团体一等奖、规定曲目一等奖、自选曲目特等奖。注重青年教师的专业成长，加大校本培训力度，抓好基本功训练。2名教师分获南通市青年教师才艺比赛教学设计和粉笔字一、二等奖，2名教师参加市"弘謇"杯课堂教学竞赛获特等奖。教师积极参加各级各类的论文评比，省级以上刊物发表文章15篇，南通市级发表1篇，海门市级发表3篇，多篇论文交流获奖。学校注重教育宣传，先后在网站上宣传报道学校活动、办学成果几十篇。

（施健斌）

社区教育

【概况】 海门有开放大学1所、社区学院1所、镇(园区)社区教育中心12所，社区教育教师全部纳入开放大学编制，所有镇(园区)社区教育中心为海门开放大学的办学点，开放大学负责对镇（园区）社区教育中心的非学历继续教育进行业务指导和管理，全市构建以社区学院为龙头、12个镇(园区)社区教育中心为骨干、村(社区)居民学校为基地的三级社区教育网络体系。

【社区教育基础建设】 2016年，海门工业园区成人教育学校3500平方米重新装修，设图书馆、成人阅览室、幼儿阅览室、书法室、美术室、音乐室、舞蹈房、桌球室、乒乓球室、沈绣工作室、健身房、3D影院、小剧场、特色文化展示厅等；临江新区社区教育中心搬到原临江初中；利用完全中学撤并时机，在三厂中学和麒麟中学的原校址上争取到办学场所，用于社区教育新阵地。

【社区教育创建】 构建终身教育体系，实现开放大学和社区教育中心一体化建设，临江新区等6家社区教育中心成功创建省级标准化社区教育中心，全市有省级社区教育中心11所，南通市级社区教育中心1所。社区教育工作多次获省表彰，海门市获评省"社会教育宣传先进集体"。

（宋士华　唐庆军）

老年教育

【老年(老干部)大学】 2016年，进一步优化老年（老干部）大学课程设置、抓好教师和学员骨干队伍建设、加强教学理论研究、加强校园文化建设，促进教育资源合理配置，扩大老年教育的覆盖面。学校课堂设置规范。2016年新开设PS班、烹饪班、木兰扇班、交谊舞班，现有四大系25门课程40个班级，在册学员1700人次。教育教学硕果累累。书画班离休干部施锷的书法作品在联合国纽约展览馆展出，并被中国书画家协会授予"中国书画艺术金砚奖"；音乐班老师赵建忠被评为第二批"江苏省老年大学百佳优秀教师"；全国首届"田园山水画展"在海门举行，老年(老干部)大学8人参加，12幅作品入选，占总展数的三分之一；按摩班老师吴士升编写的《经络推拿》、电脑班老师周燕编写的《网上冲浪》被评为省老年大学优秀自编教材，市老年(老干部)大学被评为省老年大学教材建设先进单位。

（江　敏）

民办教育

【概况】 2016年，全市经教育行政部门审批的民办教育机构共71所，其中民办中学、小学各1所，民办幼儿园24所，民办教育培训机构45所。其中，新审批市运动宝贝早教中心等11所民办教育机构。

【政府扶持新举措】 开展普惠性民办幼儿园认定，市政府出台《市政府关于扶持普惠性民办幼儿园发展的实施意见》，召开全市各镇园区分管教育领导会议，就学前教育工作作专题部署。全市共认定19家普惠性民办幼儿园，瑞祥幼儿园、三和幼儿园、临江幼儿园和麒麟幼儿园被当地政府回购。

（朱士华　唐庆军）

教育督导

【督政强化】 12月，省政府教育督导委员会对海门市政府进行县级人民政府工作督导考核回访督导，听取汇报，查阅台账，审核经费投入，访谈市长、教育局局长、财政局局长，召开人大代表、政协委员、校长、教师3次座谈会，考核抽查全市5所中小学校。督导考核组对海门市的教育工作给予充分肯定和赞扬。落实市政府更高水平小康创建工作要求，结合《海门市教育现代化建设监测评估实施意见》，全年对各区镇进行针对性实地监测、督查、评估、推进。各季度首月，督导室赴12个区镇，对政府教育投入、现代化学校建设、优质社区教育中心建设、学校周边环境等进行督查、指导。各季度最后末月，督导室对各区镇进行分季度考核评分，市政府根据考核评分情况进行排名通报，以确保海门市在苏中率先实现升级版小康目标。

【督教深化】 根据《江苏教育现代化建设监测评估细则(2016年修订)》，按照"已达标的抓巩固、未达标的抓进度、难点指标抓突破"的要求，有序进行2015年度的教育现代化建设状态数据和信息采集工作并形成监测报告，上传省现代化监测平台。2015年海门市得分89.06分，名列南通县市区第三名。组织实施省义务教育学校标准化建设监测，经县市统计、分析、审核，形成监测报告，全市义务教育均衡发展态势良好。推进义务教育学校现代化和南通市数字化校园建设，全市中小学校全部通过南通市义务教育现代化学校、南通市数字化校园验收；实验学校晋升为省三星级普通高中，证大中学晋升为省四星级普通高中；四甲中学、第一中学通过省三星级高中复审。充分发挥督查和指导功能，为海门市高考核心数据名列南通大市和全省前茅作出贡献。全年查处6起有偿家教等违规办学案件。

【督学优化】 素质教育发展性督导。根据《海门市中小学(幼儿园)发展性督导评估安排表》,督导室组织兼职督学和督导团成员全年对21所中小学、幼儿园进行督导,通过听课、座谈、查阅资料、校园巡查、问卷调查等形式进行全面督查,当场反馈,并形成督导报告下发至各校,有效规范学校办学行为,促进学校教育品质提升。

责任督学挂牌督导。以创建"江苏省中小学校责任督学挂牌督导创新县(市、区)"为目标,完善中小学校督学责任区和责任督学挂牌督导机制,推动挂牌督导工作的深入发展,走出具有海门特色的责任督学挂牌督导的创新之路。全年先后通过南通市和省教育督导委员会专家组对海门市的创建材料审核和实地核查,12月被认定为"江苏省中小学校责任督学挂牌督导创新县(市、区)"。

专项督导。春秋两季开学初,对照《江苏省中小学管理规范》和《海门市中小学素质教育提升工程实施意见》等,市教育局、教育督导室组织机关、直属单位科室人员和责任督学,分别对幼儿园共同体系列、义务制教育集团系列、高中教育联盟系列,围绕办学条件、办学行为、教学改革、文化建设、素质教育、新教育实验、常规管理、教师队伍建设、校园欺凌、安全卫生等重点进行全面督查,指导各校全面梳理排查各项开学情况,建立问题清单,逐项及时解决。暑期,对市区民办非学历教育机构进行专项督导,从办学思想、课堂设置、办学条件、师资配备、教育管理、财务管理等方面进行督导检查,规范民办非学历教育机构的办学行为,促进民办非学历教育机构健康发展。

(黄礼宾 顾 琳)

教科宣传

【课题研究】 省教育厅2016年基础教育前瞻性教学改革实验项目评选中,海门中学石鑫主持的"普通高中创新后备人才培养教育生态的构建"、通源小学吴建英主持的"'中国风·母语美'微课程群的研发与实施"成功入选。海南小学张海红主持的"'适宜儿童'的小学'数学阅读'研究"获评省教科院第三届精品课题;市教育局上报的"'互联网+'背景下的乡村教师队伍建设研究"入选南通市教育局教育改革和发展战略性与政策性课题;省教育科学"十三五"规划课题申报中,海门获立项25项,其中重点资助课题5项、重点自筹7项,各项数据均列南通各县市首位。另有63项获南通市教育科学规划立项。创新开展微课题研究,相关经验面向全省推介。教科室获评"南通市优秀教科室"。

【教育科研成果】 第四届全国教育改革创新典型案例评选中,许新海主持的新教育研究院"新教育实验探索幸福完整的教育生活"荣获最高荣誉——"第四届全国教育改革创新特别奖",海门中专崔志钰主持的"微型游戏项目'双载体'驱动教学"荣获"优秀教师奖"。省教育科学研究成果评选中,许新海的著作《守望新教育》荣获二等奖。省第四届教育科学优秀成果奖评选中,海门获一等奖1个、二等奖1个、三等奖3个。南通市首届教育改革创新案例评审中,海门中专的"中职生'错位评价'的研究与实践"获评"典型案例",教育局的"海门市义务教育管理集团建设促进教育均衡发展的实践研究"和东洲小学的"新生活教育行动"获评"优秀案例"。

【教育科研活动】 组织南通市"名师之路"大型教科研活动,改选海门教育学会新一届理事会。面向全市中小学幼儿园的教科室主任或分管领导,进行教科研、课题研究培训活动,邀请南通市教科研中心专家作专题讲座。组织教师在省"五四杯"教师专业论文评选、省中小学幼儿园优秀教育管理论文评选、省新世纪园丁论文大赛中获得优异成绩,教育局获评"优秀组织奖";承担省"师陶杯"论文大赛颁奖活动。省中学生作文大赛中,获省教育厅颁发的"优秀组织奖"。教师在省级以上发表论文或获奖2663篇。

【教育宣传阵地建设】 全面加强"一台一报二网三微"载体建设。在教育频道和教育周刊宣传方面,加强对教育电视、报纸宣传的前期策划和编制审核,《海门日报·教育周刊》全年出刊42期,为海门师生发展提供平台,扩大海门教育的影响,提高海门教育的社会知名度,唱响建设"教育名市"的主旋律。海门电视台·教育频道全年播出教育新闻52期、新闻总条数800多条;教育专题《成长在线》播出52期,专题展示教书育人楷模、最美乡村教师、卓越教师群体、师德标兵,全市中小学学校文化、全国新教育开放周卓越课程研发、义务教育管理集团均衡发展,放大海门教育在全国、全省的影响力。做好海门教育网和中国海门政府网教育栏目的采编发布和编审管理,在教育城域网编辑发送网络教育信息3000多条,配发新闻图片千余幅,在中国海门政府网编发教育新闻信息600多条,市信息中心考核月月满分。每月推出1期《海门市教育科学研究简报》,通报展示基层学校教科研动态、成绩、亮点。全年出刊《海门教育研究》6期。

【对外宣传教育品牌】 2016年先后在《中国教育报》《中国教师报》《中国学校体育》《校园足球》《江苏教育报》、中央电视台11频道、江苏电视台教育频道、浙江卫视《中国梦想秀》栏目,以及中国新闻网、新华网、人民网、中国江苏网、江苏教育网等省级以上权威媒体发表30余篇长篇通讯、新闻,以及专题报道。教育部主管的《校园足球》杂志2016年第8期,以《魅力足球 无限延伸——江苏海门市教育局局长许新海博士谈校园足球》为题,用5个版面近万字篇幅,刊登海门校园足球发展经验。《教育家》杂志2016年第9期,以《办人民满意的均衡教育——江苏省海门市教育结构改革的实践与启示》为题,用4个版面的篇幅,刊发省政府研究室调查组的调查报告,全面推介海门教育结构改革促进教育均衡优质发展的经验。《中国教师报》2016年7月6日第10版，以《海门：打开校园足球科学发展之门》为题，用整版5000余字宣传海门校园足球运动经验。《江苏教育报》2016年5月6日第4版，以《班本课程：海门让每一间教室都充满魅力》为题，全面介绍海门研发卓越课程的经验。海门教育的宣传思想工作经验和创新成果在省教育报刊社举办的通联宣传会议和南通市教育宣传会议上交流。还参与全国、省市等多家权威主流媒体对海门市教育改革举措和成果的深度报道，海门教育在全国产生良好社会影响。市教育局被省教育厅表彰为省教育宣传工作先进单位”。 （江伟明 龚向东）

招生考试

【普通高考工作】 成立高考工作领导小组，由市教育、卫生、公安、宣传等部门组成相应的职能办公室，对高考工作方案、日程等逐一细化落实，周密部署，建立多层次责任体系。规范使用标准化设备设施，充分发挥现代科学技术在考务工作中的积极作用。加强监考老师、保密人员、巡视人员培训，强化考点管理，抓好考风考纪、保卫保密等重点部位的防范工作。制定工作标准，严格考务管理。按照《高考工作细则》认真布置、检查、落实考务各个环节工作，实行招办蹲点制，认真指导考点做好考务准备工作，帮助处理考试过程中的偶发事件。加强督促检查，确保工作到位。在组建高考巡视督查同时，进行驻点督查，把驻点督查与巡视督查、考点督查与食宿点督查、考前督查与考中督查结合起来，确保高考顺利进行。2016年全市报名参加高考人数4376人。设海门中学、实验学校、海门中专3个考点、考场134个。职业高中报考对口单招1203人（其中参加对口单招统考706人）。

【自考工作】 全年两次参加自考报名875人，门次1718门。全年自考毕业生31人。通过电视台、电台、《海门日报》发布报名信息，到南通职大海门校区、南通高师海门校区上门服务等途径，发动考生报名，组织自考生源。对报名工作和考试工作实行标准化管理，报名使用新的统一软件和设备，实行一条龙服务；对自考考点统一制作考场必备的标牌，制定统一的工作标准；考试在标准化考场内进行。在考点大门口专设考风考纪要求宣传牌，加强对监考教师的选聘和培训，确保考试考务工作零差错。

【中考工作】 全市报名参加中等学校招生考试6986人，录取6539人，其中普高3326人，中等职业学校3213人，录取率93.6%。全市设6个考点，235个考场，中考组织工作坚持与高考同样标准，实现中考报名、体检、考试、录取工作零差错。

【成人高考工作】 全市报名参加成人高考483人，成功组织考务工作。按照省教育考试院安排，市招考办完成网上征求平行志愿工作，热心为考生服务。

（陆 幸 黄 辉）

队伍建设

【概况】 全市有教职工9059人，其中专任教师8332人。离退休人员总数5047人。

【师德师风】 以庆祝第32个教师节为契机，开展“卓越教师群体”“最美乡村教师”“师德标兵”评选活动，共评选市高考功勋教师33人、卓越教师群体20个、名校长14人、优秀校长18人、师德标兵30人、优秀支教老师15人，最美乡村教师10人、学生竞赛优秀辅导老师10人、优秀教育工作者166人。探索新形势下师德师风建设的内容、形式、方法和手段，改进工作方法，建立与健全教育、宣传、监督、考核与奖惩相结合的工作机制，树立师德典型，培养一批榜样教师。

【师资队伍】 深化职称评定、岗位设置改革，建立“岗位集中统筹、集中调控”机制，通过学段设岗、学段职称评审，推进单位人向系统人的转变，给教师进一步发展、晋升打通平台。2016年收到职称申报材料992份（高级320份、中级540份、初级132份），共评审高级教师168人，中级教师98人，初级教师（讲师）122人。新评特级教师5人、正高级教师1人、南通市学科带头人39人、骨干教师46人、教坛新秀45人、省333工程高层次人才4人。增建“名师（名品）工作室”7个。为3464名从教30年的乡村教师颁发荣誉证书。

加强优秀教育人才履职考核，修改《海门市优秀教育人才学年度目标考核办法》，全市共考核市骨干教师以上489人。其中，省人民教育家培养对象3人、特级教师15人、南通市学科带头人61人、南通市骨干教师83人、海门市学科带头人160人、海门市骨干教师165人、南通市优秀校长1人、海门市优秀校长1人。经考核，359人被确定为优秀等次，130人被确定为合格等次。共发放目标考核津贴236.79万元。对2015年招录教师进行考核，合格等次以上107人。

【编制和岗位管理】 2016年新招录教师149人。完成2016年暑期调动人员796人的岗位聘用。做好教师资格认定工作，全市92人申请，认定通过84人，其中小学教师12人、初中教师24人、幼儿园教师48人。做好教师资格首次定期注册工作，全市6509人参加注册，其中合格6457人、暂缓注册34人、不合格18人。 （陆瑞杰）

科学技术

综 述

【概况】 2016年，市科技局围绕市委、市政府提出的“争做改革创新排头兵，争当科学发展领头雁”的目标要求，积极推进创新发展战略和实施创新驱动工程，构建以企业为主体、市场为导向、产学研相结合的技术创新体系，全力推进省创新型城市和高标准国家知识产权示范市建设，科技创新工作取得预期效果。全市高新技术企业123家，高新技术产业产值突破1000亿元，高新技术产业产值占比 48.06%；全年发明专利授权 265 件，万人发明专利拥有量 16.5 件；2 个合作项目获省科学技术一等奖，8 人获省科技副总。成功举办第五届科技节暨国际技术创新大会。荣获“国家知识产权示范城市”授牌。

南通市科技局、海门市科技局 2016 年送科技下乡活动　　（市科技局　提供）

科技计划实施

【概况】 2016 年，全市获省重大科技成果转化项目 1 项、省基础研究计划(省自然科学基金)项目 1 项、省农业科技社会化服务易购奖补资金 1 项、省知识产权战略推进计划重点项目 1 项、省知识产权战略推进计划一般项目 1 项。

【省重大科技成果转化项目】 海门慧聚药业有限公司的“氟喹诺酮类新兽药马波沙星的研发及产业化”项目获得省重大科技成果转化项目，获省扶持资金 800 万元。

【省基础研究计划（省自然科学基金）项目】 江苏当升材料科技有限公司的“电动车用高能量锂电正极材料高镍型镍钴锰酸锂(NCM811)的研发与产业化技术开发”项目列入省基础研究计划(省自然科学基金)项目，获扶持资金 20 万元。

【省农业科技社会化服务易购奖补资金】 江苏京海禽业集团有限公司获省农业科技社会化服务易购奖补资金（海门特色畜禽产业分店)，获奖补资金 10 万元。

【省知识产权战略推进计划重点项目】 通光集团有限公司获批省知识产权战略推进计划重点项目，获省拨款 100 万元。

【省知识产权战略推进计划一般项目】 南通龙翔化工有限公司获批省知识产权战略推进计划一般项目，获省拨款 30 万元。

科技活动

【概况】 2016 年科技活动主要围绕对外开展合作交流，对内进行技术和知识

第五届海门科技人才节开幕式暨科技成果推介会　　（市科技局　提供）

培训。举办海门科技人才节；首次参加科技外交官信息对接活动；开展科技送下乡活动，传授现代农业技术；开展知识产权宣传培训系列活动，提升知识产权创造和保护能力。

【科技人才节】 10 月 21 日，包括原暨南大学校长刘人怀院士、有机化学专家涂永强院士在内的 42 家高校科研院所的百余名专家教授参加市科技节。市委书记陈勇与江苏科技大学副校长景旭文为江苏科技大学技术转移中心海门分中心、南通科大海工技术研究院揭牌，与省科学技术情报研究所副所长周晓明为省工程技术文献信息中心海门分中心、省企业知识服务平台网络海门服务站揭牌。会上，一批高校最新科技成果进行发布，达成产学研合作项目 49 个。

【科技外交官信息对接】 5 月，首次参加在北京举办的科技外交官信息对接活动，向 20 多个国家的驻华科技参赞推介海门科技创新政策，达成国际科技合作意向 3 个。

【科技送下乡】 6 月，南通市科技局、海门市科技局联合在南通绿海家庭农场有限公司举行送科技下乡活动，70 多户种养户参加活动。市农业局作物技术指导站、蔬菜技术指导站、植保植检站、畜牧兽医站、推广中心的专家与种养户面

对面交流,现场答复农户们种植养殖方面的咨询,并深入田间地头现场指导。活动现场向农户们发放农业科技方面的科普资料,赠送化肥、农药等农资。全年依托科技服务超市海门特色畜禽产业分店举办各类培训 20 次,共培训 1787 人次;依托科技服务超市海门主要农作物分店举办各类培训 23 次,共培训 1100 多人次。

【知识产权宣传培训】 4 月,市知识产权局联合市人民检察院在欧尚超市广场开展知识产权宣传咨询活动,共发放宣传资料 1500 余份,接待咨询 1000 多人次。全年开展规模以上企业负责人知识产权培训班 2 期,全市 623 家规模以上企业全部参加,实现规模以上企业负责人知识产权培训全覆盖。组织 20 多名企业知识产权专员和园区科技助理参加省知识产权工程师培训班并取得证书。

科技成果

【概况】 2016 年,全市获省科学技术奖、南通市科技进步奖 10 项(次),其中获省科学技术奖 2 项、南通市科技进步奖 8 项;40 个产品被认定为省高新技术产品。

2016 年海门市获得南通市以上科技进步奖项目一览

表 30

奖励等级	项目名称	获奖单位
省一等奖	核岛用高性能关键金属构件精密塑性成形技术及装备	中兴能源装备有限公司
省一等奖	国家级新品种京海黄鸡的培育与分子设计辅助标记	江苏京海禽业集团有限公司
南通市二等奖	24 综复合纤维聚酯三层成形网	江苏金呢工程织物股份有限公司
南通市二等奖	大空间钢结构复杂预应力建造关键技术	江苏中南建筑产业集团有限责任公司
南通市三等奖	高性能 G652D 光纤的研发	江苏斯德雷特通光光纤有限公司
南通市三等奖	高能量密度长寿命电动汽车动力电池用高镍多元正极材料	江苏当升材料科技有限公司
南通市三等奖	生物法制备小麦水解蛋白关键技术的研发及产业化	江苏联海生物科技有限公司、南通联海维景生物有限公司
南通市三等奖	家用空调用钎焊式专用铝合金材料	南通恒秀铝热传输材料有限公司
南通市三等奖	高密梳棉金属针布	金轮针布(江苏)有限公司
南通市三等奖	TP347H 大口径厚壁高压无缝钢管	中兴能源装备有限公司

2016 年海门市获评省高新技术产品一览

表 31

序号	产品名称	企业名称
1	兼具优异的相容性和稳定性的聚氨酯类分散剂 AFCONA-4011	海门埃夫科纳化学有限公司
2	16 综中目高速纸机用高性能成形网	江苏金呢工程织物股份有限公司
3	高性能 G652D 光纤	江苏斯德雷特通光光纤有限公司
4	汽车组合前照灯线束	海门锦星汽车线束有限公司
5	汽车空调系统专用线束	海门锦星汽车线束有限公司
6	自动化立体仓库	江苏高科物流科技股份有限公司
7	一直超薄壁航空电线	江苏通光电子线缆股份有限公司
8	盐酸奈必洛尔	上海现代制药海门有限公司
9	索非布韦	海门慧聚药业有限公司
10	雷迪帕韦	海门慧聚药业有限公司
11	高强力轮胎再生胶	南通回力橡胶有限公司
12	环保型丁基再生胶	南通回力橡胶有限公司
13	可拆卸的轴流风机	江苏中联风能机械股份有限公司

续表 31

序号	产品名称	企业名称
14	双歧杆菌、乳酸杆菌、粪链球菌和酵母菌复合活菌制剂	江苏恒丰强生物技术有限公司
15	汽车水箱扁管铸轧工艺研究	南通恒秀铝热传输材料有限公司
16	汽车中冷器管料冷轧工艺研究	南通恒秀铝热传输材料有限公司
17	高强度汽车水箱主板材料研究	南通恒秀铝热传输材料有限公司
18	渣油加氢装置用热轧 UNS N08825 合金大口径厚壁无缝管	中兴能源装备有限公司
19	电池级微粉碳酸锂	江苏容汇通用锂业股份有限公司
20	新型电动车用高能量密度长寿命高镍多元正极镍钴锰酸锂(NCM622)	江苏当升材料科技有限公司
21	高车速文化用纸压榨毛毯	江苏金呢工程织物股份有限公司
22	高车速无毯痕造纸成形网	江苏金呢工程织物股份有限公司
23	相容性广泛的聚氨酯分散剂 AFCONA-4071	海门埃夫科纳化学有限公司
24	电子级低溴含量的溴化环氧树脂	开美化学科技(南通)有限公司
25	HN 型铝电解电容器	南通三鑫电子科技股份有限公司
26	HA 型铝电解电容器	南通三鑫电子科技股份有限公司
27	低烟无卤环保型低压铝合金电缆	江苏通光强能输电线科技有限公司
28	道岔式双立柱有轨巷道堆垛机	江苏高科物流科技股份有限公司
29	高性能电子屏蔽衬布	维柏思特衬布(南通)有限公司
30	资源节约型中压铝合金电缆	江苏通光强能输电线科技有限公司
31	强韧聚酯纤维无网痕造纸成形网	江苏金呢工程织物股份有限公司
32	低成本高稳定性聚氨酯分散剂 AFCONA-4063	海门埃夫科纳化学有限公司
33	马波沙星	海门慧聚药业有限公司
34	GAOKO 智能化物流仓储装备	江苏高科物流科技股份有限公司
35	智能 RGV 小车	江苏高科物流科技股份有限公司
36	PHC 发泡天窗遮阳板	南通海林汽车橡塑制品有限公司
37	2,4,6-三甲基苯甲酰基-二苯基氧化膦(TPO)	江苏英力科技发展有限公司
38	2-二甲氨基-2-苄基-1-[(4-吗啉基)苯基]-1-丁酮	江苏英力科技发展有限公司
39	一种耐高温防鼠智能光缆	江苏通光信息有限公司
40	新能源汽车用交流充电电缆	江苏亨通电子线缆科技有限公司

创新体系建设

【概况】 2016 年，以提升区域经济和企业核心竞争力为目标，深入推进科技创新平台建设，着力提高企业自主创新能力，初步形成以企业研发机构为主体，高校科研院所为桥梁，特色产业基地为依托的区域科技创新体系。全年认定省级工程技术研究中心 4 家，省企业研究生工作站 4 家，南通市级工程技术研究中心 9 家。全年申报高新技术企业 61 家，再次认定 20 家，新认定 30 家。

【众创空间建设】 全年认定省众创空间 1 家、南通市级众创空间 2 家、海门市级众创空间 6 家，认定南通市级智能装备产业示范园 2 家。江苏京海禽业集团有限公司为主体的海门家禽星创天地获批科技部“星创天地”农业众创空间。

【产业技术研究院运行】 2016 年，海门产业技术研究院完成事业单位登记注册，组织研究院标识评审，制定《海门市产业技术研究院企业研究所加盟入驻管理办法》《海门市产业技术研究院研究所引进加盟协议》。研究院积极开展科技招商工作，累计接触项目(团队)30 余个，南通绿能嘉业新材料科技有限公司的石墨烯项目、南通道顺环保科技有限公司的碳化剂项目、南通科大海工研究院有限公司的海工平台项目等 6 个产业化前期项目已入驻产业技术研究院。研究院加强与中国国际经济合作投资公司的密切合作，积极筹建市高新技术产业基金。

2016年海门市获评高新技术企业一览

表32

序号	企业名称	备注	序号	企业名称	备注
1	海门通能通讯科技有限公司	再次认定	26	海门市春华电子科技有限公司	新认定
2	南通海发水处理工程有限公司	再次认定	27	南通沪江船舶科技有限公司	新认定
3	南通新兴特种金属材料有限公司	再次认定	28	南通凯迪碳业有限公司	新认定
4	南通西马特机器制造有限公司	再次认定	29	南通诺博特机器人制造有限公司	新认定
5	南通正拓气体有限公司	再次认定	30	首帆动力科技江苏有限公司	新认定
6	开美化学科技(南通)有限公司	再次认定	31	海门市优耐特实验器材发展有限公司	新认定
7	江苏希诺实业有限公司	再次认定	32	南通恒金复合材料有限公司	新认定
8	南通合硕电子有限公司	再次认定	33	百朗德生物化学(海门)有限公司	新认定
9	南通海迪化工有限公司	再次认定	34	海门市威菱焊材制造有限公司	新认定
10	江苏亨通电子线缆科技有限公司	再次认定	35	江苏三通科技有限公司	新认定
11	南通和泰通信科技有限公司	再次认定	36	江苏雄风科技有限公司	新认定
12	南通亚浦照明电器制造有限公司	再次认定	37	海门市成骏玻璃有限公司	新认定
13	海门圣帕斯电梯配件有限公司	再次认定	38	江苏水龙江山消防发展有限公司	新认定
14	江苏海隆重机有限公司	再次认定	39	海门力德化工新材料有限公司	新认定
15	南通汇丰电子科技有限公司	再次认定	40	海门市启新塑业有限公司	新认定
16	江苏景越塑料科技有限公司	再次认定	41	江苏当升材料科技有限公司	新认定
17	海门瑞一医药科技有限公司	再次认定	42	龙信集团江苏建设产业有限公司	新认定
18	南通市申海工业技术科技有限公司	再次认定	43	南通宝加利新材料有限公司	新认定
19	江苏金轮橡胶有限公司	再次认定	44	江苏美凯珑纺织品有限公司	新认定
20	江苏英力科技发展有限公司	再次认定	45	南通梦洁家纺有限公司	新认定
21	南通市龙鹰真空科技有限公司	新认定	46	康馨(海门)环保科技发展有限公司	新认定
22	南通联泷建筑材料有限公司	新认定	47	江苏基谱生物科技发展有限公司	新认定
23	江苏科诺牧业设备技术有限公司	新认定	48	南通银湖通讯设备科技有限公司	新认定
24	南通华尔康医疗科技股份有限公司	新认定	49	江苏海新船务重工有限公司	新认定
25	南通伟恩汽车配件有限公司	新认定	50	江苏蓝泰复合材料有限公司	新认定

2016年海门市获评南通市级以上企业工程技术研究中心一览

表33

级　别	研发机构	所属企业
省　级	江苏省钻井平台工程技术研究中心	招商局重工(江苏)有限公司
省　级	江苏省装配建筑工程技术研究中心	江苏中南建筑产业集团有限责任公司
省　级	江苏省智能物流仓储装备工程技术研究中心	江苏高科物流科技股份有限公司
省　级	江苏省高端仿制原料药物合成工程技术研究中心	上海现代制药海门有限公司
南通市级	南通市瑞一医药液晶化中间体工程技术研究中心	海门瑞一医药科技有限公司
南通市级	南通市龙信环保预制构件工程技术研究中心	龙信集团江苏建筑产业有限公司
南通市级	南通市斯德雷特高纯石英光棒工程技术研究中心	江苏斯德雷特光纤有限公司

续表 33

级　别	研发机构	所属企业
南通市级	南通市龙鹰真空成套设备工程技术研究中心	南通龙鹰真空科技有限公司
南通市级	南通市环宇轨道交通模板自动化工程技术研究中心	江苏环宇建筑设备制造有限公司
南通市级	南通市首帆移动应急混合能源工程技术研究中心	首帆动力科技江苏有限公司
南通市级	南通市泰山新型纸面石膏板工程技术研究中心	泰山石膏(南通)有限公司
南通市级	南通市三阳专业网球运动器材工程技术研究中心	江苏三阳运动器材有限公司
南通市级	南通市金轮再生胶工程技术研究中心	江苏金轮橡胶有限公司

2016 年海门市获批建设
省企业研究生工作站一览

表 34

序号	承建企业名称
1	江苏宝钢精密钢丝有限公司
2	开美化学科技(南通)有限公司
3	海门市兴旺肉制品有限公司
4	海门瑞一医药科技有限公司

知识产权保护

【概况】 2016 年,全市知识产权工作以高标准建设知识产权示范城市为抓手,以加快知识产权与科技创新和经济社会有机融合为主线,着力推进知识产权强市建设。全市完成专利申请量 5873 件,同比增长 46.86%;专利授权量 2534 件,同比增长 5.54%,其中发明专利授权205 件,同比增长 39.46%;PCT 申请量91 件。5 月,海门获批苏中、苏北地区首个县市级"国家知识示范城市"。6 月,中国叠石桥国际家纺城成功列入第三批国家级知识产权保护规范化培育市场。8 月,海门获批全省首家县级"国家专利质押融资试点城市"。11 月,举办"国家知识产权示范城市"授牌仪式。12 月,海门工业园区获批省知识产权示范园区。

【企业知识产权】 新认定南通市专利消零企业 155 家,南通市专利强企试点企业 74 家,南通市专利强企示范企业 7 家,企业核心专利布局产品 21 个。全市 16 家企业开展省知识产权管理标准化示范创建备案工作,申请知识产权国标认证企业 13 家,联海生物等 4 家企业通过国标认证;招商局重工、高科物流、联海生物通过省绩效评价,其中高科物流被评为"省绩效评价优秀企业",并被评为"2016 年度国家知识产权优势企业"。承担南通市级以上知识产权项目 6 个,其中通光集团有限公司成功获批省知识产权战略推进计划重点项目,获省拨款 100 万元;南通龙翔化工有限公司获批省知识产权战略推进计划一般项目,获省拨款 30 万元。江苏中南建筑产业集团有限责任公司的发明专利"一种装配式预设吊挂钢筋的楼板支模体系及安装拆卸方法"和江苏天保环保科技有限公司的发明专利"一种采用二次吸附有机废气回收方法"获"国家专利优秀奖",分别获得奖励 20 万元。江苏万高药业有限公司的发明专利"一种治疗高血压的分散片"获南通市"优秀专利奖"。首次开展海门市专利奖评选活动,市政府授予全市优秀专利 10 个,评选出优秀发明人 4 人。

【知识产权维权执法】 完善知识产权管理职能科室。市科技局(知识产权局)知识产权管理科改设为知识产权协调管理科、知识产权政策法规科(法制科)两个职能科室。市生产力促进中心挂牌市知识产权维权援助中心,充实知识产权执法队伍。全年累计参加国家、省局组织的知识产权行政执法培训和专利执法维权、案例研讨会 6 次。立案查处假冒专利案件 60 件,调处专利纠纷案件 7 起,案件结案率 100%。12 月,举办专利保险工作推进会,中国人民财产保险股份有限公司为全市 7 家高新技术企业办理专利保单 29 单。

【知识产权运营】 在与江苏银行合作的基础上,新增中国银行、交通银行、南京银行、中国农业银行 4 家合作银行,拓宽专利质押融资渠道,形成银行间竞争机制。全市共办理专利质押融资 23 笔,同比上年增长 475%;贷款金额 8500 万元,同比上年增长 464%,有力支持全市科技型中小微企业的发展。 (千芰芰)

气象测报

【概况】 2016 年,以"智慧气象"为发展理念基本实现气象现代化建设,着力提高气象防灾减灾、科技服务、预警发布、现代化气象监测网络体系建设的水平,全面促进海门气象事业的发展。

【基本气象业务】 全市范围内已配备区域气象站 26 个(包括 3 个气象交通站),覆盖全市范围,加强对气象探测环境的维护,进一步提高天气预测准确率。测报业务正由自动观测逐步取代人工观测,考核重点向数据传输质量转变;工作重心向观测仪器设备的维护转变。2016 年业务质量测报错情率 0‰,国家级自动站、区域自动站数据、土壤水分、GNSS/MET 数据传输及时率达到或超过省定标准。

【公共气象服务】 加强对重大天气过程的联防会商、严密监测,关键性、灾害性、转折性天气预报准确，服务及时。深化与交通、环保、农业、水利等部门的合作，开展交通运输、空气质量、农业生产、防洪防汛等针对性气象服务，效果显著。加强气象科普宣传，通过微信、微博等新媒体平台定期开展气象防灾减灾知识普及，全面提升民众的防灾自救能力。全年共发布决策服务材料91期、农业气象服务材料65期、预警信号61条、启动应急响应6次，为政府决策部署提供强有力的支撑。

（李　敏）

2016年海门市各月主要气象要素情况一览

表35

名称＼数据＼月份	全年	1月	2月	3月	4月	5月	6月	7月	8月	9月	10月	11月	12月
平均气温(℃)	16.6	3.2	6.0	10.1	16.0	19.8	23.6	28.9	28.7	22.9	19.4	12.0	7.8
距平(℃)	1.1	0.0	1.3	1.7	2.1	0.3	0.1	1.4	1.6	-0.2	1.6	0.2	2.2
异常情况	异常偏高	正常	显著偏高	偏高	显著偏高	正常	正常	显著偏高	显著偏高	正常	显著偏高	正常	异常偏高
降水量(毫米)	1724.4	50.8	25.3	38.2	153.0	118.2	434.7	258.3	19.5	227.7	262.2	92.6	43.9
距平(%)	61.5	-5.2	-50.9	-51.7	123.4	39.6	143.7	51.6	-87.8	159.0	399.4	86.3	37.2
异常情况	异常偏多	正常	显著偏少	显著偏少	异常偏多	偏多	显著偏多	偏多	显著偏少	显著偏多	异常偏多	显著偏多	偏多
日照时数	1794.2	106.8	188.3	150.8	162.5	139.4	100.8	182.5	291.3	170.1	61.5	105.8	134.4
距平(小时)	-220.2	-30.2	60.5	1.8	-5.8	-54.5	-53.1	-21.8	73.2	-11.5	-114.5	-47.1	-17.2
异常情况	异常偏少	偏少	显著偏多	正常	正常	偏少	显著偏少	偏少	异常偏多	偏少	异常偏少	显著偏少	偏少

文　化

综　述

【概况】 2016年，市文广新系统围绕打造现代文明的江海文化名城总定位，突出文化服务示范区、文艺创作引领区、文化产业先导区、江海文化核心区、文化创新样板区的“五区”重点，实施公共文化服务力、文化艺术生产力、文化产业竞争力、文化品牌影响力、文化管理聚合力的“五力”提升行动，努力把海门文化打造成极富江海文化神韵的国家级绚丽名片。先后荣获省“文化行政综合执法先进集体”、省“新闻出版（版权）依法行政示范市”、省“全民阅读工作先进项目单位”等荣誉；再度获评“江苏省文明单位”；创建成长江以北第一家“江苏省版权工作示范市”。文化广电新闻出版各项事业实现“十三五”良好开局。

【《海门文化大观》发行】 历时4年编纂的《海门文化大观》系列丛书正式发行，该书包括文学卷、历代诗词卷、书画卷、海门山歌卷、通东民歌卷、海门山歌剧卷、音乐卷、文物卷、民俗卷、民间故事卷、民谣民谚卷、崔东洲集卷（上、下），共13册。编纂者在对民俗、民间故事、民谣民谚等内容的收集整理过程中，查阅大量史料，走乡入村探访文化老者，形成第一手文字资料。这是文化工作者对海门文化史料的一次及时抢救和存储，是对海门文化的再一次全面呈现，成为文化传承的重要载体。

【首届中国田园山水画双年展】 “生态·乡愁”首届中国田园山水画双年展，由中国国际书画艺术研究会和市人民政府联合主办。从筹备到开展历时8个月，共收到近千幅投稿，最终选出102

首届中国田园山水画双年展开幕　　（市文广新局　提供）

原创廉政山歌剧《临海风云》剧照 （市文广新局 提供）

幅精品参展，并邀请全国著名书画理论家进行学术探讨，指导中国田园山水画创作方向。同时，中国首个以田园山水画为主题的画史馆在海门经济技术开发区开馆。

文艺创作

【概况】 全年举办各类文化艺术创作培训班8期，组织本土书画艺术家采风实地写生和交流学习10批次。共创作大型舞台类剧目3个、海门山歌或小戏5个，其中大型廉政山歌剧《临海风云》被报送中纪委参加全国优秀廉政戏剧作品评比。举办首届中国田园山水画双年展系列活动，该主题的画史馆在海门经济技术开发区同时开馆。组织书画艺术家参加省级以上书画展（评比）20多件次，3件作品获省“五星工程”奖项，列南通县(市)区前列。首次在全国范围内征集“海门城市形象歌曲”，评出8首词曲录制发布，并汇报演出。海门山歌剧《亲人》、山歌《誓把泥沙变金沙》、海门画院“生态·乡愁”首届中国田园山水画双年展系列活动入选省艺术基金首次评审，分获大型舞台剧和艺术创作、传播交流推广项目、小型剧目和作品创作3类项目的资助。

【“海门城市形象歌曲”征集】 开展面向全国的“海门城市形象歌曲”(歌词)征集活动，共收到歌词658首、歌曲225首，组织国内一流词曲名家对歌词与歌曲进行初评、复评及终评，评选出12首获奖作品，其中《我家在海门》《海门之恋》《相约江海》等8首作品结集出版。获奖作品创意新颖、词句精练、节奏明快、易于传唱，具有强烈的时代气息、浓郁的地方特色，彰显出海门独特的人文景观、深厚的江海文化底蕴以及积极向上的社会精神风貌。

【《临海风云》创演】 廉政山歌剧《临海风云》由国家一级编剧编写，国家一级演员担任主角，以海门山歌的独特形式唱响新时代的廉政号角。全剧以1块遗失的饰物、1封耐人寻味的匿名信为线索，讲述临海市纪委书记兰英与她情同手足的二哥——临海市分管经济工作的副市长邱仲林及其儿子黄海集团总裁邱伟光之间的一场针锋相对的较量。该剧是省纪委2016年重点推出并报送中纪委的四部廉政剧之一。

文艺演出

【概况】 2016年，文艺演出活动亮点频出。1月，第八届“海门之春”文化惠民月启动暨江海公园建成区开放活动拉开帷幕。2月，新春文化活动精彩纷呈，星级团队精选歌舞、器乐、快板、小品、戏剧表演等优秀节目奉献给观众。3月，大型廉政山歌剧《临海风云》首演。4月，市文广新局承办2015年度海门市“身边好人·温暖海门”道德人物颁奖典礼；第七届海门市全民读书节系列活动，童声联唱《阅读春天》、独唱《海门人喜欢唱山歌》、山歌对唱《农家书屋歌声香》、倡导农民读书的小品《改行》、歌舞表演《一路书香》等节目充满浓浓书香味。5月，举行海门“5·10”思廉日文艺作品会演；海门山歌走进上海复旦大学，亮相“长三角城市非遗传统技艺南通展”。6月，海门山歌学员班实习汇报演出在省戏校呈现。8月，“江海大舞台”首届海门市广场文艺展演，共有15场系列演出活动。10—11月，举办第四届“精彩江海·文化海门”江海文化艺术展示月系列活动，活动项目共27个。

【“东洲清风”巡演】 市文广新局与市纪委、市监察局联合在全市组织开展“清风东洲，文化润心”主题的海门廉政文化周暨“5·10”思廉日廉政文艺作品创作、征集、评比和展演系列活动，共收到廉政文艺新作品639件，评选出获奖作品106件。5月，“5·10”思廉日文艺作品汇演举行。8月，“清风东洲”作为“江海大舞台”首届海门市广场文艺展演月活动首演，后在各区镇巡演。

群众文化

【概况】 四季江海文化风系列活动精彩纷呈。1月，第八届“海门之春”文化惠民月启动。2月，新春文化活动精彩纷呈。3月，2016年送戏下乡首场进余东；邀请省市著名专家，举办两期“精彩江海”文化大讲堂，主题分别是“戏曲传承”及“世界三大男高音：和而不同的声乐艺术典范”。4月，举行第七届“海门市全民读书节”系列活动。8月，“江海大舞台”首届海门市广场文艺展演举行，共15场系列演出活动，丰富群众文化生活。10—11月，举办第四届“精彩江海·文化海门”江海文化艺术展示月系列活动，活动项目共27个；“精彩江苏·魅力海门”江苏省文化民生专场公益演出，拉开第四届江海文化艺术展示月系列活动序幕。

【第八届“江海之春”】 1月，第八届“江海之春”文化惠民月活动在江海公园启动。启动仪式上，成汉飚、黄继革领衔的江海书画院6位书法家为群众义务书写春联；市文广新局向村民赠送价值上万元的各类图书和爱心礼包，向12个基层文化站免费赠送价值60万元的电脑设备、音响器材、索尼摄像机、50寸高清电视、二胡、笛子、图书等。省戏校舞蹈《且吟春雨》，海门山歌艺术剧院女声独唱《玛依拉变奏曲》、快板书《装瘸》、舞蹈《绿色军营》、山歌独唱《走南闯北海门人》、男声小组唱《拉网号子》、山歌表演唱《江海对歌》等精彩纷呈的节目，吸引市民观众驻足观看。

【首届广场文艺展演月活动】 8月17日晚，开启2016“江海大舞台”首届海门市广场文艺展演月活动，这是继“海门之夏”又一群众文化品牌活动。8月17日至9月2日，每晚1场，共17场。内容包罗万象，既有廉政文艺节目演出，又有苏州、南通艺术剧院、海门山歌艺术剧院专场演出，以及市第二届群众文艺表演团队星级评定PK赛系列比赛和优秀广场舞展演等，极大丰富市民的业余文化生活。

【第四届江海文化艺术展示月】 10月19日晚，由省文化馆带来的“精彩江苏·魅力海门”江苏省文化民生专场公益演出在东洲公园质量主题广场举行，为期1个月的第四届江海文化艺术展示月全面展开。第四届江海文化艺术展示月活动以“展文化魅力·抒江海情怀”为主题词，以江海舞台、江海群芳、江海传承三大板块，集中展示舞台艺术、公益活动、展览展示、区域联动、全民阅读5个方面文化惠民的27项创新项目和品牌项目，凸显精彩、惠民、节俭、可持续之风。

新闻出版(版权)管理

【概况】 2016年，新闻出版管理凸显海门格局，拓展延伸百姓阅读新空间。东洲公园24小时自助图书馆1月对外开放，借阅量突破2万人次，获省新闻出版广电局高度肯定；有序推进市廉政文化广场和叠石桥国际家纺城24小时自助特色图书馆筹备工作；首个无人管理的公益阅读吧10月在文峰大世界开放。以创建省首批书香城市为契机，4—11月以“精彩江海·书香海门”为主题，开展第七届全民读书节系列活动26项，实施全民阅读六大系列推广工程，全民读书节活动被评为省“全民阅读优秀项目”。继续保持农家书屋建设点面结合、管用并重模式全国领先地位，推动书屋提档升级，全年送书6万册、书架200个。全市又有2家农家书屋被评为“省级五星级农家书屋”，15家农家书屋成功创建南通市级四星级农家书屋，海门市星级农家书屋总量稳居全省县级市第一，并实现农家书屋建设南通市级先进乡镇全覆盖。开展暑期“我的书屋 我的梦”阅读实践活动，共收到征文500多篇，部分优秀作品报送参加全省优秀作品评选，两篇作文入选国家新闻出版局汇编的文集，居县级市首位。加快一卡通存书录入，制定一卡通录入奖补办法，加快全市各农家书屋的一卡通存书录入进度，全年录入存书20余万册，推进“通借通还”；初步完成流动图书车改造。11月，成功创建成为全省长江以北第一家省级版权管理示范市。

【全民阅读成风尚】 通过加强全民阅读宣传、丰富全民阅读活动、推动阅读平台建设，海门全民阅读渐成风尚。利用传统媒体在主要街道、高速公路出口等多处投放全民阅读宣传公益广告牌、标语、灯箱；录制全民阅读宣传专题片《江海大地飘书香》；读书节前后，市电视台把全民读书节的宣传海报作为电视开机屏幕，各影院在影映前播放省新闻出版局的全民阅读公益宣传视频；组织阅读志愿者深入各村社区开展全民阅读问卷调查活动。开展新媒体建设，培育“阅读海门”“书香海门”“一墨绘本”等微信宣传平台，营造全民阅读氛围。4月，第七届全民读书节启动，共计举办以“精彩江海·书香海门”为主题的全民阅读系列活动26项，市全民读书节活动被评为省“全民阅读优秀项目”。召开书香城市建设会议，梳理全市全民阅读工作成绩，部署后期工作，为书香城市创建夯实基础。大力发展民间志愿组织，11月底在南通市率先成立市全民阅读促进会。

【行业监管】 落实完善版权管理、版权监管、版权服务、宣传培育和政策引导五大体系，提升版权工作整体水平；培育版权示范企业、版权示范园区，版权年登记量突破6000件以上，调解版权纠纷21起，立案6起，版权工作得到省局领导高度肯定。根据上级部署，开展“护苗”“净网”“剑网”“清源”“固边”“秋风”系列活动；推动“扫黄打非”进基层，在南通县市区中率先实现“扫黄打非”监管体系全覆盖。印刷复制、出版物行业良性发展。加大内部性资料出版物管理力度，抓好印刷复制业出版物市场监管，落实“宽进严管”要求，广泛听取经营单位意见，分别召开座谈会、法律法规培训等会议，落实企业主体责任，完成全市133家印刷企业及95家出版物经营单位的年检工作。开展实体书店调研工作，支持实体书店发展壮大，做大做强出版物发行业。

“江海大舞台”首届海门市文艺展演月活动拉开帷幕 （市文广新局 提供）

图书馆藏

【概况】 市图书馆充分发挥图书馆精神文明建设窗口作用,本着“服务第一、读者至上”的宗旨,从阵地服务、阅读推广、分馆建设、业务管理等方面入手,为全面推进现代公共文化服务体系建设贡献力量。全年增购新书41.94万册,免费办证9519张,订阅报纸65种、期刊365种,接待读者9.7万人次,借书总量12万次。加强数字图书馆建设,促进资源共享。已建成全国文化信息资源共享工程支中心,海量网络文献资源供读者阅览。引进并开通“移动图书馆”“妙趣手工坊”“古地图”三大数据库及2000多集超星教学视频讲座。利用共享工程平台,为读者节假日、双休日免费播放经典影片,全年共播放108场次。推出“海图大讲堂”系列公益讲座,全年举办9次。以阅读推广为抓手,满足市民精神文化需求。每月举办形式不同的活动,爱心赠书、免费写春联、元宵节灯谜有奖竞猜、知识讲座、征文活动、暑期大讲堂、中秋诵读比赛、“江海遗珍”馆藏珍贵古籍特展等。以分馆建设和基层业务培训为途径,拓展图书馆服务职能。市图书馆致力于推进图书馆服务体系建设,发展区镇、机关、企业等基层图书馆分馆,实现业务统一管理和一体化服务,促进城乡公共文化服务体系建设协调发展。重视队伍建设和岗位培训,组织参加图书馆学会组织的各项业务活动,提升图书馆工作人员的服务能力与业务水平。

【阵地服务】 利用共享工程平台,开展春节“传播经典新春优秀影片展播”、儿童节“童心电影放映会”、暑期“少儿电影专场”等活动,全年共免费播放108场次。推出“海图大讲堂”系列公益讲座。3月起,新推出常年性特色公益项目——“海图大讲堂”,定于每月第一个周六下午2点,邀请海门本土各行各业的专家向市民免费开讲,全年共举办9次公益讲座,主题涉及关爱女性健康、让读书成为一种生活方式、海门山歌民歌的传承与创新等。利用馆内展厅,定期举办系列展览。举办图书馆“寒暑期小志愿者”活动,倡导未成年人积极参与文化志愿者服务,发挥图书馆公益性优势和公共文化设施功能。

【阅读推广】 市图书馆创新传播形式,开展多样读书活动,弘扬中华民族传统文化,丰富群众业余文化生活。1—2月,开展“江海春早,海图书香”春节系列文化活动,包括“书香溢童年”爱心赠书、“春联送福”书法家免费写春联、“贝贝国学”PK竞赛·炫动精彩、“春节的味道”传统民俗演讲比赛、“圆梦今宵”元宵节灯谜有奖竞猜等。3月,组织《关爱女性健康》的知识讲座。4月,举办以“百姓书房、阅读家园”为主题的“4·23”世界读书日系列活动。5月,组织“亲子共读,传习礼仪”主题活动比赛。6月,举办红领巾读书征文活动。7—8月,推出“七彩夏日,书香海门”系列暑期少儿公益活动。9月,开展“明月寄深情,书香伴我行”中秋主题诵读比赛,“9·28”孔子诞辰纪念日开设“品读论语”专题书架。10月,举办“江海遗珍”馆藏珍贵古籍特展,开展送书下基层活动。11月,举办“我的舞台,我的精彩”少儿故事达人秀及“传承孝道,感恩社会”感恩节特别活动。12月,开展“庆缤纷圣诞,享快乐童年”亲子派对阅读活动。

【服务拓展】 2016年,发展区镇、机关、企业等基层图书馆分馆,促进城乡公共文化服务体系建设协调发展。年初筹建招商重工分馆,派送3000多册图书,安装统一的图书采编管理系统,已正式开放。3月,为东灶港边防派出所武警官兵送去各类书籍2000册。4月,东灶港边防派出所分馆揭牌,该分馆的电子阅览室与图书馆文化资源共享工程连接,官兵们可通过电子账号网上浏览市图书馆80万册电子图书和3000多种期刊电子文献资源。6月,政务中心分馆筹建启动,就环境布局、氛围营造、制度建设、活动开展等提出合理建议,并配送2000册图书。“八一”建军节,为武警海门消防大队官兵送去上千册图书。10月,市人民法院法律图书馆规划筹建。定期组织开展图书业务辅导培训,全年对全市区镇文化站、村社区图书管理员近百人就图书管理、读者服务等业务集中培训2期,对全市200多个农家书屋管理员进行现场培训指导。配合书香城市创建,采编室赴常乐、工业园区等乡镇助建“农家书屋”,开展分类、编目等业务辅导,发挥公共图书馆的引领示范作用。 (张文雅)

图书发行

【概况】 2016年,新华书店根据市委、市政府推进全民阅读的工作要求,积极完善全市阅读推广服务网络,走进社区、校园、机关企事业单位,配合开展各类主题阅读活动。通过中心书城门店升级改造、麦穗书房文化创新等工作,提升市民的休闲阅读体验,营造全民阅读氛围。全年发行图书约1071万册,实现销售8000余万元。

【门店升级】 为给市民带来更加良好的阅读体验,中心门市海门书城突破硬件限制,对门店布局进行调整:开辟三楼空间,将少儿柜移至三楼;撤并教育门市,将教材零配业务合并至海门书城,形成一站式购书阅读;将二楼到三楼间的通道打造成集图书陈列、休闲阅读为一体的特色观景区;在一楼专辟阅读区,供读者阅读或小憩。组织全店员工学习新的经营理念,并通过考试、写心得等方式加以巩固,使员工的思想转变与门店硬件改造齐头并进,进一步夯实新华书店作为先进文化宣传主阵地的基础。

【特色沙龙】 2016年,江苏首届最美书店——麦穗书房开展沙龙活动40余次:自主开展“月亮冰激凌”“情系端午”等主题的10余场“赛一姐姐讲故事”系列活动;“六一”儿童节,与锦绣幼儿园合作举办“制皂快乐”大型亲子精油皂手工沙龙活动;中秋节,举办“手工制作月饼”活动;与市环保局、悦时光等团体或个人长期合作,开展环保海门摄影比赛、环保美文诵读会、摄影班沙龙,并吸取麦穗经验,把沙龙活动推广到海门书城;开展实验幼儿园“感恩亲子活动”等沙龙活动,受到大小读者的欢迎。

"你读书我买单"销售现场 （市新华书店 提供）

【阅读引领】 组织开展多场"名家进校园"活动:邀请郑春华、程玮等知名作家到学校举办20余场文化讲座，反响热烈;邀请中国首位"国际安徒生奖"得主曹文轩到能仁中学和实验小学与师生见面,曹文轩观摩两校的公开课后,作题为"诗意地阅读深情地写作"的讲座。配合教育部门的阅读推荐活动，组织门店在全市中小学中开展流动供应活动；优选图书，为海门看守所服刑人员带去精神食粮,累计售出图书2000本;与市图书馆合作,采取"你读书,我买单"销售形式,激发读者的读书、购书欲望,开辟新的图书推广模式；完善教材教辅网络预购平台,更为便利全市学生购书;完善天猫网络发行平台，进一步扩大售书服务覆盖面。 （薛 晨）

文化产业

【概况】 全年实现文化产业增加值50亿元,占GDP比重5.5%。重点培育投资超千万元文化产业项目建设33个,8个项目完成建设，实际投资11.4亿元,占年度计划投资额78%。培育具有江海文化特色鲜明的文化产业基地和园区,推进家纺创意设计、张謇文化、红木文化等产业优势明显、主业发展突出、产业集聚度强的文化产业基地和园区建设工作。全力推动各类文化产业示范园区、基地培育,紫翔龙红木家具有限公司、朗晖实业有限公司被命名为"南通市文化产业示范基地",叠石桥家纺文化产业园被命名为"南通市文化产业示范园区",6个项目入选国家文化产业重点名录库,总数列全省前列。落实中央和省市各项优惠扶持政策，帮助全市代表性文化企业进行包装、策划,申报省级文化产业引导资金,海门山歌艺术剧院、江苏有线海门公司获总额150万元的省文化产业资金扶持;市引导资金对7家自主创新力强、成长性好的文化企业给予总额120万元的专项扶持,扶持重点涵盖文化旅游、家纺创意设计、红木工艺、数字化绿色印刷等领域。强化项目的招引力度，编制2016年市文化产业招商手册,在南通市政府组织的深圳和厦门文化产业招商会上推介，全年引进投资超千万元的项目8个。

【特色文化品牌培育】 一是培育张謇文化品牌。以张謇对近代中国社会的改造、启迪中国近代化时代到来为主线，张謇纪念馆、颐生酒厂、状元街为支撑,青龙港长江水运、东灶港垦牧、通棉三厂的钟楼、四合院、旧厂房等古迹为辅助,打造张謇文化产业聚集区，张謇文化产业园被评为"江苏省文化产业示范基地"。二是培育麒麟红木工艺品牌。以麒麟被命名为"中国红木文化艺术之乡"为契机，以构建完整的红木文化产业链为方向，整合红木加工企业、雕刻机械企业、加工教育培训机构资源，加快红木制品产业链向创意环节延伸，打造长三角著名的红木文化产业聚集区，麒麟红木产业园被评为"南通市文化产业示范园区"。三是培育家纺创意设计品牌。发挥叠石桥家纺丰富的文化内涵和产业特色，推动家纺产业集群由制造加工向文化创意转型升级;扶持、引导凯盛家纺、巴黎春天、卓泰设计等研发力量雄厚的企业做大做强,进一步提升创新创意能力,成为海门家纺创意设计领域的标杆。四是培育建筑装潢设计品牌。推动美丽中国·(空间)建筑设计产业园建设，吸引优秀建筑设计企业集聚入驻,搭建设计与设计、设计与传统产业之间的交流与交易平台,以交流促进技术之创新、产品之交易、人才之培养。

【文化企业引导】 通过财政资金补贴展位费的方式，组织企业参加苏州文创会、西部文博会等全国性文化展会,增强海门文化全国影响力。5月,海门市组成30人的代表团参展第十二届中国(深圳)国际文化产业博览交易会,这是海门市首次以县级市的身份参展,也是本届文博会1号馆（文化产业综合馆）唯一一个独立设馆的县级市。5天的展会,共接待观众3.5万人次,达成意向性合作协议26个，现场成交83万元,获"优秀组织奖""优秀展示奖"和"中国工艺美术文化创意奖"金奖1个、铜奖3个在内的多项大奖。组织创意设计企业参加第三届省紫金奖创意设计大赛,38件作品入围决赛,其中公益广告类作品7件、陶瓷设计类作品1件、现代手工艺类作品26件、"未来之星"创意设计类作品4件,作品数占南通县市入围总数的一半,居首位。

文化遗产保护

【概况】 推进江苏省江海博物馆建设，加快实施文物修复项目，推动文物征集、加强博物馆宣传。江海博物馆主体建筑结构土建工程基本完工;展陈施工设计方案基本达到设计施工要求;全面启动安防与智慧化工程设计;深化设计绿化景观项目;完成文物库房储藏设备和库房门采购项目、陈列展览及配套工程建设内容监理服务的招标、评标工作;就博物馆功能定位、作用发挥、建设规模、社会影响和承担职责等因素申请配套的机构级格和工作机制。启动馆藏书画修复项目,修复扇面 948 张、挂轴 97 幅、册页 54 幅,并进行 3 次专家验收。完成第二批市外文物征集,包含瓷、铜杂、书画,杂项总计 97 件;完成第一批市内文物征集,共计 38 套。4 月,建立微信公众账号"江苏省江海博物馆",向公众传递博物馆建设进程及文物展示等信息,"每月馆藏文物推荐"栏目深受好评。6 月,海门首份文博类刊物《江海博物馆》创立。2016 年,江苏省江海博物馆标识揭晓。举办"我心中的江海博物馆"儿童绘画比赛。

【文博类刊物创立】 6 月,海门首份文博类刊物《江海博物馆》面世。首刊栏目内容丰富,全面展示江海博物馆的建设情况,含文博导航、名家题字、领导关怀、馆建履痕、典藏精华、文博论坛、征文选载等。《江海博物馆》为季刊,主要记录博物馆建设、活动、展览等情况,是人们了解江海博物馆的一张名片。

文化市场管理

【概况】 推进执法的规范化、阳光化、人性化,建立文化市场长效管理机制,优化文化市场行政队伍建设,提高行政水平,推动文化市场健康和谐发展。现平台中有文化经营单位 137 家,其中网吧 84 家、歌舞娱乐场所 15 家、电子游戏机场所 38 家,全年办结新设网吧 3 家。开展文化市场安全生产工作,为各场所制作统一规范的安全生产各项制度并上墙,同时印制并下发安全生产工作台账,组织相关业主和从业人员进行安全生产、法律法规等培训 5 批次。检查全市营业性演出市场,规范各类演出行为,确保演出市场安全有序。

【文化综合执法】 完善文化行政综合执法制度规范,加大执法责任追究力度,确保执法案件正确率。全年出动检查 6500 人次,检查文化经营单位 2100 家次,受理各类举报 31 起,取缔各类无证摊点 22 家,处理版权纠纷 8 起,开展法律法规培训 16 期次,参训人员 860 人次,确保全市文化市场健康繁荣。开展文化综合执法改革调研,深化文化综合执法"创三优"(优化服务,优化理念,优化监管)活动,制定并全面实施"双随机一公开"(检查人员随机、检查对象随机,"双随机"结果公开)执法制度,提升行政执法服务效能,在执法服务中优作风树形象。加强文化市场事中、事后监管,制定具体办法,明确相关要求,做到权限明确,监管跟上,服务提升,文化综合执法形成海门特色。

广播电视电影管理

【概况】 坚持城乡广播影视事业均衡协调发展,逐步实现广播影视公共服务均等化。改善广播影视公共服务质量,提高广播影视公共服务能力。做好新建影院指导工作,新投入运营电影院 3 家,全市共有影院 9 家,全年累计票房 3700 多万,7.3 万多场次,观影 136 万多人次,海门市影院进入快速增长期。与广播电视台、江苏有线海门分公司、各电影院线放映公司签订年度安全生产责任状,督促台、网落实广播电视安全播出的领导、制度、人员、设备、应急预案及演练等各项要求,高质量完成重要保障期的安全播出任务。及时向台、网通报重点时段、安播要求和安播形势,确保海门广播电视优质无事故播出。加大卫星电视接收设施管理,做到每月巡查,发现问题及时处理。对黑广播电台时刻监听。

【电影放映】 超额完成城乡电影放映任务。全年增加新片 280 多部,放映 3200 场次,与海门海影电影发行放映公司签订电影放映购买服务合同,落实城区电影放映任务。制定下发《关于 2016 年"送电影下乡"电影放映工作的通知》,明确全市各镇(园区)电影放映任务、放映标准、经费落实办法,确保完成"送电影下乡"工作任务。全市农村公益电影全部按规定标准放映场次,各镇(园区)全部落实放映任务并签订政府购买服务合同,在进度和放映质量上较上年有明显提升。 (张文雅)

传　媒

新闻中心

【概况】 2016 年,市新闻中心紧扣市委市政府中心工作,精心策划,"请进来"与"发出去"相结合,主动对接,主动服务,主动传播,围绕海门"两争"目标、接轨上海、创新发展、城市建设等主题,在新华社、中央电视台、《经济日报》、人民网、新华网、《香港商报》、江苏电视台、《新华日报》《南通日报》等主流媒体推出一批重点报道,传播海门声音,讲好海门故事。据不完全统计,全市全年在南通市级以上主流媒体刊发(播)各类正面新闻稿件近 1000 篇(条)次,其中主流媒体版面(栏目)头条 100 多篇(条),在全市上下营造凝心聚力、跨越发展的浓厚舆论氛围。

【主题宣传求深】 重点加强新闻策划,围绕改革开放、创新发展、接轨上海等主题,先后在新华社、中央电视台、《经济日报》《新华日报》等主流媒体推出《我国首条至阿富汗货运班列首发》《从叠石桥看传统家纺市场转型》《海门打造接轨上海的示范区》等一批重点报道。宣传的深度和高度较往年均有较大突破。

【节会宣传求势】 结合市委、市政府举行的两会、经贸投资洽谈会等节会活动,邀请上级主流媒体走进海门,开展集中宣传报道,在《新华日报》《香港商报》、人民网、新华网等媒体推出《江苏海门举办经洽会签约 118 个内外资项目》《好项目落地海门积聚新动能》《阿里巴巴 1688 叠石桥实力产业群示范园区在海门启幕》《海门举办生物医药产业大会　致力前沿科学研究》等一批有分量报道,有效放大节会宣传效应。

【专题宣传求亮】 围绕海门"两争"目标、陆海统筹、江海联动、城市建设等主题，先后在《新华日报》《扬子晚报》《现代快报》《南通日报》等媒体推出《海门：追江赶海为小康升级加码》《图说幸福海门》《争做改革创新排头兵争当科学发展领头雁》等10多个专题专版，全面展示海门经济社会发展成就。

【舆论引导求新】 牵头举办1期全市新闻（网络）发言人培训，完善新闻发言人（助理）队伍，同时建立一支100多人的新闻宣传业务固定骨干队伍，积极引导社会舆论。

【外宣制品求精】 策划推出新一期城市宣传画册，策划出品外宣精品《印象乡愁》系列之《守望古城》，并由上海文化出版社正式出版发行；推出中文版、英文版、韩文版的城市宣传片《逐梦江海魅力海门》，并在各类平台推介，进一步提升海门的知名度和美誉度。

【协调服务求真】 协调服务好新华社、中央电视台、《经济日报》等市外主流媒体到海门的采访报道，做好接待、踩点、整理素材等辅助工作。协助上级主管部门做好外宣信息资源库整理、江海南通丛书编撰、金秋美图征集等创新工作。协助市委市政府做好江心沙垃圾倾倒事件等重大舆情的处置工作。 （俞新美）

广播电视台

【概况】 2016年，市广电台坚持"宣传立台、经营强台、名人树台、清正护台"，深入推进媒体融合发展，狠抓电视节目改版工程、广播电视节目评先创优工程、传统平台经营创收工程、无线数字全覆盖工程、新兴媒体建设工程、文化平台建设工程、骨干精英培训工程、安全播出工程、绩效考核体系建设工程、党风廉政建设工程"十大工程"，各项工作成效显著，被评为"江苏省文明单位"，这在南通广电系统是唯一一家，被市委、市政府评为"市直单位嘉奖部门"。台党总支被评为"市级机关先进党组织"。扶贫帮困工作被评为"南通市先进单位"。新闻宣传工作围绕中心、服务大局，受到市领导肯定。文明城市长效管理工作获得年中考核加分。全台实现创收2360万元，超额完成市委市政府下达的目标任务，创收实绩名列南通各县市区第一。"无线海门"APP用户发展迅速，最高排名名列全国同类APP第23位。在南通市和江苏省优秀广播电视节目创新创优评比中，全台获省级政府奖6件、南通市级政府奖一等奖13件，获奖总数在南通各县市中名列前茅。广播电视各有1档栏目获南通少儿精品一等奖。

【"宣传立台"】 广播电视新闻宣传围绕中心，服务大局，组织策划"争做改革创新排头兵，争当科学发展领头雁""创新为魂、项目为王"等专栏，浓墨重彩报道全市工业经济、招商引资、项目建设和城市建设的经验、成效，挖掘出新典型，及时把党委政府声音传递到基层。特别是系列报道"争做改革创新排头兵，争当科学发展领头雁"，被评为"2016年度海门市政府新闻奖"一等奖第一名。

【媒体融合发展】 媒体融合发展迈出坚实步伐，"无线海门"APP用户数发展到3.5万户，排名在全国同类客户端中稳居前100位，最高排名在23位；"广电之星""海门电视台教育频道""海门FM1006交通音乐电台""东洲城事"等微信公众号都有两三万以上的粉丝量，多的有七八万，已形成较大影响力。

【电视节目改版】 元旦起，创办海门首档民生新闻栏目《东洲城事》，每周6档，每档30分钟，节目定位"柴米油盐百姓事，衣食住行民生情"，在南通县级台首屈一指。栏目设置"今日关注""记者调查""问题曝光台""为你跑腿""身边故事""直击现场"等板块，挖掘当下热点难点，发挥舆论监督作用，观众好评如潮。《八旬老人跳冰河勇救9岁落水男孩》《路遇车祸伤者及时施救女医生被赞"最美姑娘"》等多条新闻被中央电视台、江苏卫视等上级媒体录用。新开办的《淘海门》《梦想成真》等节目前期调研充分，后期策划到位，采访制作精良，在受众中同样产生良好反响。

【《政风行风在线》创新创优】 2016年，广播节目《政风行风在线》致力于创新创优，突出以解决问题为导向，加大"问责质询"力度，基本实现部委办局，乡镇园区的全覆盖，节目越办越好，更加深入人心。节目时长由原来的60分钟增加到70分钟，留更多时间给听众咨询和投诉；暗访力度加强，增派记者实地调查，随机采访，查找问题，对问题一一指出，跟踪整改并及时回复；在电台直播同时，同步进行电视录播，手机"无线海门"APP及时推送节目实录，并尝试手机在线视频直播。此外，加强督办力度，广播记者联合电视记者全程跟踪解决进程，并在电视栏目《海门新闻》和《东洲城事》中播出，视听监评员参与监评，犀利的点评也对解决问题起到很好的推动作用。

【对农广播恢复】 为进一步改善对农服务，提高对农广播的收听率，3月1日开通《乡村之声》对农有线广播。对农广播呼号为"海门FM100.6交通音乐电台《乡村之声》"，采用闭路有线传输方式，分早、中、晚3次播音。其中第一次

民生新闻栏目《东洲城事》

（市广电台　提供）

中层干部任命及责任状签订仪式　　（市广电台　提供）

播音偏重新闻板块，与《城市综合》频率同步播出；第二次播音偏重社教板块，13:00—14:00 转播中央人民广播电台《致富青年帮》；第三次播音偏重娱乐文艺板块，17:00—20:00 与无线频率100.6 兆赫（一套）《城市综合》并机同步播出，20:00 转播中央人民广播电台《乡村夜话》。

【“经营强台”】 2016 年，市委、市政府下达广电台全年的创收任务 2300 万元，这在南通各县市中最高。广播、电视等各创收平台积极创新转型，拓展增收渠道，在兄弟台几乎是断崖、跳崖式下滑的情况下，如期完成创收任务，创收总额占全年任务的 103%。市广电台作为南通县级台代表，在省相关会议上作创收经验交流。浙江、山东等省的外地台到海门学习考察，交流经营创收工作。

【“名人树台”】 以培养“名编辑、名记者、名主持、名策划、名摄像、名制作和名技师”的“七名工程”为抓手，先后派出 3 个批次共 15 人，到中央台和浙江、山东等先进台跟岗学习，短则 1 周，长则 1 个月，回来后以书面和大会形式交流，与全台同志分享学习心得。两位同志顺利通过副高职称评定。除宣传线上获得众多奖项外，技术线上有“录音棚”“1000 平方米演播厅灯光系统”和“全台网系统”等 3 个项目荣获省广播电视科技创新奖三等奖，这在县级广电台中为数不多。

【大型活动】 利用苏中、苏北最好的 1000 平方米演播大厅开展系列活动，活跃全市百万人民的精神文化生活，助推海门创建全国文明城市。全年共开展“身边好人·温暖海门”道德人物颁奖典礼、“3·15 系列宣传和主题晚会”“最美人物发布”“广场舞大赛”“寻找最美好声音”“水上英雄汇”等十多场大型活动，取得良好社会反响。10 月，策划的“最美人物”唐慧娟的颁奖典礼获江苏卫视同时段收视之冠。同时，推出“爱派送”温暖行给全城出租车派送车载垃圾桶活动，开展“萌娃星宝贝童声报时”活动；拍摄《爱因为在心中》MV 等。这些活动既锤炼队伍，又得到社会各界好评。

【广电台 60 周年纪念】 2016 年 5 月 1 日是市广播电视台成立 60 周年纪念日，市广电台以“讴歌六十华诞，续写广电传奇”为主题，举行海门市广播电视台成立 60 周年座谈会，回顾总结 60 年发展的辉煌历程，激励广电人在新常态下砥砺前行、锐意进取。市领导王兰平、王拥军、郁斌出席座谈会，部分台老领导、兄弟单位负责人以及台职工代表欢聚一堂。会后，与会人员参观广电 60 周年图片展。此外，还开展主题演讲比赛、“我与广电”征文等丰富多彩、节俭庄重又有纪念意义的系列活动。

【中层竞聘】 12 月 20 日，举行 2017—2018 年度中层干部任命及责任状签订仪式，30 名正、副总监通过竞聘上岗脱颖而出。按照公开、平等、竞争、择优的原则，台人事招聘考核五人组 3 个月前开始调查摸底，并召集中层以上干部座谈，广泛听取意见，经过 20 多次反复修改，数易其稿，形成 11 个中心竞聘方案。经过竞聘动员、公开竞聘、公示等环节，产生新一轮中层干部。整个竞聘过程严格按照上级文件精神和方案要求，全过程在市纪委、市委宣传部、市人社局的监督指导下进行。

【“清正护台”】 认真落实“两个责任”，有力推进从严治党和党风廉政建设各项任务在广电落地生根。严格执行设备、服务等采购招投标制度，5000 元以上项目一律报党组讨论通过后实施。人才招聘考核组负责招录 7 个批次、12 名专业技术人员，没有收到 1 起投诉。11 月，接受南通市纪委对落实“两个责任”的督查，相关工作得到督查组的充分肯定。

（陶惠娟）

海门日报社

【概况】 《海门日报》复刊于 1994 年 5 月，至今已有 22 年。2003 年，在全国报刊治理整顿中，成为全省 12 家被保留的县市报纸之一，也是长江以北地区唯一凭实力保留下来的县市报。同年，加盟新华日报报业集团，成为新华报业旗下 9 家子报之一。在全国和省同行业中，海门日报社无论在办报、经营及其他业务考核中，均为业内的一面旗帜，报社高级职称人员居全国县市报首位。2016 年，报社获评“新华报业先进集体”，蝉联中国县市报研究会副会长单位、中国报刊广告优秀单位，获“金长城传媒奖”、全国“融合创新优秀报刊十强”“中国十大县市区域报”等荣誉。《海门日报》获评全国印刷质量精品级，为全国县市报唯一。

【新闻服务亮点】 围绕市委、市政府中心工作,做好主题宣传,为全市经济社会发展提供强有力的舆论服务。市委书记陈勇4次就《海门日报》稿件作出批示,充分肯定报社工作。如:8月11日,对《三厂工业园区班子成员“蹲点”规模企业,“五大服务”助推工业经济提速增效》新闻稿作出批示,指出报社围绕贯彻党代会精神作一系列专题宣传报道,特别是注重宣传报道各镇、区、机关部门推进招商引资、项目建设的举措、做法,为营造浓烈氛围做出重要贡献,应予以表扬。11月1日,就本报评论员发表的《项目为王投产是“金”》一文作出批示,指出评论很有思想性、针对性,抓住当前项目建设的要素和关键。主办新闻写作培训班,各镇、园区党群部主任(宣传委员),市主要新闻网站、论坛负责人,参训总数超百人。学员们仔细聆听,翔实记录;并交出一批质量较高的新闻作品。

【制度创新】 瞄准“办全国首届一指的县市报”目标,注重报社内部制度建设与创新。派记者采写一大批蹲点村的报道,并评出优秀作品;开展半年1次员工基本素质闭卷测试,提高员工业务水平,紧密员工与报社之间的联系;推进报网互动,要求人人争当全媒体记者,并出台多媒体记者考核制度;建立重点栏目稿件专项考评制度;组织内评“最值得尊敬员工”“我的良师益友”,获评同志参与月度评选优秀中层干部;开评读者心目中的优秀采编人员。

【版面创新】 报社坚持版面改革,开辟“圆你微心愿”“寻找海门工匠”“我看海门‘十二五’”等社会、读者认可度高的十佳“名专栏”,形成专家、读者、同人“三推”优秀版面、栏目机制,版面十大名栏目评选制度。组织读者有奖调查问卷,结合读者意见和报业发展实际,决定对2017年版面适当调整,更好贴近民生,服务大局。重点报道更关注实体经济,服务第一、二、三产业发展;民生新闻增加热点内容,更好地反映老百姓诉求;针对中老年读者较多的实际,报纸增大字号,优化版面,让读者轻松阅读。

【多元经营】 海门日报社的经营团队除稳住老项目,还创造诸多叫响业界的新案例。在中国县市报年会上,选送的“节日系列策划”获评“全国县市区域报年度十佳经营成功案例”;在全国报刊广告工作总结表彰大会上,“海南养生房团购平台”获“全国报刊广告经典案例奖”。加大策划力度,转变经营方式,广告经营平稳发展,3个项目已实施:成为中国艺交所、上海文交所等一级代理,并在内部开展体验经营活动;建立中国少年新闻学院海门分院,探索经营创收途径,实现一定经济效益;海南养生房合作营销,联合多家县市报和中国广告协会报刊分会一同参与。11月,海门日报社承办的全国城市报地产经营深度研讨会在海南临高举行。国家广告研究院传媒研究中心主任、中国广告协会报刊分会主任梁勤俭认为,《海门日报》报小志大,形成超常思维案例,值得大家学习。

【全媒发展】 《海门日报》的新老媒体融合跨出喜人一步,“海门之窗”网、《海门日报》官方微信平台用户数量稳步增加,微信公众号成为“海门第一”,粉丝数超过14万,为提升权威媒体的传播力和经营力搭建良好平台。海门日报演播厅逐步投入使用,逐步实现网络直播。新老媒体的融合,提高读者、用户的关注度和参与度的同时,也提高网络经营活动的影响力。少儿绘画校园行、巧思妙解玩数学、年画宝贝等活动,取得较好的经济效益和社会效益。

【精品印刷】 2016年,在全国报纸印刷质量检测审议会上,《海门日报》获评“全国精品级报纸”,这是我国印刷方面的最高奖项。全国共有65家报刊获此奖项,《海门日报》是唯一的县市级报纸,在印刷设备与全国级、省级印刷单位存在差距的情况下,高度重视人员素质的提升,通过“请进来、走出去”的方式,组织多种培训,提高员工的专业素质和敬业精神,为读者呈现出精品级的报纸。

(黄晓庆)

中国海门网

【概况】 “中国海门”政府门户网站(http://www.haimen.gov.cn)是信息化条件下政府密切联系群众的重要桥梁,也是网络时代政府履行职责的重要平台。主要栏目分为感知海门、新闻资讯、信息公开、在线服务、政民互动、市民频道、企业频道、投资者频道和旅游者频道,日访问量2126人次。2016年,市信息中心按照国家、省和南通市关于加强政府网站信息内容建设的系列要求,进一步深化政务公开,提升服务质量,强化互动交流,政府网站在有效传播权威信息、提高公共管理和服务水平、促进公民参政议政等方面发挥积极作用。“中国海门”政

少儿绘画校园行现场 (海门日报社 提供)

府门户网站连续3年蝉联“江苏省优秀政府网站”称号。

【信息公开】 2016年,政府网站累计发布各类政务信息2.3万多条,及时更新本级政府领导名单、简历及工作分工,领导活动专栏,主动公开本级政府部门负责人名单、各部门工作电话。主动公开市政府文件69条,政府办文件31条,政策解读8条,政府阶段性工作计划、实施情况及工作总结89条,公开干部选拔、公务员考录信息4条,发布重大项目进展情况76条,公开各类民生公益政策74条,发布年度国民经济和社会发展统计数据信息12条,应急管理信息26条。对依申请公开信息设置依申请公开表格,全年共有97人提交依申请公开,对能回复的申请均予以答复,平均答复工作日为5天。

【在线服务】 “在线服务”栏目以服务大众、服务企业、服务旅游者为主,子栏目为服务市民、服务企业、服务三农、绿色通道、场景式服务、服务旅游者以及常用查询,共推出141个服务事项。2016年,推进“主题服务”栏目建设,围绕公共服务领域为公众提供相关服务资源共12个大类68个小类;开通“2016海门两会”“2016年经贸投资洽谈会”“海门‘十二五’回眸”“农作物秸秆综合利用专题”“夏季消防检查”等专题专栏,为公众提供完整、有针对性的信息和服务。

【政民互动】 “政民互动”开设书记信箱、市长信箱、部门信箱、网上直播、在线访谈、在线咨询、投诉举报、网上调查和民意征集等栏目,提高公众的知晓率和参与度。2016年,市发改委、教育局、科技局等12个政府部门主要领导参加“在线访谈”,与网民开展互动交流,宣传惠民政策和举措,对访谈中市民提出的问题实现现场答复,“在线访谈”已成为及时反映群众呼声和了解社情民意的有效载体之一。不断完善网上信箱、问卷调查、民意征集等网上互动功能,全年办理网民来信3957件(书记信箱820件、市长信箱1486件、部门信箱835件、在线咨询400件、投诉举报416件),办件答复率98%;开展重要政策文件民意征集6次;录制网上直播音频节目45期。

(龚　琰)

江苏有线

【概况】 2016年是“十三五”规划实施的开局之年,也是公司转型发展的关键一年,公司全面深化改革,坚持创新驱动,加快网络建设,强化营销力度,发展增值用户,拓展增收领域,推进绩效考核,全面完成各项工作指标。全年公司实现到账收入9876万元,实现利润2252万元,创海门广电网络收入历史新高。公司营收利润率、人均利润、户均利润均名列全省前茅。

【服务大局有作为】 公司主动围绕市委市政府中心工作,把握工作着力点。在推进海门智慧城市建设中,精心编制方案,突出江苏有线的技术优势、服务优势和安全优势,密切跟踪项目进展。2016年新发展城区主要公共区域免费Wi-Fi覆盖工程,环保局环境监测站互联网数据专线、公安局首批危化品企业的治安监控专线等政府工程。在城建、交通工程建设中,完成全市交通道路和桥梁工程的线路搬迁入地工作。配合市委、市政府重大活动,保证大型会议信号的安全传输。

【探索创新谋发展】 利用广电网络渠道拓展与延伸业务,在南通首家建设电视配送中心,开展电器配送业务,在电器销售过程推介公司高清互动、付费节目套餐,全年直接销售电器1000多台,营销额203万元,带动增值业务的发展。加大对“好视乐”产品的营销力度,在微信平台、电视开机屏幕、游动字幕、展板册子等众多宣传渠道予以推介,并通过规范营销术语、赠送礼品等系列措施,顺利打开营销局面,“好视乐”套餐订购用户3.7万个,占总有效用户的14%。继续做好微信公众平台的运营维护和吸粉工作,关注用户突破1万个,办理业务额60万元。公司顶住日益激烈的市场竞争压力和用户流失压力,推进系列营销措施,全年数字电视收视费、付费节目、广电宽带业务总收入6660.5万元,比上年增长88.4万元,保持良好的增长态势。

【提升服务树形象】 着眼于“围绕市场、服务市场、支撑市场”的经营理念,上下联动,部、室、站协调配合,将前台服务、运维服务与市场营销工作紧密结合,努力推动服务水平大提升。公客部从“标准、规范、窗口、标杆”四个方面抓好服务的标准化、规范化建设,跟踪回访每位新用户、报修用户,进行满意度调查,对不满意业务单,查清原因,查清责任,一究到底。工程技术部、运维播控中心各负其责,密切配合,保障网络信号优质畅通,确保安全播出万无一失,及时为广电站解决运维中

公司党委书记、总经理何伟华走访贫苦户　　(海门有线　提供)

的技术问题，确保故障在最短时间内修复。延伸服务阵地，拉近用户距离，广电站与公客部联手，先后开展60多场下乡村、进社区收费、营销活动，工作人员不畏酷暑与寒冬，把服务阵地搬到用户家门口。

【加快投入强基础】 海门广电网络基础薄弱，网络老化。2016年初，将广电宽带提速工程列为重点工程，推进网改网优，累计投入资金1249万元，分别实施城区和农村双向网改工程、万兆城域网建设工程、宽带接入网扩容工程，新增双向网络覆盖用户10.5万户，广电网络质量得到提升，网速明显加快。该项目当年申报省文化产业扶持基金，已通过验收，可获得一定数额的扶持资金。

【强化考核促改革】 结合实际完善《网格化服务营维体系薪酬及绩效考核办法》，多次召开专题会议，广泛征求意见，形成统一认识。考核力度上，考虑员工的不平衡性，循序渐进，既兼顾公平，又体现绩效，增强员工的责任感和积极性。考核对象上，把事业人员纳入考核，对网格内的事业人员拿出一定的考核额度与非事业人员进行同等额度、同样办法考核，既兼顾历史，又在一定范围实现公平考核。考核结果上，及时反馈，让员工了解考核规则，认清自身长处和不足，激励其在工作中争取好的业绩。

【文化建设树形象】 以"建设先进文化，塑造优秀形象，争创一流业绩"为出发点和落脚点，加强企业文化建设，内聚人心，外树形象。热心社会慈善事业，开展3个村、31户贫困户的结对帮扶活动，为经济薄弱村联系落实农业项目。积极参与社会公益事业，与体育局组织开展中日友好青少年围棋赛，组织"珂缔缘"杯世界少儿足球挑战赛120场次，配合市委宣传部对新疆伊宁地区开展援疆文化交流活动，与社科联组织社科征文比赛。在企业员工中开展全员读书活动，提升员工文化素养，鼓励支持员工参加献血、志愿者公益活动，弘扬正气，公司涌现出一批文明新风典型。

（施海慧）

医疗卫生

综　述

【概况】 2016年，海门市有各级各类医疗卫生机构376家，其中：公立医院8家（纳入三级医院管理1家、二级甲等中医院1家、二级乙等综合医院3家、纳入二级医院管理1家、一级综合医院1家、一级精神专科医院1家），乡镇卫生院（社区卫生服务中心）14家，村卫生室（社区卫生服务站）235家，民营医院6家，其他医疗卫生机构166个。全市有卫生技术人员4681人，其中高级职称400人、中级职称1125人，每千人拥有医生2.07人、拥有注册护士2.02人。全市人均期望寿命80.76岁。2016年，药品"零差率"销售让利9202万元，县级医疗机构住院和门诊次均费用同比下降2.5%和4%，人均医疗支出低于南通地区平均费用近10个百分点。

【医药卫生体制改革】 在全面深化管理体制、补偿机制、价格机制等综合改革的基础上，突出"破""立"结合，巩固和扩大改革成果。积极探索以理事会为核心的多种形式公立医院法人治理结构，落实公立医院独立法人地位和自主经营管理权，组织开展公立医院综合改革效果评价。在取消药品加成、破除"以药补医"、逐步理顺医疗服务价格的前提下，聚焦薪酬制度改革、绩效分配考核、分级诊疗构建和医疗联合体建设，研究制定公立医院绩效考核实施细则、医师多点执业实施意见、医疗资源纵向整合实施方案等各类改革草案14个，全市全面深化综合医改的主体政策框架基本确立。同步深化公立医院人事制度改革，市人民医院新院建设人才储备计划正式实施，中青年医疗骨干、专家等高层次人才的引进不再受编制数和设岗数限制。

【创新先行先试】 围绕全面深化医药卫生体制改革中心任务，以"服务民生，惠及群众"为目标，先行先试，勇于探索，大胆创新。1月，首开南通地区先河，在4家地区二级医院试点实施"先看病后付费"诊疗服务新模式，成为继组建全省首家县域内医疗集团之后的又一张医改"王牌"。该模式不需患者在治疗前先缴费，也无需预付押金，患者只需在住院治疗结束后向医院支付新型农村合作医疗报销之外的自付部分费用即可，打破以往患者在就医时挂号、检查、治疗、取药等各个环节时单独缴费的传统模式，既有效解决医疗机构医务人员配备不足的问题，提高了诊疗效率，又缩短患者就诊等候时间，极大地方便群

履行社会责任，精准扶贫帮困　（市卫计委　提供）

众就医看病，取得人民群众得实惠、医疗机构得发展、党和政府赢民心的效果，被南通市深化医改领导小组评为“综合医改创新奖”。

医政医管

【概况】 2016年，随着“硬环境”的不断改善，海门医疗服务“软实力”持续提升，县域内就诊率接近90%，药占比下降至46.47%，综合服务满意度96.75%。

【医疗监管】 建立、健全以18项医疗核心制度为主的医疗质量管理与控制体系，开展病历书写、院内感染、临床用血、院前急救、抗菌药物合理使用等环节为重点的科教培训，医疗质量显著提升。海门港新区卫生院获评国家级“群众满意乡镇卫生院”，该院还与三厂社区、滨江第二社区、海门工业园区卫生院等单位联合代表海门市参加南通市基层卫生技能竞赛，分获团体二等奖、个人二、三等奖。继续加强药品集中采购、规范使用等过程中的监督管理，开展二级以上医疗机构药品采购专项督导，确保临床用药安全。

【医疗服务】 通过优化诊区设施布局、推行门诊预约服务、完善绿色通道等手段，进一步改善群众就医体验。在此基础上，不断内增动力、外引活力，以主动的姿态借梯登高，市卫计委与上海瑞慈医疗集团签署合作框架协议，为沪海两地开展远程会诊搭建有效沟通平台。市人民医院成功晋级三级医院，成立“上海—南通”介入联盟海门分中心和梅沃泌尿外科海门中心，同步与市第五人民医院联姻协作、上下联动，在合作运行新模式中迎来两院新的发展契机。市中医院全面启动三级中医院创建工作，并与上海市第一人民医院签约，挂牌“上海市第一人民医院海门分院”，建立紧密型技术协作关系，成为海门人民家门口的“上海医院”。中医药普及工程进展良好，100%的地区中心医院建成标准化中医综合服务区。继续推进乡镇卫生院、村卫生室标准化创建，新增省级示范化卫生院、村卫生室各2家。

【纠纷调处】 建立、健全医疗纠纷人民调解机制，理清工作思路，创新工作方法，严格做到“投诉有接待、处理有形式、结果有反馈、责任有落实”，实现由“被动受理”向“主动查摆”的积极转变。深入查找医疗安全隐患，落实医疗安全责任，防止重大医疗事故和纠纷的发生，医务人员执业环境和医疗秩序得到有效改善。

公共卫生

【概况】 2016年，全市基本公共卫生人均服务经费提高至65元，12大类45项基本公共卫生服务均等落实。城乡居民健康档案电子建档率91.27%，开展健康知识讲座和咨询1047次，发放宣教资料142万份，基本公共卫生服务质量稳步提高。

【慢病管理】 强化慢性病防治网络和能力建设，通过加强培训、严格督导等手段，慢性病防治水平进一步提升，高血压、糖尿病规范管理率分别为83.8%和77.4%。市人民医院启动“基层互联网慢病管理领航项目”，开启慢病管理新模式。市疾控中心对社区居民糖尿病流行现状的研究获“海门科技进步一等奖”。

【妇幼保健】 2016年，4项重大妇幼卫生服务项目稳步推进，超额完成省定指标。其中增补叶酸项目任务完成率167.15%，农村住院分娩补助项目任务完成率195.36%，“两癌”（乳腺癌、宫颈癌）筛查项目任务完成率100.8%，预防艾滋病、梅毒、乙肝3种疾病母婴传播项目免费咨询和检测率均100%。实行婚检与孕前优生健康检查“一站式”服务，完成免费孕前优生检查2813对，婚检率86.21%。妇幼健康水平不断提高，孕产妇死亡率继续保持为零，婴儿和5周岁以下儿童死亡率分别为3.39‰和4.89‰。

【卫生监督】 以信息化建设为突破口，创新监管机制，强化整体联动，围绕群众关注的热点、难点问题开展专项整治和监督抽检，监督覆盖率、信息报告率、举报案件查处率均100%。落实各项长效管理措施，有效提升监管水平和综合效能，社会贡献度和美誉度持续提升。2016年，查处违法案件217件，申请强制执行11件，移送涉嫌犯罪案件7件。市卫生监督所分别获江苏省级和南通市级“综合监督工作先进集体”荣誉称号。

【爱国卫生】 全市新一轮城乡环境卫生整洁行动，开展病媒生物防制、禁烟控烟宣传、生活饮用水监测等工作。加快城乡创卫一体化步伐，余东镇成功创建省级

落实依法行政，严格监督执法　　（市卫计委　提供）

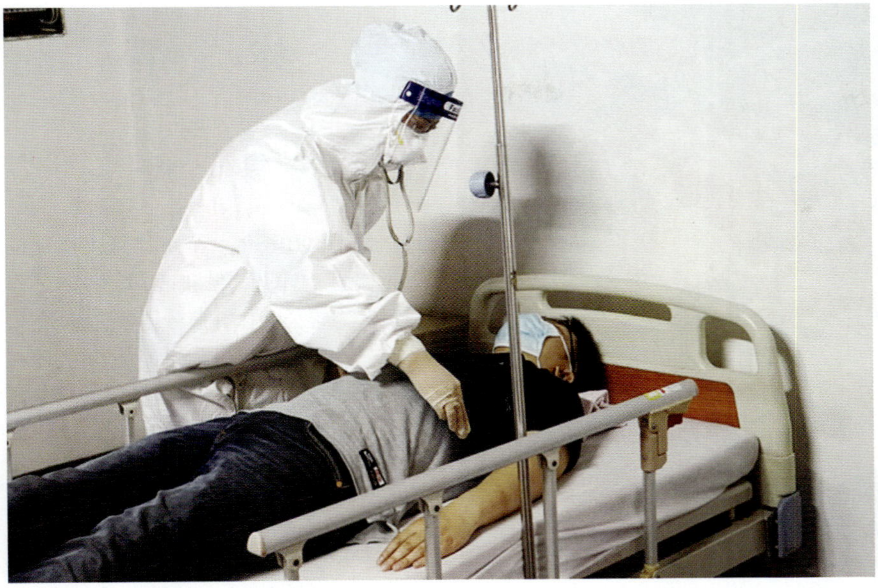

强化疾病防控，保障公众健康 （市卫计委 提供）

卫生镇，正余镇瑞丰村等36个村通过省级卫生村考核验收。继续推进农村卫生改厕项目，卫生户厕普及率90.05%。

疾病防控

【概况】 2016年，全市传染病疫情总体保持平稳态势，甲、乙类法定传染病发病率125.35/10万，同比下降19.12%，网络报告率、及时报告率、及时审核率均100%，即时监测传染病疫情，处置及时，无漏报，未发生重大传染病疫情。

【传染病防制】 强化麻疹、流感、手足口病等传染性疾病的防控，完善市、镇、村3级疫情监测网络，加强对不明原因肺炎和流感样病例的症状监测、登记、报告的督导管理，所有预警信息均在规定时限迅速处置，审卡及时率100%。开展以霍乱为主的肠道传染病防治工作，落实救灾防病各项措施，同步规范全市狂犬病处置门诊的设置和人员资质的管理，完成市疾控中心狂犬病处置门诊与市人民医院狂犬病处置门诊的交接工作。

【血地寄防治】 坚持贯彻“预防为主、标本兼治、综合治理、群防群控、联防联控”的工作方针，全面落实各项措施，巩固血地寄防成果。完成血防监测查螺任务，高质量通过省血吸虫病消除考核评估。

【规划免疫】 2016年，全市开展接种一类(免费)疫苗13种、二类(收费)疫苗18种，各种疫苗基础接种率均在95%以上。积极开展儿童计免知识的宣传和春季入托入学儿童预防接种证查验工作，完成数字化门诊建设2家。加强预防接种疑似异常反应监测，强化计划免疫长效管理，加强冷链建设、保证疫苗质量。

【卫生应急】 做好突发公共卫生事件监测预警工作，研究修订卫生应急相关工作预案，调整市级卫生应急处置队伍，组建市卫生应急专家库。同步健全完善突发公共卫生事件应急管理组织体系，建立海门、崇明、启东三地联防联控应急合作机制，同频开展突发事件紧急医疗卫生救援，最大限度保障人民群众健康和生命财产安全。

基层卫生

【基础建设】 推进市人民医院新院建设，完成一期门诊医技楼、住院楼主体框架建设，各类安装工程已近尾声；二期土建开始施工。继续实施“强基惠民”工程，完成正余镇卫生院、海永镇卫生院新建和悦来镇刁正村卫生室装修改造项目，并搬迁投入使用。滨江第一第二社区、悦来三阳分部和四甲镇卫生院的改造方案和后续设计完成，海门工业园区、临江新区以及常乐镇卫生院新建和改扩建项目按序时稳步推进。

【基药制度】 巩固扩大实施国家基本药物制度成果，在实现政府办基层医疗卫生机构基本药物制度全覆盖的基础上，全面强化采购、配送和使用等全环节监管，严格做到统一组织机构、统一招标平台、统一规范操作、统一网上采购、统一药物配送、统一零差价销售。同步加强人员培训，大力推广基本药物临床应用指南和处方集，培训覆盖面和合格率均100%，保障基本药物制度的规范实施。2016年，全市配备不同剂型、不同规格的基本药物781种，累计采购基本药物9389万元。

【乡村医生】 在配齐、配强村卫生室硬件设施的同时，把强化乡村医生管理作为夯实“网底”的重要抓手，加强培训，严格考核，确保每人每年医学教育时间不少于2周。全年累计安排乡村医生就近选择二级医院实用技能进修50人次。进一步提高乡村医生在岗待遇及养老保障水平，2016年全市乡村医生平均收入5.5万元，全年累计发放离岗乡村医生养老补助款74.5万元，发放在岗乡村医生养老保险财政补助款70.9万元。

医教科研

【人才队伍】 完成招聘大学生充实基层医疗机构任务，7家乡镇卫生院与20名医学生签订引进协议，市财政给予一次性补助10万元/人。全年引进各类卫生人才316名，其中硕士以上高学历人才27名，遴选45名技术骨干赴上海、南京等地进修，完成各类专题培训16期，62人接受住院(全科)医师规范化培训。做好“农村医学”定向委培工作，新增委培生16名。海门卫校探索办学新模式，2016年护士执业资格考试合格率97.7%，再创新高，应届毕业生就业率95.35%。

【智慧医疗】 充分运用“互联网+”思维打造智慧医疗，推进区域健康信息平台

开展志愿服务,倡导文明风尚　　(市卫计委　提供)

建设,建成基层医疗、临床检验、医学影像、妇幼保健等系统,并实现医疗与健康档案系统对接,授权医生可以按需调阅患者就诊记录和健康档案信息。升级完善二级医院信息系统,实现与健康信息平台数据对接,达到省卫计委对区域健康平台数据交换共享的要求。

【学科建设】 继续实施科教兴卫战略,支持各级医疗卫生机构创新发展,鼓励医务人员务实探索,增强海门医疗卫生核心竞争力。全年累计发表医学类论文208余篇,其中国家级52篇、省级156篇;科研立项15个,获市"新技术引进奖"2个、南通市"优秀中医药项目奖"1个。累计建成南通市重点(建设)专科13个、申报重点专科13个。

医德医风

【医德引领】 市卫计委落实党风廉政建设责任制,加强惩防体系建设,推进廉政风险防控,开展正风肃纪专项治理和医疗设备采购专项督查行动。践行"两学一做",贯彻落实"医疗卫生行风建设九不准"要求,巩固扩大"无红包医院"创建成果,把作风建设引向深入,全系统累计拒收退还红包162个,合计金额9.09万元,收到锦旗和表扬信136件。市第二人民医院创建成为市级廉政文化建设示范点。

【践行社会价值】 挖掘市中医院"最美姑娘"汤金萍、市第三人民医院"人民医生"张国华等医务人员先进事迹,组织宣传学习,凝聚正能量。把"精准帮扶"和志愿服务作为推动事业发展的重要"精神基础",2016年实施一对一帮扶252户,累计捐钱捐物29.64万元。委派市人民医院、市中医院6名技术骨干赴新疆伊宁参与全民健康体检工程,被当地政府授予"特殊贡献奖"。海门街道第二社区卫生服务中心通过"光明工程"和"夕阳复明工程",为全市110名特困患者送去光明。

(东　华)

体　育

综　述

【概况】 2016年,全市体育工作围绕"增实力、惠民生、促和谐、上水平"工作目标,完善公共体育服务体系建设,全市上下通力合作,通过创建评比,被省体育局命名为"省公共体育服务体系建设示范区",并且被列为全省唯一一个县级"体育改革发展试验区"。

全民健身工程设施建设

【概况】 按照省、市有关要求,"十三五"期间海门所有行政村、社区健身场地设施进行升级改造。2016年,投入350万元体彩公益金,对全市32%的行政村、社区1500平米文体综合广场(包括1个标准化灯光篮球场、2张室外乒乓球桌、2套健身路径和配套室内体育活动室)建设给予器材调拨和安装,完成通源两连片门球场的翻建工程,获广大市民肯定。全市人均体育活动面积2.65平方米,达升级版小康指标要求。

【区镇体育设施建设】 全市区镇加大投入力度,推进体育设施建设。2016年,经济技术开发区、余东镇、正余镇、

太极拳交流展示　　(市体育局　提供)

海门港新区通过验收,被命名为"南通市级农民体育公园"。各区镇按照全市每年20%行政村、社区建成1500平方米综合文体广场和配套健身房的要求,高效快速推进,全年超额完成建设任务,完成率32%,为基层群众就近参加健身活动提供便利。

【自行车训练基地改造】 为承办省青少年自行车锦标赛,2016年完成赛场看台顶棚安装、观众座椅、器材室、赛场内放松道等施工任务;完成省残联运动员驻训楼装修改造;启动南通市自行车队生活楼建设和山地车训练场建设工程,生活楼预计2017年完工并投入使用。

【足球硬件设施建设】 2016年,市青少年足球基地一期工程开工建设,高标准建成6片标准足球场、球场围网、夜间照明系统、2个赛场服务区,为承办各级训练培训和比赛提供保障。6个笼式足球场建成并免费向市民开放,取得良好社会效益。该项建设工程获国家发改委专项资金扶持,被省体育局命名为"省校外足球活动中心",并予以专项资金奖励。

群众体育

【概况】 群众体育工作按照全民健身国家战略的总体指导方针,稳步推进,呈现热烈、活跃、面广、量大的特点。气排球等健身品牌打造效果显著,体育类社团的数量和质量均有提升,社团建设水平有效提高,国民体质监测深入镇、村,受到群众普遍欢迎。

【体育组织管理】 2016年,海门加强社会体育指导员的培训和管理,新培训各级社会体育指导员368名,其中送培65名、本级培训303名。成立市排球协会、长跑协会等4个协会和俱乐部,市级体育类社团已有30个。全民健身志愿服务大队组织全民健身宣讲团赴各区、镇进行健身知识宣讲、群众体育活动展演20多次,把全民健身志愿服务纳入全市志愿服务活动内容。

迎元旦迷你马拉松赛 (市体育局 提供)

【全民健身活动】 市体育总会、各单项体育协会组织开展足球、乒乓球、门球、羽毛球、广场舞、健步走、绿色骑行等共计220余场次的群体赛事,"全民健身月""舞动春天""夕阳红""健身大拜年""武术、太极拳交流展示"等多个系列活动,丰富海门全民健身内容,受广大市民欢迎。

【全民健身品牌】 海门气排球项目在省内影响力进一步提升,成功承办省"气排球之乡"交流比赛活动,海门男女队分别获得冠军、亚军;省老年人运动会中,海门气排球队代表南通市参赛,取得中青年男子组冠军、中老年女子队亚军的好成绩;全国气排球池州站比赛中,海门市队获得亚军。此外,足球协会业余俱乐部联赛、东洲围棋俱乐部联赛、乒乓球协会排名赛、门球协会积极拓展青少年队伍等,也成为海门全民健身品牌打造中的突出亮点。

【国民体质监测】 全面加强市国民体质监测中心建设,完善监测所需器材设施,组织体质测试人员业务培训,在常乐、海门工业园区、三厂、四甲、正余的村居开展体质监测下乡进村、进幼儿园服务,全年完成4180个有效样本的免费测试任务。

竞技体育

【概况】 竞技体育工作按照省市要求,强化体教结合,不断优化业余训练项目布局,形成"一校一品"体育特色。努力构建竞技体育人才梯队,开展省市级体育俱乐部创建,海门中学等4所中学被省体育局命名为"省级传统项目学校(2017—2020)"。

【教练、运动员管理】 完成全市省、市、县3级体育传统项目学校及各类体育俱乐部32名中外教练员、198名运动员的注册工作,涵盖田径、篮球、足球、排球、射箭、击剑等运动项目。完成各项青少年俱乐部比赛任务,新增高个运动员普查项目,建立高个运动苗子数据库,为海门排球、篮球、击剑等项目的发展夯实基础。新布局的三星小学击剑项目进展顺利,悦来小学女排"三集中"(学习集中,生活集中,训练集中)模式、三星初中自行车选材基地等进一步巩固。

【青少年业余训练布局】 对全市业余训练重点学校全面调研,召开中小学业余训练工作会议,总结全市业余训练比赛情况,表彰奖励优秀级奥林匹克体育俱乐部,总体部署"十三五"全市竞赛训练任务。组织全市30名基层教练员参加中国足协D级教练员培训班,提高足球教练员训练水平。海门中学、悦来小学、海南小学、三星初中被省体育局命名为省级传统项目学校(2017—2020)。

【竞技体育佳绩】 2016年,在省青少年田径锦标赛(县组比赛第二赛区)中,以团体总分第三名的优异成绩晋级第一赛区。在全国、省、市的田径、足球、排球、击剑、自行车、篮球、射箭、羽毛球等项目比赛中,海门籍选手共获得金牌49枚、银牌51枚、铜牌34枚。

【承办、参与高水平赛事】 海门青少年围棋队代表江苏省出访日本爱知县、福冈县,促进中日两国青少年的友好交流。接待韩国、西班牙、巴西、朝鲜等国的青少年足球参访团,并和西班牙、意大利、巴西等国足协、教练员协会签订合作意向协定。全年承办一系列重要赛事:第七届环太湖国际公路自行车赛,第五届“朗姿·珂缔缘”杯国际青少年足球邀请赛,全国围棋甲级联赛江苏省男、女围棋队两个主场比赛,全国元老杯气排球比赛,长三角城际围棋团体赛,江苏省气排球之乡交流比赛等,为广大市民观看精彩比赛提供便利。

海门市气排球运动节赛场　　(市体育局　提供)

2016年海门籍运动员参加全国及省级体育比赛一览

表36

序号	比赛名称	地点	时间	姓　名	性别	项　　目	成绩	名次
1	世界青年击剑锦标赛	法国	4.9	黄露露	男	男子佩剑团体赛		第三
2	亚洲击剑锦标赛	无锡	4.17	张雪倩	女	女子佩剑团体赛		第一
3	全国青少年击剑锦标赛	山东	10.12	施悦馨	女	女子重剑		第一
4	全国场地自行车冠军赛总决赛	北京	8.15	包赛飞	男	凯林赛		第一
5	全国场地自行车冠军赛总决赛	北京	8.15	袁　中	男	男子全能		第一
6	全国场地自行车冠军赛总决赛	北京	8.15	包赛飞	男	凯林赛		第一
7	全国场地自行车冠军赛总决赛	北京	8.15	袁　中　包赛飞	男	男子4公里团体		第一
8	全国青少年公里自行车锦标赛	内蒙古	7.9	姜　振	男	男子35公里个人计时赛	57:12	第一
9	全国青少年公里自行车锦标赛	内蒙古	7.9	刘成路	男	男子35公里个人计时赛	57:13	第二
10	全国青少年公里自行车锦标赛	内蒙古	7.9	刘成路	男	男子10公里个人计时赛	15:18.254	第三
11	全国青少年公里自行车锦标赛	内蒙古	7.9	张雅婷	女	女子10公里个人计时赛	17:47.147	第三
12	全国重点射箭学校锦标赛	内蒙古	6.8	张纪源	男	70双轮排名		第三
13	国际皇冠狮王跆拳道争霸赛	无锡	1.1	钱昱彤	女	品势C组		第二
14	国际皇冠狮王跆拳道争霸赛	无锡	1.1	陆炫吟	女	品势B组		第一
15	国际皇冠狮王跆拳道争霸赛	无锡	1.1	倪文浩	男	竞技少年男子39公斤		第二
16	国际皇冠狮王跆拳道争霸赛	无锡	1.1	仇昱杰	男	竞技少年男子42+公斤		第三
17	第三届华东区跆拳道锦标赛	南通海安	8.21	李厚学	男	男子青年组52公斤		第一
18	第三届华东区跆拳道锦标赛	南通海安	8.21	黄楠茜	女	女子幼儿组18公斤		第一
19	第三届华东区跆拳道锦标赛	南通海安	8.21	吴思涵	女	女子少年组48+公斤		第一
20	第三届华东区跆拳道锦标赛	南通海安	8.21	蔡逸扬	男	男少年组50公斤		第二

续表 36

序号	比赛名称	地点	时间	姓　名	性别	项　　目	成绩	名次
21	第三届华东区跆拳道锦标赛	南通海安	8.21	方辰宁	男	男子青少年组 56 公斤		第一
22	第三届华东区跆拳道锦标赛	南通海安	8.21	陈佳豪	男	男子青年组 64 公斤		第一
23	第三届华东区跆拳道锦标赛	南通海安	8.21	陆炫吟	女	个人品势		第一
24	第三届华东区跆拳道锦标赛	南通海安	8.21	季潇怡	女	女子少儿组 29 公斤		第一
25	第三届华东区跆拳道锦标赛	南通海安	8.21	孙嘉董	男	男子儿童组 38+公斤		第二
26	第三届华东区跆拳道锦标赛	南通海安	8.21	徐烽盛	男	男子儿童组 38+公斤		第三
27	第三届华东区跆拳道锦标赛	南通海安	8.21	王　甜	女	女子青年组 57 公斤		第二
28	第三届华东区跆拳道锦标赛	南通海安	8.21	朱彬钦	女	女子青少年组 56 公斤		第一
29	第三届华东区跆拳道锦标赛	南通海安	8.21	施泉舟	男	男子青少年组 60+公斤		第三
30	第三届华东区跆拳道锦标赛	南通海安	8.21	陈　鹏	男	男子青少年组 60 公斤		第一
31	第三届华东区跆拳道锦标赛	南通海安	8.21	宋一凡	男	男子少年组 28 公斤		第一
32	第三届华东区跆拳道锦标赛	南通海安	8.21	姚臻源	男	男子少儿组 42 公斤		第一
33	第三届华东区跆拳道锦标赛	南通海安	8.21	奚诗宇	女	女子幼儿组 20 公斤		第一
34	第三届华东区跆拳道锦标赛	南通海安	8.21	马嘉雪	女	女子少儿组 26 公斤		第一
35	第三届华东区跆拳道锦标赛	南通海安	8.21	袁　炜	女	女子少儿组 32 公斤		第一
36	第三届华东区跆拳道锦标赛	南通海安	8.21	冯嘉越	男	男子少儿组 38 公斤		第二
37	第三届华东区跆拳道锦标赛	南通海安	8.21	曹一波	男	男子少儿组 31 公斤		第三
38	第三届华东区跆拳道锦标赛	南通海安	8.21	高子涵	男	男子少年组 42 公斤		第二
39	第三届华东区跆拳道锦标赛	南通海安	8.21	倪文浩	男	男子少年组 42 公斤		第三
40	第三届华东区跆拳道锦标赛	南通海安	8.21	陈欣炜	男	男子少年组 42 公斤		第三
41	第三届华东区跆拳道锦标赛	南通海安	8.21	黄怡珺	女	女子少年组 44 公斤		第一
42	第三届华东区跆拳道锦标赛	南通海安	8.21	陈湘源	女	女子少年组 48+公斤		第二
43	第三届华东区跆拳道锦标赛	南通海安	8.21	樊书瑞	男	男子幼儿组 19 公斤		第二
44	江苏省第三届中小学生跆拳道锦标赛	南京	10.21	樊昕杰	男	高中竞技 64 公斤		第一
45	江苏省第三届中小学生跆拳道锦标赛	南京	10.21	陆炫吟	女	女子个人品势小学组		第一
46	江苏省青少年场地自行车锦标赛	南通海门	7.29	冯家豪	男	行进 200 米个人计时赛	00:11.881	第二
47	江苏省青少年场地自行车锦标赛	南通海门	7.29	毛广银	男	行进 200 米个人计时赛	00:12.119	第三
48	江苏省青少年场地自行车锦标赛	南通海门	7.29	唐　豪	男	男子一圈原地启动计时赛	00:20.207	第一
49	江苏省青少年场地自行车锦标赛	南通海门	7.29	唐　豪　毛广银 孙　静	男	男子 4 公里团体追逐赛		第一
50	江苏省青少年场地自行车锦标赛	南通海门	7.29	施帅全　孙　静 冯家豪	男	男子团体竞速赛		第二
51	江苏省青少年击剑锦标赛	常州	8.7	施悦馨	女	女子重剑		第一
52	江苏省青少年田径锦标赛	扬州	8.27	茅婧怡	女	100 米栏	16.17	第三
53	江苏省田径县组比赛	盐城	5.31	邢　楠	男	三级跳远	12.58 米	第一
54	江苏省田径县组比赛	盐城	5.31	施天意	女	三级跳远	10.08 米	第一
55	江苏省田径县组比赛	盐城	5.31	李尹鸿	女	三项全能	1579 分	第一
56	江苏省田径县组比赛	盐城	5.31	黄　鼎	男	800 米	2:08.32	第二

续表 36

序号	比赛名称	地点	时间	姓　名	性别	项　　目	成绩	名次
57	江苏省田径县组比赛	盐城	5.31	刘化颖	男	60 米	8.56	第二
58	江苏省田径县组比赛	盐城	5.31	虞正宵	男	跳高	1.35 米	第二
59	江苏省田径县组比赛	盐城	5.31	施冬嫣	女	200 米	29.18	第二
60	江苏省田径县组比赛	盐城	5.31	赵晓雨	女	三级跳远	10.68 米	第二
61	江苏省田径县组比赛	盐城	5.31	施馨蕊	女	800 米	2:25.78	第二
62	江苏省田径县组比赛	盐城	5.31	邢　楠	男	跳远	5.78 米	第三
63	江苏省田径县组比赛	盐城	5.31	刘化颖	男	100 米	13.53	第三
64	江苏省田径县组比赛	盐城	5.31	秦天炜	男	跳远	4.31 米	第三
65	江苏省田径县组比赛	盐城	5.31	施冬嫣	女	400 米	1:05.23	第三
66	江苏省田径县组比赛	盐城	5.31	赵晓雨	女	跳远	4.92 米	第三

体育产业

【概况】 2016 年，海门体彩销售点 123 个，销售总量 1.75 亿元，列全省第 14 名；增幅 18.5%，列全省第 11 名。瞄准“体育+旅游”的多元体育产业发展模式，采取政策引导、政府支持等形式，对企业进行体育产业引导资金项目扶持，进行”体育+家纺旅游”“体育+休闲观光”等形式的尝试。

【多元体育产业】 海门体育产业发展处于起步阶段，体育制造业以球类生产为主，体育服务业以健身场馆、健身培训、健身休闲为主。通过全国和全省门球、气排球等赛事在海门举办的契机，多次组织参赛选手赴张謇故里、叠石桥家纺城等地进行观光旅游购物，有效尝试“体育+旅游”发展模式。省政协副主席周健民、省体育局局长陈刚分别带队到海门考察，对海门体育产业发展寄予厚望。

2016 年海门市城区主要健身活动场馆一览

表 37

企业名称	地　　址	主要项目	联系电话
海门市中南健身会所	海门市丝绸东路	瑜伽、游泳、乒乓球	15996639066
海门市龙馨家园会所	海门市长江路 88 号	篮球、羽毛球、游泳	81206666
海门市黄金比例健身会馆	海门市解放中路 959 号	瑜伽、乒乓球、健身房	82189399
海门市东恒盛健身中心	海门市北京中路 777 号	游泳、乒乓球、台球、健身器械	81299999
海门市炫动健身馆	海门市人民西路 86 号	健身器械、瑜伽	82823777
海门市金士堡健身会所	海门市镇中路 959 号	健身器械、瑜伽、乒乓球	18606127762
海门市阳光乒羽俱乐部	海门市秀山东路 1888 号	羽毛球、乒乓球	13962879979
海门市海洋之星健身会所	海门市黄海中路 788 号	健身器械、游泳、瑜伽	18605177767
海门市伟龙跆拳道馆	海门市友谊路 49 号	跆拳道	82901898
海门市游泳馆	海门市青海东路 377 号	游泳及培训	82202040
海门市飞扬休闲健身服务有限公司	海门市鸥江路 538 号	瑜伽、舞蹈、羽毛球、健身器械	82851999

（朱冬英）

政　　治

江海民俗风情

渔猎·蟹簖　用竹片压成竹帘子，竖插在通潮水的河中，连接两岸，并在两岸设置由竹片做成的鱼篓(俗称进口落苏)。靠水边搭一草棚，里面有地铺及被服，捕蟹人到晚上悠闲守候。夜里鱼会进入落苏，蟹会从竹帘上爬进鱼篓，随时取出，颇有情趣。

郁异人　绘

◎ 责任编辑　袁　熙

中共海门市委员会

综　　述

【概况】 2016年,市委确定“争做改革创新排头兵、争当科学发展领头雁”工作主题,明确“又好又快抓发展、全面从严抓党建”重点,提出“创新转型示范区、接轨上海示范区、全面小康示范区”目标,确立工业经济爬坡过坎、招商引资项目建设着力突破、城市工作加快转型“三件大事”,协调推进招商引资和项目建设、做强做大产业、提升企业实力、统筹城乡发展、优化体制机制、增进民生福祉、全面从严治党等七个方面工作,全市经济社会发展和全面从严治党取得新成效,全市地区生产总值在江苏长江以北率先突破1000亿元,提前实现比2010年翻一番目标;一般公共预算收入达72.4亿元,在南通县市区排名第一;城乡居民人均可支配收入分别为4.1万元和2.1万元,名列苏中苏北县市第一;居民人均储蓄8.3万元,位居江苏省县市第一;全面小康建设综合得分98.8分,走在苏中苏北前列;名列“第十六届全国县域经济与县域基本竞争力百强县(市)”第18位,位居江苏省第8位。

产业结构不断优化。把提升经济质量效益放在突出位置,构建现代化产业体系,三次产业结构优化为5.3:50.2:44.5。全年实现高新技术产业产值1003.01亿元,新兴产业产值727.33亿元,分别增长12.7%和16.1%。完成服务业投资245.66亿元,增长11.1%;实现社会消费品零售总额344.6亿元,增长10.8%。完成建筑业总产值1551.47亿元,新增2个鲁班奖,建筑业综合实力全省领先。高效设施农业面积占比38.46%,现代农业发展水平85.75%,新建高标准农田1333.33公顷,成为“全国休闲农业与乡村旅游示范县”“国家农产品质量安全县”“全国农作物秸秆综合利用试点县”。

工业经济、招商引资项目建设、城市转型有序推进。坚持工业立市,完善“挂钩联系”“企业健康体检”等制度,从各区镇、部门抽调212人组建专职招商队伍实行外出驻点招商,坚持项目建设“一月一通报、两月一次集中开工、一季一点评、半年一观摩、年度算总账”推进措施和“一个项目、一个责任主体、一套工作机制”制度。全年实现规模工业总产值2086亿元,规模以上工业增加值463.28亿元,工业应税销售636.8亿元,增幅均超10%;全年到账外资3.17亿美元,新签超亿元产业项目57个,南通认定新开工超亿元产业项目78个,完成投资82.9亿元,其中下半年认定开工44个,项目数量质量均有较大提升。以“全国文明城市”“国家园林城市”创建为抓手,稳步推进城市转型,加快完善城市功能,全年城市建设投入资金43亿元,35个公建项目、19个重大交通项目、10个园林绿化项目抓紧实施,镇村建设扎实有效,房地产市场健康发展。金融生态环境继续名列全省县(市)第一,直接融资144亿元,名列南通第一,新增挂牌上市企业3家。

改革创新释放活力。叠石桥市场采购贸易方式试点加快推进,累计通关2万票,出口超26.6亿美元;全国首列中亚国际班列成功开通,已发出5列,出口货物2000多万美元。相对集中行政许可权改革成效明显,受理事项3万件,当场办结率86.5%,提前办结率98.8%。农村土地承包经营权确权登记全面完成,农村“双置换”工作获“全省农村改革政策创新奖”。省新型城镇化综合试点、行政执法体制改革大力推进,农村产权交易制度改革、国有企业分类管理改革稳步实施。全市高新技术企业123家,2家企业获省科技进步一等奖,每万名劳动力中拥有高技能人才超800人,新引进“千人计划”等顶尖人才6人,20人入选省“333工程”,成立全省首家县级“欧美同学会留学报国基地”和长江以北首家县级“千人计划创新创业中心”“国家知识产权示范城市”“国家专利质押融资试点城市”。

各项事业协调并进。“十大民生实事工程”较好完成年度目标,财政民生支出比重79.2%。城乡居民人均可支配收入分别为4.1万元和2.1万元,名列苏中苏北县市第一;居民人均储蓄8.3万元,位居全省县市前列;新增创业2160人,带动就业1.1万人,新增个体工商户9420户,私营企业2290家。累计投入帮扶资金超2000万元,建档立卡脱贫率30%。五大社会保险覆盖率均超98%,城乡居民基本医疗保险制度整合顺利完成。医药卫生体制改革不断深化。现代教育发展水平92分。现代公共文化服务体系建设位居全省前列,文化产业占GDP的比重5.5%。保障性安居房、养老助残、城乡交通工程稳步推进。名列“中国城市公益慈善排行榜”第41位,全省县市第7位。全年淘汰关闭企业147家,PM2.5平均浓度下降11.5%,中央环保督察组32件交办问题扎实整改,林木覆盖率和城镇绿化覆盖率分别为24%和32.5%,建成省“国土资源节约集约利用模范县(市、区)”。

平安法治建设全省领先。矛盾纠纷多元化解、立体化社会治安防控、人口服务管理、基层社会治理等工作体系加快完善,社会管理服务三级平台得到中央综治办充分肯定。依法行政、公正司法、全民普法、法律服务四大重点扎实推进,“一审一助一书”司法改革、审判机制改革、公安体制改革、公证体制改革取得实效。市镇村组四级公共法律服务实体化运作平台实现全覆盖,政府法制信息化平台建设和行政复议委员会试点等工作走在全国前列。“全省平安县(市)”实现“十二连冠”,获评全省“综治工作(平安建设)先进县(市)”“法治建设示范县(市)”“普法工作先进县(市)”和全国“创新社会治理优秀城市”“社会工作服务综合示范区”。

党的建设得到全面加强。精心组织并圆满完成市镇村三级党组织换届工作,社会对换届风气满意度超98%。“两学一做”学习教育深入开展,排查出的125个问题扎实整改。党的新闻舆论宣传、网络舆情引导和阵地建设得到加强,学习型党组织建设有力推进,党员干部党性修养不断提升、理想信念更加坚定。“融合式”党建切实推进,干部人事制度改革不断深化,基层党组织建设全面加强,15个软弱后进村党组织得到集中整顿。干部能上能下、容错免责等机制有力执行。严格落实中央八项规定和省市委十项规定,查处违反规定精神问题33起。党风廉政建设和反腐败斗争深入开展,立案405件,其中查处副科级以上干部30人,移送司法机关8人,挽回经济损失7560万元。与此同时,统战、群团、老干部、关心下一代等工作取得新成效,获得“实施中国妇女儿童发展纲要国家级示范县(市、区)”“全国科普示范市”等荣誉,蝉联“全国双拥模范城”。

重要会议

【市委常委会专题民主生活会】 1月16日,市委常委会召开2015年度“三严三实”专题民主生活会。民主生活会上,市委书记姜龙代表市委常委班子进行对照检查,并作自我剖析,带头开展批评与自我批评。杨曹明、陆一飞、陈跃生、鲁亚飞、邵茂华、毛炜峰、成伟、祁中伟、汪国军等常委同志逐一作对照检查,并接受班子其他成员直截了当又坦诚中肯批评。

【年度总结表彰大会】 2月14日,市委、市政府召开全市新年工作动员暨2015年度总结表彰大会,动员全市上下以先进典型为榜样,迅速收心归位、走出节日气氛,以高昂斗志投身新一年工作。市委书记姜龙出席会议并讲话。市委副书记、市长杨曹明主持会议。大会宣读市委、市政府《关于表彰2015年度先进集体和先进个人的决定》,并进行表彰。

【政法工作会议】 3月2日,市委、市政府召开全市政法工作会议,全面贯彻中央、省和南通市政法工作会议精神,总结工作,分析形势,研究部署当前及今后一段时期全市政法工作,进一步动员全市上下立足新起点,履行新使命,努力以强烈责任、改革的理念、创新的作为,不断提升政法工作新水平,为顺利实现“两个率先”新目标,加快建设“强富美高”新海门提供坚强有力政法保障。市委书记姜龙讲话,市委常委、市政法委书记毛炜峰作工作报告,副市长张炎主持会议,并宣读表彰决定,区镇主要负责人递交2016年政法工作责任书。

【党建工作会议】 3月14日,市委召开全市党建工作暨组织、宣传工作会议,主要任务是深入贯彻上级党建工作系列会议精神,回顾总结2015年工作,研究部署2016年任务,动员全市各级党组织和广大党员干部提振精神、凝心聚力,开拓创新、真抓实干,以党建工作新业绩提升经济社会发展新成效,为“率先建成创新之城,率先融入苏南发展,争当南通发展‘领头雁’”提供坚强保证。

【经济工作会议】 3月18日,市委召开全市经济工作会议,动员全市上下立足新起点,锁定新目标,引领新常态,促进新跨越,努力通过“十三五”奋斗,在苏中县(市)中率先建成创新之城,率先融入苏南发展,争当南通发展“领头雁”。市委书记姜龙讲话,市委副书记、市长杨曹明主持会议。姜龙为振康机械“江苏省双创团队”授牌,会议为全市首批科技企业家代表颁发证书。

【农村工作会议】 3月21日,市委、市政府召开全市农村工作暨扶贫开发工作会议,回顾总结“十二五”以来全市“三农”发展情况,分析研判形势,具体部署2016年及“十三五”时期农业农村和扶贫开发工作任务,动员全市上下立足新起点,厚植新优势,激发新活力,推动“三农”发展和扶贫开发事业再上新台阶,加快建设“强富美高”新农村,为全市顺利实现“两个率先”新目标奠定坚实基础。市委书记姜龙讲话,市委副书记、市长杨曹明主持,市委副书记、市政协主席陆一飞作工作报告,副市长张伟宣读2015年度全市农业农村工作先进集体与个人表彰决定。

【镇党委换届工作会议】 4月11日,市委召开全市镇党委换届工作会议,贯彻落实中央、省委和南通市委有关换届工作会议精神,研究部署5月市镇党委换届工作。市委书记姜龙作动员讲话,市委常委、组织部长鲁亚飞主持会议。

【中心镇暨美丽乡村建设推进会】 4月21日,市委、市政府在常乐镇召开全市中心镇暨美丽乡村建设推进会。市委书记姜龙强调,中心镇是连接城乡接点,也是新型城镇化基点,中心镇在全局地位重要,中心镇建设责任重大,必须全力推进中心镇园区能级与镇区功能“双提升”,努力开创中心镇和美丽乡村建设新局面。

【庆祝建党95周年大会】 6月30日,市委召开全市庆祝中国共产党成立95周年纪念大会,贯彻落实省委和南通市委有关会议精神,回顾党的光荣历史,缅怀党的丰功伟绩,激励全市各级党组织和广大党员进一步解放思想、鼓足干劲,务实快干、创先争优,为加快实现“两先一争”宏伟目标而努力奋斗。市委书记姜龙作题为《学党史,强党性,跟党走,争当组织认可、群众满意的好党员好干部》的“两学一做”专题党课,市委副书记、市长杨曹明主持会议,市委副书记、市政协主席陆一飞宣读中共海门市委表彰决定。大会表彰一批“树一流形象、争二次率先”好班子、先进基层党组织、“双带”五星村党组织、优秀共产党员和优秀党务工作者。

【全市领导干部会议】 7月7日,市委召开全市领导干部会议,省委、南通市委

市委召开全市领导干部会议

决定,陈勇同志任海门市委委员、常委、书记,姜龙同志不再担任海门市委书记、常委、市人大常委会主任职务。南通市委书记陆志鹏到会作重要讲话，南通市委常委、组织部长张兆江主持会议,并宣布省委、南通市委决定,南通市委组织部常务副部长黄卫成出席会议,姜龙、陈勇、杨曹明同志分别发言。

【市十四次党代会】 7月26—28日,中国共产党海门市第十四次代表大会召开，市委书记陈勇向大会作中共海门市十三届委员会工作报告,市委常委、纪委书记姚胜向大会作中共海门市纪律检查委员会工作报告。大会选举产生中国共产党海门市第十四届委员会委员、候补委员以及中共海门市纪律检查委员会委员和出席中国共产党南通市第十二次代表大会代表。28日下午,中共海门市委第十四届委员会第一次会议选举产生市委常委、市委书记和市委副书记,中共海门市纪律检查委员会第一次会议选举产生市纪委常委、书记和副书记。陈勇、杨曹明、葛志娟、邵茂华、毛炜峰、祁中伟、杨万平、施渠平、姚胜、施俊、闫勇11位同志任中共海门市十四届委员会常委,陈勇同志任市委书记,杨曹明、葛志娟同志任市委副书记。姚胜同志任市纪委书记。

【市委十四届二次全会】 12月30日,市委召开十四届二次全体会议。全会深入贯彻落实党的十八届六中全会精神和中央经济工作会议、省第十三次党代会和经济工作会议、南通市第十二次党代会和市委十二届二次全会、海门市第十四次党代会精神，回顾总结2016年工作,研究安排2017年工作,并对2016年以来招商引资和项目建设情况进行通报点评，动员全市上下聚焦重点，攻坚突破，为高水平全面建成小康社会而努力奋斗。会议由市委常委会主持,陈勇代表市委常委会讲话,杨曹明对2016年招商引资和项目建设进行通报和点评。

重要活动

【首届江海创新创业资源交易会】 1月16日,市委、市政府举办首届江海创新创业资源交易会暨2016苏商新生代企业家领袖年会。全省杰出新生代企业家代表、投资机构、产业投资人等各界精英约200人相聚海门,共商“十三五”发展新篇章。市委书记姜龙到会致辞,知名经济学家赵晓,省发改委原主任、南京大学教授钱志新,市委常委、常务副市长成伟等出席会议。

2016年首届江海创新创业资源交易会在海门召开

【诺贝尔化学奖得主到海门考察】 5月4日,诺贝尔化学奖得主、美国斯克利普研究所教授巴里·夏普莱斯到海门考察生物医药产业。市委书记姜龙介绍海门经济社会发展情况。美国斯克利普研究所副教授吴鹏,市领导鲁亚飞、金再勤等参加活动。

【南通市委书记陆志鹏到海门专题调研】 5月4日，南通市委书记陆志鹏到海门专题调研市场采购贸易方式试点情况。在实地察看和听取汇报后，陆志鹏高度肯定海门市实施市场采购贸易方式试点工作,要求海门抓住机遇,迅速做大市场采购贸易出口规模，充分放大市场采购贸易方式试点效应，在做大市场出口规模同时，做大产业，为南通发展争做贡献。南通市副市长孙建华就推进市场采购贸易方式试点工作提出要求，市委书记姜龙等汇报市场采购贸易方式试点情况以及下阶段打算。

【项目建设“家家到”活动】 11月2日,市委、市政府组织全市项目建设“家家到”活动。新开工的17个超亿元产业项目接受“检阅”。观摩活动从开发区到海门工业园区,涉及区镇11个。每经过1个区镇，该区镇主要负责人在车上汇报招商引资项目建设情况以及冲刺第四季度打算。

【海门政协成立60周年座谈会】 11月4日,纪念海门政协成立60周年座谈会举行，回顾海门政协60年风雨兼程,畅谈新时期政协组织崇高使命。市委书记陈勇出席并讲话，市政协主席陆一飞讲话,市政协党组书记成伟主持座谈会,市领导杨万平、施渠平、施俊、郁斌、黄永成、李冠斌、李鑫钊,历届在海政协主席高其兴、高顺昌、黄汉忠,市政协秘书长梁辉等参加座谈会。

【全国文明城市创建活动】 2016年,尤其是第十四次党代会后，全市大力推进文明城市创建工作，从群众反映最强烈问题入手,逐项排查,逐项整改,集中整治一大批有碍城市观瞻、影响城市形象突出问题，城市面貌有所改观和提升。但还存在不少问题,有的问题还比较突出、比较严重,与创建全国文明城市要求更是格格不入。11月12日,市委、市政府召开创建全国文明城市推进会,点评前阶段文明创建工作,剖析问题,对2016年创建工作再安排再部署,动员全市上下积极参与,再掀文明城市创建热潮，以优异工作成绩迎接年度测评。

【首届中国海门“海智杯”创业大赛】 12月7日举行由省科协、市政府共同主办的2016中国国际人才创新创业大会海门分会暨“海智杯”创业大赛，省科协副主席阮仁良，省科协国际合作中心主任张仲，南通市委组织部副部长、人才办主任王亚雄，市委书记陈勇，市委副书记、市长杨曹明，市委常委、组织部部长、统战部部长杨万平，副市长黄静、王术军等出席活动。在开幕仪式上，陈勇致辞，阮仁良讲话。阮仁良、杨曹明等为获奖项目颁奖。

【市镇人大选举】 12月15日，全市召开市、镇人大代表选举大会，126个选区70多万选民参加选举，投票产生335名市人大代表、831名镇人大代表。

（于　伟）

组　　织

【概况】 2016年，全市组织工作以落实全面从严治党要求为主线，聚焦主业、服务大局，突出重点、创新发展，各项工作取得新成效。把市、镇两级领导班子集中换届作为贯穿全年重点工作，在市委坚强领导下，严格程序、严肃纪律，顺利完成换届任务。参助市委开展“两学一做”学习教育，全市党员干部思想受到进一步洗礼。落实从严管理干部“五个要”若干规定，以“关键少数”为重点、以健全制度为保障，完善机制抓实干部选任、教育培训和管理监督工作，干部培训创新经验被省委组织部推介，干部“微问题”监督做法成为南通市唯一入选省委组织部《干部监督工作特色做法选编》案例。逐级落实党建工作责任制，统筹推进基层组织建设，相关工作经验在南通专题会议上交流推荐，蝉联“南通市党建工作先进单位”。远教功能不断提升，海门获评2016年度全省党员干部现代远程教育学用工作考核优秀等次。实施“创业海门523”人才计划，举办“海智杯”高层次人才创业大赛等人才活动，建成南通市唯一国家级人才“双基地”（“千人计划”创新创业基地和欧美同学会留学报国基地），获批首批江苏省高层次创新创业人才休养活动基地，被评为2013—2014年度全省人才工作成绩突出县（市、区）、南通市人才工作优秀单位。以打造模范部门、表率队伍为目标，推进组工干部自身建设，推动组织工作全面进步，部机关获2016年度市级机关创新奖经济建设类一等奖、市级机关先进部门等荣誉。

【市镇村（社区）领导班子集中换届】 参助市委制定换届实施方案，安排部署换届工作，把关人事安排和选用程序，将正风肃纪贯穿换届工作始终，建立换届风气“十百千”（11名市委常委分片负责、百个监测点区域覆盖、千名监督员对接联动）监督网格，保障换届工作有序健康平稳实施。5月，全市9个镇完成党委班子换届，81名党委委员均高票当选。7月，市委顺利换届。9月，全市村（社区）党组织完成换届，292个村（社区）选出1620名党组织班子成员，班子结构功能得到显著优化。

南通市委常委、组织部部长、统战部部长冯军（右三）到海门调研

（市委组织部　提供）

【党建责任落实】 在区镇实施基层党建工作“两清单一项目”（基层党建工作责任清单、问题清单和党委书记领办基层党建重点项目）制度，突出问题导向，突出书记带头，把党建责任落实到书记身上，全年有27个党建重点项目投入实施。推行党建实事清单制度，各领域党组织制定、公示党建实事清单900多个，安排为民服务事项2300多个。将基层党建工作纳入督导巡察范畴，重点对基层管党责任、农村党建“六强六过硬”（强引领，作用发挥过硬；强素质，队伍建设过硬；强发展，小康业绩过硬；强规范，乡村治理过硬；强投入，基础保障过硬；强督导，责任落实过硬）落实、党内组织生活制度3大项内容进行巡察，推动基层管党治党责任落到实处。

【基层组织建设】 在村（社区）党组织建设方面，全市292个村（社区）党组织建立网格党支部722个，党小组2116个，党员中心户7406户，党员志愿者1.16万名。实施村党组织书记星级化管理制度，出台《关于进一步加强农村基层组织建设的若干意见》，对15个软弱后进村党组织进行集中整顿。在“两新”组织党组织建设方面，实施“补网”行动，推行《非公企业党建工作标准》，全市非公企业、社会组织党组织整体组建率分别为99.11%和81.11%，其中规模以上非公企业、符合条件“两新”组织单独组建率动态保持100%。实施非公有制企业和社会组织党组织书记中高级资格、党务业绩双认证制度，实现规模以上企业、联合党组织党务工作者100%通过资格认证。在机关党组织建设方面，围绕“三型”（学习型、服务型、创新型）导向，举办微型党课、音诗画朗诵等竞赛和系列读书活动，推进“五好”党组织创建和“优秀党建服务项目”创评。

【党员队伍管理】 实施入党积极分子“集中孵化、梯次培养、循环教育”办法，全年新发展党员390名。实施入党积极分子一线“墩苗”计划，组织1089名入党积极分子到发展一线锻炼。在新建农民专业合作社、先进产业链、新开工重大项目上及时建起党组织，在外出务工人员相对集中9个城市和3个国家建立“一(联络服务)站一(临时)支部”，形成外出党员管理新模式。出台《海门市党员记实管理办法》，通过民主评议党员评出不合格党员147名，其中限期整改127名，劝其退党3名。开展全市党员组织关系排查工作，重点关注“空挂”“失联”党员两类群体，排查取得联系党员1218名，全部纳入组织管理，对112名失联党员作自行脱党处理。

【远教功能提升】 将12个区镇2600多个党员中心户打造成A、B两类远教学习点，在配备江苏先锋机顶盒、配发学习资料同时，根据党员需求开展“流动党课进家门”“党史知识竞赛”等活动，推动党内生活与远教学习有效对接。开发苏洪食品有限公司、添东蔬菜合作社等18个不同类型的生产基地为远程教育学用示范基地。抽调37名专家骨干组建远教专家服务团，通过定向结对、定期指导，为终端站点学用活动开展提供支持和帮助。开展“远教优质资源下基层”主题活动，依托“法制惠民村村行”“名医面对面”“致富直通车”等专场活动，服务群众超5000人次。启动第三期远程教育播出设备提档升级工程，为62个村级站点采购大屏幕液晶电视机，村级站点远教播出设备升级改造率100%；在机关、城市社区、重点非公企业新建终端站点22个。

【干部人事制度改革】 出台《海门市推进领导干部能上能下的实施意见》，细化12种“下”情形，明确“下”的渠道和程序，严明工作纪律。完善干部一线“墩苗”机制，选派200多名优秀中青年干部组成专职招商队伍，实行集中驻外招商，配套制定专项考核细则。出台《优秀年轻干部到信访局实践锻炼试行办法》，以半年为单位分批选派优秀后备干部或新提拔年轻干部轮流到信访局进行脱产锻炼。启动国有企业分类管理工作，参助市委制定《海门市国有(集体)企业领导人员分类管理暂行办法》，明确国有(集体)企业领导人员管理权限、任职资格条件、选拔任用、教育培养、任期和任期目标责任、考核评价、监督管理、任职退职等具体规定，为国有企业深化改革提供组织保障。

【干部教育培训】 坚持“开门培训、开放培训”，在发挥党校主阵地作用基础上，依托市外干部培训专业机构、高等院校优质培训资源，构建干部大培训格局。在教育培训内容上，将习近平总书记系列重要讲话特别是视察江苏重要讲话精神作为各主体班次必修课程，并组织举办两期“科级领导干部学习贯彻习近平总书记系列讲话精神专题轮训班”。强化干部专业能力建设，以提升干部“十三五”规划落实、法治理念搭建、经济管理能力、社会治理本领、中心镇建设谋划、行政审批改革和廉洁从政素质等为重点，举办系列专题研修班。强化换届后各级领导干部特别是新任领导干部的思想政治和能力建设，通过落实针对性培训措施，切实提高其适岗能力。全年市级层面累计开办讲座4期、主体班17期次，受训干部4000余人次。

海门市驻北京流动党员联合党委成立仪式　　(市委组织部　提供)

【干部管理监督】 落实干部选拔任用职数预审制度，推行干部选拔任用工作全程纪实。对全市31家单位和部门开展“一报告两评议”，总体满意率及对新提拔任用干部满意率均在90%以上。组织236名正科级以上领导干部开展个人有关事项报告，对88名新提拔副科级以上干部的个人有关事项进行核查。落实“三责联审”制度，17个项目23名党政正职领导干部接受联审。完善干部“微问题”监督、“五色卡”警示制度，全年发放谈心谈话卡、反馈提醒卡、函询警示卡、诫勉督查卡、专项说明卡321张。对领导干部年终考评排名靠后、群众反响一般的，实行谈话反馈。抓好超职数整改消化工作，全年累计消化各级各类超职数配备干部24名，整改类消化工作全面完成。

【“海智杯”创业大赛】 以“汇入创新之海，开启创业之门”为主题，举办首届“海智杯”高层次人才创业大赛。围绕生物医药与高端医疗器械、新材料、电子信息和智能装备等战略性新兴产业，创业大赛吸引来自美国、德国、瑞士、日本等多个国家，以及我国香港、台湾地区400多个项目报名。经初审和初赛，27个创业项目成功入围决赛。12月7日至8日，大赛分“生物医药与高端医疗器械”和“新材料和智能装备”两组进行

举办"海智杯"高层次人才创业大赛 （市委组织部 提供）

决赛，13个项目分获一、二、三等奖，其中6个发展前景较好获奖项目签约落户海门。

【人才政策与配套】 出台《关于"创业海门523"人才计划的实施意见》，25条政策覆盖普通高校大学生到诺奖获得者、"千人计划"专家等顶尖人才，明确不同扶持政策与力度。坚持人才发展优先投入，人才专项资金占全市一般预算收入比重1.66%。开展"人才百企行"活动，编印《科技人才政策一本通》，发放"东洲英才"服务绿卡近百张。成功引进国仟创新医疗科技研究院，集聚一批专业知识强、创业经验足、市场资源广的国家"千人计划"专家，为海内外高层次人才来海创业提供政策、科技、人才、市场、融资等科技服务。实施"东洲英才"引进计划，围绕生物技术与新医药、新能源、新材料、先进装备制造等重点产业，择优资助人才项目13个，集聚相关领域高层次人才20名，资助总额720万元。

【组工干部队伍建设】 带头开展"两学一做"学习教育，开展"两走进一争当"（走进基层党组织，走进困难党员、贫困农户家中，亮身份优服务，争当模范共产党员）主题实践活动，推动机关党员干部下基层、促发展、惠民生，部机关被评为全市"精神文明建设工作先进集体""机关党团员进社区先进集体""拥军优属先进单位"。构建集"集中教学、日常互动、实践历练"于一体的"组工大课堂"，强化学习调研，"人才工作中政府购买服务的实现形式研究"课题获评省"社科应用研究精品工程（人才发展）奖"一等奖、"省社科应用研究精品工程"奖优秀成果二等奖。出台《组织工作创新成果评选实施办法（试行）》，围绕有创新、有成果、有影响"三有"标准首次开展创新成果评选，6项创新成果获奖。修订《机关工作人员学习制度》《机关工作人员请销假制度》《机关厉行节约、反对浪费若干规定》等内部管理制度，进一步提升机关规范化、精细化管理水平。 （吴建华 王友胜）

机关党建

【概况】 市级机关党建工作把握"服务中心、建设队伍"两大任务，以推进"学习型、服务型、创新型"机关党组织建设为主线，坚持党要管党、从严治党，全面落实党建工作责任，夯实组织基础，增强市级机关党组织凝心聚力作用，充分发挥机关党建在全局工作中的服务和保障作用。2016年年底，市级机关有机关党委2个、党总支20个、党支部159个，党员3979名。

【学习型党组织建设】 举办"书香溢满机关"主题系列读书活动，通过荐书读书、心得交流、读书征文，提升机关党员干部思想境界和综合素质。活动收到各类读书征文98篇，30篇优秀征文受表彰。组织"两学当先锋·一做树形象"主题微型党课比赛，市级机关37个部门78名选手参加。以赛代课、以赛促学营造"崇尚学习、创先争优、服务为本"氛围，提升机关党员干部综合素质和服务能力，激发机关党员干部干事创业激情。举办"勿忘初心当先锋·奋发有为争一流"音诗画朗诵比赛，市级机关25个单位92名选手参加，进一步促进机关党建，强化机关党员干部党性观念，营造全面从严治党氛围，提升机关党员干部党性修养、理论素养和宗旨意识。

【党员队伍建设】 在机关党员发展中推行"德廉考评六步法"，加强对党员发展对象和入党积极分子的日常教育、管理和监督，严控党员入口关。举办入党积极分子培训班，通过上党课、学习交流、党的基本知识测试等，提高培训效果，提升党员队伍整体素质。全年有122名入党

2016年市级机关预备党员、发展对象培训班 （市级机关党工委 提供）

积极分子参加学习培训并通过党基本知识测试,35名同志加入党组织。组织新党员前往上海"南京路上好八连"和淞沪抗战纪念馆接受爱国主义和传统教育,并结合工作实际开展宗旨教育,以信访接待体验、党员志愿服务、组织入党宣誓等形式,促进新党员为民排忧解难激情劲头,强化增强党性,服务群众意识。

【组织建设规范】 坚持机关党组织"统一活动日"制度,每季度开展机关学习旁听活动,加强部门之间互动交流与学习提高。推进党员规范管理和组织处置,落实流动党员管理规定。对流动党员、组织关系"空挂"党员、"口袋"党员(组织关系转出后,没有在规定期限内到接收单位党组织报到落实组织关系的党员)、"失联"党员和规范管理、组织处置情况数据分析,研究党员管理工作突出问题,制定落实改进措施,形成党员规范管理制度新格局。

【文体活动】 坚持举办机关部游泳、乒乓球、羽毛球等比赛,600多名机关干部职工参加活动,丰富机关干部职工文体生活,推动全民健身活动开展。

【党员志愿服务】 坚持开展"在职党员进社区,志愿服务展风采"主题活动,结合"两学一做"学习教育,开展"走帮服"系列活动,组织开展特困、困难职工,金秋助学,献爱心捐赠,微心愿送温暖活动,树立机关党员在社会良好形象。

(丁　华)

宣　传

【概况】 2016年,全市宣传思想文化战线按照《关于加强基层宣传思想文化工作的意见》,坚持围绕中心、服务群众,坚持立足实际、因地制宜,坚持整合资源、共建共享,坚持改革创新、务求实效,加强基层思想政治工作,加大优质文化产品和服务供给,加强设施阵地和工作队伍建设,学习宣传贯彻"四个全面"(全面建成小康社会、全面深化改革、全面依法治国、全面从严治党)战略布局,深化中国特色社会主义、中国道

"感悟清明　圆梦中国"海门市文明单位情景诗词诵读比赛

(市委宣传部　提供)

路和中国梦宣传教育,坚定干部群众道路自信、理论自信、制度自信。深化社会主义核心价值观学习教育实践,抓好法治意识、国家意识、社会责任意识、家庭意识教育,推进社会主义核心价值观建设系统化具体化,在全社会形成共同价值追求。正余镇党委、开发区党工委获省"冬训工作先进集体",海门港新区"党员会客厅"、悦来镇"冬训小课堂"成为南通市党员冬训特色案例,三厂街道新东社区老薛党课工坊获评南通市第二批"党的创新理论传播基地";课题成果"人才工作中政府购买服务的实现形式研究"获评省"社科应用研究精品工程(人才发展)"一等奖。

【理论普及与大众化】 学习贯彻习近平总书记系列讲话精神,落实省委宣传部深化"基层工作加强年"活动方案,制定《全市党委(党组)中心组专题学习计划》,将讲话精神纳入学习内容,推动各级中心组学习制度化、常态化建设,建立对乡科级党委中心组学习督查制度。市委党校着眼于党中央治国理政新理念新思想新战略主题,集中推出《习近平总书记系列讲话精神解读》《从"十三五"到13舞——十八届五中全会精神解读》《用五大发展理念　引航扬帆海门新"两个率先"》等系列课程,形成宣讲菜单,在各区镇及30多家机关单位开展宣讲。全面开展"五进活动"(理论和形势任务宣讲进机关、进校园、进社区、进车间和进村居),依托"百课进农村"等载体开展理论普及,发行《习近平总书系列讲话读本》《全面小康热点面对面》《胡锦涛文选》《第八届六中全会精神辅导》等系列、相关书籍近2万册。正余镇党委、开发区党工委获省冬训工作先进集体,海门港新区"党员会客厅"、悦来镇"冬训小课堂"成为南通市党员冬训特色案例。三厂街道新东社区老薛党课工坊获评南通市第二批"党的创新理论传播基地"。老薛党课工坊薛胜范、检察院沈院卫分获南通市"百姓名嘴说三新"风采展示活动二等奖和优胜奖。

【对外宣传与网络宣传管理】 围绕市委、市政府中心工作,在中央电视台、《光明日报》《经济日报》《新华日报》《南通日报》等南通市级以上主流媒体推送新闻报道1000余篇次,有效有力地提升海门的知名度和美誉度。围绕"两学一做"深入推进,与上级媒体合作,推出一批先进典型和先进事迹,建立完善一支100多人新闻宣传业务固定骨干队伍。官方微博"海门发布"新开辟"志愿之光""今日关注""党在我心中"等微博专栏发布博文3200多篇,有关海门民生政策解读、城市形象宣传等重点内容的深度220条,40篇重要稿件在人民

网、新华网、凤凰网、网易、中江网等主流网站刊登或转载。编制网络舆情动态或舆情快报9期，为领导科学决策提供参考。成功处置《“草莓书记”叶剑生中毒事件》《我们遭遇“化工围城”，何止常州！》《江苏高考减招有关煽动性、炒作性的信息监控引导上报》等多起舆情。配合上级网信部门开展网络图文征集、微党课评选等网络文化活动，组织开展的“海门感人故事网上讲”活动深受网民好评，并成功入选省网络文化项目。选送的《淘宝风云》获中央网信办和光明网联办的首届“梦想互联”微党课评选二等奖；作品《赤诚践行绿色网络，构筑未来红色国梦》作为江苏12幅代表作品之一参加中央网信办、共青团中央联合主办的“网界青年共筑中国梦”网络图文征集活动。依托海门净网联盟平台，合力打造海门清朗网络环境。

【文化惠民】 围绕市创建国家农产品质量安全县、中国海门第五届“朗姿珂缔缘”杯校园足球国际邀请赛、打击非法集资投资理财类公司风险排查整治专项行动，做好社会宣传工作。举办“与时代同奋进·和祖国共追梦——激情夏日　唱响海门”第十一届海门之夏广场文艺演出活动。活动历时33天，演出31场，播放公益宣传片31部，参演节目400多个，参演演员2000多人，观众近10万人次。市社区艺术团获省首批群众文化“百千万”工程“优秀群众文艺团队”荣誉。优化市级先进典型储备库，完善先进典型培育宣传机制。组织开展人物评选表彰活动，唐慧娟获评江苏“最美双创之星”称号，她的事迹被省、南通市级主流媒体宣传，省电视台专题到海门为其量身定制专题新闻发布会节目。

【文化产业建设】 弘扬乡贤文化，打造海门“乡贤馆”“侨乡馆”，编印海门乡贤文化集锦，通过对乡贤精神深度挖掘和宣传，在社会上营造纪念乡贤生平、弘扬乡贤文化、学习乡贤精神浓郁氛围。开展2016年度精神文明建设“五个一工程”[一部好的戏剧作品，一部好的电视剧(或电影)作品，一部好的图书(限社会科学方面)，一部好的理论文章(限社会科学方面)，一首好歌]重点作品扶持申报工作。重点扶持申报类型涉及戏剧、歌曲、文学作品等，如山歌音乐剧《临海风云》、校园剧《真正的冠军》、南黄海歌谣三首、文学作品《沙之城》《走进张謇》《张謇语萃》等。组织文艺人才参与2016中国南通文化创意设计大赛，参赛作品200多件，并取得多项荣誉。实施“海门篇章”主题品牌工程、“家在海门”精品创作工程、“名家荟萃”惠民传播工程、“文艺之家”阵地建设工程、“德艺双馨”人才培育工程等系列活动，促进文艺生产繁荣发展。

【国防教育】 常态化开展实事拥军，在城区建有军人家庭服务中心；在区镇成立12个拥军优属协会，拥有会员174个；在城乡社区组建287个拥军服务岗；在全市建立8000多个拥军服务小组。建立涉军维权“三站六庭十二所”(在市人武部、双拥办和社会管理服务中心设立3个涉军维权工作站，在市人民法院民一庭和五个基层法庭成立6个涉军维权审判庭，在区镇建立12个涉军维权服务所)，维护军队、军人和军属合法权益，近3年发放“法律援助卡”2万多张，组织法律进军营活动50多场(次)，累计为军人军属挽回经济损失600多万元，被中央政法委、总政治部联合表彰为“全国维护国防利益和军人军属合法权益工作”先进单位，被原南京军区称为“涉军维权一面旗帜”。9月，海门作为唯一县级市在首届全民国防教育学术研讨会上交流国防教育经验。　　（陈　凯）

农村工作

【概况】 2016年，市委农办以“省农业现代化建设试点市”为契机，加大“三农”工作组织领导、政策扶持和改革创新力度，加强农村经营管理，推动农村经营体制机制创新，实施农业现代化工程，构建规模化产业体系、市场化经营体系、社会化服务体系，全市农经工作做到有特色、有创新、有亮点，在省、南通市范围内均取得一定地位，获得多项荣誉，获评全省“农工办工作创新奖”“农经农业系统工作效能建设成效显著单位”；南通市“新型农民合作组织建设先进单位”“美丽乡村建设工作先进单位”；海门市“‘树一流形象、争二次率先’好班子”。推进扶贫开发工程，实施开发式扶贫农比例22%，脱贫率超30%，市委农办获评全省“扶贫工作先进集体”；深入推进农村产权交易，被评为“全省农村产权交易先进集体”；《海门市农村“双置换”工作的实施办法》获评全省“农业农村改革创新成果奖”；“构建农村集体三资管理平台”获评“全省农业经营体制机制创新典型案例”；“农村土地承包确权登记”工作获“市级机关创新奖”二等奖。

9月14日，市委书记陈勇参加首届全民国防教育论坛。（市委宣传部　提供）

【农村土地承包管理】 确权登记全国试点、全省领先,率先全面完成确权登记颁证工作及档案信息化工作。通过档案信息化试点和招投标工作,推进档案信息化网络建设工作,符合条件的行政村全部完成农村土地承包经营权登记档案归档工作,在全省率先完成整县推进确权登记和档案进馆信息化工作,建立市、镇、村三级档案信息化系统,实现农村土地承包经营权档案查询电子化、网络化和信息化,方便农民群众,保障农民群众切身利益。

【农民负担监督管理】 深入开展一事一议财政奖补工作,继续采取"政府激励引导、农民筹资筹劳、社会捐资赞助"村级公益事业建设综合投入机制,制定《海门市2016年度村级公益事业建设一事一议财政奖补工作实施方案》,确定102个村级一事一议财政奖补项目,全部竣工并通过检测。以建造村级水泥路(长131千米)为主体,试点实施道路亮化工程和水利工作,投入资金4195.8万元,其中省级补助1893万元、市级财政300万元,大幅度改善农村交通和村民出行条件。

【农村集体"三资"管理】 提升"三资"(资金、资产、资源)管理工作规范化水平,确保全市信息化管理规范率、村级民主理财到位率、村会计持证上岗率均100%。规范村级会计委托代理服务,坚持集体资产所有权、使用权、审批权和收益权"四不变"原则。在条件成熟的地区开展村账村记。2016年,选择在有制度保障、人员保障和经费保障的三厂工业园区9个村开展先行试点。完善财务规范化管理和民主监督机制,开展定期督查制度,加大对违反农村集体"三资"管理查处力度。制定出台《关于加强村级财务规范化管理的意见》和《关于进一步规范村级会计记账工作的指导意见》等文件,从规范村级集体资金资产管理、农村财务管理方式、农村财务档案管理、会计记账管理等方面加强完善村级财务民主监督机制。强化农经审计监督,助推集体财务管理。通过重点培训"三资"管理政策、农村集体经济审计监督、农村财会基础工作规范及农村集体经济组织民主管理制度等,督促各地强化财务公开,落实民主理财,规范民主评议,强化民主管理和监督。抓好村级债务监测,严格执行新增债务申报制度,严格控制随意借贷,控制村级新增债务。开展农村集体财务管理"阳光行动"。选择悦来镇镇兴村利用"美好镇兴"微信公众号、《镇兴简报》和微信群,开创农村财务公开和农村干群互动新模式,充分接受村民监督,为村民增添知晓村情村貌新途径,获老百姓认可。农村集体财务资产管理信息系统实现互联互通,提升农村集体财务资产管理规范化水平和透明度,确保相关信息和统计数据及时性、真实性和有效性。

市委农办经管站赴开发区进行财务检查 (市委农办 提供)

【农业产业化经营】 全市有农业龙头企业111家,其中国家级龙头企业2家,省级7家,南通市级39家,县级63家。加大政策扶持助推龙头企业发展。建立农业产业化经营发展基金1000万元,扶持农业龙头企业新建、改造升级或扩大加工能力及其直销门店建设、支持鼓励农产品加工集中区建设等。注重发挥龙头企业辐射带动能力。全市农业龙头企业销售收入实现273.16亿元,同比增长11.44%。引导龙头企业充分发挥市场体系的融通能力。鼓励农产品加工企业加快转型升级步伐,加速技术改造和创新,加快融入"互联网+"时代,不断提升运行质态,提高产业发展水平。苏洪食品、海扬食品等30多家农业龙头企业开展电商业务。

【项目农业建设】 督促区镇加大农业项目招商力度,鼓励民间资本、工商资本和外商资本投资农产品精深加工项目,促进"三资"开发农业持续升温,全市项目农业呈现规模大、科技含量高、产业涵盖广、带动作用强、市场前景好等特点,全年"三资"投入农业项目185个,投入资金48.21亿元。其中,种养类项目投入7.06亿元,农产品加工类项目投入32.2亿元,市场流通类项目投入3.87亿元,休闲农业项目投入5.07亿元。

【农民合作组织建设】 规范建立名录。通过区镇推荐、本级审核、网络公示等程序,全市132家农民专业合作社列入政府优先扶持名录,并经省农委确认。探索融资模式。推进融资改革工作,以"金农贷""富农贷""裕农贷""助农贷"等专属金融产品为平台,做好推荐工作,帮助合作社用足、用好政策。"金农贷"已放贷款余额921万,"富农贷"已放贷余额1625万元。开展新型合作试点。经前期调研、外出学习、培训辅导、项目申报等创建方式,在社区股份制改革基础上选取有村领办合作社、有产业和发展方向、有好的带头人的李彬村、头桥村和长圩村3个村进行综合社试点,2016年完成成员界定、清产核资、股权量化、召开成立大会、工商登记、项目实施等环节任务,综合社试点基本完成。

【农村一二三产融合发展】 鼓励龙头企业与园区、基地、农民合作社对接,延伸农业产业链，发展休闲农业，第一、第二、第三产业进一步融合发展。加工型龙头企业与种养基地关系更加紧密，对基地农作物质量体系的指导和基地农民的带动作用更加明显；龙头企业业务范围进一步拓展，种养类企业开展农产品加工、涉足休闲农业，产业链进一步延伸，企业综合实力进一步提升。66.67 公顷的天籁村生态主题庄园开业迎宾；金盛绿园投资 2000 多万元，新建青少年拓展训练基地和智能温室观光园 1.5 万平方米，即将引入台湾热带水果种植。上半年，农业部、国家发改委、省农委等到海门开展第一、第二、第三产业融合发展专题调研，参观市京海集团、中宝公司、旺盛公司生产现场、种养基地，给予充分肯定。旺盛农副产品有限公司牵头实施农业产业项目被列入 2016 年中央现代农业生产发展（农村第一、第二、第三产业融合发展试点）项目扶持对象。

【村级集体经济发展】 2016 年，市财政安排不少于 2000 万元扶持村级发展物业项目，凡房地权属手续完备、并经过市产权交易平台落实好承租单位的，市财政按物业项目投入额的 50%补贴，每村最高补贴不超过 80 万元。凡是利用村级集体建设用地建设、并经过市产权交易平台落实好承租单位的，市财政按物业项目投入额的 40%补贴，每村最高补贴不超 50 万元。全市有 10 个区镇 94 个村享受奖励资金 772.89 元，其中市级财政奖励 424.98 万元，区镇奖励 347.91 万元。全市 239 个村村组集体总资产 13.42 亿元，村均 561.52 万元。村级总收入 2.24 亿元，村均 93.76 万元，其中村营收入 1.72 亿元，同比增长 16.44%，村均 71.81 万元，实现村营收入 30 万元以上村全覆盖，村营收入 50 万元以上村 186 个，占比 77.82%，村营收入 70 万元以上村 101 个，占比 42.26%，超额完成考核目标任务。村级债务 3792.71 万元，村均 15.87 万元，债务化解率 5.08%。

【农村产权交易市场建设】 全市农村产权交易市场进入实质性交易阶段，各地有序组织土地经营权流转、村级集体资产进入农村产权交易平台进行交易，2016 年全市交易项目 348 个，标段总数 452 个，成交总金额累计 1.14 亿元，溢价总金额 280 万元，溢价率 2.5%。其中，土地承包经营权交易个数 135 个，交易额 9889 万元，交易总面积 1080 公顷；农村集体经营性资产交易个数 186 个，交易额 1324 元，交易总面积 8.22 万平方米，市委农办被评为“全省农村产权交易先进集体”。海门港新区、悦来镇和常乐镇在全省考核乡镇中入围前 50，均获“先进集体”称号。

【政策性农业保险】 做好主要作物保险推广工作。在推广传统险种基础上，重点试办推广内塘螃蟹水文指数保险，完成 17 个险种，2016 年核拨签单保费 3512 万元，其中高效农业保险 2160 万元，占比 61.5%；支付农业保险理赔资金 3000 万元，惠及参保农户 1.8 万户次。组织业务培训。对全市镇、村农险协保员进行业务培训，培训人次 350 余人，重点培训农险合规经营、三公示、二签字、新险种条款、农业保险软件升级操作技术等。支持新型农业经营主体。从事水稻种植且单季需参保面积 6.67 公顷以上“全托管”组织、专业大户、家庭农场、农民合作社等新型经营主体可自主选择原标准承保（550 元/亩）或新标准承保（1200 元/亩）。加大对高效农业保险的宣传力度。在电台、电视台播出农险专题片、新闻片；在全市 12 个镇（园区）70 多个交通要道口增设政策性农业保险墙体广告，横幅广告遍布全市各行政村，有效扩大农业保险影响力，提高宣传效果，农业保险农户知晓率 100%。

【城乡统筹发展】 建立健全农村环境整治长效管理机制。推行河道、道路、绿化、垃圾清运“四位一体”长效管理，建立专职管理和保洁队伍，配备相应设施设备，基本实现人、财、物和责任落实“四到位”，农村生活垃圾基本上实现无害化焚烧处理，全市垃圾无害化处理率 100%，农村生活垃圾实际处理量 18 万吨，日均处理量 500 吨，同期增幅 12%，农村环境较大改善。全市开启美丽乡村建设活动，大洪村、长圩村通过南通市美丽乡村验收；常乐、四甲 2 个镇被评为“南通市农村环境长效管理示范镇”。全面推进农村集体经济组织成员界定工作。以《海门市农村集体经济组织成员界定办法》为依据，开展业务培训，统一政策口径；与公安局密切配合，建立平台方便农村集体经济组织成员录入；通过先行试点，熟悉农村集体经济组织成员界定操作流程。累计 8115 个村组完成界定，完成率 98%，超额完成年初不少于 70%目标任务，进入新农村集体经济组织人员数据库，建立健全海门市征地补偿和被征地农民社会保障信息系统。常态化管理被征地农民基本生活保障。结合城建项目建设，有选择地实施提前进保工作。区镇

市委农办接待南非“农村发展政策与实践”研修班到海门考察

（市委农办　提供）

和相关行政村已熟悉即征即保流程和准确把握相关政策，切实维护被征地农民的基本权益。做好相关政策的宣传解释和咨询工作。根据海门实际，探索研发市征地补偿和被征地农民社会保障系统平台，加快审批流程，解决基层信息不对称等问题，更好为即征即保工作服务。

【市级中心镇建设】 主要经济指标较快增长。一般公共财政预算收入、规模以上工业产值、工业企业应税销售、固定资产投资额、规模以上高新技术产业产值指标等增幅均超园区。全年全市6个中心镇完成一般公共财政预算收入8.6亿元、规模以上工业总产值688.06亿元、工业应税销售收入143.07亿元、固定资产投资额134.07亿元、规模以上高新技术产业产值207.14亿元，同比增长分别为5.5%、11.8%、29.9%、24.3%和16.8%。产业发展态势良好。新增超千万元工业项目150个，其中超亿元企业20个。镇区形象不断提升。新增绿化面积115.38公顷，完成老街区立面改造1890米，铺设污水管网近55公里。总投入500万元的四甲客运站启动建设，常乐镇颐生文化产业园、中南市民公园和官公河湿地公园、青龙河景观带、红木文化村等一批标志性项目加紧建设，正余镇建成金色家园、中联佳苑等居住小区。

【农村"双置换"工程】 成立工作机构，拟订《海门市农村"双置换"试点工作计划》、衔接紧密的操作流程和一套政策严谨工作样稿，召开会议对试点区镇、村所有工作人员进行政策解读和业务培训。2016年，试点区域农民"双置换"申请提交率90%，各试点村组完成成员界定、置换区域房屋的固化及试点区域房屋评估工作并登记造册工作，常乐镇完成安置房土地摘牌工作，与国土局签订土地出让合同，立项评估办理完毕。 （范灵燕）

机构编制管理

【概况】 2016年，全市机构编制工作按照市委市政府工作部署，抓重点、攻难点、创亮点，勇于作为，敢于担当，在"放管服"各项改革、综合行政执法体制改革、中心镇行政管理体制改革、事业单位分类改革、控编减编、自身建设等各项工作取得新成绩。

【"放管服"改革推进】 出台《海门市2016年深化行政审批制度改革工作要点》，加大简政放权力度、深化集中高效审批等5方面20项工作有效落实。"代办制""中介超市""三级便民服务"等做法在中编办、省政府"工作动态"中推介报道。行政审批事项和管理权限加快取消下放，集中业务理论培训和窗口跟班培训同步开展。建立行政审批局行政权力清单和责任清单，涉改部门职责分工明确，各部门出台相对集中行政审批事项后续监管办法，确保审批、监管无缝衔接。组织开展权力清单标准化编制工作，实现省、市、县三级政府部门相同权力事项名称、类型、依据、编码相统一。出台《关于建立相对集中行政许可权事项行政审批与监管协调联动工作机制的通知》，对项目建设和市场准入两个领域82个审批事项进行集中办理，新项目单一窗口办结，并联审批、提前预审、并联审图，重大项目审批绿色通道、三级代办制等制度不断优化。"一枚印章管审批"模式初现成效，促进投资和服务贸易便利化，激发市场主体创造活力。建立"一表两清单、两库一平台"双随机抽查机制，公布市政府27个部门(单位)随机抽查事项201项。出台《关于推进"先照后证"改革后加强事中事后监管的实施意见》，注册登记、许可审批、行业主管相互衔接的市场监管机制不断健全。

【综合行政执法体制改革】 在环境保护领域综合行政执法体制改革中，出台《海门市环境保护局派出机构主要职责内设机构和人员编制规定》《海门市网格化环境监管实施方案》，新组建5个环保分局正式运行，招录选调14名公务员，初步构建立体化环境保护监管执法网络，监管执法实现全覆盖。在相对集中行政处罚权改革中，拟定《深化行政执法体制改革全面推进综合行政执法的实施意见》，上报南通市政府。在城市管理执法体制改革中，市级层面成立城市综合管理工作委员会，海门街道、滨江街道、三厂街道3个城市综合管理办公室组建完成，政府领导、部门牵头、街道自主、社区自治、公众自觉的"大城管"格局基本形成。

【中心镇行政管理体制改革】 制定下发《中共海门市委海门市人民政府关于海门市常乐镇、悦来镇行政管理体制改革试点工作实施意见》；指导常乐镇、悦来镇完成"三定"方案，明确主要职责、内设机构及具体职能，重新核定编制和中层领导职数；"便民服务、社会管理、综合执法"三大平台正常运行。

【事业单位分类改革】 21所区镇卫生院(社区卫生服务中心)已整合成14所，重新测算整合后的区镇卫生院（社区卫生服务中心）编制数，核定事业编制1052名。同时在卫计系统试点人员编制备案制管理，改变市人民医院、中医院2所主体医院人员编制单一审批管理，探索推行向审批管理和备案管理相结合的方式转变。整合市农村新型合作医疗管理委员会办公室及市职工医疗保险基金管理中心经办的城镇居民基本医疗保险职能，在南通范围内率先组建市居民医疗保险基金管理中心，统一负责城乡居民基本医疗保险的相关工作。针对全市学校布局及生源发生显著变化，重新核定全市各级各类学校教职工编制数6654名。联合出台《关于支持事业单位法人治理结构建设试点工作的若干意见》，教育系统12个管理集团全面实施法人治理结构，其中"五个一体化"(一体化的决策体系，一体化的教学管理体系，一体化的教师管理体系，一体化的评价考核体系，一体化的发展愿景与个性化的特色发展)建设得到省市领导点赞。

【控编减编】 出台《关于做好全市控编减编工作的意见》，严格落实控编减编，认真核定机关事业单位招录和选调用编计划。开展全市机关事业单位领导、中层人员信息职数核查。会同组织、审计部门对发改委、三厂工业园区、余东镇等12个单位18名领导干部开展"三责联审"(用人责任审查、编制责任审核、经济责任审计)，对农业局等5个单位5名领导干部进行任中审计。开展全市控编减编工作专项督查，严控新增机构、提高机构规格，加强和规范领导职数审批、编制使用计划年度审批，确保全市行政、事业实有人员总量不超编。加强小而散、职能相近事业单位撤并整合力度，全年撤销事业机构 12 家。制定《海门市编制人事财政综合信息系统全面推广应用工作方案》和《海门市编制人事财政综合信息系统运行管理暂行办法》。

【服务管理】 一是完成事业单位法人 2015 年度报告报送，5 月在“海门市机构编制网”予以公示，各事业单位认真履行职责，依法开展各项活动。二是完善中文域名注册管理和机关事业单位网站挂标，全市行政机关中文域名注册 70 家，事业单位注册 406 家，注册率和挂标率 100%。三是开展登记管理及赋码发放工作，累计办理各类变更登记 70 家，新设立登记 22 家，注销登记 7 家，证书补领 9 家，换发新证书 376 家，为 60 家机关群团部门赋码发放统一社会信用代码证。（徐　云）

统一战线

【概况】 2016 年，市委统战部围绕“大团结、大联合”两大主题，抓牢“凝心促改革、聚力促率先”这一主线，紧贴“凝心、聚力、担当、作为”四个关键词，着眼全局，创新创优，统一战线工作取得新进展。年底，被省委统战部授予“2016 年度全省统战工作实践创新成果奖”。

【上级会议精神贯彻落实】 中央、省委和南通市委统战工作会议后，第一时间向市委领导作专题汇报。组织召开统一战线各界人士座谈会、基层统战委员座谈会，就贯彻落实《条例》和会议精神征求意见建议。5 月 9 日，召开市委统战工作会议，部署统战工作。制定下发《中共海门市委关于贯彻〈中共南通市委关于贯彻《中共江苏省委关于贯彻〈中国共产党统一战线工作条例（试行）〉的实施办法》的实施细则〉的实施要点》和《市委统战工作联席会议制度》，构建由市委统一领导、统战部牵头协调、各有关部门和人民团体各负其责、相互配合的大统战工作格局。强化统战工作目标考核，将统战工作纳入全市大党建整体布局，形成层层抓落实的责任体系。6 月，省委第三督查组到海门督查中央、省委统战工作会议精神贯彻情况，高度赞许海门市贯彻落实上级统战工作会议精神行动迅速、成效明显，工作推进有力有序。

【重点团结对象工作】 针对留学人员分布广泛特点，在建好留学人员微信群和海门留学生家长交流群基础上，6 月，成立市留学人员联谊会，举行第一次会员大会暨一届一次理事会，选举产生会长、副会长和第一届理事会。举办市第二期青年民营企业家培训班，全市 43 名非公经济年轻一代企业家赴厦门大学学习。通过评选“海门市青年企业家商会杰出贡献奖”等形式，引导他们坚定理想信念，努力干事创业。召开新媒体从业人员代表座谈会，将一些代表性和有影响力的新媒体人员吸纳到统战社团中。市新媒体代表人士眼镜兄弟制作的公益微电影《淘宝风云》获全国“梦想·互联”微党课评选二等奖。

【非公经济代表人士综合评价】 根据中共中央统战部《关于加强和改进非公有制经济代表人士综合评价工作的意见通知》文件精神，按照“凡进必评”原则，对拟推荐为人大代表候选人、政协委员人选的非公有制经济人士，拟在工商联（民间商会）等人民团体中任职的非公有制经济人士开展综合评价工作。根据非公有制经济代表人士的 3 个一级指标和 9 个二级指标评价标准，确定综合评价结果。通过综合评价，进一步规范非公有制经济代表人士推荐使用、政治安排和重要评选表彰工作，为市人大、政协和工商联换届打下扎实基础。

【政协换届人事安排】 11 月，市委统战部、组织部、政协党组召开政协换届工作联席会，就换届指导思想、基本原则、总体要求、委员规模和结构等方面进行研讨，确保换届工作落实到人、落实到每个环节。通过推荐提名、考察审查、民主协商、审议决定 4 个步骤，推荐提名 315 名建议人选，实现党外人士（190 名，占 60.3%）在政协中占较大比例，妇女委员（58 名，占 18.4%）比例不少于上一届，少数民族和宗教人士（10 名，占 3.2%）在政协委员中占一定比例，非公有制经济人士（124 名，占 39.4%）安排比例适当的目标。

【市工商联换届指导】 成立换届工作领导小组，制定《海门市工商联（总商会）换届工作实施方案》，全面负责把握和落实工商联换届工作的总体要求和各项政策，研究重大问题和人事事项。12 月 22 日，召开市工商业联合会第十一次会员代表大会，选举产生本届工商联执委 110 名。在执委会第一次会议上，选举产生工商联（总商会）常委 44 名、主席（会长）1 名、副主席 13 名、总商会副会长 18 名、秘书长 1 名。市政协副主席郁斌当选为新一届工商联主席、总商会会长。

【报国基地成立】 10 月，欧美同学会·中国留学人员联谊会留学报国江苏海门

欧美同学会副秘书长张明杰（右一）与南通市委组织部副部长、人才办主任王亚雄（左一）为留学报国江苏海门基地揭牌

（市委统战部　提供）

基地揭牌。这是江苏省第三家、苏中苏北首家留学报国基地,它的成立,为广大海外归国学子回国创新创业提供一个广阔舞台,也为海门市做好留学人员工作开辟新渠道,成为吸引和留住海外高层次人才的又一张“金名片”。

【理想信念教育活动】 在全市非公经济人士中开展以“诚实守信、增强发展信心”为主题理想信念教育活动。加强主题活动中典型宣传,在《海门日报》上刊登非公经济人士谈学习体会文章,推出9位守法诚信、热心光彩事业和实现企业转型升级的典型代表,引导更多非公经济人士学典型、争先进、当模范,广泛凝聚和传递正能量,促进全市非公有制经济健康发展和非公有制经济代表人士健康成长。

【对外联谊交流活动】 围绕亲情、乡情、友情开展对外联谊,通过赴深圳举办旅港乡亲座谈会等,指导香港海门同乡会加强自身建设。依托海外同乡社团,开展对外联谊交友,在壮大爱国力量的同时,进一步活跃与海外的经贸、文化合作。6月,应香港海门同乡会和澳门南通商会邀请,赴香港、澳门开展联谊交流活动。在港澳期间,拜访在港澳的海门籍知名人士,商讨筹建香港海门同乡会青年联络委员会和澳门海门同乡会等相关事宜。组织在港海门乡亲开展座谈,共叙乡情,共谋发展。10月,香港南通同乡会副会长曹元石、香港海门同乡会副会长秦伟忠率香港荃湾北侨福利会一行22人到海门考察。

少数民族风采展示 (市委统战部 提供)

【民族工作进校园】 与市教育局联合在少数民族学生较多的三星小学建立首个学校系统“民族团结宣传教育基地”,将民族团结与校园文化相融合,开展民族团结进步创建活动。10月,在三星小学举办海门市第三届少数民族风采展示活动,引导少数民族学生通过演讲形式来抒发他们对第二故乡海门的热爱,努力让“流动的民族之花”开得更艳丽。

(施 雷)

省台办领导到海门调研台资企业

对台事务

【概况】 市委台办认真贯彻落实中央对台工作大政方针和省市对台工作部署要求,以习近平总书记重要讲话为根本遵循,围绕市委、市政府“争做改革创新排头兵,争当科学发展领头雁”目标,务实作为,锐意进取,全市对台工作取得新突破。2016年,新增超千万台资企业3个,总投资2.4亿美元,实际利用台资3300万美元。

【两家台企获省首届“紫峰奖”】 10月,海门慧聚药业有限公司、江苏中兴精密机械有限公司获省首届“紫峰奖”,这是省政府为表彰扎根江苏、表现卓越的台资企业,经国家批准专门设立的奖项,是江苏省授予省内台资企业的最高奖项,也是大陆各省(区、市)中首个面向台资企业的表彰奖项。全省有64家台企获奖,南通有4家台企获此殊荣。

【市领导赴台招商】 3—4月,市委书记姜龙和政协主席陆一飞分别率团赴台招商,拜访一批台湾上市企业和台湾知名大学,商谈并签订一批合作项目,扩大海门在台湾知名度和影响力。

【省台办到海门专题调研】 3月9日,省台办副巡视员、服务中心主任屠新一行到海门调研台资企业生产经营情况,对海门台企在产品研发、设计、生产与应用方面取得的成果表示赞赏，并表示省台办将一如既往，为台商提供更好更优质服务。

【邀请台商到海门考察】 邀请赛百慷生物技术股份有限公司、司特易生物技术有限公司副总张匡为一行5人、台湾制药公会一行22人到海门科技园考察，考察团认为，园区地理条件优越，生物医药公共服务平台已经能够满足各类生物医药科研需求，合作空间广泛。

【台湾参访团参观叠石桥家纺城】 12月13日，台湾新北市学校参访团一行16人到海门市叠石桥国际家纺城，主要参观中国家纺博物馆和家纺城核心交易区。为今后进一步开展海台两地交流交往打下坚实基础。

【宣传在海台商成功范例】 邀请两岸媒体采访团和《青春》杂志原执行主编雪静到慧聚药业，对台商杨登贵博士进行深入采访。这次采访活动，是入岛宣传的一次重要活动，向台湾岛内民众深入宣传台商在大陆奋斗成功先进事迹，对促进海台两地交流合作具有重要作用。

（沙红燕）

老干部工作

【概况】 2016年，市老干部工作把握为党的事业增添正能量的价值取向，紧扣社会关注点、瞄准老干部兴奋点、发掘示范闪光点、找准活动着力点，坚持稳中求进，强化创新驱动，各项工作在服务大局中不断发展，在创新创优中稳步提升。市委老干部局被评为“南通市老干部工作信息宣传先进集体”；市人大老干部党支部、四甲镇离退休干部党支部2个“最美老干部”集体和方正达、朱文章、费新安3个“最美老干部”个人获南通市委组织部、老干部局通报表彰。

【系列主题活动】 在全市离退休干部党员中开展“做标杆、有作为”“亮身份、葆本色”“立家规、传家训”“学典型、讲奉献”等系列主题活动；开展“我的退休生活”和“我的好家风故事”征文活动，集结

“一方隶属，多方管理”社区党建试点工作座谈会　（市委老干部局　提供）

出版《这里夕阳别样红》专辑。坚持每月14日和20日四套班子老领导和市区十八级以上离休干部阅文活动，建立热点问题定期通报、定期征询意见建议、实地参观考察等制度，1月和8月，市主要领导亲自向老干部作海门经济社会发展形势报告，8月5日和12月6日分别举办市党代会精神和党的十八届六中全会精神宣讲报告会。

【党建试点工作】 坚持把离退休干部党员“一方隶属，多方管理”试点工作与“一支部一品牌”创建活动主动对接，按照有利于教育管理、有利于发挥作用、有利于参加活动原则，以“地缘、业缘、趣缘”等为纽带，在条件成熟的离退休干部集中居住地、活动学习场所、兴趣爱好团体、社团组织灵活设置“功能式”“兴趣式”“社团式”党组织。成立2个社区离退休干部党支部（其中海南社区为省级试点，青海路社区为市级试点）和1个老年大学离退休干部党支部。注重离退休干部党组织书记队伍建设，全年举办离退休干部党支部书记、学习组长培训班2期。加大党费对离退休干部党组织活动支持力度，离退休党组织收缴党费按60%下拨各支部。

【“增添正能量，共建新海门”活动】 围绕改革发展大局，紧扣“展示阳光心态、体验美好生活、畅谈发展变化”主题，搭建学习平台、展示平台、实践平台。深化“学习为先葆本色、心态阳光多点赞、畅谈发展添信心、道德示范扬正气、美好生活微调研、以史为镜话爱国、服务大局显价值、引领风尚怡晚年”等8项活动内涵，不断提升“增添正能量，共建新海门”活动成效。成立市离退休干部志愿者服务站，组建法律咨询、健康保健、理财安全、食药安全等4支服务团队，让老干部志愿者为他人送温暖、为社会做贡献。仅法律咨询服务队全年开展法律咨询活动17场、受益群众2100人次，编写《老年人学法手册》等法律法规科普读物5本，向群众发放3.6万册。结合纪念中国共产党成立95周年、红军长征胜利80周年，开展“看红色影片、讲革命历史、话发展变化、唱英雄赞歌”等系列活动。加强老干部网宣队伍建设，鼓励引导老干部网宣员在全国知名网站上积极发声，传播海门好声音，展示海门好形象。在全市离退休干部中开展“正能量之星”选树宣传活动，选树42位“正能量之星”，并通过市“两台一报”和新媒体大力宣传离退休干部先进事迹。

【走访慰问活动】 年初和盛夏季节，分别召开迎春茶话会和夏季座谈会，市四套班子主要领导集中慰问四套班子老领导及十四级以上离休干部。新一届领导班子成员第一时间分头登门拜访老同

志。重阳节前夕,市委老干部局逐一上门走访市区183名离休干部,做到“三到三问三送三助”。三到即人到、心到、礼到。三问即:问一问老干部政策待遇的落实情况,问一问老干部的身体状况、思想状况、家庭生活情况、学习活动情况和作用发挥情况,问一问对海门经济社会发展的看法和对老干部工作的意见建议。三送即送政策,对中办、国办《关于进一步加强和改进离退休干部工作的意见》和省《实施意见》以及正在开展的“两学一做”学习教育进行宣讲和解读,对有关政策待遇进行解疑释惑;送问候,一到老干部家中,第一件事情就是问候老干部,给老干部送上慰问礼物,表达对老干部的祝福慰问;送知识,将老干部局为老干部量身定制的《老年人学法手册》和《这里夕阳别样红》两本书送到离休干部手中。三助即根据离休干部的自身情况,协助解决1个以上生活实际困难,协助解决就医和医药费报销等困难,协助离休干部与原单位党组织保持密切联系。在离退休干部生病住院、家庭出现重大变故时能及时看望,并坚持一年两次(春节、夏季)集中慰问住院离休干部制度,对易地安置离休干部每年定期上门看望慰问。

【离休干部生活待遇落实】 巩固和完善离休干部“三个机制”(离休费保障机制、医疗费保障机制、财政支持保障机制),中央关于提高离休干部生活待遇的政策文件均落实到位。进一步完善离休干部医药费保障机制,协调有关部门做好2名享受按副省长级标准报销医疗待遇离休干部的医疗保健工作,对当年医药费自付部分超过1万元离休干部实行补助,提高无工作、无固定收入已故离休干部配偶医疗保险待遇。继续推行开辟就医绿色通道做法,推动各具备条件医院老年病房建设。坚持离休干部健康检查常态化,2016年离休干部体检费标准提高到800元/人。 (江　敏)

保密工作

【概况】 2016年,全市保密工作认真贯彻落实中央、省、市委保密委工作要求,重点围绕《机关单位保密自查自评工作规则(试行)》贯彻落实,开展宣传教育、保密管理、监督检查和服务保障等工作。

【保密自查自评工作】 1月,市委保密委办公室、市国家保密局联合印发《关于学习贯彻〈机关单位保密自查自评工作规则(试行)〉的通知》,对自查自评工作提出明确要求。市保密局成立督查组,督促指导各机关单位开展保密自查自评。调整保密工作年度考核细则,以《工作规则(试行)》所列内容作为考核依据,重点突出对工作责任制落实、国家秘密载体管理、计算机等信息设备保密管理等方面考核。11月,南通市国家保密局到海门进行专项督查,充分肯定海门做法。

【保密宣传教育】 开展各类宣教培训活动。通过“海门保密”微信公众平台及短信平台,定期推送保密工作最新动态、保密提醒及保密防范技能知识;派员为全市2016年度新录用公务初任培训班、参公事业单位工作人员培训班及有关乡镇、部门机关干部讲授保密知识。做好通联信息工作。继续做好《保密工作》和《保密科学技术》的订刊、学刊、用刊工作,向《江苏保密》等上级刊物投稿,在省级以上保密刊物上用稿量连续第四年位居南通市各县(市、区)首位,被国家保密局评为“通联工作先进单位”。

【保密监督管理】 会同组织部、公安局、财政局、人社局等部门,严格按照相关标准和程序,确定一批涉密人员,并开展人员审查、保密教育培训等工作。5月与宣传部、信息中心配合,对全市机关单位的门户网站、微博、微信公众号进行专项保密检查;经常性开展互联网信息巡查,发现省其他单位若干起疑似网站泄密情况,及时上报省保密局。首次开展市级涉密文件清退,针对发现问题,印发《关于重申涉密文件管理相关规定的通知》,强化督查检查,确保国家秘密安全。做好党政内网及涉密计算机“违规外联监管”,规范处置1起违规外联事件。做好军队技侦退役人员管理和相关人员脱密期管理。会同公安、教育等部门做好普通高校招生统一考试、中等学校招生考试工作中相关保密工作。

【信息化安全保障】 针对2016年全市OA办公系统数字证书大规模到期需要更新的情况,提前做好工作预案,落实专人,确保500余个证书延期工作完成。进一步推广数字证书应用,全年新发放电子证书300个,累计发放证书4500余个,广泛应用于行政权力网上公开运行、全市OA协同办公和养老保险网上申报等应用系统,为各系统安全运行提供重要保障。

(郁鼎元)

史志工作

【概况】 2016年,市委党史工作办公室(地方志办公室)围绕中心工作,服务全市发展大局,完成年初既定史、志、鉴各项工作任务。完成与市民政局联合编写《海门英烈》编纂工作,由中共党史出版社出版,全书40万字;《中共海门地方史(第三卷)》形成95个专题,约40万字资料;完成《海门市志编纂纪事》编写、内部印刷工作,全书10万字;完成《海门年鉴(2016)》,由方志出版社出版发行,全书100万字;以建党95周年为契机,与有关部门联合在全市青少年中开展党史国史系列学习教育活动。

【党史基本著作编纂】 开展《中共海门地方史(第三卷)》专题资料征集,收到近60多家单位来稿,办公室组织人员对来稿进行整理编辑,已完成全部121个专题中95个,形成约40万字专题资料,为三卷本编纂工作准备基础材料。年初,党史办联合市民政局、烈士陵园管理处编写《海门英烈》,满足新形势下广大党员干部和人民群众学习海门地方党史需要。该书完整、系统地收录海门革命战争时期和社会主义建设、改革开放时期,150名海门籍及在海门战斗、工作过的革命烈士生平和事迹,以及1804名烈士名录。《海门英烈》于9月由中共党史出版社出版印刷6000册,分发到全市基层党组织以及各中小学，作为“两学一做”辅助教材。

【志鉴工作有序开展】　《海门年鉴(2016)》编纂工作启动于年初，10月由方志出版社改版全彩发行。全书100万字，18个类目。编辑部实行责任编辑制度，在具体的编、写、修、改、校等工作流程中，严格按照志书行文规范，年鉴质量提升。2016年，《海门市志》编辑部的同志编撰《海门市志编纂纪事》一书，记录《海门市志》编写历程，总结二轮修志经验、得失，为全市乡镇、部门全面推进二轮修志做准备，《海门市志编纂纪事》于年底付梓印刷。《海永镇志》作为全市乡镇、部门二轮修志试点单位，处初稿形成阶段。

【党史宣传教育活动】　创新史志宣传教育的内容、方法和途径，在史志宣传教育实现新突破。以建党95周年为契机，与宣传部、关工委等部门联合在全市青少年中开展党史国史学习教育活动。组织编写《海门党史简易读本》和《海门市青少年党史国史学习教育简易读本》，印刷5000册，免费发放至全市各中小学校。6月，与宣传部、关工委等部门在全市中小学校举办党史国史教育报告会活动，加强对青少年党史国史学习教育。参加宣讲团进行党史宣讲20余场，在全市党员积极分子示范培训班、宣传部“道德讲堂”及企业进行党史宣讲。2016年，党史办以纪念辛亥革命115周年、红军长征胜利80周年、建党95周年，以及烈士纪念日等活动契机，加大党史宣传力度，向《钟山风云》《南通日报》等省级、市级党史刊物、新闻媒体投稿，发表《刘瑞龙在川陕苏区》等20余篇党史文章。

(海　史)

《海门党史简易读本》出版发行　(市委党史办　提供)

《海门英烈》出版发行　(市委党史办　提供)

党校教研

【概况】　2016年，市委党校围绕全市中心工作，努力进取、开拓创新，党校工作取得新突破。参与全市干部培训年度计划的制订，做好培训调研及教学组织实施，确保培训取得预期效果。全年举办各类培训班34个，培训学员2844人次，其中，主体班8个班次，培训学员1385人；委托办班4个班次，培训学员314人；学历班2个班次，培训学员92人；外来培训20个班次，培训学员1053人。加强师资队伍建设，选派教研人员分赴中央党校、北京大学、中国人民大学、浙江大学、上海大学、南通市委党校、江阴市委党校等培训，全年总计外出培训11批次、15人次。更新师资库、专题库，新增外聘教师18人。市委党校被评为“南通市社科普及示范基地”“海门市社科普及示范基地”“市级机关先进党组织”。

【中共海门史展厅】　市委党校深入挖掘海门本土红色资源，筹建中共海门史展厅，用于全市党员干部党性和党史教育。中共海门史展厅自2016年3月开放以来，承担海门市多个培训班次的党性党史教育任务，受训学员1500多人次。全年接待近40多家机关事业单位、企业、学校、社区党员干部参观学习，广大党员干部群众在海门史的学习中潜移默化接受党性教育，坚定正确思想。该项目获“2016年度全市宣传思想工作改革创新案例二等奖”。

党员干部参观中共海门史展厅

（市委党校　提供）

【理论宣讲】　市委党校围绕十八届五中全会、六中全会精神精神解读、“两学一做”教育实践活动等组织15个教学专题，赴市级机关单位、区街乡镇、企业学校、农村社区开展50多次宣讲。党校教师作为市关工委国防教育宣讲团成员，在12家学校讲授“学党史·学国史·听党话·跟党走”专题，深受中小学生欢迎。“奉献小力量·共筑大国防”国防教育专题，获“南通军分区国防教育授课比赛一等奖”。

【科研成果】　2016年，市委党校“供给侧结构性改革与县域经济发展——以海门市为例”成功申报南通市社科联重点立项课题，实现零突破。教师成青青的“新常态下县域经济的构建”被评为“南通市党校系统第九届优秀科研成果一等奖”。课题组“县域政府购买公共服务：现状、问题与对策”获省委党校系统“第八届优秀调研决策咨询成果奖三等奖”和南通市党校系统“第九届优秀调研决策咨询成果奖三等奖”。教师范利利的《以张謇廉政思想推动基层党风廉政建设》获“张謇廉政思想研究专题优秀奖”。教师张利萍的《五大发展理念引领海门新征程》获“南通市党校系统精品课比赛三等奖”。校科研人员参与并主笔的省社科联人才发展课题、南通市人才办立项课题“人才工作中政府购买服务的实现形式研究”，获省社科联“省社科应用研究精品工程”二等奖、“省社科联人才立项课题”一等奖。

（赵玉萍）

接待服务

【概况】　市接待办优化规范客情上报、确定接待标准、填报接待通知单、落实接待人员等整个接待程序，每次接待均做到超前谋划、主动协调，认真制定工作方案，按照领导要求，及时协调相关部门和单位，做好接待中各项工作，确保顺利完成接待任务。完善接待网点，提升服务水平。严格督促接待点加强服务人员的教育培训，提高资源利用效率，促进接待服务水平提高。参与金花节、科技节、海智大会等重大活动，全年接待考察团队906批次，计1.02万人。接待各级党政领导、考察团队26批次700人次，以及市内机关、企事业单位和市民累计83批次592余人次。

【“海门印记”接待品牌建设】　着力拓展接待范畴，从原先以安排吃住为主逐步拓展到从迎到送整个服务链，承接的徐州铜山区、山东临沭县、云南腾冲市、邳州市、泰州市等党政代表团接待工作，获各方领导高度评价。进一步统筹社会酒店资源，整合区镇及部门力量，最大限度将体制外、编制外接待资源为我所用、发挥效益，构建上下畅通、左右协调、反应灵敏、运转高效率“大接待”工作格局。制定出台《海门接待服务标准化手册》，规范接待服务行为，实现细化、量化、流程化，确保接待质量统一、稳定。精准前期对接，掌握来宾考察意图、规模、身份、日程安排、风俗习惯，制定个性化接待方案。牵头机关食堂学习借鉴其他酒店菜品制作方法，推出系列代表江海文化特色菜肴。严格把关每餐菜单，精选本地食材，剔除非畅销、非特色、非家常菜品，市重大活动用餐，会同承办机关食堂或酒店厨师长会商菜品，反复斟酌考量。用餐过程安排专人服务，实行周值班制，对不按菜单、非本地食材价高的菜肴一律退回，确保来宾能品尝到符合规定的具有当地特色菜肴。推出每餐一小结微信平台，及时通报每顿畅销菜品和滞销菜品，加快菜品推陈出新。建立时令菜品（水果）信息库、月度畅销菜品库、年度经典菜品库、重要客情信息库等基础信息库。

（方　蕾）

海门市人大常委会

综　　述

【概况】　2016年，市人大常委会依法履职，召开常委会会议7次，主任会议11次，作出决议、决定22项，任免国家机关工作人员42人次，组织开展执法检查和评议有关部门工作各1次，完成市十六届人大五次会议确定各项目标任务。

切实加强监督工作。促进经济稳中优进。听取和审议2016年上半年国民经济和社会发展计划、财政预算执行情况的报告，审查批准2015年财政决算和2016年财政预算调整方案，推动宏观经济稳健运行。听取和审议2015年财政预算执行和其他财政收支情况的审计工作报告，首次推行清单式审议意见，列出审计发现问题的整改清单，并就整改工作情况进行再审和测评。加强对部门预算编制和执行、财政投资5000万元以上重大项目建设等工作监督，提升财政资金使用效益。巩固农业基础地位。听取和审议全市农村承包土地确权登记工作情况的报告，建议政府进一步规范土地确权登记工作，建立归属清晰、保护严格、流转顺畅的农村产权制度，为推进农业现代化奠定基础。听取全市农业现代化建设情况的报告，并进行视察，建议政府加强统筹协调，落实工作责任，大力培育新型农业主体，不断夯实农业现代化发展基础，推动农业产业化发展。听取农田开发基础设施长效管护工作情况的报告，建议政府增强建后管护意识，健全完善管护工作体系，提升农田开发设施利用水平。推动民生持续改善。持续跟踪督办市十六届人大四次会议关于加快城乡公交一体化发展的议案，督促政府在回车场、客运站和智能化配套设施等方面加大工作推进力度，不断提升城乡公交一体化水平。听取和审议污水管网工程建设和使用情况的报告，进行专题询问，并就审议意见办理情况进行再审和满意度测评，建议政府进一步优化污水管网布局，加大建设力度，加快建设进度，加强设施养护和管理，努力提高污水达标处理率。听取城区人防工程与停车场一体化建设情况的报告，建议政府进一步优化资源配置，把人防资源用于日常交通、停车等民生服务，缓解城区停车难和交通拥堵等难题。听取全市幼儿园建设情况的报告，并进行视察，建议政府加大投入，落实扶持政策，丰富选人用人途径，加快建设数量充足、条件达标、收费合理、面向区域内所有适龄儿童普惠性幼儿园。推进民主法治建设。听取和审议"七五"普法规划制定及启动情况的报告，督促政府精心谋划普法规划，切实提高普法宣传质量和效果，在全社会营造尊法学法用法浓厚氛围。听取市政府关于贯彻落实《江苏省人民代表大会常务委员会关于促进全民阅读的决定》情况的报告，督促政府把贯彻执行上级人大决定摆上重要位置，采取有效措施完善公共阅读服务场所建设，营造全民阅读氛围，切实推进"书香海门"建设。听取市人民检察院关于查办和预防职务犯罪工作情况的报告，督促其切实履行检察机关法定职能，以执法办案为中心，加强查办和预防职务犯罪工作，推进党风廉政建设和反腐败斗争。组织开展《江苏省全民健身条例》执法检查，推动政府加快构建亲民、便民和利民的全民健身公共服务体系，努力满足人民群众对健身迫切需求。组织开展市人大代表旁听法院庭审活动。组织全体市人大代表对人社局、科技局两个部门工作进行评议。依法做好人事任免工作，首次推行宪法宣誓制度，增强任命工作严肃性。同时，继续实施由人大选举和常委会任命的"一府两院"工作人员向常委会报告履职情况制度，听取5位同志履职情况报告并进行满意度测评。依法换届选举。经过各镇、街道和部门及广大选民共同努力，依法选举产生市十七届人大代表335名、新一届镇人大代表831名。开展规范性文件备案审查工作，维护国家法制统一。加强信访督办工作。

充分发挥代表作用。深入开展主题活动，在推行以"提一条合理化建议、做一件好事、办一件实事"为主题的"三个一"系列活动基础上，结合南通市人大关于开展"万名代表小康行"要求，组织开展"我为小康献一计""带头致富，争当小康示范员""小康春雨行""小康环保行"活动。规范代表履职行为，通过健全完善履职登记和表彰先进等制度，规范代表履职行为，激发代表履职热情。畅通代表联系渠道，通过实施主任接待代表日和委员联系代表制度，定期邀请代表列席常委会会议、参加执法检查、视察和调研等活动，及时向代表寄送人大刊物和工作资料，让代表全面了解常委会工作动态，为代表履职创造条件。

持续加强自身建设。坚持定期集中学习制度，通过人大机关中心组和"一月一法"学习、邀请专业人士作辅导报告和外出集中培训等多种形式，提高理论和业务水平。坚持理论联系实际学风，将学习成果用于履职实践，努力提升调查研究、建言献策和跟踪督办能力。弘扬求真务实工作作风，抓住调研、审议、督办三大环节，切实提高工作实效。密切与基层人大之间联系，通过召开镇乡（街道）人大工作会议、开展年度工作考核评比、推行市人大常委会领导定点联系基层人大等途径，增强基层人大创先争优积极性，发挥基层人大作用。注重加强对内、对外宣传，与20多家外地县市人大进行相互学习交流，不断提高全市人大工作影响力。

重要会议

【市十六届人民代表大会第五次会议】 1月11日至14日，市十六届人民代表大会第五次会议在市会展中心举行。会议听取和审议市人民政府市长杨曹明所作的《政府工作报告》，审查和批准海门市国民经济和社会发展第十三个五年规划纲要，审查和批准《海门市2015年国民经济社会发展计划执行情况和2016年国民经济社会发展计划的报告》《海门市2015年财政预算执行情况和2016年财政预算的报告》，听取和审议市人大常委会副主任肖振时所作的《市人大常委

市十六届人民代表大会五次会议　　（市人大办　提供）

会工作报告》,听取和审议市人民法院院长潘建所作的《市人民法院工作报告》,听取和审议市人民检察院检察长李铁所作的《市人民检察院工作报告》,并作出相关决议;会议选举尹建东同志为海门市第十六届人大常委会委员。

【市十六届人大常委会第二十八次至三十四次会议】 1月12日,市十六届人大常委会第二十八次会议举行。会议补选孙建国、俞昕水两位同志为南通市第十四届人民代表大会代表。

3月25日,市十六届人大常委会第二十九次会议举行。会议听取和审议市人民政府副市长张伟所作的《关于全市农村承包土地确权登记工作情况的报告》,提出相关审议意见,并进行满意度测评;听取和审议"一府两院"有关工作人员履职情况的报告,进行满意度测评;通过《海门市人大常委会关于组织市人大代表评议市人社局、科技局工作的决定》;会议还进行有关人事任免。新当选人员首次进行宪法宣誓。市委书记、市人大常委会主任姜龙参加会议并讲话。

5月30日,市十六届人大常委会第三十次会议举行。会议听取和审议市人大常委会执法检查组关于贯彻实施《江苏省全民健身条例》执法检查情况的报告;听取和审议市人民政府副市长施渠平所作的《关于全市污水管网工程建设和使用情况的报告》,提出相关审议意见,并进行专题询问;会议还进行有关人事任免,进行宪法宣誓仪式。市委书记、市人大常委会主任姜龙参加会议并讲话。

7月22日,市十六届人大常委会第三十一次会议举行。会议听取和审议市财政局局长肖飙所作的《关于2015年财政决算的报告》和《关于2016年上半年财政预算执行情况的报告》,提出相关审议意见,通过《关于批准海门市2015年财政决算的决议》;听取和审议市发展改革和经济信息化委员会主任钮健所作的《关于2016年上半年国民经济和社会发展计划执行情况的报告》,提出相关审议意见;听取和审议市审计局局长张平所作的《关于2015年市级财政预算执行和其他财政收支情况的审计工作报告》,首次推行清单式审议意见,列出审计发现问题整改清单;听取和审议南通市人大海门代表团部分代表履职情况的报告;会议还进行有关人事任免,进行宪法宣誓仪式。

9月29日,市十六届人大常委会第三十二次会议举行。会议听取和审议市人民政府副市长、公安局局长胡文瑞所作的《关于在全市公民中开展法治宣传教育第七个五年规划制定情况的报告》,提出相关审议意见;听取和审议市人社局、科技局关于评议整改工作情况的报告,提出相关审议意见,并进行满意度测评;通过《海门市人民代表大会常务委员会关于开展第七个五年法治宣传教育的决议》《关于市镇人民代表大会换届选举工作的有关议案和决定》;会议还进行有关人事任免,进行宪法宣誓仪式。

11月29日,市十六届人大常委会第三十三次会议举行。会议听取和审议市政府副市长王拥军所作的《关于办理市十六届人大五次会议代表议案和建议、批评、意见情况的报告》《关于全市污水管网工程建设和使用情况报告审议意见办理情况的报告》,提出相关审议意见,进行满意度测评;听取和审议市审计局局长张平所作的《关于2015年度财政预算执行和其他财政收支情况的审计工作报告中指出问题整改情况的报告》,进行满意度测评;通过《关于接受施俊同志辞去海门市第十六届人大常委会代表资格审查委员会副主任委员职务请求的决定》《关于调整市十六届人大常委会代表资格审查委员会组成人员的决定》《关于召开海门市第十七届人民代表大会第一次会议的决定》;会议还进行有关人事任免,进行宪法宣誓仪式。

12月31日,市十六届人大常委会第三十四次会议举行。会议听取和审议市财政局局长肖飙同志所作的《关于海门市2016年财政预算调整方案的报告》,通过《关于审查和批准2016年财政预算调整方案的决议》;通过《关于海门市第十七届人民代表大会代表资格的审查报告》;会议还进行有关人事任免,进行宪法宣誓仪式。

【市人大常委会主任会议】 2月29日,市十六届人大常委会召开四十四次主任会议。会议听取市委常委、市人民政府常务副市长成伟所作的《关于2015年财政投资重大项目建设进展和2016年财政投资重大项目计划安排情况的报告》。会议建议,市人民政府要加强规划、创新思路、强化举措,积极破解资金、土地和拆迁等瓶颈,加强工程质量监管,确保项目建设按时序进度顺利推进。会议听取市财政局局长肖飙所作的《关于2015年部门预算执行和2016年部门预算编制情况的报告》。会议建议,市人民政府要改进和完善预算编制,强化和规范预算执行,不断深化和加强预算监督。

4月21日,市十六届人大常委会召开第四十七次主任会议。会议听取市人民检察院检察长潘建所作的《关于查办和预防职务犯罪工作情况的报告》。会议建议,市人民检察院要立足办案只能,深入重点行业领域主动摸排线索,切实提高查办和预防职务犯罪工作专业化、规范化和科学化水平。

6月27日,市十六届人大常委会召开第四十九次主任会议。会议听取市委常委、市人民政府常务副市长成伟所作的《关于城区人防工程与停车场一体化建设情况的报告》。会议建议,市人民政府要完善细化规划,加大实施力度,强化工作保障,重点做好解放路和长江路等核心地块开发这篇文章。会议听取市人民政府副市长张伟所作的《关于农田开发基础设施长效管护工作情况的报告》。会议建议,市人民政府要加强组织领导,优化管护机制,强化资金保障,保证农田开发设施建设成果长期发挥效益。

8月26日,市十六届人大常委会召开第五十一次主任会议。会议听取市人民政府副市长王拥军所作的《关于学前教育工作情况的报告》,并进行视察。会议建议,市人民政府要丰富幼儿园资源供给,加强幼教队伍建设,加大资金投入力度,不断提升全市幼儿园建设水平。会议听取市委常委、市人民政府副市长施渠平所作的《关于办理市十六届人大五次会议议案和重要建议情况的报告》。会议建议,市人民政府及各承办部门要加强组织领导,把建议办理摆上重要议事日程,理顺工作机制,强化保障扶持力度,加大工作力度,务求按时办理。会议听取市委常委、市人民政府副市长施渠平所作的《关于"推进城乡公交一体化"议案续办情况的报告》。会议建议,市人民政府要全力以赴推进站场建设,多措并举提升载客率,不断加快"城乡公交一体化"建设步伐。

10月26日,市十六届人大常委会召开第五十二次主任会议。会议听取市人民政府副市长张伟所作的《关于全市农业现代化推进情况的报告》,并进行视察。会议建议,市人民政府要加强资金、土地、政策等要素保障,努力实现农业生产条件现代化,构建完善现代农业产业体系。会议听取市人民政府副市长王拥军所作的关于贯彻落实《江苏省人大常委会关于全民阅读的决定》情况的报告。会议建议,市人民政府要健全进一步完善全民阅读公共服务体系建设,营造合力推进良好氛围,努力让阅读成为广大市民的新追求和自觉行为。

【镇、街道人大工作会议】 3月14日,市人大常委会召开全市镇、街道人大工作会议。市人大常委会副主任肖振时回顾总结2015年全市镇、街道人大工作,并对2016年工作进行部署。

【评议工作动员会议】 4月1日,市人大常委会召开全市人大代表评议市人社局、科技局工作动员会议。市人大常委会副主任肖振时对评议工作进行动员和部署。市人社局、科技局主要负责人和正余镇人大主席分别作表态发言。

【评议工作推进会议】 6月24日,市人大常委会召开全市评议工作推进会议。市人大常委会副主任肖振时回顾总结评议工作开展情况并部署整改阶段工作,4位市人大代表分别作评议发言,市人社局、科技局工作主要负责同志分别作关于迎评自查自纠情况报告。

重要工作

【市、镇人大换届选举】 加强领导。市级层面成立由市委书记陈勇任组长的换届选举工作领导小组,各镇、街道和市级机关也相应成立选举工作领导小组。市、镇两级依法成立选举委员会及其办公室,具体负责本级换届选举工作。9月29日,市人大常委会第三十二次会议作出关于市、镇人民代表大会换届选举问题决定,任命海门市选举委员会组成人员、各镇选举委员会组成人员,通过海门市第十七届人大代表名额具体分配方案,确定新一届镇人民代表大会代表名额。广泛发动。市、镇两级分别制订人大换届选举宣传工作计划,明确各个阶段宣传内容和重点。市选举委员会办公室编印人大换届选举宣传提纲、宣传标语等分发到各镇,印刷30余万份《致全市选民的一封信》分发到千家万户。在选民登记核对工作中,探索选民登记核对的办法,严格把好政策法律关、年龄关、政治权利关、行为能力关、下落不明关、进进出出关、核对关、审查关,做到人与户相符、函与名相符、总与分相符、内与外相符、表与榜相符。推广选民登记核对信息化工作,利用公安部门提供人口信息,提高工作效率。做到不漏、不错、不重,提高选民登记工作质量。在提名推荐代表候选人时,坚持以选民小组为单位提名,普遍采取"四先四后"方法,即先酝酿后提名,确保提准提好候选人;先党外后党内,确保党外候选人比例;先群众提后干部提,以广开言路;先本村组、本单位内提后选区内提,以保证提全、提足各方面人士。在选举日之前,采用各种方法宣传介绍正式代表候选人情况,组织代表候选人与选民见面,正式代表候选人与选民的见面率98.05%。12月,全市依法选举产生市十七届人大代表335名、新一届镇人大代表831名。

组织代表候选人与选民见面会　　　　(市人大办　提供)

【监督和决定重大事项】 市人大常委会认真行使重大事项决定权,依法作出决议、决定10项。审查和批准2015年财政决算和2016年财政预算调整方案,作出相关决议;通过《关于开展第七个五年法治宣传教育的决议》;通过《关于市、镇人民代表大会换届选举问题的决定》;通过《关于新一届镇人大代表名额的决定》;作出《关于组织市人大代表评议市人社局、科技局工作的决定》。

【听取和审议专项工作报告】 市人大常委会加强对"一府两院"工作监督,通过听取和审议专项工作报告,提出审议意见,督促"一府两院"改进工作。

听取和审议市人民政府副市长张伟所作的《关于全市农村承包土地确权登记工作情况的报告》,建议市人民政府要切实履行职责,妥善化解矛盾,分类加以处置,适时推广"确权确股不确地"模式,推动成果转化。

听取和审议市人民政府副市长施渠平所作的《关于全市污水管网工程建设和使用情况的报告》,建议市人民政府优化规划布局,加强组织协调,创新工作机制,不断加快污水管网工程建设速度,提高污水管网工程实用性和使用效率。

听取和审议市财政局局长肖飙所作的《关于2015年财政决算的报告》和《关于2016年上半年财政预算执行情况的报告》,通过《关于批准海门市2015年财政决算的决议》。听取和审议市发展改革和经济信息化委员会主任钮健所作的《关于2016年上半年国民经济和社会发展计划执行情况的报告》,建议市人民政府积极应对挑战,进一步扶强实体经济,全力破解难题,确保圆满完成全年经济社会发展各项目标任务。听取和审议市审计局局长张平所作的《关于2015年市级财政预算执行和其他财政收支情况的审计工作报告》和《关于2015年度财政预算执行和其他财政收支情况的审计工作报告中指出问题整改情况的报告》,建议市人民政府深化预算管理制度改革,加强区镇预算收支管理,提高财政资金使用绩效,注重审计中发现问题整改。

听取和审议市人民政府副市长、公安局局长胡文瑞所作的《关于在全市公民中开展法制宣传教育第七个五年规划制定情况的报告》,作出《关于开展第七个五年法治宣传教育的决议》。

听取和审议市人社局局长冯彪和市科技局局长王飞分别所作的《关于市人大代表评议整改工作情况报告》,建议两个被评部门完善整改措施,继续加大落实力度,制定并建立长效工作措施和制度,切实提高评议工作实效。

听取和审议市人民政府副市长王拥军所作的《关于办理市十六届人大五次会议议案和代表建议、批评、意见情况的报告》,建议市人民政府把办理工作摆上重要位置,进一步完善交办机制、责任机制、面商机制和落实机制,提高建议办理质量,真正让代表满意、让人民满意。

听取和审议市人民政府副市长王拥军所作的关于办理《全市污水管网工程建设和使用情况报告的审议意见》情况的报告,建议市人民政府强化督查考核,提高污水管网使用效率,提高老城区水环境质量。

【专题视察】 8月26日,市人大常委会视察全市幼儿园建设情况,听取市人民政府副市长王拥军所作的《关于全市幼儿园建设情况的报告》,提出加大财政投入,落实扶持政策,丰富选人用人途径,加快建设数量充足、条件达标、收费合理、面向区域内所有适龄儿童普惠性幼儿园等建议。

10月26日,市人大常委会视察全市农业现代化建设推进情况,听取市人民政府副市长张伟所作的《关于全市全市农业现代化建设推进情况的报告》,提出加强统筹协调,落实工作责任,大力培育新型农业主体,不断夯实农业现代化发展基础,推动农业产业化发展等建议。

市人大常委会视察天籁村生态主题农庄　　(市人大办　提供)

【工作评议】 3—9月,市人大常委会组织全体市人大代表对市人社局、科技局工作进行评议。4月1日,召开全市评议工作动员会议,具体部署评议工作。各镇人大、街道人大工委、代表小组组织代表深入到企业、选民中,通过走访、召开座谈会、发放调查问卷等形式,全面了解市人社局、科技局贯彻执行国家法律法规、服务经济社会发展、服务群众等方面工作情况,广泛听取人民群众对两个个被评部门工作意见和建议。在广泛调研基础上,各镇人大、街道人大工委、代表小组分别召开小组评议会议,提出55条评议意见。6月24日,市人大常委会召开评议工作推进会,集中听取市人大代表的评议意见和被评部门自查自纠工作情况报告,部署整改阶段有关工作。9月29日,市十六届人大常委会第三十二次会议分别听取和审议市人社局、科技局关于接受市人大代表评议整改工作情况报告,建议两个被评部门完善整改措施,建立长效工作制度,巩固整改成果,提高评议工作实效。

【人事任免】 市人大常委会依法开展人事任免工作。通过严把人事任免议案的提请、初审和表决关,推行法律知识考试、拟任职发言和颁发任命书等制度,增强受任干部执政为民、依法行政、公正司法使命感和责任感。市十六届人大常委会任免国家机关工作人员42人次,作出有关人员辞去市十六届人大常委会主任、副主任职务等决定,较好实现党意图与人民群众意愿有机统一。加强任后监督,继续实施由人大选举和常委会任命的“一府两院”工作人员向常委会报告履职情况制度,对5位同志履职情况进行满意度测评。

【信访督办】 加强信访督办工作,全年处理来信来访200余件。强化责任落实,完善督办机制,按照分别受理、统一交办、定期反馈、严格督查的要求,认真处理督办来信来访。重点信访件由市人大常委会领导批示转办,相关工委跟踪督办,妥善化解多起社会矛盾,促进社会和谐稳定。

【代表工作】 市人大常委会充分发挥代表主体作用,把南通市人大常委会组织开展的"万名代表小康行"主题活动作为代表工作重要载体，坚持将代表联系选民、代表向选民述职、"三个一"(提一条合理化建议、做一件好事、办一件实事)为主题系列活动等市人大代表工作中重点和特色活动融入其中，推动代表工作再上新台阶。深入开展主题活动。组织开展"我为小康献一计""带头致富，争当小康示范员""小康春雨行""小康环保行"活动。中央电视台、江苏卫视、《新华日报》等17家媒体到海门进行专题报道。规范代表履职行为。常委会通过健全完善履职登记和表彰先进等制度，规范代表履职行为，激发代表履职热情。在履职登记时，把代表参加会议和活动、联系选民、反映社情民意、提出议案和建议等情况记入履职档案，作为推选连任代表的主要依据。同时，开展评比优秀议案和建议活动，并通过海门人大网站、《海门人大》和海门电视台、《海门日报》等媒体，宣传代表履职风采，发挥典型的引领示范作用。畅通代表联系渠道。常委会高度重视与代表的联系，通过实施主任接待代表日和委员联系代表制度，听取代表意见，关心代表工作和生活，帮助代表解决履职中遇到困难和问题。定期邀请代表列席常委会会议、参加执法检查、视察和调研等活动，及时向代表寄送人大刊物和工作资料，让代表全面了解常委会工作动态，为代表履职创造条件。全年邀请36名代表和公民列席常委会会议，代表参加常委会各项活动超400人次。

【自身建设】 市人大常委会以"两学一做"专题教育为抓手，推动自身建设上新台阶。努力优化学风。完善定期集中学习政治理论和"一月一法"业务学习制度，系统学习党章党规、习总书记系列讲话、有关法律法规和人大业务知识，不断增强政治意识、宗旨意识、法治意识和履职水平。坚持理论联系实际的学风，努力提升调查研究、建言献策和跟踪督办能力，及时将学习成果用于履职实践。全年人大机关干部撰写调查报告20多篇，为全市经济社会全面可持续发展提供有益参考。切实改进作风。着力在调研、审议、督办等关键环节上功夫，提高工作实效。调研求深，围绕监督议题，采取集中座谈、查阅资料、问卷调查和实地考察等多种形式，深入基层和群众，收集第一手资料，及时梳理分析，务求看准问题、找准原因、谋准对策。审议求真，通过继续推行撰写书面审议意见、重点发言人和小组记录员汇报等制度，做到会前查实情、会中讲实话，力求问题点到痛处，建议提到实处。督办求实，综合运用领导领衔督办、工委对口督办、会议督办和现场督办等多种方式，完善督办工作月报告、集中督办月、满意度测评和办理结果纳入机关效能建设绩效考核等制度，督促"一府两院"切实提高审议意见、视察意见、代表议案和建议办理工作质量。营造工作合力。密切与各镇人大和街道人大工委联系，营造上下联动、合力共谋氛围。年初，召开基层人大工作会议，明确年度工作目标和任务；健全完善常委会领导定点联系基层人大工作制度，指导各地开展工作评议、联系选民和议案建议督办等活动，规范基层人大履职行为；邀请基层人大干部列席常委会会议和参加视察等活动，加强市镇两级人大之间工作互动。落实"两个责任"。认真贯彻落实党风廉政建设两个主体责任，领导班子成员严以律己、率先垂范，并加强对人大机关干部教育和管理，引导全体干部树立正确权力观、地位观、利益观，自觉按照廉洁从政的规定和要求规范自己行为，牢固构筑坚实思想道德防线，严格按照中央八项规定和省、市委十项规定要求，力求在调查研究、会议安排、文风会风、公务接待、公车使用等方面持续改进，树立勤政清廉形象。

议案和建议办理

【概况】 市十六届人大五次会议期间，代表提出建议、批评和意见(以下简称建议)291条，涉及主办单位53个，会办单位40个。市人大常委会要求各承办部门加强组织协调，改进工作作风，加大落实力度，提高办理工作效率和水平，提高"面商率""按时答复率""落实率"。加强指导协调，提升办理质量。在督办工作中，市人大常委会注重与承办部门沟通联系，通过上门走访、电话联系等方式，利用"代表建议办理系统"、QQ群等网络平台，对办理工作环节、程序和要求随时进行在线指导，分析办理工作出现新情况、新问题，规范办理工作环节、程序和要求，及时协调主办、会办部门之间关系，明确各自任务，形成办理合力。加强跟踪督办，务求办理实效。把重要建议作为督办重点，常委会领导带领4个督办小组实行一对一督办。通过上门调研、座谈走访、实地考察等方式，推进办理工作。在督办过程中，狠抓代表反馈不满意建议的重新办理工作，对代表反馈为"不满意"的9件建议，向承办部门发出重新办理通知书，要求承办部门深入查找办理工作中存在问题，在1个月内重新办理答复。实行督办定期汇报制度。组织开展建议督办月活动，督促承办部门对前阶段建议办理工作进行"回头看"，对代表不满意的建议逐条跟踪督办，直至代表满意为止。通过评比"议案和建议办理工作先进单位"，激发承办部门和单位积极性，发挥典型示范作用。经过各承办单位努力，所有建议均在规定时间内答复代表。从反馈情况看，代表们对市政府及各承办单位办理工作过程和结果，给予充分肯定，初次答复满意和基本满意率96.9%，最终落实的满意和基本满意率100%。

【大会议案办理】 关于曹晓东等代表在市十六届人大四次会议上提出的《加快推进城乡公交一体化的议案》续办情况。

市十六届人大五次会议决定对《关于加快推进城乡公交一体化的议案》，继续跟踪督办。市政府高度重视议案办理，组织交通等相关部门进行专题研究，制定方案，明确要求，强势推进，城乡公交一体化建设得到有力推进，城乡公交发展水平得到全面提升，有效改善城乡居民公交出行条件。主要体现在以下五个方面：一是公交运力显著提升。新增LNG新能源公交车70辆、镇村公交16辆，城市万人公交车拥有量12.6标台，较好完成更高水平小康建设考核指标任务。二是公交网络持续优化。对城乡公交三级网络进行调整优化，新开通"115路"(大千—青龙港—三厂)和"118路"(环城公交)两条城市公交线路。针对城市公交班线班次间隔时间长、实载率低等问题，对城市线路进行合并优化、更新加密,“103路”(车站—行政中心—中南世纪城)与瑞江路—行政中心定制线路合并,“109路”(大千—行政中心)与长江路口定制线路合并,延伸“102路”(车站—海宁寺)首发站至东方威尼斯,更新和加密8条公交线路。对全市10条镇村公交线路进行调整完善,新增城镇公交站点507个,城镇公交班线实现800米即有1处公交站点建设目标。开通9个区镇15条镇村公交线路,具体为:海门经济技术开发区1条、海门港新区2条、海门工业园区2条、临江新区2条、四甲镇2条、余东镇1条、正余镇2条、悦来镇2条、常乐镇1条。镇村公交开通率50%。三是配套设施有效完善。城区站场建设:完成开发区首末站建设;大千西侧公交回车场完成场地建设,有关配套站房已封顶;LNG公交加气站正由中石油昆仑燃气公司办理质监备案手续,准备站房建设。农村客运站场建设:开发区、临江新区、常乐镇、悦来镇、四甲镇、正余镇和海永镇7个农村客运站场选址基本确定;各区镇正开展用地手续办理工作,临江新区、四甲镇、海永镇用地指标已获批;开发区证大客运站施工图已完成,悦来客运站施工图正在制作中。农路提档升级:完成122公里农村公路提档升级和50座桥梁改造工程,为镇村公交提供良好交通通行条件。四是智能公交加快启动。根据全市公交发展实际,结合南通市公共交通一卡通工程,委托南通智慧交通科技有限公司形成《海门市公共交通信息化项目实施计划书》,确定围绕信息化基础设施、行业管理和服务民生三大内容,推进交通数据中心、公交智能调度系统、公交ERP管理系统、交通应急协调指挥中心、江苏交通一卡通、掌上公交APP等建设。五是公交票价全面降低。先后两次下调城乡公交票价,城市公交实行2元的单一票价,城镇公交票价由2~12元降至2~4元,总体降幅超65%。降价后,公交日客运量增长15%,城市公交出行分担率9%。

【重要建议办理】 1.关于徐瑞鹏代表提出的《严厉打击假冒伪劣产品的建议》办理情况。

该建议由市场监督管理局主办。2016年,全市以打击制售假冒伪劣商品和侵犯知识产权专项行动为抓手,切实加大打击假冒伪劣商品和制假、售假行为力度,维护企业合法权益。一是开展利用互联网销售假冒伪劣商品专项执法行动。专项行动以家纺行业为重点领域,以团购网站、网络交易平台、网上商城、消费者申投诉集中的网站为重点,严厉打击网络商品交易领域侵犯注册商标专用权、以次充好、掺杂使假等违法行为。立案查处利用互联网销售各类假冒伪劣商品案件66件,涉及“波司登”“富安娜”“罗莱”“梦之语”“水星家纺”等众多家纺品牌,案值306.48万元,罚没款159.14万元。二是开展床上用品专项执法行动。组织市场监督管理局、海门工业园区、公安局等单位联合开展家纺市场专项整治行动,对以叠石桥家纺城为核心的周边网供、网销户进行集中整治,对生产、销售床上用品等网络经营企业开展普查,重点查处侵害本地驰名商标、著名商标、知名商标企业和名牌产品企业违法行为。全市立案查处床上用品违法案件35件,罚没入库46.76万元,没收假冒伪劣床上用品被856条、四件套20套、枕芯1500只。三是开展食品药品打假治劣专项行动。围绕“保食品药品安全”民生工程,保持打假治劣高压态势,重点整治食品、药品、保健食品、化妆品非法添加和超范围、超限量使用添加剂,非食品原料、假冒伪劣食品、无证食品、过期食品、标签标识不合格食品等违法行为。立案查处食品案件45件,结案17件,罚没款16.88万元。立案查处药械违法案件18件,结案16件,罚没款33.04万元,抓获犯罪嫌疑人12人。四是开展日用消费品质量安全专项整治行动。加强事中事后监管,严厉打击日用消费品质量安全违法行为,推进日用消费品质量安全追溯体系建设,加大质量抽查抽检力度,重点对服装、床上用品、食品等消费者反映强烈商品开展抽样检测工作,立案处理质量案件6起。

2.关于沈序代表提出的《对农村土地承包经营权无序流转加强管理的建议》办理情况。

该建议由市委农办主办。一是建立健全农村土地流转组织网络。为确保土地有序稳妥流转,市、区镇、村三级分别建立农村土地流转服务中心、土地流转市场办公室、土地流转服务工作组,市农办牵头制订农村土地流转市场建设要求、土地流转市场职能、镇土地流转市场办公室成员职责、土地流转操作程序等规章制度以约束和规范土地流转行为。二是出台扶持政策文件。市政府出台《关于引导农村土地承包经营权向新型农业经营主体有序流转的实施意见》等文件,市财政安排600万元鼓励农户通过市级农村产权交易平台规范土地流转,在不改变土地用途和农业保险应保尽保前提下,新增土地规模流转且连片面积在13.33公顷(含)以上的,一次性给予村、农户分别补贴100元/亩。此外,市财政安排100万元用于探索农村土地承包经营权抵押风险补偿或贴息机制。三是加强违法建设行为的防控。针对代表所提的旧木料门窗收购点、石材加工点、建材堆场违章搭建、违法建设的现状,城管部门采取堵疏相结合方式,一方面,对原有经营点加强日常巡查与管理力度,对经营点乱堆放、超门店经营等违法经营行为及时查处,责令经营户纠正违法行为。另一方面,会同相关单位制定旧木门窗、石料加工集中经营工作实施方案,规划建设旧木门窗、石料加工集中经营点。经过前期现场实地勘察,形成6个备选选址方案。下阶段,将尽快组织论证确定集中经营选址点。

3.关于陆勇代表提出的《加强老小区技防设施建设的建议》办理情况。

该建议由公安局主办。为确保建议得到有效落实,市政府将老小区、安置小区技防设施全覆盖列入全年十大民生实事工程,市公安局将该项工作纳入年度重点工作,成立由副市长、公安局局长任组长,副局长为副组长,指挥中心、警务保障室等科室主要负责任人组成的领导小组。领导小组拟定老小区、安置小区技防监控工程实施方案,下发《关于排摸老小区、安置房小区的通知》,组织专门警力对城中、城东、城南、开发区和三厂辖区内老小区、安置房小区开展了为期1个月排摸调研和实地勘察,制作示意图,标记、统计安装监控点位。经过前期排摸调研和审核，市区46个老小区、25个安置房小区拟升级原标清监控163路、新增高清监控302路，新增出入口智能相机71路，工程总投资约为729.6万元，所需工程建设经费已列入市长办公会讨论。下阶段，待市长办公会研究确定后，将尽快组织实施工程建设，切实为老小区、安置小区治安防控提供有力技术支撑和硬件保障。

4.关于周飞等代表提出的《关于创新公立医院运行机制、翻开健康海门新篇章的建议》办理情况。

该建议由卫计委主办。市政府以办理该重要建议为契机，继续深化公立医院改革。全市17项医改重点工作完成和基本完成工作9项，完成新型农村合作医疗和城镇居民医保管理体制与经办机构整合工作，组建海门市公立医院管理委员会。针对代表建议，着重抓四个方面工作：一是规范分级诊疗管理。根据医疗机构不同级别和功能定位，按照疾病轻重缓急及治疗的难易程度，进行分级治疗，合理界定各级医疗机构诊疗范围。基层医疗机构主要承担一般性常见病、多发病、轻症病人和康复期病人诊治，市级医院主要承担疑难、急危重症及复杂疾病的诊治。通过分级诊疗管理，促进市属医院与基层医疗卫生机构分工协作，逐步形成“基层首诊、分级诊疗、双向转诊、上下联动”医疗服务模式，使区域医疗机构之间优势共享、相互补充，使有限医疗资源得到充分利用。二是严格控制参保人员报支标准。一方面，对各级医疗机构设定不同标准住院补偿起付线，参合农民在镇级医疗机构住院每次起付线为200元，县级医疗机构为400元，市外医疗机构和非定点医疗机构为800元，并拉开不同级别医疗机构补偿比例。剔除不可报销医药费用，凡符合报销范围的住院医药费用，乡镇级医院的住院补偿比为84%，市级医院为72%，市外定点医疗机构为55%，非定点医疗机构为40%。另一方面，严格转院转诊制度，因病情需要到市外定点医疗机构住院的，需县级医疗机构出具转院证明，并到居民医保中心办理转院手续。未办理转院手续的，一律按非定点医疗机构比例予以报销。三是探索完善收入分配制度改革。探索

2016年度优秀建议

表38

序号	建议号	建议标题	建议人
1	001	关于严厉打击假冒伪劣产品的建议	徐瑞鹏代表
2	002	关于对农村土地承包经营权无序流转加强管理的建议	沈序等5名代表
3	003	关于加强老小区技防设施建设的建议	陆勇代表
4	004	关于创新公立医院运行机制，翻开健康海门新篇章的建议	周飞等10名代表
5	006	关于精准培育扶持现有企业，实现应税销售持续增长的建议	俞建坤等2名代表
6	015	关于防范和整治非银行金融服务中介机构涉足非法集资的建议	李虎琴代表
7	028	关于加强快递行业规范化管理的建议	梁辉等11名代表
8	031	关于进一步转变服务态度，提高工作效率的建议	陆善强代表
9	035	关于加强对涉法涉诉信访案件处置的力度，切实维护社会和谐稳定的建议	周国强等7名代表
10	089	关于优化秸秆禁烧制度的建议	陈玉菊代表
11	095	关于加快老市政府地块开发，为“强富美高”新海门树好形象的建议	沈祖龙代表
12	113	关于对城镇污水主管网、雨水管网进行检测、检修、定期养护的建议	徐俭代表
13	122	关于加大小区物业监管力度的建议	施斌代表
14	136	关于加强农民安置房建设的建议	徐燕代表
15	143	关于加大力度制止农村违章建筑的建议	徐洪生代表
16	148	关于加强渣土清运管理，确保市区路面整洁的建议	胡卫平等10名代表
17	149	关于以专门力量整治公共绿地违规种植蔬菜的建议	何雪峰代表
18	158	关于整治全市老镇周边环境及建设问题的建议	李伟代表
19	162	关于加强上、放学期间学校周边路段管理的建议	刘齐华代表
20	177	关于提高城市公交车入座率的建议	晓天代表
21	214	关于开展集中打击赌博犯罪活动的建议	许乃红代表
22	222	关于打造绿色、环保、便利的主城区交通体系的建议	盛建新等10名代表
23	227	关于加强对危化品车辆管理的建议	施泉代表
24	235	关于加强全市社区戒毒(康复)工作的建议	施介安代表
25	242	关于加大农村医保卡使用管理力度的建议	陈方如代表
26	255	关于加大对社区医务工作者的培养与输送的建议	曹宏飞代表
27	263	关于切实加强我市幼儿园建设的建议	徐国强代表
28	264	关于稳定乡镇公办幼儿园教师队伍的建议	俞新美代表
29	266	关于加强教育秩序管理，整治、规范家教市场的建议	徐少洪代表
30	274	关于挖掘潜力大力发展适应海门实际的旅游经济的建议	徐雪高代表
31	276	关于进一步加强农村精神文明建设的建议	顾云飞代表

公立医院年薪制，实施岗位绩效工资考核，卫计委起草《海门市公立医院院长年度目标薪酬分配办法》《海门市医疗卫生机构绩效工资总量调控方案》《海门市公立医院年度目标薪酬分配办法》等系列文件。相关文件已经多次讨论，正在进一步深化研究。此外，为使人民医院能够吸引高层次人才，经过市长办公会议研究决定，对引进高层次人才和中青年医疗骨干、专家和领军人才实行年薪制。四是探索卫生事业单位优秀人才录用机制。人民医院招聘研究生以上学历工作人员已简化程序，采取直接面试方式进行。为使优秀本科人才能够到海门工作，市卫计委、人社局等部门正在探索研究符合全市卫生事业单位招聘特点招聘办法，尽量满足用人单位用人自主权，为用人单位开辟高效、便捷进入渠道。

（黄樱璐　蒋丰全）

海门市人民政府

综　述

【概况】 2016年，市政府团结和依靠全市人民，沉着应对复杂多变宏观环境，统筹抓好稳增长、促改革、调结构、惠民生、防风险等各项工作，全市经济社会保持平稳健康发展态势，取得"十三五"开局首胜。

综合实力稳步攀升。全年实现地区生产总值突破1005亿元，同比增长9.4%，成为南通首个总量千亿级县市；实现一般公共预算收入72.4亿元。名列"第十六届全国县域经济与县域基本竞争力百强县(市)"第18位，比2015年前移4位，位居全省第8位。

产业结构优化提升。农业生产稳中增效。新增高效设施农业面积478公顷，总面积超2.05万公顷，占比超38%。新增家庭农场142家。京海禽业集团获省质量奖，"万年香沙芋艿" 通过农业部农产品地理标志认定，农业"三品一标"（无公害农产品、绿色食品、有机农产品、农产品地理标志）总量发展到464个。国家农产品质量安全县高分通过验收。工业经济稳中有进。完成工业投资367.53亿元、技改投入208.2亿元，分别增长6.9%和5.5%。实现工业应税销售636.8亿元、规模以上工业增加值463.3亿元，分别增长12.9%和10.3%。新兴产业较快增长，完成新兴产业产值727.3亿元，同比增长16.1%，新能源、生物技术和新医药、智能装备、节能环保、海工装备产业同比增幅均超15%。中兴能源装备入选全国首批制造业单项冠军培育企业名单，海隆重机、金坤机械两个产品入选首台(套)重大装备。建筑产业化加快推进，完成建筑业总产值1551.47亿元。服务业稳中提质。服务业增加值占比44.5%，提高1.7个百分点。完成社会消费品零售总额344.6亿元，同比增长10.8%。电子商务蓬勃发展，阿里巴巴1688实力产业群叠石桥示范园区成功落户，叠石桥电商城正式运营。旅游业提质扩量，成功举办金秋蛎岈山航乐游、羊家乐田园风光游等活动，接待游客348.83万人次，实现旅游收入32.06亿元。

项目建设重点突破。突出项目为王，坚持以项目促转型，健全完善招商机制，积极举办定向推介、恳谈招商等活动，新签亿元以上项目57个，总投资207亿元。完成固定资产投资613亿元，同比增长8.5%。新开工亿元以上产业项目127个，其中一期总投资10亿元的云创金属、总投资5.8亿元的南极磷虾捕捞、总投资3.45亿元的赐宝新型薄板、总投资3.3亿元的亿峰机械零部件和总投资2.65亿元的东方教育装备产业园等项目实现当年签约、当年开工，创欣新能源、中技天峰、三阳运动器材等近20个项目建成投产。

开发开放步伐加快。实际利用外资超3亿美元，实现外经营业额6.5亿美元。完成进出口总额39.14亿美元、出口36亿美元，其中叠石桥市场贸易采购方式实现出口26.35亿美元，占全市出口额77.2%。江海开发深入推进，燕达企业专用码头投入使用，多艘外籍货轮停泊装货，中国(海门)海产品国际贸易中心推进迅速，成立全国南极磷虾产业联盟，全国最先进南极磷虾捕捞加工船正式开建。南通海关海门办事处开关，通海港区码头一期工程进展顺利。临江新区生物科创园获批省级留学生创业园。海门高新区智慧型经济快速发展，三厂工业园区田园东城加速构建。文化常乐、科技正余、五彩悦来、台韵四甲、古镇余东、花香海永建设取得明显成效。

创新驱动活力增强。新认定高新产品35个、高新技术企业50家；完成高新技术产业产值1003.01亿元，同比增长12.7%，占规模产值比重48.06%。全社会研发投入占GDP比重2.53%，万人发明专利拥有量16.42件，成为国家专利质押融资试点城市，国家知识产权示范城市获得授牌。入围省"双创"人才答辩数13个，其中创业类4个，高技能类3人，人才创业成果实现质的突破；引进高层次人才彭陟辉成功入围国家"千人计划"专家答辩；引进院士、千人计划专家等顶尖人才6人。品牌建设扎实推进。新增省名牌产品、著名商标6个，新认定中国驰名商标3个。加强企业标准化建设，参与发布国家和行业标准16个。

创优环境力度加大。行政领域改革力度加大，全面推广并联预审、并联审批、容缺审批、联合验收、重大项目代理协调服务机制等工作模式，一些需要多事项审批建设项目，报建审批时间从200多天缩短至50多天，"一枚印章管审批"审批模式初现成效。强化政府性债务监管，健全财政支出绩效管理体系，全面公开部门预算，规范公共服务项目集中采购。实施环境保护领域综合行政执法体制改革，初步构建立体化环境保护监管执法网络，实现监管执法全覆盖。稳步推进农村改革，完善农村产权交易体系，加快推进土地承包经营权确权登记工作。市场体系改革不断深化，简化企业登记流程，新增市场主体1.2万家。优化上市服务，新增IPO辅导备案企业2家，新增香港联交所创业板递表企业1家，新增"新三板"挂牌企业2家。全市拥有上市(挂牌)企业13家，其中3家IPO上市企业，8家"新三板"挂牌企业，2家区域性场外市场挂牌企业。金融生态环境综合评估稳居全省69个县(市、区)首位。

城市面貌持续改善。规划引领不断优化。城市绿核概念设计形成成果，解放路沿线城市更新策划设计进一步完善，南部新城沿江风光带景观设计、北城概念性规划设计形成方案。市政工程加快推进。55个城市基础设施项目有序实施，新海路改造全线通车，汇智路、汉江路、海兴路北延等道路工程加快推进，人均道路面积提高到16.87平方米，“八横八纵”路网格局基本形成。管理水平不断提升。扎实推进城市环境综合整治项目，完成“九整治”项目18个，“三规范”项目12个。开展渣土运输、户外广告等专项治理，拆除违法建筑223处。城区机械化清扫面积240万平方米，垃圾日产日清，清运率100%。公共自行车二期工程投入使用，新增26个站点，投放570辆自行车。

交通路网日趋优化。轨道交通进展顺利，宁启铁路建设工程有序实施，完成海门铁路站初步设计工作，同步启动综合客运枢纽规划设计工作。境内第二条高速公路海启高速海门段启动建设，通启高速海门收费站、悦来收费站改扩建工程主体完工。做好南通二环高速、沿江公路快速化项目对接工作。市内重点交通工程叠港公路S336至海太汽渡段、老通吕线四甲段改道工程等加快实施，等级公路密度率提高至2.5公里/平方公里，全省领先。

生态环境不断改善。深入推进农村环境综合整治，全面推行河道、道路、绿化、垃圾清运“四位一体”管理机制。一、二级河道机械化保洁工作进入常态化、规范化阶段，保洁效果明显。完成河坡整治36公里，疏浚河道53条24公里。封填深井45眼。秸秆禁烧实现“零火点”，空气优良率保持在75%。长江水厂深度处理工艺改造工程加快建设，实现“合格水”向“优质水”转变。东洲水处理五期扩建工程启动建设，污水处理能力有效提升。加大城乡绿化建设力度，新增园林绿化20.79万平方米，成片造林1033.33公顷。强化环保执法，开展环保八大专项行动，清理违法违规建设项目1230个，圆满完成中央环保督察组交办件32件。

富民增收取得实效。帮扶770名就业困难人员实现就业，转移农村劳动力4200人，促进城镇失业人员再就业4000人，城乡“双零”家庭持续动态清零。实施“万人创业计划”，全面落实创业帮扶措施，开展创业培训1000人次，新建创业孵化基地8家，发放小额担保贷款1584万元，扶持引导2100人成功创业，并带动就业1.09万人。城镇登记失业率控制在2.9%以内。实现城镇居民人均可支配收入4.05万元，比上年增长8.3%；农村居民人均可支配收入2.06万元，比上年增长8.5%。

保障体系日益完善。养老、医疗等主要险种参保率98%，被征地农民社会保险参保率100%。新型农村合作医疗筹资标准700元，其中财政补助550元，新型农村合作医疗和城镇居民基本医疗保险制度实现并轨。城乡低保标准提高到590元、530元，分别增长37.2%、120%。被征地农民社会保险参保率100%，灵活就业人员、农民工、外来务工人员参保有效落实。继续调整企业退休人员基本养老金，人均养老金1982.3元/月。居民养老保险基础养老金发放标准由60元/月提高到115元/月。医保最高补偿限额大幅提高，企业职工、城镇居民和新农合医保政策范围内住院费用报销比例分别为82%、72%和78%。降低企业养老、失业、工伤、生育保险缴费费率，企业负担普遍减轻。

公共服务得到优化。城乡养老服务提标升级，每千名老年人拥有养老床位数40张，居家养老服务站实现全覆盖。市级养老服务中心即将投运，残疾人托养中心建成运行。学校塑胶化操场实现全覆盖，青少年足球训练基地投入使用，成为省和南通市两级青少年足球校外活动中心。合并三厂中学、麒麟中学、冠今中学成立市第一中学，第一实验小学、弘謇中学、新教育小学、能仁小学新校区加紧建设，教育资源进一步优化整合。高考成绩再创辉煌，普通类本一上线率30.97%，比去年增加2.38%；本二上线率81.44%，比去年增加3.7%。医药卫生体制改革深入推进，“先看病、后付费”诊疗服务模式试点广受社会好评，基本公共卫生服务均等化水平不断提升，建成省级卫生镇1个、省级卫生村34个，人民医院新院建设全力推进。公共文化服务体系建设全省领先，江海文化博物馆结构封顶，图书馆新馆、文化馆新馆、美术馆即将开工建设，江海文化展示月、全民健身月等活动广泛开展。

社会治理日臻完善。健全公共法律服务体系，推进法治宣传全覆盖。推行依法治访，坚持领导干部接访日活动，化解信访突出问题。开展平安海门建设，提升刑事打击能力、公共安全防控能力，圆满完成G20峰会等安保任务。深入开展安全专项整治，安全生产形势保持稳定。强化食品药品安全监管，确保食品药品安全。

服务效能日趋提升。强化目标管理和绩效考核，健全效能监察、督查督办制度。打造“阳光政务”，政府网站群等平台功能逐步拓展，“12345”热线平台受理群众诉求9.5万件，案件总体办结率99.8%，群众满意率92.3%。重视老干部工作，财政优先安排老干部经费，引导老

2016年10月9日，市委书记陈勇在高新区管思温家慰问　（市政府办　提供）

干部发挥优势作用。

廉政建设日益深化。深入开展“两学一做”专题教育，严格落实党风廉政建设责任制，推动作风建设常态化、长效化。坚决执行中央八项规定和省市委十项规定，“三公”经费得到有效控制。加强审计监督，完成工程预决算审计443项，核减资金3.2亿元。自觉接受人大法律监督、工作监督和政协民主监督，办理人大代表建议291件、政协委员提案264件，满意和基本满意率100%。

重要会议

【全市建筑业工作会议】 2月16日，全市建筑业工作会议召开。会议回顾总结“十二五”和2015年工作，研究部署“十三五”和2016年工作任务，激发全市上下顺应建筑业转型升级新趋势，确立更高追求，激励更大干劲，加快建筑产业化进程，推动海门市由“建筑之乡”向“建筑之城”更高跨越，为“两个率先”(率先全面建成小康社会，率先基本实现现代化)提供有力支撑。省住建厅副巡视员纪迅、南通市建管局局长沈卫星到会讲话，高度肯定市建筑业工作。会议表彰2015年度建筑业先进集体和个人。

【城市建设暨管理工作会议】 2月25日，市委、市政府召开2016年全市城市建设暨管理工作会议，深入贯彻落实中央城市工作会议精神，进一步动员全市上下统一思想、振奋精神，以更加科学理念、更加开阔视野、更加务实行动，全力开创全市城市发展新局面，推动海门城市发展由“大、齐、畅”向“美、净、活”提升，使得“江海特色现代文明的花园城市”这张名片更加靓丽。

【市劳动模范和先进工作者表彰大会】 4月28日，第四届海门市劳动模范和先进工作者表彰大会召开，通过对劳动者赞扬、褒奖和讴歌，激发全市上下“学习劳模、争当先进”的热情，努力形成“比学赶超、争先率先”浓烈氛围。

【全市招商引资和项目建设推进会】 8月17日，市委、市政府召开全市招商引资和项目建设推进会。市委书记陈勇讲话，市委副书记、市长杨曹明就全市2016年以来招商引资和项目建设情况进行点评，市委副书记葛志娟主持会议，市委常委、常务副市长施渠平通报上半年项目建设考评结果。

【第32个教师节庆祝表彰大会】 9月9日，市委、市政府召开全市教育工作暨庆祝第32个教师节大会，贯彻落实省和南通市教育工作会议精神，回顾总结全市前阶段教育工作情况，对推进全市教育现代化建设进行部署和动员。

【全市农业农村工作推进会暨高标准农田建设工作会议】 10月11日，市委、市政府召开全市农业农村工作推进会暨高标准农田建设工作会议，市委书记陈勇要求全市上下以更高标准、更新举措、更实作风，加快新一轮高标准农田建设，全力提升“三农”发展新水平，为建设“强富美高”新海门提供支撑。市委副书记、市长杨曹明主持会议，市委副书记葛志娟点评2016年以来全市农业农村重点工作，具体部署下阶段农业农村工作，副市长张伟传达南通市高标准农田建设工作会议精神，部署全市高标准农田建设工作。

【高标准建设国家知识产权示范城市推进会】 11月1日，全市召开高标准建设国家知识产权示范城市推进会，国家知识产权局专利管理司副司长赵梅生为海门国家知识产权示范城市授牌并讲话，国家知识产权局专利管理司综合处处长李昶宣读海门市列入国家知识产权示范城市批复，省知识产权局局长支苏平讲话，市委副书记、市长杨曹明致辞并作国家知识产权示范城市建设工作部署，市委常委、常务副市长施渠平主持会议，副市长黄静宣读《市政府关于授予首届海门市专利奖的决定》。

重要活动

【海内外商会会长及企业家新春座谈会】 2月2日，市委、市政府召开全市骨干企业董事长代表及在海外商座谈会。市委书记姜龙在会上强调，要坚持实体经济基础地位不动摇，把做大做强实体经济作为“两个率先”的实力之基、发展之源，进一步加大资源、资金、要素、政策向实体经济、转型企业、优势项目倾斜力度，让“服务实体经济、助推企业发展”成为新一轮发展鲜明导向。市委副书记、市长杨曹明通报2015年度全市工业经济、开放型经济和骨干企业发展情况，市委副书记、市政协主席陆一飞主持会议，市委常委、常务副市长成伟宣布工业金银铜牌企业名单，市领导陈水平、储明星、李

市委、市政府召开全市招商引资和项目建设推进会

冠斌等出席会议。会议对工业骨干企业代表授牌。

【2016 中国海门经贸投资暨转型发展合作洽谈会】 4 月 16 日,2016 中国海门经贸投资洽谈会在江海文化公园举行,省口岸办副主任徐斌、南通市政府副市长单晓鸣、上海产业合作促进中心主任唐德根、南通市商务局局长顾淑英、阿富汗驻华大使馆商务参赞艾哈迈德·贾维德·夏飞、台湾富会国际集团副总裁黄建鲲等领导和嘉宾应邀参加开幕式。徐斌宣布 2016 中国海门经贸投资洽谈会开幕,单晓鸣、姜龙分别致辞,唐德根代表来宾发言,陆一飞、成伟等市四套班子领导出席活动。

【中韩(海门)经济文化交流活动】 6 月 28 日,市委、市政府在上海举行中韩(海门)经济文化交流活动,并签订合作备忘录。韩国领事馆副总领事朴钟硕、韩国产业团地工团本部长李长勋、韩国海洋水产开发院首席代表金享根等来自韩国工商界的 150 位客商和来宾参加活动。朴钟硕和市委书记姜龙分别致辞,市委副书记、市长杨曹明作投资环境推介。

【中国·海门第五届“朗姿·珂缔缘”杯校园足球国际邀请赛暨“丝绸之路”U14 国际少儿足球邀请赛】 7 月 3 日,中国·海门第五届“朗姿·珂缔缘”杯校园足球国际邀请赛暨“丝绸之路”U14 国际少儿足球邀请赛开幕。省人民政府办公厅主任、省足协主席谢润盛,省发改委副主任、省足协副主席汤明海,省教育厅副厅长朱卫国,省体育局副局长刘彤,南通市人民政府副市长朱晋,教育部体卫艺司体育处副处长许弘,中国教科院体卫艺中心主任吴键,原中国足协主席、国家队主教练年维泗,原亚足联副主席、中国足协副主席陈成达,原中国足协青少部部长金正民等出席开幕式。谢润盛宣布开幕,朱卫国致开幕词,朱晋致辞,市委书记姜龙致欢迎词,市委副书记、市长杨曹明主持。

【中亚班列开通仪式】 8 月 26 日,国内首条南通至阿富汗·海拉顿“中亚班列”缓缓开动,从南京货运中心南通东货运营业站驶出,最终到达终点站海拉顿,这标志着海门市又多 1 条通往中西亚国家和地区的国际贸易新通道。

【海门科技人才节】 10 月 21 日,市委、市政府组织举行第五届海门科技人才节暨产学研合作洽谈会开幕式。出席开幕仪式的领导和嘉宾有原暨南大学校长刘人怀院士、有机化学专家涂永强院士、江苏科技大学副校长景旭文、省科技情报所副所长周晓明等。市委书记陈勇致辞,市委常委、常务副市长施渠平主持,市领导杨万平、黄静、王术军等参加活动。陈勇、景旭文共同为江苏科技大学技术转移中心海门分中心、南通科大海工技术研究院揭牌,陈勇、周晓明共同为省工程技术文献信息中心海门分中心、江苏企业知识服务平台网络海门服务站揭牌。22 日上午,“千人计划”专家联谊会生物医药与生命科学专业委员会 2016 年干细胞专业研讨会暨细胞产业资本对接会在海召开,市委书记陈勇出席活动并致辞。

【江苏省·中央企业合作恳谈会暨项目签约仪式】 12 月 16 日,江苏省·中央企业合作恳谈会暨项目签约仪式在北京举行。会上,南通市签约 10 个与央企合作项目,其中海门市有 3 个。市委书记陈勇,市委常委、常务副市长施渠平参加活动。 (徐海伟)

外事侨务

【概况】 2016 年,市外事侨务工作科学谋划,求实创新,开创发展新局面。服务因公出国(境)团组 42 批次、106 人次。围绕全市工作中心,将外事为经济建设服务与厉行节约有机结合,把积极“走出去”开拓国际市场与控制降低因公出国(境)总量辩证统一,总量控制、突出重点、有保有压、务求实效。进一步增强为企业发展服务意识,高效快捷办理龙信集团、南通三建等企业因公出国(境)手续、17 家企业 47 人次申办 APEC 商务旅行卡、38 批次 141 人次外国人到华申请。发展与英国索尔福德市“智慧城市”项目的合作,巩固老友城。2016 年,为符合条件的 22 名中学生办理华侨子女身份确认。

【外事工作】 做好国际友好交流。达成与韩国庆州市足球产业上合作意向,促进与意大利马拉内罗市的联系强化中意海门港新区产业园建设;巩固与德国施瓦岑贝克市、纳米比亚奥卡豪市和澳大利亚本迪戈市的友城关系。注重内涵发展,夯实合作基础,找准交流切入点,重点加强市工商界与友城工商协会之间联系,为市民营企业扩大“走出去”步伐牵线搭桥。助推海门开放型经济发展水平。

2016 年 5 月 8 日,埃塞俄比亚工业部国务部长塔德塞·海勒一行到海门考察叠石桥国际家纺城 (市外侨办　提供)

主动配合叠石桥国际家纺城“市场采购贸易方式试点”工作、江苏(海门)海产品国际贸易中心建设、海门生物医药科创园建设等,提供外事服务与便利;参与埃塞俄比亚工业部国务部长塔德塞·海勒率团来海访问、纳米比亚温得和克市长穆赛·卡扎普阿到海门交流建筑产业合作等高规格外事接待工作。助力龙信集团成功中标以色列住建部国际承包商资格,助推南通三建在中东项目等。

【侨务工作】 服务海门“新侨之乡”建设。鼓励现代化侨乡建设,号召侨商成功人士积极反哺家乡建设。宣传贯彻落实《江苏省保护和促进华侨投资条例》,为侨资企业营造加快发展的小环境;推动海门工业园区规划建设好华侨村——林西村,推动为侨公共服务体系建设;开展“侨之家服务队送温暖进侨乡”赴海门林西村慰问及医疗服务等系列活动,取得良好社会反响。依托侨务资源,助推对外开放。承办“文化中国·海外文化社团负责人高级研修班”到海门交流等涉侨接待活动。加强与海外华侨、华人商会联系,穿针引线联络一批重点侨商提升海门市向海外“引资引智”质量和水平。

(盛　欣　王敏敏)

口岸管理

【概况】 2016年,市口岸办以开放等级提升、开放功能提升、开放水平提升为工作重心,推进口岸开放各项政策实质性落地落实。海关办事处成功开关运行;中远重工码头正式对外开放;顺利协调多艘外轮直接靠泊海隆重机和燕达重工码头,极大降低企业产品运输成本。

【海关办事处开关运行】 年初,南京海关成立筹建组,落实专人推进海门海关办事处各项筹建工作。确定江海商务大厦7楼作为海关办事处临时办公用房,全面推进办公房装修、设备配置、政府与海关合作协议签订、辅助人员招聘、车辆保障等各项筹建工作。8月18日,通过南京海关验收组验收,8月19日在江海商务大厦南京海关关长薛金楼、南通市副市长孙建华、市委书记陈勇、市长杨曹

外轮靠泊燕达重工码头现场　　(市口岸办　提供)

明等出席开关揭牌仪式活动,海门海关办事处正式开关运行。

【沿江首个码头开放】 2016年,沿江中远重工1万吨级码头加快各单项验收手续办理,6月、10月,中远重工码头分别通过南通级开放预验收和省级正式验收。11月,省政府正式公告码头对外开放,实现市沿江首个港口码头对外开放。

【外轮直靠码头进入新常态】 2015年天津港爆炸事件后,口岸查验单位基本取消未开放码头临时接靠外轮手续办理。为解决燕达重工、海隆重机码头产品发运难题,市口岸办同南通口岸单位进行反复汇报和协调,督促企业落实相应安全保障措施,最终取得口岸查验单位支持,召开专题协调会共同研究对策,规避相应港口作业风险。2016年,顺利完成11艘外籍国际航行船舶靠泊的协调和保障工作,其中海隆重机靠泊外轮2艘次、燕达重工靠泊外轮9艘次,大大降低运输成本,为企业产品对外发运带来极大便利,也为企业按期交付外方产品创造良好发展环境。　(张　皓)

市政府投资项目工程建设

【概况】 2016年,市代建中心紧扣“争做改革创新排头兵,争当科学发展领头雁”工作主题,积极服务于“江海特色现代文明的花园城市”的打造,按照项目加速、管理提效的工作要求,不断创新工作思路、创优项目管理,公建项目建设实现质效并举。全年中心有8个项目开工建设,有13个项目竣工交付,圆满完成市委、市政府下达的年度工作任务。2016年,列入中心实施计划公建项目35个,其中结转项目25个、筹建项目10个,概算投资约35亿元,年内完成工程量约10亿元。人民医院新院、科技馆、博物馆、弘謇中心等一批民生实事工程项目顺利推进;青少年足球学校一期80多天完成施工,确保国际足球邀请赛如期举行;能仁中学综合楼、张謇学校二期教学设施等克服连续阴雨不利影响,在新学期开学前如期交付。中心被市委、市政府评选为2016年度市级机关“创新奖”三等奖。

【投资控制】 通过标前清单审核、设计及招标全程公开、加强设计优化、严控签证变更、战略合作采购等方式,节约政府资金1.78亿元。其中,通过技术优化,节约资金约3500万元;通过规范招标,年内35个招标项目降低造价1.36亿元;通过材料设备战略合作、批量采购等形式,节约资金750万元。

【精细化管理】 中心通过优化项目绩效管理考核机制,不断加强对施工、监理、代理和设计等单位考核、监督,以制度化、精细化的管理提升项目建设质量。2016年,中心60%以上的在建项目均获评南通市级奖项,市科技馆项目被评为“江苏省建筑施工标准化文明示范工

市委书记陈勇等领导考察公建项目博物馆　　（市代建中心　提供）

地”，成为全省建筑行业现场会上观摩项目。

【管理创新】 2016年初，中心出台《关于进一步创新项目建设管理工作的实施意见》，改变以往按项目，分步分项实施的管理模式，实行项目组总牵头的项目负责制管理模式，突出项目组在项目建设“进度、质量、投资、安全、廉政”五大绩效目标的控制，对公建项目建设管理模式、工作方法进行系统改革创新。一是优化管理模式。整合建立6个项目组，充实项目一线管理队伍，由原先12人增至20人，并推行一条龙式的项目统筹管理；推行班子成员挂钩项目制，由3名分管领导牵头总负责各重大项目推进；项目组成员严格落实进度、质量、安全、廉政等相关责任；各职能科室，全力配合各项目组开展工作，落实好项目各项任务。二是优化项目协调机制。持续放大中心的专业化优势，在分组推进项目基础上，组建方案、技术、招标、巡查4个工作组，综合协调项目在方案设计、技术支持、质量安全等方面问题，做到统、分结合，有效提升项目管理成效。三是推行信息化管理方式，建立机关内部微信群和每个在建项目工作群，实时上传中心工作任务及现场管理的图片、视频资料，及时掌握项目进展、处置现场问题，提升管理精准度；重点项目试点实施网络指纹考勤，加强对施工、监理人员到岗履职情况监管。调优办理流程，二次开发信息化管理系统，将签证办理流程的发起人调整为监理人员，发挥监理首道把关作用；实施7天限时办理制度，加强时效性控制。

（陈　凯）

行政服务

【概况】 2016年，市政务服务中心立足全市经济发展新形势，以开展相对集中行政许可权改革试点工作为契机，坚持“服务经济，方便群众”工作理念，突出信息化、规范化和便捷化三大重点，创新服务机制和管理模式，提升服务效率和服务质量，获社会各界广泛好评。

6月12日，市政务服务中心搬入长江南路777号新址办公。新中心大楼分A、B、C三区，总建筑面积4.2万平方米，其中服务大厅设3个楼层、320个服务窗口；进驻61个部门单位（其中新进驻婚姻登记、公积金、审图中心等13个部门）；工作人员计520多人；进驻各类事项958项，其中行政许可事项115项、行政确认10项、其他服务类事项833项，基本实现“进一个门、办所有事”目标。中心全年办件量143.6万件，按时（承诺）办结率100%，即办率86.7%，提前办结率98.8%。

2016年，市行政审批局深入推进相对集中行政许可权改革试点工作。实行“四个一”改革举措，即“一枚章、一张表、一张网、一套机制”，组织架构更加优化、审批环节更加精简、事项办理更加便捷。6月，进一步推进相对集中行政许可权改革试点，将涉及市监、商务、文广等6个部门51项审批事项纳入行政审批局市场准入科，以工商登记为基础，实行证照联动、全业务操作。10月1日，在“三证合一、一照一码”基础上全面实行“多证合一、一照一码”登记制度；2016年12月1日，实施个体工商户“两证整合”登记制度。通过推进相对集中行政许可权改革，一些需要多事项审批建设项目，报建审批时限从以往200多个工作日缩短至50个工作日以内，极端条件下，全部审批时限可压缩至20个工作日以内，所需材料从150多份减少至50份左右。全年市行政审批局受理事项2.97万件，办结2.95万件，按时

海门市政务服务中心外景　　（市政务服务中心　提供）

(承诺)办结率100%，当场办结率86.5%，提前办结率98.8%。全市新增注册各类企业和个体工商户1.2万家，较2015年同期增长60.2%。

通过改革，市行政审批在体制上实现由“分散、重复”型旧模式向“集中、高效”型新模式变革，“一枚印章管审批”审批模式初现成效，行政审批“一长四多”(时间长、图章多、中介多、收费多、材料多)问题得到有效解决，投资和服务贸易更加便利化，市场主体创造活力进一步激发，“大众创业、万众创新”步伐不断加快，投资环境更趋优良。市政务服务中心改革举措，在全省乃至全国县(市)级行政审批服务系统中产生影响，接受全国各地政务服务系统50多批次参观调研，人民网、《新华日报》《南通日报》等主流媒体报道海门走出一条切合实际、富有特色创新之路。

【营业税改征增值税服务】 根据国务院部署，5月1日，全国全面推进营改增工作。改革涉及全市房地产业、建筑业、金融业及生活服务业等4个行业的5200多户纳税人。为保证全面营改增工作顺利实施，成立营改增工作领导小组。市国税、地税多次召开营改增联席会议。市国税局制定全面推行营改增实施方案，加强对政策宣传和培训，通过各种媒体渠道推送营改增信息8000余条、PPT课件10个，培训纳税人1万多人次。4月，市国税局核实录入营改增纳税人信息5265户，发行税控设备786户，完成率均100%。市行政审批局优化营改增服务，实行局领导带队值班，成立营改增服务团队，在政务服务中心增设营改增“绿色”通道，“五一”期间所有窗口正常办税，为纳税人提供便捷、高效服务。

市国税局局长马铭把营改增第一张专用发票交给消费者
(市政务服务中心 提供)

【个体工商户“两证整合”登记制度实施】 8月，国家工商总局、国家税务总局等4部门制定发布《关于实施个体工商户营业执照和税务登记证“两证整合”的意见》，进一步深化商事制度改革，加快推进“多证合一”登记制度改革向个体工商户延伸。12月1日起，全市全面实施个体工商户“两证整合”登记制度。个体工商户“两证整合”登记制度改革是指将个体工商户登记时依次申请、分别由审批局核发营业执照、税务部门核发税务登记证，改为1次申请、由审批局核发1个加载统一社会信用代码的营业执照。实行个体工商户“两证整合”后，公民只需填写“一张表”，向“一个窗口”提交“一套材料”即可办理个体工商户营业执照登记及税务登记。新版营业执照具有原营业执照和税务登记证的功能，实现“一照一码”，通过统一社会信用代码可查询到工商户相关信息，实现个体工商户数据信息实时共享，为“大众创业、万众创新”营造更加优良公共服务环境。

【行政审批局编制人员全到位】 11月，召开市行政审批局编制人员划转工作会议，统一思想，稳妥做好市行政审批局编制人员划转工作。按照“编随事转、人随编走”原则，从市场准入和投资建设相关部门中，划转原部门33名审批人员编制至行政审批局，市行政审批局人员及编制全部到位。进一步确立审批局工作人员“工作就是服务，公务员就是服务员”的为民服务意识，提升审批队伍整体素质，提高审批服务质量。 (童国华)

“12345”政府公共服务

【概况】 2016年，“12345”政府公共服务中心围绕市委、市政府重点工作安排，充分发挥贴近民生、体察民意、解决民困服务功能，进一步规范办理程序、提高办理时效，各项工作成效明显。

“12345”热线平台处理有效案件10.3万余件，办结率99.86%，案件总量较上年同期提升41.15%，其中咨询类问题占28.73%，投诉类问题占64.88%，“12345”案件总体群众满意率93.66%，案件办理获社会各界普遍认可，热线日均受理量近300个，在2月寒潮时期，水表爆裂、水管漏水等问题集中爆发时，平台日均接电量超过800个，在收集信息、缓解民怨、宣传解疑等方面发挥积极作用。应对平台电话量不断增加趋势，中心6月新增5条受理线路，进一步提高热线接通率，减少市民电话排队时间。

数字城管平台响应全国文明城市创建工作要求，切实加强对城市基础设施、建筑和生活垃圾、小区宣传栏、园林绿化、社区乱堆放等问题专项采集活动，确保问题早发现、早解决，全年主动发现和上报各类城市管理问题近2.4万件，结案率超99%，成为改善和提升城市形象助推器。

【制度建设】 首先在“12345”热线工作中：为进一步发挥“12345”热线效能，提高平台人员工作质量，中心确定平台各岗位工作标准，确保各项工作有章可循，有据可考。出台星级评定办法，打破工作人员考核吃案件总量“大锅饭”格局，打造你争我赶工作环境；利用末位淘汰制，从严从重考核，激发员工主观能动性；通过“优秀班组”分组评比，提高员工工作责任心，形成互相监督、互帮互助、积极向上工作氛围。其次在数字城管工作中：为进一步提升数字城管“12319”平台办理质效，加快打造“江海特色现代文明的花园城市”和“强富美高”新海门，印发《关于进一步提升数字城管办理质效的意见》，构筑信息资源共享的城市管理信息系统网络，建立城市管理互动式信息交流平台，有效提高城市管理工作效率和质量，充分发挥数字城管在“大城管”格局下作用。同时，修订完善《海门市数字化城市管理指挥手册》，调整“12319”平台信息系统业务流程标准，事、部件管理标准及责任单位，为正确、快速派遣工单提供有效保障。

【督查考核完善】 一是逐渐从办理结果的督查向办理过程的督查转变、从督查个案办理向督查部门流程转变，2月印发《海门市“12345”政府公共服务热线联动部门组织保障督查考核办法》，并重点对办理周期内群众满意率、办理及时率偏低的三厂工业园区、联通公司等进行上门走访和约谈，进一步提高工作成效。二是进一步发挥媒体曝光和纪检实时监察作用，并成立“12345”行风监督员队伍，利用社会各界力量加强督查实效，海德花园指示牌问题、秀山西路道路损坏问题等都是经第三方监督、媒体曝光后得到落实。三是强化现场督查和协调会议督查，2016年，成功调处群众反映较强烈的大千商贸城自来水管总管破裂需修复、财富广场菲比国际噪音扰民、全市交通信号灯管理主体、开发区大兴村村民房产证办理事宜、城北新村危房拆除涉及线路搬迁等问题。四是在关注个案处置到位的基础上分析平台数据，从市民反映的个性问题上由点及面，由此及彼，进一步对工业园区违法行医、区镇违法建设执法主体等问题进行专项调查，形成专报或请示提交市委、市政府。

【服务整体化提高】 根据《海门市政府机关投诉举报类热线整合实施方案》文件精神，按照有效整合、专项保留原则，整合全市23个单位对外公布的27条非紧急类服务热线，实现统一管理。制定《专项保留热线考核管理办法》，在组织保障、三方通话、知识库更新、案件办理方面确定考核要求和考核方式，通过统一考核管理，提高全市热线工作整体效率和服务水平。

【平台升级】 鉴于系统数据日益庞大的现实，尤其是在热线整合之后话务量大幅增加的情况下，中心利用办公场所搬迁契机，着手推进“12345”热线云平台建设，构建“12345”虚拟化平台，保证终端机数据安全，有效节约政府资源，保障“12345”热线平台系统运行稳定。

【市民参与强化】 开展“公益问题线索，人人参与提供”有奖征集活动，鼓励市民向“12345”热线反映身边社会公益类问题，对有益于社会民生的问题反映者，每月从中抽取若干名“市民监督员”进行奖励；打造以“贴近市民，用心服务”为主题“市民开放日”季度系列活动，把市民请进工作大厅，现场监督并参与中心受理诉求、派遣案件、回访市民全过程，向外界展示中心工作职能、工作任务、工作成果、队伍形象，并不断以市民切身体会和建议改进工作方法。 （胡胜男）

电子政务

【概况】 2016年，市信息中心围绕全市电子政务建设，创新工作思路，改进工作方法，提升服务水平，推进资源整合、信息共享、业务协同等方面工作，较好完成全年各项任务，为加快建设“强富美高”新海门提供坚实保障。“中国海门”政府门户网站连续3年蝉联“江苏省优秀政府网站”称号。

【电子政务云计算中心投用】 5月，市电子政务云计算中心投入使用，建成的市电子政务外网云平台中运行着“中国海门”政府网站群、全市党政机关协同办公系统、行政审批局政务服务系统等10多个重要业务系统，市教育、人社、卫生三大信息化重点部门原服务器等设备全部搬迁至云计算中心运行，新建的云计算中心与原行政中心16楼机房形成主备数据中心，可充分保障市电子政务平台各业务系统数据安全。

【电子政务建设项目审核】 发挥统筹全市电子政务建设、推进跨部门业务协同、整合政务信息资源方面优势，对政府投资的电子政务建设项目进行审核。2016年，参与市水利局“海门市防汛防旱指挥系统”、市公安局“公安技侦定位设备”“海门市老小区、安置小区技防监控工程”“海门市看守所监控系统升级改造和智能监所建设”、市发改委“海门诚信网建设”、市住建局“东洲公园智能化系统改造”、市民政局“智慧养老服务平台改造升级”、市政务服务中心“海门市政务服务社会管理和公共服务综合标准化建设”、市交通局“‘智慧交通’信息化项目建设”等多个电子政务信息化项目审核、把关，有效防止分散建设、重复建设，做到资源整合、共享。

【政务公开推进】 结合上级工作部署和市工作实际，配合市政府办制订《海门市2016年政务公开工作要点》。围绕深化改革、促进经济发展、民生改善、助力政府建设、扩大政务参与加强解读回应、增强公开实效加强能力建设6个方面，通过多种渠道及形式推进公开，切实保障广大群众知情权和监督权，推动法治政府、创新政府、廉洁政府和服务型政府建设。

【政府网站信息内容建设】 贯彻落实《国务院办公厅关于开展第一次全国政府网站普查的通知》精神，加大对全市46家区镇和部门网站普查力度，针对普查发现问题举一反三，查漏补缺，巩固普查成效，推动全市政府网站持续健康发展。全年“中国海门”发布各类政务信息2.3万多条，及时更新本级政府领导名单、简历及工作分工、领导活动专栏，主动公开本级政府部门负责人名单、各部门工作电话；开通“2016海门两会”“2016年经贸投资洽谈会”“海门‘十二五’回眸”“农作物秸秆综合利用专题”“夏季消防检查”等专题专栏；邀请市发改委、教育局、科技局等 12 个政府部门主要领导参加“在线访谈”,与网民开展互动交流。

【网络信息安全保障】 市信息中心引进网络与信息安全监控、防御系统,合理配置网络资源,加快建设全市统一网络管理、终端准入和应用监控平台,提高对网络违规外联、违规内联、运行故障、病毒侵入和网络攻击的发现和防范能力,实现对网络和应用可管可控。做好全市电子政务内外网、政府网站群、党政机关协同办公、行政权力阳光公开透明运行等重要信息系统的日常运维和技术保障工作。配置完备的安全防护设施进行全面防护,每月进行网站外部安全扫描,及时发现并修复漏洞,从源头遏制网站挂马、SQL 注入和跨站点脚本攻击等行为,加固网站安全管理防护。加强对政府网站的账户及口令管理,定期清理检查及时更新,杜绝弱口令、弱密码,消除安全隐患。加强值班值守制度,做好重要时期网络安全保障工作,确保重要信息系统安全。 (龚 球)

人力资源管理

【概况】 2016 年,市人社局围绕“民生为本、人才优先”工作主线,强化责任意识、目标意识、大局意识,在确定全年工作任务的基础上,制定 52 项重点目标任务,实行挂图作战,强化跟踪督查,各项工作全面完成。市人社局被市委、市政府授予“树一流形象、争二次率先”好班子、“市级机关先进部门”“社会治安综合治理先进集体”“更高水平小康建设推进与监测先进部门”等荣誉称号。劳动监察大队被评为“2014—2016 年度全国人力资源和社会保障系统优质服务窗口”(南通唯一)。海门市获评江苏省“2013—2014 年度人才工作突出的县(市、区)”。

【人才队伍建设】 加强人才发展规划,制定《海门市人才发展“十三五”规划》。汇聚海外高端智力,举办“海内外高层次人才海门行”和“百名海外博士江苏行”海门专场洽谈会 5 次,100 多名海外博士到海门对接交流。落实重大人才项目,获批 2016 年度国家、省级引进国外技术、管理人才项目计划 7 个,南通市级项目 9 个,3 人获评“政府特贴专家”和“省突出贡献中青年专家”,申报省“双创博士”1 个。加强人才发展平台建设,龙信集团获批省博士后创新实践基地,临江科创园获评“省级留学回国人员创新创业园”,引进 8 位留学生进园创办企业。加大人才引进力度,组织重点企业参加深圳、南京国际人才交流大会,组织市 143 家(次)用人单位赴外地参加校园招聘,引进5000 名高校毕业生。制定实施人才岗位津贴、购(租)房补贴、服务“绿卡”、引进补贴等政策,完善人才发展软环境。深化职称制度改革,完善科学公平评价机制,创新职称评审监督管理机制,主动上门开展职称服务,新增专业技术人才 8439 人。打造高技能人才大军,培养“海门工匠”,申报全国技术能手、中华技能大奖等高技能人才重点项目 6 个、省“双创计划”高技能创新人才 3 人,新增省首席技师 3 人、高技能人才 7154 人,每万名劳动力中拥有高技能人才 804 人,高技能人才工作继续保持南通领先。

【人事管理】 深入宣传人事管理政策法规,巩固和做强“阳光人事”品牌,进一步提高人事管理科学化水平。在南通市率先完成295 名新参公人员职务与级别确定工作。组织开展 2016 年省公务员招录工作,招录公务员(参公人员)102 人。继续实施和省直单位联考的模式,组织事业单位公开招聘 11 批次,招录 270 人。会同卫计委赴外招聘引进硕士以上高层次人才 16 人,会同市文广新局面向全国公开招聘文艺人才 4 人。坚持岗位需求导向,在特殊人才招聘中引入适岗评价、技能展示(演)等考评方式,增强人员招聘针对性和匹配性,提高招聘质量。认真实施公务员职务与职级并行工作,严格审批,会同组织部完成全市 1080 人职级晋升及工资调整工作。创新管理模式,在南通市率先探索实施教育系统集中设岗管理,获省人社厅肯定和支持。完成政府口行政机关、事业单位工作人员年度考核工作。严格按照政策规定,稳慎实施乡镇工作补贴,妥善处理政策实施中的各类矛盾,5360 名符合条件人员享受补贴。完成 2015 年度行政机关年终一次性奖金和事业单位奖励性绩效工资总量核定、机关事业单位年度工资正常晋升审核工作。完成调整机关事业单位工作人员基本工资标准和增加机关事业单位离休人员离休费工作。制定市国有企业薪酬改革方案。安置军转干部 13 人,做好企业军转干部维稳解困,投入各类解困资金600 余万元,有效化解 2 起集访问题。

【劳动关系和谐稳定】 全面推行建筑领域农民工工资支付实名制管理和工资预留户制度,广泛应用实名制管理信息系统和手机 APP。成立 3 个劳动保障监察

维护劳动权益 (市人社局 提供)

中队，实现工作重心下沉前移，监察执法提速增效。巩固“两网化”（网络化、网格化）管理示范市成果，强化欠薪预警。开展农民工工资专项执法检查、清理整顿劳动力市场秩序、女职工保护专项检查专项执法检查，检查用人单位1700户，涉及9万人，其中农民工8.5万人，切实维护农民工合法权益。与地税、工商部门联动，扩大书面审查范围，审查用人单位1800户，书面审查率100%。全年受理举报投诉案件355起，行政调解352起，处理群体性纠纷49起，为劳动者追讨工资约2800万元，法定期限内结案率100%。加强仲裁调解工作，对重点企业主动上门走访，开展“点对点”联系服务，指导企业规范用工；对群体性纠纷主动提前介入，全程参与，有效缓和矛盾，缩短案件处理时间。全年受理劳动人事争议案件1054件，其中群体性案件33件，按期结案率100%，案件调撤率81%。依法开展工伤认定工作，受理工伤认定申请2150件，做出工伤认定2050件，行政调解80起，组织工伤鉴定4次，鉴定工伤职工1100多人次。

2016年海门市被评为各类高级职称人员一览

表39

姓　名	性别	单　　位	资格名称	姓　名	性别	单　　位	资格名称
黄庆辉	男	海门市中医院	副研究员	李小敏	女	海门市开发区中学	高级教师
方星蓉	女	海门市第三人民医院	副主任护师	张玉华	女	海门市开发区中学	高级教师
陶玉燕	女	海门市第五人民医院	副主任护师	沈　杰	男	海门市开发区中学	高级教师
钮芳萍	女	海门市人民医院	副主任护师	薛全忠	男	海门市开发区中学	高级教师
顾红伟	女	海门市人民医院	副主任护师	冯建平	男	海门市开发区中学	高级教师
樊忠美	女	海门市中医院	副主任护师	李　娟	女	海门市开发区中学	高级教师
沈雪松	女	海门市中医院	副主任护师	俞丽美	女	海门市能仁小学	高级教师
周　蓉	女	海门市中医院	副主任护师	苏建冲	男	海门市能仁小学	高级教师
金星宇	女	海门市中医院	副主任护师	花永平	男	海门市能仁中学	高级教师
姜冬强	男	海门市第四人民医院	副主任技师	朱陆鑫	女	海门市能仁中学	高级教师
高南杰	男	海门市第二人民医院	副主任医师	曹桂华	女	海门市能仁中学	高级教师
李小兵	男	海门市第三人民医院	副主任医师	张　坚	男	海门市三厂镇初级中学	高级教师
施大伟	男	海门市中医院	副主任医师	杨柔美	女	海门市三厂镇初级中学	高级教师
俞柳娟	女	海门市第二人民医院	副主任医师	吴　周	男	海门市三厂镇初级中学	高级教师
蒋永华	男	海门市第二人民医院	副主任医师	周　丹	女	海门市三厂镇初级中学	高级教师
袁　伟	男	海门市第三人民医院	副主任医师	黄鸣燕	女	海门市三和初级中学	高级教师
李　飞	男	海门市第四人民医院	副主任医师	黄李新	男	海门市实验初级中学	高级教师
沈　菊	女	海门市第四人民医院	副主任医师	杨临琳	女	海门市实验初级中学	高级教师
刘　健	男	海门市第五人民医院	副主任医师	张　华	男	海门市实验初级中学	高级教师
朱颂华	男	海门市人民医院	副主任医师	马竞雄	女	海门市实验初级中学	高级教师
赵　忠	男	海门市人民医院	副主任医师	袁正辉	男	海门市实验初级中学	高级教师
龚雪美	女	海门市四甲镇卫生院	副主任医师	唐建军	男	海门市实验初级中学	高级教师
钱正义	男	海门市中医院	副主任医师	黄娇艳	女	海门市实验小学	高级教师
吴玉芳	女	海门市中医院	副主任医师	倪　燕	女	海门市实验小学	高级教师
范　巍	男	海门市中医院	副主任医师	沈向前	男	海门市树勋初级中学	高级教师
张　慧	女	海门市中医院	副主任医师	杨益平	男	海门市树勋初级中学	高级教师
沈红娟	女	海门市中医院	副主任医师	郁丹蓉	女	海门市树勋初级中学	高级教师
张剑锋	男	海门市第四人民医院	副主任中医师	肖雪娟	女	海门市四甲初级中学	高级教师
袁育红	女	海门市人民医院	副主任中医师	唐朝霞	女	海门市四甲小学	高级教师
秦　佩	女	海门市中医院	副主任中医师	钱冬明	男	海门市四甲中学	高级教师

续表 39

姓　名	性别	单　　位	资格名称	姓　名	性别	单　　位	资格名称
杨冬梅	女	海门市建筑设计院有限公司	高级工程师	刘李治	男	海门市四甲中学	高级教师
徐海涛	男	海门市政府投资项目工程建设中心	高级工程师	吴耀方	男	海门市四甲中学	高级教师
崔　勇	男	海门市政府投资项目工程建设中心	高级工程师	唐　锋	男	海门市四甲中学	高级教师
蔡春燕	男	龙信建设集团有限公司	高级工程师	杨德华	男	海门市四甲中学	高级教师
葛新波	男	南通中远重工有限公司	高级工程师	瞿正东	男	海门市四甲中学	高级教师
徐翠林	男	招商局重工(江苏)有限公司	高级工程师	蒋丽英	女	海门市四甲中学	高级教师
姚汝林	男	招商局重工(江苏)有限公司	高级工程师	吴　康	男	海门市四甲中学	高级教师
邱小龙	男	海门慧聚药业有限公司	高级工程师	梁丽霞	女	海门市四甲中学	高级教师
朱　亮	男	海门南黄海建设发展有限公司	高级工程师	姜　凯	男	海门市四甲中学	高级教师
仇汉江	男	海门市防汛防旱指挥部办公室	高级工程师	许　欣	女	海门市四甲中学	高级教师
沈　平	男	海门市防汛防旱指挥部办公室	高级工程师	顾丽春	男	海门市四甲中学	高级教师
徐克诚	男	海门市广播电视台	高级工程师	蒋　勇	男	海门市四甲中学	高级教师
龚　英	女	海门市海晋交通工程试验检测有限责任公司	高级工程师	陈林冲	男	海门市四甲中学	高级教师
施敏敏	男	海门市机动车辆检测中心	高级工程师	丁燕舞	女	海门市四甲中学	高级教师
施赛钢	男	海门市建筑设计院有限公司	高级工程师	赵益平	男	海门市汤家初级中学	高级教师
张　超	男	海门市建筑设计院有限公司	高级工程师	黄忠良	男	海门市天补镇初级中学	高级教师
陈　静	女	海门市建筑设计院有限公司	高级工程师	陈建忠	男	海门市天补镇初级中学	高级教师
姜　伟	男	海门市交通建设工程有限公司	高级工程师	姜金美	女	海门市万年初级中学	高级教师
高晓罡	男	江苏南通三建集团股份有限公司	高级工程师	王海霞	女	海门市育才小学	高级教师
袁　备	男	江苏南通三建集团股份有限公司	高级工程师	沈红娟	女	海门市悦来中心小学	高级教师
陆红卫	男	江苏中南建设装饰有限公司	高级工程师	张　燕	女	海门市正余初级中学	高级教师
汤东健	男	江苏中南建筑产业集团有限责任公司	高级工程师	钱　华	女	海门市正余小学	高级教师
魏桂顺	男	江苏中南建筑产业集团有限责任公司	高级工程师	黄芳琳	女	海门市证大中学	高级教师
汤　胜	男	江苏中南建筑产业集团有限责任公司	高级工程师	马　琳	女	海门市证大中学	高级教师
孙园林	男	江苏中南建筑产业集团有限责任公司	高级工程师	蔡华鑫	男	海门市证大中学	高级教师
尹冬冬	男	金轮科创股份有限公司	高级工程师	黄美端	女	海门市证大中学	高级教师
王永辉	男	龙信建设集团有限公司	高级工程师	郁卫高	男	海门市证大中学	高级教师
王　新	男	龙信建设集团有限公司	高级工程师	黄建慧	男	海门市证大中学	高级教师
薛　丰	男	龙信建设集团有限公司	高级工程师	袁　杰	男	海门市证大中学	高级教师
郭东升	男	龙信建设集团有限公司	高级工程师	杨文健	男	海门市证大中学	高级教师
张周强	男	龙信建设集团有限公司	高级工程师	施红专	男	海门市证大中学	高级教师
张建钟	男	南通昊天建筑工程有限公司	高级工程师	谢宏雷	男	海门市证大中学	高级教师
钱益锋	男	南通市中南建工设备安装有限公司	高级工程师	王九琴	女	海门市证大中学	高级教师
顾春惠	男	南通市中南建工设备安装有限公司	高级工程师	徐向东	男	海门市证大中学	高级教师
仇连勇	男	南通中厦建筑工程总承包有限公司	高级工程师	刘红健	女	海门市证大中学	高级教师
张建成	男	南通中厦建筑工程总承包有限公司	高级工程师	施　伟	男	海门市中小学教师研修中心	高级教师
汤炳祥	男	南通中厦建筑工程总承包有限公司	高级工程师	张　颖	女	江苏省包场高级中学	高级教师
汤小军	男	南通中厦建筑工程总承包有限公司	高级工程师	黄海军	男	江苏省包场高级中学	高级教师

续表 39

姓　名	性别	单　　位	资格名称	姓　名	性别	单　　位	资格名称
李小勇	男	中联世纪建设集团有限公司	高级工程师	陶德泉	男	江苏省包场高级中学	高级教师
蔡仲华	男	海门市设备安装工程有限公司	高级会计师	白　银	男	江苏省包场高级中学	高级教师
崔志高	男	江苏海门农村商业银行股份有限公司	高级会计师	钱　斌	男	江苏省包场高级中学	高级教师
张振慧	男	江苏南通三建集团股份有限公司	高级会计师	张荣根	男	江苏省包场高级中学	高级教师
邢　燕	女	金轮科创股份有限公司	高级会计师	姚迎霞	女	江苏省包场高级中学	高级教师
王永军	男	凯盛家纺股份有限公司	高级会计师	刘鲜明	女	江苏省包场高级中学	高级教师
黄　健	男	南通宏大联合会计师事务所(普通合伙)	高级会计师	许朝艳	女	江苏省包场高级中学	高级教师
陶晓敏	女	南通中远重工有限公司	高级会计师	郁中华	男	江苏省包场高级中学	高级教师
钱　琴	女	江苏省海门中等专业学校	高级讲师	陈　刚	男	江苏省包场高级中学	高级教师
周　平	男	江苏省海门中等专业学校	高级讲师	朱书娟	女	江苏省包场高级中学	高级教师
殷志祥	男	江苏省海门中等专业学校	高级讲师	周　静	女	江苏省包场高级中学	高级教师
费海勇	男	江苏省海门中等专业学校	高级讲师	王德平	男	江苏省包场高级中学	高级教师
陈帅花	女	江苏省海门中等专业学校	高级讲师	叶兰花	女	江苏省海门师范附属小学	高级教师
何小华	女	江苏省海门中等专业学校	高级讲师	郁　斌	男	江苏省海门师范附属小学	高级教师
范锋浩	男	江苏省海门中等专业学校	高级讲师	陆允香	女	江苏省海门市东洲小学开发区校区	高级教师
周　英	女	江苏省海门中等专业学校	高级讲师	施健斌	男	江苏省海门市东洲小学开发区校区	高级教师
管成红	女	江苏省海门中等专业学校	高级讲师	季　湘	女	江苏省海门市海南小学	高级教师
陈德均	男	江苏省海门中等专业学校	高级讲师	江　兵	男	江苏省海门市六甲初级中学	高级教师
黄雄心	男	江苏省海门中等专业学校	高级讲师	祁　兵	男	江苏省海门市六甲初级中学	高级教师
陈春娟	女	海门实验学校高中部	高级教师	张素群	女	江苏省海门市悦来镇初级中学	高级教师
沈　华	男	海门市第一中学	高级教师	杨钧捷	男	江苏省海门中学	高级教师
李　恩	男	海门市第一中学	高级教师	李　静	女	江苏省海门中学	高级教师
卞海娟	女	海门市第一中学	高级教师	吴惠琴	女	江苏省海门中学	高级教师
吴佩华	女	海门市海南幼儿园	高级教师	唐　英	女	江苏省海门中学	高级教师
倪　蕙	女	海门市锦绣幼儿园	高级教师	李红克	男	江苏省海门中学	高级教师
吴雨花	女	海门市开发区中学	高级教师	东立新	男	江苏省海门中学	高级教师
沈海燕	女	海门市能仁幼儿园	高级教师	尹秀辉	女	江苏省海门中学	高级教师
戎士锋	男	海门市能仁中学	高级教师	龚海燕	女	江苏省海门中学	高级教师
沈莉红	女	海门市能仁中学	高级教师	季冬英	女	江苏省海门中学	高级教师
丁　娟	女	海门市三厂镇中心幼儿园	高级教师	石丽玲	女	江苏省海门中学	高级教师
沈　慧	女	海门市三厂镇中心幼儿园	高级教师	赵慧君	女	江苏省海门中学	高级教师
张红梅	女	海门市实验幼儿园	高级教师	姚锦斌	男	江苏省海门中学附属学校	高级教师
沈一松	男	海门市天补中心小学	高级教师	施　燕	女	江苏省海门中学附属学校	高级教师
施玉美	女	海门市通源幼儿园	高级教师	张士锋	男	江苏海门农村商业银行股份有限公司	高级经济师
陈晓忠	男	江苏省包场高级中学	高级教师	沈向东	男	江苏海门农村商业银行股份有限公司	高级经济师

续表 39

姓　名	性别	单　　位	资格名称	姓　名	性别	单　　位	资格名称
俞　峰	男	江苏省包场高级中学	高级教师	王　莉	女	江苏南通三建集团股份有限公司	高级经济师
袁春华	女	江苏省海门中学	高级教师	陈小平	男	江苏中南建设集团股份有限公司	高级经济师
黄新艳	女	海门实验学校附属小学	高级教师	施　贤	男	龙信建设集团有限公司	高级经济师
陈燕华	女	海门实验学校高中部	高级教师	王德平	男	中新仁恒海门长江生态科技城投资发展有限公司	高级经济师
夏　冰	男	海门实验学校高中部	高级教师	姜锦玉	女	海门市农业局	高级农经师
袁　铮	男	海门实验学校高中部	高级教师	肖　锦	男	江苏省海门中等专业学校	高级农经师
刘　立	女	海门实验学校高中部	高级教师	袁　媛	女	海门市农业干部学校	高级农艺师
郭春风	男	海门实验学校高中部	高级教师	盛美娣	女	海门市农业干部学校	高级农艺师
毛明娟	女	海门实验学校高中部	高级教师	沈　华	男	海门市蔬菜生产技术指导站	高级农艺师
陆丽华	女	海门实验学校高中部	高级教师	龚佩华	女	海门市蔬菜生产技术指导站	高级农艺师
陆敏娟	女	海门实验学校高中部	高级教师	许锦洲	男	海门市四甲镇农业服务中心	高级农艺师
倪嘉凯	男	海门实验学校高中部	高级教师	吴华新	男	海门市余东镇农业服务中心	高级农艺师
倪红华	女	海门实验学校高中部	高级教师	江赵兴	男	海门市动物卫生监督所	高级兽医师
陈　美	女	海门市包场初级中学	高级教师	姜丽琴	女	海门市正余镇社会事业服务中心	高级统计师
陈　瑜	男	海门市包场初级中学	高级教师	郁翠华	女	海门工业园区(三星镇)卫生院	社区副主任护师
吴建忠	男	海门市常乐初级中学	高级教师	姜冬玲	女	海门市滨江街道第一社区卫生服务中心	社区副主任护师
杨文华	女	海门市常乐中心小学	高级教师	沈玉华	女	海门市海门街道第二社区卫生服务中心	社区副主任护师
黄慈洪	男	海门市德胜初级中学	高级教师	李　霞	女	海门市海门街道第一社区卫生服务中心	社区副主任护师
李冬辉	男	海门市第一中学	高级教师	陈俊杰	男	海门市三厂街道社区卫生服务中心	社区副主任技师
张文龙	男	海门市第一中学	高级教师	赵爱华	女	海门工业园区(三星镇)卫生院	社区副主任药师
单柳旭	女	海门市第一中学	高级教师	姜如英	女	海门市滨江街道第一社区卫生服务中心	社区副主任药师
施浩杰	女	海门市第一中学	高级教师	姜红霞	女	海门港新区(包场镇)卫生院	社区副主任医师
彭利平	男	海门市第一中学	高级教师	姜晓萍	女	海门工业园区(三星镇)卫生院	社区副主任医师
岑红美	女	海门市第一中学	高级教师	凌海容	女	海门工业园区(三星镇)卫生院	社区副主任医师
倪达聪	男	海门市第一中学	高级教师	徐　杨	女	海门市滨江街道第一社区卫生服务中心	社区副主任医师
张延芳	女	海门市第一中学	高级教师	黄菊贤	女	海门市临江新区(临江镇)卫生院	社区副主任医师
蔡炳华	男	海门市第一中学	高级教师	徐　菊	女	海门市临江新区(临江镇)卫生院	社区副主任医师
徐博文	男	海门市第一中学	高级教师	王　勤	女	海门市三厂街道社区卫生服务中心	社区副主任医师
滕树炎	男	海门市第一中学	高级教师	丁爱华	男	海门市四甲镇卫生院	社区副主任医师
邱　燕	女	海门市第一中学	高级教师	袁春蕾	女	海门市悦来镇卫生院	社区副主任医师
金　花	女	海门市第一中学	高级教师	钱宇锋	男	海门市正余镇卫生院	社区副主任医师
李永康	男	海门市第一中学	高级教师	陆卫兵	男	海门市滨江街道第一社区卫生服务中心	社区副主任医师
尹　惠	女	海门市第一中学	高级教师	徐　宏	男	海门市常乐镇卫生院	社区副主任医师

续表 39

姓　名	性别	单　　位	资格名称	姓　名	性别	单　　位	资格名称
蒋劲松	男	海门市第一中学	高级教师	宋拥华	男	海门市余东镇卫生院	社区副主任医师
茅春华	女	海门市东洲国际学校	高级教师	徐　健	男	海门市滨江街道第一社区卫生服务中心	社区副主任中医师
张胜阳	男	海门市东洲国际学校	高级教师	王　栋	男	海门市滨江街道第一社区卫生服务中心	社区副主任中医师
钱卫贤	女	海门市东洲国际学校	高级教师	张　军	男	江苏中南建筑产业集团有限责任公司	研究员级高级工程师
陈宇恩	男	海门市东洲中学	高级教师	施俊进	男	海门市海南中学	正高级教师
任卫华	男	海门市东洲中学	高级教师	赵永新	女	海门市中医院	主任护师
徐　沙	女	海门市东洲中学	高级教师	张宇娟	女	海门市中医院	主任护师
曹　燕	女	海门市东洲中学	高级教师	陆新华	女	海门市广播电视台	主任记者
吴锦菊	女	海门市东洲中学	高级教师	王　钧	男	海门市第四人民医院	主任医师
陆水其	男	海门市国强中心小学	高级教师	王效全	男	海门市妇幼保健所	主任医师
陆卫兵	男	海门市海门港新区实验学校	高级教师	黄　诚	男	海门市疾病预防控制中心	主任医师
李伟荣	女	海门市海南中学	高级教师	李　萍	女	海门市人民医院	主任医师
徐立明	男	海门市海南中学	高级教师	李　俊	女	海门市人民医院	主任医师
汤慧敏	女	海门市海南中学	高级教师	陈冰宇	女	海门市人民医院	主任医师
徐　勤	女	海门市海南中学	高级教师	蒋振兰	女	海门市中医院	主任医师
陆　平	男	海门市海南中学	高级教师	张丽娟	女	海门市中医院	主任医师
黄海燕	女	海门市海南中学	高级教师	高晓燕	女	海门市中医院	主任医师
徐　燕	女	海门市开发区中学	高级教师				

（钱宁宁）

档案工作

【概况】 2016年，全市档案工作坚持依法治档，不断完善“三个体系”（档案资源体系、档案利用体系、档案安全体系）建设，扎实推进全市档案事业科学发展。市档案馆馆藏全宗183个，案卷25.37万卷（件），其中以件为保管单位的档案24.63万件，馆藏资料3.44万册，照片档案2054张，实物档案1879件。市烟草局、市地税局、市供电局、市审计局、海门港港新村5家单位通过档案工作规范复查与测评。市公安局创成省AAA级数字档案室。市档案局（馆）全年接待社会各界档案利用者4161人次，查阅档案7490卷（件），复印1.35万页。获评市未成年人思想道德建设工作先进集体。

【档案资源建设】 接收进馆市级机关党工委、计生委、政法委、政府办、党史办、住建局等9家单位到期文书档案1393卷3.19万件、印章2枚。探索民生档案实体进馆和数据共享，接收新通海沙综合整治工程指挥部会计档案394卷、照片109张、水利档案295卷；接收婚姻档案12.4万件，实现实体与电子档案同步接收。实时开展农村土地确权档案移交进馆，全年191个村、15万卷档案顺利移交进馆。加强特色档案征集，征集到《张謇与海门——早期现代化思想与实践》《张謇语萃》《泰州粮油票证大观》等图书资料16本。

【经济领域建档】 深化贯彻实施国家档案局10号令，服务指导企业建档，指导海门招商重工、江苏亨通电子线缆科技有限公司、通光集团等企业档案规范化建设。做好海门招商重工建设项目竣工档案的省级巡查和13家重大建设项目档案管理登记工作；指导江城建设发展有限公司和市河闸主江堤建设工程项目档案达星级标准。

【档案划控与抢救】 2016年，市档案馆完成到期档案划控，对馆藏1981年至1986年期间的104个全宗、1.88万卷文书档案进行开放审查。确定8619卷档案符合开放规定，向社会开放、公布。开展重点档案保护，有计划开展史志、旧县志全文数字化加工；加强与南通大学张謇研究所合作，分批次开展民国档案卷内目录编制，已完成600卷。

【档案信息化建设】 指导全市各镇（区、街道）、机关完成档案目录输入，完成11家进馆单位电子目录录入合计17.04万

江苏省中小学档案教育基地的参观活动　　（周　敏　摄）

条；完成馆藏8个全宗、1792卷、26.02万页档案的全文数字化，录入目录7.68万条；全市各级机关档案数字化扫描合计25个全宗、23.76万页；实时做好海门档案信息网站更新和维护。

（钱晓慧）

机关事务管理

【概况】 2016年，机关事务管理局以科学发展为主题，以作风建设为抓手，按照"为机关高效运转服好务，进而为经济社会管理服好务，为人民群众服好务"要求，保障海门市机关高效运转。被评为市"目标管理绩效考核先进部门"，20余篇介绍经验的报道和信息在南通市和江苏省机关事务管理部门网站发表，"实施后勤管理'361'工作法　做到优质高效服务"项目获"南通市机关事务管理创新奖"二等奖。

【内部长效管理】 以作风建设提升年和"三清"(干部清正、政府清廉、政治清明)示范单位创建活动为抓手，通过专项整治，确保政令畅通。制定出台《后勤员工基本行为规范》《后勤员工月度绩效考核意见》《后勤员工考勤制度》《后勤员工奖惩条例》等系列规章制度，形成按制度办事、靠制度管人长效机制。建立机关各科室与后勤服务中心五部门、公务用车服务中心结对制度，解决突出问题。制定科学、量化、操作性强的考核制度和奖惩处理办法，并将考核结果作为后勤员工业绩评定、奖励惩处、选拔任用的重要依据。

【岗位练兵】 在后勤服务中心各部门、公务用车服务中心组织开展全员参与的服务之星评比、优秀班组评比活动。通过比一比、看一看，增强危机意识、本领恐慌意识，强化学习动力，营造"人人都来学习，个个都来争先"浓厚学习氛围。

【队伍建设】 开展"两学一做"学习教育，抓作风长效管理，局党组带头讲规矩、守纪律，用制度管人、事、物、钱，加强党风廉政建设和精神文明建设，参与开展扶贫帮困、"慈善一日捐"、义务植树、志愿服务和无偿献血等社会公益活动。坚持推进"六个一"(读一本好书、学一项技能、受一次培训、搞一个调研、办一件实事、爱一种运动)全员素质提升工程，激发干部职工工作热情和创造精神，提高队伍的凝聚力和战斗力。

【资产管理】 巩固机关办公用房清理成果。对照2014年标准开展"回头看"，强调单位负责人在各单位办公用房使用管理中领导责任。并对各单位办公用房使用情况进行实地督查。根据中央《关于全面推进公务用车制度改革的指导意见》，做好公务用车及执法执勤用车集中管理平台建设，出台《海门市南通市域内、本市保障区外公务出行管理办法(试行)》，有效保障基层公务出行需要；审批各单位公务交通补贴，处置公务用车改革中取消车辆；10月底开始，推动全市企事业单位公务用车改革。

【节能降耗】 贯彻实施《公共机构节能条例》和《江苏省公共机构节能管理办法》，2016年度全市公共机构人均综合能耗、单位建筑面积能耗、人均水耗分别下降3.6%、3.2%、4.3%，发放各类宣传资料500余份，各公共机构开展节能培训和教育40余次。累计创建国家级省级节能示范单位5家，切实发挥公共机构在生态文明、节能减排、节水型城市创建中示范作用。

【服务保障】 平安建设常抓不懈，健全安全工作网络、责任体系、应急机制，全年安全生产零事故。工程维护注重设施设备的日常维护保养，畅通报修渠道，建立快速反应机制，确保行政中心设施设备正常运行。餐饮服务严把饮食卫生安全关，努力提高餐饮服务质量。会务保障坚持节俭办会原则，规范会议服务标准，注重服务细节，不断提升服务质量。物业保洁加强保洁质量监督，严格执行"定人、定点、定时"卫生保洁制度，确保行政中心美观、整洁。公务用车服务中心完善管理措施，强化监督手段，健全考评机制，科学调配车辆，完成全市大型活动公车保障任务，全年无重大责任事故。

（张佳丽）

政协海门市委员会

综　述

【概况】 2016年，市政协积极作为，尽心履职，全年召开常委会议4次，组织专题调研9次，形成调研报告9篇，组织协商活动19次，开展视察活动8次，转送各类建议98条，组织办理提案264件，向市委、市政府报送《各界反映》2期，编印文史资料《当代海门人》1

期、《辉煌历程——纪念海门政协成立60周年》纪念册1册及内刊《海门政协》4期，为全市经济社会发展做出应有贡献。

重要会议

【市政协十三届五次会议】 1月11日—13日，市政协十三届五次会议举行。会议听取并审议通过市政协主席黄汉忠所作的常委会工作报告、副主席席尚俭所作的提案工作情况报告。市委书记姜龙致辞，充分肯定市政协2015年工作，并对2016年政协工作提出希望和要求。8位委员分别就加强民间融资监管、科学规划市区交通、加大对农产品质量安全监督、加强乡村医技队伍建设、实施精准扶贫、加快发展现代物流业、提升安置小区物业管理水平和提高职教发展水平专题进行大会发言。会议期间，与会委员列席市人大十六届五次会议第一次大会，听取和讨论市政府工作报告等重要内容。

【市政协十三届十七次至二十次常委会议】 4月19日，市政协召开十三届十七次常委会议。会议协商通过《突破重点，精准发力，加快推进创新型城市建设》调研报告。7月29日，市政协召开十三届十八次常委会议。会议听取市政府关于上半年全市经济社会发展情况的通报，并协商讨论市政府下半年部分工作和市政协提案办理工作。10月14日，市政协召开十三届十九次常委会议。会议协商通过《统筹推进，加快全市养老服务事业发展》和《加快城市转型，打造具有江海特质的现代花园城市》调研报告。12月31日，市政协召开十三届二十次常委会议。会议听取市政府关于2016年政协委员提案办理情况通报，协商通过市政协十四届一次会议有关事项及有关人事事项。

【纪念海门政协成立60周年座谈会】 11月4日，市政协召开纪念海门政协成立60周年座谈会。市委、市政府主要领导，历届在海门的市政协老领导、老委员代表参加座谈会，大家一同回顾海门政协60年风雨兼程，畅谈新时期政协组织崇高使命。

纪念海门政协成立60周年座谈会　　　　(市政协办　提供)

重要工作

【参政议政】 市政协围绕“创新型城市建设”“精准扶贫”“呼应‘一带一路’国家战略”“加快全市养老事业发展”等一系列全市经济社会发展中重难点问题和深层次问题，采取听取汇报、察看现场、组织座谈、考察学习等方式，深入调查研究，积极协商讨论，提出很多有针对性、有见地、有份量建议，为市委决策提供依据和参考。特别在南通、海门党代会召开后，及时完善年度工作计划，把“加快城市转型发展”增为常委会协商课题，主动融入市委中心工作。在深入调研基础上，就加快海门市城市转型的总体构想、工作重点等提出意见建议，转送的调研报告《加快城市转型，打造具有江海特质的现代花园城市》得到市委、市政府主要领导充分肯定和重视。2016年建立部门办理落实情况向市政协常委会通报制度，推动调研协商成果更多转化为党政决策和部门工作举措。

【专题协商】 重点围绕“加快建筑产业现代化步伐”“规划建设城市交通枢纽和快速通道”“加快医疗卫生体制改革”“社区居家养老模式运行”“废旧品收购交易市场整治疏导”等内容开展专题协商，协助市委、市政府推进相关工作开展。逐步形成“前期调研准备，提出初步建议”“座谈互动交流，推动形成共识”“形成协商建议，转送市委市政府”“追踪成果转化，提高协商成效”工作流程。召开市政协专委会和市党政有关部门对口协商会议，对进一步加强对口协商工作科学、规范、有序、高效展开提出明确要求。班子成员牵头完成“积极推进中心镇文化建设”“农村集体聚餐管理工作”等9个议题的对口协商，转送“珠江路道路改造应与雨污分流工程相结合”“加强对东洲市场周边路边摊点整治力度”等30余条建议。

【视察活动】 重点围绕“智慧城市建设推进(含“12345”热线平台运行情况)”“教育集团化管理运行”“文化产业发展(含余东古镇的修复建设)”“重点提案办理”和“政府民生工程实施情况”等专题开展视察。视察程序形成“视察前开展调查研究、掌握真实情况，视察中认真听取汇报、广泛征求意见，视察后形成书面报告、提出意见建议”工作机制。一些事关全局的重点工作、社会普遍关心的问题在视察中得到推进和落实。

【委组活动】 明确市政协领导班子分工安排，增强委员小组和界别活动频次，联络委员形式更为常态规范，特别是在谋划新一年工作思路前，班子成员分别召集城区界别、乡镇委员小组开展座谈会，充分听取委员的意见和建议，并以此作为市政协开展课题调研、视察活动、会议安排的重要依据。同时，组织

与新疆伊宁县政协缔结“友好政协”签约　　（市政协办　提供）

委员深入社区、深入基层、深入一线，通过办慈善、做公益、献爱心，主动承担社会责任，帮扶弱势群体，化解社会矛盾，当好促进社会和谐“润滑剂”。组织开展纪念海门政协成立60周年系列活动，召开座谈会，编印出刊《辉煌历程——纪念海门政协成立60周年》纪念册，充分发挥政协文史资料“存史资政、团结育人”积极作用，进一步提升海门政协对外影响力。

【团结联谊】 加强与工商联、无党派知识分子联谊会、新社会阶层联谊会等团体组织的联谊交流，营造民主协商、和谐议政的合作氛围。举办市“三胞”眷属暨港澳台侨资企业代表座谈会、中秋联谊会，加强沟通、密切联系、增进感情，引导两岸三地的有识之士为海门发展贡献力量。

【对外交流】 加强与上级政协、兄弟政协的交流合作。与新疆伊宁县政协缔结“友好政协”，开辟交流合作、互补发展便捷通道。市政协班子成员分别参加长三角十三县(市区)政协工作研讨会、江苏沿海十四县(市区)政协工作联谊会，推介海门经济社会发展成果和政协特色工作。

【自身建设】 以强化学习培训为突破口，依托国家行政学院举办首期政协委员暨政协干部培训班。健全工作制度，实现政协工作有章可依、由据可循。修订完善《市政协委员履职管理办法》《市政协专门委员会工作通则和简则》《市政协联络委工作考核办法》等各项重要规章制度。

提案工作

【概况】 市政协十三届五次会议以来，全体政协委员、政协各参加单位和各专门委员会深入调查研究，积极建言献策，提交提案272件。经审查立案264件，交64家部门和单位办理。截至2016年年底，所有提案办理完毕。一次答复的满意和基本满意率98.1%，二次答复的满意和基本满意率100%。

【提案工作合力凝聚】 政协提案工作呈现“党政重视、政协推动、各方配合”崭新格局。市委、市政府把提案办理工作纳入政府重点督查范围和部门年度目标管理绩效考核文件。市委、市政府主要领导亲自把好相关提案的答复关和落实关。市政协精心研究部署提案线索征集、立案审查、重点筛选、视察督办、评议评优等方面重要工作，定期听取提案工作汇报。主席会议成员领衔督办重点提案，政协机关全员参与，推进提案办理落实。承办单位健全提案办理组织机制，分解落实提案办理，保证办理时效、办理质量。

【提案整体质量提升】 市政协坚持抓好提案质量提高，注重培训引导，在国家行政学院举办委员专题培训班，有效提升委员综合素质和履职能力。拓宽征集渠道，内外结合，上下联动开展提案线索征集，广泛听取和收集社情民意。通过会议座谈、上门调研等多种形式听取有关部门和区镇负责人意见建议，为委员撰写提案提供重要参考。

【提案办理实效提高】 市政协坚持突出重点，以点带面，强化督办，扩大办理成效。重点提案重点督办。政协领导亲自挂帅，召开重点提案办理工作专题会议，部署重点提案办理工作，围绕重点提案开展视察与专题协商活动，保证重点提案落实到位。不满意提案加强督办。对不满意提案反复研究，逐件分析，查找不满意症结，通过多种形式与“提”“办”双方沟通交流，寻找解决问题的途径，推动不满意提案落实。面上提案做好督办。坚持走访承办大户，了解面上提案办理情况；坚持通报办理结果，监督承办单位按时通报提案办理结果，杜绝重答复轻落实现象发生；坚持提案工作公开，提案内容、提案答复及办理结果在中国海门门户网站和海门政协网站全部即时公开。

【提案工作机制完善】 市政协坚持开拓创新，不断提高提案工作水平。优化提案网上办理机制，坚持提案工作全过程网络化运行；推行二次反馈，引导委员对提案办理结果进行二次反馈评价，持续关注和推动有关问题解决。完善提案工作激励机制，明确表彰办法，落实考核细则，按需增加奖项，按时落实奖励，提升政协委员与承办单位责任意识、质量意识。探索第三方评价机制，制定相关实施办法，组建专业、全面的评价队伍，开展第三方评价活动，扩大提案工作的社会关注、社会参与和社会影响。试行常委会议通报机制。市政协常委会议，邀请住建局、公安局、交通局、教育局、市场监督管理局5部门负责人，分别就城市地下排水管网改造、居民小区物业管理、无户口人员户口登记、城市公共交通建设、直饮水进校园、餐饮“一

海门市政协十三届五次会议重点提案一览

表 40

序号	提案号	提案标题	提案人
1	177	科学规划市区交通枢纽　倾力打造城市快速通道	黎　立
2	148	关于改造城市地下排水管网的建议	潘晓林
3	092	关于加强废品收购点管理的建议	郁国强
4	120	关于在城区公共场合免费开放 Wi-Fi 的建议	江建茹
5	224	关于加快完善社区养老服务建设的建议	黄建荣
	233	关于促进社区养老事业发展的建议	陈新龙等
6	228	关于精准扶贫的几点建议	黄磊等
	234	关于实施精准扶贫的建议	悦来镇政协工作联络委员会
7	074	关于实施直饮水进校园工程的建议	徐红等
8	062	关于加强乡村医技队伍建设的建议	悦来镇政协工作联络委员会
9	010	关于加快商业步行街转型升级健康发展的建议	滨江街道政协工作联络委员会
10	245	关于解决我市无户口人员户口登记问题的建议	四甲镇政协工作联络委员会

条龙”服务等提案作情况通报，会后向承办单位转送进一步做好相关提案办理工作意见建议。（黄卯斐）

中共海门市纪律检查委员会

综　　述

【概况】 2016 年，全市各级纪检监察组织履行党章赋予职责，把纪律和规矩挺在前面，强化监督执纪问责，抓好重点任务落实，各项工作取得新进展和成效，为海门经济社会发展提供坚强纪律保障。

层层传导压力，推动“两个责任”（党委负主体责任、纪委负监督责任）落地生根。认真落实全面从严治党要求，坚持以上率下、综合施策，层层压实责任，强化履责担当，健全完善责任落实体系。市委在年初开展“落实全面从严治党主体责任”承诺活动，举行领导干部廉洁自律承诺仪式，区镇、市直部门签订递交《落实全面从严治党主体责任承诺书》，用签字背书强化责任担当。市委常委会 10 次对全面从严治党工作进行专题研究，并将全面从严治党列入全市目标管理绩效考核。市纪委发挥组织协调作用，协助市委抓好责任落实，制定下发《关于进一步强化党风廉政建设“两个责任”的工作方案》，细化明确各级党组织领导班子、班子主要负责人、班子其他成员责任清单，并纳入责任制科学化管理系统中实时监督考核。年中对 79 家被考核单位“两个责任”落实情况开展专项督查，对 67 家“两个责任”清单履责不到位单位公开通报批评。年底由市委常委和党员副市长带队，对 14 家单位开展重点督查，3 家单位被一票否决。坚持“一案双查”，对 5 名党员干部实施党风廉政建设责任追究，失责必问、问责必严成为常态。

突出挺纪在前，探索实践“四种形态”。落实纪法分开、纪在法前、纪比法严要求，坚持惩前毖后、治病救人方针，用纪律管住大多数。注重抓早抓小、防微杜渐，诫勉谈话 181 人，提醒谈话 227 人，责令作出书面检查 47 人，通报批评 77 人，其他问责方式 21 人，函询 6 人。发挥信访举报主渠道作用，受理群众举报 334 件次，提供成案线索 95 条，实施信访监督 57 件次。完善反腐败协调小组工作机制，市委反腐败协调小组其他成员单位向市纪委移交问题线索 63 件，成案 63 件。依纪依法安全文明办案，强化非“两规”（规定时间、规定地点）谈话场所安全隐患排查整改，规范纪律审查工作程序。加强和改进案件审理工作，用党章党规党纪衡量违纪行为。查处发生在群众身边“四风”（形式主义、官僚主义、享乐主义、奢靡之风）和腐败问题案件 39 起，党政纪处分 66 人，公开曝光 6 起典型案例，以从严执纪实效提升群众获得感。

严格监督管理，打造过硬纪检干部队伍。贯彻落实民主集中制，修订完善《常委会议事决策规则》。高标准严要求完成市镇两级纪委换届工作，落实纪委书记、副书记提名考察要求，配齐配强纪委委员，优化班子整体结构。开展问题线索“大起底”工作，全体纪检监察干部作出问题线索“零持有”承诺。制定出台《问题线索集中管理实施办法》，促进问题线索管理规范化、制度化，有效防控纪检监察系统内部廉政风险。举办全市区镇纪（工）委委员专题培训班，印发《关于进一步发挥区镇纪（工）委委员作用的实施意见》，为推动区镇纪（工）委委员认真履职、提高基层纪检监察组织工作水平提供保障。根据上级纪委派驻改革要求，启动综合派驻工作，推进派驻监督“全覆盖”。加强队伍能力建设，5 月、9 月组织纪检监察干部赴江西省纪检监察干部培训中心参加综合业务培训，组织市直部门和区镇专职纪检监察干部到机关科室跟班学习，有效提升履职水平能力。发挥干部管理监督机构作用，强化对各级纪检监察干部的日常管理监督，组织全体纪检监察干部收看《永远在路上》《打铁还需自身硬》，严防“灯下黑”，筑牢执纪者必先守纪廉政防线。

重要会议

【全市领导干部警示教育大会】 2 月 4 日，市委召开全市领导干部警示教育大

全市领导干部警示教育大会　　　　（市纪委　提供）

会，以案明纪，以案说法。会上播放教育片《廉洁从政警示录》。市委书记姜龙出席会议并讲话。

【市纪委十三届六次全会】 3月1日，市纪委十三届六次全会召开，市委书记姜龙出席会议并讲话。大会审议通过市委常委、市纪委书记陈跃生代表市纪委常委会所作的题为《尊崇党章党规　强化纪律检查　推动党风廉政建设和反腐败斗争迈上新台阶》工作报告。会议审议通过市纪委十三届六次全体会议决议。

【市纪委十四届一次全会】 7月28日，市纪委十四届一次全会召开，选举产生新一届市纪委领导班子。市委常委、市纪委书记姚胜在会上发表讲话，对新一届市纪委领导班子提出殷切期盼。

【市委第一、二轮巡察工作动员部署会】 9月13日，海门市新一届市委召开第一轮巡察工作动员部署会，市委常委、市纪委书记、市委巡察工作领导小组组长姚胜作动员讲话，市委常委、组织部部长、市委巡察工作领导小组副组长杨万平宣读对市总工会、代建中心、国税局、统计局4家单位开展巡察的决定。11月4日，市委召开第二轮巡察工作动员部署会，姚胜出席会议并讲话，宣布将对市卫计委、海门日报社、海门地税局和市司法局开展巡察。

【全市纪检监察干部学习十八届六中全会精神专题会】 11月15日，市纪委召开全市纪检监察干部学习十八届六中全会精神专题会，全体纪检监察干部认真学习党的十八届六中全会和省委十二届十三次全会精神，并集中观看专题片《永远在路上》。

【全市落实党风廉政建设主体责任汇报暨责任制检查考核动员会】 12月21日，市委召开2016年度全市党风廉政建设主体责任汇报暨责任制检查考核动员会，听取区镇党(工)委党风廉政建设主体责任落实情况汇报，并对全市责任制落实检查考核工作进行动员部署。市委书记陈勇出席会议并讲话。

【市委反腐败协调小组会议】 12月27日，召开反腐败协调小组会议，总结前阶段反腐败协调工作，研究部署下阶段工作。市委常委、市纪委书记、市委反腐败协调小组组长姚胜作年度全市反腐败协调工作总结。

党风廉政建设

【概况】 坚持久久为功，锲而不舍狠抓作风建设。建立健全"大督查"工作机制，围绕上级重大决策部署和全市中心工作，聚焦招商引资、项目建设等执行情况开展专项督查，以严明纪律确保政令畅通，《南通日报》头版头条专题报道海门市经验做法。深化"为官不为"专项整治，开展明查暗访200余次，查处"庸懒散拖"等机关作风效能问题50个，问责16人。同时，建立改革创新容错纠错机制，努力为敢于担当者担当。开展违规吃请和公款吃喝问题专项整治工作，开展会所整治工作"回头看"，通过公务接待工作专项检查、依托"三公"经费科学化管理系统对各单位公务接待情况进行常态化督查。贯彻落实中央八项规定和省、市委十项规定精神，紧盯重要时间节点，强化监督检查。查处违反中央八项规定精神问题33起，处理党员干部36人，给予党纪政纪处分26人，公开通报曝光12起典型案例，监督执纪"螺丝"越拧越紧。

【"大督查"工作机制】 为凝心聚力建设"强富美高"新海门，推动市委、市政府重要工作落实，提高机关效能效率，市委成立大督查办公室，落实人员，建章立制，构建"大督查"工作格局。2016年，大督查办重点对市级机关部门作风建设方面进行明察暗访，对发现问题及时向相关部门和单位发出32份交办单，督促相关部门和单位对照问题及时整改；对招商引资、项目建设推进情况进行严格督查，摸底2016年度在建项目和新开工项目115项，督查1—7月新签约超亿元项目39项，督查1—7月超3000万元在建工业项目128项；对人民医院、博物馆、科技馆等重要工程进行专项督查，并形成专项报告报市委；对作风建设、项目建设情况发出督查通报5期，切实为领导决策提供依据，有效发挥参谋助手作用。

惩防体系建设

【概况】 深化标本兼治，构建海门特色惩防体系。完善市委巡察工作机制，出台《海门市委关于加强市委巡察工作的实施意见》和《2016—2020年市委巡察工作规划》，开展3轮驻点巡察，发现问题136个，提出整改建议47条，移送问题线索33条。拓展电子监察领域，优化完善"一个平台+多个系统+全程监察"科技防腐网络，实时监察行政权力事项39.4

万余件、公务消费单数4.5万余件，《海门市全面推行公务消费网上全程监管工作的实施意见》被评为南通市反腐倡廉“好制度”。严格实施廉政审查，坚决防止“带病提拔”“带病上岗”。推进干部清正、政府清廉、政治清明的“三清示范区”创建，实时评价系统上线运行，“清风东洲”等九大品牌建设取得阶段性成效。强化党章党规党纪教育，组织开展“学法规守纪律”廉政知识竞赛，召开全市领导干部警示教育大会，邀请专家作专题宣讲辅导，8000多名党员干部受到教育。深入推进廉政文化建设，举办廉政文化作品创作展演，大型廉政山歌剧《临海风云》被选送至中纪委，张謇纪念馆被评为“最美廉洁地标”。开展领导干部家规家训征集活动，引导启迪党员干部崇廉尚洁、修身齐家。

【“三清示范区”建设】 突出体系引领。根据《海门市创建“三清示范区”重点任务分解方案》，把重点工作任务分解落实到各责任单位，确保各单位争创工作目标明确、责任明晰、重点突出。研究出台《争创“三清示范区”指数评价体系（试行）》，建成具有海门特色的争创“三清示范区”实时评价系统，于2月上线运行，实现“三清示范区”创建工作标准化、具体化和体系化。坚持品牌推动。围绕“干部清正”“政府清廉”“政治清明”三清目标，在市级层面打造“严纪惩腐”“问责治微”“双责压肩”“源头防腐”“教育促廉”等九大品牌。全市各区镇、市直部门围绕九大品牌，结合本单位工作实际，坚持问题导向，抓源头、重创新，打造69个子品牌。《海门廉政时空》电视节目中播出各单位“三清示范区”特色品牌推进工作专题片16集。

违纪违法案件查处

【概况】 以零容忍态度惩治腐败，坚持执纪审查力度不减、节奏不变，全市各级纪检监察组织立案405件，同比增长37.3%，查处正科级干部12人，副科级干部18人，党纪轻处分和组织处理318人，党纪重处分和重大职务调整49人，移送司法机关8人，党纪轻处分和组织处理占比80%，挽回经济损失7559.77万元。市纪委严肃查处市城管系统、海门工业园区城监系统、市商务系统、海门建校系统腐败案件，“两规”立案审查李春雷、薛华权、施裕斌、李强等一批严重违纪案件，形成有力震慑。

【李春雷严重违纪违法案件】 经查，2012—2014年间，李春雷利用担任市城管局开发区执法大队副大队长兼开发区中队中队长、第三大队副大队长的职务便利，侵吞市城管局暂扣款计8.7万元，收受他人财物价值折合人民币5000元，在工作时间多次参与赌博活动。6月15日，李春雷被给予开除党籍处分。

【施裕斌严重违纪违法案件】 经查，2012—2013年间，施裕斌利用担任市五交化公司经理职务便利，伙同他人采取替换移交手续清单方式，将本单位一间价值15.61万元无证门面房予以隐匿，后以10万元价格出售变现私分，施裕斌实际分得2万元。6月15日，施裕斌被给予开除党籍处分。12月30日，施裕斌因犯贪污罪被市人民法院一审判处有期徒刑2年6个月，缓刑3年，并处罚金13万元。

【李强严重违纪违法案件】 经查，2011—2016年间，李强利用担任市建筑职工学校校长职务便利，为他人谋取利益，收受他人财物计60万元；违反政治纪律，销毁证据，对抗组织调查；违反中央八项规定精神，向学校在职人员发放各项津补贴、过节费共计70.51万元；违反生活纪律，在婚姻存续期内多次与他人发生不正当两性关系。12月26日，李强被给予开除党籍处分，并被移送司法机关作进一步侦查。

纠风和专项治理

【概况】 开展专项治理。根据上级要求，结合全市实际，牵头做好督办查处群众身边“四风”和腐败问题工作，做好省、南通市纪委挂牌督办件督促办理工作，定期、不定期向南通市纪委汇报交办件办理情况，及时督促本级交办件办理。2016年，办理上级交办件8件。监督检查各单位职能履行情况，严格机关作风督查问责。强化监督检查，敢于动真碰硬，向机关陈规陋习开刀，继续加大对机关作风和效能建设问责力度，对明查暗访发现或投诉举报查实违规行为，按照党纪政纪条规和《海门市机关作风建设问责办法（试行）》规定，实行严格责任追究。查办失职渎职案件。加大执法监察力度，严肃追究环境保护、土地资源、安全生产等责任事故背后的党纪政纪责任。发挥行政执法问责作用，建立健全高效有力问责体制机制，加大对行政执法失职行为追责力度，促进部门依法履职。

【政风行风在线】 有效整合工作载体，打造电台直播为主，电视、网络、手机平台、报刊联动工作模式，健全完善政风行风在线与“12345”公共服务平台线索对接，实现电视、电台、网络、报纸、手机平台同步预告、同步报道、同步追踪联动机制。在节目中邀请评议员现场对上线部门进行综合点评，并确定重点追踪问题，在下期直播节目中跟踪报道。2016年，《政风行风在线》节目播出38期，82个单位上线，解决群众反映问题452个。接到省政风热线网上平台转交投诉件29件，通过转办、自办形式及时进行解决和答复。

效能建设

【概况】 2016年，市效能办落实市委市政府重大决策部署，根据新形势下机关效能建设工作要求，突出重点、抓好落实，压实责任，强化问责，以服务经济发展为中心，以强化监督为重点，以“大督查办”为平台，以专项整治为突破，以责任追究为抓手，为加快实现建设“强富美高”新海门宏伟目标提供有力保障。

【强势推动效能督查】 一是推动中心工作落实。以“大督查办”为平台，加强对市委、市政府中心工作落实情况监督检查，根据市委、市政府中心工作，科学筛选督查项目，聚焦重点工作开展专项督查。全年开展项目建设、招商引资、招投标监督检查、换届选举纪律、扶贫领域资金、文明城市创建等15项重点工作专项督查。二是严查“为官不为”行为。工作中既注重有错问责，也注重无为问责，将“为官不为”问题作为重点，全面掀起治庸、治懒、治散、治慢风暴。重点开展“为官不为”专项整治活动，通过采取明察暗访、模拟办件、电话回访等方式对全市机关部门存在“为官不为”问题进行专项督查。三是整合效能监督力量。强化社会监督，发挥“两代表一委员”、纪检监察特邀监督员、“政风行风在线”节目、“12345”热线等监督作用，全方位、多角度监督管理，促使机关干部高效履职。对“12345”热线办理情况跟踪督查，对办件过程中推诿、拖拉等行为情况进行深入调查，2016年下发三份监察建议书。

【严格作风效能问责】 一是动真碰硬严肃问责。敢于向机关陈规陋习开刀，加大对机关作风和效能建设问责力度，不断增强监督权威性、有效性和针对性，对明察暗访发现或投诉举报查实的违纪违规行为，按照党纪政纪条规和《海门市机关作风建设问责办法(试行)》的规定，实行严格责任追究。全年组织明察暗访200余次，发现违反机关作风建设相关规定问题50余个，全部予以问责整改到位。二是启动“容错免责”机制。为给担当者担当，给创新者撑腰，起草《关于建立改革创新容错免责工作机制的通知》，建立改革创新容错免责工作机制，营造改革创新、敢于担当良好环境。

【畅通效能投诉渠道】 进一步规范完善效能投诉事项办理程序和工作，对每个投诉电话和来信来访认真登记，从受理、批办、自办、转办到调查办结、反馈等全过程材料实行分类处理，全年接到各类投诉12件，全部形成档案资料，做到“一投诉一档案”。本着“服务群众、方便群众”服务宗旨，耐心细致做好群众思想工作，群众投诉满意率100%。对于10件可以马上解决问题当场督促相关单位给予解决；对于一些群众反映强烈又带有普遍性问题，采用交办、督办形式要求相关单位限期处理，全年发出交办、督办单2张。

【深化效能绩效考核】 深化机关部门作风效能考核制度，制定完善操作性强的作风效能建设考核体系。发挥绩效考核的导向、杠杆和激励作用，全面推进全员全程绩效考核，对因“为官不为”行为受到相关方式问责的，取消个人当年度评先评优资格，并与单位年度绩效考核挂钩。对发现作风效能问题，在市目标管理绩效考核总分中予以扣分。

【推行效能“万人评议”】 2016年，市效能办制定出台作风效能评议办法，扩大热点窗口评议范围，确定全市140多个热点科室(服务窗口)接受群众监督和评价；继续开展“十佳服务标兵”评选活动，激发广大机关干部干事创业热情。开展年中和年终评议，通过现场发放、短信发送等方式，组织市四套班子领导、全市各单位主要负责人、大中小企业代表、“两代表一委员”、纪检监察特邀监督员、全市机关干部、村居干部、基层群众等进行多层面评议打分，参评对象中基层、企业、群众的占比60%，真正把机关效能建设成效、热点科室工作优劣的评判权和监督权交给基层、群众和社会各界人士，评议结果占本单位效能建设绩效考核比重50%。开展“十佳服务标兵”评选活动，通报表彰获得“十佳服务标兵”称号先进个人，广泛深入宣传先进事迹培育典型、树立榜样。

【《效能关注》栏目】 秉承“公开曝光不留情面、问题整改不留死角、责任追究不留退路”原则，围绕市委、市政府重点工作推进、企业和群众等社会各界关注热点、难点问题，进行一线察访、深入报道、跟踪问效，与媒体合作“晒效能”，在海门电视台《执纪最前沿》栏目中不定期播出，全年播出《市区十三号横河张謇大道以西段为何垃圾成堆？》《买了20年的房子何时才能办全房产证和土地证？》等节目31期。节目播出后，广受群众好评，社会反响强烈，一些“老大难”“踢皮球”问题经曝光后得到有效整治和强力推进，在全社会营造改进作风、提升效能、共创和谐氛围。

(臧文伦)

法　　治

江海民俗风情

渔猎·听蟹　夏秋季节雷雨过后，乡下有许多民沟沿港水位上升。此时在沟头筑一小坝，坝中开一尺许小口，口上插些竹片、芦青，利用水位落差的水流，鱼蟹顺水而来，人们见蟹就抓，一般在黄昏时收获更佳。

郁异人　绘

◎ 责任编辑　袁　熙

人大法律监督

【概况】 2016年,市人大常委会成立执法检查组,开展《江苏省全民健身条例》执法检查。3月15日,召开执法检查动员会议,部署执法检查工作,市人民政府副市长储明星作《关于贯彻实施江苏省全民健身条例情况的报告》。执法检查组深入各镇、园区和有关部门,通过召开座谈会、走访等形式,检查贯彻实施《江苏省全民健身条例》情况。5月30日,市十六届人大常委会第三十次会议听取和审议市人大常委会执法检查组《关于市人民政府贯彻实施江苏省全民健身条例情况的报告》,建议市人民政府完善全民健身设施,提高全民健身工作水平,加大健身场所面向群众免费开放力度,让广大群众共享健康生活。

(黄樱璐 蒋丰全)

社会治理

【概况】 2016年,全市政法系统紧扣"防控风险、服务发展,破解难题、补齐短板"这一主线,扎实推进平安海门、法治海门、过硬队伍建设,各项工作取得新成效。海门市获评"全省综治工作(平安建设)先进县""2014—2015年度全省法治建设示范县""2011—2015年全省普法工作先进市""南通市平安法治建设先进县(市)区","全省平安县市"实现十二连冠。

【维稳工作】 完成G20峰会、各级两会、党的十八届六中全会等重大活动、重要时段一系列区域安保维稳任务,国家安全、反恐防暴、防邪反邪等工作扎实有效,妥善处理10人以上262起群体性事件,未发生重大群体性事件、大规模集聚事件和有影响个人极端事件;全市信访总量、赴京非访登记总量分别压降34.9%、78.6%;推进社会稳定风险评估工作,全年完成重大项目(事项决策)稳定风险评388个,有力促进社会和谐稳定。

【服务发展】 政法各部门均出台服务保障招商引资和重大项目建设实施意见,促进执法司法办案与服务保障大局深度融合。市公安局在全市金银铜牌企业设立驻企警务室,主动贴靠服务;市人民检察院发挥检察职能作用,立案侦查贪污贿赂犯罪11件19人;市人民法院出台《关于为我市"争做改革创新排头兵、争当科学发展领头雁"提供司法服务和保障的意见》(简称《21条意见》)细化落实"21条"工作措施;市司法局完善公共法律服务体系,为政府提供法律服务。

【平安建设】 出台《关于进一步加强全市立体化社会治安防控体系建设的实施意见》,打造海门升级版立体化治安防控体系。成立南通首支处突机动队,工作经验全省推广;成立平安志愿者联盟,注册平安志愿者4.12万人。加大打击犯罪力度,强化治安重点地区、重点领域专项整治,全年公安机关立刑事案件4472起,同比下降9.9%,八类案件、侵财案件呈发案下降、破案上升良好态势,6起命案全部24小时内破案,保持28年无积案,全市公众安全感94.3%。完善矛盾纠纷多元化解机制,配强115名专职调解员、1万余人调解志愿队伍,全市各级调解组织受理调解纠纷1.94万件,调解成功率96.3%。流动人口服务管理不断加强,教育、医疗等实现基本公共服务对常住人口全覆盖。特殊人群服务管理扎实有效,刑满释放和社区服刑人员重新犯罪率保持全省较低水平;率先落实易肇事肇祸严重精神障碍患者免费救治和有奖监护政策,重性精神障碍患者管理率100%。综治三级平台标准化建设经验被国家标准采用,综治信息化实战应用水平进一步提升,基层社会治理网格化实现全覆盖。

【法治建设】 出台《法治海门建设重要举措五年实施规划》,推进法治政府、法治区镇、法治村居等系列创建,南通市平安法治区镇创建率91.7%。强化依法行政,纵深推进行政复议委员会试点、重大行政决策规范化管理试点、全国完善规范性文件合法性审查试点等多项工作,形成可推广工作经验。深化司法改革,完成法官、检察官首批入额遴选工作,产生首批51名员额法官、38名员额检察官;推进执法司法规范化建设,组织评查案件121件;推进涉法涉诉信访改革,实施诉访分离。强化法治宣传,深入推进公共法律服务体系建设,建好市镇村法治文化阵地,青少年法治宣传教育成果斐然,法治文化深入人心。继续推进法学会建设,围绕经济社会发展加强法学理论研究,深化法治宣传和法治服务活动。全市法治建设满意度97.5%。

【队伍建设】 落实全面从严治党要求,严格落实党风廉政建设"两个责任",加强政法干警思想、能力和作风建设,有效

4月,海门市平安志愿者联盟成立暨揭牌仪式 (市政法委 提供)

11 月,第二期"与法同行,健康成长"青少年法治沙龙活动　(市政法委　提供)

提升队伍综合素质和履职能力。全市政法队伍满意度 92.7%,列南通第一。全市各级政法机关集体获南通以上表彰 51 次,个人获南通以上表彰 120 多人次。市人民法院获评全国优秀法院, 市人民检察院获评"全省预防青少年违法犯罪工作先进集体",市公安局被评为"南通市公安局优胜单位",市司法局被评为"全省司法行政系统绩效评价优秀单位",市国安办被国安部评为"一级国安办",市信访局获评"南通市信访工作二等奖",市委"610"办、市维稳办、社会管理服务中心多次受到上级表彰。（政耀华）

法治政府建设

【概况】 2016 年, 市政府立足海门实际,突出重点,狠抓关键,全面推进依法行政,加快建设法治政府。完成全国完善规范性文件合法性审查机制试点任务,重大行政决策规范化管理试点工作通过省级验收。被省政府法制办确定为"省公众参与行政程序建设示范单位""全省行政复议工作规范化建设示范单位"。

【依法行政工作】 召开全市依法行政领导组会议、依法行政工作会议,部署全市依法行政工作。制定《海门市法治政府建设"十三五"规划(2016—2020 年)》, 明确下阶段法治政府建设任务。将《大气污染防治法》等 4 部重要法律法规纳入市政府领导干部年度学法计划,在市政府全体(扩大)会议上组织学习《预算法》。按照月度评价、季度竞赛、年度考核的实施方案组织对各部门、区镇开展年度依法行政考核。继续开展对各类机关人员依法行政和有关法律知识培训和测试。借助《平安海门　法治海门》电视栏目宣传全市依法行政工作, 全年制作依法行政专题电视节目 6 期。加大执法信息公开力度,全年公开行政处罚信息 368 条,公开行政许可信息 2477 条。

【规范行政决策】 制定《海门市人民政府重大行政决策制度》, 明确须经公众参与,专家论证、风险评估、合法性审查和集体讨论决定五大程序。重点对 326 项征地拆迁、重大项目建设、环境保护等可能引发社会稳定或公共安全的重大决策事项,进行决策风险评估,其中暂缓实施 1 项。

制定《海门市规范性文件制定和备案规定》,颁布《海门市规范性文件合法性审查机制标准》。对《海门市行政审批中介服务机构管理办法》等 17 件市政府规范性文件进行法制审核,对《市政府关于进一步做好防范和处置非法集资工作的实施意见》等 17 件文件进行非规范性文件认定。

2016 年制定的规范性文件目录:

《海门市行政审批中介服务机构管理办法》(海政规〔2016〕1 号)

《海门市职工医疗保险实施细则》(海政规〔2016〕2 号)

市政府关于调整城镇居民基本医疗保险有关政策的通知(海政规〔2016〕3 号)

市政府关于加强农村集体聚餐管理的实施意见(海政规〔2016〕4 号)

市政府关于进一步完善城乡居民基本养老保险制度的意见的通知 (海政规〔2016〕5 号)

市政府关于做好 2016 年度新型农村合作医疗工作的实施意见 (海政规〔2016〕6 号)

市政府关于进一步规范城区政府定销房销售管理的意见(海政规〔2016〕7 号)

市政府关于机关事业单位工作人员养老保险制度改革的实施办法 (海政规〔2016〕8 号)

市政府关于印发《海门市户外广告管理办法》的通知(海政规〔2016〕9 号)

市政府关于印发《海门市城市建筑垃圾、砂石运输处置管理规定》的通知(海政规〔2016〕10 号)

6 月 20 日,省政府法制办副主任高建新(右六)到海门开展《江苏省医疗纠纷预防与处理条例(草案)》立法调研　(市政府法制办　提供)

9月23日，国务院法制办协调司司长赵振华(右二)到海门调研完善规范性文件合法性审查机制试点工作　　(市政府法制办　提供)

市政府关于印发《海门市气象设施和气象探测环境保护规定》的通知(海政规〔2016〕11号)

市政府关于印发《海门市公共租赁住房管理实施办法》的通知(海政规〔2016〕12号)

市政府关于印发《海门市经济适用住房管理实施办法》的通知(海政规〔2016〕13号)

市政府关于印发《海门市居民基本医疗保险实施细则》的通知(海政规〔2016〕14号)

市政府关于印发《海门市临时生活救助实施办法》的通知(海政规〔2016〕15号)

市政府关于印发《海门市因病支出型贫困家庭求助办法》的通知(海政规〔2016〕16号)

市政府关于印发《海门市食品小作坊登记证申领管理办法(试行)》的通知(海政规〔2016〕17号)

【层级监督】 全面开展行政案件日常审查和年度评查，市政府法制办全年审查案卷744件；抽查行政事业性票据846本(每本25张)；强化执法证件管理，组织对38名新申领和重点审验执法人员培训；扩大旁站式执法监督范围，对28个市级行政机关进行29项行政执法事项进行旁站式监督；推进行政执法规范化管理，全市行政执法举报投诉处理、行政执法和刑事司法衔接和合同管理等行政行为得到有效规范；加强法制数据信息统计，全年82个行政执法主体作出具体行政行为100.43万件。对违法建设行为作出《责令强制拆除决定》218件。

【行政复议应诉】 全年办理行政复议案件46件，组织召开案审会14次，审理案件38件，听证审理18件。办理行政诉讼案件92件，行政机关负责人出庭应诉制度全面落实，行政机关负责人出庭应诉率87%，“一把手”出庭应诉7件，占开庭案件的8%。其中南通市港闸区法院3月审理的海门市天锡不织品有限公司诉市政府行政复议决定案件，副市长储明星出庭应诉。

【仲裁事业发展】 继续推行办事处标准化建设，加大资金投入，更新办公设备，提升工作效率。注重宣传引领，开展仲裁推介活动，引导规范经济类合同争议条款，提高仲裁条款约定率。严格依法办案，努力提高海门仲裁公信力。加强队伍建设，努力提升仲裁队伍建设。2016年，全市行政机关登记合同842份，仲裁条款约定率91.8%。办事处全年受理案件17起，案涉标的额2367.14万元。11月23日，市法制办再次走进海门人民广播电台《法治时空》节目，就仲裁法律制度的起源和发展进行宣传。　(何松梅)

公　安

【概况】 2016年，全市公安机关，持续加压，负重拼搏，出色完成各项安全保卫任务，全市政治保持稳定，治安大局持续平稳。市局被评为南通市局“优胜单位”，连续7年蝉联市级机关先进部门。

社会大局持续稳定。成功破获3起法轮功宣传品案，全程管控145名重点上访人员、49名肇事肇祸精神病人、6名治安危险分子，守牢长途汽车站、危化单位、物流寄递业等重点阵地，全年妥善处置群体性事件262起7900人次；全面梳理全市投资理财公司，侦办8个涉众型重点经济犯罪案件并严控相关群体，确

2016环太湖国际公路自行车赛安保　　(市公安局　提供)

巡特警实战警队建设　　（市公安局　提供）

保未发生有影响的非法聚集事件。全力服务文明城市创建，交通亡人事故发生数和死亡人数继续保持南通六县（市、区）最低，“春运”绩效实现“三连冠”；火灾形势持续保持稳定。完成各级“两会”、G20峰会、环太湖自行车赛、省市党代会、世界互联网大会、国家公祭日等重大安保任务。

绩效增幅南通市领先。全年立各类刑事案件4459起，总量同比下降10%，破各类刑事案件1381起，其中破现行案件1063起，现行案件破案率23.8%，破案数同比上升7.9%；7起命案全部24小时内破案，保持28年无积案；抓获刑事作案成员1449名，移诉986名，同比分别上升9.6%和17.9%；抓获逃犯128名，其中历年逃犯35名，同比上升218.2%。打处绩效全年领跑南通各县市区，列入考核的全部11个专项行动绩效位居前两名。

警务质态明显提升。建设实体化运作合成研判作战中心，省委常委、政法委书记、公安厅长王立科考察该中心并给予充分肯定，相关经验被公安部情报中心简报推广。屯警街面、定点值守，建设2个警务服务站。做实处突机动队，巡特警专业化建设被全省介绍推广。完成10家基层所队站营房改扩建工程，基层办公条件有效改善。推进货隆、包场、三厂地区“所队合一”建设，警务资源进一步整合。升级改造22个警务室（站），试点“警务村官”制度，打造升级版农村警务工作，被南通市局以推进会形式交流推广。

警队作风更加优良。完成执法办案场所标准化升级，高标准建设案管中心、案管室。开展“深化规范建设创建文明窗口”活动，试点派出所“一站式”服务窗口，新增4个出入境分理点，开通微信移车服务，移车警情同比下降60%，公安微警务关注量位居南通前三名。扎实推进“两学一做”，监管大队作为全市唯一一家政法单位纳入南通市级监测点。南通公安实战练兵考核竞赛总成绩第一。市局党委被南通市委命名为“先进基层党组织”，11个党支部分别被海门市委、南通市公安局党委评为“先进基层党组织”。全局2个单位被记集体二等功，5个集体、51名个人被记集体、个人三等功，31个次集体、249人次受到上级公安机关和党委政府表彰。

【巡特警专业化建设】 建强专业化应急处突队伍，新建包场、开发区、常乐、海永特勤分队，完善主城区——乡镇（园区）“两级”特勤队伍，全天候应对各类突发案事件。高标准建设巡特警勤务指挥室，全天候实时播放街面GPS布警动态、党政机关、汽车站、商业街区等重点部位监控图像，实现社会面动态化掌控、可视化管理。建设占地1000平方米的警体训练中心，常态化开展技能培训和实战化演练，有力提升公安机关快速反应、合成处突能力。全省社会面巡防重点工作现场推进会与会代表观摩处突机动队建设，南通市公安局以简报、现场会等形式多次予以肯定和推广。

【社区警务室（站）提档升级】 投入500万元完成22个警务室（站）升级改造，制定出台《海门市公安局升级版现代化社区警务室（站）工作规范》，实现“五统四合”，即外观标识标牌统一、公示宣传内容统一、室内职责制度统一、警务设施统一、工作台账统一，将原农村综治室、司法室、调解室、见义勇为室工作人员整合到警务室（站）开展综治工作，有效解决警务室（站）见警率低、无人看管等问题，使之成为集社区警务、交管宣传、消防监管、纠纷调处、综合治理于一体的服务群众平台。2016年南通市局社区和农村警务室建设现场推进会在海门召开。

【“所队合一”建设】 2016年，在货隆片区实行派出所与交警中队、查报站归并整合，统一固定装备资产，枪支管理等基础硬件设施和内部管理，设置集户政、出入境、交通处理、车管服务等业务于一体的综合型、规范化、一站式窗口，统一规范要求。内设立交警队、治安队、社区队和公调对接室、勤务指挥室、案件管理室“三队三室”，进一步规范勤务指挥室日常运作，加强“一警多能”培训交流，有效提升基层所维稳处突、矛盾纠纷化解、基层基础、打防管控、安全监管、服务群众等工作能力水平。“所队合一”运作后，货隆辖区刑事案件同比下降15%。

（张松华）

检　　察

【概况】 2016年，市人民检察院坚持贯穿“防范风险、服务发展、破解难题、补齐短板”工作主线，以服务大局为导向，以履职尽责为根本，以从严治检为保障，各项检察工作平稳、健康、有序发展。全面加强新媒体建设和宣传工作，开通“两微一端”（官方微博、微信、新闻客户端），拓宽群众了解检察工作渠道，借助《检察日报》《清风苑》等传统媒体，扩大检察院在社会中影响力和美誉度，在市级以上新闻媒体发表宣传报道200余篇。组织各类活动、讲座,做好法治宣讲工作。开展“护苗行动”宣讲14场,听众1万人;举行“镜头下的检察工作”“法在心中 伴你成长”等检察开放日活动,受到社会各界广泛好评。市人民检察院被最高人民检察院、检察日报社表彰为“2015年度全国检察宣传先进单位”;被省综治委预防青少年违法犯罪工作领导小组表彰为“2015年度全省预防青少年违法犯罪先进集体”;被南通市委、市政府授予“南通市文明单位”荣誉称号。

【刑事检察】 充分发挥刑事检察职能,依法惩治犯罪,推动源头治理。全年批准逮捕各类刑事犯罪嫌疑人277人,提起公诉906人。依法惩治影响人民群众安全感的严重刑事犯罪。围绕平安海门建设,依法惩治严重暴力犯罪,提前介入“金菠萝”杀人案、网络关注恶性伤害案件等6件,引导侦查取证,起诉故意杀人、抢劫、绑架等犯罪6件7人;起诉毒品犯罪50件53人。参与打击治理电信网络新型违法犯罪,审查起诉网络诈骗2件5人、电信诈骗2件14人。严厉惩处传销型非法拘禁犯罪1件16人,以案释法引导群众提高自我防范意识。为职务犯罪开辟绿色通道、快速办理职务犯罪系列案件,确保快侦快诉,有效打击职务犯罪。大力保障非公企业发展,针对市家纺产业领域加强知识产权保护,设立驻中南集团检察办公室,帮助企业建章立制,促进规范管理。

【职务犯罪检察】 坚决贯彻中央关于反腐败斗争决策部署,推动侦防工作转型。全年立案侦查贪污贿赂案件12件19人、渎职侵权案件4件4人。突出查办损害群众利益的职务犯罪案件。以保障民生民利为工作重点,有力打击群众身边和基层一线的职务犯罪行为,查办城管系统系列案件5件5人、医疗系统单位受贿系列案件3件7人,整肃干部队伍,净化社会风气。严肃查处社会重大事件背后渎职案件,如针对7月媒体曝光的海门江心沙农场跨省“非法倾倒建筑垃圾”事件,迅速介入调查,并以涉嫌玩忽职守罪立案1件1人。推进“两化”(侦查信息化、装备现代化)建设。引导干警转变办案理念、方式、方法,将智慧侦查贯穿办案工作全过程,坚持“软”“硬”兼施,充分发挥侦查基础信息库19个门类近500万条信息数据服务初查作用,与公安专线联网定期更新,配备心理跟踪分析仪、手机恢复系统等常用侦查装备,参与话单分析系统、心理跟踪分析等侦查技术装备应用培训,提升侦查专业化水平。如在办理市城管系统窝串案件中,多次运用测谎技术配合审讯突破案件。认真分析犯罪发生原因,促进标本兼治,撰写犯罪预防分析报告4篇,年度报告获市委主要领导批示。依托检察长宣讲、“春风巡讲”、庭审观摩、告诫谈话等形式,深化预防成效。向市人大专题汇报职务犯罪侦防工作情况获肯定。

【控告申诉检察】 以支持起诉中心为平台,服务信访群众,构建亲民便民好窗口,丰富和畅通群众诉求渠道,开通网上为民服务中心,实现线上线下融合接访模式。人员配置以老少搭配模式,老干警发挥社会生活经验丰富优势,年轻干警发挥电脑及法律优势,做好源头工作缓解社会矛盾。建立内外联动机制,与本院其他科室以及纪委、信访、大调解中心等部门单位共同落实解决来访人诉求。协调解决合同、劳资等法律纠纷,维护弱势群体合法权益。妥善处理集体访、闹访、缠访,推行窗口联合接访机制,快速应对信访人诉求。落实困难信访人和刑事被害人救助机制,发放救助金10.1万元,救助案件当事人15人次,彰显司法人文关怀。

【检调对接及未成年人检察】 以执法办案为核心,坚持“一案一人一疏导一报告”,不捕率16.7%,不诉率28.6%,正式出台讯(询)问未成年人、不起诉宣布教育、不公开听证相关规定,完善未检工作机制。围绕未成年人维权帮教,开展“护苗行动”,举行法治宣讲14场,受教育人数1万人。探索异地帮教,对首例附条件不起诉异地帮教案件正式作出不起诉决定。牵头举办“关爱成长 法治护航”青少年法治沙龙,引起热烈反响并形成长效机制,获“全省预防青少年违法犯罪工作先进集体”。

【民事行政检察】 开展虚假诉讼案件查处活动,针对保险、金融、民间借贷等领域开展核实调查。开展民事执行监督专项活动,发现法院终结执行的8件案件的被执行人未列入失信人员名单。加强对法院生效裁判的监督,办理1起抗诉案件获南通市院支持。认真研究行政检察工作特点和规律,通过检察建议、督促起诉等手段,推动行政机关规范行政为。

【监所检察】 牢固树立“四个维护”工作理念,即维护刑事执行公平公正;维护刑

“镜头下的检察工作“主题活动邀请特约检察员零距离观察、指导检察工作。
(市人民检察院 提供)

事执行场所监管秩序稳定；维护刑事被执行人合法权益；维护社会和谐稳定。强化刑罚和刑事强制措施变更执行监督，开展集中清理判处实刑罪犯未执行刑罚专项活动、财产型执行专项检察活动，成功督促有关部门将1名被裁定撤销缓刑之后在逃4年之余的罪犯抓获归案。履行新增职能，办理羁押必要性审查案件16件19人，李某羁押必要性审查案件入选全国十大典型案例。加强看守所及社区矫正检察，受理在押人员财产型申诉11件，监督收监7人。

【司法改革落实】 落实中央和省、市院深化司法改革各项部署，进一步提升司法公信力。根据省、市院司法体制改革时间进度，推进员额检察官改革，制定《入额遴选考核工作实施办法》，明确人员分类和岗位调整，编写岗位职责说明书，设置入额条件、标准和程序。进行大量细致入微的调查研究，准确掌握各类以供决策的数据和信息。如人员数量和年龄结构、办案情况特点等。在此基础上探索设定相对合理、符合实际的权利清单，研究建立司法办案监督制约体系，起草司法改革配套制度等。与此同时，面向全体检察人员做好思想教育和引导，及时掌握干警思想动态，做好司法改革正面宣传、政策宣讲，引导干警准确理解、理性思考、正确对待，确保改革推进过程中工作不断、队伍不乱、人心不散。经意向摸底、模拟测算、遴选报名、考试考核等程序，最终确定38名入额检察官，顺利实施新的检察权运行体系，坚持“两条腿并行”“换岗不换人”，做好过渡期内新旧办案方式之间衔接转换及工作交接。

【队伍建设】 结合司法改革分类管理要求，以正规化、专业化、职业化为方向，以实施岗位素能基本标准为切入点，以岗位实训为主要方式开展全员教育培训，突出自身特色，优化队伍结构，向内挖掘潜力，在省市院组织的岗位练兵中取得新突破，1名干警在全省职务犯罪预防竞赛中囊获业务标兵等三大奖项，4名干警获条线表彰，3名同志被南通市院记三等功。狠抓自身纪律作风建设。严格执行党风廉政建设责任制，加强党组自身建设，充分发挥党组在把方向、管大局、保落实上的重要作用。加强对重点办案岗位和司法环节的制约，建立廉政风险点排查、预警等机制，严格执行违法行使职权行为纠正、记录、通报及责任追究等制度。强化监督体系，坚持把“咬耳、扯袖、红脸、出汗”作为常态化的主要监督方式。注重培育富有检察特色的廉政文化，1名干警获首届“全省检察机关纪检监察业务标兵”称号。 （郭　璐）

检察院领导扶贫走访　　（市人民检察院　提供）

法　院

【概况】 2016年，市人民法院围绕习近平总书记提出“努力让人民群众在每一个司法案件中都感受到公平正义”工作目标，立足审判职能，各项工作取得长足进步，为推动海门经济社会持续较快发展提供坚实司法保障。市人民法院按照“抓党建、带队建、促审判”总体思路，落实全面从严治党要求，全力打造一支具有铁一般信仰、铁一般信念、铁一般纪律、铁一般担当法院队伍。全年受理各类案件1.55万件，审执结1.27万件，结案率82.09%，一线法官人均结案突破170件。获评“全国法院党建工作先进集体”“全国法院新闻宣传工作先进单位”“全国优秀法院”。

【刑事审判】 全年审结刑事案件706件，同比上升12.06%。审结“两抢一盗”（抢劫、抢夺、盗窃）等严重危害人民群众人身、财产安全犯罪214件。参与反腐倡廉建设，审结贪污受贿、渎职犯罪案件21件，26人。贯彻宽严相济的刑事政策，坚持打击与保护并重，惩治与防范并举，推进轻刑快审和社区矫正改革，对未成年人犯罪、轻微刑事犯罪以及具有自首、立功情节的被告人依法从宽处理。推进量刑规范化，确保每一个案件都做到准确定性，量刑适当。落实新修订刑事诉讼法及刑法修正案九，妥善审理于继林等聚众斗殴案、易芷昕等组织卖淫案及有数十被告人一系列非法狩猎案。所审结非法传销案件被南通中院评为“十大典型案件”。

【民商事审判】 受理各类民商事案件7540件，审结7736件，同比上升7.38%和19.4%。发挥民商事审判规则引领职能，审结合同类案件3815件，规范市场交易行为。针对建筑市场非法挂靠、分包等违规现象，统一代理权认定裁判尺度，促进建筑业健康发展。妥善审理婚姻、继承、赡养等家事案件1716件，稳固家庭这一社会基石，所审结“以房养老”案件在中央电视台法制栏目播出。化解涉农纠纷，审结农村土地承包、流转及相邻权纠纷案件，维护农村经济社会稳定。妥善化解东邦鞋业、龙世界花园大酒店等职

市委书记陈勇调研市人民法院　　（市人民法院　提供）

工追索劳动报酬群体性纠纷，促进企业转型升级，保护劳动者合法权益。分别向保险公司、鉴定部门、医保机构、拆迁主体，就交通事故理赔、鉴定标准、农保卡违规报销、抵押权登记等突出问题提出司法建议，相关部门积极回应。

【行政审判】 审结各类行政案件620件，其中非诉行政执行案件395件，行政案件受案数同比增长29.98%。作为南通中院指定行政案件集中管辖法院，受理启东、如东两地一审行政案件，通过联席会议、定期通报、专题培训、行政审判白皮书等多种形式加强与两地行政机关良性互动，参与管辖法院对本地行政案件矛盾化解工作，推动市行政纠纷实质性解决，工作经验被《江苏法制报》头版头条报道，最高院和省高院分别组织高等院校到海门调研行政审判工作。率先在全省试点环境资源保护类案件“三审合一”(资源环境类的刑事、民事、行政案件由行政庭设立的环保合议庭或专门的环保审判庭统一审理)机制，相关案例被评为南通市“十大典型案例”，所制作文书被评为全省法院“优秀裁判文书”。

【执行工作】 抓住执行信息化和规范化两个关键，加大执行力度，提高实际执行率。执结各类案件3422件，执行金额2.2亿元，实际执行率57.19%，稳居南通前列，被评为全省法院“执行标兵单位”。加强信用惩戒，促进诚信体系建设。全方位、多层次开展“一打三反”(打击拒执犯罪、反规避执行、反消极执行、反干预执行)活动，挤压“老赖”生存空间，提升执行威慑力。利用各类信息平台曝光失信被执行人1700余人次，司法拘留失信被执行人154人。注重信息建设，升级执行工作模式。在全省率先成立解决执行难问题推进工作领导小组，会同全市59个机关部门共同搭建执行工作联动机制。借助上级法院“执行110”系统，构建上下一体、内外联动、规范高效、反应快捷执行指挥体系，破解“查人、找物”难题。深化执行公开，多次邀请人大代表、政协委员参与现场执行，并通过互联网平台直播重大执行活动。严格规范管理，转变执行作风。制定裁执分离、执破衔接、执行异议、执行110、局长值班、网络查控、司法拍卖、案款收付等30多项工作制度，加强节点监控，理顺工作流程。在诉讼服务中心设立执行办事大厅，开辟执行接待、执行立案和执行监督窗口，建立执行事务接待、流转、反馈制度。

【破产审判】 在全省基层法院率先成立具有独立编制的清算与破产审判庭，发挥破产审判淘汰落后产能、推进转型升级作用。2012—2016年，受理各类破产案件29件，审结6件，未结案件中11件已进入资产拍卖程序。通过破产程序化解银行不良贷款2.5亿元，盘活资产1.8亿元，释放土地资源8.67公顷，厂房1.5万平方米。在“大千热电”破产案中，贯彻“多重组、少破产”工作理念，吸引外部资金1.5亿元，以重组方式使企业焕发生机。破产审判工作受到省高院领导高度肯定，并被确定为全省破产制度改革试点法院。

【司法为民】 按照诉讼服务、诉讼引导、立案登记、案件速裁、诉调对接、涉诉信访、司法辅助“七位一体”工作格局，高标准建设诉讼服务中心，让当事人“走进一个厅，诉讼事务一站清”。诉讼服务中心建立以来，为行动不便当事人上门立案、预约立案80余人次，“12368” 诉讼服务电话解答各类诉讼咨询3500余人次，值班庭长、驻中心公益律师为当事人提供无偿诉讼咨询500余人次。在法院诉讼服务中心和5个派出法庭设立人民调解工作室，就地开展诉讼调解工作，提升矛盾化解效率。全年调处各类民事纠纷2000余件，为当事人节约诉讼费用10万余元。加强对人民调解组织业务支持，派资深法官深入各区镇、村居，开展诉讼调解，指导人民调解工作。同海永镇、市经济技术开发区大兴村联合开展无讼乡镇、无讼村居创建工作，让基层矛盾调处关口前移，促进纠纷就地化解。

【司法改革】 按照最高院《司法改革纲要》，推进以“司法责任制”为核心七项改革任务，落实“让审理者裁判，由裁判者负责”改革目标。三厂工业园区、经济技术开发区法庭在全省率先试行主审法官负责制，为全面推进司法责任制改革积累经验。截至2016年年底，法官员额制及司法人员分类管理改革基本完成，经省法官遴选委员会确定的51名入额法官宣誓就职。院、庭长回归审执工作本位，带头办理疑难复杂案件，促进审判质效提升。2016年，院、庭长办案4442件，占全院审结案件36.81%。

【特色品牌】 全面推进简易案件速裁工作，在诉讼服务中心设立“小额速裁组”，专门审理人民调解工作室调解未成小额诉讼案件，实现人民调解和小额速裁高效对接。深化家事审判改革，整合少年、家事审判资源，设立家事（少年）审判庭，淡化诉讼对抗，注重亲情弥合，中央电视台《社会与法》对海门法院家事审判工作进行深度报道。开展涉军维权工作，涉军诉讼持续20年保持“三个百分百”（诉讼案件百分百优先，执行案件百分百到位，法律服务百分百满意），“1234”（坚持“一大原则”，快立案、快审理、快执行、快回访；整合“两大资源”，自身建设及和谐共建；创新“三项制度”，诉前调解、诉中调解、判前调解和及时裁判的“三调一判”制度，加强诉后回访，帮助涉军诉讼当事人解决困难，维护部队和社会和谐的“判后息诉”制度，将涉军诉讼列入岗位目标和队伍管理双考核的“涉军考核”制度；践行“四大活动”，法律宣传活动、巡回审判活动、法官进军营活动及走访慰问军属活动）工作机制成效显著，工作经验连续3年在《人民法院报》头版刊载，被南通市委、市政府和南通军分区表彰为双拥模范城“六连冠”创建先进集体。

【队伍建设】 按照“抓党建、带队建、促审判”总体思路，落实全面从严治党要求，打造一支具有铁一般信仰、铁一般信念、铁一般纪律、铁一般担当法院队伍。把思想政治建设作为各项工作重中之重，结合“两学一做”学习教育，在全院干警中开展“争当领头雁、法院怎么做”讨论活动，在中层以上干部中开展“四比四看活动”（比学习，看理论水平和司法能力是否提升，争做学习型干部和专家型法官；比担当，看全局观念和管理能力是否增强；比贡献，看工作业绩和条线名次是否领先，部门工作是否争先创优，是否成为各项工作领头雁；比形象，看作风是否优良、表率作用是否突出）。在党员干部中开展“重温入党誓词”“倡家风晒家训”等活动，引导全院干警牢固树立“四个意识”（政治意识、大局意识、核心意识、看齐意识）、不断增强“四个自信”（中国特色社会主义道路自信、理论自信、制度自信、文化自信）。院党组连续两次被市委评为“树一流形象、争二次率先”好班子。注重法官业务能力培养，制订培训计划，组织干警脱产培训，举办法官论坛，实行师徒结对，提升干警法律业务水平。加强法院文化设施建设，开设道德讲堂、礼仪课堂，组织干警参与各类社会公益活动，增强干警文明素养。青年法官志愿者服务队被评为“南通市法院系统青年文明号”。坚持严管和厚爱相结合，认真落实党风廉政建设主体责任和监督责任，以主题党课、案例教育、参观活动、廉政征文等形式，引导干警弄清楚“替谁掌权、为谁司法”问题。严格落实“一岗双责”和“一案双查”制度，制定审判权力运行流程和清单，认真贯彻中央关于防止干预司法“两个规定”，实行过问案件“全程留痕”。被南通市纪委命名为“南通市廉洁文化示范点”，刑庭被南通中院命名为首批“廉洁司法示范庭”。

【接受监督】 坚持“以公开促公正，以公正树公信”工作理念，加强同人大等监督机关及社会各界双向互动，自觉接受人大常委会对法院刑事、执行、人民法庭等工作监督和评议，及时办理答复代表建议、政协提案和民主监督意见。邀请人大代表、政协委员、社会群众旁听庭审、见证执行、参加陪审、参与法院开放日等活动500余人次。自觉接受检察机关法律监督，支持、配合检察机关依法履行法律监督职责。向社会公开法院微博留言、廉政举报电话，广泛接受社会监督。重视新闻媒体和社会舆论监督，加强对敏感事件舆论引导工作。 （唐子然）

重大案例

【省公安厅目标毒品案】 市公安局在工作中获悉张某某、雷某某等人长期在海门通过自驾车从外省购进毒品冰毒，并大肆向下线贩卖兜售的线索后，抽调警力成立专案组开展立案侦查，该案被省公安厅禁毒总队批准为省目标案件予以侦查打击。4月1日凌晨，张、雷两人驾车到湖南省临湘市购买冰毒。市、县两级公安机关组织精干警力在张、雷归途守候伏击，伺机抓捕。4月2日凌晨，侦查员在常合高速皖苏交界博望收费站将从湖南省临湘市购进毒品冰毒后驾车回海门准备贩卖的张、雷二人抓获，现场在车内缴获毒品冰毒400余克。经审查，张、雷等人交代自2015年下半年以来，多次驾车赴湖南省临湘市向鲁某某、邓某某等人购进毒品冰毒，并回海门向陈某某、周某、冯某、季某某、张某某等人贩卖的犯罪事实。

【“11·24”故意杀人案】 11月24日13时36分许，市公安局接群众报警称：海门市海门街道张北村6组11号横河河沿边上发现一具女尸。案发后，市、县两级公安机关迅速启动命案侦破工作机制，组织统筹全局警力开展现场勘查、排查走访、合成侦查、技术比对、研判侦查、舆情导控等工作。经近14个小时多侦联动，于25日晨3时许，将落脚在海门市海门街道国际车城的犯罪嫌疑人李某某（男，43岁，安徽霍邱人）成功抓获；同时，查明死者为宋某（女，19岁，海门市四甲镇人）。经审查，李某某交待在23日深夜，其在搭载死者途中心生歹意，将宋杀死后逃离的犯罪事实。

【“5·24”故意杀人案】 5月24日下午15时43分许，市公安局接到报警称：海门市海门街道金菠萝餐厅内有人持刀伤人，有两人受伤。案发后，市、县两级公安机关领导高度重视，南通市局刑警支队派精干力量到海门指导、支持案件侦查工作。经调查，当日下午，犯罪嫌疑人仲某某（男，33岁，江苏沭阳县人）与顾某某（女，31岁，海门市德胜人）因感情问题发生纠纷，与顾某某及其母亲陈某（女，53岁）在金菠萝餐厅见面商谈并再起争执，仲某某持刀将顾某某、陈某刺伤，顾某某当场死亡；犯罪嫌疑人仲某某离开现场后向公安机关自首，对上述犯罪事实供认不讳。

【江苏金翰国际贸易有限公司被诈骗案】 6月15日13时16分许，市公安局接到报警称：江苏金翰国际贸易有限公司乔某于中午11时32分通过网络及电话联系，将公司3000万元电子汇票背书转给洪泽洋兴贸易有限公司（开户行：招商银行南京汉中门支行），后联系不上对方。案发后，市、县两级公安机关迅速成立专案组，辗转南京、杭州、嘉善等地开展案件侦查。在上级技术配合指导下，6月21

日晚,专案组抽调30多名民警分成7个小组同时在南京、淮安、嘉兴等地抓获涉案人员17名,追缴被嫌疑人用赃款购买的黄金43公斤,为企业挽回经济损失近2000万元。经审查,犯罪嫌疑人王某某、杨某、魏某某等人交代其通过层层中介,以明显低于市场行情的贴现利率和虚假的洋兴公司账户余额骗得江苏金翰国际贸易有限公司欲贴现的3000万元电子承兑汇票的犯罪事实。 (张松华)

【张炳荣贪污受贿案】 张炳荣,男,市科学技术局原局长、市知识产权局原局长。因涉嫌受贿罪于2015年12月28日由市人民检察院决定立案侦查,2015年12月31日经市人民检察院决定刑事拘留,2016年1月14日经南通市人民检察院决定逮捕,2016年4月18日向法院提起公诉。

经审理查明,于2011年底至2012年5、6月期间,利用市科学技术局局长的职务便利,虚开金额为2.275万元的酒店餐费发票;侵吞市科学技术局小金库资金2万元;侵吞公共财物计5.275万元。于2005年至2012年期间,利用担任市科学技术局局长、知识产权局局长的职务便利,收受贿赂为相关企业科技项目申报、获取政府专利项目资金补贴、申报企业院士工作站等提供帮助。先后多次非法收受他人钱款计31万元、金条1根。

被告人张炳荣依法被判处有期徒刑3年4个月,并处罚金人民币30万元。

(郭　璐)

【张某等5名被告人非法捕捞水产品案】 2016年6月初某日,被告人张某经与被告人吴某合谋,由被告人吴某现场指挥辽大金渔25036船和25037船在禁渔期进行捕捞作业。后被告人张某、吴某召集被告人韩某、衣某、王某等人驾驶辽大金渔25036船和25037船出海作业,并于6月至7月间先后在福建、江苏海域进行捕捞,捕得鳀鱼、鲐鱼1.7万箱(重量24.45万公斤),均出售于福建收鲜船,被告人张某得款人民币34多万元。7月22日,辽大金渔25036船在江苏海域非法捕捞时被海警机关抓获,查获捕捞所得鳀鱼410箱(重量5870.9公斤),案件告破。

海门法院审理后认为,被告人张某、吴某、韩某、衣某、王某违反保护水产资源法规,在禁渔期捕捞水产品,情节严重,其行为均已构成非法捕捞水产品罪。被告人张某等犯非法捕捞水产品罪,事实清楚,证据确实、充分,定性准确,应予支持。遂作出一审判决,以非法捕捞水产品罪对张某等5名被告人分别判处拘役6个月、缓刑10个月至有期徒刑6个月不等,并没收非法所得34万多元。一审宣判后,张某等5名被告人均未提起上诉。

被告人在禁渔期内累计非法捕捞的渔获物数量达25万多公斤,达到《最高人民法院关于审理发生在我国管辖海域相关案件若干问题的规定(二)》规定入刑标准。本案是我国2016年8月1日新涉海司法解释发布后,江苏海警破获省内首起非法捕捞水产品案件。非法捕捞海洋水产品,急功近利,竭泽而渔,破坏国家对水产资源管理制度,危害海洋水产资源持续发展。本案通过依法惩处非法捕捞水产品犯罪行为,起到震慑犯罪、警示他人效果,有利于海洋生态环境修复。

【非法拘禁案】 2015年10月至11月期间,被告人杨某等人以介绍工作等为由,将被害人孙某等4人骗至市海门街道某居住小区,胁迫加入传销组织。其间,杨某等16名被告人对4名被害人实施拘禁,并采取恐吓、威胁、体罚、殴打等行为。被害人孙某、贺某在被拘禁期间被迫以每套2800元的价格购买被告人指定所谓产品。11月19日,被害人贺某寻机跳楼逃跑受伤,各被害人才被公安机关解救。

海门法院审理后认为,杨某等16名被告人非法拘禁他人,其行为均已构成非法拘禁罪。市人民检察院的指控,事实清楚,证据确实、充分,定性准确,应予支持。遂作出一审判决,以非法拘禁罪对杨某等16名被告人分别判处有期徒刑2年6个月至拘役5个月不等刑罚,并判处赔偿被害人贺某经济损失。一审宣判后,杨某等16名被告人均未提起上诉。

本案系由非法传销引发非法拘禁案。作案团伙成员均为外来人员,他们以出租房作为犯罪地点,通过非法拘禁等方式控制被害人人身自由,强迫被害人加入传销组织。本案被害人之一为了逃脱,跳楼导致轻伤一级。此类案件不仅给被害人身心造成极大伤害,而且严重危害社会秩序,应予严厉打击。本案审判,针对日渐兴起传销型非法拘禁案予以重拳出击,既惩处被告人,打击传销活动,维护正常社会秩序,又切实保障被害人合法权益,警醒更多有可能误入“快速发家致富陷阱”的人。 (唐子然)

司法行政

【概况】 2016年,司法局继续坚定“打造人民满意的服务型司法行政机关”步伐,推进“四个全覆盖”(法治宣传、公共法律服务、人民调解、社区矫正全覆盖)提质增效,以标准化、信息化、实战化为重点,提升矛盾纠纷排查调处、公共法律服务、特殊人群服务管理、法治宣传教育全覆盖建设水平,给群众带来“实惠”。海门市被省政府表彰为2011—2015年普法工作先进市,市司法局被省司法厅表彰为“全省新闻宣传工作先进集体”“全省绩效考评优秀单位”“‘四个全覆盖’体系建设先进单位”。“海门实现公共法律服务体系全覆盖”被南通市依法治市领导小组办公室确定为2014—2015年“十佳法治惠民实事”,“12348”公共法律服务专线在全省第三方测评中满意率100%,司法行政一体化智能平台建设、社会组织培育发展等位居南通榜首。

【“互联网+智慧司法局”】 升级打造“12348”公共服务平台,开通“12348”热线电话“7×24小时”全天候服务;开通“12348”微信公众平台,手机扫一扫二维码,就能获取律师一对一服务,并能自主挑选律师,还可以寻求法律援助、在线法律解答等服务。全年有效帮助和解答各类法律问题2000人次,涉及重大人身损害、群体性劳资纠纷、易激化型婚姻纠纷等紧急类求助电话47起,化解疑难复杂

全省首家服务"一带一路"法律服务联盟工作站在海门成立（市司法局　提供）

和老上访户电话咨询64起，群众满意度100%。

【基层基础"365"工程】 2015年6月，司法局推进局所站一体化建设，部署实施以3年为期、6项目标、5项建设为主要内容的"365"工程。2016年，打破内部条线和部门界限，建立社会风险预警防范办公室、法务产品研发推广办公室、信息技术研发应用办公室、社会组织培育发展办公室和绩效评价督查考核办公室（以下简称"一组五办"），全面引领全市司法行政系统创新发展工作。建立"下包一级"定点联系制度，领导干部分片联系、局各科室分所联系、司法所分站联系，实现局所捆绑考核、共担责任。做强司法所，12家司法所现代化办公设施配备率、执法装备配备率、公共法律服务"一键通"使用率、专职调解员、专职社工配备率、镇村"一中心一站点"建设率均100%；10家司法所达到省级优秀司法所创建标准。做优村居司法行政服务站，依托人民调解室，以律师、基层法律工作者为主体，建立"一村(社区)一法律顾问"体系。

【"窗口化一站式"服务】 构建覆盖城乡公共法律服务体系，是海门全省树样板的创新举措。2016年，该体系已向平台延伸、定制产品更高目标迈进，为群众提供精细化公共法律服务，为社会治理提供专业化解决路径。市镇村组四级公共法律服务实体化运作平台实现全覆盖，全市公共法律服务岗增至14个，增列法院诉讼中心、涉法涉诉律师代理、检察院检务中心、公安局警务中心律师服务。政府购买公共法律服务项目增至31个。开展法律服务行业跨门类、跨机构合作，推动"律师事务所与司法所""律师事务所与企业商会""法律服务人员与村官"结对共建。进一步降低法律援助门槛，全年办理法律援助案件1662人次，服务总体满意度100%。

【"四型"普法模式】 互动型法治宣传。实施"法润海门""法律伴我行"、普法志愿者服务、普法达人培育、法治六进实践等"五大行动"，增加面向普通群众的法治文化产品供给。同时，组织群众创作反映涉及民生法律和热点问题优秀作品。创新型法治宣传教育。海门本土法治微电影加量推广，"一屏一网二微"普法齐头并进，法治广播"量贩"服务。固定型法治宣传教育。以法治文化阵地建设为载体，建成法治文化广场、法治公园、法治休闲苑、青少年法治教育基地等。辐射型法治宣传。通过《以案说法》系列丛书、法治官方微博、微信、普法短信平台等多种形式开展辐射型普法。"法润海门远程普法365"工程，成为农村党员群众获取法律知识重要渠道和宣传阵地。

【"法润海门"漾春风】 4月，司法局组织广大司法行政干警和法律工作者开展"走百企、进千家、访万户、促和谐"活动，进一步依法保障群众权益，使"2016法润春风"成为温暖海门百万人民一项春风工程。为持续打造"法润海门"系列活动服务品牌，司法局突出服务宣传主题，在全市范围内部署开展法律服务企业行、法治惠民村村行、特殊人群帮扶行、法律服务提质行"四大行动"。2016年，开展"法润海门"各类法律服务专项活动48余场次，集中服务帮扶弱势群体500余人次，入户走访3万余户，发放法律资料5万余份，征集群众法律需求400余条，"法润海门"服务品牌深入人心。

【特殊人群管控一体化】 司法局利用各种信息资源推进特殊人群管控一体化工作，打造"社区控制网""定位控制网"

深入村(居)开展法治宣传工作　　（市司法局　提供）

“视频会见网”和“数据协作网”四网融合动态管控教育平台。在全市范围内推广电话语音汇报、生物考勤识别、执法记录仪、矫务通等科技装备，并与社区矫正管理系统相连接，加大对社区服刑人员实时监控。建立监狱、戒毒、社区矫正、安置帮教工作之间相互衔接、信息共享模式，通过“大数据”分析，实现特殊人群管控“实战化”“精准化”。成立社矫安帮协会，引入社会力量增强安置帮教效果。与江宁、金陵两所监狱启动实施以“前置化、社会化、协议制”为核心安置帮教工作改革试点，在服刑人员释放前3个月启动安置帮教工作，做好风险评估、释放衔接、回归指导、帮教协议签订。2016年，接受社区服刑人员299人，安置刑满释放人员479人，重新违法犯罪率处于全省较低水平，进一步提升群众“安全指数”。

【“3531”人民调解体系】 《江苏省人民调解条例》将全省打造县乡村3级调委会、医患劳动交通消费物业5类专业性行业性调解组织、公检法3种派驻制调解和个人调解室为架构的“3531”人民调解体系，上升为立法规范，初步形成具有江苏特色人民调解工作模式。2016年，完善人民调解网格化管理，全面推行矛盾纠纷分析研判制度。乡镇（街道）、村（社区）人民调解委员会覆盖率100%，网格化排查预警覆盖率100%，重大复杂矛盾纠纷调处率95%以上。打造专业性行业性调解工作品牌，规范运作，建立专业性行业性调解委员会15个，调处各类专业领域矛盾纠纷1.5万件，占全市总数42%。深化“公调”联动对接机制，推进“派驻制”调解实战模式，全市公安派出所中8个建立调解工作室。打造1家公众认可、有专业特长“个人调解工作室”品牌。

非人大常委会任命领导干部任前进行法律知识考试　　（市司法局　提供）

【队伍“三化”建设】 明确以标准管理为核心，加强正规化建设，以分级管理为重点，加强专业化建设，以职业管理为抓手，加强职业化建设总体思路和推进举措，司法行政队伍建设迈入新阶段。全面厘清权力事项，编发《司法行政机关执法管理工作标准大纲》，推进执法管理标准化建设。分系统、分行业制定岗位管理规范、工作流程规范及行为规范，以标准化提升服务规范化水平。推行“互联网+”培训模式，全系统103人次接受中政委、省司法厅组织在线学习和培训。线下学习教育阵地向高校延伸，在苏州大学举办首期市司法行政干警综合素质提升培训班。深化“最美司法所长”评选等活动，选树和宣传徐国强、姜广炉、沈小晓、顾新建、何惠栋等一批具有影响的先进个人。创新从优待警措施，规范专职社工、专职人民调解员薪酬待遇，加强职业保障。“人民调解员‘三化’建设”工作经验获司法厅领导批示。

【社会组织培育发展】 按照“积极引导、加快培育、优化服务、促进规范、发挥作用”要求，推进司法行政领域社会组织培育发展，率先出台司法行政领域社会组织培育发展指导意见。探索形成以市孵化中心为依托，以基础型、枢纽型、行业型、专业型为重点社会组织培育发展模式，壮大发展司法行政服务群众力量。建成各类社会组织107个，区镇基础型社会组织覆盖率100%。各类社会组织积极参与法治宣传、法律服务、特殊人群帮扶等活动，成为司法行政服务群众又一支力量。　（赵　丽）

军　　事

江海民俗风情

渔猎·跑蟹　一到深秋霜降过后，西北风起蟹脚痒，晚上爬动频繁。此时跑蟹人手拿电筒在河边、沟头边寻边走。蟹见到手电筒光就眼花不动，即被抓获。

郁异人　绘

◎ 责任编辑　王　寅

人民武装

【概况】 2016年，市人武部围绕新形势下的强军目标，重视“改革强军”主题教育和“两学一做”学习教育活动，加强国防后备力量建设，在战备训练、征兵工作、涉军维权、“三联”(联学、联创、联建)活动和双拥共建等方面取得新进展，全市人民武装和国防动员建设工作有序开展。

思想政治建设基础更加牢固。坚持把思想政治建设摆在各项建设的首位，把讲政治、抓思想贯穿到武装工作的全过程。扎实开展“改革强军”主题教育和“两学一做”学习教育活动，切实坚定、干事创业、乐于奉献、严于律己的思想政治基础。不断提高思想认识，认清意义内涵，明确目标任务，进一步激发干部、职工以积极心态和良好状态参与和支持投身军队改革。严格落实党管武装制度，坚持把武装工作纳入地方党委工作议事日程，常抓常议，常议常抓。通报表彰党管武装好书记和先进基层武装部。调整部分区、镇基层人武部政治教导员。组织拟任的专武干部资格认证培训和考核。召开全市人民武装工作会议、市委常委议军议警会，总结部署年度武装和国防动员工作，研究解决征兵工作、民兵队伍建设和“三联”活动开展等具体问题。

军事斗争准备深化拓展。各级战备教育、战备值班、战备演练等经常性战备制度落实，修订各类方案预案。结合重要目标协防演练，组织各区、镇民兵分队练通联、练指挥、练机动、练协同、练保障。集中进行人武部的“四室四库”改造。重视机关干部和民兵骨干训练，重点围绕信息化基础知识、机关公文写作和战术标图作业等基础科目进行学习、训练和考核，在参加军分区的半年考核中取得良好成绩。重视民兵训练，完成民兵通信兵骨干跨区联训承训任务，组织民兵骨干参加军分区跨区联训和比武竞赛。组织动员民兵参加全省海上侦察行动演练，市人武部和参演船只被省军区通报表彰。

基层武装部正规化建设扎实推进。注重抓基层打基础，以正规化建设为抓手，扎实推进基层全面建设整体提高。认真落实党管武装各项制度，任命基层武装部政治教导员，加强对专武干部教育管理。重视专武干部队伍建设，加大业务培训力度，提高履职能力，7名新任职专武干部参加全省和南通市新任职专武干部集训，其中3人被评为“优秀学员”。坚持民兵经费预算保障制度，人武部、民兵应急连所需经费都列入市财政预算。进一步规范基层武装建设，依据标准完善基层武装部“三室一库”建设。

战备库室 (市人武部 提供)

征兵工作推进创新。坚持把征兵工作作为重要政治任务早筹划、早部署、早落实。召开全市征兵工作部署和研判会议，签订责任状。启动宣传发动，召开协调会，制作大型宣传牌，播放征兵公益广告，群发宣传短信，开辟媒体专栏并联合海门电台开设《走进直播间》栏目。严密组织体检和政治考核，强化廉洁征兵，开设涉军维权网“廉洁征兵”举报箱，公布办公室举报电话，向应征青年发放“廉洁征兵卡”，确保征兵工作不发生违规违纪问题。做好新兵思想稳定工作，开展跟踪回访、实地慰问，让入伍新兵安心岗位、建功军营。加强逃避兵役处罚力度，从重经济处罚同时采取张榜公布、媒体宣传和录入公共诚信系统等手段，遏制逃避兵役的行为。

双拥共建成效明显。以涉军维权工作、与井冈山开展“三联”活动等大项任务为契机，推进双拥共建深入发展。拓展涉军维权工作领域、空间、内容和规范司法维权程序、方法、手段，增强广大人民群众国防观念和双拥意识。加大军地各级各类报刊宣传力度，展示海门双拥品牌，在驻海部队和全社会形成“拥政爱民我争先，拥军优属最光荣”的浓厚氛围。完成第一批井冈山茅坪乡茅坪村修路搭桥、引水修墓、援资建房等援建任务。持续推进与井冈山“三联”活动，二期550余万元项目建设资金全部到位，重点帮扶茅坪乡加强基础设施建设。“三联”活动在全国全军都产生积极影响，友邻驻军和地方相关单位纷纷到市人武部学习借鉴经验，投身扶贫攻坚活动。

【战备规范化建设】 1月上旬至5月下旬，军分区围绕基础设施建设和信息化系统引进两项内容，开展战备规范化建设活动。市人武部包括在战备建设情况、战备教育落实、作战方案计划和战备值班库室设施、物质器材和相关资料等方面，修订完善各类应急预案和非战争军事行动方案，先后投入资金100多万元集中对“四室四库”进行改造，完成物资齐、标准高、功能全的要求，有效提高整体战备水平。

【武器装备仓库整治】 3月中旬至5月中旬，根据军分区通知要求，开展武器装备仓库部分枪支上缴军分区封存和人武部机关兵器室启用专项活动。仓库全体人员，对每一件装备、每一型号弹药、每一种武器逐个检查，仔细核对，做到账目清楚，确保上缴枪支的准确无误。加强对兵器室配套设施的完善，加强安防系统检测及时消除安全隐患。省军区联合工作组到海门检查验收，对人武部的兵器室建设给予高度肯定。

【"四会"教练员集训】 3月15日至31日，组织专武干部和民兵骨干以编审教案、规范程序、统一标准为重点的"四会"（会讲、会做、会教、会做思想工作）教学集训，完成9个课目的教学示范任务，并选拔3个课目参加军分区在海防第三团组织的"四会"教练员比武竞赛，取得优异成绩。

【民兵射击骨干集训考核】 6月13日至17日，组织5名市民兵射击骨干参加军分区集训和实弹射击考核，完成单个人员使用3种轻武器在昼间和夜间两种射击条件下，对活动和固定两类目标进行射击考核。2名民兵被评为"优秀射手"，得到军分区首长机关的高度评价。

【民兵通信骨干跨区联训】 4月18日至22日，承办南通市民兵通信骨干跨区联训任务，集训课目共13项，参加人数54人。市人武部精心筹划，召开协调会，研究审定集训方案，拟制集训实施计划，完成教学物资器材准备等工作，加强集训期间的管理教育和后勤保障，确保集训任务圆满完成。

【参加省海上侦察行动演练】 3月上旬至5月底，9月19日至29日，根据省军区要求，海门动员72艘民兵信息侦察船，在南通市海上民兵侦察群编成内，长江口以东200海里海域内参加全省海上侦察行动演练活动。演练区分随遇侦察、情况报知、协查印证、专项侦察等内容。全体人员参演热情高涨、政治信念坚定、执行命令坚决，先后发现"敌舰"3次，拍摄视频资料10余段，照片20余张，实现海上民兵侦察分队当年编组、当年参演、当年形成战斗力的目标。苏海门渔01017号渔船被省军区表彰。

【学生军训】 8月，协调基层人武部军事训练骨干和驻军部队承训全市各高中新生军事训练。8月30日，组织7所中学学生军训成果汇报，海门中学、证大中学、实验学校分获军容军姿、分列式、自选项目第一名。9月，海门中学、包场中学参加南通市中学生军训成果汇报。

【"学法规、训队列、整纪律"活动】 2月上旬至3月上旬，根据省军区、军分区统一部署，组织开展"学法规、训队列、整纪律"活动。活动以习主席依法治军、从严治军一系列重要思想为指导，以正规部队"四个秩序"为目标，以作风纪律建设为核心，以领导机关和小散远直单位为重点。市人武部重视各类各级人员的职责、制度、纪律的学习，强化干部职工的政治意识、大局意识、号令意识、法规意识，坚定自觉地落实改革强军战略，提高人武部机关依法治军、抓战备谋打赢的能力。

组织南通市民兵通信兵骨干跨区联训　　（市人武部　提供）

【"百日安全"活动】 9月中旬至年底，组织开展"百日安全"活动，按照习近平总书记依法治军、从严治军重大战略思想，采取超常举措，实施强力管控，保持安全稳定强劲态势，为省军区部队改革顺利推进营造良好安全环境。市人武部积极以"四个组织、一个加强"为主要内容，教育强化认识、纠治隐患苗头，坚持问题导向，对照"六个一遍"（人员排除一遍、车辆清查一遍、枪弹核查一遍、保密筛查一遍、设施普查一遍、秩序检查一遍）具体要求，组织开展排查整治影响部队安全的主要矛盾和隐忧，确保一点小事都不出。

【驻苏部队省人大代表视察涉军维权】 12月12日，驻苏部队省人大代表到海门视察涉军维权，视察组先后到市人武部涉军维权工作站、市法院涉军维权工作站和开发区涉军维权服务所视察。听取副市长陈敢关于涉军维权工作情况汇报后，视察组对海门涉军维权工作给予肯定，认为海门高度重视涉军维权工作，不断创新工作举措，将涉军维权工作融入全市经济社会发展协调推进，体现出军地齐抓共管、机制常态运行、问题解决有力、军地双方满意的生动格局。（江　森）

边　防

【概况】 2016年，市边防大队围绕服务海门沿海经济开发需求，以党委班子能力建设为重点，以官兵政治思想教育为主旨，以公安"四项建设"（基础信息化建设、警务实战化建设、执法规范化建设、队伍正规化建设）为主线，以爱民固边战略为载体，以部队可持续发展为目标，推进警务勤务机制提档升级，探索形成"海魂""海韵""海盾""海情""海基"五主题为一体的海门边防发展思路，推进部队建设精细化、品牌化、规范化，提高应急处突维稳和服务辖区群众水平，圆满完成各项任务。

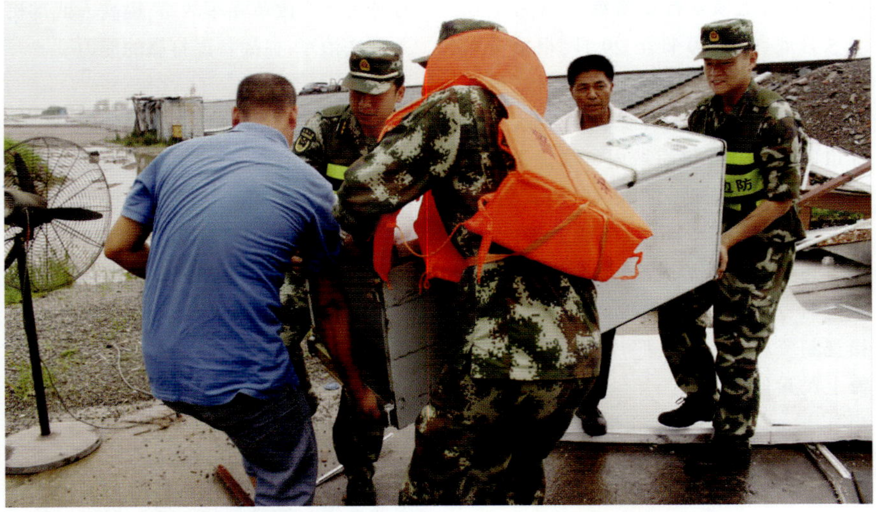

大队官兵帮助辖区群众抢救台风中物资　　　　（市边防大队　提供）

【政治教育】　开展“讲党性，迎考验”主题教育、“改革强警”“两学一做”专项教育、“讲规矩、明法纪、知敬畏”纪律作风教育整顿活动，将创建模范党组织生活与党的群众路线教育实践活动贯穿全年政治工作始终，搭建“生动、活泼、自主、丰富”的政工“军舞台”，变“被动式教育”为“主动式学习”，配套开展“政工干部样子大谈论”“悦分享读书月”“红色观影周”“微势力主题党日”等活动，深化政治工作内涵，激发官兵积极性。

【辖区维稳】　开展“固边1号”“固边2号”等专项行动，完善辖区“校防”体系，在江苏职业工程学院内规划校园警务室、移动巡逻车、高清视频监控为一体的校园安全防范网络，强化校园安全防范工作。通过以民警带群众的形式组建4支义务巡逻队，提高街面见警率，实现警民联防群防，顺利度过敏感节点和重点时期，尤其在G20峰会安保决战期间，先后查破盗窃电动车案、拎包案、盗窃财物案、吸食毒品案、未实名登记、核对上网人员身份信息案等各类案件，并查（破）获系列盗窃案10余起，净化辖区的治安环境，确保边防安保工作。

【港船管理】　2016年，大队办理船舶证件年审996次，新增船舶6艘，更换船员证48张，新办理船员证75张，开展查港查船行动30次，联合海事、港监、渔政等部门开展执法检查5次，检查船舶200余船次，渔民1000余人次，签订《出海船舶治安责任状》120余份，悬挂横幅12条、张贴法治海报20余幅、发送宣传单1000余份，查处违章船舶6艘次，消除安全隐患150余处，发放限期整改通知书50余份，为反偷渡和反恐工作的顺利进行打下坚实基础。

【“爱民固边”】　立足辖区重点项目施工、征地拆迁、滩涂纠纷和劳资债务纠纷等突出隐患，分类分层次调查排解，探索建立社会矛盾多元融合式调处中心，全年化解群众矛盾纠纷300余起，妥善处置燕达公司员工意外死亡、中博跳楼等各类突发性事件22起，帮助协调农民工工资款210万余元。运用QQ群、警民微信群等传媒平台，加强与辖区群众互动。利用节假日开展走访慰问，向辖区困难群众送温暖、献爱心，开展“送证上门”解决孤寡老人身份证办理和户口重复问题。开通“辖区渔船民法律维权求助咨询热线”，成立渔业海上应急搜救组，辖区海上“两防一救”（防台、防污染、人命救助）工作取得良好成效。

【警营文化】　将警营文化建设同主题教育相结合，开展“凝聚之魂”“江海卫士”2个文化主题活动，激发官兵参与热情。结合基层实际，组建大队文艺小分队，创作二胡合奏、独唱、相声等节目，扩大部队影响力，宣传边防警察良好形象；组织参加“笔下的党”——“两学一做”系列活动，上报基层官兵书法作品13件，得到广泛赞誉。与江苏希诺实业有限公司深化党建互助协议，与市民政局和武警中队定期举行驻地篮球友谊赛，进一步加强驻地党政、警企文化交流，丰富大队警营文化底蕴。　（殷　泽）

武警内卫

【概况】　2016年，武警海门市中队以强军目标为统领，按照“全面建设是基础、提高战斗力是核心、建强队伍是关键、固本强基是根本、改进作风是保证”的内涵式发展思路，铸牢军魂统思想、聚焦中心谋打赢、持续用力打基础、从严治警保稳定，

开展军事训练　　　　（武警中队　提供）

资助两名困难家庭学生　　（武警中队　提供）

部队建设持续稳步发展。全体官兵始终牢记军队的性质宗旨和使命，发扬其优良传统和作风，坚持把思想政治建设摆在首位，严格管理，严格训练，科学建队，圆满完成以执勤和处置突发事件为中心的各项任务，为确保海门市社会治安稳定和人民生活安居乐业做出应有的贡献。全年有8人被支队评为“优秀士兵”，2人荣立三等功，2人被总队评为“优秀基层干部”，中队被南通市政府评为“拥政爱民先进单位”“双拥工作示范点”，被省总队评为“正规化执勤优秀单位”“基层建设先进中队”。

【思想政治建设】 中队官兵结合改革强军主题教育，采取问卷调查、集体座谈、个别谈心等多种方式，查找建设部队方面存在的薄弱环节，结合“两学一做”学习教育，在参加支队授课的基础上，中队每月不少于3次自行授课，充分利用党日活动，组织党员认真学习党章党规，重温入党誓词，党员充分发挥自身模范，定期制作黑板报和“两学一做”简报，巧用“五小”（延伸“小课堂”、组织“小活动”、放大“小优点”、依靠“小骨干”、解决“小问题”）加强教育末端落实。

【中心任务】 4月，协调目标单完成内钢网墙建设和实现监区照明白昼化；5月，联合所方开展安全隐患排查；7月，完成监门哨与备勤室前置；8月，完成自卫哨阵地化建设。完成执勤模式优化改革、所内天网安装、AB门加装人脸识别系统，提高安全系数，减轻执勤压力。中队根据实际情况，搞好形势任务教育，分析中队执勤形势，全年与目标单位进行3次执勤隐患联合大排查，召开8次联席会议，共同研究制定整改措施，强化官兵及单位职工的责任心和密切协同的意识，确保中心任务完成。落实执勤八项制度，开展“三共”（共建、共管、共保安全）“三个一遍”（对执勤目标研究分析一遍、到目标单位走访一遍、对执勤情况研究分析一遍）活动，加强“五防一体化”（人防、物防、联防、技防、犬防、一体化建设）建设和执勤隐患治理，落实执勤战备制度，保持“箭在弦上、引而待发”的高度警惕。

【军事训练】 中队围绕“任务牵引抓训练，提高能力保中心”的思路，落实新大纲和军事训练“八落实”（人员、内容、时间、质量、装药、摩托（飞行）小时、教练员、场地落实），加强指挥手段、人装结合、战法研究、指挥效能，提高任教组训能力和应对复杂局面能力。加强应急班建设，在支队统一组织培训的基础上，每月对骨干的军事技能和教学水平进行考核，通过训练和理论结合、讨论和辅导结合等办法，提高骨干的带兵和组训能力。开展“五小练兵”（小时间、小场地、小教员、小群体、小课目练兵）活动，坚持利用饭前、早操、晚活动等时间开展群众练兵活动，激发官兵开展军事训练的热情，提高训练质量。

【双拥共建】 中队官兵视驻地为故乡，视人民为父母，搞好拥政爱民工作。中队成立的“爱心基金”连续6年资助两名家庭困难学生，累计捐资捐物2万余元。定期开展警民联谊座谈会，邀请地方部门和单位参加，分析双拥共建工作形势，扩大中队在驻地的影响。与国土局、交通局、地税局开展警民共建结对活动。　（钱志锋）

消　　防

【概况】 市消防大队深入贯彻落实党的十八届四中、五中、六中全会精神，以确保部队内部和社会火灾形势“两个稳定”为目标，围绕夏季消防检查、G20峰会安保等工作，开展“打非治违”“三合一”“九

参与处置盐城龙卷风灾害　　（市消防大队　提供）

小场所火灾隐患排查”“重大火灾隐患整治”等专项行动,提升社会面整体火灾防控水平、消防执法公信力和人民群众满意度。全年成功扑救各类火灾688起,处置各类抢险救援87起,开展社会救助79起。参与处置泰州“4·22”火灾、启东“5·31”火灾、盐城阜宁龙卷风灾害事故。大队被省消防总队评为“全省十佳基层大队”,被省文明委续评为“省级文明单位”;中队被评为“全省基层建设先进中队”。大队被南通市消防支队评为“执法先进单位”“基层建设先进大队”“信息化建设先进大队”“南通市消防宣传工作先进基层单位”、“双稳定”先进单位和大队级“好班子”;中队被评为“基层建设先进中队”和“信息化建设先进中队”,临江化工园区专职消防队被评为“优秀政府专职消防队”。

【火灾隐患排查整治】 全年开展冬季防火、消防控制室专项整治、寄递场所整治、夏季消防检查、G20消防安全保卫等专项整治活动,共检查单位1742家,发现火灾隐患3558处,整改3501处,责令“三停”(停止施工、停止使用、停产停业)单位49家。其间,梳理出设有消防控制室单位136家,居民社区36个,共整改隐患127处,对6家单位立案查处。海门市鸽球床上用品有限公司、江苏美罗纺织品有限公司、江苏京海禽业集团有限公司、南通开顺纺织品有限公司重大火灾隐患完成整改并销案。

【“三合一”区域性隐患整治】 大队与多部门联合在海门工业园区开展“三合一”(人员住宿场所与加工、生产、仓储等场所在同一建筑内混合设置)隐患整治攻坚战,拆除泡沫夹芯板等可燃易燃装修材料383处,清退住宿人员1536人,643家经营性“三合一”商铺改造完成,安装点式报警装置875个,简易喷淋设施2902个。

【基层消防工作】 召开全市公安派出所消防工作会议,细化完善派出所消防工作考评方案,按月考评,年度累计,发挥考评杠杆作用,派出所消防工作得到有效提高。建立健全区域联防机制,成立4个区域联防组织,共涵盖社会单位53家,各单位明确负责人,开展消防安全互查和灭火、应急疏散演练。依托群防群治力量和单位已建消防组织,建成有人员、有器材的“微型消防站”162个,初步达到“三知、四会、一联通,处置要在三分钟”(知道消防设施和器材位置、知道疏散通道和出口、知道建筑布局和功能;会组织疏散人员、会扑救初期火灾、会穿戴防护装备、会操作消防器材;公安消防支队或大队与微型消防站、微型消防站与队员要保持通信联络畅通)的要求,区域消防安全自我防范、自我管理整体能力和水平得到提升。

【消防设施建设】 余东镇、经济技术开发区消防站相继投入使用,常乐镇消防站已开工建设,海门工业园区筹备成立辖区消防二中队,并在被城北路核心区域设立消防执勤点。三厂工业园区、临江新区储备沙袋6000个,完成6支暴雪泡沫炮及相关物资采购,全市泡沫总量200吨。完成高空瞭望系统建设和园区航拍图摄制,新建消防车取水码头6个。辖区专职消防队伍规模扩大为45人,增配高喷消防车2辆。

【消防队伍建设】 推行“研讨式”熟悉、“互动式”演练训练模式,完成重点单位熟悉343家、演练119家。完成辖区消防水源普查并制定完善道路水源手册,制作六熟悉卡218份(熟悉消防队责任区的交通道路、水源情况,熟悉责任区内重点单位的分类、数量及分布情况,熟悉责任区内主要灾害事故处置的对策及基本程序,熟悉责任区内重点单位建筑物使用及重点部位情况,熟悉重点单位内部的消防设施情况,熟悉重点单位的消防组织及其灭火救援任务分工情况)、制定数字化预案134份。创新和完善基础训练模式,强化战术训练和实战演练力度,打牢官兵体能基础,提升中队、班组协同作战能力,完善大队级灭火救援指挥体系。吸取泰州德桥化工火灾事故教训,辖区化工单位熟悉演练力度加大,完成“危化品应急速查手册”编制,下发各基层中队,对辖区化工单位危险品实行“一图、一表”登记入档,邀请化工专家到大队授课6次,落实每周1次队长及救援骨干研讨授课机制。

【消防宣传】 开展各类消防排查人员、消防控制室值班操作人员、社会群众等宣传培训,组织消防控制室值班人员参加从业资质考试,全市751名消控室值班人员已有500人完成有关培训,244人取得职业资质。利用新闻媒体、户外宣传设施、政府门户网站、微信网络平台探索多样化消防宣传,发布消防工作动态,营造全民关注良好氛围。建立多功能培训中心,聘请专业讲师对固定消防设施的操作、维护、应急处置等进行授课教育,全年培训各类人员2万余人次。开展消防宣传车深入居民社区、活动场所走街串巷式宣传,在海门工业园区“三合一”隐患集中整治期间,每天深入园区各地滚动播放关于“三合一”隐患危害、日常防火要点等宣传视频,争取市民群众支持对火灾隐患进行整改。 (沈海琳)

海　　警

【概况】 海警武装警察部队海警支队二大队贯彻落实全省海警工作会议精神,顶住改革压力,勇担建设重任,结合队伍实际,举旗定向、砥砺奋进、攻坚克难。全年舰艇共航行9812余海里,历时908小时,103余航次。完成“南北对进”“鹰击48”“春季净海”“夏季清海”“7·29”等重大专项行动。3人被海警局评为“先进个人”,1人在G20峰会安保任务中获嘉奖1次。大队“海门舰”被海门市评为“先进单位”、1人被评为市“先进个人”。

【思想政治建设】 大队党委紧扣海警任务形势,紧密结合全年政治工作要点,把“两学一做”学习教育作为贯穿全年的重大政治任务,开展“改革强警”“准则条例”“十八届六中全会精神”专题教育。每周定期集中授课1次,每月组织开展应知应会测试2次,开展主题党日活动3次。大队领导坚持亲自授课,开展“读报育人”“看书分享”50余次,定时督导检查台账6次,蹲舰下艇学习交流3次。大队立足实际,在宣传教育中创造新鲜经验、形成特色亮点、打造独有品牌。32102舰定期刊发教育期刊,好评不断;32021艇创新码

检查渔船　（海警二大队　提供）

头文化长廊，成为一道靓丽风景线；大队与驻地开展文化球赛，受到好评。

【海上维权执法】 2016年，大队坚持“平时看得见、用时拿得出、战时打得赢”标准，主动紧贴实战，坚持训战一致、训勤结合的原则，主动谋划部署，确保带着任务出航、装着战果返航。3月，大队舰船组成编队完成“南北对进”巡航1号任务，对管辖海域进行治安巡防及编队航行训练，共出动警力738人次，舰船累计航行231小时、航程2700余海里；5月，为提升苏鲁交界海域管控合力，大队32102舰随编队赴山东海警二支队进行学习交流，往返累计航程1300余海里，航时80余小时；6月，大队舰船完成正规化管理暨新大纲集训任务，提升官兵们的组训能力、业务水平；7月，大队32102舰奔赴钓鱼岛海域完成“7·29”重大专项行动；9月，大队32102舰完成海军“鹰击48”扫海警戒任务，确保海域安全稳定。大队贯彻“三级办案”制度，打造梯度执法力量，落实舰艇每月38小时训练执勤制度，以综合执法为手段，促使警力前移，努力提高见警率。深度融合执法力量，强化与渔政、边防、海事、海监等涉海单位的联合执法力度，确保形成执法合力。全年，大队集中开展“长江口盗抢案件整治”“南北对进巡航”“春季净海”“夏季清海”“春雷2016”“中韩渔业暂定措施水域巡航执法”“破案攻坚”“冬季海上综合执法”等专项行动，侦办“7·23”非法捕捞水产品等一批典型案件。其间，大队共出动舰艇63艘次、航程5000余海里，检查船舶150多艘次、渔船民1200多人次，召开通案会6场，执法研讨会9场，帮助群众解决实际困难26件，救助遇险船舶5艘、群众21名，挽回损失300余万元；协助侦办刑事案件2起，查处行政案件22起，办理治安案件18起，有力打击海上违法犯罪分子，确保辖区正常渔业生产秩序。

【部队正规化管理】 2016年，大队以提升战斗力为标准，以磨练精兵为宗旨，科学组训、突出实战，坚持“刀口向内”，苦练“基本内功”，注重人才队伍的培养，通过布任务、压担子、看结果，坚持细心发现优点、诚心指出缺点，精细选出“金子”型干部，筛出的“沙子”型干部。开展新大纲集训、综合执法培训、司令部机关干部综合业务培训、党委正副书记培训等培训课程，严格选送尖子人才，配强人才储备库。以正规化、精细化管理为方向，坚持“新大纲练起来、人才用起来、作风养起来，队伍才能硬起来”标准，对新兵重点管理、对士官诱导管理、对干部指点管理，形成上下齐心、齐抓共管的良好氛围，切实发挥领导排头兵、干部主心骨、士官连心桥作用。相继开展“条令条例”“百日攻坚”“岗位大练兵”等活动，基层部队管理取得实效。以安全稳定为归属，坚持问题导向，坚持“稳定压倒一切”原则，严格落实责任，做到层层有责任、时时讲安全、处处防事故。开展“百日安全”“安全大检查”等活动，严把安全关，筑牢安全防线。2016年，14人获评“优秀义务兵”，8人获评 “优秀士官”，18人获评嘉奖，19人被评为 “优秀基层干部”，1人获三等功，32102舰被评为“公安系统先进基层单位”。

【双拥共建】 大队以海门市创建双拥模范城为契机，促进警地资源共享、优势互补，积极与驻地“牵线搭桥”，抢占发展机遇。3月，与驻地医院主动加强沟通和交流，联系南通瑞慈体检中心赴大队为官兵进行健康体检，争做双拥共建的模范单位。4月，大队官兵与市社会各界代表到市革命烈士陵园扫墓。5月，大队抽调40余名警力，主动承担中央电视台“五一乐三天” 节目在海门录制现场的安保任务。6—9月，大队承担驻地学校军训

普法宣传　（海警二大队　提供）

10余场,累计军训学员2000人次。9月,大队应驻地之邀,赴启东参加"南黄海二号"搜救综合演习活动。10月,大队组织官兵与驻地企业开展友谊篮球赛,以球会友,增进交流。大队坚持入村入户访民情、问计求策促民生,全年走访渔村16个、群众500余人次,为驻地中学贫困学生捐助资金5000余元。 (黄海良)

市人防专业队第三期培训 (市人防办 提供)

人民防空

【概况】 2016年,市人防办贯彻落实中央、国务院、中央军委有关文件精神和第七次全国人防会议精神,依据省、南通民防局年度工作要点,结合海门人防工作实际,真抓实干,敢于担当,各项工作继续领跑南通市。全年新立项人防工程1.92万平方米,新开工5.15万平方米,新竣工5.43万平方米。全年收取人防易地建设费1.05亿元(含安置小区人防易地费),平战费632万元。开展扶贫帮困工作,全年3次走访慰问困难户,资助村集体5万元。8月,被省民防局评为"'十二五'全省先进单位",人防办主任沈炳良被省人社厅、省民防局评为"全省民防系统先进工作者"。

【人防工程建设与管理】 开展人防工程普查工作,对全市在建和竣工的89个人防工程进行各种数据的采集和备案。投入人防工程维护经费70万元进行人防工程日常维护,对8个人防工程进行沉降缝渗水堵漏处理、12个工程进行防锈除锈处理。配合市人大、市政协开展海门市地下空间开发调研,向市政府提交《海门市城市地下空间开发建设专项规划》请示报告;4月,人防教育馆布展深化设计方案获省专家评委审核通过;8月,组织全市人防工程房地产、施工单位和监理单位40人开展人防工程知识培训。编制出台《海门市"十三五"人防发展规划》。

【指挥通信建设】 全年组织人防专业队骨干培训4次,参训人数120人。组织开展人防专业队组训工作调研、重要经济目标防护工作调研、人口疏散工作调研。新增2台人防警报器,进行"9·18"人防警报试鸣,全市31台警报器试鸣成功率100%,6个社区、4个学校结合人防警报试鸣组织开展人口疏散演练。人防机动指挥车完成两轮招标和合同签订工作,预计在2017年年初到位。做好人防指挥所日常维护,重点对指挥所网络通信、发电机等进行维护改造。

【人防宣传教育】 新创作人防节目3个,组织人防艺术团进社区巡回演出7场次。与电视台合作,拍摄人防专题片3部,在海门电视台滚动播出50多次。组织参加市"政风行风"热线,现场解答群众提问。编辑《海门人防》信息4期,宣传人防动态。组织开展人防进机关知识讲座,宣传人防法律法规和人防知识。在全市初中、小学普及人防知识教育,免费发放《民防知识》9500本,新增2所人防教育试点学校,购置5万元教育设备和教具。组织全市机关和企事业单位、学校、社区人员参加全省人防知识竞赛。结合"9·18"警报试鸣开展人防宣传月活动,印制3万份人防知识宣传手册,在市区各社区和人流量大的公共场所发放。 (江 森)

双拥工作

【概况】 2016年,全市双拥工作围绕习近平总书记关于增强军人荣誉感的重要指示精神,认真学习贯彻全国双拥模范城(县)命名暨双拥模范单位和个人表彰大会精神,加强全社会关心国防、尊崇军人的良好氛围,完善基层双拥服务体系、强化政策创制、拓宽军民融合领域。3月,市政府办公室下发《关于部分优抚对象享受相关优待政策的通知》,给予部分重点优抚对象免费乘坐公交车、水电气定额补助、数字电视基本收视费减免优惠。

【全国双拥模范城(县)"二连冠"】 7月29日,全国双拥模范城(县)命名暨双拥模范单位和个人表彰大会在北京举行,海门市被命名表彰为新一届"全国双拥模范城",实现"二连冠"。7月30日,全省召开全国双拥模范表彰大会,向获得新一轮命名表彰的全国双拥模范城(县)、双拥模范单位和个人颁发奖牌、证书。市委副书记、市双拥工作领导小组组长葛志娟参加南京分会场的收看会。海门市共3次获得"全国双拥模范城(县)"光荣称号。

【支援驻军建设】 2016年,资助73206部队40万元,完成官兵野外实战化驻训配套设施建设;支持15.44万元完成江苏海警二大队营区规范化建设,7.79万元建设边防派出所训练场亮化工程,出资7万元为五七高炮二营购置野外驻训文娱设备,8.7万元改造武警中队食堂,6.55万元帮助驻海部队添置生活设施设备。

【国防教育】 9月14日,首届全民国防教育学术研讨会在国防大学举行。市委书记陈勇作为唯一的县级市代表作题为《在深度融合中创新全民国防教育》的主题发言。市委常委、宣传部部长邵茂华参加活动。 (丁 华)

社 会 团 体

江海民俗风情

渔猎·罾蟹 手帕大小的一块正方形网,有浮标。放入食料后沉到民沟河中,一般要放置一二十只蟹罾。再用竹杆轮番钩起浮标,取网捉蟹。

郁异人 绘

◎ 责任编辑 袁 熙

总 工 会

【概况】 2016年，全市各级工会主动服务经济发展大局，在推进改革转型上显作为：广泛开展以“弘扬工匠精神、提升技艺素质”为主题的第二十次万人劳动竞赛，选树一批富有时代特征、贡献突出的劳动模范和先进工作者；创新开展海门工匠的评选活动，切实增强区镇片区服务站活力。依法维护职工合法权益，在促进社会和谐上显作为：深化工会新闻宣传和舆论引导，扎实推进企业工资集体协商建制；全力推动企业民主管理规范运行，积极促进企业劳动关系和谐建设。推进精准扶贫，在有效改善民生上显作为：以实施送温暖工程为载体，职工权益维护保障成效显著；以职工服务中心为依托，困难职工帮扶经常化、普惠化；以整合社会资源为抓手，职工技能培训和就业帮扶措施扎实；以一线职工学历提升为契机，提供精准有效的教育帮扶。夯实规范工会自身建设，在激发工会活力上显作为：持续做好工会组建和会员发展，强化基层工会规范化建设，加强工会干部教育培训和管理工作，开展工会系统“走千家访万人”活动……全市工会组织的作用不断显现、地位不断提高。市总工会获“江苏省模范职工之家”荣誉称号，市总工会党组被市委评为“树一流形象、争二次率先”好班子。

走千家访万人调研活动 （市总工会 提供）

【“走千家访万人”活动】 6月中旬至9月底，市总工会机关分成5个小组赴基层企业开展“走千家访万人”活动。其间，走访1100多家基层企业、近万名职工代表，发放近万份调查问卷，召开50多次座谈会，“零距离”接触职工群众、工会主席和企业老板，了解基层工会工作情况和企业发展情况，了解职工、工会主席和企业老板真实想法及对工会要求，促进工会工作开展，真正体现“把温暖和政策带下去，把问题和意见带上来”初衷。

【精准帮扶】 市总工会对评定的困难职工家庭除给予日常生活救助、金秋助学、大病医疗补助、免费技能培训、免费健康体检外，还推广社会化扶贫，引导龙头企业、社会成功人士、爱心人士与特困、困难职工攀亲结对，参与帮扶活动。同时，创设载体，开展以“传递正能量、圆梦微心愿”为主题活动，帮助困难职工完成他们的小小心愿，为困难职工解决实际困难。该项活动自开展以来，已为2000多名困难职工圆了电压锅、燃气灶、自行车等微心愿，开创工会扶贫帮困工作先河，实现工会扶贫帮困工作从“有什么送什么”到“困难职工需要什么就组织什么”精准帮扶转变。

【片区服务站活力提升】 市总工会以开展市级活动来影响、带动、指导各片区服务站开展好各自活动，做到每季开展不少于1个市级层面活动，联合安监局等单位联合举办全市职工安全隐患排查技能大赛及劳动保护论文比赛。各片区服务站根据辖区产业特点，因地制宜开展各项劳动保护活动，增强片区服务站活力。三厂青龙工业园片区服务站、余东镇片区服务站、常乐弘謇片区服务站、临江新区片区服务站等开展劳监员安全知识竞赛和隐患排查技能大赛活动。开发区总工会承办全市职工安全隐患排查技能大赛，四甲镇片区服务站开展企业劳监员劳动保护培训活动。市总工会联合市安监局制定《海门市工会劳动保护监督检查员片区服务站建设管理考核办法》，明确考核标准和奖励办法，对在片区服务站建设中做出优异成绩的单位和个人，分别授予星级片区服务站和优秀个人。

【工会法治宣传常态化】 市、镇两级工会全年开展法治宣传教育活动近百场，发放宣传资料5万余份。制订下发年度法治宣传教育计划，坚持将职工法治宣传工作纳入工会全局工作，做到同部署、同检查、同考核。切实保障宣传工作经费，3.5万元用于职工法律知识培训以及印制《职工维权常识100问》和《职工学法手册》等宣传资料。组织全市各级工会深入宣传《工会法》《劳动合同法》《劳动争议调解仲裁法》《社会保险法》《安全生产法》《职业病防治法》以及“江苏省一办法七条例”等涉及工会和职工切身利益的法律法规。利用农民工学法周、“4·15”国家安全教育日、“五一”劳动法律宣传服务月、安全生产宣传月和“12·4”国家宪法日等开展“送法进企业”“送法进社区”“送法招聘会”“集市广场普法”等宣传活动，发放宣传资料，提供法律援助咨询服务。

【模范职工之家建设】 2016年是市职工之家建设提档升级年。围绕“组织健全、维权到位、工作规范、作用明显、职工信赖”“五个有”标准，制定出台《关于进一步推进职工之家标准化建设的实施意见》，明确职工之家建设总体目标、建设标准和工作要求，重点明确建立职工之家建设经费保障机制和激励机制。全年市总工会、江苏希诺实业有限公司工会、海门依科过滤设备有限公司工会荣获

优秀一线职工学历提升圆梦班 （市总工会 提供）

“江苏省模范职工之家”称号；海门港新区、开发区、常乐镇总工会的镇级职工之家已初具规模，中南集团、三阳运动器材、回力橡胶等一批企业职工之家初见雏形。

【圆梦行动】 “圆梦行动”采取市、镇、企业三级工会联动模式，共同出资帮助优秀一线职工参加学历提升继续教育。至2016年年底，已投入60多万元资助上百名优秀一线职工上大学。“圆梦行动”班实行双导师双助理制，提高学习成效。市总工会适时组织学员开展教学实践、专业实习、志愿服务、公益活动等社会实践活动，促进学习与实践相结合。11月4日，市总工会组织圆梦班全体学员前往南通亚萍国际艺术馆开展实践教育活动，聆听陆亚萍精彩创业故事和人生感悟，学员受益匪浅。

【职工心理保健】 市总工会聘请2名工作人员、6名心理咨询师，建立心理咨询工作室、沙盘游戏室，心理咨询服务制度等，为全市职工开展心理保健、心理辅导、心理讲座等心理疏导服务。普及心理健康知识。2016年举办婚姻情感、亲子关系等心理健康讲座6次，惠及职工1000多人。进区镇、企业举办心理健康知识讲座，普及心理健康知识，引导职工正确对待社会，正确对待挫折和困难，树立公平竞争理念和乐观豁达心态，帮助职工了解科学有效的心理调适技能和方法，及时克服情绪障碍和心理压力。开展一对一心理疏导服务，职工有婚姻恋爱、亲子关系、子女教育、职业规划、职场压力等方面困惑，都可以预约心理咨询师。全年开展心理咨询服务237人次，开展一对一心理疏导服务，帮助职工解决心理困惑，树立积极乐观、自信阳光快乐健康心态。 （陆松桃）

工商业联合会

【概况】 市工商联以“五好工商联”为主线，以促进“非公经济人士健康成长、非公经济健康发展”为两大目标，强化服务手段，创新举措，履行职能，发挥作用。2016年，被中华全国工商联评为“全国‘五好’县级工商联”，被《中华工商时报》授予“县(市)工商联先进”称号。

【第十一次会员代表大会】 12月22日，召开市工商联(总商会)第十一次会员代表大会，会议听取并审议通过市政协副主席、市工商联(总商会)主席郁斌所作《培育壮大企业 凝聚发展力量 为建设“强富美高”新海门做出更大贡献》工作报告，产生新一届工商业联合会执行委员会，选举执行委员110名。在随后举行的执行委员会第一次会议上，选举产生新一届工商业联合会领导班子，同时选举产生执行委员会常委44名。

【“四信”主题教育】 围绕“增强坚定走中国特色社会主义道路信念、增强对党和政府的信任、增强对自身企业发展的信心、增强对社会的信誉”“四信”主题，在全市开展非公有制经济人士理想信念教育实践活动。市委召开教育实践活动动员会议和推进会议，市委统战部、市工商联建立“教育实践活动挂钩联系点”制度，安排7名领导联系12个区(镇)以及12个行业商会的12家企业，加强对基层开展教育实践活动的指导，教育实践活动做到有组织、有方案、有活动、有督查、有亮点。组织民营企业家“游海门、爱海门”活动，召开非公经济人士代表座谈会，组织非公经济人士开展扶贫帮困等活动，使教育实践活动体现时代性、富于创造性、更具贴近性。利用媒体以及工商联网站等媒介，开设“理想信念教育实践活动”专栏，搭建广大非公经济人士讲述创业故事、畅谈追梦感慨宣传平台，把在非公经济人士内部开展理想信念教育实践活动向全社会宣传，增强活动影响力。

【商会活动创新】 各行业商会坚持“活动兴会”理念，根据行业特点，创新活动内容和方式，提升商会活动质量。除开展传统相互交流、参观等活动外，组织行业商会走出去扩大视野，拓展市场。服装商会组织会员企业到苏南、浙江等地进行市场考察以及到日本大阪参加服装展会，帮助企业拓展国内外市场；印染商会组织会员企业赴浙江考察学习印染治污经验，增强会员企业对技改投入信心；海门浙江商会组织会员企业赴德国、土耳其、阿联酋进行商务考察，扩大会员视野，寻找新商机，会长企业紫昕花边线带有限公司接到外贸订单，扩大产品销路；化学工业商会组织会员赴美国参加国际涂料会展，与国外高端客户及同行进行信息交流，加强经济技术协作，提高全行业产品竞争力；家纺商会组织会员企业参加中国家纺国际博览会，开展边贸考察活动等，帮助会员企业扩大国内外营销市场；餐饮商会组织会员企业观摩常州等地美食节活动，推动会员单位调整思路、强化管理、增收节支、走出困境；橡胶业商会与市税务部门对接，符合有关条件企业享受增值税50%即征即退优惠；常乐弘謇商会与市职业中专开展对口交流和技工人才对接活动，缓解会员企业技工荒状况；有色金属业商会特邀上海专家为会员讲课，帮助大家拓宽视野，增强发展信心；市塑料业商会、玻璃制品业商会、机械业商会、三和汽车业商会等，也都结合行业实际开展富有特色活动。

【企业服务】 本着“企业所求、政府所需、商会所能”原则，发挥工商联联系政府与非公有制经济的桥梁和纽带作用。从“后台”走向“前台”，为非公有制企业提供个性化服务，一是与苏商发展促进会建立年度战略伙伴，定期组织非公企业学习、交流、考察，为培育培优现有企业及企业转型升级创造良好环境；二是开展异地联络，邀请淮安市工商联、柯桥市工商联到海门市交流考察。组织部分副会长赴新疆伊宁商会考察，学习兄弟商会在发挥商会作用、服务会员成功做法，加强联系、增进了解。组织部分商会会员赴杭州、宁波、舟山、滨州、东北等市场学习考察，开拓发展市场。三是继续保持与金融机构联合，引导各商会与相关银行开展对接活动，助推中小企业发展。应急互助基金协会对100多家中小企业融资10多亿元，发放贷款297笔，协会在经济与社会效应中实现双赢，为全市中小企业健康发展做贡献。四是强化部门间紧密协作。与市环保局、人社局、安监局等职能部门联系与合作，采取定期走访、组织企业座谈等方式，帮助会员企业及时了解产业结构调整动态、扶持企业发展各项优惠政策，引导企业抓住各种机遇，调结构、转方式，努力把企业做大做强。市服装业商会在供给侧改革大背景下，动员会员企业转变经营理念，调整产品结构，走工贸结合之路。有色金属业商会在冶金、有色金属、粉尘涉爆、涉氨制冷等领域试行安全生产标准化总监制度，把促进安全生产制度化。印染业商会18家企业签订“切实履行治污防治责任”承诺书，向全社会作出承诺。家纺商会抓住叠石桥市场被国务院正式列入全国三大市场采购贸易方式试点范围契机，实施“互联网+家纺”战略，组织会员企业与阿里巴巴、淘宝网等全国知名电商有效对接，加快推进电子商务平台平台运作，扩大企业营销渠道。 （李 秋）

共青团海门市委员会

【概况】 2016年，团市委以服务型团组织建设为重点，以“五聚焦五提升”为抓手，聚焦基层组织建设，提升团自身建设能力；聚焦活动载体创新，提升青少年思想引领能力；聚焦创新创业，提升服务青年成长成才能力；聚焦三社合一，提升青年公益事业发展能力；聚焦团队一体化建设，提升团队伍管理能力。推进改革创新，弘扬实干作风，全市共青团工作取得新成效，获得“省大中学生培育和践行社会主义核心价值观活动优秀项目”“省创新创优项目三等奖”“南通市创新创优项目一等奖”等荣誉，被评为“2016年度南通共青团工作优秀单位”和“海门市嘉奖单位”。

【《青年之声——成长不烦恼》】 2016年，团市委打造一档《青年之声——成长不烦恼》电台专题节目，采取访谈直播形式，传播知识、吸引关注、畅通渠道，为护航青少年成长开辟新工作领域和模式。《青年之声——成长不烦恼》实现“三微一网一播”（微信、微博、微邦、团属网站和广播）全面融合，通过微信预告节目消息、节目花絮，通过微博互动，通过运用微邦“青年之声”，通过广播播放节目，最后通过团属网站整理和发布活动信息。“青年之声”品牌形象和服务宗旨得到广泛宣传和传播。

【区域化团建“1+6+3X”】 团市委把完善和提升基层团建作为工作重点，坚持以调查研究为起点，以解决现实问题为基本导向，推进基层团建创新工作先行先试。2016年以临江新区为试点区域，开展基层区域化团建“1+6+3X”（1个工作职能中心，6个功能基地，3个方向的内涵建设）模式创新探索，取得良好成效。通过1年试点，区域化共建模式创新试点工作得到有效检验。各项资源有效整合、团属品牌工作协同发展、团的凝聚力和影响力有效提升、团建促发展作用不断增强。

【东洲青创空间】 在市级层面打造青年创业项目孵化基地“东洲青创空间”，创业基地面积2400平方米，已完成装修和运营商入驻，入孵企业在招商联系中。团

联合多部门开展“关爱成长 法治护航”活动，关注未成年人健康成长

（团市委 提供）

开展“青春启航”爱心基金发放仪式　　（团市委　提供）

市委计划通过1年时间，逐渐将空间建设成为集创业场地、培训服务、项目孵化、导师帮扶、政策指导、金融支持的“六位一体”创业共享空间，打造成为集聚青年智慧、助力创新创业一站式创业公共服务平台。

【聚焦“三社合一”】 壮大青年社工队伍，通过与“成长护航”成员单位、预青成员单位等职能部门沟通联系，把有专业能力、有服务意识青年加入到社工队伍中来。开展社会公益活动，“青春启航”爱心基金，全年为27名贫困学生提供10.8万元助学金。设计社会公益项目，指导市大学生联盟开展文化广场夏季公益表演、“旧衣零抛弃”活动；引导招商局重工团组织成立“彩虹结”公益项目，关注外来务工子女成长。　（范四海）

妇女联合会

【概况】 2016年，全市各级妇联组织以组织发展妇女和维护妇女、儿童合法权益为己任，敢于担当，积极作为，推动全市妇女儿童事业获得新发展，取得新进步。海门市荣获国务院妇女儿童工作委员会“实施中国妇女儿童发展纲要国家级示范县（市、区）（2016—2020年）”荣誉、市妇联荣获“树一流形象、争二次率先”好班子、市“平安建设先进集体”、市“孝亲敬老先进单位”、市“未成年人思想道德建设工作先进集体”等诸多殊荣。

【家庭文明建设】 在《海门日报》设立“双爱杯”《寻访“最美家庭”》专栏，启动新一轮“最美家庭”寻找活动，评选表彰市“最美家庭”25户，其中吴智勇家庭、黄丽珍家庭荣获省“最美家庭”，2户当选南通市“教子有方”最美家庭二十佳、3户当选优秀家庭，取得良好社会反响；与市纪委联合开展领导干部家规家训征集活动，全市副科职以上领导干部积极响应；“最美家书话家训”征文活动征集到征文63篇；联合开展以“我爱我家、相伴成长”第十届家庭教育日活动，普及现代家庭教育知识；启动“家庭教育大讲堂乡村行”，活动覆盖全市近30所学校，举办讲座33场次，近万名家长从中受益；编发《家庭教育大讲堂指导用书》，提升监护人家庭教育知识水平。

【妇女创业就业】 免费举办电商、微商、家政、母婴护理、农村妇女实用技术培训5场次，培训妇女600余人；举办“三八架金桥，春风送岗位”女性就业专场招聘会，提供就业岗位800多个，近三成女性达成就业意向；举办巾帼电商创业现场观摩会暨女大学生村官科技创新企业行活动，推动女大学生村官创业发展；组织开展女企业家“互学互访”观摩，召开女企业家协会年会，帮助女企业家拓宽思路，创新发展；持续推进妇女小额担保贷款工作，全年发放妇女小贷300万元，26名妇女获扶持；新建常乐镇琦瑞家庭农场、南通纺都电子商务有限公司、海门市兰盛奇异果专业合作社、海门市金伍叶生态农业园、海门临江生物医药科技创业园有限公司5家省级巾帼示范基地，树立周占贤“全国杰出创业女性”、吴慧

召开女企业家协会年会促进共同发展　　（市妇联　提供）

"省十大农业创业女状元"、徐德娟和林燕飞"南通市十大巾帼创业明星"、曾嫣"南通市优秀创业明星"等女性创业创新标杆;市汽车站"绿哨岗"服务组等10家单位荣获南通市"巾帼文明岗"荣誉称号。

慰问"三八"红旗手 (市妇联 提供)

【妇女权益维护】 推进"绿色阳光助你行"妇女儿童权益护航行动,围绕反家暴主题,深入社区开展"和谐家庭大讲堂",受益群众2000余人;"平安家庭"创建活动持续推进,"让平安走进千家万户"巡演深受群众欢迎;开展"她言堂"妇女议事会项目试点,探索妇女议事"3456"运作新模式;注重维权法治宣传,借助《海门日报》、广播电台《政风行风在线》栏目、"海门妇女"微信公众号、海门女性网等平台,开展《反家庭暴力法》《妇女权益保障法》《婚姻法》宣传,强化源头维权;发挥妇联志愿者作用,协力做好妇女儿童维权;组织法律工作者开展广场宣传咨询,发放宣传材料5000余份;组织律师志愿者与妇女儿童之间结对共建,为基层妇女儿童提供精准法律服务;夯实维权工作基础,发挥市婚调窗口、"12338"维权热线等阵地作用,受理群众来信来访来电87件,均得到妥善解决。

【妇女儿童关爱】 推进妇儿发展规划实施,海门市蝉联"实施'两纲'全国示范县"荣誉称号,黑龙江省海林市妇儿委到海门交流学习,对海门市做法给予高度评价;慰问单亲贫困母亲110人和省级以上"三八"红旗手40人;举办《塑魅力形象,修礼仪素养》专题讲座,开展"关爱女性健康"体检周活动;牵头组织"六一"慰问,市委书记率四套班子领导深入市区学校,与孩子们共庆"六一",为困境儿童送上慰问金;联合发放10万福彩基金,惠及困境儿童200名;新建农商银行志愿者春蕾班;组织"社会妈妈"慰问"春蕾班"儿童;拨付8万元扶持困境儿境公益服务项目,拓展帮扶困难妇女儿童途径。

举办中青年女干部培训班 (市妇联 提供)

【妇女组织建设】 全市233家村妇代会完成妇联改建,机关妇委会妇联改建进展顺利;重点实施10个妇女儿童家庭公益服务微创投项目,其中"一线牵·心相连"——陪伴留守儿童公益行动、"风雨彩虹,幸福明天"——正余贫困妇女就业促进与社会支持项目、"微型学校"——关爱留守儿童假期乐园3个项目获省级资金扶持资金19万元,在全南通居首;运用"海门女性"网站、"海门妇女"微信等新媒体力量宣传引导和服务妇女,成立市妇联网络评论员和网络宣传员队伍,网上网下相互促进的妇联工作新格局逐步形成;举办中青年女干部、基层妇女干部、女性社会组织骨干培训班,组织开展女大学生村官参与妇女儿童共发展活动;深入开展"两学一做"系列活动,妇联党员干部切实践行"干中学、学中干"要求,把学习和干事创业、当一名合格党员紧密结合,学习教育效果明显。

(郁海鸿)

科学技术协会

【概况】 2016年，市科协以提升创新发展能力为抓手，以服务“两个率先”为主线，以创建全国科普示范市为目标，科学谋划，聚焦创新，突出重点，较好完成年度各项任务。海门市成功创建全国科普示范市(2016—2020)。市科协被省科协评为“2016年度县级科协创新发展能力提升计划优秀单位”“2016年度海智计划工作优秀海智基地”，全市“目标考核嘉奖单位”。

【全国科普示范市创建】 在2015年成功创建省科普示范市基础上，创建工作领导小组进一步落实各项工作机制，夯实基础，突出重点，细化分工，稳步推进，2016年3月，海门被中国科协命名为“全国科普示范市”。

【科普基础设施建设】 科技馆主体建筑和钢结构施工全部完成。展陈概念方案经公开征集、方案比选、方案整合、方案优化，市政府常务会议已经原则通过。展陈大纲、展项目录清单、投资概算已明确，展陈设计、施工招标方案已由市长办公会议讨论通过，进入招投标程序。科普信息化项目先期20幅科普大屏全部安装调试到位。

【海智工作】 “海智杯”创业大赛围绕生物医药与高端医疗器械、新材料、电子信息和智能装备等战略性新兴产业，通过“千人计划”专家、海智专家、省科协国际合作中心等多方人才机构及专家进行宣传发动和项目推荐，吸引美国、德国、瑞士、日本、香港等多个国家和地区400多个高层次人才和项目报名。2016年中国国际人才创新创业大会海门分会暨中国海门首届“海智杯”创业大赛于12月7日举行，大赛设“生物医药与高端医疗器械”和“新材料和智能装备”两个行业赛，27个项目参赛，经过专家组现场打分，13个项目分获一、二、三等奖。

【推进企业科协工作】 新组建29家高新技术企业科协，申报省级科技工作者调查站点4家，完成8家企业专利推送网上注册工作。申报2015年度南通市级“厂会协作”项目4个，并全部获奖。

科普宣传周科普早市 （市科协 提供）

【服务科技工作者】 在南通市范围内率先启动“提升学会服务科技创新能力计划”，探索县市级学会管理、发展新途径，率先筹建县市级农村专业技术协会。做好推优工作，经举荐和推选，慧聚药业研发副总邱小龙博士同时获省第十五届“青年科技奖”和第十二届“优秀科技工作者”荣誉称号，中南集团副总工程师张军获南通市第八届“优秀科技工作者”称号。

【自然科学优秀论文评审】 组织市2014—2015年度自然科学优秀论文评审活动，征集论文60篇，筛选出有效论文51篇。经初级评审组、专业评审组和市评委会三级评审，评出获奖论文24篇，其中一等奖4篇，二等奖8篇，三等奖12篇，由市政府表彰奖励。

【履行纲要办职责】 “十二五”时期全民科学素质工作在全省推进会上作交流发言。在南通范围内率先拟定下发《海门市全民科学素质行动计划纲要实施方案(2016—2020)》。承担纲要办公室职能，召开全民科学素质行动实施工作会议，回顾总结2015年《全民科学素质行动计划纲要》实施情况，落实2016年全民科学素质重点工作任务。参助市政府出台《海门市青少年科技创新市长奖实施办法》，在南通市属首家。

【群众性科普活动】 依托科普讲师团，以市老科协部分专家为主，由市农业、医学、政法等部门和学会抽调一批骨干专家，进行60余场科普知识讲座。创设“科普讲坛”“百姓名嘴讲科普”“老年科普大学”等活动载体，发放资料5.2万余份，12.4万多多人次参与科普活动。全年更换4期568张科普挂图，展出宣传图板300余块，更新科普画廊2000余米。并组织“七彩夏日未成年人暑期活动”等青少年科技教育活动。

【基层科普行动计划】 不断规范科普带头人、科普示范基地和农村专业技术协会评比表彰工作，悦来镇、四甲镇被评为“十三五”期间南通市首批“科普示范镇”。申报科普惠农兴村计划先进单位，科创现代农业开发有限公司获“国家级农村科普示范基地”称号。在全市各区镇推广科普惠农服务站，悦来镇裴蕾村被评为市级科普惠农服务站。发挥科普教育基地科普教育功能，三厂街道社区教育中心获评南通市科普教育基地。

（杨晓庆）

文学艺术界联合会

【概况】 2016年，市文联围绕中心、服务大局，牢记使命、勇于担当，爱国为民、崇德尚艺，深入生活、扎根人民，繁荣文艺、成风化人，开拓创新、团结协作，立足高原、构建高峰，海门文艺和文联工作实现新进步。5月，为鼓励文艺多出作品、多出精品，市文联设置海门优秀文艺作品奖，对2015年出版的海门作协文学作品进行评优，《此去经年》等6部文艺作品获得奖励。《东洲》是海门文艺的品牌专刊、专版，已经走过5个年头，2016年，《东洲》杂志突出培养、扶持本地文艺家，为海门文艺工作者搭建交流、展示平台，报道文艺名家、大家，刊发各类文艺作品50多篇，提升海门文艺自豪感，全面展示海门文艺大发展大繁荣局面。

【主题实践活动】 开展“深入生活，扎根人民”主题实践活动。1月邀请省作协迎新春进校园、进乡村开展文学惠民，分别向瑞祥村和开发区小学赠送一批文学读物，以文学的力量扶持基层文艺发展。6月初启动“江海名镇行”采风暨大型摄影展，组织余东镇、常乐镇、三星镇、正余镇、悦来镇文联优秀摄影爱好者，围绕海门经济文化特色镇，全方位拍摄江海名镇区域内新农村建设、农民新形象、农林牧渔新丰收等各类题材，挖掘村镇自然之美、人文之美、发展之美和生活之美。

“五一”三天乐　（市文联　提供）

【“名家荟萃”惠民传播工程】 5月，与中央电视台联合举办“五一”三天乐名家进招商重工文艺活动，以文艺魅力丰富职工文化艺术生活，以文艺形式宣传主旋律“中国梦”，宣传改革开放、科学发展、加快发展取得新成就，凝聚正能量。

【书画展览】 2016年，市文联定期举办各类静态文艺作品展示活动，市美术家协会、书法家协会组织优秀艺术家每月1次在市文化馆举办展览，以文艺润养人民生活，提升人民生活幸福感；配合国防教育宣传，在长江路秀山路地段，开辟沿街书画长墙，以白墙为纸，集中展示市近50位文艺家的优秀书画影主题作品，书画长墙既提升城市品位，美化城市，又为本土艺术家提供学习交流场所。

海门市第三期文艺家读书班活动照片　（市文联　提供）

【乡镇文艺发展格局】 全市12个区镇全部建立文联组织，吸纳会员超600人，海门工业园区美术绣绘、临江新区电影文学评论、三厂工业园群众舞蹈文艺、正余通东号子、四甲舞龙、余东书法和京剧票友会等特色鲜明，乡土气息浓厚。常乐镇被中国民间文艺家协会授予“中国红木艺术雕刻之乡”光荣称号。建设3000多平方米“滨江新城文艺之家”活动阵地，规划13个协会统一进驻，设立协会工作室，设置大型文艺展示厅、舞蹈房、书画创作室、文学创作室、影视厅、培训中心等，加快打造有阵地、有经费、有活动、有载体的文艺家活动中心，乡镇园区文联组织建设“一镇一品”布局初步形成。

【市第三期文艺家读书班】 11月14—16日，举办第三期市文艺家读书班，从课程设置到活动安排紧扣海门文艺发展主题，结合当前文艺工作特质。开班期间，邀请南京大学的王月清教授作《中国传统文化和现代社会人生》、省作协储福金副主席作《文学的艺术世界》、省文联付少武处长作《加强协会建设，繁荣发展文艺事业》专题讲座。特别邀请省委宣传部原副部长、省新闻工作协会名誉主席周世康一起研究海门文化。读书班是市文联实施文艺人才培养工程具体措施，也是为提高市文艺家理论素养、专业水平和促进交流而搭建的重要平台。

【“大美新疆　锦绣海门”摄影艺术展】 9月5日，市文联在新疆伊宁县举办“大美新疆　锦绣海门”摄影艺术展，展出以蒋瑞祥为主的一大批海门文艺工作者记录的新疆的美、伊犁的景、伊宁的情，同时展出100多幅江海之滨的临江临海风情，促进两地艺术交流交融。（陈蔚蔚）

哲学社会科学界联合会

【概况】 2016年，市社科工作围绕“四个全面”（全面建成小康社会、全面深化改革、全面依法治国、全面从严治党）战略布局和五大发展理念（创新、协调、绿色、开放、共享），发挥哲学社会科学“认识世界、传承文明、创新理论、咨政育人、服务社会”作用，坚持“三贴近”（贴近实际、贴近生活、贴近群众）原则，提高咨政育人水平，提升理论研究、科研管理、社科普及、社团管理和组织建设等各项工作水平，发挥社科理论界思想库智囊团作用，为实现市第十四次党代会提出“两争”（争做改革创新排头兵、争当科学发展领头雁）工作目标，提供强有力思想引领、理论支持和智力支撑。2016年，市社科联获评省社科联系统“工作创新奖”，南通市社科联县（市）区“先进社科联”“工作创新奖”和“社科普及奖”等荣誉。

【课题研究成果显著】 围绕海门“又好又快”发展主题，整合社科资源，依托课题引领，着力构建多维度、多层次课题网络，开展咨政服务研究，为服务海门加快发展提供应用性智力支持，取得令人瞩目研究成果。全市2项课题被省社科联立项，3项课题被南通市列为重点课题。4篇成果在全国大中城市社科联第27次工作会议上和首届张謇研究全国青年学术研究会议上作经验交流，5篇成果在省社科第九届学术大会上作交流。课题成果“人才工作中政府购买服务的实现形式研究”获评省“社科应用研究精品工程（人才发展）”一等奖、省“社科应用研究精品工程奖优秀成果”二等奖。课题成果“于县域新型智库研究”获评省“社科应用研究精品工程（人才发展）”二等奖并被《新华日报》、中国社会科学网、群众网等媒体转载。《海门叠石桥市场采购贸易方式试点实践的思考》一文被《新华社·江苏要情动态》内刊及《南通发展研究报告》引用刊登。

【社科普及丰富多彩】 市社科联以贯彻落实《江苏省社会科学普及促进条例》为契机，开展社科普及工作，开设系列形式新颖、内容丰富、常态化、“接地气”活动，实现社科普及资源市内外联动，让社科工作者与百姓“面对面”，让先进社科知识与百姓“零距离”，让全社会感受社会科学魅力，取得显著成效。其中，市“东洲社科沙龙”系列活动获评省社科联社科普及活动专项经费资助项目，《张謇的家乡情结》一文入选《传统文化与社会文明——江苏人文社会科学讲座》系列丛书。全市新增南通市级社科普及基地4家、市社科普及示范基地12家、市社科普及培育基地9家。举办2016年社科普及宣传周活动，以“拓展社科普及　共享绿色文化　共建文明城市”为主题，推出社科普及义务咨询活动、社会科学进社区、进农村活动、社科普及专题系列讲座等系列活动，形成有效宣传互动模式。组织开展社科进校园、进社区（农村）活动。聘请18名社科专家学者，深入城乡基层社区，通过菜单式服务，开展社科知识讲座若干场。坚持每月1期江海社科专版，编印一系列普及读物，《江海民俗风情百图》《文明礼仪手册》《做文明有礼的海门人》入选南通市社会科学普及读物。

【队伍建设再上台阶】 新增市历史文化研究会和海运读书会，海门知青研究会成立余东分会、五七分会和三厂分会。开展社科先进组织和先进个人的评比，组织省、南通市哲社奖的推荐参评工作，精心组织海门市首届哲社奖的评比。联合市人才办组建全市青年社科英才数据库，精心设计信息点，明确入选条件，通过《海门日报》和海门广电台加大宣传发动，组织专家进行评选青年社科英才。加强社科人才培训，6月3日组织全市社科界召开学习习总书记哲学社会科学工作座谈会上的讲话精神研讨会，先后选派全市社科骨干参加省社科联学会秘书长培训班、南通社科联学会工作培训班、全市宣传工作培训班、市文明创建培训班，壮大社科骨干队伍。组织参加南通市纪委廉政书画大赛、张謇廉政文化征文等活动，《浅谈张謇的慈善思想》一文获得首届张謇研究全国青年学术研究征文三等奖，另外还有多篇作品在南通市社科类廉政书法大赛上获奖。打造《海门日报》专版“江海社科”这一品牌，办好哲学社会科学工作者学术交流阵地。加强海门社科之窗网站建设，丰富网站信息，提升网络协作平台时效性、辐射面和影响力。建立社科工作QQ群、市社科骨干微信群，通过新媒体促进社科骨干交流，加强工作联系，为社科人才提供更多交流平台。（江伟松）

归国华侨联合会

【概况】 海门市现有海外侨胞3000多人，归侨侨眷1万多人，海外留学生500多人，建有侨联小组12个，村级侨联1个。2016年，市侨联坚持与时俱进、开拓创新，认真履行“群众工作、参政议政、海外联谊、维护侨益”四项基本职能，团结带领全市广大归侨侨眷，密切联系海外侨胞，融入建设“强富美高”新海门实践。

【引资引智】 2016年，市侨联多次赴浙江、上海等地企业招商引资，接待企业、社团考察团队。8月，与经济技术开发区招商局赴上海会见凡越供应链有限公司董事长蒋金星，洽谈招商引资事宜，凡越公司计划在海门设立仓储物流点。9月，美国美亚创新促进会中国区总联络人史广俊一行到海门考察，市侨联接待并陪同参观考察临江新区。建立招商引资引智数据库及多个微信群，加强和海外侨胞、侨商互动，传播海门经济社会发展动态和海门招商引资信息，及时了解投资信息和人才需求。

【为侨服务】 市侨联逢节庆日期间多次走访慰问归侨、侨眷，热情接待回乡探亲

"亲情中华,祖国情·华侨梦——万晓燕摄影海门展"开展　　(市侨联　提供)

的重点侨胞。全年走访慰问归侨侨眷60多人次,送慰问物资3万余元,走访调研侨企10次。2016年,多次为侨商、侨眷们提供子女中高考加分、入学、接待来访、宣传普及侨法知识等服务。与教育局达成结对意向,全年为6名需要在海门入学的侨商子女解决入学问题。8月,主办亲情中华,祖国情·华侨梦——万晓燕摄影海门展,丰富侨眷文化生活。美籍华人万晓燕的作品表达主题多是华侨华人的海外生活百态,参观摄影展侨眷有150多人次。

【《新侨口述史》撰写】　召集6名专业人员,对海门籍新侨代表人物的奋斗经历进行采访、撰写,已完成8位新侨代表的口述史撰写。《新侨口述史》是海门新侨代表人物叙述本人创业、奋斗、发展经历的历史见证,是记录海门新侨弘扬海门精神的历史史书,是彰显海门"新侨之乡"人文精神的社会写照。

(袁　宁)

残疾人联合会

【概况】　市残联围绕打赢残疾人全面小康和扶贫攻坚战目标,突出"精准""全局""创新"3个关键,统筹协调"残疾人主体内力""社会助残动力""残联自身发展活力"三大力量,推进各项工作。开展"残疾人就业促进年"活动,残疾人创业效率和促进创业工作成效南通领先;投入80多万元新建750平方米工疗辅助性就业用厂房,花园基地式改造2.4公顷农疗基地,建设完成4个残疾人之家,38人得到辅助性就业。2016年入库残保金1839万元,出资71.8万元为全市1.8万名3~74周岁的残疾人办理残疾人意外伤害保险;发放全市126名建档立卡残疾人家庭子女教育救助5万元、72名高中、大学残疾学生教育补贴9万元、残疾人驾驶培训和自主培训补贴36人3.2万元、残疾人创业补贴11人3.3万元。落实重度残疾儿童"康教上门"政府专项补助50万元;开展第26次"全国助残日"活动,走访慰问1200多名残疾人,发放价值38.4万元的生活物资和慰问金;向建档立卡贫困残疾人家庭捐赠太阳能热水器42台、电风扇150台,发放轮椅860辆,完成8户残疾人家庭危房改造。投资280万元提档升级康复中心,免费安装假肢21人、残疾儿童安装矫形器(鞋)19人;白内障患者复明216人;投入300万元实现精神残疾人免费服药全覆盖,服药种类由31种扩大到38种,服药人数1028人。无障碍环境改造及辅具适配700户。开展残疾预防科普宣传,发放各类宣传小册子3000多份,组织残疾人文化进社区18场次。

【残疾人就业促进年】　通过实施"全方位培训、多渠道就业、精准化扶贫"等措施,推进残疾人就业创业扶贫。全年完成职业技能培训5期116人次、农村实用技术培训12期272人次、辅助性就业轮训2482人次;举办就业援助专场招聘2场次,新增集中就业122人,按比例分散就业130人,4个"残疾人之家"辅助性就业48人;

"残疾人之家"岗前培训　　(市残联　提供)

率先在党政机关、事业单位完成定向招录残疾人2人；35名在机构托养的残疾人获庇护性就业岗位。残疾人创业效率和促进创业工作成效南通领先。

【残疾人辅具器具适配】 市残联坚持以人为本、贫困优先、重点救助原则，采取集中发放与平时救助相结合方式，最大限度满足残疾人康复需求，切实解决残疾人实际困难。3月和10月进行两次集中发放，通过摸底调查、评估适配，发放辅具轮椅和代步三轮车及无障碍辅具800多件。市残联康复中心加强后续服务，对适配残疾人跟踪回访，除集中调查适配，还在各区镇、村居配备常用基本型辅具，方便残疾人临时适配，提高服务质量和辅助器具使用效率，全年配备辅具1031件。

【残疾认定改善】 2016年延伸评残鉴定模式，新增视力升级专场，针对举报投诉有异议对象聘请外市专家进行鉴定，避免人情关系干扰，确保评残公正公平。完善评定程序，增加社会公示环节，对所有重残人员实行“认定+公示”制度，接受社会监督，提高残疾人证的办理、核发工作质量。

【康复中心改造】 市残联投资280万元完成康复中心功能环境改造优化，添置听力评估室、多感官训练室、水疗室、FM调频系统、双屏四通道生物反馈治疗仪和监控系统，精准提档升级中心服务水平，更好满足残疾儿童康复需求。

康复师走进电台关注孤残儿童 （市残联 提供）

【残疾人家庭子女教育补贴】 出台专项教育扶贫文件，对“十三五”低收入建档立卡残疾人家庭子女试行教育专项补贴。全日制在读高中学生(含普通高中和中等职业学校、高等职业技术学校前3年的学生)，按每生每学年500元标准补贴；全日制高等院校在读学生（含大专生、本科生、研究生)，按每生每学年800元标准补贴。全年126名建档立卡残疾人家庭子女获得5万余元教育救助。

（陈 玲 陆 凯）

关心下一代工作委员会

【概况】 2016年，市关工委发挥“五老”(老干部、老战士、老专家、老教师、老模范)优势，开展和创新关心下一代工作，取得新成绩。市关工委、海门港新区关工委、海门街道关工委被省文明办、省关工委表彰为“全省关心下一代工作先进集体”，黄文成、陆志方、唐俊卿、杨建新、姜玲玲等五人被省文明办、省关工委表彰为“先进个人”。

【党史国史教育活动】 年初，会同宣传部、党校、教育局、共青团、党史办等部门联合下发《关于在全市青少年中深入开展党史国史教育活动的意见》，联合党史办、党校编写《学史明智，圆梦中华——海门市青少年党史国史学习教育简易读本》《学史明智，圆梦中华——海门党史简易读本》2本宣讲材料，印制3万多份发至各基层村（社区）和中小学；在海门经济技术开发区进行党史国史教育先行试点。4月，南通市关工委在

主题教育报告会走进中小学校 （市关工委 提供）

经济技术开发区中南社区召开主题教育现场推进会;“七一”前夕组织以“五老”志愿者为主体的党史国史教育报告团,结合建党95周年纪念活动,分赴全市69所中小学校开展宣讲,听课人数3万多人。暑假期间,各区镇校外教育辅导总站和各村、社区校外辅导站围绕主题教育普遍开展“七个一”活动,即组织一次党史国史教育报告会;开好一个以革命时期重大历史事件、重要历史人物故事会;观看一部红色影视剧和学唱“没有共产党就没有新中国”;由“五老”人员结合自身经历上一堂“党的恩情说不完”主题教育课;组织一次党史国史知识竞赛;举办一次“童心向党”主题演讲会;应用本地红色资源开展一次主题教育社会实践活动。市关工委在全省关工委宣传工作会议上就海门市开展主题教育的做法作交流发言。

市关工委常务副主任方正达(右一)向2016年度市“三好标兵”代表颁奖

(市关工委　提供)

【校外教育辅导站建设】 寒暑假是校外辅导站开展活动的黄金时段,市关工委分别于6月和12月对辅导站活动进行开班动员和部署,明确辅导站活动内容突出主题教育、学业辅导和社会实践并鼓励开展紧贴青少年特点、富有特色、为青少年喜闻乐见、丰富多彩的系列活动,增强辅导站的吸引力。各区、镇暑期校外辅导总站活动2~3次,各村、社区暑期活动8~10次、寒假活动2~3次,部分村、社区的校外辅导站活动常年进行,累计20多次,实现活动常态化。同时市关工委重视督查巡视,在暑期分2组到102个区(镇)村、社区开展巡查,了解各地辅导站活动开展及“五老”、大学生村官和在职教师到站工作情况,及时总结推广包场镇、经济技术开发区建南村、海门高新区嘉陵江社区等校外辅导站工作好做法、好经验。

【参与社会治理体系建设】 一是做好未成年人零犯罪创建工作。区镇少年法学苑(校外辅导总站)、法学苑分苑(村校外辅导站)加强法律宣传教育,公检法司干警和老政法工作者结合实际,为青少年上法制课,增强青少年学法守法意识。市综治委将“无未成年人犯罪”列入市平安村(居)竞赛内容,有效激励广大“五老”更加自觉参加创建工作,发挥其思想教育上示范作用,帮教帮扶上骨干作用,净化环境上监督作用。全市实现未成年人零犯罪社区(村)255个,占村(社区)总数95%。二是“五老”开展搞好结对帮教和社区矫正工作。全市有650名“五老”参与矫正帮教,组建360个帮教小组,帮教105名,重点对25周岁以下服刑青少年社区矫正工作。三是做好网吧义务监督工作。调整充实义务监督队伍,加强市区、叠石桥家纺城等重点地区、重点时段和重点时期巡查监督。全市163名老同志顶酷暑、冒严寒常年履行网吧义务监督职责。

【关爱服务工作】 会同民政、共青团、妇联等部门做好关怀留守儿童、困境未成年人社会保护及预防和减少青少年犯罪等工作。区镇关工委组织动员160多名贫困户和特困户子女到上海崇明职业中专就读,毕业后可在上海长兴岛等地就业,从根本上帮助贫困户脱贫致富。会同市文明办、教育局等部门在青少年中继续开展“在家做好孩子、在校外做好学生、在社会做好公民”的“三好标兵”竞赛评选活动,注重“报国之心、仁爱之心、感恩之心、责任之心和奉献之心”五心教育,激励青少年争当“三好标兵”。年底,评选市“三好标兵”200名,其中15名推荐为南通市“三好标兵”。

【关工宣传工作】 依靠党委领导和宣传、组织等部门支持,依托“两台一报”,增强自身宣传阵地建设。办好每期《海门关工简讯》,反映各地关工委工作动态、工作经验和“五老”事迹。向上级关工委和相关报刊发送海门关工做法和经验。《海门日报》、海门电台电视台录用关工稿件近200篇,南通市以上关工简讯和报刊录用37篇,省关工简报及其网站录用12篇。《中国火炬》、中关工委网站录用4篇。这些稿件,既有反映全市关心下一代工作先进典型、先进经验,也有反映广大“五老”及关工志愿者的动人事迹,有效扩大全市关心下一代工作的社会影响力。组织和动员广大青少年订阅《关心下一代周报》,中小学校及校外辅导站抓好《周报》读用工作,发挥《周报》育人作用,全市有70多名青少年的作品在《周报》录用,居全省各县(市、区)前列。

【自身建设】 2016年,按照建设学习型、服务型、创新型关工委要求,加强关工委自身建设。一是抓紧自身学习。学习贯彻习总书记对关心下一代工作重要指示,坚持理论联系实际,把学习贯彻总书记重要指示同新形势新任务的发展要求结合起来,同关工委各项工作结合起来,把关心下一代工作融入落实总书记指示当中。二是抓好关工委队伍建设。各区镇关工委建立健全“有进有出,进出有序”队伍机制,推进市级机关、教育局、政法委、农业局、民营经济关工委建设;结合村党支部、村民委员会集中换届，将退下来的老同志及时充实到关工队伍中。三是改进工作作风。深入区镇及村、社区督查巡视，了解情况，发现典型，推广经验，推动关工委工作创新发展。（姜连生）

红十字会

博爱送万家活动　（市红十字会　提供）

【概况】 2016年，市红十字会以贯彻落实国务院、省、市三级“意见”为主线，全面实施《江苏省红十字事业发展第十三个五年规划》，坚持“机制更加顺畅、制度更加完善、服务更加务实”思路，弘扬人道主义精神，发挥红十字会在保障改善民生、促进社会和谐等方面积极作用，政府人道领域助手作用发挥明显。全市有红十字基层组织372个，成人会员5010人、青少年会员3.16万人。2016年接受捐款188.5万元；94.3万元汇往盐城龙卷风灾区，向全市3042名困难群众发放救助款物94.5万元。实验小学和海南小学通过南通市红十字会达标学校验收。

【组织建设】 1月27日，召开市红十字会第四次会员代表大会，总结第三次会员代表大会以来工作，部署未来5年工作任务，选举产生第四届理事会。选举73名理事，王拥军当选会长，王丹当选常务副会长，尹建东等9人当选兼职副会长，并聘请市党政主要领导为名誉会长。起草制定《海门市红十字事业十三五（2016—2020年）发展规划》。

【救灾救助】 组织“博爱在海门　人道万人捐”活动，募集捐款94.17万元，为救助活动提供经费保障。6月，开展“向盐城龙卷风灾区捐款”活动，得到全市各行各业党员干部群众响应，募集善款94.37万元，并在规定时间全部汇往盐城灾区。8月收到风尚服饰（MLB）有限公司捐赠的500箱约1.8万件全新服装。开展以“高扬博爱旗帜　凝聚人道力量”为主题系列活动，取得较好反响。“助飞梦想”助学初中生，筹措9万元资助90名家庭贫困初中学生。“爱心接力”关怀重病患者，救助重病患者125人计20.7万元。“博爱送万家”关心贫困家庭，春节前为2400多户低保户、重病患者、鳏寡老人等贫困家庭发放救助款物47.5万元。“暖暖农情”情系经济薄弱村，为427户贫困群众发放救助金17.25万元。“冬暖活动”关爱贫困山区孩子，近2000人次参加活动，捐赠衣服8200余套，书籍6500多册，价值3000元药品以及爱心款5965.3元。募集物资进行消毒分类，于9月下旬车，送到大凉山布拖县。“传递正能量，圆梦微心愿”活动，帮助70户困难残疾职工家庭实现厨具用品、生活用品等微心愿。在儿童节前，与市总工会联合举办“心手相牵，情系六一”职工子女集体生日会，帮助37名困难职工子女实现微心愿。“关爱最美环卫人”活动，通过“春节送温暖”“夏季送清凉”等，对70户贫困职工家庭、30户特困职工家庭进行慰问救助，发放款物7.3万元。“爱心直通车义诊进社区”活动，以“传递温暖献爱心”为主题，组织红十字志愿者每月在街头社区开展义诊和健康咨询活动，累计为市民测量血糖血压等4000人次，发放健康生活宣传资料、家庭急救手册等各类材料4000余册，各类常用药品1万余元。

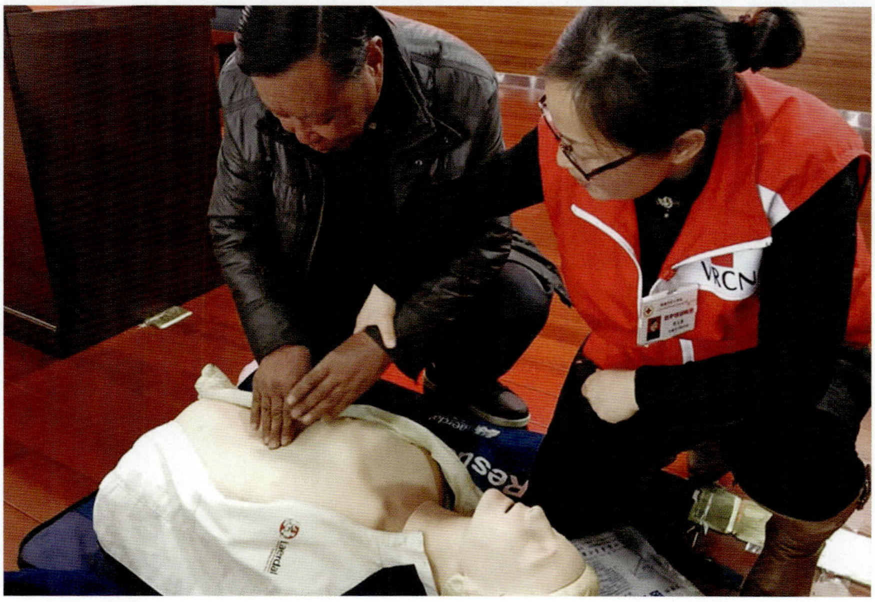

救护培训　（市红十字会　提供）

【救护培训】 实施“应急救护百万培训为民办实事项目”，重点建设三个救护培训平台。一是学校救护培训平台，对全市初一和高一新生进行救护培训；二是乡镇园区救护培训平台，对乡镇干部和村委会（居委会）工作人员开展救护培训；三是工会职工培训学校救护培训平台，对参加职工技能培训人员组织救护培训。另外，根据部分企业需要，派救护培训老师上门开展救护培训。全年完成初级救护员培训 1061 人次，公益性普及救护培训 1.01 万人次。

【志愿捐献】 全年完成造血干细胞采样入库 146 例，初配再动员 9 人，初配同意 3 人，高分辨配型 1 人。5 名市民填写遗体捐献志愿书。

（钟志豪）

个体私营经济协会

【概况】 2016 年，市个体私营经济协会围绕市委、市政府“率先建成创新之城、率先融入苏南发展”总体目标，主动作为，强化管理，服务大局，充分发挥非公经济党组织优势，以创先争优为核心，做实做活非公党建各项工作，不断探索非公党建工作新模式、新方法，充分发挥党支部战斗堡垒作用和党员先锋模范作用，为全市经济跨越发展、科学发展、和谐发展提供坚强保证。

【非公党建】 协助组织部门新增民营企业党组织 37 家，全市民营企业党组织由 169 家增至 206 家；认定“关、停、并、转”企业 42 家，其中原有党组织的 17 家，协助 89 名党员办理组织关系转移。开展“两学一做”主题教育，深入企业、学校进行巡回宣讲，营造“两学一做”浓烈氛围。

【关心下一代】 下发《关于做好全市民营企业关工委管辖认领和指导新设立民营企业组建关工委的通知》，认定“关、停、并、转”企业 66 家，新增民营企业关工委 314 家，全市民营企业关工委组织增至 562 家。组织开展“元旦春节送温暖”“315 学雷锋树新风”“春季招工招聘”“捐资助学帮困”“心连心手牵手结对帮扶”等活动，全年全市民营企业关工委捐资 210 万元，支助贫困生近百人。

（杨建新）

东洲公园全景　（赵蓓莉　摄）

镇场概览

江海民俗风情

渔猎·调虾网　在宅沟或有滩涂的横沟里，捕捉河虾的一种渔具。每到春夏季节，中午是捕捞的好时机，此网携带方便操作简单，收获也不错，一次捕一两斤河虾是常事。

郁异人　绘

◎ 责任编辑　张　静

常 乐 镇

常乐镇“我们的节日·七一”暨第二届全民歌唱大赛

【概况】 清末状元张謇故里常乐镇地处海门市中部，东邻悦来镇，南接三厂工业园区、临江新区，西靠海门高新区、海门工业园区，北连四甲镇、余东镇，拥有全国特色景观旅游名镇、中国红木雕刻艺术之乡、中国红木文玩产业基地、中国最美村镇(文化遗产类)、全国文明镇等诸多名片。镇域面积98.47平方公里，耕地面积5351.13公顷。下辖23个行政村、3个街道社区、875个村民小组。年末全镇总人口7.59万人，其中城镇人口32339人，年内出生人口376人，死亡748人。

综合实力明显增强。全年完成地区生产总值65.44亿元，增长9%；一般公共财政预算收入2.72亿元；规模以上工业总产值126.25亿元，增长9.2%；工业应税销售34.5亿元，增长23.6%；固定资产投资25.18亿元，其中工业投资18.99亿元，分别增长14.6%和10.3%；新开工超千万元项目30个，其中超亿元项目5个；建筑业总产值460亿元，增长12%；服务业投资6.18亿元、服务业应税销售11.4亿元，分别增长30.5%和59.3%，社会消费品零售总额3.09亿元，增长27.5%。红木产业销售收入12亿元，增长11.8%；工商登记注册外资6300万美元、实际到账注册外资1456万美元，分别增长353.2%和71.3%。

产业结构不断优化。工业加快提质增效，新增规模企业3家、应税销售超亿元企业3家；规模以上新兴产业产值33.95亿元，增长19.6%，占规模工业比重26.9%；规模以上高新技术产业产值91.52亿元，增长8.8%，占规模工业比重72.5%。现代农业发展走在全市前列，高效设施农业面积占比45.5%，实施总投资超2亿元的项目农业6个，新增连片千亩现代农业园区2个、海门市级以上农业龙头企业2家、南通市级以上示范家庭农场1个。现代建筑产业发展步入快车道，中南工业板块实现应税销售16亿元。服务业增加值占GDP比重提高8个百分点。建成南通市级以上工程技术研究中心2家，实施产学研项目8个，引进省“双创”博士2名、“东洲英才”项目2个。中南集团“装配式预设吊挂钢筋的楼板支撑体系及安装拆卸方法”获“中国专利奖”。

城镇转型快速推进。城镇功能品质和形象实现历史性提升。城镇建成区面积从4平方公里扩展到5.2平方公里。改造、拓宽镇区主次干道3条，完成管线入地2公里，新安装路灯600盏、建筑亮化4000米。区域供水管网实现新覆盖，竣工污水收集管网22.6公里，新增镇区绿化20公顷、绿化造林87公顷。完成街区立面改造3000平方米。新开工安置小区8万平方米。新建农路14.3公里，完成农路提档升级12公里，新建、改造农桥11座。成功创建南通市农村环境长效管理示范乡镇。

民生福祉持续改善。切实办好民生实事，努力提高人民群众的幸福指数。突出产业、就业、创业等重点环节，不断优化收入结构，2016年农民人均纯收入2.7万元，增长10.5%。社会保障普惠于民，养老、医疗等主要险种参保率稳定在99%以上，全年发放低保保障金430多万元、80周岁以上老人尊老金357万元。广泛开展慈善救助，累计投入各类救助资金100多万元，救助困难群众1400多人次。扶贫帮困工作完成阶段性任务，全镇439户建档立卡贫困户脱贫率35%。养老服务提标升级，每千名老年人拥有养老床位40张，居家养老服务站实现全覆盖。双拥工作扎实推进，被评为“南通市拥军优属模范单位”。社会事业繁荣发展，新常乐幼儿园竣工投用，新建、加固校舍8000平方米。总投资4000万元的常乐中心卫生院开工建设，建成省级卫生村4个，60周岁以上参合农民免费健康体检实现全覆盖。公共文化服务体系建设全省领先，完成镇级综合文化服务中心和5个社区综合文化服务中心建设，创成“江苏省书香乡镇”，被评为“江苏省公共文化服务体系示范区”。全年组织开展“全民读书月”“欢乐社区行”等群众文化活动36场次，特色文化品牌打造取得新成果，获评“中国红木文玩产业基地”。“江苏省文明镇”实现三连冠，中南、庵宝村蝉联省级文明村，中南集团创成省级文明单位。

公共服务大力提升。新建成1800平方米环境一流、功能配套的镇便民服务中心，完成广电、供水、警务、兽医4个服务中心的升级改造，高标准建成26个村居“一站式”便民服务大厅。开展“六五”普法，加强基层综治法治平台建设，“法治常乐”“平安常乐”建设走在全市前列，公众安全感保持90%以上，获评“南通市法治乡镇”。安全生产形势持续稳定好转，基层安监机构能力建设成为全市示范，安全生产工作保持南通先进位次。

党的建设全面加强。扎实开展“两学一做”学习教育，以开展“常怀初心·乐在前进”主题活动为抓手，推动“学做改干”

常乐镇图书馆成了孩子的暑期乐园 （常乐镇 提供）

常态化，激发广大党员干部干事创业的热情。排查出65个问题均已整改到位。组织建设不断加强，扎实推进基层党建7项重点任务，完成镇党委和村（社区）党组织、村（居）委会、村监委换届选举。深化“惠民党建”，推行的“民情夜访”群众工作法被制作成专题视频片，被南通市委组织部推广。聚焦党建创新，着力构建“党建+”的思维模式，通过实施“党建+项目”“党建+产业链”“党建+法治”“党建+精准扶贫”等，实现党建与发展富民同频共振。中央八项规定和省市委十项规定严格落实，作风建设进一步加强。党风廉政建设“两个责任”（党委负主体责任、纪委负监督责任）落地生根，查案执纪力度持续加大，全年共立案11件，查处党员干部11人。张謇纪念馆获评“南通最美廉洁地标”。

【蝉联江苏省文明镇】 近年来，镇党委、政府巩固全国文明镇创建成果，以推进文明创建长效管理为主抓手，把解决人民群众最关心、最直接、最现实的利益问题作为文明创建的融合点，加大人财物保障力度，高标准推进镇村环境综合整治，使城镇彰显出环境之美、人文之美、秩序之美，宜居度进一步提升。坚持把文明创建与思想道德教育、特色文化打造、社会治理创新有机结合起来，开展“道德讲堂”、文化惠民、志愿服务和推荐评选“最美常乐人”等一系列教育实践活动，形成向上向善向美的社会新风尚，涌现出陈锦石、陆亚行、陈永善、毛菊兰、黄丽珍等一批国家级、省级道德模范典型，推动社会主义核心价值观和以张謇精神为特质的常乐优秀品德内化于心、外化于行。10月，省文明委命名表彰2013—2015年度江苏省文明村镇、文明单位，常乐镇再度荣获“江苏省文明镇”称号。

【“中国红木文玩产业基地”】 常乐镇作为红木之乡，拥有苏中、苏北地区规模最大的红木制品生产经营集散地——麒麟红木城，红木经营企业和个体加工户620多家，从业人员3200多人，销售收入超千万元企业20多家，成为国内红木高档家具、文玩小件的重要集散地，尤其是文玩小件在全国市场占有率60%以上。先后被命名为“江苏省民间艺术（木雕）之乡”“江苏省传统工艺美术特色产业（红木雕刻）基地”“中国红木雕刻艺术之乡”。7月上旬，经中国木材与木制品流通协会、中国红木委红木交易中心、中国红木委信息部联合组建的专家验收组实地考核、会议审定，授予常乐镇“中国红木文玩产业基地”称号。

【建筑业实力连续17年全市区镇第一】 面对日益激烈的建筑业竞争市场，镇党委、政府把握定位，创新作为，在政策引导、要素保障、技术革新、品牌打造、人才引培、市场开拓等方面，积极为建筑企业提供定制式精准服务，并通过经常性与企业家交流沟通，常态化关爱后方的家人，尽最大努力帮助解除后顾之忧，有效激发企业家勇挑重担、争创一流的积极性。2016年，全镇完成建筑业总产值460亿元，超过海门总量的四分之一，入库税金8685万元，创成省以上优质工程20项，其中国家级优质工程3项，建筑工业化板块在常乐辖区实现工业应税销售16亿元，占镇全部工业应税销售的“半壁江山”。建筑业综合实力连续17年在全市各区镇中位居榜首。在2016年度全市目标管理绩效考核中，获海门市建筑业先进区镇第一名。

【获评南通市农村环境长效管理示范乡镇】 近年来，镇党委、政府以建设南通市级中心镇为抓手，以打造更加优美的农村生态人居环境为重点，以“六整治”“六提升”和“三整治、一保障”为基本内容，不断完善垃圾清运、沟河治理、农路保洁、绿化管护、公共设施维护“五位一体”农村环境长效管理机制，深入推进村庄环境整治、“康居乡村”创建和农村河道长效管护，创新推行镇村生活垃圾管理一体化模式，积极开展江苏省“美丽村庄”、南通市“美丽乡村”、海门市“水乡特色魅力村庄”创建活动，明显提升农村生态、人居环境质量，全镇村庄环境整治达标率、农村生活垃圾无害化处理率均100%。9月，常乐镇被命名为“南通市农村环境长效管理示范乡镇”。

【黄丽珍家庭获评“江苏最美家庭”】 黄丽珍是常乐镇颐生村人，80多岁的她拥有4个孝顺懂事的子女，虽不是亲生却胜似亲身。她与丈夫陆松年是半路夫妻，为了4个与自己没没有血缘关系的儿女，她放弃一个女人怀孕生子的权利，心甘情愿抚养孩子们长大。孩子们的外婆年老了，她又接来外婆，以身作则践行“百善孝为先”的家训，照顾老人终老。黄丽珍对丈夫、老人、孩子的无私关爱和善良心地被乡亲们传为佳话。黄丽珍家庭曾光荣入选“全国五好文明家庭”，黄丽珍先后被评为“海门好人”“温暖海门”十大人物。7月，黄丽珍家庭受到省妇联表彰，获评“江苏最美家庭”。

张謇纪念馆“小橘灯”志愿讲解员培训

【张謇纪念馆入选南通最美廉洁地标】 位于张謇故里常乐镇状元街的张謇纪念馆，占地2.7公顷，由江泽民题写馆名。主体建筑由张公祠堂、史料展示馆组成。展厅由出生成长、实业救国、教育兴国、社会事业、廉洁法治、纪念研究6个部分组成，以图片、实物、音像、场景等形式展示张謇一生的丰功伟绩。该馆先后被评为“国家AAA级旅游景区”“省爱国主义教育基地”和“南通市廉政文化建设示范基地”，全年接待国内外参观者30余万人次。作为中国历代状元中独一无二的实业家、教育家，张謇能成就一番轰轰烈烈的事业，与其仁厚和睦、一心向善的家风有关。为使家风世传，张謇将教子警言书刻于石，作为家诫，以此勉励子子孙孙的一言一行，对社会影响至深。9月，在南通市纪委主办的“清风廉景·润泽江海——全市最美廉洁地标”征集评选活动中，经网络投票、专家评选，张謇纪念馆成功入选“南通最美十大廉洁地标”。

（周裕忠）

悦 来 镇

【概况】 悦来镇位于海门市东南部，总面积141.9平方公里，下辖35个行政村、4个居委会，总人口10.65万人。2016年，悦来镇以中心镇建设争先进位为目标，以品牌创建为抓手，紧扣“优质发展、优化治理”两条主线，全镇经济社会保持平稳有序发展的良好态势。全年实现地区生产总值63.58亿元，实现财政收入2.83亿元。在全市目标绩效管理考核中，荣获工业经济、开放型经济、科技创新、城镇建设、项目建设、民营经济、人才工作、精神文明建设8个单项先进荣誉。

工业经济实现突破。全年完成入库税金1.3亿元，实现工业应税销售38.7亿元。市奖牌企业获得1金3银1铜的佳绩，市金牌企业和应税销售超10亿元企业实现区划调整以来零的突破。重点推进的东方教育装备创新产业城初具规模，15家企业已进驻园区。

现代农业硕果累累。规模农业项目呈现良好的发展态势，建成投资200万元以上的农业项目25个，总投资1.2亿元。培育南通市级农业龙头企业1家。培育农机全托管专业合作社35家，列全市第一。“万余牌”香沙芋升级为国家地理标志保护产品。打造重点高效设施农业园区367公顷，集新产品研发、技术培训、物联网商务平台、冷藏加工于一体。全年荣获“江苏省农村产权交易先进集体”“南通市高标准农田建设先进乡镇”“南通市造林绿化先进乡镇”“南通市水利建设十佳乡镇”“南通市耕地保护十佳乡镇”等称号。

镇区建设有序推进。实施悦来大道两侧道路绿化亮化工程；完成老城区立面改造二期工程。完成总投资2500万元，全长15公里，涵盖悦来、万年、三阳3个片区的雨污管网工程建设；完成总投资880万元占地5.3公顷的乡村文化公园方案设计；完成2.8公顷商业综合体，以及1公顷安置房小区拆迁；完成2公顷项目征地工作；开展全镇水环境整治专项行动，水面环境明显改善。

社会事业蓬勃发展。路桥建设有序推进，教育资源日趋均衡，医疗卫生明显改善，改厕工作加速进行，食品安全加强监管，敬老院改造升级工程完成；成立悦成长爱心基金会，开展孤困儿童扶困助学工作；开展“我们的节日”“社区邻里节”“海门之夏”“公民道德月”等主题活动，全年送电影下乡421场，进

全民运动会拔河现场　　（悦来镇　提供）

村演出60余场，受益观众3万余人次；好人好事蔚然成风，2人获评“中国好人”，3人获评“海门好人”；2例见义勇为事迹上榜中央电视台新闻；2户家庭获评南通市“最美家庭”；永平村获评“江苏省文明村”。

党建工作特色鲜明。以开展“两学一做”学习教育为契机，坚持“四个一”制度(每周开展一次“早课堂”，每个月看一本好书，每个季度一篇心得体会，每年一篇高质量调研报告)，形成“领导导学、党员自学、组织督学”的良好机制。巩固和强化“村企共建”活动成果，在原有10家规模以上企业与10个村共建的基础上，鼓励并支持更多的企业帮助共建村基础设施建设，扶助村级集体经济发展；在企业中开展“十分钟流动党课”“劳模工作室”“三有三无”“科技创新我先行”等党建活动，打造4家非公企业党建示范点，增强“两新”党组织战斗堡垒作用。明确提出“讲团结、敢担当、守纪律”的工作要求，将基层党建工作纳入干部年度考核和村级主要工作百分考核，严查督办，就“为官不为”等作风效能问题问责30名镇村干部。

【工业首创“一金三银一铜”】 2016年，悦来镇工业经济实现应税销售38亿元，同比增幅41.1%。市奖牌企业数首创“一金三银一铜”。首创“金牌企业”——江苏汉晨药业有限公司，实现应税销售1.1亿元，实交税收超过2000万元，实现悦来镇区划调整以来市金牌企业零的突破；南通维达鞋业有限公司、江苏金呢工程织物股份有限公司和江苏通海染整有限公司蝉联市“银牌企业”称号；南通海腾铜业有限公司应税销售超过11亿元，成为悦来镇“工业航母”，也首次获得市“铜牌企业”称号。至此，悦来镇工业奖牌企业2016年新增“一金一铜”，并以奖牌企业为新坐标，工业经济呈现突破性发展的新势态。

【东方教育装备创新产业城一期完成】 由教育部教育装备研究与发展中心和市人民政府合作共建的东方教育装备创新产业城，以“未来教育”为主题，顺应当前及未来国内外教育发展趋势，通过创新设计、技术研发、生产、展示、销售诸多元素，打造完善的教育装备全产业链。项目核心规划用地0.84平方公里，分3期进行。一期工程选址原悦来镇初级中学所在地，主要规划和建设教育装备展示体验馆、进驻设计研发型教育装备企业，其中包含有“U”型办公楼、大型展厅、园区餐厅、设计师公寓、咖啡厅等，已全部改造完成，15家企业进驻园区；二期工程选址悦来镇包临公路东侧、常久路南侧地块，主要建设教育装备产业创新研究院和教育装备展示交易中心、进驻教育生产型企业以及商业综合体、乡村文化综合体和人才大厦等配套工程；三期作为拓展区。

【悦成长爱心助学基金成立】 5月，全市乡镇第一家运作公益事业的专业平台——悦成长爱心助学基金成立，该平台本着“服务社会、传播爱心”的宗旨，以“因地制宜、量力而行、分期实施、稳步推进”为原则，每年由悦来镇各企业及爱心人士捐赠爱心助学款，资助品学兼优的贫困中小学生。前期募集到资金5万元，已资助首批10名贫困学生。悦成长爱心基金会每笔资金的流向都及时向公众公布，接受社会监督；坚持常规化走访关怀活动与重大主题活动相结合，“三八妇女节”“六一儿童节”、寒暑假前后适时开展大型活动，邀请镇区内企业家和爱心人士积极参与，以扩大基金会的影响力和社会号召力，感召更多的爱心人士和社会企事业团体参与公益事业。

【水环境整治】 悦来镇共有四级及以下河道总长2010公里，其中四级河道185条，全长208.04公里；泯沟3787条，全长1801.64公里。10月，在全镇开展水环境整治，检查河道水域有无管护公示牌，养殖标牌、清理漂浮垃圾，有害水生物，以及岸边的生活垃圾、建筑垃圾、农业生产废物等；整顿河岸周边粪便直排行为；清除河道内网簖等。整治期间，安排宣传车进行宣传，并在政府网站、“江苏悦来”微信公众号、官方微博等平台进行集中报道，宣传好人好事，营造浓厚的舆论氛围，引导百姓既当参与者又当监督者，积极参与到治河护河行动中。同时，加大巡查监督力度，确保整治工作取得实效。

【百分制量化考核机关干部】 2016年，悦来镇出台《悦来镇机关干部考核测评办法》，对机关干部实行量化考核。办法

东方教育装备创新产业城外景图 (悦来镇 提供)

以机关干部的德、能、勤、绩、廉为主要内容,分岗位工作、作风效能、民主测评3个方面,按照百分制进行综合考核。每位机关干部全年基础分100分,用倒扣分和奖励加分的办法进行打分。每月月底,镇效能办汇总考核情况;年终,根据各人得分情况实施奖惩。考核结果记入个人档案,作为机关干部评定等次的重要依据和评先评优、干部选拔录用的重要参考。百分制考核测评办法的实行,全面提升机关干部工作效能,为建设服务型、学习型、创新型机关营造良好氛围。

【好人现象凸显】 12月7日上午,悦来镇忠义村发生1起交通事故,一辆轿车被撞后冲入河内。车祸发生后短短5分钟内,先后有多名好心人跳入河中抢救被困人员。各大媒体网站纷纷对此进行报道,中央电视台"新闻直播间"也播报村民们的好人好事。这是众多悦来人崇德向善的一个缩影。近年来,悦来镇在推进公民道德建设过程中,以推荐评选"海门好人"活动为契机,弘扬传统美德,引领社会风尚,营造人人争做好人的良好氛围,涌现"中国好人"曹建帮、周炳高,以及唐瑞岳、周玉美、张玉芳等数十位"海门好人",好人好事蔚然成风,好人品牌效应初显成效。

(张　炜)

四　甲　镇

【概况】 四甲镇位于海门市中北部,总面积97.2平方公里,下辖21个行政村、3个居委会,总人口8.56万人。2016年,四甲镇党的建设、精神文明建设、工业经济、财政工作获市年度目标管理绩效考核奖。

综合实力显著攀升。全年实现地区生产总值39.07亿元,增长8.95%;一般公共预算收入1.41亿元,增长34.2%。实现工业应税销售25.24亿元,增长28.2%;完成工业入库税金1.89亿元,增长49.3%;完成规模以上工业总产值94.21亿元,规模以上工业新兴产值

四甲镇农民聚居区　(四甲镇　提供)

53.97亿元,占规模工业产值比重57.3%;实现规模以上高新技术产业产值78.35亿元,增长21%;完成自营出口贸易5100万元;完成服务业投资7.35亿元,增长21.1%;完成服务业应税销售4.11亿元,增长62.9%;服务业入库税金2715万元,增长40.2%;完成建安产值68.3亿元。

龙头企业支撑明显。金轮针布实现应税销售4.3亿元,入库税金4413万元,分别同比增长6%和136.3%;南通爱尔思入库税金3352万元,同比增长19.3%;金轮股份入库税金2.1亿元,同比增长800.1%;中兴精密入库税金850万元,同比增长29.4%。3家企业获评市"工业金牌企业",1家企业获评"工业铜牌企业",其中金轮蓝海股份有限公司获评"特别贡献奖"。

项目建设持续升温。坚持招商第一、项目为王,推进项目建设。完成社会固定资产投资27.23亿元,增长19.8%,其中工业投资19.88亿元,增长19.3%。实施新开工超千万元项目37个,其中超亿元项目4个、超五千万元项目5个。

聚焦招商成效显著。推进招商引资,突出抓好招商队伍专业化、考核机制导向化、资源渠道统筹化。全年开展招商活动60余次,举办集中招商推介活动9次,新签约超千万元项目11个,其中超亿元项目8个、在谈项目15个,实际到账外资800万美元。

现代农业稳步推进。实现农业增加值4.6亿元,新增高效设施农业66.67公顷,家庭农场22个,新增绿化造林73.33公顷。新增水稻面积200公顷,建成566.67公顷优质稻麦轮作生产基地。完成靶场村66.67公顷高标准农田建设,拆坝建涵144座。实施总投资1635万元的第八批中央财政小型农田水利重点县工程。

社会事业全面发展。投入165万元实施四甲小学3300平方米教学楼加固工程;5个村建成2000平方米的健身运动场地;建成2个村综合文化中心示范点。完成280个三格式卫生户厕改造;投入700万元提档升级改造四甲中心卫生院;新型合作医疗保险覆盖率;99.5%以上;完成876名新增农村计生奖励扶助对象工作。投入80万元新建四甲烈士陵园;16个村完成骨灰盒存放室改造任务。

【"江苏省文明镇"】 近年来,四甲镇以创建文明乡镇为契机,坚持物质文明与精神文明"两手抓,两手硬",大力加强社会主义精神文明建设,宣扬社会主义核心价值观,广泛开展群众性文明创建活动,在全镇范围内形成浓厚的创建氛围。成立由镇主要领导任组长的创建领导小组,设立创建办公室,广泛宣传,分发告居民通知书、宣传手册1000余份。先后投入大量资金,对道德讲堂、农家书屋、镇文化艺术中心及村居文体活动场所进行提档升级。为确保创建工作取得实效,该镇广泛开展文明户、文明村等评选评比活动。镇村两级还自发成立多个志愿服务组织,积极发挥传帮带作用,开展志愿服务活动,传播文明新风尚。2016年,

四甲镇获评2013—2015年度“江苏省文明乡镇”。

【金轮股份获市“工业金牌企业特别贡献奖”】 金轮蓝海股份有限公司公司借助战略转型、二次创业的契机，围绕“成为工业品细分领域卓越的产业投资集团”的企业愿景，在纺织、不锈钢、管理咨询等行业不断进行产业链延伸，并做强做大，为区域经济发展做出贡献，荣获2016年度海门市“工业金牌企业特别贡献奖”。同时，金轮股份全资子公司——金轮针布（江苏）有限公司，以做精做强为目标，实施“研发、质量、品牌、服务”四轮驱动，深化主机配套，推动金轮针布向纺织器材领域延伸，实现全球化经营，全年实现应税销售4.3亿元，入库税金4413万元，分别同比增长6%和136.3%；金轮股份全资子公司——海门市森达装饰材料有限公司作为独立经济实体，在全市纳税、贡献工业产值方面也名列前茅，两企业均获2016年度海门市“金牌企业”称号，实现三喜临门。

【金轮针布公司获“南通市市长质量奖”】 金轮公司一直推行卓越绩效模式，企业经营水平和绩效管理水平持续提升。5月，金轮针布（江苏）公司获评“2015年度南通市市长质量奖”。“市长质量奖”是市政府设立的质量管理最高荣誉，主要面向全市具有独立法人资格，实施卓越绩效经营管理模式，在行业内处于领先地位，社会效益和经济效益显著的农业、工业、建筑业和服务业企业，以及提供公共服务的非政府机构。自2009年开始，“南通市市长质量奖”每年评审1次，迄今有19家企业获此奖项。此外，公司还荣获首届“海门市市长质量奖”“江苏省中小企业卓越绩效模式培训基地”、第四届“全国纺织行业质量奖”、中国纺织行业唯一的“全国实施卓越绩效管理先进单位”等荣誉。

【中心镇建设步入快车道】 2016年，四甲镇紧扣“科技新园区、台韵新市镇、美丽新农村”发展定位，构建城镇规划新格局，拓展城镇发展新空间，打造城镇特色新形象。总投资3500万元的东渐大道主体工程完工；启动总投资500万元强生路北延工程及总投资150万元的育才路扩宽改造工程；投资600万元实施的健康路至东转盘700米建筑立面改造和人民路节点绿化景观工程竣工；启动四甲镇老街改造工程，实施省道222线路灯建设工程及解放路、复兴路、健康路灯更新工程；镇级雨污水管网建设工程完工2.7公里；2公顷幸福花苑建设全面启动；完成总投资400万元农路提档升级；商业综合体项目成功签约。

四甲镇区道路 （四甲镇 提供）

【王新获评“全国先进个体工商户”】 12月，全国先进个体工商户表彰大会暨纪念中国个体劳动者协会成立30周年座谈会在北京召开，四甲镇王新受到表彰。王新是四甲镇有余村人、中共党员、市鑫弛汽修厂总经理，因业务关系经常接触事故车，18年间已自发救助道路交通伤员2000余人。2006年，又自费购置道路抢险车，免费进行现场救援。2015年初，王新自发成立见义勇为志愿者队伍，义务参与抢险救灾。王新曾荣登“中国好人榜”，获评第五届“全国道德模范”提名奖、第二届“全国119消防提名奖”、人民网“2014年度十大责任公民”“江苏省劳动模范”“江苏省见义勇为道德模范”“江苏省文明家庭”。

【第八批中央财政小型农田水利重点县工程竣工】 四甲镇按照“集中投入、整片推进”的建设思路，以农村河道清淤、整治为主抓手，全面推进第八批中央财政小型农田水利重点县工程。该项目涉及合兴、四扬、四甲3个村，总投资1635万元，实施河道护岸和河坡绿化9条（段），长度18.49公里；河道疏浚42条，长度12.1公里。项目竣工后，成功营造河畅、水清、岸绿、景美的河道环境，提升河道抵御自然灾害能力和农田水利整体效益。

（虞树林）

余东镇

【概况】 余东镇地处海门市东北部，总面积68.68平方公里。耕地面积3768.2公顷，下辖17个行政村、2个居委会、639个村民小组。2016年，荣获江苏省文明乡镇、卫生镇、耕地保护先进乡镇3项省级荣誉，南通市“平安法治示范镇”“卫生防疫应急示范乡镇”“安全生产先进单位”“统战工作先进乡镇”4项南通市级荣誉，全市目标绩效管理考核“综合先进区镇”称号，同时获市更高水平小康建设、财政工作、服务业经济、民生工程、建筑业经济、平法法治建设工作、党建工作7个单项先进。

经济实力大幅提升。财政收入稳步增长。完成财政收入2.7亿元，同比增长20%；其中完成一般公共预算收入1.09亿元，同比增长10.2%；完成全社会固定资产投资25.11亿元，同比增长20%。工业经济快速发展。完成工业应税销售16.53亿元，同比增长30.5%；完成工业入库税金8082万元，同比增长7.8%；拥有市金牌企业1家、铜牌企业2家、重点

老街做年糕蒸蒸日上　　　　(余东镇　提供)

骨干企业12家、规模以上企业33家,形成以奖牌企业为龙头,重点企业为支撑,规模企业为基础的梯队发展新格局。现代农业初具规模。高标准推进现代农业园区建设,投资3300万元新建种养殖及休闲农业项目10个。新增绿化123公顷,拆坝建涵460道,投资400多万元新建一事一议水泥道路9.3公里。高效农业占比32%,高标准农田占比61%。服务业经济焕发活力。全年完成服务业应税销售4.11亿元,同比增长66.6%;完成限额以上社会消费品零售额6.47亿元,同比增长23.7%;总投资1亿元的凤天家园商业一条街项目竣工,润创大型超市入驻开业,总投资1.8亿元的江苏金凤宸商贸中心完成主体结构封顶,总投资1亿元的希诺商务综合楼投入使用。建筑经济持续向好。五大建筑"龙头"企业积极开拓市场,分别与万科、恒大、华润、碧桂园等知名房产企业建立紧密合作关系。实现建安产值21.9亿元,跻身全市建筑业先进乡镇行列。项目建设强势推进。被南通市认定的超亿元产业项目4个、总投资5.11亿元,其中工业项目1个、服务业项目3个,全年新开工超千万元工业项目30个;全年新签超千万元以上项目10个,其中超亿元项目4个。

城镇面貌显著变化。有序推进古镇保护开发。开展"余东古城·古运盐河文化生态保护区"规划设计和重点项目方案策划,启动特色小镇创建工作。优化南护城河及两侧建筑设计方案,完成西护城河景观、石板街两侧建筑修缮概念设计,凤凰亭、梨园、影园、姐妹井等重点庭院景点修复工程进入招投标程序;规划和申报省级余东"乡愁"文化综合保护区,打造余东古镇特色文化品牌。

着力加强基础设施建设。实施镇区绿化美化亮化工程,投入140万元在星海线树勋镇西段、汤正公路段安装路灯94盏,完成城中路及人民南路路灯安装及管线埋设,新装仿古路灯156盏;新增绿化面积70公顷,镇区绿化率36%以上。总投资1100万元实施镇区雨污分流网改造工程,完成仿古街面铺装工程。持续改善生态环境质量。深化农村环境长效管理,全面提升村庄环境整治水平,环境综合治理全市领先。2016年余东镇被评为"江苏省卫生乡镇"。

社会事业全面进步。民生保障体系广泛覆盖。农村养老保险和新型农村合作医疗参保率稳定在99%以上;广泛开展"一日捐""一元捐"等慈善救助活动,同时成立镇慈善分会和村(居)慈善工作站,募集善款151.7万余元,全年累计发放慈善救助金23.5万元;投资200多万元实施敬老院太阳能供热系统、消防喷淋系统等基础配套设施改造工程,全面提升敬老院建设水平;投资20万元改造烈士陵园纪念馆,开展烈士纪念系列活动。教育教学质量持续提升。余东幼儿园保持省优质幼儿园荣誉,余东小学被评为"省教育工作先进集体",树勋中学教学质量、海门中学录取率领跑乡镇初中,蝉联市教育百分制考核特等奖。医疗卫生水平显著提高。深入开展乡镇卫生院标准化、社区卫生服务站示范化创建活动,开展计划生育优质服务活动、妇女病普查及"两癌"筛查等工作。社会文化事业蓬勃发展。有序推进镇文化中心"八个有"、村(社区)文化室"六个有"建设。组织开展第二届"凤舞千年·韵承古今"古镇文化艺术周活动和海门之夏、送戏下乡、余东剧场"周周演"及"我们的节日"主题系列活动;结合"人大代表小康行"主题实践活动,开展"献计行""双带行"

"邻里守望 姐妹相帮"巾帼志愿服务活动　　　　(余东镇　提供)

"春雨行""清水行""绿化行""环卫行"的"六行"活动,"清水行"活动代表南通市接受中央电视台、新华社等18家中央、省、市媒体的采访。

【"政治生日忆初心 '两学一做'争先锋"试点活动】 9月22日,南通市五金机电公司全体党员为支部党员陆淑华过"政治生日",市委组织部、镇党委派员参加,陆淑华也成为海门政治生日第一人。市委组织部代表对五金公司开展"两学一做"学习教育给予高度评价,希望南通市五金机电公司作为全市第一个设立党支部的民营企业,继续发挥党支部的战斗堡垒作用和党员的先锋模范作用,用"党建+企业"的形式,成为海门市企业开展党建工作的模范。并表示党员过"政治生日"这一做法可以在全市范围推广,为"两学一做"学习教育创新形式、增光添彩。

【"行志愿服务 展巾帼风采"系列志愿者服务活动】 余东镇动员组建包含扶贫助困志愿者、科普宣传志愿者、少数民族志愿者的50人巾帼志愿者队伍,以"安民""助民""乐民"为宗旨,全年组织"三八节"男女平等国策宣传、"普法周"婚姻法未成年人保护法宣传、"6·10"关爱家庭反邪教宣传、"科普宣传周"健康保健常识和安全防范措施宣传;开展"邻里相帮 姐妹互助""小小心愿 温暖世界"主题微心愿活动;以"一助一""多助一"形式结对帮扶困难人群,解决他们日常生活需要;逢节假日给困难老人们送慰问金、礼品,组织文艺活动,丰富他们的节日生活。巾帼志愿者队伍把乐观向上、爱心向善的人生观和助人为乐、大爱无疆的价值观传递给身边需要帮助和服务的人,得到周边群众广泛赞誉,取得良好的社会效果。 (田 佳)

海门市纪念红军长征胜利八十周年暨正余镇"重温红色经典 培育优良家风 争做身边好人"主题活动 (正余镇 提供)

正 余 镇

【概况】 正余镇位于海门市境东北部,是南通市与吕四港的中心点,通吕运河贯穿全镇,两条一级公路"汤正公路"与"S335线"纵横交叉镇域腹地,两条重要沿海南北通道"临海公路"和"海启高速"即将贯通,水陆交通便捷。全镇总面积62.72平方公里,总人口6.14万人,下辖17个行政村和2个居委会。在全市2016年度目标管理绩效考核中,综合实力位列全市区镇第三。全年新增规模企业6家、奖牌企业2家,奖牌企业总数11家,为全市各镇之首。项目建设、农业经济、人才工作、平安法治建设4项重点工作位列全市先进行列。先后荣获"全国扶贫先进单位""2015—2016年度全省基层冬训工作示范镇"和"南通市农村环境长效管理示范镇"等荣誉称号。

重点指标提升明显。2016年,实现工业应税销售27.2亿元,增长25%,完成任务数24.4亿元的111%;实现规模工业产值240亿元,完成任务数236亿元的102%;实现新兴产业产值134.17亿元,完成任务数124.6亿元的108%;实现高新技术产业产值195.2亿元,完成任务数183亿元的107%;实现全社会投资28亿元,完成任务数24.5亿元的114%。

工业经济优势突出。2016年,全镇有规模企业45家,当年新增规模企业6家、奖牌企业1家,奖牌企业总数10家,为全市各镇之首。全镇规模以上企业45家,其中税收超200万元的重点骨干企业18家,超500万元的奖牌企业10家,超1000万元的银牌企业3家,形成大、中、小企业梯队发展的新格局,金银铜牌企业数量高居乡镇之首,先后获评"国家机器人RV减速器研发生产基地""江苏省汽车零部件特色产业基地""江苏省创新型乡镇"。

项目建设有序推进。全年共新开工超千万元项目30多个,其中超亿元项目5个;共签订包括三大主导产业在内的各类投资意向项目16个,总投资8.5亿元;力驰复合新材料、科博莱工艺品在内的30多个项目破土动工;斌奥二期、云创钢材等5个重点项目在内的26个技改和在建项目竣工。在南通市重大产业项目考核中,正余镇位居乡镇前列。

现代农业发展迅速。2016年,全镇增加高效设施农业和高效设施渔业面积分别为67公顷和13公顷,增加成片造林面积100公顷,森林覆盖率27.8%,位居全市第一;共实施500万元以上现代农业项目14个、1000万元以上现代农业项目6个;新增南通市级农业龙头企业1个、海门市级农业龙头企业1个;新增稻麦面积173公顷,其中新岸村新建连片1000亩示范区1个;新培育省级示范家庭农场1个、南通市级示范家庭农场1个、海门市级示范家庭农场2个;获评"江苏省现代农业产业基地"。

服务业发展快速。2016年,实现服务业增加值11亿元,限额以上社会消费品零售额3.67亿元,服务业地税收入2324万元。建筑业实力雄厚,以金牌企业中联建设集团为代表的建筑业总产值56亿元,多个重大项目获"河海杯"

“长城杯”等荣誉称号,综合实力跃居全市前列。

城镇建设强势推进。通吕运河护坡整治工程、余北河—运北河河坡整治工程、市民公园达标改造工程和应急水源管道工程全面完成;总面积1.5万平方米、总投入580万元的滨河休闲广场竣工并完成绿化、亮化。农贸市场标准化改造、王浩农民街改造、污水管网维护项目顺利实施;中心派出所、综合文化活动中心等项目有序推进;设施齐全、配套完备的新敬老院建成使用。

百姓幸福感持续提升。教育现代化上,总投入250万余元实施校安工程,4所学校办学条件明显改善,全部建成“数字化校园”;创成“全国社区教育示范乡镇”“江苏省社区教育中心”。公共服务上,17个村全部建有卫生室,新型农村合作医疗参保率100%;3个村建成省级卫生村,4个村建成省级健康村。文体服务体系上,休闲文化广场面积3.5万平方米;王灶河生态休闲农庄成为南通文化产业示范基地;邢柏村建成省级“四星级”图书室。

【南通市委书记陆志鹏考察振康公司】 8月5日,南通市委书记陆志鹏、市长韩立明等参观考察振康公司发展建设情况。并要求正余镇、振康公司,以科技创新为举措,高起点规划、高水平策划、高标准建设,并加快推进。

【镇第十五次党代会召开】 5月25日,中共正余镇第十五次党代会召开。大会选举产生9名中共正余镇第十五次委员会委员、5名纪律检查委员会委员和18名出席海门市党代表大会代表。确定以打造科技正余为主线,实现在经济、政治、文化、社会、生态建设上的根本性提升,努力建设“强富美高”新正余的五年发展规划。

【南通祈丞商贸大厦开工建设】 该项目由南通祈丞投资管理有限公司投资建设,总投资1.6亿元,规划建筑面积1.6万平方米,建成后将成为集知名品牌专卖店、大型超市、休闲娱乐为一体的通东地区标志性建筑。工程预计2017年11月底竣工营业。

【邢柏村获评“南通市拥军优属模范单位”】 邢柏村一直高度重视双拥工作,将双拥工作纳入社区重要工作议程。以“拥军贵在真诚、优属重在务实”为工作标准,认真贯彻落实各项优抚政策,努力为优抚对象排忧解难。每逢八一、春节、端午节等重大节日,村党委领导都以不同形式对辖区优抚对象进行走访慰问,帮助他们解决存在的问题,把党和政府的关怀送给他们。例如,农忙时组织志愿者成立帮扶小组,为军烈属下田收种;定期走访优抚对象,发现问题有求必应,有难必帮。11月,邢柏村受到南通市政府表彰,获评“南通市拥军优属模范单位”,海门市社区获得此项荣誉的只有两家。

(张 聪)

南通市委书记陆志鹏等领导参观振康机器人产业园 (正余镇 提供)

海 永 镇

【概况】 海永镇是海门市位于崇明岛上的一块“飞地”,也是一块生态宝地,以纵贯南北的鸽龙港河为中轴、横亘东西的三厂路为“腰带”,东至启东市启隆镇、西至崇明县新村乡,北以长江为天然界线、南与崇明相连,总面积约9.1平方公里,下辖两村一居。海永独享海门零距离接轨上海的区位交通优势,因此被誉为“江苏的上海”“海门的浦东”。2016年,落实“四个全面”(全面建成小康社会、全面深化改革、全面依法治国、全面从严治党)战略布局,贯彻“创新、协调、绿色、开放、共享”五大发展理念,紧扣“争做改革创新排头兵、争当科学发展领头雁”主题,突出“依托生态岛、融入大上海”的发展定位,推进省级旅游度假区、省级服务业集聚区两大平台创建,坚持规划引领、项目建设、基础配套、民生服务、生态优化五大工作重点,经济社会发展质态持续向好。海永镇被市委、市政府评为“目标管理考核优秀单位”。

综合实力提速加快。主要经济指标完成或超额完成。2016年,一般公共财政预算收入9008万元,实现“两金一银”企业(绿岛、国农及永泰红磡);完成工商税收8863.34万元;实际到账资本501万美元;社会固定资产投资5475万元。服务业蓬勃发展。全年新开工服务业项目3个,其中总投入1亿元以上的项目1个;服务业增加值超额完成任务数的195%;完成服务业税收6204万元。发展活力持续释放。绿宝石精致农业、SS1538项目加速开园步伐,力创AAA级以上景点;以“人才引领,创新驱动”发展战略为统领,累计引进国家“千人计划”人才5名;永北村入选“中国特色村”“江苏省水美乡村”,为创省级旅游度假区添砖加瓦。

聚力招商选资和项目建设。坚持招商第一、项目为王,强化招商选资工作,

市委书记陈勇调研海永 SS1538 文创项目 (海永镇 提供)

择优 8 人组建海永招商队伍,全年累计招商接洽 200 余次。深度对接中铁置业海永镇整体开发项目、港中旅集团旅游项目、海明堡上海直升飞机项目、奥伦达幸福小镇项目、国家肿瘤医药创新中心、光大(南通)健康养老产业投资基金项目、中科招商集团、荣氏投资集团等系列 18 个新业态项目。总投资 5.5 亿元的乐颐佳园(鸿泰.乐颐小镇)房地产项目,1 号会所完成装修,2~4 号楼室完成内装修,室外绿化工程完成 50%,8~9 号楼完成基础施工,5~7 号楼开始打桩,加快耕读崇明养生示范园建设步伐。全镇房地产开工 3 万平方米,年底全部竣工。总投资 5000 万元的岛宇大酒店项目完成征地手续,进入设计审图阶段。投资 1050 万元打造重点农业园区建设。番茄农庄投资 60 万元打造绿化补植工程,绿大花卉项目投资 100 万元进行景观改造、河道美化、绿化及打造休闲广场。

立足产业集聚发展。建立光大健康养生产业基金、港中旅国旅产业基金,实现产业资本聚合资源。美丽中国·(空间)建筑设计产业园,共搭建完善六大公共服务平台,已吸引 20 余家创业机构,完成工商登记的近 16 家,引入中国“千人计划”专家 5 人,成功孵化 1 家创业企业——江苏锐美集思装饰设计有限公司,以人才汇集发展动能,撬动产业快速集聚,实现文化旅游核心竞争力。绿宝石精致农业项目,以台湾“精致农业”的品牌化为主题,投资 1000 万元新布局种植七彩花田、玫瑰景区、育苗与采摘体验区,搭建新品种大棚温室 1.3 公顷,开设四季主题开心农场,装修有机精油观光工厂。以新型农乡生活为主题的体验经济新亮点——SS1538 文创农业园,全年投资 400 万元完成第一期创客基地装修、空间设备布建、环境绿化建设,运营创客导师和市场推广。以培育具有原真性和独特性的乡村品牌产品为着力点,10.67 公顷海门市绿明家庭农场和 13 公顷绿品源家庭农场正持续升温。创新农业培训内容和手段,全年培训 200 人。

优化生态人居环境。以绿色为本,塑造靓丽名片。投资 90 万元完成三厂路绿化带两侧林带种植工程;投资 72 万元完成滨江小区二期绿化布局,全镇绿化覆盖率 36%。继续实施环境清洁专项整治,全面推行“四位一体”(道路、河道、绿化、垃圾处置为一体)的农村环境综合整治,巩固美化环境工程常态化机制。以民生为先,完善功能配套。投资 90 万元完成永西南框河驳岸工程;投资 170 万元建设污水管网工程;投入 500 万元实施卫洲公路连接线,打通海永与崇明西接口,实现交通互联的通达性和便捷性。以资源为基,拓展空间维度。投入 800 万元完成长海公路铺设省道与三厂路灌浆;投入 80 万元打造镇区环路,构建综合提升,线路提档的交通体系;2.5 亿元实施的江滩围垦工程全面推进,预计将新增土地 133 公顷,其中建设用地 93 公顷,成为海永深度拓展的新兴资源。

加快提升群众获得感。持推乐民安居工程。全年完成 1.3 公顷拆迁安置项目,共拆迁安置农户 84 户;投入 2000 万元建成启用海永镇卫生院、敬老院;投资 18 万元完成新卫生院车棚工程,安装广告体,打造一体化设施体系。促进公共服务均等化。50 万元创建省级优质幼儿园,12 月投资 1500 万元开工新建镇幼儿园,并统筹推进城镇义务教育优质化发展;镇财政出资继续为海永群众缴纳新农合,全年保费 117.86 万元;组织联线、部门联合、社会联动,确保项目、资金、责任“三到位”,对 81 户贫困户结对帮扶精准脱贫。全年劳动力转移 650 多人。两村均完成农村集体经济组织成员界定工作,村营收入均超 50 万元。提升镇区配套功能。海永镇第一座公交客运站完成选址,总投资 300 万元,并与旅游中心合一运行,实现接轨崇明,通达南北,便捷快速的经济交通网络;加强合理规划、前瞻运行,投资 200 万元打造新游客接待中心;与上海市共同投资 303 万元,打造一体化电动汽车租赁系统,实现资源互享,信息互通,人气互动。

全力营造和谐新海永。加强对重大矛盾的处置化解,最大限度减少社会不稳定因素。处理阳光信访网转信 15 件、自办信 11 件;接待来访近百批、420 多人次,化解重大矛盾问题 15 件、“12345”政府公共平台来访 69 件,均依规依序做好登记、处理、反馈等工作。建立完善村镇纠纷多元化解、立体化社会治安防控、基层社会治理等工作体系;全面落实安全生产责任,深入开展安全生产专项整治工作达 12 次。深入推进文化引领力,有效发挥海永“一网一报一台一微博一微信”宣传网络效应,广泛开展生活化、接地气的社会主义核心价值观宣传教育活动;探索新型农业发展智库,开展第二届海峡两岸农业文创论坛,集思广益,博采众长,塑造“农业+”的发展“新丝路”;深度挖掘历史

海永镇第三届青年足球赛 (海永镇 提供)

人文资源，全力做好《海永镇志》编撰工作；广泛普及科学文化，完善征信体系，打造和谐的社会环境；举办海永镇第三届青年足球赛。

凝聚务实发展向心力。始终坚持从严治党不动摇，打造铁一般的信仰、铁一般的信念、铁一般的纪律、铁一般的担当的队伍。加强思想建设。深化学习型班子和学习型党组织建设，补足队伍思想之“钙”。强化党性修养。坚决贯彻执行民主集中制，落实党员统一活动日、“三会一课”等制度，增强自我净化、自我提高、自我完善的免疫力。加强基层组织建设。加强“融合式”党建，落实管党治党责任，以党建六大工程为标准，以“两学一做”学习教育为契机，全力提升基层党组织的战斗力和凝聚力。力推党员作风建设。继续抓好中央“八项规定”和省市委“十项规定”的严格执行，监督检查不放松，正风肃纪不松懈，强化党员管理工作，领导带头率先垂范，一标杆直到底，以艰苦奋斗、真抓实干的精神提气神，展新为。严密扎牢制度笼子。探索建立干部管理、教育、培训、考核、任用制度体系，强化刚性执行与适度调动相结合，落实制度的创新与执行的刚性。绷紧廉洁从政之弦。落实“两个责任”的清单化管理，切实担负起党员领导主体责任。以“三清示范区”创建为抓手，围绕《中国共产党廉洁自律准则》和《中国共产党纪律处分条例》，不断完善惩防体系，以实际行动取信于民，营造良好的政治生态。

【高效生态农业发展】 倡导绿色发展，农产品品质不断提升，认证有机产品6个、无公害农产品认定16个。以培育具有原真性和独特性的乡村品牌产品为着力点，提档升级10.67公顷海门市绿明家庭农场和13公顷绿品源家庭农场。福美农场全力提高现代农业能级，争创省级蔬菜生物农药防控基地。落实支农惠农政策，扶持发展农民专业合作社8家、农地股份合作社5家，涉及1866户，其中进入省级名录库3家。绿大花卉生态旅游景点，荣获“南通市现代农机示范基地”称号。以加强农村土地整治，提高耕地质量为目的，完成高标准农田项目建设。实施万顷良田工程和土地流转工程。2.5亿元实施的长江沿线滩涂围垦工程完成后，将新增土地133公顷。

【旅游产业融合发展】 以“浪漫江洲·花香海永”为概念，进一步强化旅游要素建设，投资200万元建立游客接待中心。整合绿宝石精致农业园、绿大花卉、SS1538基地等农业项目，加速打造“农业+互联网+文创+旅游”的发展新模式。绿宝石精致农业园有机精油观光工厂建成投产，花卉展示大棚、千亩芳香园特色板块呈现。SS1538文创农业园以新型农乡生活为主题，完成一期创客基地、空间设备、环境绿化建设。红磡乐颐小镇加快“耕读崇明”养生示范园建设，延伸旅游产业链。以沿路城镇带、沿湖旅游带、沿河产业带为发展目标，牵手中铁集团打造“T”字型生态旅游经济圈。海永纳入崇明旅游导览图，实现同岛联动大旅游格局。

【平台拓展空间创新】 举办海峡两岸农业文创论坛，农创品牌在海峡两岸广泛传播。9月，海永旅游度假区作为南通指定单位参展上海市举办的长三角旅博会，打响海永生态绿色消费的品牌。举办“美丽乡村”创建规划方案竞赛活动。依托台湾高校的产学研资源，探索发展“生态+”综合型产业带。对接奥伦达部落项目，塑造特色生态风景，打造多元品质民宿，树立“生态、高端、智慧、低碳”绿色新地标。美丽中国·空间(建筑)设计产业园入驻，以“创新+人才+项目”为理念，引进注册“千人计划”专家企业4家。

(张陆周)

江心沙农场

【概况】 2016年，江心沙农场坚持稳中求进工作总基调，发挥场地开放合作优势，统筹抓好稳增长、调结构、促改革、惠民生、防风险等各项工作的落实，各项经济指标较好完成。2016年，农场场域实现生产总值4.02亿元；人均生产总值66850元；营业收入11.98亿元；利润总额9784万元。人均纯收入31612元；职均收入52520元；固定资产投资总额3510万元。农场被省农垦集团有限公司授予“突出贡献企业”称号，稳居集团第一方阵。

经济质效稳步提升。农场“资源(土地)—资金—资产—资源”转型正式起步。以1919平方米土地作价329万元占股29%，与中石化南通分公司合作成立沿江公路加油站，运行正常，效益良好。十五大队的京海集团2万套祖代种鸡投入生产。电管中心和自来水厂对外拓展施工，施工收入近200万元。2016年，农场在自然灾害频发、重发下，抓肥水运筹、防病治虫，精细管理，水稻单产超600公斤，在集团同行业中处于领先地位，再创新高；“走出去”再迈新步，南通市港闸区外拓基地万顷良田，麦子长势好于预期。

幸福感受明显增强。农场为全场职工配套“五险一金”1385万元，累计发放养老金6983.63万元；免费为1381名职工健康体检；总投资近1200万元的11项民生实事工程按时间节点施工；投资200万元的场兴东路的拓宽改造工程建成通车；疏浚河道3.5万米，调整水系、改扩建28套涵管。为海门经济技术开发区供地41.13公顷，拆迁面积4512平方米，安置现房31套、期房33套。经济技术开发区为农场建设安置房27.5万平方米，安置居民1420户，1850套房。农场获海门税收奖励资金584.22万元。为58户患病职工发放补助金17万元；对全场15名重症病人发放补助金10.53万元；慰问困难职工277人次，发放慰问金11.05万元，补助困难学生20人次，发放补助金3.08万元；重阳节慰问全场133名老人；开展“尽我绵薄力、圆你微心愿”困难学生圆梦活动。以社区服务中心为平台，开展公益书画、每周电影、健康讲座等活动。

农场社会和谐稳定。调处各类矛盾纠纷114起，成功率95%；对原19名“全能神教”参与人员进行每月1次回访，为15名安置帮教对象解决就业问题，成功解矫1名社区服刑人员；为基层提供法律援助服务，免费为职工做房产分割协议20起；做好重要会议、节假日的维稳工作，成功劝返1名赴京上访人员。落实企业主体责任，签订安全责任清单124份；开展消防、安全知识培训和安全生产大检查，借助“江心沙安全之声”微信平台发布安全信息。全年未发生1例安全事故。2016年，农场制止违章建房2起，自行停建2起；强制拆除9起违章建筑300平方米，拆除各类违法广告40余块；查处损坏农场交通设施案件2起；开展环境专项整治活动，查处外来乱倒垃圾事件6起。

精准发力推进改革。围绕集团公司党委推进改革发展的部署，把握“管办分离、授权委托、购买服务”改革方针，积极主动与海门市政府对接协调，农场改革取得阶段性突破。形成《关于落实省委省政府推进农垦改革发展意见的报告》，明确“社会事业、土地管理、依法管理、财税政策”四个方面14条改革诉求，提交海门市政府。海门市委、市政府对农场的改革给予高度重视与关心、支持。3次市长办公会专题研究推进江心沙农场改革发展的事项，并明确，原则同意江心沙农场改革事项的诉求；给予江心沙农场享受“12+1”(海门12个园区（镇)+农场)的“国民待遇”。市人社局对农场提出的“不再收取超比例退休人员医疗保险费”作出回应，提出改革方案和建议。

从严治党全面加强。农场党委全年组织6次集中学习，坚持每月1党委中心组学习，4名场领导和场部8位正科级以上党员干部作交流发言，党员干部完成不少于1万字的阅读笔记。开展“追寻先烈足迹，重温入党誓词，树立先锋形象”主题党日活动，表彰优秀党员、优秀党务工作者和先进党支部；参观海安家风教育基地，开展“弘扬传统美德，培育良好家风”家规家风教育，创立“道德讲堂”；组织党员干部围绕党章党规、系列讲话、党史国史等内容，试卷答题，检验学习成效。开展“5·10”思廉日活动，中秋国庆前夕召开管理人员“党风廉政建设”提醒会，对80名管理人员集体谈话、提醒。2016年，农场先后安排党员代表、职工代表、老同志代表全程参与项目招投标、工程建设监督等。

【农场十一届五次职代会】 3月9日，江心沙农场第十一届五次职工代表暨第八届四次工会会员代表大会召开。会议贯彻党的十八届五中全会精神，落实省农垦集团2016年工作会议部署，回顾总结2015年及“十二五”工作，明确“十三五”发展要求，部署2016年工作，动员全场上下顺应新常态，立足新起点，推进新发展，增创新优势，实现“十三五”良好开局。大会审议并表决通过农场工作报告、工会工作报告、财务预决算报告、《江心沙农场互助基金会章程修改草案》和《江心沙农场镇区沿街企业及门面房垃圾清运费征收试行办法》。表彰农场2015年度6个先进集体和23名先进个人，对工作表现突出的2名个人分别授予“重点工作贡献奖”和“专项工作贡献奖”。各基层党支部书记向农场党委递交2016年度党风廉政建设责任状。

【省农垦集团公司领导到农场调研】 10月27日，集团公司党委书记、董事长李春江到江心沙农场调研指导工作，实地查看沿江公路加油站、海门市鼎禾蔬菜专业合作社、场兴东路改造工程施工现场、京海禽业江心沙鸡场、社区服务中心，了解农场在投资、民生、公共服务、外来产业发展等方面的情况，充分肯定农场领导班子精神状态好、工作干劲足、发展思路清晰、重点环节把握好。同时提

“追寻先烈足迹，重温入党誓词，树立先锋形象”主题党日活动

（江心沙农场　提供）

省农垦公司董事长李春江到农场社区服务中心调研　　（江心沙农场　提供）

出，要将规划和产业与海门市政府对接好，适时组织实施；要进一步推进改革发展，要重点突破，不能急于达成目标，做到急缓有度；班子建设、自身能力建设和队伍建设是重中之重，党员队伍建设要有要求；教育群众和依靠群众两者不能偏废，要使职工群众产生强烈的归属感，积极引导并团结和依靠职工群众；农垦的领导干部要适应接受多重监督，对自己的要求不能减弱，要有更加清醒的认识，算好经济账、政治账。

【“道德讲堂”启动】 8月19日，江心沙农场“道德讲堂”启动。启动仪式设置唱一首歌曲、诵一段经典、讲一个故事、看一部短片、谈一些感悟、作一番点评“六个一”流程。“道德讲堂”的开设是贯彻落实党的十八届三中、四中、五中全会精神，深入实施《公民道德建设实施纲要》，把“道德讲堂”作为培育社会主义核心价值观的有效载体、推进农场精神文明建设的有效途径、提升员工职业道德素质的有效举措。“道德讲堂”以职工群众喜闻乐见的活动形式呈现，使其成为职工群众自我教育的平台，努力使农场成为江苏农垦的道德旗帜，成为海门的道德建设高地。“道德讲堂”的开展，进一步推动农场经济和社会事业发展。

【阳光公益联合会入驻农场】 1月29日，市阳光公益联合会在江心沙农场社区服务中心举行入驻启动仪式。阳光公益联合会于2015年12月29日注册，该组织由社会各界公益人士组成，以开展捐助、敬老、扶困、助学及帮助孤寡、残障儿童等公益慈善活动为主，并与其他相关团体开展技术咨询、技术培训、志愿服务、公益讲座及法律援助等公益活动。

【主题党日活动】 7月1日，农场党委组织基层党支部书记、优秀共产党员、优秀党务工作者、入党积极分子、机关全体党员前往海安县苏中七战七捷纪念馆，开展以“追寻先烈足迹，重温入党誓词，树立先锋形象”为主题的“七一”党日活动。活动现场，全体党员齐唱国歌，敬献花篮，面对党旗重温入党誓词，农场党委对2015—2016年度2个先进基层党组织、8名优秀共产党员和2名优秀党务工作者进行表彰和颁奖。

【知青回访第二故乡】 10月4日，原江苏生产建设兵团四师二十五团部分知青回访第二故乡，与昔日乡亲共叙别离之情，实地亲身感受农场的发展变化。知青们观看农场改革发展电视纪录片，参观场史展览室，并到各自下放插过队的大队和职工居民家中走访。后部分知青在南通市第一中学大礼堂内举办“情系江心沙”回场联谊汇报演出。

（茅水花）

“情系江心沙”回场联谊汇报演出　　（江心沙农场　提供）

人　　物

江海民俗风情

渔猎·敲甲鱼　手持铁叉，用叉柄敲击船头，缓缓前行。沟底下的甲鱼受到震动，惊吓爬行，翻出水泡，叉鱼者正好找准水泡位置将其叉获。

郁异人　绘

◎ 责任编辑　陶建明

新任市领导

陈 勇

中共海门市委书记

陈勇,男,如皋市人,1963年11月出生,1985年11月参加工作,1984年10月加入中国共产党,研究生学历。

1982年1月,如皋县丁堍乡蚕桑员、乡多种经营服务公司副经理;1989年9月,江苏省盐城农业学校蚕桑推广专业学习;1991年8月,如皋市丁埝乡政府副业助理、乡团委书记兼南通市胶管厂副厂长;1993年10月,如皋市丁西乡乡长助理(其中:1991年1月至1993年12月,江苏省委党校经济管理专业函授大专学习);1994年3月,如皋市丁西乡副乡长;1995年3月,如皋市乡镇企业管理局副局长、党组成员;1995年11月,如皋市马塘乡党委书记、人大主席;1997年6月,通州市委常委兼通州经济开发区党工委书记、管委会主任、开发建设总公司董事长;2000年12月,通州市委常委、市纪委书记(其中:2000年3月至2002年8月,江苏省委党校政治经济学专业研究生学习);2002年8月,通州市委副书记、市纪委书记(其中:2003年11月至2004年12月,兼任通州市委政法委书记);2007年11月,通州市委副书记;2007年12月,通州市委副书记、常务副市长;2008年11月,南通市纪委副书记;2011年12月,南通市纪委副书记、市监察局局长;2016年6月,海门市市委书记。

陆一飞

海门市政协主席

陆一飞,男,海门市海门街道人,1959年9月生,1981年1月参加工作,1984年12月加入中国共产党,大专学历。

1978年3月,南通师范专科学校中文专业学习;1981年1月,海门县四甲中学教师;1982年8月,海门县第二纬编针织厂职工教师;1984年9月,海门县财贸办公室秘书;1987年6月,海门县人大办公室秘书;1989年11月,海门县人大办公室副主任;1993年3月,海门县(市)委办公室副主任;1995年8月,海门市三和镇党委书记;1997年11月,海门市委办公室主任(2001年6月,明确为副处级);2001年10月,海门市委办公室主任、台办主任;2003年8月,海门市委常委、市委办公室主任;2006年6月,海门市委常委、市政府副市长、市委办公室主任;2006年7月,海门市委常委、市政府副市长;2008年1月,海门市委常委,市政府常务副市长、党组副书记;2010年4月,海门市委副书记,市政府常务副市长、党组副书记;2010年9月,海门市委副书记、市政府党组副书记;2010年11月,海门市委副书记、党校校长;2012年12月,海门市委副书记、党校校长,市残联主席;2013年3月,海门市委副书记、党校校长;2016年1月,海门市委副书记,市政协主席、党组书记,市委党校校长;2016年6月,海门市政协主席、党组书记,市委党校校长;2016年8月,海门市政协主席。

葛志娟

中共海门市委副书记

葛志娟,女,南通市通州区人,1979年3月出生,1999年8月参加工作,1997年6月加入中国共产党,研究生学历,学士学位。

1994年9月,徐州财经学校涉外会计专业学习;1997年9月,江苏省税务学校税收专业大专学习;1999年8月,通州市税务事务所税务代理员;2000年7月,通州市富瑞税务师事务所石港分所所长、中国注册税务师;2001年7月,通州市四安镇人民政府镇长助理;2001年11月,共青团通州市委副书记、党组成员(其中:2002年9月至2004年12月,江苏省委党校经济管理专业本科学习);2004年12月,共青团通州市委书记、党组书记;2005年5月,通州市兴东镇党委副书记、镇长;2006年1月,通州市兴东镇党委副书记、镇长,共青团通州市委书记、党组书记(其中:2004年3月至2006年6月,徐州师范大学法学院法政系法学专业本科学习;2006年1月至2008年6月,中国人民大学经济管理专业研究生班结业);2007年5月,通州市兴东镇党委副书记、镇长;2007年6月,通州市兴东镇党委书记、人大主席;2007年11月,通州市兴东镇党委书记;2009年12月,苏通科技产业园综合管理办公室事务管理局局长(副处职);2012年5月,共青团南通市委书记、党组书记(其中:2009年9月至2012年7月,中央党校经济学经济管理专业研究生学习);2012年8月,共青团南通市委书记、党组书记,南通市青年联合会第十届委员会主席;2016年6月,海门市委副书记(正处级)。

杨万平

中共海门市委常委

杨万平,男,高邮市人,1974年5月出生,1999年10月参加工作,1998年3月加入中国共产党,大学学历,学士学位。

1995年9月,南京审计大学财金系国际金融专业学习;1999年8月,启东市南阳镇阳南村生建助理、党支部副书记;2000年8月,启东市南阳镇党委宣传员;2001年10月,启东市南阳镇党委宣传委员;2002 年 6 月，启东市委组织部组织员;2003 年 5 月，启东市委办公室秘书、调研科副科长;2004 年 9 月,启东市委办公室调研科副科长（副科级）;2005 年 1 月，南通市委办公室工作;2005 年 6 月,南通市委办公室副科级秘书;2006 年 12 月,南通市委办公室综合四处副处长;2008 年 7 月，南通市委办公室综合四处处长;2013 年 2 月，南通市委办公室副主任兼综合四处处长;2014 年 1 月，南通市委办公室副主任;2016 年 5 月,海门市委常委、组织部部长、统战部部长。

施渠平

中共海门市委常委

施渠平,男,海门市海门街道人,1965 年 8 月出生,1985 年 8 月参加工作，1993 年 11 月加入中国共产党，大学学历。

1985 年 8 月,海门县人民法院三厂法庭见习书记员;1988 年 12 月,海门县人民法院经济庭、刑庭书记员（其中:1988 年 9 月至 1991 年 7 月，全国法院干部业余法律大学大专函授学习);1992 年 10 月,海门县(市)人民法院刑庭助理审判员;1994 年 6 月，海门市人民法院三厂法庭副庭长、审判员;1996 年 11 月，海门市人民法院刑庭副庭长;1998 年 3 月,海门市人民法院刑庭庭长、审判委员会委员(其中:1998 年 12 月定为副科级;1995 年 9 月至 1998 年 7 月,南京大学经济法专业本科函授学习);1999 年 12 月，海门市人民检察院检察长助理、检察委员会委员;2000 年 11 月,海门市人民检察院检察长助理、党组成员、反贪局局长、检察委员会委员;2001 年 10 月，海门市人民检察院副检察长、反贪局局长、检察委员会委员（2002 年 5 月定为正科级);2004 年 8 月,海门市人民检察院副检察长、检察委员会委员;2006 年 12 月，海门市海门镇党委副书记(主持政府工作);2007 年 3 月,海门市海门镇党委副书记、镇长;2011 年 3 月,海门市住房和城乡建设局副局长、党组副书记(正科);2011 年 6 月,海门市住房和城乡建设局党组书记、副局长。2011 年 7 月,海门市住房和城乡建设局局长、党组书记、规划局局长;2014 年 5 月,海门市政府党组成员,市住房和城乡建设局局长、党组书记，规划局局长;2014 年 9 月，海门市政府党组成员、副市长,市住房和城乡建设局局长、党组书记,规划局局长;2016 年 1 月,海门市政府党组成员、副市长,市住房和城乡建设局局长;2016 年 3 月，海门市政府党组成员、副市长;2016 年 4 月,海门市政府党组成员、副市长,市城建指挥部党委书记;2016 年 7 月,海门市委常委,海门市政府党组成员、副市长,市城建指挥部党委书记;2016 年 8 月,海门市委常委、海门市政府党组副书记、常务副市长,市城建指挥部党委书记。

姚　胜

中共海门市委常委

姚胜,男,靖江市人,1978 年 10 月出生,1999 年 8 月参加工作,1997 年 3 月加入中国共产党,大学学历,硕士学位。

1995 年 9 月,中南政法学院公安与行政法系治安管理专业本科学习;1999 年 8 月,南通市公安局钟秀派出所见习;2000 年 8 月,南通市公安局钟秀派出所科员;2001 年 6 月，南通市崇川团区委副书记;2002 年 6 月，南通市崇川团区委副书记、区委组织部知识分子工作科副科长;2003 年 5 月，南通市崇川团区委副书记、区委组织部知识分子工作科科长;2003 年 7 月，南通市崇川区虹桥街道党工委副书记;2005 年 6 月，南通市崇川区虹桥街道党工委副书记兼政法委书记;2007 年 5 月，南通市崇川区人民检察院党组成员、纪检组长（其中:2005 年 3 月至 2007 年 12 月,南京师范大学法学院法律硕士专业学习);2008 年 9 月，南通市崇川区人民检察院党组成员、反贪污贿赂局局长;2008 年 12 月,江苏省纪委四室工作人员;2009 年 5 月，江苏省纪委四室副主任科员;2010 年 4 月,江苏省纪委四室主任科员;2014 年 5 月,江苏省纪委六室主任科员;2015 年 9 月，江苏省纪委六室副处级纪检监察员;2016 年 6 月,海门市委常委、纪委书记。

施　俊

中共海门市委常委

施俊,男,海门市包场镇人,1970 年 1 月出生,1989 年 8 月参加工作,1995 年 11 月加入中国共产党，研究生学历。

1987 年 9 月,南通师范专科学校物理系学习;1989 年 8 月，海门县包场中学教师、团委书记;1994 年 4 月,海门县(市)海南中学教师(借教育局小教科、秘书科);1998 年 5 月,海门市委机要室技术服务站工作;1999 年 6 月，海门市委机要室技术服务站副站长、站长、机要员;2001 年 10 月,海门市委办公室副主任;2003 年 2 月，海门市三阳镇党委副书记（主持政府工作);2003 年 3 月，海门市三阳镇党委副书记、镇长(其中:2001 年 8 月至 2003 年 12 月,中央党校函授学院经济管理专业本科函授学习);2004 年 6 月，海门市三阳镇党委书记;2007 年 11 月，海门市人大常委会副秘书长、人大办主任、机关党组副书记;2008 年 1 月,海门市人大常委会副秘书长、党组成员,人大办主任、机关党组副书记;2009 年 1 月，海门市人大常委会秘书长、党组成员,人大办主任、机关党组书记［其中:2008 年 9 月至 2011 年 6 月,中央党校研究生院经济学(经济管理)专业研究生函授学习];2013 年 11月,海门市委办公室主任;2013 年 12 月,海门市委办公室主任、市接待办主任；2016年4月，海门市委办公室主任；2016年7月，海门市委常委、海门市委办公室主任。

闫 勇

中共海门市委常委

闫勇，男，安徽省合肥市人，1971年1月出生，1989年3月参加工作，1995年6月加入中国共产党，大学学历。

1989年3月，十二集团军步兵一七九师炮兵团指挥连战士；1992年9月，张家口通信学院学员；1995年7月，十二集团军步兵一七九师炮兵无线电连排长；1997年7月，十二集团军步兵一七九师通信营报训队副队长；1998年11月，十二集团军步兵一七九旅通信营无线电连连长；2002年4月，十二集团军步兵一七九旅通信营副营长；2005年2月，十二集团军步兵一七九旅通信营营长；2008年12月，十二集团军步兵一七九旅副参谋长；2009年6月，江苏省如皋市人武部副部长兼军事科科长；2011年3月，江苏省南通军分区司令部通信科科长；2015年3月，江苏省海门市人武部部长；2016年7月，海门市委常委、江苏省海门市人武部部长。

孙伟晋

中共海门市委常委

孙伟晋，江苏如皋人，1975年4月生于山西长治，1997年参加工作，2001年6月加入中国共产党，公共管理硕士学位。

1993年9月至1997年7月，中国人民大学历史系历史学专业本科学习；1997年8月至1998年8月，南通市委研究室政文研究科工作；1998年8月至2001年8月，南通市委研究室政文研究科科员；2001年8月至2002年7月，南通市委办公室（研究室）督办信息科科员；2002年7月至2003年12月，南通市委办公室（研究室）副科级秘书；2003年12月至2006年12月，南通市委办公室（研究室）信息处副处长（其间：2004年3月至2006年12月，南京大学公共管理专业学习，获公共管理硕士学位）；2006年12月至2008年7月，南通市委办公室（研究室）信息处副处长、正科级秘书；2008年7月至2011年11月，南通市委办公室（研究室）信息处处长；2011年11月至2011年12月，南通市委办公室（研究室）信息处处长，市委保密委员会办公室主任，市国家保密工作局局长；2011年12月至2016年5月，南通市委保密委员会办公室主任，市国家保密工作局局长；2016年5月，挂任海门市委常委。

胡文瑞

海门市人民政府副市长

胡文瑞，男，海安县人，1966年9月出生，1989年8月参加工作，1988年12月加入中国共产党，大学学历，学士学位。

1985年8月，中国刑警学院痕迹检验专业学生；1989年8月，南通市公安局刑警大队办事员；1991年7月，南通市公安局刑警大队技术中队科员；1992年8月，南通市公安局刑警大队技术中队副队长；1998年3月，南通市公安局港闸分局刑警大队大队长；2000年3月，南通市公安局港闸分局秦灶派出所所长；2002年3月，南通市公安局开发区分局副局长（正科级）；2007年3月，南通市公安局开发区分局政委；2010年11月，南通市公安局刑警支队政委、开发区分局政委；2010年12月，南通市公安局刑警支队政委；2014年8月，南通市公安局刑警支队支队长；2016年6月，海门市政府党组成员，市委政法委副书记，市公安局党委书记、督察长；2016年7月，海门市人民政府副市长、党组成员，市委政法委副书记，市公安局局长、党委书记、督察长。

黄 静

海门市人民政府副市长

黄静，女，海门市海门街道人，1972年7月出生，1995年8月参加工作，1997年9月加入中国共产党，研究生学历。

1992年9月，南通职业大学文秘专业学习；1995年8月，海门市政府办公室工作（其中：1997年9月至1999年12月，中央党校函授学院经济管理专业本科函授学习）；1998年6月，海门市政府办公室信息调研科副科长；2000年1月，海门市政府办公室信息调研科科长；2002年5月，海门市政府办公室副主任科员、信息调研科科长；2003年3月，海门市政府办公室副主任；2006年2月，海门市政府办公室副主任、市城市建设指挥部办公室主任；2007年5月，海门市政府副秘书长，市政府办公室副主任，市城市建设指挥部办公室主任；2009年1月，海门市政府副秘书长，市外侨办主任，市政府办公室副主任；2010年2月，海门市正余镇党委书记（其中：2010年9月至2013年7月，江苏省委党校政治学理论专业研究生函授学习）；2016年7月，海门市政府副市长、党组成员，正余镇党委书记；2016年11月，海门市人民政府副市长、党组成员。

王术军

海门市人民政府副市长

王术军，男，1966年3月出生，汉

族，吉林榆树人，1993年8月参加工作，1991年5月加入中国共产党，研究生学历，博士学位。

1986年9月，北京师范大学物理系理论物理理学学士；1990年9月，北京师范大学天文系光学理学硕士；1993年5月，北京师范大学天文系实验员、团总支书记；1995年5月，北京师范大学天文系党总支副书记；1995年12月，北京师范大学天文系党总支副书记、光电仪器厂研发工程师；2004年12月，北京师范大学光电仪器厂研发工程师（其中：2000年10月至2001年10月美国RH理工学院光电工程访问学者；2002年9月至2007年1月北京师范大学天文系天体物理学理学博士）；2009年3月，北京师范大学资产经营有限公司副总经理；2011年8月，兼任北京师大师慧信息科技有限公司董事长、总经理；2010年6月，北京师范大学资产经营有限公司副总经理、工会副主席；2014年6月，北京师范大学资产经营有限公司副总经理、工会主席；2016年8月，海门市政府党组成员，北京师范大学资产经营有限公司副总经理、工会主席。2016年9月，海门市人民政府副市长、党组成员，北京师范大学资产经营有限公司副总经理、工会主席。

陈　敢

海门市人民政府副市长

陈敢，男，1969年12月生，汉族，江苏泰州人，大学学历，硕士学位，九三学社成员，1992年8月参加工作。

1988年9月至1992年6月，南京农业大学植物保护专业学习毕业；1992年8月至1997年2月，太阳种苗（厦门）有限公司工作；1997年2月至1999年10月，南通市科教站（借调在南通市农林局综合业务科）工作；1999年10月至2001年10月，南通市农业行政执法支队副支队长（其间：1998年8月至2000年12月，中央党校法律专业本科班学习毕业）；2001年10月至2002年9月，南通市植保植检站副站长；2002年9月至2002年10月，九三学社南通市委员会工作；2002年10月至2003年11月，九三学社南通市委员会副秘书长；2003年11月至2007年5月，江苏省南通质量技术监督局标准化处副主任科员（其间：2002年10月至2005年6月，南京农业大学农业推广专业在职研究生学习，获硕士学位）；2007年5月至2009年4月，江苏省南通质量技术监督局标准化处副处长；2009年4月至2015年5月，江苏省南通质量技术监督局标准化处处长；2015年5至2016年11月，南通市质量技术监督局标准化处处长；2016年11月，海门市人民政府副市长。

李冠斌

海门市政协副主席

李冠斌，男，海门市滨江街道人，1965年11月生，1984年11月参加工作，1990年9月加入中国共产党，大学学历。

1984年11月，海门县（市）农村社会经济调查队办事员、副队长（其中：1989年12月，南京粮食经济学院统计专业自考大专学习；1995年8月至1996年1月，借海门市委组织部富民兴村办公室工作）；1996年2月，海门市委组织部组织员（其中：1994年8月至1996年12月，中央党校经济管理专业本科学习）；1997年12月，海门市统计局副局长；2003年2月，海门市统计局局长、党组书记；2007年11月，海门市政府党组成员，市政府办公室主任、党组书记；2011年8月，海门市政府党组成员，市政府办公室主任、党组书记，市外侨办主任、金融办主任；2012年7月，海门市政府党组成员，市政府办公室主任、党组书记，金融办主任（2013年2月，明确为副处级）；2016年1月，海门市政协副主席、党组成员，市政府办公室主任。

李鑫钊

海门市政协副主席

李鑫钊，男，海门市悦来镇人，1963年7月生，1982年8月参加工作，1987年5月加入中国共产党，研究生学历。

1979年10月，南通师范专科学校数学专业学习；1982年8月，海门县万年中学教师、校团总支书记；1985年9月，江苏教育学院数学专业本科学习；1987年8月，江苏省海门中学教师、年级组长；1993年7月，海门县（市）委组织部干事；1993年12月，海门县（市）委组织部组织员；1995年8月，海门市委组织部审干办公室副主任；1996年8月，海门市委组织部干部调查审理科副科长（其中：1994年9月至1996年12月，中央党校涉外经济专业本科学习；1997年1月，明确为副科级组织员）；1998年2月，海门市委组织部干部调查审理科科长；2002年1月，海门市委组织部干部科科长；2003年12月，海门市委组织部部长助理、干部科科长；2006年4月，海门市委组织部副部长；2007年3月，海门市委组织部副部长、编办主任（其中：2009年9月至2012年7月，江苏省委党校党的学说与党的建设专业研究生学习）；2015年4月，海门市政协党组成员、市委统战部部长，市委组织部副部长、编办主任；2015年7月，海门市政协党组成员、市委统战部部长；2016年1月，海门市政协副主席、党组成员，市委统战部部长。

新闻人物

姜　敏

全国妇联系统先进工作者

姜敏，现任海门市妇联副主席。她着力构建多层次多级别的培训体系，每年培训人数都在千人次以上；依托全国最大的家纺市场，建成江苏省苏中地区唯一巾帼手工业展洽中心。她创办的“老舅妈”调解成为家喻户晓的知名调解品牌，“海门市家庭教育日”全国首创，开设的33个春蕾班惠及2000余名贫困生。先后为全国巾帼手工产业培训会和全省“双学双比”推进会提供现场。她率先促成市委、市政府出台《培养选拔女干部发展女党员规划》《关于副科职以上男女领导干部同龄退二线的意见》等政策措施，把“市级以上三八红旗手专项补贴”“贫困母亲专项求助基金”“服务妇女儿童家庭微创投资金”等纳入年度财政预算。海门的妇女工作得到长足的进步，被国务院妇女儿童工作委员会授予“实施‘十二五’妇女儿童‘两纲’国家级示范县”。2016年，她被全国妇联、人力资源社会保障部授予“全国妇联系统先进工作者”。

周炳高

助人为乐“中国好人”

周炳高，江苏南通三建集团总裁，高级工程师，一级建造师，清华、北大高级管理人员工商管理硕士(EMBA)。

2015年3月2日，他在参加一个重要会议，想不到席间收到了他北大同学冯海忠在微信朋友圈发的一条消息。内容是山西一位叫张瑞娟的女孩身患重病生命垂危，救治需要巨额医药费。看后他脑海里第一反映就是：“生命只有一次，这么年轻的生命，我必须救她，我一定要救她！”会议一结束，他就立即请北大赵海洋老师亲自赶赴北京武警总医院看望女孩了解情况，随后找到主治医生朱晓丹主任进一步了解得知医疗费需要50多万，除去已收到的社会捐款尚有39万缺口时，当即拨通主治医生朱晓丹主任的电话，恳请医生全力抢救女孩的生命，承诺39万会立即打入医院账户。随后他便立即拨通公司财务电话并吩咐第一时间确保39万捐款在手术前打到医院账上。3月5日，医院收到周炳高捐来的39万元，其后顺利给女孩实施手术。周炳高还利用出差或者学习的间隙多次赶到医院探望女孩，鼓励女孩战胜病魔安心养病笑对生活。女孩与周炳高结下了不解的千里之缘，让无数人感慨动容。2016年，周炳高被中央文明办评为助人为乐“中国好人”。

张建伟

助人为乐“中国好人”

张建伟，中共党员，海门高新区张建伟环保志愿者工作站站长。

他曾是一名下岗职工，下岗后他在海门拥军路开办一家粮油店。多年来，他乐于奉献，积极为群众服务，他热爱环保事业，2010年起，他自费购买工具，当起海门圩角河义务保洁员。在他的影响和组织下，成立张建伟环保志愿者工作站，充分发挥志愿者特长，义务修理电器、医生义诊、教师义务为贫困学生辅导及参与监督水质变化和空气质量等形式多样的志愿服务活动。6年来，张建伟组织2万多人次在海门周边的圩角河等多条河上打捞垃圾；组织1万多人次到海门多个社区义务清理小广告、清理社区绿化带垃圾等活动，累计清扫垃圾约200余吨。在他和工作站的努力下，志愿者的脚印烙在海门的每个角落，成为海门的一张名片。他因此获评“母亲河”先进个人、“南通市五星志愿者”“感动南通人十大人物”“江苏好人”等荣誉。2016年，他被中央文明办评为助人为乐“中国好人”。

曹建帮

见义勇为“中国好人”

曹建帮，海门市悦来镇信民村10组村民，83岁。

2016年1月25日，零下10度严寒中，江苏海门悦来一名9岁儿童在家旁边的九匡河的冰面上玩耍不慎掉入2米深的冰窟洞。听到呼救声，83岁的老汉曹建帮立即奔往河边，他看到男孩正在冰洞中挣扎，情况万分危急，他来不及多想，便直接跳入河中，一边用手敲开冰面，一边游向落水孩子。拉到孩子后，他抱起孩子奋力游向岸边。但由于年迈体弱，加之冰层阻挡、冰水刺激，身着厚衣的曹建帮再也无法前进，渐渐失去体力。即便如此，他依然紧紧地抱着孩子，使出浑身力气呼救。闻讯赶来的村民陆续聚集在岸边开始施救。当村民将一老一少救上岸时，这名83岁的老伯已在水中坚守了20分钟。孩子获救后，孩子的父亲拉着老人的手感激不尽。老人却说：“救人是应该的，跳下河去也顾不得冷，只想着救人，顾不得其他了！”2016年，他被中央文明办评为见义勇为“中国好人”。

黄裕辉

江苏省劳动模范

黄裕辉，中共党员，江苏南通三建集团有限公司董事长，高级工程师，一级建造师。

1991年，年仅21岁的他担任新疆克拉玛依职工医院工程项目技术员，2

年后他便担任大连市电信枢纽工程土建项目经理；他在工作过程中精益求精，坚持把建筑当作艺术品来对待，努力让每一座他经手的建筑成为传世之作是他不懈的追求。在北京承建的260多万平方米各类建筑，大多项目获得“北京市优质工程奖”“北京市长城杯奖”等荣誉，队伍被北京市政府授予“黄裕辉青年突击队”荣誉称号；由他负责承建的青海省电信办公楼、海南凯宾斯基酒店双双获得国家建筑工程最高奖“鲁班奖”。他树立终身学习的观念，在清华大学EMBA硕士毕业之后，继续攻读清华大学经济学博士。南通三建在他的带领下，荣获中国驰名商标、中国企业500强、中国民营企业500强、中国建筑业竞争力百强企业、ENR全球最大的250家工程承包商等殊荣。2016年，他被江苏省委、省政府评为“劳动模范”。

叶汉忠

江苏省劳动模范

叶汉忠，中南集团副总经理，高级工程师。

他由一名普通的钢筋工，成长为项目经理、分公司经理到集团副总经理。他靠实干赢得领导的认可和工人们的信任。在担任项目经理和分公司经理期间，他内抓管理，外树形象，严抓工程质量，他负责承建的济南鲁能中心办公大楼、山东省审计厅办公楼、山东省检察院培训楼、山东临沂市金鹰花园商住楼等工程，都取得较好成绩。尤其是临沂金鹰花园商住楼评为山东省安全文明示范工地，并获得江苏省“省外扬子杯”奖，得到建设单位、监理单位及临沂市质量监督站、建设局等相关单位领导的一致好评。他集思广益、发扬民主、关心工人疾苦、注重培养人才，在公司上下形成“心齐、风正、气顺、劲足”的良好氛围。他多次被评为“优秀项目经理”“江苏省杰出建造师”“第二届全国优秀建造师”，获“第七届茅以升科学技术奖——建造师奖”。2016年被江苏省人民政府授予江苏省“劳动模范”荣誉称号。

曾建平

江苏省劳动模范

曾建平，53岁，中共党员，现任海门苏合农产品销售专业合作联社理事长。

曾建平这位本色农民的儿子，靠一根扁担和两个箩筐，进行水果的批发和零售，凭借30多年的不懈努力，创造了一个水果王国的传奇。如今，他经营的范围涵盖水果种植、水果仓储、水果物流、水果经销和其他农副产品销售，形成上下游完整的产业链，华东地区的大润发、华润苏果、欧尚、沃尔玛、农工商等大型超市都是他的合作伙伴；他销售的农副产品大多来自海门各农民专业合作社生产的本地特色农产品，受益合作社成员9740余户；他组建海门望旺家庭农场、世外桃园、旺盛葡萄园等多个种植基地，先后引进美国油桃、新西兰猕猴桃、美国红提等高效作物，总种植面积333公顷，带动200多户、近千名农民走上产业脱贫的道路。他用艰苦艰业的榜样，共同致富的热诚谱写一曲新时代普通农民的动人乐章。他因此成长为海门市人大代表和南通市崇川区政协委员，先后荣获“优秀共产党员”“南通市光彩之星”“南通市劳动模范”“江苏省创业之星”“全国创业之星及中国果品流通协会先进个人”。2016年，被江苏省人民政府授予江苏省“劳动模范”荣誉称号。

戴美英

江苏省劳动模范

戴美英，女，长圩村党总支书记。

2003年7月，戴美英从海门市现代化达标村——新宇村，来到较为贫困的长圩村担任党总支书记。

戴美英作为长圩村的“领头人”，她用10年时间，把原本负债30多万元的贫困村带入全镇最富裕村行列，把简陋的落后村建设成响当当的新农村建设示范村。为彻底甩掉穷根，带领乡亲们闯出一条致富路，她带头种植大棚蔬菜，发展规模种植蔬菜，成立欣乐露地蔬菜专业合作社；她创办康美制球加工厂，手把手地教妇女学习和摸索缝球的手艺和速度，带动村民共同致富；她创办亮奥体育用品厂，把足球制作工艺由手缝改为机缝，大大减少生产成本，使小小足球远销欧美和东南亚；她心系群众，经常捐助病重住院的百姓和上学有困难的学生；她结合本村实际统一规划，新建20幢住宅楼的欣苑小区，营造和谐优美的社区环境。她多次被评为“优秀共产党员”“优秀党支部书记”“十佳女村官”“全国三八红旗手”。2016年，被江苏省人民政府授予江苏省“劳动模范”荣誉称号。

秦建辉

江苏省劳动模范

秦建辉，海门市常乐镇庵宝村党总支书记。2011年8月，他担任庵宝村党总支书记以来，开动脑筋，挖掘潜力，带领村民脱贫致富，使村级经济发生翻天覆地变化。2013年，他筹资3500万元有序流转200多公顷土地，建成现代农业示范园区，成功解放全村927户村民的种田负担，转移劳动力2672个，为他们创造更多的就业机会和途径。他利用自己经营多年的资源优势，将园区发展成为美国金州公司、广州市金鲜食品有限公司成为麦当劳的供应商的定点蔬菜原料供应基地，实现园区的良性循环和可持续健康稳步发展。他心系民生工程，为村里区域供水筹集资金51.5万元，全面完成全村的区域供水；他帮助村级集体建设，个人先后拿出近200万元，帮助建设社区服务中心和修建村级道路2.2公里。在他的领导下，经过近3年的努力，庵宝村村营收入、村民年人均收入大幅提高，基本实现脱贫致富的目标。他多次被评为"十佳创业带头人""南通市科普惠农兴村先进带头人""江苏省科技致富明星""江苏省农业科技特派员创业先进个人"。2016年，他被江苏省人民政府授予江苏省"劳动模范"荣誉称号。

顾京君

江苏省劳动模范

顾京君，中共党员。上海大学机械工程博士、中国先进制造领域"863"专家库专家、《机器人技术与应用》杂志编委，现任南通振康焊接机电有限公司技术部部长。主要研发工业机器人核心零部件RV减速机。2011年以来，他组织国内外专家一起挑起机器人高精密RV减速机的研发重任。在近5年的机器人减速机研发过程中，他对RV减速机的生产工艺进行创新改造，提出世界领先的摆线轮ThinkCore修形技术、材料极限稳定控制T-contral技术、非标精密轴承自制技术、减速机批量生产工艺和综合性能检测技术。RV减速机研发项目已被鉴定为国内领先，国际先进水平，同时，顾京君参与起草RV减速机的企业标准。他累计申请发明专利6项，实用新型专利9项，发表核心论文5篇。作为"863"核心技术人员参与《工业机器人RV减速器研发生产及应用示范》等3项省部级科技攻关项目研发，获得上海市科技进步一等奖、江苏省科学技术奖二等奖、中国机械工业科学技术奖二等奖。2016年，他被江苏省人民政府授予江苏省劳动模范荣誉称号。

王 新

江苏省劳动模范

王新，43岁，四甲镇有余村人，鑫驰汽修厂总经理。作为一名私营企业主的他，多次面对车祸现场，无私的送素不相识的伤者前往医院救治，与死神赛跑抢救生命；义务帮助民警清理车祸现场，又苦又累的活儿他都不求回报；水性极佳的他还经常帮路过的车主打捞因溜坡而滑进池塘的车子，三九伏暑无一例外；消防车开不进村里崎岖的小路，也是他带领自己的车队多次抢险救火；同镇的村民家发生煤气爆炸，得知消息的他第一时间喊上朋友带上工人赶往医院献血救人。他的无声行动成为一个标杆、一种榜样。2015年，他在当地成立见义勇为志愿队，带领更多的人服务社会。2016年，阜宁遭受特大龙卷风袭击，他自驾清碍车前去救援。他先后获评"中国好人""中国十大责任公民""江苏省道德模范""全国见义勇为道德模范"提名奖。2016年，被江苏省人民政府授予江苏省"劳动模范"荣誉称号。

许新海

江苏省先进工作者

许新海，1967年出生，海门市委教育工委书记、教育局党组书记、局长，新教育理事会理事长，中学高级教师，江苏省特级教师，哲学博士。

他潜心投入教育改革与发展，给海门教育带来全新的发展思路与质态。在他的带领下2005年海门以区域的方式整体加入新教育实验，教师的行走方式、学生的生存状态、学校的发展模式得到新的改变。近年来，海门教育质量高位走强，教育布局不断优化，集团管理机制不断创新，办学条件整体改善，基础装备提档升级，海门教育的影响力持续扩大，师生的获得感不断增强。他主持多项全国、省重点科研课题，取得丰硕的研究成果。正式出版教育学术专著《做新教育的行者》《守望新教育》等。先后被评为"全国推动读书十大人物"、省"333"高层次人才培养工程中青年科学技术带头人、省促进义务教育均衡发展先进个人，多次获得海门市委、市政府嘉奖。2016年，被江苏省人民政府授予江苏省"先进工作者"荣誉称号。

吴 杰

江苏省先进工作者

吴杰，海门市人民医院院长、党委书记。他医德高尚，医术精湛，被誉为海门人民的"心脏卫士"；他敬业勤政、高瞻远瞩，深受干部职工的信赖与赞誉。

2009年9月，吴杰出任院长，他把自己的心血、精力和智慧，毫无保留地投入到工作之中，带领全院职工走上一条创新与奋斗之路。他注重人才队伍的建设，建立科学及规范化的管理体系，打造一批富有影响力和竞争力的专科品牌，医院的学科建设、人才培养、科研教学、优质服务等有了质的飞跃，综合实力显著增强。他不忘将维护群众利益作为公立医院的第一责任，为政府分忧，为百姓解难。在医院发展的同时，职工的福利也有明显提高，职工干劲越来越足。2016年医院顺利通过三级综合医院的验收，实现几代人梦寐以求的夙愿。医院连续多年跻身全国县级医院综合实力排行榜前50强。他多次被评为"南通市专业技术拔尖人才""十佳医生""卫生科教管理工作先进科教工作者""南通市劳动模范”。2016年,他被江苏省人民政府授予“先进工作者”荣誉称号。

汤向华

江苏省有突出贡献中青年专家

汤向华,国网海门市供电公司海门运维站经理,分管全市输变电设备的运维管理。

在技术上汤向华是个多面手,由他分管过的调度、继保、输变电运维管理专业,涉及电网的一次、二次,其互补性使得他对电网的认识尤其深刻,其间他主持完成86项电网基建、改造工程的启动投运工作;曾带领公司调度团队实现安全调度运行1.55万天;分管的输电专业实现连续两年无责任性强停、无外破跳闸的历史最好成绩。在专业上他是带头人,他成立的“汤向华技师创新工作室”“南通市汤向华电网运维技能大师工作室”,先后完成各类创新课题20项,获国家发明与实用新型专利11项、软件著作权1项,获省、市电力公司群创优秀成果奖9项。他还注重知识的积累,利用业余时间将工作实践进行提炼和整理,发表科技论文21篇。他被评为省“333”工程培养对象、省技术能手、省企业首席技师、十佳首席技工等。2016年,他被江苏省人民政府评为“有突出贡献中青年专家”。

天南地北海门人(十四)

黄正标

1960年6月出生,海门市悦来镇人,1984年4月加入中国共产党,大学学历,1984年7月参加工作。教授级高级工程师,享受国务院特殊津贴。

1984年毕业于合肥工业大学机械工程系。1984年7月至2000年,江苏省

机械厅工作,任科技质量处科长、质量标准处副处长,兼任省机械工业质量与工业管理研究会秘书长(1997年至1998年在南京大学哲学系研究生班学习、结业),2000年晋升为高级工程师;2000至2004年,江苏省农业机械研究所所长、党委书记,兼任省质量技术监督机动车配附件质检站站长、省农机协会副会长、省经贸委工业发展规划咨询委员会咨询专家、省科技厅科技咨询注册专家,2002年被国务院授予政府特殊津贴,2004年晋升为教授级高级工程师;2004至2006年9月,江苏省农业机械研究所有限公司董事长、党委书记;2006年9月,中国质量认证中心南京分中心技术质量部副部长、部长,中国强制性产品认证高级检查员。

长期从事科技新产品开发的规划、评审鉴定及质量、标准、检验认证等工作,1991年、1996年连续两次在香港参加第二、三届“世界制造业”学术年会。2000年4月赴美国、巴西进行科技考察访问。2002年赴英国、法国、意大利考察产品质量认证。2004年赴澳大利亚、新西兰考察标准和实验室管理。2008年11月赴泰国考察质量认证。

1991年,获“1990年度江苏省科技情报成果”三等奖;1993年获“1992年度江苏省机械工业科技进步奖”一等奖;1994年获“江苏省科技情报”二、三等奖各1项,江苏省科技成果三等奖;2002年获“江苏省优秀工程咨询成果”二等奖、优秀奖各1项,研发的“伸缩式污泥清污机”获国家新型实用专利;2003年研发的“下水道自动清污机”荣获国家发明专利。

姜建清

1953年2月出生于上海,祖籍海门市刘浩镇,管理学博士,1970年参加工作,中共党员。中国工商银行股份有限公司董事长,党委书记,研究员职称。

上海知青,在江西省广昌县赤水公社插队,曾为中共广昌县委工作队员,后在河南省焦作矿务局一个煤矿做临时工,1979年1月在上海市待业。1979年9月至1986年6月,中国工商银行上海市分行静安区办事处南二分理处会计,静安区办事处宣传科科员、副科长,办公室副主任(1981年9月至1984年7月在上海财经学院夜大学金融专修科学习);1986年6月至1990年12月,中国工商银行上海市分行办公室副主任、主任(1988年2月至1990年7月在上海交通大学管理学院工业管理工程专业攻读在职硕士研究生);1990年12月至1995年12月,中国工商银行浦东分行党委副书记、副行长,中国工商银行上海市分行副行长兼浦东分行党委副书记、行长(1994年9月至1995年7月在复旦大学上海市高级经营管理干部进修班学习,1995年7月至12月在美国哥伦比亚大学和美国通用再保险公司进修学习);1995年12月,上海城市合作银行行长、党委书记;1997年6月,中国工商银行上海市分行行长、党委书记(1995年9月至1999年6月在上海交通大学管理学院企业管理专业攻读博士学位);1999年6月至2005年,中国工商银行党委副书记、副行长,行长、党委书记;2005年后,中国工商银行股份有限公司董事长、党委书记。兼任中国金融学会副会长。上海交通大学兼职教授、博士生导师,上海外国语大学、上海财经大学兼职教授。2016年5月,不再担任中国工商银行党委书记,卸任中国工商银行董事长。

中共第十六、十七、十八届中央候补委员。

他不仅具有多年丰富的工作经验,而且对金融理论很有研究,研究员职称,发表众多学术文章,主要出版著作有:《海外金融风潮评析》《金融风潮沉思录》《美国银行业的科技革命》《金融高科技的发展及其深层影响研究》等。

沙曾鲁

1928年9月出生，海门市人，大学博士文化。美国科学院院士，核专家。

1946年至1949年，就读于上海国立交通大学；1953年抵达美国后半工半读，1958年6月毕业于美国纽约布鲁克林技术学院，获机械工程学学士学位，1964年1月毕业于美国纽约哥伦比亚大学，获工程学博士学位。毕业后在美国西屋公司担任高级科学家，又在美国东部麻省核电站从事设计全世界第一座压水反应堆；在美国阿岗国家研究院工作期间，担任高级科学家(相当美国大学正教授)、热工水力研究室主任、多相流研究所所长、阿岗国家研究院院长特别顾问，从事快堆及轻水堆设计及安全分析等工作。

先后荣任美国核学会特别编辑、国际核工程及设计杂志编辑，美国中西部PH1、TAV、PA1荣誉学术会会长等职。1984年，沙曾鲁被授予"美国核学会院士""美国纽约科学院院士"称号。

他是发展核反应堆的先驱者之一，与美国中西部20座大学共同进行多相流方面研究，协助美国工业界解决许多艰难问题。在核反应界做出极有意义的贡献，得到国内外专家的认可。其他领域的发展，如硫化床模型、太阳能贮存系统、电子冷却、汽车发动机响应、聚变包覆层、铸造模成型、固体迁移等，也得益于他首倡的多孔介质方法。

先后发表论文著作280多篇，1982年，被美籍亚洲人传统会授予"杰出美籍亚洲人奖"。1986年，获阿岗研究院"突出工作成就奖"，美国荣誉学术会"卓越服务奖"。1990年，获美国核学会颁发的"核反应堆安全分析杰出贡献奖"。

他心系祖国，为祖国科研的发展尽心尽力。1988年，他任中国台湾工业技术研究院能源研究顾问团主席。1993年，中国台湾电力公司龙门核电站计划高级顾问。1993至1996年，清华大学客座教授。1994年，西安交通大学客座教授。1996年，广东核电集团公司高级顾问。1998年，江苏核电公司高级顾问。

薛锦云

1947年8月出生，海门市人，江西师范大学教授、博士生导师，国家"有突出贡献的中青年专家"，省"赣鄱英才555工程"领军人才人选，国务院特殊津贴享受者。

1970年毕业于南京大学数学系，1985年12月至1988年4月在美国康纳尔大学进修访问，和世界著名计算机科学家Gries教授合作研究；1992年破格晋升为教授并开始享受国务院特殊津贴；1995年6月至1996年4月在美国圣塔克拉大学作客座研究员；1996年，确定为江西省九五重点建设学科计算机软件专业(硕士学位点)的学科带头人，并由国家人事部授予国家级"有突出贡献中青年专家"称号；1997年，批准为江西省计算机和信息领域首位跨世纪学术和技术带头人；2003年荣获省高校"教学名师奖"。2000年和2009年分别被中科院软件所和武汉大学评聘为博士生导师。现任计算机信息工程学院院长，兼江西师大计算机软件研究所所长，江西省高性能计算技术重点实验室和江西省高校软件科技中心主任，教育部教师教育信息化专家委员会及高师计算机教育指导组成员，中国计算机学会理事，人工智能学会理事，科普工作委员会副主任，A1基础专业委员会委员，全国理论计算机专业委员会委员，全国计算机辅助教育学会理事，华东高校计算机教育研究会副理事长。

他的主要研究方向为软件形式化和自动化、并行分布式计算及智能教育软件。先后主持承担国家863智能机高技术发展项目1个，国家军用共性软件预重点项目1个，国际合作项目1个，国家自然科学基金项目5个，省部级项目10个，取得鉴定结论分别为"国内首创"、"国内领先"和"国际先进水平"的成果。1995年获江西省科技进步一等奖。在国际国内著名学术刊物和学术会议发表论文90余篇，其中有20余篇被SCI和E1等三大检索收录。上述研究取得一系列创造性成果，特别是由他提出的PAR方法及其支撑环境是软件形式化和自动化研究的重要突破，成功地解决国际计算机科学最高奖获得者Knuth教授提出的一个国际难题和其他许多复杂算法程序的形式化和半自动化开发问题，在国际国内产生很大影响，受到Knuth教授和张景中院士等多位国际国内著名计算机科学家的高度赞扬。他多次参加重要国际会议报告论文。美国圣塔克拉大学专门主题对PAR方法进行深入研究，韩国几所大学邀请他系统讲授PAR方法。他还应邀到北大、复旦大学、南师大、湖南师大讲学，到全国重要学术会议作特邀报告。国内多所大学聘请他为客座教授或兼职教授。《人民日报》、中央人民广播电台、江西卫视对他的突出业绩作过专题报道。

他治学严谨，讲究实效，培养的12位硕士研究生，有6位考上上海交通大学、北京大学、北京航空航天大学和中国科学院的博士研究生。

附　　录

江海民俗风情

渔猎·下夜钓　春夏之交的傍晚，拿着数十根芦头杆的钓子，上穿大青蚯蚓，将钓杆插在河岸边上的泥土里，钓子垂入水中。但见浮子一动，立即取出，往往有鲫鱼、黄鳝、昂刺鱼等上钩。夜里间隔一两个小时取一次，收获颇丰。

郁异人　绘

◎ 责任编辑　王　寅

重要报告

在中国共产党海门市第十四届委员会第一次全体会议上的讲话

(2016年7月28日)

市委书记 陈 勇

刚才，市委十四届一次全会选举产生了新的市委常委、书记和副书记，通过了市纪委第一次全体会议选举结果。在此，我代表当选的市委常委，对同志们的信任和支持表示衷心的感谢！

由于年龄关系和工作需要，第十三届市委中的一些同志不再进入新一届市委。这些同志在职期间，为海门的经济社会发展倾注了大量心血，做出了重要贡献。借此机会，我代表十四届市委，向他们表示诚挚的感谢，并致以崇高的敬意！

从现在开始，十四届市委就开始履行职责了。肩负着“争做改革创新排头兵、争当科学发展领头雁”的重任，我们深感责任重大、使命光荣，必须倍加珍惜组织的厚爱和重托，倍加珍惜全市人民的信赖和期待，倍加珍惜时代提供的机遇和舞台，不辱使命，开拓创新，不忘初心，继续前进，以实际行动向党和人民交上一份满意的答卷。下面，我提四点要求，与大家共勉：

*一要始终坚持心中有党，牢牢把握正确的前进方向。*作为全市各项事业的领导核心，我们必须始终保持政治上的清醒和定力，坚定理想信念，补足精神之“钙”，切实加强党章党规的学习，切实加强习近平总书记系列重要讲话特别是视察江苏重要讲话精神的学习，切实增强政治意识、大局意识、核心意识、看齐意识，坚决贯彻执行中央的各项方针政策，始终在思想上政治上行动上与习近平同志为总书记的党中央保持高度一致。要自觉加强党性锻炼，始终把纪律和规矩挺在前面，严格落实党内各项制度规定，严格开展党内政治生活，旗帜鲜明地抵制各种错误思潮，理直气壮地与各种错误言行作斗争，做到在路线原则上立场坚定、在大是大非面前头脑清醒、在关键时刻经得起考验。

*二要始终坚持心中有民，全力提升群众的幸福感受。*牢记全心全意为人民服务的根本宗旨，自觉践行党的群众路线，时刻把提升群众的幸福感、获得感作为第一追求，深怀爱民之心，恪守为民之责，多办利民之事，真正做到一切为了群众，一切依靠群众，发展成果由群众共享。要始终保持与人民群众的血肉联系，大力弘扬“一线工作法”，经常性地深入基层，及时掌握群众的所思所盼，及时了解企业的所需所求，及时解决一批人民群众最关心、最根本、最迫切的现实问题，使我们的决策更好地体现群众的愿望，工作更好地满足群众的需求。同时，要认真履行管党治党职责，切实加强基层党组织建设，不断提升基层党组织推动发展、服务群众、促进和谐的能力水平，打通联系群众的“最后一公里”，更好地发挥党员干部的先锋模范作用和基层党组织的战斗堡垒作用。

*三要始终坚持心中有责，切实担起发展的历史重任。*面对前有标兵、后有追兵的实际情况，我们决不能满足已有的成绩，决不能满足现状不思进取，必须切实担负起又好又快、能快则快的发展职责，把更多的精力放到谋发展、推发展、快发展上来。要精心谋事，始终保持更好更快发展的昂扬斗志，切实加强最新理论、前沿知识的学习，切实加强发达地区成功经验的学习，解放思想，敢试敢闯，扬长避短，勇于担当，努力用改革创新的办法探索出海门发展的新路。要潜心干事，切实增强“一日无为、三日不安”的责任意识，始终保持“立说立行、马上就办”的工作作风，不断提升“抓铁有痕、踏石留印”的执行力，说了就办，定了就干，干就干成，以扎实的举措把思想付诸行动，把目标变成现实。要坦荡处事，把团结作为成事之基，以党性为重，以大局为重，以事业为重，班子成员要有容人容事的雅量、坦诚相待的气度、从善如流的胸襟，政治上志同道合，思想上肝胆相照，工作上默契配合，生活上互相关心，心齐气顺，政通人和。同时，要主动加强与人大、政府、政协班子以及各界人士、干部群众的沟通团结，充分调动各方面的积极性，携手共创更加美好的明天。

*四要始终坚持心中有戒，充分展示清廉的干部形象。*清正廉洁是每个干部应有的品质和必备的素质，每一位同志都必须认真落实“主体责任”，严格遵守党风廉政建设的各项规定，明晰是与非的分界线、行与禁的分水岭，自觉规范自己的工作范围、生活范围、社会范围，时时自重、自省、自警、自励，处处慎独、慎微、慎初，管好家属、亲友和身边工作人员，清清白白做事，堂堂正正做人，真正做到“心正、身正、行正”。同时，要自觉接受监督，把上级的监督当成组织对自己的信任，把班子内部的监督当作同志们对自己的关心，把下级的监督当成群众对自己的爱护，牢固树立新一届市委立党为公、清正廉洁、干净干事的良好形象。在这里，我代表新一届市委班子向全市人民作出廉政承诺：凡是要求普通党员做到的，领导干部必须首先做到；凡是要求领导同志做到的，市委委员必须首先做到；凡是要求市委班子成员做到的，市委常委必须从我做起、首先做到，真正

使本届市委的为政形象经得起时间考验，经得起社会评说。

以上四个方面，是我们新一届市委加强自身建设的基本要求，也是我们向全市干部群众的集体表态。作为“一班之长”，我将带头贯彻执行，并真诚希望大家帮助我，监督我！同时，希望市委班子的每位成员在平时的工作生活中，相互提醒，共同勉励，自觉遵守。

同志们，市第十四次党代会已经顺利闭幕，当务之急在于狠抓落实。我们必须从头做起，从现在抓起，一着不让地推动各项工作快落实，为全面完成党代会确定的目标任务开好头、起好步。

一要高度重视经济运行，确保全年目标任务完成。当前，全市经济形势总体平稳，但仍比较严峻，短板比较明显。从主要经济指标的排名情况看，在五县市中，全市规模以上工业总产值的总量和增幅分列第3位、第5位，工业用电量的总量和增幅分列第4位、第5位，工业应税销售、固定资产抵扣的总量和增幅均位居第5位；从企业运行情况看，623家规模以上工业企业中，应税销售负增长面高达63.7%，其中225家企业的降幅超过20%；从行业发展情况看，七大行业中仅电子信息应税销售增幅超过10%，其余六大行业均有不同程度的负增长。这些数据，与年度目标相比有明显的差距，与领头雁的目标有较大的落差，我们必须把拉高总量和增幅、提升质量和效益作为当前经济运行的当务之急，把确保完成全年目标作为必成使命，全力以赴提升海门的经济发展水平。要强化经济运行监测，密切关注企业、行业发展动态，定期对工业企业特别是骨干企业的入库税金、应税销售、工业用电等指标进行分析，掌握实情，分析原因，找准对策，全力推动各项指标止跌回升。特别是要把提升企业运行质效、增强新增长点的支撑力作为最现实、最根本、最有效的抓手，全力提振企业信心，释放企业潜能，为各项指标的顺利完成提供坚实的保证。要强化要素协调，健全工业经济联席会议制度，对企业生产经营中遇到的困难，共性的要出台相应的扶持政策，个性的要一企一策加强研究，综合施策把各项指标赶上去。同时，要尽快完善挂钩联系制度，市委班子成员要带头深入车间一线，深度调查研究，与企业家结成推动发展的“共同体”，对企业反应的问题，能够处理的要现场处理，需要协调的要尽快协调，做到问题不解决不放手，企业不满意不收兵。

二要加大招商引资和项目建设力度，为争当“领头雁”奠定基础。在经济下行期和结构调整期，往往能招到大项目、好项目，而能不能招来大项目、好项目，关键取决于我们的闯劲、韧劲和拼劲。我们必须始终坚持把招商引资和项目建设作为经济工作的生命线，正视项目不多、投入不足、后劲乏力等现实问题，认真学习兄弟县市的成功经验，切实加大组织运筹力度，全力打好招商引资和项目建设翻身仗。一方面，要强攻招商，尽快把招商力量配齐配强配优，尽快研究出台“飞地招商”“大督查”、考核奖惩等机制，出实招，动真格，求实效，真正把压力传递下去，把干劲调动起来。当前，各区镇、各相关部门的领导干部和招商人员，要全面走出去开展大招商活动，全力补好海门项目源少的短板。另一方面，要猛攻投入，牢牢抓好项目建设的关键环节，在谈项目要快签约，签约项目要快落地，在建项目要快投产，竣工项目要快达效，促进项目建设尽快转化为现实生产力。

三要推进改革创新和扩大开放，为“又好又快”发展提供动力。创新发展、开放发展是五大发展新理念的重要组成，必须坚持以改革创新突破制约瓶颈、释放发展潜能，以扩大开放集聚优质资源、拓展发展空间。要深入推进重点领域改革，坚持政府与市场同向发力，紧紧围绕事关经济社会发展的关键环节，持续深化叠石桥市场采购贸易方式、相对集中行政许可权、投融资体制、国有企业分类管理、财税金融、教育集团化、医药卫生体制、户籍制度等改革，更好地释放改革红利。要积极推进创新发展，切实抓好以“一区一基地”为重点的产业科技领域创新，以招商引资和项目建设为重点的考评机制创新，以去行政化和区镇共建为重点的园区发展机制创新，全力释放海门经济社会发展的充沛活力。要深入推进开发开放，对内要突出重大交通、基础设施、口岸开放、园区建设等重点，持续增强载体平台的承载力、园区发展的爆发力；对外要加强与上海、苏南、南通中心城区的深度对接，与长江中上游城市的深度合作，与“一带一路”沿线国家和地区的深度合作，与国际友城的深度合作，积极推进外资、外贸、外经、外包、外智、外事齐头并进。

四要认真谋划城市工作，推进城建交通重点工程建设。关于新时期的城市建设，省委李强书记提出了“六个优化”的新要求，南通市委陆志鹏书记对海门提出了“三个转变”的新任务，为我们做好新一轮的城市建设管理提供了遵循。对海门而言，当前重点要在“精”字上做好文章。要精心规划，立足长三角一体化的格局，按照全市域“一盘棋”的要求，全面对接江苏省新型城镇化与城乡一体化规划、南通城市总体规划和海门城市总规，加强田园东城、生态南城、经贸西城、枢纽北城等核心区域的规划，地下管廊、防洪排涝、绿地公园、城市水系等重大工程的规划，城市路网、快速通道等重大交通工程的规划，推进多规融合，不断增强规划的科学性、前瞻性、生态性、效益性、严肃性。要精心建设，更加注重城市空间立体性、平面协调性、风貌整体性、文脉延续性，把江海文化特质融入城市建设，优化城市的天际线和地标线。同时，要大力推进中新仁恒(海门)长江生态科技城等重大开发项目、江海博物馆等重点公建项目、叠港公路等重点交通项目的建设，大力推进解放路、长江路、珠江路等特色街区建设，积极繁荣张謇大道、南京路等沿线经济，加快提升产城融合发展水平。要精细管理，按照“管建并重、集中整治、长效管理”的原则，加速构建资源整合、权责明晰、执法规范、权威高效、服务为先、管理优化、文明有序的现代化城市管理综合执法体制，全力提升城市精细化管理水平。近期，我们将召开市委常委会，深入贯彻省委全会精神，并对城市建设进行深入研究。

五要加大民生保障力度，切实履行好对百万人民的庄严承诺。民生事关民心，必须坚定不移地把增进民生福祉作为一切工作的根本依归，正确处理好“大多数”与“少部分”的关系，持续加大民生投入力度，扎实推进“十大民生实事工程”，尽力而为，量力而行，持续提升人民群众的获得感和幸福感。要抓住群众的基本需求，更加注重百姓的衣食住行、生老病死，着力构建快速普遍持续的增收机制，切实完善为民惠民的社会保障、住房保障、养老保障等体系，大力发展教育体育、医药卫生、文化文明等各项事业，不断改善居民的公共出行，更好地满足人民群众的生产生活需要。要抓住群众的底线要求，更加注重孤、残、病等弱势群体的生活，动员全社会力量开展好精准化、开发式扶贫帮困，不断完善大病救助、保障援助、保险资助、慈善扶助等多元化的帮扶体系，努力让弱势群体尽快过上小康生活。要抓住群众的和谐诉求，积极创新社会治理，持续不断推进平安法治建设，深化信访工作制度改革，大力推进矛盾纠纷化解，切实保障人民群众的合法权益，努力营造安定和谐的社会环境。

六要统筹兼顾，一着不让做好几项具体工作。一是严格落实安全生产责任制，认真贯彻全国安全生产电视电话会议精神，突出道路交通、水上交通、港口码头、危险化学品、海洋渔业、建筑施工、职业卫生、消防、特种设备、旅游等重点领域，商场、电影院、游乐场、车站等人员密集场所，积极应对极端恶劣天气的影响，全面落实党委政府的领导责任、部门的监督责任、企业的主体责任，深入开展好“大评估、大辨识、大排查、严格监督”“三大一严”专项行动，坚决落实“党政同责、一岗双责、失职追责”的安全生产责任制，齐抓共管，坚决杜绝重特大事故的发生。二是自觉迎接环保督察，深入贯彻中央第三环境保护督察组督察江苏省工作动员会精神，把环保督察作为推动绿色发展的契机，在思想认识上紧而又紧，在组织领导上严而又严，在问题整改上实而又实，自查自纠、即知即改、立说立行，着力解决一批群众反映强烈的环保信访问题，整治一批高污染行业，关停并转一批高污染企业，坚决杜绝招引重污染项目，还江海大地碧水蓝天。三是积极做好迎接全国文明城市暗访督查工作，紧紧围绕“一年促达序、两年上台阶、三年保创成”的既定目标，坚持把阶段性整治与长效性建设紧密结合起来，对照中央文明办8项要求和省文明办6点意见，强化重点场所、突出问题的整改，深入细致地做好美化市容环境、完善城乡公用设施、规范公共场所管理、提升窗口行业形象、强化公益广告发布、加强宣传引导等重点工作，提高思想认识，浓化创建氛围，细化工作措施，优化推进机制，强化责任追究，确保顺利通过暗访，确保完成阶段目标。四是做好信访稳定工作，巩固大调解等好的成果，工作不能简单化，要从源头上考虑群众的切身利益。五是推动纪律的执行刚性化，严格落实中央“八项规定”、省市委“十项规定”和“省内公务接待一律不喝酒”等各项要求，公务接待要刚性执行，商务接待要把握好度，确保纪律规矩落实到位。

同志们，目标已经确立，蓝图已经绘就，让我们紧密团结在以习近平同志为总书记的党中央周围，在省委和南通市委的坚强领导下，紧紧依靠和带领全市百万人民，凝心聚力，开拓创新，扎实苦干，为顺利完成市第十四次党代会确定的各项目标任务而合力奋斗！

政府工作报告

——2017年1月10日在海门市第十七届人民代表大会第一次会议上

市　长　杨曹明

各位代表：

现在，我代表市人民政府向大会作工作报告，请予审议，并请市政协委员和其他列席人员提出意见。

过去五年的工作回顾

市第十六届人民代表大会第一次会议以来，市政府及其组成部门在中共海门市委的坚强领导下，在市人大及其常委会、市政协的监督支持下，紧紧团结和依靠全市人民，沉着应对复杂多变的宏观环境，统筹抓好稳增长、促改革、调结构、惠民生、防风险等各项工作，全市经济社会保持平稳健康发展态势。

综合实力显著增强。2016年，全市完成地区生产总值1002亿元（预计数，下同），首次突破千亿大关，年均增长10.8%；实现一般公共预算收入72.41亿元，继续保持南通六县市第一。位居县域经济和县域基本竞争力百强县第18位，五年前移12位，跻身全省8强。全面小康建设综合得分超过98分，持续领跑苏中苏北。2016年，完成全社会固定资产投资613.2亿元，五年实现翻番，共招引超亿元项目近300个，香港招商局江苏重工实现我市百亿级项目历史性突破。全市奖牌企业、规模企业五年分别净增20家和40家。名列工信部县域经济百强县(市)第17位。2016年，实现社会消费品零售总额340亿元，年均增长10.7%。完成建安产值1600亿元，年均增长超过18%，新增各级资质建筑企业82家，南通三建、中南集团和龙信集团跻身中国民营企业500强，建成全省首家县级建筑产业现代化示范城市和全省建筑产业现代化标杆单位。累计新增银行业金融机构7家、挂牌上市企业12家，金融生态环境综合评估稳居全省69家参评县市区首位。

转型升级成效明显。三次产业比优化为5:51:44。农业现代化发展水平稳居全省前列，高效设施农业面积从21.3万亩提高到31万亩，建成首批国家农产品质量安全县、全国休闲农业与乡村旅游示范县和国家级蔬菜综合标准化示范区，被农业部列为中央农作物秸秆综合利用试点县。服务业增加值占GDP比重提高10个百分点，高新技术产业、新兴产业产值占规模以上工业产值比重分别提高7.8个和8个百分点。2016年，全社会研发投入占比达2.51%，累计提高0.51个百分点。新增高新技术企业95家，总数达123家。七度蝉联全国科技进步先进市，获评国家知识产权示范城市、国家可持续发展实验区、国家专利质押融资试点城市和省创新型试点城市，获得“中国产学研合作创新示范基地”称号。叠石桥国际家纺城获批市场采购贸易方式试点，建成国家级知识产权保护规范化培育市场。速卖通叠石桥家纺专区、中国质造叠石桥家纺产业带成功上线，阿里巴巴1688叠石桥实力产业群示范园区揭牌运行。玲珑湾创客中心建成省级众创空间。建立北美海外人才工作站，建成院士工作站6家、省级以上博士后工作站9家。累计引进国家“千人计划”专家等顶尖人才32名，省“双创”人才32名。2016年，每万名劳动力中拥有高技能人才803人，五年新增430人，持续保持南通第一。

开发开放不断深化。综合交通体系加快构建。崇海通道列入国家公路网规划。虹桥机场海门航站楼建成启用。宁启铁路二期海门段、海启高速海门段开工建设。临海高等级公路、S336绕城等一批重大交通工程建成通车。陆海统筹稳步推进，通海港区一期工程全面启动；海门港通过国家一类开放口岸验收，5万吨级通用码头建成使用，南通沿海首条集装箱航线开通，南通首艘出货型万吨级外轮成功靠泊并常态化运行；南通海关海门办事处开关，海门港、通海港、叠石桥无水港“三港联动”格局加速形成。生产力布局持续拓展。完成新一轮行政区划调整，开发区晋升为国家级开发区，海产品国际贸易中心获批建设，临江新区生物医药科创园获批省创业孵化示范基地、省级留学回国人员创新创业园，跻身中国生物医药最具特色园区前20强。开放型经济稳中有进。累计完成到账外资10.24亿美元，实现外贸进出口总额118.58亿美元，年均增长20.4%。累计新签对外承包劳务合同额14.61亿美元，完成营业额29.59亿美元。累计新批境外投资中方协议投资额6.92亿美元，全市有53家企业实现境外投资，累计总投资7.44亿美元。“新侨之乡”品牌日益彰显。

城乡统筹取得实效。城市功能、品质和形象显著提升。新一轮城市总规获批，完成城市给排水、综合交通、人防等多个专项规划编制，区镇总体规划修编完成，多层级、广覆盖的城乡规划体系全面形成。城市建成区面积从50.66平方公里扩展到56.14平方公里，常住人口城市化率从51.2%提高到58%。新建、改建市区主次干道19条，新增城市道路17.3公里，“八横八纵”路网格局基本形成。区域供水管网实现全覆盖，全市居民普遍用上长江水。完成80多个小区近5万户居民天然气置换。铺设城市雨水管网55公里，城市排水防涝能力显著增强。新建污水总管90公里，新建区镇雨污水支管240公里，城镇污水处理率达90%以上。新增城市绿化360万平方米、农村绿化造林8万亩。新建住房1087万平方米，新建公共租赁住房2721套、棚户区安置房10261套，新增经济适用住房家庭546户。获批全国中德低碳生态试点示范城市、省绿色建筑示范城市，入选国家新型城镇化综合试点地区。完成东风新村、秀山新村、通源新村等15个老旧小区成片改造。城区公共自行车系统建成运行并向区镇延伸。建成新一轮省优秀管理城市和省园林城市。完成农路提档升级700公里，改造农桥180座，等级公路由2238公里增加至2834公里，一级公路总里程保持全省领先。省市客运车辆从52辆增加至81辆，市内客运班线从27条179辆增加至55条264辆，城市公交万人拥有量达12.6标台，镇村公交开通率达100%，公交票价下调幅度超过65%。深入实施大气污染防治及水环境整治工程，空气质量优良天数比例达75%，地表水好于III类水质比例达到70%以上，获评国家生态文明建设示范市。累计投入9500万元实施河道清障及拆坝建涵（桥）工作，共拆坝建涵（桥）1.3万余座。累计盘活存量建设用地1.6万多亩，被评为全国首批“国土资源节约集约利用模范市”。

人民生活持续改善。大力兴办民生实事，让发展成果更多惠及全体人民。2016年，城乡居民人均可支配收入分别达到4.1万元和2.1万元，年均分别增长9.6%和10.5%；居民储蓄存款达752.07亿元，五年增长79%。累计新增就业5万人，转移农村劳动力2.3万人，城镇登记失业率1.83%，建成省级创业型示范城市。养老、医疗等主要险种参保率稳定在98%以上，被征地农民社会保险参保率达100%，养老保险工作受到国务院表彰。新型农村合作医疗财政补助标准由270元提高到550元，实现和城镇居民基本医疗保险并轨运行。广泛开展慈善救助，建立支出型贫困家庭救助机制，投入各类救助资金5.3亿元，救助困难群众50.5万人次。城乡低保标准分别增长37.2%和120.8%，基本实现一体化。残疾人托养中心建成运行。扶贫帮困工作完成阶段性任务。城乡养老服务提标升级，每千名老年人拥有养老床位数达40张，居家养老服务站实现全覆盖。社会事业不断进步。教育质量持续提升，高考成绩屡创新高。建成全国义务教育发展基本均衡市。办学条件持续改善，累计撤并学校22所，新建学校15所，新建、加固校舍67.2万平方米。医药卫生体制改革深入推进，基本药物制度全面实施，公立医院药品零差率销售。建成省级卫生镇5个、卫生村137个，基本公共卫生服务均等化水平不断提升。区镇文化中心“八个有”和村（社区）文化活动室“六个有”全覆盖，公共文化服务体系建设全省领先，三度蝉联“全国文化先进市”。建成全国青少年校园足球试点县（市）。广播电视设备全面实现数字化，台网分离基本完成。获评“全国双拥模范城”“全国科普示范市”和实施妇女儿童"两纲"全国示范县市。省文明城市实现六连冠，被中央文明办确认为创建全国县级文明城市提名城市。

治理能力全面加强。简政放权、放管结合、优化服务深入推进，成立行政审批局，审批时限整体压缩50%以上。推进商事制度改革，实行注册资本认缴制，累计新增市场主体3.8万家。深入推进"六五"普法，始终坚持依法行政，被确定为全国完善规范性文件合法性审查机制试点单位、首批全国法治县(市、区)创建活动先进单位、全省法治建设示范县市和全省普法工作先进市。自觉接受市人大的法律监督、工作监督和市政协的民主监督，人大代表建议和政协委员提案办理满意和基本满意率保持100%。深化平安海门建设，实现命案全破，公众安全感始终保持94%以上，获评"全国平安建设先进县（市）""全省综治工作先进县(市)"和"全省平安县(市)"。获批"全国创新社会治理优秀城市"和"全国社会工作服务综合示范区"。安全生产形势持续稳定好转，基层安监机构能力建设走在全省前列。严格遵守中央八项规定，作风建设不断加强。完成机关公务用车改革。强化审计监督职能，加强公共资源交易管理，财政资金投入高效规范。过去五年，税务、统计、物价等部门服务发展成效明显，民族宗教、机关事务、外事侨务、气象、人防、防灾减灾、老龄、档案、关心下一代等工作都取得了新的业绩。

各位代表，过去的五年，是海门经济总量稳步提升、产业结构加速转型的五年，是城乡面貌显著变化、功能品质持续优化的五年，是民生保障不断改善、人民群众得益颇多的五年。五年的成就振奋人心，这是市委正确领导，市人大、市政协监督支持，全市人民奋力拼搏的结果。在此，我谨代表市人民政府，向市人大代表、政协委员，向驻海部队指战员、武警官兵和群众团体、离退休老干部、老同志，向奋战在各条战线上的全市人民，向关心支持海门发展的各界人士，表示衷心的感谢和崇高的敬意！

成绩来之不易，经验弥足珍贵。回首五年历程，我们深刻体会到：必须坚持发展第一要务。我们始终把握稳中求进总基调，主动适应宏观经济环境的变化，以经济建设为中心，以项目建设为主抓手，千方百计稳增长、调结构、促转型，全市经济保持了较快较好的发展势头。必须坚持创新第一动力。面对发展中的新情况、新问题，我们敢于突破常规，敢于摆脱定势，探索实施了行政审批制度、市场采购贸易方式等一批经济社会领域改革创新，体现了海门特色，走出了海门发展的新路径。必须坚持民生第一责任。我们始终坚持发展为了人民、发展依靠人民、发展成果由人民共享，深入推进创业富民、政策惠民、生态利民、稳定安民，每年兴办一批民生实事，持续增加民生投入，切实解决了一批群众最关心、最直接、最现实的问题，增强了全市人民的幸福感和获得感。必须坚持实干第一保障。我们把重实干、办实事、求实效作为工作的鲜明导向，不断优化责任体系、考核体系和督查体系，探索建立专业化推进、项目化实施以及交办会办、问责问效等工作机制，在务实落实中创造了新业绩、展示了新形象。

同时，我们也清醒认识到，在发展的进程中还存在着不少问题。主要表现在：在经济发展上，规模以上企业数、固定资产抵扣、工业应税销售等主要经济指标滞后，高新技术企业数、高新技术产业产值占比等指标在南通居于中游，全社会研发投入占比还低于全省、南通平均水平，项目数量偏少、规模偏小、缺少重大项目支撑等问题仍然存在，城市转型还存在配套不够完善、特色不够鲜明等不足；在环境建设上，服务环境还有待改善，行政审批尤其是项目审批还需提速，城乡环境脏乱差的问题突出，文明城市创建任务艰巨；在民生实事上，一些领域公共服务供给不足、资源配置不够均衡，城乡居民人均可支配收入、达标人口比例、城镇绿化覆盖率等仍是高水平全面建成小康社会的短板，财政收支矛盾突出，居民增收的难度在加大，社会稳定的压力在增加；在作风建设上，攻坚克难意识还需强化，"庸懒散拖"等问题比较突出，少数干部干事创业的源动力、担当力、执行力还不强，个别干部还存在作风不正、从政不廉等问题。对此，我们将高度重视，坚持问题导向，认真研究解决。

今后五年的工作展望

今后五年，是机遇和挑战并存的五年。当前，外部环境的经济格局正在发生深刻变化，我国经济新常态特征更加明显，宏观经济形势复杂多变，经济向好动力和下行压力同在。从周边态势看，在新的机遇与挑战面前，各地正掀起新一轮发展热潮，千帆竞发、争相赶超的竞争态势更加激烈，"不进则退、慢进也退"的竞争压力更加明显。从自身实际看，作为苏中发展的排头兵，我市在产业培育、载体打造、服务环境和生态建设等方面都打下了良好的基础，形成了特色比较优势；作为接轨上海的桥头堡，随着北沿江高铁等重大交通基础设施的规划建设，海门在时空上与上海的距离将更加拉近，为跨江融合、接轨上海带来新的契机；作为江海开发的主阵地，随着承载平台的全面打造、江海口岸的全面开放、重大项目的加快布局，海门在长江经济带、江苏沿海开发等国家战略中的节点作用将进一步凸显。在新一轮的发展竞争中，我们理应积极作为、大有所为。今后五年，我们必须时刻牢记时代赋予的历史使命，坚定发展信心，抢抓发展机遇，厚植发展优势，奋力实现新跨越，再创新辉煌。

今后五年工作的指导思想是：高举中国特色社会主义伟大旗帜，深入贯彻习近平总书记系列重要讲话精神，以总书记视察江苏重要讲话精神为引领，落实"四个全面"战略布局、"五个迈上新台阶"重点任务，按照"创新、协调、绿色、开放、共享"的发展理念，紧扣"争做改革创新排头兵、争当科学发展领头雁"主题，围绕"创新转型的示范区、接轨上海的示范区、全面小康的示范区"目标，着力建设"经济强、百姓富、环境美、社会文明程度高"的新海门，高水平全面建成小康社会，谱写好中华民族伟大复兴中国梦的海门篇章。

各位代表，人民群众对美好生活的向往，就是我们的奋斗目标。今后五年，我们将从解决好人民群众普遍关心的突出问题出发，坚持以人民群众的根本利益作为发展的价值取向和最终目的，高水平全面建成小康社会。我们所追求的全面小康，是各项指标值均高水平实现的全面小康，是建成速度和质量在苏中苏北领先的全面小康，更是以人民为中心，直面人民关切，回应人民期待，让人民群众得到看得见、摸得着的实惠的全面小康。主要体现在四个方面：

——*经济实力更强*。以提高发展的质量效益为中心，主要经济指标实现稳中有进。到2021年，实现地区生产总值1500亿元，完成一般公共预算收入90亿元。以现代农业为基础、高新产业为主导、先进制造业为支撑、现代服务业为引领的现代产业新体系更加完备，高新技术产业产值占比超过52%，新兴产业产值占比达45%，服务业增加值占GDP比重达48%。

——*人民群众更富*。让人民群众更多更公平地分享改革发展的成果，有更满意的收入、更优质的教育、更稳定的就业、更可靠的社会保障、更高水平的医疗卫生服务、更舒适的居住条件。到2021年，全市城乡居民人均可支配收入分别达6.2万元和3.1万元，年均增长均在9%左右，城镇登记失业率控制在3%以内，人民群众生活水平显著提高。建成国家食品安全城市。

——*生态环境更美*。围绕“天更蓝、地更绿、水更清、空气更清新”，推行绿色发展方式和生活方式，生态环境和人居环境明显改善，资源保护和利用水平大幅提升，全社会环保意识显著增强。单位GDP能耗持续下降。新型城镇化和城乡发展一体化加速推进，常住人口城市化率达到65%，建成国家园林城市。

——*文明程度更高*。不断培育和践行社会主义核心价值观，人民群众文明素质和社会文明程度显著提高。公共文化服务体系更加完善，文化精品不断涌现，文化产业蓬勃发展，人民群众精神文化生活丰富多彩。传承和发扬以创业文化为主要特征的江海文化，弘扬新时期海门精神，促进全社会形成“爱、敬、诚、善”的良好道德风尚。建成全国文明城市。

2017年主要目标任务

2017年是党的十九大召开的喜庆之年，是新一届政府的开局之年，是为高水平全面建成小康社会奠定坚实基础的重要一年。做好今年的政府工作，责任重大，意义深远。2017年政府工作的总体要求是：按照市委十四届二次全会的总体部署，坚持稳中求进主基调，突出“两聚一高”新要求，统筹做好稳增长、促改革、调结构、惠民生、优生态、防风险等各项工作，促进经济平稳健康发展和社会和谐稳定，为高水平全面建成小康社会奠定坚实基础。

2017年全市经济社会发展的主要预期目标为：地区生产总值增长9%左右；完成一般公共预算收入72.5亿元；全社会固定资产投资增长12%左右；社会消费品零售总额增长10%左右；城乡居民人均可支配收入增长与经济增长同步；城镇登记失业率控制在2%以内；居民消费价格涨幅控制在3%左右；全社会研发投入占GDP比重力争达到2.6%。

围绕上述目标任务，重点抓好以下七个方面的工作：

一、以质量效益为中心，力促经济稳中有进

培育发展新动力，完善产业新体系，实现更高质量更有效益更可持续的经济增长。

精准招商引资和培育实体企业相互促进。坚持把招商引资和发展实体经济作为经济增长的主抓手，实现招商项目质量和现有企业质态的双提升。强化“招商第一”理念，建强专业招商团队，优化招商工作机制，坚持行政推动和市场运作并行，境内招商和境外招商结合，活动招商和常态招商协调，灵活开展专题招商、驻点招商、网络招商，大力实施中介招商、委托招商、以企招商，推进招商工作多元化、立体化、精准化。着力提高招商引资的精准度，更加注重招引项目的投资规模、科技含量、成长性、税收贡献等关键指标，瞄准重点区域、重点行业、重点企业，吸引世界500强、央企、上市公司和知名民企集聚我市。发挥基金识别行业、识别企业的能力，以资本为纽带招引项目，对现有的一些基金，要力促其建在海门、用在海门、赢在海门。鼓励海门籍企业家返乡投资。全年引进超亿美元项目5个，实现外资到账3亿美元。关注现有企业的成长。深入实施“中小企业上规模”“规模企业上台阶”行动计划，引导企业小升规、规改股、股上市，实现梯次成长。支持企业以合资合作、增资扩股等形式引进战略投资者，重点与“中”字头、“国”字号企业对接，实现借梯发展、裂变扩张，全年新增规模企业100家，应税销售超亿元企业达110家，全年实现工业应税销售700亿元。深入开展各类服务企业活动，当好服务企业发展的“店小二”，想方设法帮助企业解决土地、资金、人才等方面的实际需求和困难。提高金融服务实体经济水平，推进转贷基金及融资性担保公司建设，支持信贷抵质押方式创新，进一步畅通资金进入实体经济渠道，全年新增有效信贷投放100亿元。引导企业“眼睛向内”挖潜增效。建立完善定期沟通和鼓励激励机制，引导企业家全力创新创业。

狠抓有效投入和扩大内在需求协同拉动。强化“项目为王”理念，保持有效投入强度。实施总投资320亿元的16个省和南通市级重大项目，推动产业改造升级、基础设施建设、公共产品和服务供给等各类投资共同发力。积极扩大产业投资，全年确保新开工亿元以上产业项目100个。抓好一批在手在谈在建重大项目的推进，全年实现工业投资400亿元。优化项目督查推进机制，对重点项目实施全链条跟踪、全过程会办、全方位服务。更加注重项目的效益和产出，提高开工率与竣工率、产出率的匹配性。多措并举深挖内需潜力，引导居民消费。推进“互联网+商贸”模式，丰富消费和商业业态。策应生活性服务业向精细化、高品质转变趋势，培育养老、家政、健康、信息、休闲、教育等消费热点。继续深化与阿里巴巴等电商合作，做精做强中国质造叠石桥家纺产业带、阿里巴巴1688叠石桥实力产业群示范园区等平台。

壮大新兴产业和提升传统产业双轮驱动。坚持新兴产业与传统产业并重、优化布局与提升层次并举、做大规模和做出特色并进，围绕“3+3+N”产业布局，落实《中国制造2025海门行动纲要》，加快产业向中高端迈进。壮大战略性新兴产业，加强对先进装备制造、生物医药、新材料等重点产业的研究、规划和支持，力争全年新兴产业产值突破820亿元，占比达36%。综合运用技术、市场、政策等

手段,推动电子信息、现代家纺、现代建筑等传统优势产业向品牌化、高端化、智能化发展。鼓励企业开展技术革新、工艺优化,变革生产方式、服务模式,规模企业技改面达60%以上。深化陆海统筹、江海联动,统筹推进航道、码头和口岸查验、海关监管等配套功能建设,建设布局一批现代物流项目,做大做强口岸经济。强化质量品牌意识,鼓励企业用"工匠精神"打造"百年老店",增强产品和服务的竞争力。全年新创中国驰名商标3件、省著名商标7件以上。加快推进建筑产业化发展,推动建筑施工向装备化、工业化、标准化方向提升,建筑业总产值突破1700亿元。

二、以改革创新为驱动,加快实现动力转换

将改革和创新摆在发展全局的核心位置,作为引领新一轮发展的第一动力。

*抓好改革落地见效。*紧扣制约发展的矛盾问题,精准对焦、协同发力,持续加大重点领域改革力度,形成一批具有海门特色的改革成果。深化供给侧结构性改革,落实好"三去一降一补"政策措施,推动企业降本增效。以化工、再生橡胶等行业为重点淘汰落后产能,为增加有效供给腾出宝贵的资源要素和市场空间。合理推进土地供应,优化住房供应结构,推进中新仁恒、龙信广场、江城逸品三期等重点项目建设,保持房地产市场平稳健康发展。借助各类资本市场,提高企业直接融资比重,确保直接融资超过100亿元,全年新增挂牌上市企业3家以上。加强防范和处置非法集资,继续抓好互联网金融的整顿工作,确保不发生系统性区域性金融风险,金融生态环境继续保持全省县市前列。严格落实上级关于降低企业税费、融资、制度性交易、人工、用能和物流等实体企业降本减负政策,有效减轻企业负担。对照高水平全面建成小康社会目标,着力补齐基础设施、民生保障、生态环保、公共服务、脱贫攻坚、现代农业等领域的短板和不足。务实推进在手的市场采购贸易方式、新型城镇化、陆海统筹等一批国家和省级重大改革试点,确保抓出成效。深化经济体制改革。稳步实施国有企业分类管理,着力整合资源,优化布局,推动国有公司实体化运作。深化投融资体制改革。深化农村综合改革,开展农民综合社等新型合作形式试点,完成农村集体经济组织成员界定,在条件具备的村推行村账村记。深化社会民生领域改革。聚焦文化、教育、卫生及用水、用气等民生领域,解决好人民最关心的利益问题。

*聚力创新引领发展。*突出市场支配地位。充分发挥市场在创新资源配置中的决定作用,加快创新政策、资源、要素等向重点产业和企业集聚,培育活力迸发的创新主体。落实高新技术企业所得税优惠和研发经费加计扣除等扶持政策,扩大政策覆盖面,激励企业增加创新投入。全年新认定高新技术企业35家,净增15家,高新技术产业产值占规模以上工业产值比重力争达到50%。完善协同创新体系,深化产学研合作,吸引更多科技成果和合作项目在海门产业化,全年新增产学研合作实施项目50个。优化专利结构,发明专利申请突破1300件,万人发明专利拥有量20件以上。强化平台支撑功能。支持高标准建设众创空间、孵化器、加速器等载体,推进园区省级创新载体、区镇众创空间全覆盖建设。玲珑湾创客中心争创国家级特色产业众创空间。加快建设高端教育装备产业创新发展示范基地。努力打造1家国家级工程技术研发平台。加强与高校院所联合创新机构建设,推进建筑产业技术研究院、现代建筑学院、香港浸会大学海门研究院、中国医药工业研究总院海门分院、国家千人计划研究院等建设运行。加强企业研发机构建设,全年新增省企业院士工作站、南通市级以上工程技术研究中心10家,招商局江苏重工创建国家级海洋工程技术中心。发挥人才支持作用。发挥科技镇长团资源优势,开展"优青进优企,名企进名校"等专题推介对接活动,促进校地校企合作。在招商引资中同步推进招才引智,重点加强对高科技人才项目的引进力度。积极开展自主培养"千人计划"专家推荐和申报工作。突出领军人才和团队,深入实施省"科技企业家培育工程"、省"333"工程、南通市"226"工程等高层次人才培养工程,培养一批高水平的学科带头人和科技领军人才,全年引进科技领军人才(团队)5名(个)以上,高层次人才20名以上。

三、以对接服务上海为重要战略,全面提升开放融合水平

坚持更高水平双向开放,促进各类要素有序流动,资源高效配置,市场深度融合。

*对接服务上海。*落实对接服务上海"55580"行动计划,深入学习、配套、服务上海,实现与上海多层次、宽领域、全方位的对接。以产业对接为重点,提高海门在开放理念、发展规划、基础设施、人力资源等方面与上海的契合度,增强对上海高端产业、优势资本的配套能力与吸引能力,打造上海高端产业的配套基地、优质产业转移的首选之地。进一步深化平台合作,鼓励区镇立足自身优势,加强与上海镇(街道)、高校、企业的交流合作,通过和上海产业平台开展园区共建等形式,引入先进的管理模式和发展理念,努力招引更多优质项目。鼓励海门优势产品进军上海。加强供沪农产品基地和在沪销售窗口建设,新建一批主营上海的农业园区、专供上海的生产基地,打造上海农产品首选供应基地。立足"江海风情、田园风光",整合旅游资源,精心设计包装,唱响海门旅游品牌,让海门成为上海休闲旅游重要目的地。鼓励我市建筑企业更大力度开拓上海市场。强化与上海在教育、医疗、文化、养老等领域的交流,让市民共享优质资源。

*深化对外开放。*发挥市场采购贸易方式的带动作用,发展跨境贸易电子商务、服务贸易等新兴业态,推动外贸向优质优价、优进优出转变。深入对接"一带一路",增加和拓展"中亚班列",支持优势企业走出去,拓展境外投资贸易和综合开发空间。全年实现外经营业额6亿美元,境外投资1.4亿美元。培育一批医药研发、家纺创意设计、电子软件等特色服务外包产业集聚区,全年新增服务外包企业6家,服务外包执行额增长20%。加强国际友城工作,深化对外经贸文化交流合作。

*加强载体建设。*发挥六大园区资源承接、产业集聚、功能支撑的主阵地作用,进一步提高对全市经济增长的贡献率。开发区围绕"五年内挺进全省国家级开发区前10强"目标,优化"三城一区"

功能布局，加快推进謇公湖科教城建设，持续做强海工装备、汽车配件、建筑新材料等优势产业，加速打造竞争力强的“区中园”，力争在重大项目招引上取得有力突破。海门工业园区围绕建设“现代化全球性商贸新城”目标，持续放大市场采购贸易方式辐射效应，推进市场四期、中阿国际物流与进口商品展洽中心等重点项目。海门港新区依托一类开放口岸，坚持功能、生态、产业并举，快速推进海产品国际贸易中心建设，在创建省级开发区和省级滩涂综合试验区上取得新进展。临江新区以建设国际化科技小城为抓手，加强与科研院所、基金资本等合作，进一步深化“产业+平台+资本”发展模式，加快推进国际中小企业科技园二期、三期工程，启动医疗器械科技园、精准医疗科技园等产业园区建设。海门高新区突出“工业强区、高新引领、产城融合”，同步推进高端业态集聚和生产生活配套，加速争创省级高新区。三厂工业园区坚持完善功能配套和打造特色园区齐头并进，做精做强新材料、高新装备、现代农业等特色产业，建设绿色生态、充满活力的魅力东城。各镇立足特色化、差异化发展，抓好功能提升，明确产业定位，加快项目招引落户和特色产业集聚。

完善交通体系。规划实施一批重要交通节点工程，实现由偏重公路路网建设向构建综合交通运输体系转变，持续提高交通外联内畅水平。协调推进宁启铁路二期工程建设，抓好宁启铁路海门枢纽站和临江货运站规划建设。积极推动崇海通道、北沿江高铁过江通道的前期工作。开展与上海轨道交通规划对接和洋吕铁路前期规划对接。协调推进海启高速海门段、沿江公路快速化改造海门段建设，对接南通二环高速海门段规划建设，加快实现与南通市区及周边县市的快速通道联系。实施德胜、叠石桥和悦来高速公路出入口改造工程，提升快速通达功能和整体对外形象。加快海门铁路站南侧综合客运枢纽布局规划研究，对现有航站楼功能进行优化整合，实现航站楼和汽车站资源的合理分配及高效利用。实施叠港公路S336至海太汽渡段、G345海门东段一期工程、G228通州界至海门三星段改扩建、S336绕城段海二线匝道优化等市内重大交通工程。在道路工程建设中同步完善基础配套设施，提高道路通行水平。

四、以城市转型为追求，全力推进城乡一体化

按照新型城镇化和城乡一体化的要求，持续优化城乡空间结构、人口布局和发展格局，加快实现城市转型。

建设和服务两端发力，优化城市功能。启动北城综合改造。推进江海路快速化工程，实施北京路西延、岷江路等道路工程，启动秀山路提升改造工程，完善市区路网体系和道路微循环系统。抓好城市绿核、滨江风光带等区域的设计，推进沿江片区、东洲河沿线、铁路枢纽等地块的开发。实施东方绿园、青年公园、肇州园、东海绿廊、清溪园、大同苑等一批小游园和绿地建设。推进住房保障体系和供应体系建设，切实加快安置房建设进度，全年新开工城市棚户区安置房2500套，基本建成1000套，完成经济贫困农户危房改造450户。进一步优化城市服务。加快智慧城市建设，推动服务功能提升。推进中德低碳生态试点示范城市建设。推进地下综合管廊试点项目工程建设。建立排水智能化信息综合平台，继续对城市低洼易涝地块进行整治，优化城市防汛排涝能力，积极建设海绵城市。注重城市地下空间开发利用。改造城区二次供水设施，完成长江水厂深度处理工艺改造，让居民饮上优质水。实施城市亮化工程，道路、小区装灯率实现100%。打造东洲河沿岸亮化景观带，对陈旧亮化景观进行维修改造。继续实施城区南海路、江海路等道路增设非机动车道候车亭工程，实施城区部分交叉路口通行优化改造，更新城区范围内500套指路牌，实施珠江路、富江路等道路基础设施改造，进一步方便市民生活出行。加快城乡公交一体化建设，增加公交车辆，优化公交线路，完成大千西侧回车场、大拇指广场客运站、开发区首末站建设以及6个农村客运站场建设。

整治和疏导两头入手，加强城市管理。理顺城市综合管理体制，强化属地管理责任，下沉管理力量和重心。大力开展城市环境综合整治，保持对违章建筑、户外违规广告等城市顽疾的高压态势。开展废旧收购站点、石材加工点、旧木门窗经营点、废旧车辆停放点等专项治理，集中布点，规范长效管理。着力抓好对背街后巷、农贸市场、城乡结合部等区域的环境专项治理，开展沿河道、沿公路环境综合整治专项行动，切实改善城市环境薄弱地段的脏乱差问题。实施一批城市综合改造工程，提高城市承载容量。继续实施老旧小区综合改造工程，实施一批城中村、棚户区改造项目。在城区新建2家标准化农贸市场和3座一类公厕。建立物业企业市场准入备案制和前期物业企业承接查验制度，规范物业服务企业退出行为，进一步提高物业管理水平。加强交通疏导管理，加快重点区域的停车设施建设。

生产和生活两者并重，建设特色镇村。围绕新型城镇化，着力改善镇村建设和公共服务，促进中心镇和美丽乡村梯次发展。推进中心镇产业综合体建设，加快产城融合步伐。全力培育叠石桥国际家纺城“家纺小镇”、临江生物医药科创园“科技小镇”、悦来“教育装备小镇”等特色小镇，尽快进入中国特色小镇行列。常乐镇注重文化和产业的结合，余东镇提速古镇开发建设，正余镇发挥智能制造优势，四甲镇依托高压输变电产业园吸引台资集聚，通过积极开展特色打造和环境改善行动，不断完善生产、生活、生态功能，提高特色镇建设水平。积极争取上级资金扶持，分类有序推进历史文化名镇保护、省级美丽乡村、传统村落保护、康居村庄、新型社区等示范项目建设。以绿色化、特色化、品牌化、信息化为主攻方向，加快构建现代农业产业体系。大力培育新型农业经营主体，全年新增南通市级以上农业产业化龙头企业6家、示范家庭农场10家，家庭农场经营比重提高8个百分点。加大高标准农田建设力度，全年新建高标准农田10万亩。推动基础设施向镇村延伸、公共服务向镇村覆盖、管理功能向镇村辐射，提高城镇的承载能力和宜居程度。建设农村公路50公里，建设改造桥梁15座。疏浚县乡级河道17条(段)、完成土方80万方，对2.5公里县级河道进行塌方修复，完成8个村的水系沟通、河道清淤、护坡绿化、新建(维修)闸站等工程。继续推进

覆盖拉网式农村环境综合整治工作，确保新开工10个村工程建设。推进农业与旅游深度融合，放大全国休闲农业与乡村旅游示范县效应，支持星期七、绿海智谷等争创省级乡村旅游集聚区，海永镇争创省级休闲旅游度假区。

五、以生态文明为引领，持续改善人居环境

深入践行绿色发展理念，下大决心、花大力气加强生态保护和环境治理，切实改善人居环境。

*在建设中保护生态。*落实生态红线区域保护规划，控制生态空间开发强度，严格红线区域环境监管。加强城乡环境基础设施建设。对现有生活垃圾转运站实施升级改造。在农村建设配套生活废水处理设施和垃圾中转站。推进城市污水处理厂扩容升级，重点开展灵甸水务二期及中水回用、东洲水处理五期建设以及海门港新区污水管网建设。继续加强绿化造林和林木管护工作，新增造林面积1.5万亩。

*在治理中修复生态。*多方面齐抓共管、多领域协同并治，着力打好治水、治气、治土三大攻坚战。实施水资源消耗总量和强度双控，争创省节水型社会示范区。全面落实"河长制"，开展城乡水环境专项整治，强化对工业污染和农业面源污染的控制，加快实施城区河道水系、农田水利等一批工程建设，切实改善城乡河岸环境和水体质量。加快长江、通吕运河、通启运河等生态廊道构建，加强对饮用水源保护区、清水通道维护区、重要湿地等涉水区域的监管和保护。强力实施化工园区综合整治，按照"三个一批"的要求，对不符合区域主体功能定位、安全环保不达标、周边居民反映强烈的化工企业坚决实施转型、改造或关闭，推动化工产业转型发展。推进重点行业、重点园区、重点企业有机废气治理。开展挥发性有机污染物排放企业治理，全面淘汰10吨以下小型燃煤锅炉。控制交通废气污染，淘汰老旧机动车500辆，严格施工工地和渣土运输监管，强化工地扬尘管理，推进秸秆禁烧及综合利用工作，确保主要大气污染物排放总量下降。开展集中式饮用水水源保护区土壤环境质量检测以及土壤环境质量调查，积极推动污染土壤修复治理，对工业污染场地、辐射污染场地启动评估修复。

*在转型中体现生态。*深入开展"两减六治三提升"专项行动，发展低能耗、低污染、低排放的低碳产业，积极鼓励清洁生产和循环经济，全年实施清洁生产项目10个。加强新建项目节能评估审查，加快推进现有企业节能挖潜改造，实施重点节能项目15个。加强高能耗行业管控，严格重点用能企业监管，对万吨级重点用能单位实施能耗总量控制，力争万元GDP能耗下降3%。对单位产品能耗超限额标准和使用落后用能设备的高能耗企业，实施差别电价和惩罚性电价。倡导绿色生活方式，积极推广绿色建筑、新能源汽车等环保产品，推动形成绿色消费、绿色出行、低碳生活的习惯。

六、以富民优先为目标，提高群众幸福感和获得感

聚焦人民群众最关心最直接最现实的问题，抓好普惠性、基础性、兜底性民生建设，继续兴办一批民生实事工程，全面提高公共服务供给能力和共享水平，满足群众多样化的民生需求，努力织就密实的民生保障网。

*完善多元长效的富民增收体系。*把鼓励创业就业作为增收的关键抓手。建设覆盖城乡的人力资源市场和公共就业服务体系，全年提供就业岗位1.5万个以上，其中高校毕业生就业岗位5000个。全年新增就业1万人，新增创业2000人，带动就业1万人。动态消除城镇零就业家庭和农村零转移贫困家庭。加强就业创业培训，完成各类技能培训2万人次以上，新增高技能人才4000人，每万名劳动力中拥有高技能人才数850人以上。推进留学回国人员创新创业园、大学生见习实习基地和创业孵化基地建设。通过发展高效设施农业、农村电子商务、乡村旅游和特色乡村经济等措施，千方百计拓宽农民增收渠道。深入实施脱贫致富奔小康工程。坚持精准扶贫、精准脱贫，按照"一村一策、一户一策"原则，推行"点供菜单"制度，精准施策到村到户。坚持开发式扶贫，支持有劳动能力的低收入农户依靠自己的双手开创美好生活。2017年，全市建档立卡低收入人口脱贫率达60%。

*完善优质均衡的公共服务体系。*坚持普惠性、保基本、均等化、可持续方向，增加公共服务供给。深化教育领域综合改革，调整优化教育资源布局，提高教育现代化、均衡化水平，积极创建省教育现代化示范区。强化队伍建设，优化教学管理，各级各类教育质量实现新提高。加快推进张謇职业技术学校三期、实验初中新校区等城乡学校工程建设。实施新建、加固校(园)舍9.1万平方米。全市20%的行政村、社区建成1500平方米以上健身广场，人均体育活动场地面积达到2.7平方米。深化公立医院改革，加快建立现代医院管理制度，扎实推进信息化管理、分级诊疗、支付方式改革等举措。大力加强卫计队伍建设，切实提高各级医疗机构的医疗技术水平。全面完成乡镇卫生院新建改造工程，加快推进市人民医院新院、2家乡镇卫生院分部改造和仁济医院异地改扩建工程。积极开展健康城市创建工作，建成省健康镇2个、健康村28个。人均基本公共卫生服务经费标准提高到100元。完成适龄妇女"两癌"免费筛查2.5万人。市综合检验检测中心建成运行，全市农贸市场食品快检室建成率达到100%。继续做好妇女、儿童、青少年、关心下一代等工作。

*完善普惠公平的社会保障体系。*深入实施全民参保计划，主要险种覆盖率动态保持98%以上，推动建筑等高风险行业企业全员参加工伤保险 "同舟计划"，全面落实被征地农民"应保尽保、刚性进保"。出资为全市中小学生购买意外伤害补充保险。健全社会保险待遇确定和正常调整机制。动态提高城乡低保标准。全面实施居民基本医疗保险制度，筹资标准提高到850元/人，实现居民基本医疗保障城乡一体化。积极推进医保结算支付方式改革，扩大异地就医联网结算范围，完善大病医疗保险和自费补充医疗保险制度。健全完善因病支出型贫困家庭救助机制，不断提升社会救助水平。完善社会养老服务体系，市养老中心投入运行，新建嵌入式社区养老综合服务中心1家以上。加强康复机构规范化建设，实现14周岁以下残疾儿童康复训练全覆盖。强化残疾人机构托养和辅助性就业工作，新增"残疾人之家"4家，增

加残疾人辅助性就业120人。

七、以优化环境为重点，营造和谐稳定局面

进一步提高行政服务效率，防控好、化解好社会风险，坚持弘扬主旋律、传递正能量，营造和谐稳定的社会环境。

优化服务环境。持续深化“放管服”改革，推进审批标准化、扁平化、便利化，提升行政服务效率。强化职能整合和基层服务能力建设，保障行政权力放得下、接得住、运转得好。健全完善事中事后监管制度体系，形成全方位、全覆盖、全过程的监管网络，建立跨部门、跨行业联动响应机制和失信惩戒机制，进一步强化环境保护、安全生产、市场公平、产品质量等领域的事中事后监管。坚持问题导向，整合优化资源，深化行政执法体制改革，全面推进综合行政执法。创新执法监管方式，加大随机抽查、政府信息主动公开和旁站式执法监督力度，促进规范、文明执法。

创新社会治理。坚持综合施策，加强和改进信访工作。完善矛盾纠纷多元化解机制，将预防纠纷贯穿重大决策、行政执法等全过程。大力推进公安机关改革。建立全市社会治理大数据中心，建成综合应急指挥平台，完善现代化信息化社会治安防控体系，提高社会治理的智能化水平。完善流动人口和特殊人群服务管理体系。依托“四微四新”微自治模式，构建起政府、市场和社会多方协同、和谐善治新局面。围绕村民小组自治实践，探索城乡社区协商民主新机制，提升社区共治水平。统筹网上网下、舆情实情、案情社情，建立反应灵敏、协调有序、运转高效的舆情应对处理系统。深入推进“七五”普法工作，区镇全面建成南通市级法治文化示范点，村级法治文化阵地实现全覆盖。开展食品安全专项治理，创建国家食品安全城市。加大安全投入，建成安全监管信息平台。深入开展隐患排查整治，坚决杜绝重特大安全事故发生。扎实做好人民防空、兵役征集、国防动员和民兵预备役等工作。

建设文明海门。实施公民道德培育行动，以“凡人善举”引领社会风气，让文明风尚融入江海大地。大力弘扬社会主义核心价值观，切实加强社会公德、职业道德、家庭美德、个人品德教育，积极推进社会诚信体系建设，不断提升社会文明程度。广泛开展全民阅读活动，居民综合阅读率达89%以上，争创首批省书香城市。江苏省江海博物馆开馆试运行。建成6个区镇、180个村(社区)的综合性文化服务中心，人均公共文化设施面积达到0.23平方米，公共文化设施覆盖率达95%。创新文化服务方式，大力开展“五送一建”、江海文化艺术展示月等群众性文化活动。大力发展文化产业，积极培育“互联网+文化产业”项目，推动“文化+”融合发展，加快形成一批具有较强影响力和市场竞争力的文化产业基地和园区，文化产业增加值占GDP比重达5.8%。建成全国文明城市。

加强政府自身建设

提高履职能力。深化学习型机关建设，进一步强化学习研究，努力掌握新政策、新知识，切实解决思想不够解放、知识不够全面、点子办法不多等问题，全面提高政府系统干事创业的能力和成效。完善政府“推进、协调、督查”体系，强化路径意识、必成意识，对重点工作明确操作方式、实现手段、完成时限，确保一抓到底、抓出成效。

坚持依法行政。坚持“法无授权不可为，法定职责必须为”，深化落实权力清单、责任清单制度。严格执行重大行政决策法定程序，做到依法决策、科学决策。畅通复议渠道，提高听证审理比重，加大复议调解和解力度，充分发挥以行政复议为主渠道、行政调解为补充的行政争议化解机制。落实行政机关负责人和“一把手”出庭应诉工作。自觉接受人大及其常委会的依法监督、政协的民主监督以及社会公众和新闻舆论监督，不断提高建议和提案的办理质量。

坚持从严治政。全面落实党风廉政建设责任制，强化“一岗双责”。严格执行中央八项规定和省市委十项规定，严控“三公”经费支出。深化惩治和预防腐败体系建设，紧盯重要节点，管住重要环节，促进干部清正、政府清廉、政治清明。加强重要领域、关键岗位行政监察和领导干部经济责任审计。切实加强财政管理监督，调整优化财政支出结构，完善财政支出绩效评价体系。加强干部队伍作风建设，着力解决少数干部在新常态下慢作为、不作为、怕担当，在工作中精力不集中、重点不突出、措施不得力、问题不解决、得过且过等问题，培养一支敢于负责、勇于担当、善于突破、勤于落实的干部队伍。

各位代表，多少事，从来急；天地转，光阴迫。海门的发展又站上了新的起点，我们将不忘初心、继续前进，在中共海门市委的坚强领导下，团结带领全市人民，凝心聚力、开拓创新、埋头实干，为建设“强富美高”新海门而努力奋斗！

附件：

名词解释

1.“三去一降一补”(P14)：是供给侧结构性改革的重点内容，即去产能、去库存、去杠杆、降成本、补短板。

2.江苏省“333”工程和南通市“226”工程(P16)：省“333”工程指培养30名左右研究成果具有国际先进、国内领先水平的国家级科学家、工程技术专家和理论家；培养300名左右具有省内领先水平的省级优秀人才；培养3000名左右成绩显著的市级优秀人才。南通市“226”工程指选拔20名中青年首席专家、200名中青年科技领军人才和600名中青年科学技术带头人进行重点培养。

3.海门对接服务上海“55580”行动计划(P17)：即：实施交通基础设施、产业转型、载体共建、科技人才、社会事业和人文交流5大对接工程。打造上海高端制造业配套基地、上海科技创新产业化基地、上海休闲旅游重要目的地、上海农产品首选供应基地、上海公共资源服务合作基地5大基地。实现“5个80%”的目标，即从上海引进产业项目和人才项目占比在80%以上，80%的骨干企业与上海科研院所建立创新协作关系，80%的游客来自于上海，在海养生养老的外来人口中上海人口占比超过80%，80%的外销农产品销往上海。

4“中亚班列”(P17)：该班列将通过叠石桥市场采购贸易方式采购的商品集装箱，从叠石桥港报关通关后，由南通铁路货运站开往阿富汗·海拉顿，专列返程则将进口阿富汗优势资源，逐步构建一个完整物流链。2016年8月，首列中亚班列开出，这是我市主动参与国家“一带一路”战略，放大市场采购贸易方式试点新政带来的新效应。

5.海绵城市(P20)：是新一代城市雨洪管理概念，是指城市能够像海绵一样，在适应环境变化和应对雨水带来的自然灾害等方面具有良好的“弹性”，下雨时吸水、蓄水、渗水、净水，需要时将蓄存的水“释放”并加以利用，从而提升城市生态系统功能和减少城市洪涝灾害的发生。

6.河长制(P22)：2016年12月，中共中央办公厅、国务院办公厅印发了《关于全面推行河长制的意见》，即由各级党政主要负责人担任“河长”，负责辖区内河流的污染治理。

7.“三个一批”(P23)：即对化工企业“转型提升一批、规范整治一批、淘汰关闭一批”。

8.“两减六治三提升”专项行动(P23)：“两减”即减煤炭消费总量、减落后化工产能。“六治”即治太湖、治垃圾、治黑臭河道、治畜禽养殖污染、治挥发性有机化合物、治环境隐患。“三提升”即提升生态保护水平、提升执法监管水平、提升环境监测水平。

9.工伤保险“同舟计划”(P24)：指建筑业工伤保险专项扩面行动计划，通过同舟计划逐步实现建筑业从业人员全部参加工伤保险，从根本上保障建筑施工等领域职工的权益。

10.“四微四新”微自治模式(P25)：是我市对基层社会治理探索的新路径，即培育“微组织”，营造和谐善治新局面；打造“微平台”，整合社区义工新联盟；推行“微公益”，探索基层治理新路径；构建“微团队”，打造“社群”互动新景象。

年度荣誉

2016年海门市获得的荣誉

荣誉称号	授予单位
全国双拥模范城	全国双拥工作领导小组、民政部、中央军委政治工作部
全国休闲农业与乡村旅游示范县	农业部、国家旅游局
第一批国家农产品质量安全县	农业部
全国社会工作服务综合示范地区	民政部
全国青少年校园足球试点县(市、区)	教育部
全国创新社会治理优秀城市	中共中央政法委员会、法制日报社
推行行政执法公示制度、执法过程记录制度、重大执法决定审核制度试点单位	国务院法制办
实施中国妇女儿童发展纲要国家级示范县(市、区)(2016—2020年)	国务院妇女儿童工作委员会
全国土地利用和形势观测点管理先进单位	国家土地总督察办公室
全国科普示范市(2016—2020年)	中国科协
2014—2015年全省法治建设示范县(市、区)	中共江苏省委、江苏省人民政府
江苏省促进义务教育均衡发展先进单位	江苏省人民政府
2011—2015年度全省普法工作先进市	江苏省人民政府
江苏省优秀管理城市	江苏省人民政府
全省发展现代高效农业成效显著县	江苏省农委、江苏省财政厅
江苏省绿色建筑示范城市	江苏省住房和城乡建筑局、财政厅
全省扶贫系统工作先进集体	中共江苏省农委
环境信访工作成绩突出县市	江苏省环保厅
江苏省版权示范城市	江苏省版权局
省级标准化现代农业气象服务县	江苏省气象局
江苏省“现代民政”示范市	江苏省民政厅
全省国土资源节约集约利用模范县(市、区)	江苏省国土资源厅
江苏省省关心下一代工作先进集体	江苏省文明办、江苏省关工委
全省基础团务工作先进市	共青团江苏省委
江苏省基层文联先进单位	江苏省文联
2016年度海智计划工作优秀海智基地	江苏省科协

江苏省中小学责任督学挂牌督导创新县(市、区)	江苏省人民政府教育督导委员会
全省行政复议工作规范化建设示范单位	江苏省政府法制办
江苏省公众参与行政程序建设示范单位	江苏省政府法制办
2015 年度平安县(市)区	江苏省社会治安综合治理委员
综治工作(平安建设)先进县(市、区)	江苏省社会治安综合治理委员
第七届环太湖公路自行车赛城市贡献奖	环太湖国际公路自行车赛组委会
财政投入农业先进单位	中共南通市委、南通市人民政府
党建工作先进单位	中共南通市委
安全生产目标管理先进集体	南通市人民政府
2015 年度南通市人才工作考核优秀单位	南通市委办公室、南通人民政府办公室

全国、省级(含部门)先进集体

获奖单位	荣誉称号	授予单位
海门市人社局	全国人社系统优质服务窗口	人社部
海门市法院	全国法院党建工作先进集体	最高人民法院
南通市海门地方税务局	第十二届全国法制动漫微电影作品动画类二等奖	司法部、国家互联网信息办公室、全国普法办公室
南通市海门地方税务局稽查局	2015 年度打击非法发票违法犯罪活动先进单位	国家税务总局
海门工业园区	国家知识产权保护规范化培育示范市场	国家知识产权局
海门市正余镇人民政府	全国扶贫先进单位	全国扶贫办
海门港新区(包场镇)卫生院	群众满意的乡镇卫生院	国家卫生计生委
海门市保密局	国家通联工作先进单位	国家保密局
江苏海警支队二大队海警 32102 舰	中国海警局先进党支部	中国海警局
海门市人民检察院	2015 年度全国检察宣传先进单位	最高人民检察院检察日报社
江苏海门农村商业银行股份有限公司营业部	2016 年度中国银行业文明规范服务千佳示范单位	中国银行业协会
中南控股集团有限公司	十大慈善企业	中国社工协会、公益时报
中南控股集团有限公司	最佳社会贡献奖	中国企业社会责任教育联盟
海门日报社	全国报刊广告“金推手”奖	中国广告协会报刊分会
海门日报社	2015—2016 中国报刊经营价值排行榜融合创新优秀报刊	中国广告协会报刊分会
海门工业园区	纺织行业统计工作优秀集体	中国纺织工业联合会
海门工业园区	知识产权工作先进集体	中国纺织工业联合会
海门工业园区	纺织产业集群地区发展服务优秀奖	中国纺织工业联合会
海门工业园区	中国家纺名城	中国纺织工业联合会
海门工业园区	中国纺织产业基地	中国纺织工业联合会
中国叠石桥国际家纺城	全国内外贸结合示范市场	中国纺织工业联合会
海门港新区	全国社区教育示范乡镇	中国成人教育协会社区教育专业委员会
海门市殡仪馆	2016 年度宣传工作先进集体	《公益时报》社、中国殡葬编辑部
海门日报社	全国报刊印刷全国精品级	中国报业协会印刷工作委员会
中南控股集团有限公司	第三届最具爱心慈善捐赠企业	江苏省人民政府
中共海门市正余镇委员会	2015 至 2016 年度全省基层冬训工作示范镇	中共江苏省委组织部、中共江苏省委宣传部
中共海门市委组织部	2016 年度全省党员干部现代化远程教育学用工作考核优秀等次	中共江苏省委组织部
海门港新区灵树村	江苏省党员干部现代远程教育示范站点、示范基地	中共江苏省委组织部

海门市山歌艺术剧院	服务农民、服务基层文化建设先进单位	中共江苏省委宣传部、江苏省文化厅
海门市人民政府法制办	省政府法制工作成绩突出单位	江苏省人民政府法制办
海门市委统战部	2016 年度全省统战工作实践创新成果奖	中共江苏省委统战部
江苏海门农村商业银行股份有限公司	2015—2016 年度江苏省银行业金融机构优秀干部赴县级团委挂职工作先进单位	共青团江苏省委、江苏银监局、农业银行江苏省分行、江苏省农业信用社
共青团海门市委	省基础团务工作先进基层单位	共青团江苏省委
共青团海门市委	全省团属报刊宣传工作先进集体	共青团江苏省委
共青团海门市委	全省少先队工作优秀创新项目	共青团江苏省委
共青团海门市委	全省大中学生培育和践行社会主义核心价值观活动优秀项目	共青团江苏省委
共青团海门市委	南通市志愿服务优秀组织	共青团江苏省委
南通市海门地方税务局	省五四红旗团支部	共青团江苏省委
海门市行政审批局	省青年文明号	共青团江苏省委
南通市海门地方税务局团总支	2015 年度江苏省五四红旗团支部(总支)	共青团江苏省委
海门市三厂镇司法所	2011—2015 全省普法工作先进单位	中共江苏省委宣传部、江苏省法制宣传教育工作领导小组办公室、江苏省司法厅
南通市海门地方税务局	江苏省 5A 数字档案室	江苏省档案局
海门市烟草专卖局	江苏省五星级档案室	江苏省档案局
海门市法院	2014—2015 年度集体一等功	江苏省高级人民法院
中共海门市委农办	省农经农业系统工作效能成效显著单位	中共江苏省农委
海门工业园区	江苏省两化融合试验区	江苏省经济和信息化委员会
海门市教育局	江苏省教育宣传工作先进单位	江苏省教育厅
海门市正余初中	省数字化校园	江苏省教育厅
海门市正余小学	省数字化校园	江苏省教育厅
海门市王浩小学	省数字化校园	江苏省教育厅
海门市王浩初中	省数字化校园	江苏省教育厅
海门市教育局	第十四届江苏省“五四杯”教学研究论文评选活动组织奖	江苏省教育厅
海门市教育局	江苏省第十一届新世纪园丁论文大赛优秀组织奖	江苏省教育厅
海门市科技局	2016 年度省科学技术奖	江苏省科技厅
海门市司法局	新闻宣传工作先进集体	江苏省司法厅
海门市司法局	全省绩效考评优秀单位	江苏省司法厅
海门市司法局	“四个全覆盖”体系建设先进集体	江苏省司法厅
海门港新区司法所	江苏省人民调解委员会规范化建设示范点	江苏省司法厅
海门市三厂镇调委会	江苏省人民调解委员会规范化建设示范点	江苏省司法厅
海门市余东镇司法所	江苏省人民调解委员会规范化建设示范点	江苏省司法厅
海门市三厂镇司法所	2014—2015 年度江苏省优秀司法所	江苏省司法厅
海门高新区司法所	2014—2016 年度江苏省优秀司法所	江苏省司法厅
中共海门市委农办	农村产权交易先进集体	江苏省财政局、江苏省农委
海门市科技局	第十八届中国专利奖江苏奖	江苏省财政厅、江苏省知识产权局
海门市财政局	省法治财政标准化建设 2013-2015 年度先进单位	江苏省财政厅
海门市财政局	省财政六五法治宣传教育先进单位	江苏省财政厅
海门市财政局	2015 年度法治财政标准化建设先进单位	江苏省财政厅
海门市财政局	2015 年全省财政企业财务信息工作先进单位	江苏省财政厅

海门市物价局	2012—2015年度全省价格系统先进单位	江苏省人社厅、物价局
中共海门市委农办	全省农工办(扶贫系统)先进集体	江苏省人社厅、中共江苏省委农村工作领导小组办公室、江苏省扶贫工作领导小组办公室
海门工业园区	劳动仲裁工作省级示范点	江苏省劳动保障厅、江苏省财政厅
海门市国土局	2014—2015年度全省国土资源政务信息工作先进单位	江苏省国土资源厅
海门市悦来镇规划办	江苏省特级村镇建设档案室	江苏省住房和城乡建设厅
海门工业园区	江苏省知识产权示范点示范园区	江苏省知识产权局、江苏省商务厅
海门工业园区	江苏省电子商务示范园区	江苏省商务厅
海门市正余镇卫生院	江苏省示范化卫生院	江苏省卫生厅
海门市正余镇古坝村卫生室	江苏省示范化卫生室	江苏省卫生厅
海门市统计局	基层统计规范化建设先进单位	江苏省统计局
海门市物价局	2016年度全省价格工作先进单位	江苏省物价局
海门市物价局	2016年度全省价格系统思想作风建设奖	江苏省物价局
海门市物价局	2016年度全省价格系统创新创优成果奖	江苏省物价局
海门市妇联	江苏省妇联儿童工作先进集体	江苏省人民政府妇女儿童工作委员会
江苏海门农村商业银行股份有限公司	江苏省书香企业建设示范点	江苏省总工会、全民阅读办公室
海门市总工会	省模范职工之家	江苏省总工会
中国银行海门分行袁卫华工作室	江苏省十佳女劳模创新工作室	江苏省总工会
中共海门市委农办	全省农工办工作创新奖	中共江苏省委农村工作领导小组办公室
中共海门市委农办	全省农村产权交易市场建设先进集体	中共江苏省委农村工作领导小组办公室
海门市人民检察院	2015年度全省预防青少年违法犯罪先进集体	江苏省综治委预防青少年违法犯罪工作领导小组
海门市人民检察院	省预防青少年违法犯罪先进集体	江苏省综治委
海门市公安局消防大队	全省十佳基层大队	江苏省消防总队
海门市消防大队特勤中队	全省基层建设先进中队	江苏省消防总队
海门市科协	2016年度县级科协创新发展能力提升计划优秀单位	江苏省科协
海门市供销合作总社	二十强县级供销合作社	江苏省供销总社
海门市供销合作总社	基层社建设优胜单位	江苏省供销总社
海门市供销合作总社	农民专业化合作社建设优胜单位	江苏省供销总社
海门市工商联	省“五好”县(市区)工商联	江苏省工商联
海门市公安局指挥中心	江苏省“三八”红旗集体	江苏省妇女联合会
海门市文广新局	全省第四批新闻出版广电(版权)依法行政示范点	江苏省版权局
海门市第五人民医院	江苏省示范中医馆	江苏省中医药管理局
海门市卫生监督所	2016年度基层卫生监督工作先进单位	江苏省卫生监督所
海门市卫生监督所	2016年度全省卫生计生综合监督行政执法微课大赛优秀微课二等奖、三等奖	江苏省卫生监督所
海门港新区	全省沿海地区发展工作先进集体	江苏省沿海办
海门市财政局	2013—2015年度江苏省文明单位	江苏省精神文明建设指导委员会
海门市住建局	2013—2015年度江苏省文明单位	江苏省精神文明建设指导委员会
海门市文广新局	2013—2015年度江苏省文明单位	江苏省精神文明建设指导委员会
海门市公共资源交易中心	2013—2015年度江苏省文明单位	江苏省精神文明建设指导委员会
江苏省海门市国家税务局	2013—2015年度江苏省文明单位	江苏省精神文明建设指导委员会
海门市国家税务局第一税务分局	2013—2015年度江苏省文明单位	江苏省精神文明建设指导委员会
海门市国家税务局第三税务分局	2013—2015年度江苏省文明单位	江苏省精神文明建设指导委员会

海门市国家税务局第六税务分局	2013—2015 年度江苏省文明单位	江苏省精神文明建设指导委员会
南通市海门地方税务局	2013—2015 年度江苏省文明单位	江苏省精神文明建设指导委员会
南通市海门地方税务局第五税务分局	2013—2015 年度江苏省文明单位	江苏省精神文明建设指导委员会
南通市海门地方税务局第四税务分局	2013—2015 年度江苏省文明单位	江苏省精神文明建设指导委员会
南通市海门地方税务局第二税务分局	2013—2015 年度江苏省文明单位	江苏省精神文明建设指导委员会
海门市公安局消防大队	2013—2015 年度江苏省文明单位	江苏省精神文明建设指导委员会
海门市烟草专卖局	2013—2015 年度江苏省文明单位	江苏省精神文明建设指导委员会
海门市市场监督管理局	2013—2015 年度江苏省文明单位	江苏省精神文明建设指导委员会
海门市航道管理站	2013—2015 年度江苏省文明单位	江苏省精神文明建设指导委员会
海门市海门街道海南社区	2013—2015 年度江苏省文明单位	江苏省精神文明建设指导委员会
海门市滨江街道中南社区	2013—2015 年度江苏省文明单位	江苏省精神文明建设指导委员会
海门市广播电视台	2013—2015 年度江苏省文明单位	江苏省精神文明建设指导委员会
海门市东洲小学	2013—2015 年度江苏省文明单位	江苏省精神文明建设指导委员会
中南集团股份有限公司	2013—2015 年度江苏省文明单位	江苏省精神文明建设指导委员会
中国叠石桥国际家纺城	2013—2015 年度江苏省文明单位	江苏省精神文明建设指导委员会
国网江苏省电力公司海门市供电公司	2013—2015 年度江苏省文明单位	江苏省精神文明建设指导委员会
中国邮政集团公司江苏省海门市分公司	2013—2015 年度江苏省文明单位	江苏省精神文明建设指导委员会
中国邮政储蓄银行股份有限公司海门市支行	2013—2015 年度江苏省文明单位	江苏省精神文明建设指导委员会
中国银行股份有限公司海门支行	2013—2015 年度江苏省文明单位	江苏省精神文明建设指导委员会
中国农业银行股份有限公司海门市支行	2013—2015 年度江苏省文明单位	江苏省精神文明建设指导委员会
江苏海门农村商业银行股份有限公司	2013—2015 年度江苏省文明单位	江苏省精神文明建设指导委员会
中国移动通信集团江苏有限公司海门分公司	2013—2015 年度江苏省文明单位	江苏省精神文明建设指导委员会
中国电信股份有限公司海门分公司	2013—2015 年度江苏省文明单位	江苏省精神文明建设指导委员会
海门市余东镇	2013—2015 年度江苏省文明乡镇	江苏省精神文明建设指导委员会
海门市四甲镇	2013—2015 年度江苏省文明乡镇	江苏省精神文明建设指导委员会
海门市常乐镇	2013—2015 年度江苏省文明乡镇	江苏省精神文明建设指导委员会
海门市三星镇	2013—2015 年度江苏省文明乡镇	江苏省精神文明建设指导委员会
海门市正余镇昌盛村	2013—2015 年度江苏省文明村	江苏省精神文明建设指导委员会
海门市悦来镇永平村	2013—2015 年度江苏省文明村	江苏省精神文明建设指导委员会
海门市余东镇长圩村	2013—2015 年度江苏省文明村	江苏省精神文明建设指导委员会
海门市四甲镇合兴村	2013—2015 年度江苏省文明村	江苏省精神文明建设指导委员会
海门市三星镇宝兴村	2013—2015 年度江苏省文明村	江苏省精神文明建设指导委员会
海门市三厂街道耀忠村	2013—2015 年度江苏省文明村	江苏省精神文明建设指导委员会
海门市三厂街道厂南村	2013—2015 年度江苏省文明村	江苏省精神文明建设指导委员会
海门市临江新区丁陆村	2013—2015 年度江苏省文明村	江苏省精神文明建设指导委员会
海门市海门街道中海村	2013—2015 年度江苏省文明村	江苏省精神文明建设指导委员会
海门市常乐镇中南村	2013—2015 年度江苏省文明村	江苏省精神文明建设指导委员会
海门市常乐镇庵宝村	2013—2015 年度江苏省文明村	江苏省精神文明建设指导委员会
海门港新区友谊村	2013—2015 年度江苏省文明村	江苏省精神文明建设指导委员会
海门港新区灵树村	2013—2015 年度江苏省文明村	江苏省精神文明建设指导委员会
海门港新区浜北村	2013—2015 年度江苏省文明村	江苏省精神文明建设指导委员会
海门市王新家庭	第一届江苏省文明家庭	江苏省精神文明建设指导委员会
海门市关工委	全省关心下一代工作先进集体	江苏省文明办、江苏省关工委
海门港新区关工委	关心下一代工作先进集体	江苏省文明办、江苏省关工委
中国银行海门分行营业部	中国银行江苏省分行青年文明号	中国银行江苏省分行
中国银行海门分行开发区支行	中国银行江苏省分行青年文明号	中国银行江苏省分行

海门市余东镇	江苏省卫生镇	江苏省爱国卫生运动委员会
海门市海门镇补南村	江苏省卫生村	江苏省爱国卫生运动委员会
海门市海门镇陶港村	江苏省卫生村	江苏省爱国卫生运动委员会
海门市滨江街道利北村	江苏省卫生村	江苏省爱国卫生运动委员会
海门市滨江街道三江村	江苏省卫生村	江苏省爱国卫生运动委员会
海门市滨江街道富三村	江苏省卫生村	江苏省爱国卫生运动委员会
海门市滨江街道兄弟村	江苏省卫生村	江苏省爱国卫生运动委员会
海门市常乐镇景程村	江苏省卫生村	江苏省爱国卫生运动委员会
海门市常乐镇双乐村	江苏省卫生村	江苏省爱国卫生运动委员会
海门市常乐镇八烈村	江苏省卫生村	江苏省爱国卫生运动委员会
海门市常乐镇为群村	江苏省卫生村	江苏省爱国卫生运动委员会
海门市悦来镇镇兴村	江苏省卫生村	江苏省爱国卫生运动委员会
海门市悦来镇中圩村	江苏省卫生村	江苏省爱国卫生运动委员会
海门市悦来镇万盛村	江苏省卫生村	江苏省爱国卫生运动委员会
海门市悦来镇射阳村	江苏省卫生村	江苏省爱国卫生运动委员会
海门市四甲镇海山村	江苏省卫生村	江苏省爱国卫生运动委员会
海门市四甲镇靶场村	江苏省卫生村	江苏省爱国卫生运动委员会
海门市四甲镇头桥村	江苏省卫生村	江苏省爱国卫生运动委员会
海门工业园区大石村	江苏省卫生村	江苏省爱国卫生运动委员会
海门工业园区彦英村	江苏省卫生村	江苏省爱国卫生运动委员会
海门工业园区光荣村	江苏省卫生村	江苏省爱国卫生运动委员会
海门市余东镇余南村	江苏省卫生村	江苏省爱国卫生运动委员会
海门市余东镇新富村	江苏省卫生村	江苏省爱国卫生运动委员会
海门市余东镇启风社区	江苏省卫生村	江苏省爱国卫生运动委员会
海门市余东镇新河村	江苏省卫生村	江苏省爱国卫生运动委员会
海门市余东镇戴青山村	江苏省卫生村	江苏省爱国卫生运动委员会
海门港新区包场村	江苏省卫生村	江苏省爱国卫生运动委员会
海门港新区光耀村	江苏省卫生村	江苏省爱国卫生运动委员会
海门港新区头甲村	江苏省卫生村	江苏省爱国卫生运动委员会
海门港新区友谊村	江苏省卫生村	江苏省爱国卫生运动委员会
海门市临江新区阳应村	江苏省卫生村	江苏省爱国卫生运动委员会
海门市临江新区立周村	江苏省卫生村	江苏省爱国卫生运动委员会
海门市临江新区丁陆村	江苏省卫生村	江苏省爱国卫生运动委员会
海门市临江新区刘洪村	江苏省卫生村	江苏省爱国卫生运动委员会
海门市正余镇新和村	江苏省卫生村	江苏省爱国卫生运动委员会
海门市正余镇新桥村	江苏省卫生村	江苏省爱国卫生运动委员会
海门市正余镇青正村	江苏省卫生村	江苏省爱国卫生运动委员会
海门市正余镇正基村	江苏省卫生村	江苏省爱国卫生运动委员会
海门市正余镇双烈村	江苏省卫生村	江苏省爱国卫生运动委员会
海门市正余镇邢柏村	江苏省卫生村	江苏省爱国卫生运动委员会
海门市正余镇安渡村	江苏省卫生村	江苏省爱国卫生运动委员会
海门市正余镇瑞丰村	江苏省卫生村	江苏省爱国卫生运动委员会
海门市正余镇正南村	江苏省卫生村	江苏省爱国卫生运动委员会
海门市正余镇新岸村	江苏省卫生村	江苏省爱国卫生运动委员会
海门市正余镇古坝村	江苏省卫生村	江苏省爱国卫生运动委员会
海门市正余镇昌盛村	江苏省卫生村	江苏省爱国卫生运动委员会

海门市正余镇五总村	江苏省卫生村	江苏省爱国卫生运动委员会
海门市正余镇桥闸村	江苏省卫生村	江苏省爱国卫生运动委员会
海门市正余镇三合村	江苏省卫生村	江苏省爱国卫生运动委员会
海门市正余镇河岸村	江苏省卫生村	江苏省爱国卫生运动委员会
海门市正余镇王灶河村	江苏省卫生村	江苏省爱国卫生运动委员会
海门市余东镇卫生院	江苏省示范乡镇卫生院	江苏省卫生和计划生育委员会
海门市海永镇卫生院	江苏省示范乡镇卫生院	江苏省卫生和计划生育委员会
海门市临江新区立周村卫生室	江苏省示范村卫生室	江苏省卫生和计划生育委员会
海门市滨江街道滨江花园村卫生室	江苏省示范村卫生室	江苏省卫生和计划生育委员会
海门市三厂街道社区卫生服务中心	江苏省免疫规划(预防接种)工作先进集体	江苏省卫生和计划生育委员会
海门市人社局	2013—2014 年度人才工作突出的县(市、区)	江苏省人才工作领导小组
海门市文广新局	江苏省全民阅读先进项目	江苏省全民阅读活动领导小组
海门市教育局	2015 年度全省教科研系统先进集体	江苏省教育科学研究院
海门市教育局	江苏省青少年科学调查体验活动优秀组织奖	江苏省青少年科技中心
海门市教育局	江苏省厅属教育报刊宣传通联工作先进集体	江苏教育报刊总社
海门市疾控中心	2015 年度江苏省重点职业病监测与职业健康风险评估工作中评为先进单位	江苏省疾病预防控制中心
海门市山歌艺术剧院	江苏省优秀艺术剧院	江苏省广播电视总台
海门日报社	江苏省县市级 2016 年度先进单位	江苏省县市报研究会
海门市烟草专卖局	江苏省优秀 QC 小组成果单位	江苏省质量管理协会
中国银行海门分行腾达支行	江苏银行业四星级营业网点	江苏省银行业协会
中国银行海门分行腾达支行	2015 年度中国银行江苏省分行中银优秀“二十佳网点”	中国银行江苏省分行
中国银行海门分行叠石桥支行	2015 年度中国银行江苏省分行“合规示范网点”	中国银行江苏省分行
中国银行海门分行海门支行	中国银行江苏省分行 2016 年度中银优秀集体	中国银行江苏省分行
海门市山歌艺术剧院	全国山歌邀请赛第五届江苏省组织奖	广西壮族自治区文化厅

南通市级先进集体

获奖单位	荣誉称号	授予单位
海门市三星镇	南通市拥军优属模范单位	中共南通市委、南通市人民政府、南通军分区
海门市人民检察院	南通市文明单位	中共南通市委、南通市人民政府
海门市中医院	南通市文明单位	中共南通市委、南通市人民政府
海门市殡仪馆	南通市文明单位	中共南通市委、南通市人民政府
海门市烈士陵园	南通市文明单位	中共南通市委、南通市人民政府
海门市农业资源开发局	农业综合开发工作先进单位	中共南通市委、南通市人民政府
海门市正余镇人民政府	南通市农村环境长效管理示范镇	中共南通市委、南通市人民政府
海门市公安局党委	南通市先进基层党组织	中共南通市委
海门经济技术开发区党工委	南通市先进基层党组织	中共南通市委
海门市正余镇党委	南通市先进基层党组织	中共南通市委
海门市余东镇长圩村党总支	南通市先进基层党组织	中共南通市委
海门市三厂工业园区厂南村党总支	南通市先进基层党组织	中共南通市委
江苏省海门中等专业学校党委	南通市先进基层党组织	中共南通市委
招商局重工(江苏)有限公司党委	南通市先进基层党组织	中共南通市委
江苏南通三建集团有限公司党委	南通市先进基层党组织	中共南通市委
海门市叠石桥市场党委	南通市先进基层党组织	中共南通市委

海门市余东镇人民政府	南通市安全生产先进单位	南通市人民政府
海门市临江新区管委会	南通市安全生产先进单位	南通市人民政府
海门市人武部	拥政爱民模范单位	南通市人民政府
海门港新区	南通市促进教育事业发展先进集体	南通市人民政府
海门市财政局	南通市促进教育事业发展先进集体	南通市人民政府

国家部委和省委、省政府表彰的先进模范人物

姓　名	单位职务	荣誉称号	授予单位
姜　敏	海门市妇联主席	全国妇联系统先进工作者	全国妇联、人力资源社会保障部
周炳高	江苏南通三建集团总裁	2016年助人为乐“中国好人”	中央文明办
张建伟	海门市张建伟环保志愿者协会会长	2016年助人为乐“中国好人”	中央文明办
曹建帮	海门市悦来镇信民村村民	2016年见义勇为“中国好人”	中央文明办
黄裕辉	江苏南通三建集团有限公司董事长	江苏省劳动模范	中共江苏省委、江苏省人民政府
叶汉忠	江苏中南建筑产业集团有限责任公司副总经理	江苏省劳动模范	中共江苏省委、江苏省人民政府
曾建平	海门苏合农产品销售专业合作联社理事长	江苏省劳动模范	中共江苏省委、江苏省人民政府
戴美英	海门市余东镇长圩村党总支书记	江苏省劳动模范	中共江苏省委、江苏省人民政府
秦建辉	海门市常乐镇庵宝村党总支书记	江苏省劳动模范	中共江苏省委、江苏省人民政府
顾京君	南通振康焊接机电有限公司技术部部长	江苏省劳动模范	中共江苏省委、江苏省人民政府
王　新	南通鑫驰汽车服务有限公司工人	江苏省劳动模范	中共江苏省委、江苏省人民政府
许新海	海门市教育局局长、党组书记	江苏省先进工作者	中共江苏省委、江苏省人民政府
吴　杰	海门市人民医院院长、党委书记	江苏省先进工作者	中共江苏省委、江苏省人民政府
汤向华	国网海门市供电公司海门运维站经理	江苏省有突出贡献中青年专家	江苏省人民政府

省属部门、省军区政治部表彰的先进模范人物

姓　名	单位职务	荣誉称号	授予单位
王天华	海门市殡仪馆馆长	2016年度重视和支持新闻宣传报道工作典范	中国殡葬编辑部
秦斌华	海门日报社要闻部副主任	2017年度全国县市区域百佳优秀报人	中国县市报研究会
严学捷	海门日报社广告中心办事员	2016年度全国县市区域百佳优秀报人	中国县市报研究会
黄　静	海门市人民政府副市长	江苏省“三八”红旗手	江苏省妇女联合会
吴　慧	南通市九畦生态农业有限公司负责人	江苏省十大农业创业女状元	江苏省妇女联合会
范晶晶	海门市开发区大学生村官	江苏省十佳巾帼志愿者	江苏省妇女联合会
赵　丽	海门市司法局办公室主任、司法鉴定管理科科长	全省政法系统“忠诚卫士”	中共江苏省委政法委
刘　利	海门市检察院监察室副主任	全省检察机关纪检监察业务标兵	江苏省人民检察院
顾海红	海门市检察院预防科副科长	全省检察机关职务犯罪预防业务竞赛标兵	江苏省人民检察院
周祝平	海门农商银行秀山党支部书记、行长	优秀共产党员	江苏省国资委
沈小晓	海门市三场司法所所长	全省“最美司法所所长”提名奖	江苏省司法厅
姜广炉	海门市余东司法所所长	全省“最美人民调解员”提名奖	江苏省司法厅
赵　磊	海门市包场镇司法所副所长	全省社区矫正严格执法、严格管理集中整治活动先进个人	江苏省司法厅
朱冬艳	海门市海门高新技术产业园区财政局局长	全省财政系统先进工作者	江苏省人力资源社会保障厅、江苏省财政厅
姜玲玲	海门市文明办未成年人思想道德建设科科长	全省关心下一代工作先进个人	江苏省关工委、江苏省文明办
汤正根	国网海门市供电公司发展建设部主任	江苏省“五一劳动奖章”	江苏省总工会
盛美英	海门市档案局副局长	全省档案系统先进工作者	江苏省人力资源社会保障厅、江苏省档案局
蔡　丹	南通市海门地方税务局办公室主任	江苏省数字档案室建设突出贡献人员	江苏省档案局

沈　华	南通市海门地方税务局办公室科员	江苏省数字档案室建设突出贡献人员	江苏省档案局
朱冬慧	海门市悦来镇卫生院防保科长	江苏省免疫规划工作先进个人	江苏省卫生和计划生育委员会
施永华	海门市气象局雷电防御中心主任	2015年度优秀个人	江苏省气象局
从建军	海门港新区党工委副书记、管委会常务副主任、包场镇镇长	全省沿海地区发展工作先进个人	江苏省沿海办
仇锦梅	海门港新区港口建设局局长	全省沿海地区发展工作先进个人	江苏省沿海办
陈　宇	海门港新区经济发展局科员	江苏省1%人口抽样调查先进个人	江苏省人口抽样调查领导小组办公室
戴跃华	海门日报社采访中心三部副主任	江苏省县市报优秀新闻工作者	江苏省县市报研究会
顾　杰	海门日报社办公室办事员	江苏省县市报优秀新闻工作者	江苏省县市报研究会
姜　新	海门日报社广告中心叠石桥办事处主任	江苏省县市报优秀新闻工作者	江苏省县市报研究会
施振辉	海门日报社印务中心主任	江苏省县市报优秀新闻工作者	江苏省县市报研究会
杨　炎	海门日报社编辑中心编辑	江苏省县市报优秀新闻工作者	江苏省县市报研究会
范　军	海门日报社总编辑	2016年度优秀编辑	新华报业传媒集团
姜　琰	海门日报社财务室主任	2016年度优秀管理者	新华报业传媒集团
包　健	中行海门支行主任	江苏省分行优秀共产党员	中国银行江苏省分行

南通市委、市政府和军分区表彰的先进模范人物

姓　名	单位职务	荣誉称号	授予单位
丁　华	海门市双拥办主任	南通市双拥工作先进个人	中共南通市委、南通市人民政府、南通军分区
陈祖新	龙信建设集团有限公司党委书记、董事长	南通市优秀共产党员	中共南通市委
李建新	江苏晨牌药业集团股份有限公司党总支书记、董事长	南通市优秀共产党员	中共南通市委
张建新	海门市悦来镇人民政府副镇长	南通市优秀共产党员	中共南通市委
茅炜炜	南通市海门地方税务局第一税务分局局长	南通市优秀共产党员	中共南通市委
赵荣法	海门市海门港新区灵树村党委书记	南通市优秀共产党员	中共南通市委
张建伟	海门市张建伟环保志愿者协会会长	南通市优秀共产党员	中共南通市委
王　新	海门市四甲镇鑫驰汽车服务有限公司总经理	南通市优秀共产党员	中共南通市委
顾京君	南通振康焊接机电有限公司副总经理、技术部部长	南通市优秀共产党员	中共南通市委
吴　辉	海门市纪委副书记、监察局局长	南通市优秀党务工作者	中共南通市委
范燕燕	海门市委组织部副部长、"两新"工委书记	南通市优秀党务工作者	中共南通市委
郁国强	海门市委宣传部副部长、文明办主任	南通市优秀党务工作者	中共南通市委
陈新华	海门市委办公室副主任、研究室主任	南通市优秀党务工作者	中共南通市委
徐　骏	海门市临江新区党工委书记	南通市优秀党务工作者	中共南通市委
景裕辉	海门市常乐镇党委书记	南通市优秀党务工作者	中共南通市委
江建生	海门市余东镇政协工作联络委主任	南通市优秀党务工作者	中共南通市委
曹永忠	江苏中南建设集团股份有限公司党委副书记、副总裁	南通市优秀党务工作者	中共南通市委
闵振东	江苏希诺实业有限公司党支部书记、事业部经理	南通市优秀党务工作者	中共南通市委
雍山群	海门市消防大队指导员	安全生产先进个人	南通市人民政府
黄　健	海门日报社总编助理、广告中心主任兼商业金融部主任	安全生产先进个人	南通市人民政府
沈　阳	海门市安监局危险化学品监督管理科科长	安全生产先进个人	南通市人民政府
薛臻臻	海门市正余镇安监局局长	安全生产先进个人	南通市人民政府
邢胜峰	海门工业园区管委会安监局科员	安全生产先进个人	南通市人民政府
黄荣华	海门市临江新区人武部部长	优秀基层专武干部	南通军分区

文件选编

关于“创业海门523”人才计划的实施意见

为全面提升海门人才、科技、产业竞争力，在更大范围、更高层次、更深程度上推进大众创业万众创新，率先建成创新之城，结合我市实际，现就深化人才强市战略，实施“创业海门523”人才计划，提出如下意见。

一、指导思想和目标任务

（一）指导思想。深入贯彻党的十八大、十八届三中、四中、五中全会和市委十三届七次全会精神，紧扣创新型城市的目标定位，主动对接苏南国家自主创新示范区，坚持以人才优先发展引领创新驱动发展，以重点人才工程引领转型升级工程，以人才结构优化引领产业结构优化，加快构建更具开放活力的创新创业环境，为实现“率先建成创新之城，率先融入苏南发展”提供智力支持和人才支撑。

（二）目标任务。“十三五”期间，围绕我市优先发展的重点产业，重点引进5名（个）科技创业领军人才（团队），引进扶持20名（个）高层次创业人才（团队），培育300名科技企业家，努力把海门建成长三角北冀具有优势竞争力和影响力的创新之城、创业热土和人才高地。

二、科技创业领军人才集聚计划

（三）科技创业领军人才，主要指具有国际视野和战略眼光，研究成果在国际上有重要影响，能快速抢占产业制高点的顶尖人才（团队）。科技创业领军人才分为A类和B类。

A类主要是指来海创业的诺贝尔奖、图灵奖、菲尔茨奖等国际大奖的获得者，中国或发达国家科学院及工程院院士，获得国家最高科学技术奖、国际知名科技奖项的科学家，以及与之相当层次的国际著名专家。

B类主要是指在我市注册科技创新型企业并担任法定代表人或企业主要负责人，个人投入企业的实收资本不少于100万元（不含技术入股）的国家“千人计划”、国家“万人计划”专家、国家杰出青年科学基金获得者、教育部长江学者特聘教授、中科院“百人计划”资助对象及与之相当层次的顶尖人才（团队）。

（四）科技创业领军人才来海创业，经立项认定，根据项目和企业运营情况，可享受下列支持政策。

1.给予A类人才领衔创办的法人单位或产业活动单位最高2000万元的科研成果产业化配套资金。

2.根据实际项目投资规模和进度，经审批，市财政分期给予B类科技创业领军人才最高500万元的创业扶持资金，具体资助标准按照《关于加快引进和培育国家“千人计划”人才（项目）的激励办法（试行）》（海委发〔2013〕20号）执行。

3.项目特别优秀并已获风险投资的，财政参股的有关引导资金可按不高于风投30%的比例跟进投资，单个项目跟投一般不超过2000万元，按协议约定方式退出。

4.企业创办3年内，给予不超过2年、银行贷款同期基准利率（低于基准贷款利率的以实际利率为准，下同）50%的贷款贴息，A类人才补贴贷款总额最高不超过2000万元，B类人才补贴贷款总额最高不超过1000万元，用于项目发展；如获上级同类扶持，不重复享受。

5.企业创办3年内，企业所得税地方留成部分50%奖励企业，最高限额为300万元；企业创办第4年、第5年，年度税收均超过500万元的，一次性奖励100万元。

6.企业创办3年内奖励高层次经营管理人才、研发人员（月均薪金2万元以上）工资薪金部分缴纳的个人所得税地方留成部分的等额数值，奖励人数最多不超过5人，总额不超过100万元。

7.3年内，免费提供1000平方米左右的创业场所，自行租用创业场所的，给予租金补贴，补贴标准每月每平方米不超过20元，3年内累计最高不超过100万元。

8.为长期在海居留的科技创业领军人才提供6000元/月的岗位津贴，5年内分期给予总额最高100万元的购房补贴供其在海购房，具体按照《海门市高层次人才岗位津贴和购（租）房补贴暂行规定》（海办发〔2014〕25号）执行，对项目特别优秀的人才，可采取“一人一议”的方式解决其住房。

9.对诺贝尔奖获得者等国际一流水平，能够引领产业发展，产生重大效益的创业人才（团队），实行“特事特办、一事一议”的政策，并在企业注册3个月内给予100万元的项目前期启动资金。

三、高层次创业人才引进计划

（五）高层次创业人才，主要指符合我市新兴产业发展和产业转型升级方向，带团队、带技术、带项目在海创办企业的市外高层次人才。

（六）高层次创业人才引进对象，一般应具有硕士以上学位或副高以上职称（现代服务业和文化创意类人才可适当放宽至本科学历），在我市注册创新型企业并担任法定代表人或企业主要负责人，个人投入企业的实收资本不少于100万元（不含技术入股），且符合下列条件之一：具有海内外自主创业或行业领军企业的中高层任职经历，熟悉相关产业领域和国际规则，有较为丰富的科技转化、企业经营管理和市场开发动作经验；拥有独立自主知识产权或掌握核心技术，技术成果达到国际先进或国内领先水平，具有良好的产业化潜力和市场前景。

（七）经申报评审，入选高层次创业人才引进计划（列入“东洲英才”引进计划)管理的,根据项目和企业运营情况,可享受下列支持政策。

1. 给予20~200万元的创业扶持资金,对境外世界名校博士等特别优秀的海外高层次人才(团队),扶持额度最高可提升至300万元。

2.项目特别优秀并已获风险投资的,财政参股的有关引导资金可按不高于风投30%的比例跟进投资,单个项目跟投一般不超过500万元,按协议约定方式退出。

3.对我市自主培养入选国家“千人计划”(创业类)特聘专家、“万人计划”科技创业领军人才,再给予200万元项目资助,并享受科技创业领军人才集聚计划的相关支持政策;对培养入选国家“千人计划”(长期创新类)、“万人计划”科技创新领军人才的在海用人企业,给予100万元项目资助,其中按照不低于30%的比例直接资助高层次人才。

4.企业创办3年内,给予不超过2年、银行贷款同期基准利率50%的贷款贴息,补贴贷款总额最高不超过1000万元,用于项目发展;如获上级同类扶持,不重复享受。

5.企业创办3年内,企业所得税地方留成部分50%奖励企业,最高限额为300万元。

6.根据人才发展和项目运营需要,3年内免费提供不少于200平方米创业场所,自行租用创业场所的,给予租金补贴,补贴标准每月每平方米不超过20元,3年内累计最高不超过50万元。同时,按照《海门市高层次人才岗位津贴和购(租)房补贴暂行规定》,享受相应的岗位津贴和购(租)房补贴。

7.创业初期需社会服务机构提供知识产权、技术转移、财务等服务的,经事先备案,3年内可给予50%最高30万元服务费补贴。

8.入选“东洲英才”引进计划,3年内,年度绩效考核优秀且创业企业年度税收超过300万元的,再一次性奖励50万元。

9.对获得省部级以上创新创业大赛一等奖的优秀高层次人才及其团队核心成员,以及境外世界名校博士等特别优秀的海外高层次人才(团队),可在企业注册3个月内给予50万元的项目前期启动资金。

四、科技企业家培育计划

(八)科技企业家,主要指既懂科技又懂市场,在相关领域开创技术新路径、商业新模式、产业新质态,对我市实施创新驱动发展和经济转型升级起到引领示范作用的创新型企业家。科技企业家的培育期为5年。

(九)科技企业家一般具备以下条件:具有本科以上学历或中级以上职称,担任高成长性的科技型企业的董事长或总经理或年销售收入超1亿元的企业主管研发的副总经理;入选海门市级以上人才计划,或近5年来获得海门市级以上科技、人才、产业化等项目经费;所在企业在我市登记注册,并具有独立法人资格,创(领)办的企业年销售收入超过1000万元;拥有授权的有效发明专利或建有南通市级以上企业研发平台,研发投入占销售收入2%以上,具有较强的持续创新力。

年销售收入超过500万元、不满1000万元且符合以下条件之一的,申报条件可适当放宽:具有硕士以上学历或高级职称;具有海内外自主创业或行业领军企业的中高层任职经历,熟悉相关产业领域和国际规则,有较为丰富的科技转化、企业经营管理和市场开发动作经验;拥有独立自主知识产权或掌握核心技术,技术成果达到国际先进或国内领先水平,具有良好的产业化潜力和市场前景;主持过省级以上科技、人才、产业化等重大专项;列入南通市级以上重点人才工程(计划)的;创新能力强,发展潜力大的农业、服务业企业。

(十)经申报评审,入选科技企业家培育计划的,除享受《关于实施海门市“科技企业家培育工程”的意见(试行)》(海委发〔2015〕14号)文件规定的政策外,还可享受下列支持政策:

1.企业创办5年内的,按所创企业当年实际还贷额度和银行贷款同期基准利率,给予不超过2年、20%的贷款贴息,补贴贷款总额最高不超过2000万元,用于项目发展;如获上级同类扶持,不重复享受。

2. 入选国家创新人才推进计划的,给予50万元奖励;新入选江苏省“科技企业家培育工程”的科技企业家,给予一次性2万元奖励;新聘任为江苏省“产业教授”的科技企业家,给予一次性1万元奖励。

3.所创企业被认定为国家级、省级企业研发机构的,按照《关于进一步加快技术创新体系建设的若干政策意见》(海政发〔2015〕45号),最高给予50万元奖励。

4.所创企业被认定为国家高新技术企业的,给予10万元奖励,复审通过的给予5万元奖励。

5.定期组织前往境内外先进地区开展专题研修和技术成果、产业合作等对接,研修费用和交通费用给予补贴。

五、青年大学生创业引领计划

(十一)青年大学生,主要指普通高校在校生和毕业2年内高校毕业生,以及留学回国的青年留学人员。“十三五”期间,每年引领大学生创业100人,创业带动就业500人以上。

(十二)入选青年大学生创业引领计划的对象,按照《海门市大学生创业引领计划实施方案》(海政办发〔2015〕135号)享受工商注册、财政奖补、税收优惠、金融支持、购房补贴等优惠政策。符合条件的初创项目入驻政府认定的众创空间的,给予5万~10万元“海创券”研发投入资助。

六、综合环境和配套服务

(十三)优化行政审批制度。把“创业海门”人才项目作为商事制度改革的先行先试对象,进一步规范人才引进、评价、流动等环节中的行政审批和收费事项。市政务服务中心设立人才一站式窗口,一窗受理、分工办理、专员跟踪,采取网上申报、“远程核准”、“三证合一”、“一址多照”适当放开企业名称登记限制等措施,简化注册流程,缩短受理时间,降低创业成本,为人才创办企业提供高效、便捷的服务。

(十四)加大金融支持力度。按照《关于进一步加快技术创新体系建设的若干政策意见》(海政发〔2015〕45号),积极推行知识产权质押贷款、科技保险保费补贴等政策,实行科技贷款风险补偿。鼓励担保机构为科技创业企业提供融资担保服务，鼓励创投机构投资入选人才项目，并给予担保机构和创投机构相应的补贴、奖励和风险补偿。做大海门市中小企业应急互助基金规模，提升转贷融资能力。创新融资担保方式，充分利用“苏科贷”、“助保贷”等金融产品，推动创投、银行、保险、担保、小贷等与人才创业企业对接。对符合挂牌上市条件的人才企业实施分类辅导，对境内外上市、“新三板”等场外市场挂牌的人才企业按照我市相关政策意见给予扶持。

（十五）加强创业辅导培训。完善创业导师制度，建设多层次、专业化的创业导师团队，优先参加各类创业辅导及培训。建立和完善创业培训补贴政策，对业绩突出的创业机构和创业导师可按购买服务的方式给予一定的补贴。对高成长性人才项目实行“一企一策”跟进培养，集成政策资源帮助企业提升持续创新能力和市场动作能力。

（十六）拓展首购首用渠道。积极帮助人才企业申请各种资质认证，对人才创办企业的产品和服务优先列入海门市自主创新与优先产品目录，鼓励支持财政性资金优先采购和推广应用人才企业创新产品。政府投资建设的工程项目，可采用首购、订购等非招标采购方式优先使用，帮助人才企业加快实现创新成果市场价值。

（十七）落实税收优惠政策。完善人才企业减税降费措施，推进落实科技企业孵化器、高新技术企业、研发费用加计扣除、固定资产加速折旧等税收优惠政策。企业获得的县级以上专项补助资金，符合规定用途和资金管理办法，且实行支出单独核算的，可列入企业所得税不征税收入范围。对符合条件的人才企业，依照规定适用相关税收优惠政策。对投向种子期、初创期的社会化人才投资，对接争取相关税收支持政策。

（十八）完善创业配套服务。来海创业就业的企业高层次人才、技能型人才，符合条件的，按照《海门市高层次人才岗位津贴和购（租）房补贴暂行规定》、《海门市高层次人才服务“绿卡”实施办法（试行）》、《海门市高校毕业生、技能型人才引进补贴制度实施意见》，提供职称申报、购房、医疗、落户、社会保险、子女就读等方面的配套服务。人才项目规模生产需用地的，优先安排并予以政策扶持。对企业新引进的全日制博士、硕士研究生和非海门籍普通高校本科学历毕业生，分别给予每人每月3000元、1500元、900元（名校本科毕业生）或500元（普通高校本科生）补贴。给予持有国家职业资格一级、二级证书的技能型人才（非海门籍）每人每月500元、400元补贴。

七、运行机制和保障措施

（十九）加强组织领导。“创业海门523”人才计划在市委、市政府及市委人才工作领导小组统一领导下，由市委组织部（人才办）统筹牵头实施。科技创业领军人才集聚计划由市科技局负责组织实施，高层次创业人才引进计划、青年大学生创业引领计划由市人社局负责组织实施，科技企业家培育计划由市发改委负责组织实施，具体实施细则由各牵头部门制定。市委组织部（人才办）按照党管人才要求，牵头做好综合协调、政策完善和考核督查等工作；市财政局负责计划实施的资金保障、设立产业发展引导基金、创业投资基金等工作；市行政审批局、投资促进局、市场监管局、国税局、地税局等部门负责协调做好项目落地审批、注册申报、税收优惠、开辟“绿色通道”等工作；市金融办、科技局、人民银行负责人才创业投融资服务、招引创投机构、科技金融、企业上市等工作；市人社局、公安局、教育局、卫计委等部门负责人才项目落地后的专窗受理、待遇保障、子女入学、户口迁移、医疗保健等工作；市人才工作领导小组其他成员单位按照《关于进一步加强党管人才工作的实施意见》（海办发〔2015〕51号），根据各自职责分工，健全工作机制，做好相应工作，确保政策落到实处。坚持“双招双引”，招才引智享受招商引资政策待遇。在12个区镇和百家高新技术企业设立人才工作站，配备人才工作助理和人才专员，构建区、镇、企联动的人才工作网络。注重发挥科技镇长团的作用，鼓励和支持高校和科研院所的人才来海创业，推动更多重大科技成果和合作项目在海产业化。

（二十）加大资金投入。建立人才发展经费优先保障机制，确保相关财政资金纳入预算、足额安排、优先保障、规范运作。以政府投入为引导，各园区和科创园加快设立创投引导基金，积极引导社会资本投资于种子期、初创期人才企业，发挥好“资本引才”的重要作用。规范人才投入管理，推行资金拨付进度与项目实施进度挂钩、财政投入力度和项目绩效挂钩的动态支持模式，优秀的加大扶持力度，不合格的及时履行退出程序。引进人才已享受国家、省、南通市人才计划同一项目配套资助的，按就高不就低原则补足差额，不重复享受。若同一时期符合多项扶持政策的，则单一择高享受。

（二十一）建设创业基地。按照《关于建设海门市“123”高层次人才创新创业基地（团队）的实施意见》（海委发〔2015〕13号），加快打造海门产业技术研究院、海门大学科技园、海门科技园、东城创客创业园、教育装备科创园、机器人产业园、建筑设计产业园等载体建设，3年内实现各园区30万平方米科创园、各镇5万平方米创新创业平台（创业孵化基地）全覆盖，着力打造“众创空间+创业苗圃+孵化器+加速器”的全孵化链条。对当年认定的各类众创空间、科技企业孵化器、科技企业加速器、科技产业园、软件园等科技创新载体，国家级奖励100万元，省级奖励50万元，南通市级奖励30万元。经命名授牌的海门市高层次人才创新创业基地，一次性奖补100万元（如已获其他奖励的，单一择高享受）。引导社会资本建设“千人计划”产业园、海外人才离岸创业基地、人才项目海外孵化器，经认定的，一次性奖补20万~50万元。

（二十二）注重海外引才。加强与欧美同学会、国家“千人计划”联谊会（海创智库）以及国内外知名猎头公司的合作，到欧美等人才聚集地区引才，建立“海归创业学院”和留学报国基地，拓展海外人才工作站，发挥好科协海智基地作用，吸引更多的海外高层次人才来海创新创业。对海外人才工作站给予每站每年5万~30万元的补助，对国内人才工作站给予每站每年2万~20万元的补助。对参加全市统一组织的赴海内外招才引智活动，给予参团民营企业代表最高不超过2万元的公共费用补贴。

(二十三)实行引才重奖。设立“东洲伯乐奖”,对引荐高层次人才到我市创业的人才中介服务机构、企业或个人给予奖励。每引进1个科技创业领军A类人才(团队)、B类人才(团队)、高层次创业人才分别给予最高30万元、20万元、5万元的奖励。对引荐落户我市的人才自主申报入选国家“千人计划”(万人计划)、江苏省“双创”人才计划的,分别给予推荐方20万元、5万元奖励。对经政府相关部门与社会人才服务机构事前商定开展人才服务活动的,可根据服务内容、数量、质量等情况,由市财政给予补助,每家机构全年补助不超过30万元。

(二十四)严格目标考核。将“创业海门523”人才计划实施情况作为各区镇党(工)委和机关各部门落实党管人才责任的重要内容,每年分解指标任务,纳入年度目标管理绩效考核和党建工作责任制考核。市委人才工作领导小组每年听取一次人才工作述职汇报,重点督查人才引育数量、人才服务效能、人才创业绩效等情况。每年评选“党管人才好领导”,对影响人才创业的部门主要负责人、连续两年考核排名末位的区镇党政主要负责人,实行市领导约谈制度。

(二十五)营造良好氛围。完善市领导联系优秀人才制度,定期组织研修培训、健康体检、疗养休假、走访慰问等活动,及时帮助解决人才创业发展中遇到的问题。积极举办、承办创业大赛、“创客荟”、创业沙龙等活动,打造“创业海门”人才品牌,提高政策影响力。加强创业人才宣传,弘扬张謇创业精神,培育“鼓励创新、宽容失败”的创业文化,不断浓厚识才、爱才、敬才、用才的社会氛围。

本意见自发布之日起实施,实施期限为5年。本市其他人才政策与本意见不一致的,以本意见为准。

(海委发〔2016〕7号)

关于加快推进现代公共文化服务体系建设的实施意见

为深入贯彻习近平总书记系列重要讲话特别是视察江苏时关于推动文化建设迈上新台阶的重要讲话精神,全面深化文化体制改革,提高公共文化服务水平,促进海门文化事业繁荣发展,根据《中共中央办公厅、国务院办公厅印发<关于加快构建现代公共文化服务体系的意见>的通知》、国务院办公厅《关于推进基层综合性文化服务中心建设的指导意见》、江苏省委办公厅、省政府办公厅《关于推进公共文化服务体系建设的实施意见》和南通市及我市的相关文件精神,结合海门公共文化服务体系建设实际,提出如下实施意见。

一、总体要求

(一)指导思想。深入贯彻党的十八大、十八届三中、四中、五中全会和习近平总书记系列重要讲话精神,牢固树立以人民为中心的工作导向,以社会主义核心价值观为引领,以改革创新为动力,以推进市级新公共文化设施和基层综合性文化服务中心建设为重点,突出问题导向,把握关键环节,加快构建现代公共文化服务体系,大力推进基本公共文化服务标准化、均等化和城乡文化一体化发展,不断提高公共文化服务能力,建成与“两先一争”要求相适应、在全省有地位全国有影响的现代文明江海文化名城,为“强富美高”新海门提供强大的价值引导力、文化凝聚力、精神推动力。

(二)基本原则

坚持正确导向。培育和践行社会主义核心价值观,发展先进文化,创新传统文化,扶持通俗文化,引导流行文化,改造落后文化,抵制有害文化,发展健康向上的网络文化,促进在全社会形成积极向上的精神追求和健康文明的生活方式。

坚持政府主导。因地制宜,科学规划,分类指导,加快推进基本公共文化服务标准化、均等化建设,提升市级文化设施功能,巩固基层文化阵地,切实保障人民群众基本文化权益。

坚持社会参与。简政放权,引入市场机制,吸引社会资本投入公共文化领域,提供多样化文化产品和服务,培育和引导群众文化消费需求,活跃和丰富群众文化生活。

坚持共建共享。加强顶层设计和工作协同,优化配置各方资源,推动城乡及区域文化协调联动发展,推进基层公共文化服务资源整合和互联互通,发挥整体优势,提升综合效益。

坚持文化惠民。以创建省级、国家级公共文化服务示范项目为抓手,发挥优势,补齐短板,提高效益,为广大群众提供更多更好的公共文化产品和服务,打通公共文化服务“最后一公里”,提高百姓满意度和获得感。

坚持改革创新。深化文化体制改革,鼓励在理念思路、内容形式、体制机制等方面积极探索、先行先试,推进公共文化服务创新手段、提高效能。

(三)主要目标

按照现代公共文化服务体系和基本公共文化服务均等化要求,以群众需求为导向,以保基本、促公平为着力点,以公共财政为支撑,以公益性文化单位为骨干,统筹推进城乡公共文化均衡发展。到2017年,江苏省江海博物馆、海门市图书馆新馆、海门市文化馆新馆、海门市美术馆等“四馆”全面建成。到2018年全市区镇综合文化站(综合文化服务中心)、村社区综合文化服务中心建设全面达标,基本建成普惠均等、全面覆盖、实用高效、群众满意、引领全省的现代公共文化服务体系。到2020年,人均公共文化设施面积力争达到0.3平方米,保持全省第一方阵地位。公益性群众文化活动丰富多彩、广泛多元、雅俗共赏、喜闻乐见。公共文化服务标准化和均等化程度突破90%,公共文化资源利用效率和综合效益超过95%。依法促进全民阅读,加快建设书香海门,各项主要阅读指标位居全省前列，居民综合阅读率确保90%、力争92%。现代公共文化服务体系更加完善，群众满意度和获得感进一步提升。

二、重点任务

(一)建立健全公共文化服务协调工作机制

围绕“构建现代公共文化服务体系”的总目标，建立部门职责明确、分工协作、目标清晰、统筹有力、运转有效的公共文化服务协调机制，成立海门市公共文化服务体系建设协调组，市相关部门和各区镇组成。协调组组长由市政府市长担任、副组长由市委常委宣传部长和市政府分管副市长担任。下设办公室，设在市文广新局。

(二)明确公共文化服务保障标准

1.制定基本公共文化服务保障标准。以群众基本文化需求为导向，围绕基本服务项目和内容，就公共文化设施布局、内容提供、资源配置、队伍建设和经费投入等，确定海门市基本公共文化服务保障标准(附件1)。各区镇要参照市级保障标准，制定具有地域特色的实施标准，明确服务的种类、数量、质量、覆盖范围和均等化程度，并根据经济社会发展水平进行动态调整。

2.制定公共文化设施建设、管理和服务标准。健全公共文化设施布局、土地使用、建设规模、设计和施工规范以及技术要求等标准。坚持设施建设和运行管理并重，健全公共文化设施运行管理和服务标准体系。公共文化服务机构应建立群众文化需求反馈机制，及时准确了解和掌握群众文化需求，免费提供基本服务项目。

3.制定公共文化服务机构考核评估标准。以效能为导向，制定政府公共文化服务考核指标，发布年度基本公共文化服务水平监测和评价报告。制定公共文化机构管理规范、评价标准和绩效考评办法，建立年度报告、服务公示和信息披露、公众监督等基本制度。积极引入社会第三方开展公众满意度测评，对公众满意度较差的通报批评、限期整改。制定全民阅读规划纲要和“书香海门”建设指标体系，建立健全全民阅读调查评估制度。

(三)加强公共文化资源统筹管理

1.构建公共文化设施网络。按照城乡人口发展和分布，坚持均衡配置、严格预留、规模适当、功能优先、经济适用、节能环保的原则，合理规划建设各类公共文化设施，全面健全完善市、区镇、村(社区)三级公共文化设施网络。将公共文化设施建设用地依法纳入土地利用总体规划和城乡规划，在调整行政区划、重新规划村镇、新建和改造居民小区时，做好公共文化设施配套建设工作。打造城市15分钟文化圈、农村10公里文化圈和绿色体育健身设施等民生实事。

2.推进基层综合性文化服务中心建设(附件2)。基本建成集宣传文化、党员教育、广播电视、社区教育、科技普及、图书阅读、普法教育、体育健身等多功能于一体，资源充足、设备齐全、服务规范、保障有力、群众满意度较高的基层综合性文化设施和场所，形成一套符合海门实际、运行良好的管理体制和运行机制，使基层综合性文化服务中心成为全市文化建设的重要阵地和提供公共服务的综合平台。实施基层综合文化服务中心建设三年行动计划，到2018年全部达标。2020年，万人拥有公共文化设施面积力争超3000平方米，有60%以上的区镇创建成省级公共文化服务体系示范区，有80%以上的综合文化站达到国家一级站标准。

3.深化公共文化设施免费开放。深入推进市、区镇、村社区三级公共文化设施免费开放工作，鼓励民办博物馆、行业博物馆对社会免费开放，完善免费开放保障机制。推动科技馆、妇女儿童活动中心、老年活动中心以及青少年校外活动场所免费提供基本公共文化服务项目。推动经营性文化设施、非物质文化遗产传习场所和传统民俗文化活动场所等向公众提供优惠或免费的公益性文化服务。鼓励党政机关、国有企事业单位和学校的各类具备开放条件的文体设施向社会优惠或免费开放。在公共文化设施所在地及人流密集地点，设置公共文化信息发布窗口和相关设施设备。

(四)促进公共文化服务均等化

1.促进公共文化服务城乡均衡。建立公共文化服务城乡联动机制，充分利用城市文化的资源优势，有计划、有组织、常态化地开展文化下乡活动，活跃农村文化生活，提高农村公共文化产品生产内生动力和公共文化服务提供能力，逐步改变城乡不平衡状态，促进城乡公共文化服务均等化。坚持典型引路，示范培育，辐射带动。深入推进特色文化名镇名村创建工作，引导和支持发展文化旅游、民间工艺、书画艺术等特色文化产业，打造更多富有人文情怀的魅力乡村。

2.促进公共文化服务区域均衡。对经济相对薄弱、文化产品供给不足的地方，整合多方资源，集中实施一批数字文化设施、乡土人才培养、流动文化服务的文化帮扶项目，加大人才交流和项目支援力度，努力促进协调平衡发展。

3.促进公共文化服务人群均衡。积极为老年人、未成年人、残疾人、外来务工人员及其子女、农村留守儿童、特殊困难群众等提供文化关爱服务。通过政府购买、发放文化惠民卡、消费券等方式，为这些特殊群体提供免费文化服务。开展面向老年人、未成年人的公益性文化艺术培训服务、展演和科普活动。建立中小学生每学期免费观看2部爱国主义教育影片及定期参观博物馆、纪念馆、美术馆、科技馆等长效机制。公共文化服务机构为残疾人提供无障碍文化设施、盲人读物、视听读物和手语解说等服务，扩大公益类电视频道节目手语播出比例。将外来务工人员文化建设纳入常住地公共文化服务体系，满足他们基本文化需求。

(五)丰富公共文化产品和服务

1.培育和鼓励文化消费。探索开展拉动城乡居民文化消费试点。鼓励有条件的公共文化机构加强文化创意产品研发，创新文化产品和服务内容。积极发展与公共文化服务相关联的艺术培训、体育健身、演艺会展、旅游休闲等产业，引导和支持各类文化企业开发公共文化产品和服务。完善公益性演出补贴制度，通过票价补贴、剧场运营补贴等方式，支持海门山歌艺术剧院等表演团体提供公益性演出。鼓励在商业演出和电影放映中安排低价场次或门票。

2.提升文化产品质量。加大精品文化项目扶持力度，以争创全国、省“五个一工程”和全国群星奖、省“五星工程”奖等权威奖项为目标，全力推进海门市文化艺术创作“七个一”系列工程，深入实施重点文学作品创作、舞台艺术精品创作、影视剧精品创作、重大主题美术创作、优秀少儿作品创作等艺术生产项目，积极扶持推介优秀文艺作品参加国家、省、市级政府奖评比，坚持配套奖励制度，进一步发挥国家省级政府奖的引导带动作用，创作生产更多精品力作。以市江海文化艺术政府奖为重点，不断健全完善奖励激励机制和文化产品评价体系，改革评奖制度，形成科学衡量文化产品艺术水准和社会效益的指标和办法。

3.完善文化服务供给能力。不断完善公共文化需求与评价反馈机制，建立“自下而上、以需定供”的互动式、菜单式、订单式文化服务模式。结合文化遗产日、国际博物馆日、世界版权日、世界读书日、江苏全民阅读日、海门全民阅读节等活动，推出具有鲜明特色和社会影响力的文化服务项目。深入开展文化艺术进校园进农村进社区、进企业、进军营、进工地等公益文化活动。通过整合用好各级各类公共财政相关资金，加强市和区镇、村社区三级互联互动，进一步扩大基本公共文化服务覆盖面。积极开展全民艺术普及、全民健身、全民科普和群众性法治文化活动，引导广场文化活动健康、规范、有序开展。促进省内外兄弟县(市)群众文化交流交融，加强群众性文化活动的国际交流，支持群众文化和特色文化艺术走出去。

4.扩大文化活动品牌影响力。按照“天天有文化活动”的要求，大力开展群众性、普惠性、品牌性的公益文化活动，让全市人民始终浸润在充满无限生机和活力的先进文化之中。以“精彩江海·文化海门”为总品牌，突出抓好江海文化艺术展示月、四季江海文化风、东洲清风、师山大舞台周周演等十大品牌文化系列活动，挖掘和提升一批具有浓郁地方人文特色的区镇文化品牌，力争有5个以上文化品牌创建成省级乃至全国级品牌。创新开展“五送一建”活动，积极探索文化养老新模式。深入推进全民阅读，进一步打造海门全民阅读活动品牌，开展书香城市、书香镇村、书香社区、书香机关、书香校园、书香企业、书香家庭等系列建设。合理设置24小时自助图书馆和农家书屋、社区书屋、职工书屋等公共阅读服务场所。认真做好优秀出版物推荐和阅读推广活动，提升居民综合阅读率，至“十三五”末确保90%、力争92%，成功创建省书香城市。做好优秀公共文化产品展演展映展播展示工作。加强优秀广播电视节目惠民服务，通过政府采购等形式，建立和完善影视剧资源共享体系和公益广告共享体系，完善播出机构集中供片平台，不断提高基层广播电视播出机构服务能力。

5.提高文化遗产公共服务水平。实施“海门记忆”工程，建立优秀传统文化传承和发展体系，加强重要文化和江海自然遗产地、重点文物保护单位、历史文化名镇名村、非物质文化遗产保护。广泛开展各级非遗保护项目和传承人申报、命名活动。大力实施区镇特色文化培育工程，努力形成“一镇一品、一镇多品”的特色文化品牌格局。继续实行海门市特色文化之乡、特色文化团队、特色文化家庭、特色文化个人评比活动，并积极培育和创建省级“四特”典型。尤其是加大海门山歌、通东民歌的保护推广力度，建设一批文化生态保护区，命名一批优秀阅读文化传承教育基地，建立江苏省江海博物馆青少年教育项目库。

(六)加快公共数字文化建设

1. 丰富公共文化服务数字化资源。继续推动公共博物馆、图书馆、文化馆(站)、美术馆馆藏产品数字化加工，实施古籍整理、保护与阅读传播数字化工程，整合非物质文化遗产优秀资源，开发特色和专题数字文化产品。大力发展数字网络出版，推进电视节目制作播出的数字化、网络化、高清化，到2018年，实现市级播出机构自办电视频道高标清同播。实施“江海文化汇”文化资源数字化整合共享工程，加强公共文化大数据采集、存储和分析处理，科学规划公共数字文化资源建设，建设分布式资源库群，不断提高公共数字文化服务的针对性和有效性。

2. 打造公共文化服务信息化平台。统筹实施数字图书馆、文化馆、江海博物馆、美术馆建设和文化信息资源共享、广播电视覆盖、数字农家书屋、移动图书馆、手机图书馆、自助图书馆、党员远程教育等项目，拓宽公共数字文化资源来源渠道和传输渠道。加强广播电视台(站)、发射台、监测机构建设，积极推进无线数字化和有线网络数字化、双向化、光纤化，充分利用广播、电视、网络双向互动功能，为党委政府便民服务提供窗口和平台。促进高清电视、互动电视、交互式网络电视(IPTV)、手机电视等新业务发展，完善新媒体集成播控平台、监管平台和灾害预警应急发布平台。到2018年，基本形成资源丰富、技术先进、服务便捷、覆盖城乡的数字文化服务体系。

3. 提高公共文化服务信息化水平。科学运用宽带互联网、移动互联网、广播电视网、卫星网络等手段，拓宽公共文化资源传输渠道。通过提升公共文化服务数字化平台建设水平，实现公共文化服务与群众文化需求的有效对接。加快智能社区建设，将丰富的数字文化资源传输到社区综合文化服务中心，实现便捷高效的“一站式”服务。完善行政权力网上公开透明运行，不断提升文化行政行政执法信息化水平。

(七)创新公共文化运行机制

1. 深化公益性文化事业单位改革。按照深化文化体制改革和推进事业单位分类改革的要求，理顺政府和公益性文化事业单位之间的关系，探索管办分离的有效形式。全面推进人事、收入分配、社会保障、经费保障制度改革。建立事业单位法人治理结构，图书馆、文化馆、江海博物馆、美术馆、海门山歌艺术剧院等组建理事会。

2. 推动公共文化服务社会化发展。进一步简政放权，激发各类社会主体参与公共文化服务的积极性。制定政府《向社会力量购买公共文化服务管理办法》。鼓励社会力量捐建、捐资助建和独资兴建公益性文化设施，以冠名资助、合作举办、出资协办、参与承办、提供服务等方式参与重大公益性文化活动。根据相关政策规定，对免费开放的公益性文化事业单位和民办文化机构，执行居民用电、用水、用气价格。鼓励群众自办文化，为社会力量兴办的公益性文化实体、民间文化团体和个人，提供政策扶持、业务指导和专业培训。鼓励由政府投资、资助或拥有版权的文化产品，无偿或优惠用于公共文化服务。

3.发展文化类社会组织和文化志愿服务。培育和扶持文化类行业协会、基金会、民办非企业单位等社会组织，制定完善相关规章，促进规范有序发展。鼓励各类公共文化服务机构成立行业协会，将适合由社会组织提供的公共文化服务事项交由社会组织承担。完善文化志愿者注册招募、服务记录、管理评价、激励保障机制和志愿服务下基层制度，加强“江海文艺志愿者”、“非遗保护志愿者”、“全民阅读志愿者”等志愿服务队伍，有针对性地开展文化志愿服务。动员组织专家学者、艺术家、优秀运动员等社会知名人士参加志愿服务，推动市直文化单位、学校等公益性事业单位的文化艺术人才到基层教、学、帮、带，探索具有海门地方或行业特色的文化志愿服务模式

三、保障措施

1.强化组织领导，完善工作机制。各区镇、各有关部门和单位要充分认识构建现代公共文化服务体系的重要性和必要性，将构建现代公共文化服务体系作为推动我市文化建设迈上新台阶的重要任务，作为弘扬社会主义核心价值观、保障群众基本文化权益的重要途径，积极推进具有海门特点的率先探索和实践创新。完善党委领导、政府管理、部门协同、权责明确、统筹推进的组织领导体系，建立由海门市公共文化服务体系建设协调组指导、文广新局召集的公共文化服务协调机制，充分发挥各部门职能作用和资源优势，在规划编制、政策衔接、经费保障、队伍建设、标准制定和组织实施等方面，积极提供支持和保障，实现政策制定协同化、资源配置最优化、服务管理集约化。

2.加大投入力度，提高综合绩效。建立健全公共文化服务经费保障机制，保持基本公共文化服务财政支出与经济社会发展总体水平和政府财政增长幅度相适应。确保市、区镇公共文化事业单位正常运转和免费开放经费，加大公共文化设施网络建设、运行、管理投入的力度，把政府文化采购、文化下基层、增添数字文化设施设备、队伍培训、精品生产、扶持奖励、文化遗产保护、重点项目实施和重大课题研究等经费纳入财政预算，并逐年增长。运用部门预算资金、文化发展资金以及上级相关补助资金等通过以奖代补等方式，鼓励各地加大文化投入。提高彩票公益金用于公共文化事业的投入比例。通过推进供给侧结构性改革，增强文化产品适配度，提高投入的综合绩效。

3.强化考核评价，增强群众获得感。把现代公共文化服务体系建设作为评价当地科学发展水平、领导干部工作实绩和创建全国文明城市、公共文化服务示范区的重要内容，纳入政府考核目标。研究制定群众公共文化服务满意度指标和群众评价反馈机制，探索实行公共文化服务第三方评价，增强公共文化服务评价的客观性和科学性。市、区镇两级党委政府及文化行政主管部门定期组织检查督促，总结经验，发现问题，对存在的不足和短板，及时整改到位，切实增加群众的满意度和获得感。

4.加强队伍建设，提升管理能力。完善公共文化服务人才培养、使用、激励机制，形成门类齐全、结构合理、梯次分明、素质优良的公共文化服务队伍。将公共文化服务专业人才培养纳入国民教育体系，加大对基层文化人才和文化志愿队伍的教育培训力度，建立培训上岗制度，市、区镇和村社区文化专兼职人员每年参加文化集中培训时间不少于5天。配齐配强基层文化专业人员，每个区镇综合文化站(综合文化服务中心)编制配备不少于3人，每个村社区综合文化服务中心设立政府购买的文化公益岗位不少于1个。对市级新建公益设施功能大幅提升、工作量大量增加的实际，为确保正常规范运行，合理增加机构编制和相关工作人员。实施文化辅导员进村进社区包片辅导制度，激励扶持业余文艺团队和乡土文化能人开展文化活动。切实加强全市文化管理队伍综合建设，全力为建设现代文明的江海文化名城提供坚强有力保障。

(海办发〔2016〕36号)

市政府关于促进全市慈善事业发展的实施意见

海门经济技术开发区、海门工业园区管委会，各区、镇人民政府(管委会)，市各委办局，市各直属单位，各垂直管理部门(单位)：

为深入贯彻落实《国务院关于促进慈善事业健康发展的指导意见》和《省政府关于促进慈善事业健康发展的实施意见》精神，进一步加强和改进慈善工作，充分发挥社会慈善在扶贫济困、保障和改善困难群众民生等方面的重要作用，根据《江苏省慈善事业促进条例》有关规定，现就促进我市慈善事业发展提出如下意见。

一、充分认识发展慈善事业的重要意义

我国的慈善事业在救助贫困群众、调节贫富差距、缓和社会矛盾、促进社会稳定和构建社会和谐等方面承担着新的历史使命。以奉献爱心为宗旨的慈善事业是我国进行公民道德教育，提高公民素质的一个重要载体，志愿服务是慈善事业核心价值的体现形式，慈善文化是社会主义先进文化的重要组成部分。所以，发展慈善事业，是新型社会救助体系的有益补充，是健全和完善社会保障制度的重要环节，也是弘扬社会主义核心价值观，提高公民道德素养的重要平台和途径，对推动社会主义精神文明建设和我市“率先实现小康升级，率先融入苏南发展”具有重要作用。要充分认识新形势下加快发展慈善事业的重要性和紧迫性，切实增强责任感和使命感，将发展慈善事业作为一项重要工作来抓，要按照国家和省、市有关发展慈善事业的部署和要求，充分发挥慈善组织在弘扬中华民族优良传统、缓解社会矛盾，构建和谐

社会等方面的重要作用，进一步推进我市慈善事业健康有序发展。

二、总体要求和基本原则

(一)总体要求

深入贯彻落实党的十八大和十八届三中、四中、五中全会精神，坚持政府推动、社会实施、公众参与、专业运作。大力发展公益慈善组织，广泛开展社会志愿服务，拓展创新慈善载体形式，积极培植先进慈善文化，鼓励公众、企业和社会组织积极参与慈善事业，加强对各类慈善事业主体的指导、支持和监管，努力形成具有海门特色的现代慈善事业新格局。

(二)基本原则

1.突出扶贫济困。鼓励、支持和引导慈善组织以及其他社会力量在扶贫济困、为困难群众救急解难等领域广泛开展慈善帮扶，与政府的社会救助形成合力，有效发挥重要补充作用。

2.鼓励改革创新。在制度、组织、管理、文化、体制机制、运行方式、慈善资源与社会救助对接等方面大胆探索，畅通社会各方参与慈善的渠道，促进慈善事业创新发展。

3.确保公开透明。扩大慈善组织以及其他社会力量的信息公开，严格依据有关规定及时公开慈善资源的募集、管理和使用情况。

4.强化规范管理。加强慈善组织自身建设，强化自我管理。依法依规对慈善活动进行监管，及时查处和纠正违法违规活动，确保慈善事业在法制轨道上运行。

5.坚持平等自愿。由捐赠人自主实施捐赠行为，自行决定捐赠财物的类别、数量、规模、方式和用途。禁止强捐、索捐和变向摊派等行为。充分尊重受益人的意愿，依法保护其隐私。

三、目标任务

到2020年，慈善理念深入人心，扶持政策基本完善，社会捐赠积极踊跃，救助能力明显增强，志愿服务广泛开展，评估监管有效落实，慈善事业对社会救助和社会福利体系形成有力补充，成为全面建成小康社会的重要力量。

1.全市社会捐赠总额占GDP的比例达到0.2%。

2.全市每万人拥有公益慈善组织数量不少于8家，每个区镇都建有1家以上具有独立法人资格的慈善组织；每个城乡社区拥有1家以上登记或备案的互助性慈善组织；企事业单位建立登记或备案的互助性慈善组织形成规模。

3.全市家庭参与捐赠或注册志愿者提供志愿服务比例超过20%，志愿者每年志愿服务时间平均24小时以上。

4. 全市慈善信息管理平台实现市、区镇、村(居)三级互联互通，实现应公开慈善信息面向社会全部公开。

5.慈善文化建设纳入社会主义精神文明建设整体规划，并列入文明城市、文明单位、文明社区等工作考评。慈善文化广泛普及，慈善城市创建走在全国前列。

四、工作措施

1.构建全民参与的慈善格局。各地、各部门要广泛动员干部职工带头参与各类慈善活动。工会、共青团、妇联等人民团体要积极动员社会公众为慈善事业捐赠资金、物资和提供志愿服务等。企业要将慈善精神融入企业文化建设，积极捐赠、支持志愿服务，并开展形式多样的慈善活动。村(居)、单位内部要设立慈善互助基金，大力开展群众性互助互济活动。社会团体要发挥自身优势、积极参与慈善活动，并主动接受社会监督，在规范管理、公开透明、服务困难群众等方面做出表率。慈善组织要推出更多优质慈善项目吸引公众参与，打造富有特色的慈善募捐品牌。鼓励家庭、个人、志愿者积极参加各类慈善活动。鼓励社会各界人士积极以设立冠名基金等方式支持扶贫帮困等各类社会公益事业。

2.开展形式多样的社会捐赠和志愿服务。鼓励和支持社会公众通过捐款捐物、慈善消费、义演、义拍、义卖、义展、义诊、义赛等方式为困难群众奉献爱心。加强互联网技术在慈善领域的应用，畅通网上在线捐赠渠道，实现通过手机、电脑等随时捐赠，方便广大捐赠者。动员社会公众积极参与志愿服务，构建形式多样、内容丰富、机制健全、覆盖城乡的志愿服务体系。充分运用政府购买服务机制，实施公益服务项目，逐步拓宽志愿服务渠道和社会互助机制。倡导社会力量兴办公益性医疗、教育、养老、残障康复、文化体育、环境保护等方面的机构和设施，为慈善事业提供更多的资金支持和服务载体。积极举办慈善项目推介会，实现慈善供需有效对接，打造阳光慈善平台。以社会化为方向，广泛设立社会捐助站点，2020年社会捐助站点覆盖全市所有区镇和社区。

3.建立社会救助和慈善资源信息对接机制。以社会救助综合信息平台为基础，建立民政部门与其他社会管理部门之间的信息共享机制。建立和完善民政部门与慈善组织、社会服务机构之间的衔接机制，实现社会救助相关机构的互利互助。

4.加大社会支持力度。鼓励企事业单位为慈善活动提供场所和便利条件、按规定给予优惠。倡导金融机构根据慈善事业的特点和需求创新金融产品与服务方式，积极探索金融资本支持慈善事业发展的渠道。支持慈善组织为慈善对象购买保险产品，鼓励商业保险公司捐助慈善事业。鼓励新闻媒体为慈善组织的信息公开提供帮助支持和费用优惠。

5.建立表彰奖励制度。对为慈善事业发展作出突出贡献、社会影响较大的个人、法人或者组织予以表彰。要根据慈善事业发展情况，按《江苏省慈善事业促进条例》有关规定建立慈善表彰奖励制度，及时修订完善“慈善奖”评选表彰办法，组织实施好评选表彰工作，在全社会营造良好的慈善氛围。要按国家有关规定建立完善志愿者嘉许和回馈制度，鼓励更多的人参加志愿服务活动。

五、监督管理

1.加强政府监管。民政部门应当建立慈善信息平台和慈善组织及其负责人信用档案，并向社会公布有关信息。要严格执行慈善组织年检制度和评估制度，每年对慈善组织提交的财务报告实行抽查，抽查结果向社会公开。要严格落实日常监督检查制度、重大慈善项目专项检查制度，并依法对违法违规行为进行处罚。财政、税务部门要依法对慈善组织的财务会计、享受税收优惠和使用公益事业捐赠统一票据等情况进行监督管理。公安部门应认真履行职责，对有境外非政府组织资助或有提供资金资助背景的慈善项目，依法进行审查；对以慈善名义进行骗取财物等违法犯罪活动，要依法进行处罚或追究刑事责任。其他部门要在各自职责范围内对慈善组织和慈善活动进行监督管理。

2.强化行业自律。成立海门市慈善类社会组织联合会,内设监督委员会,加强对全市慈善组织的管理和监督,建立健全行业标准和行为准则,增强行业自我约束、自我管理、自我监督能力。鼓励第三方专业机构对慈善组织开展评估,相关政府部门可将评估结果作为政府购买服务等工作的参考依据。

3.加强社会监督。畅通社会公众对慈善活动中不良行为的投诉举报渠道,倡导全社会对各类慈善组织监督,单位或个人发现在慈善活动中有违法违规行为的慈善组织或个人,可以向该组织或个人所属的慈善类社会组织联合会、民政部门及其他政府部门举报。支持新闻媒体对慈善组织、慈善活动进行报道,充分发挥舆论监督作用。

4.加强责任追究。民政部门作为慈善事业主管部门,要会同有关部门建立健全责任追究制度。按照"谁登记、谁管理"的原则,由批准登记的民政部门会同有关部门对其违法违规行为依法进行查处。对其他社会组织和个人按照属地管辖的原则,由所在地的民政部门会同有关部门对其以慈善为名组织实施的违法违规行为依法及时查处。对有关部门及其工作人员滥用职权、徇私舞弊或者玩忽职守、敷衍塞责造成严重后果的,要依法追究责任。

六、组织领导

1.加强组织领导。各区镇要高度重视慈善事业发展,将把推进慈善事业发展列入年度工作计划,明确工作任务、思路和发展重点,从组织机构、办公场所、工作经费和人员配置等方面支持慈善工作。使慈善事业与经济社会协调发展。民政部门要认真履行推动慈善事业发展职责,理顺管理体制,健全组织机构,完善指导、服务、协调和监管机制,及时协调解决慈善事业发展中遇到的突出困难和问题。

2.加大宣传力度。通过各类传媒,大力宣传慈行善举和正面典型,以及慈善事业在服务困难群众、促进社会文明进步等方面的积极贡献,引导社会公众关心慈善、支持慈善、参与慈善。鼓励电视新闻媒体每周在黄金时段安排不少于15分钟时间播放慈善公益广告,宣传慈善典型,传播慈善文化。大力推动慈善文化进机关、进企业、进学校、进社区、进乡村,进家庭,为慈善事业发展营造良好社会氛围。

3.加强慈善专业人才队伍建设。加快培养慈善事业发展急需的各类人才。鼓励慈善机构从事专门社会服务工作的人员参加社会工作专业人才职业水平考试,落实慈善从业人员社会工作者职业资格及待遇。推荐社会责任心强,对慈善事业有重大贡献的法人代表或有较好社会影响的个人到慈善组织中任职。慈善从业者依法签订用工合同,对工作年龄段任职人员,根据相关规定程序录用、合理确定专职慈善工作者的薪酬水平、落实各项社会保险。增强慈善事业吸引力。

4.建立协作机制。建立以政府牵头,民政、宣传、教育、文化、财政、人力资源社会保障、税务、工会、团委、妇联、残联、红十字会、慈善总会等部门和组织参加的慈善事业联席会议制度,指导、推动全市慈善事业健康发展。形成政府协调机制与行业协作机制互补、政府行政功能与行业自治功能互动、政府管理与行业自律有机结合的慈善组织管理格局。共同推进我市慈善事业健康快速发展。

(海政发〔2016〕1号)

市政府关于扶持普惠性民办幼儿园发展的实施意见

海门经济技术开发区、海门工业园区管委会,各区、镇人民政府(管委会),市各委办局,市各直属单位,各垂直管理部门(单位):

为贯彻党的十八大和十八届三中、四中全会精神,深入实施国家和省中长期教育规划纲要,加快我市学前教育事业发展,建立政府主导、社会参与、公办民办并举的学前教育公共服务体系,根据《江苏省学前教育条例》、《省政府办公厅关于加快学前教育改革发展的意见》、《省财政厅省教育厅关于建立健全学前教育经费保障机制的通知》、省教育厅、财政厅、物价局关于印发《江苏省普惠性民办幼儿园议定管理办法(试行)》的通知等法律和文件,结合我市实际,制定本实施意见:

一、普惠性民办幼儿园扶持原则

以科学发展观为指导,坚持公益性、普惠性发展方向,坚持积极鼓励、大力支持、正确引导、依法管理方针,动员社会资源投资民办学前教育,通过奖补等扶持政策的实施,引导具备办园资格和条件的民办幼儿园举办成普惠性民办幼儿园,向社会提供优质的普惠性服务,满足人民群众入园需求问题,促进我市学前教育健康发展。

二、普惠性民办幼儿园认定条件

普惠性民办幼儿园是指不以营利为目的,设立条件、保育教育质量达到同类公办幼儿园水平,受政府委托和资助提供学前教育服务,并执行同类公办幼儿园收费标准的民办幼儿园。凡被认定为普惠性民办幼儿园的,须同时具备下列要件:

1.幼儿园达到国家、省规定的学前教育机构设置基本条件,经教育行政部门审批,取得办园资质。

2. 幼儿园经专业机构评估认定,其保育教育质量达到省定三类幼儿园标准之一(省优质园、市优质园或合格园)。

3.幼儿园自愿申请,并经当地政府同意授权,书面委托幼儿园提供学前教育公共服务。

4.幼儿园收费比照同类型公办幼儿园收费标准执行。幼儿园财务、资产管理规范,依法定期出具财务审计报告。

对目前一个区镇仅有一所民办幼

儿园的,原则上均须办成普惠性民办幼儿园。

三、普惠性民办幼儿园扶持政策

1.建立普惠性民办幼儿园财政奖补政策。市将统筹中央、省学前教育专项奖励资金,设立学前教育专项资金,对普惠性民办幼儿园实行奖补。从2016年秋季开始,按照在园幼儿数给予生均省定公办园公用经费标准补贴。具体为:对保育教育质量达到省定三类幼儿园标准之一(省优质园、市优质园或合格园)的补贴700元/生·学年,以后随本地公办园生均公用经费标准变化同步提高(其中市财政和区镇财政按照6:4的比例进行分配)。普惠性民办幼儿园奖补资金,主要应用于园舍维修改造、补充教玩具、教师培训、弥补公用经费不足等,不得用于人员经费支出。

2.建立民办幼儿园帮扶机制。为进一步促进民办幼儿园保教质量和管理水平提高,建立公、民办幼儿园结对帮扶制度,选派公办幼儿园园长和骨干教师到民办幼儿园协助管理,安排公办幼儿园骨干教师到民办幼儿园支教,建立民办幼儿园园长及教师到公办幼儿园跟班学习制度。鼓励民办幼儿园合同制人员参加公办幼儿教师统一招考,新录用者可在民办幼儿园任教。将民办幼儿园教师教育教学能力的提升列入幼儿教师培训计划,民办幼儿园教师的在职培训、职称评定、评先评优与公办教师享受同等待遇,普惠性民办幼儿园中家庭经济困难幼儿,享受公办幼儿园幼儿一样的资助政策。市政府统一为民办幼儿园派驻保安人员。

3.落实普惠性民办幼儿园税费优惠政策。对已认定的普惠性民办幼儿园,在规定收费标准内收取的保育教育费,按照有关规定免征营业税。落实普惠性民办园在土地、建设等方面的优惠政策,新建、改扩建普惠性民办幼儿园建设用地可采用划拨方式取得,涉及的城市建设配套费等行政性、服务性收费及供电、供水、供气等方面收费,均与公办幼儿园享有同等待遇。

4.企、事业单位利用国有资产或集体资产举办和公办民助、公建民营性质的幼儿园属于公办性质的幼儿园,不享受普惠性民办幼儿园的奖补政策。已经享受过政府财力、物力支持的民办幼儿园,如果列入普惠性民办园奖补范围,须将已享受的奖补财力、物力折算为奖补资金总量,对不足部分予以奖补,防止重复奖补。

四、申报程序

每年9月份,幼儿园向所在区镇申报,经审核同意后报市教育局。市教育局组织评估、审核、确认后,由教育局、财政局共同确定普惠性民办幼儿园奖补资金分配方案,并在海门教育网上进行公示、设立举报电话,奖补资金于秋季学期结束前拨付到位。

五、监督管理

1.加强民办幼儿园监督管理。镇(园区)人民政府(管委会)要切实加强属地民办幼儿园的监管,依法规范办园行为。市教育局作为学前教育主管部门,要做好民办幼儿园的管理、指导、协调、年检、师训等工作。

2.建立民办幼儿园财务和资产监管制度,确保财政资金使用规范高效。民办幼儿园要自觉接受市教育、财政、物价等部门的监督检查。对采取各种不正当手段、骗取财政资金等违反国家财经纪律的,将按照国家有关规定严肃查处。

3.严格执行民办幼儿园准入制度和年检制度。严格按照办园标准审批民办幼儿园,严格按照普惠性民办幼儿园的认定标准和程序认定普惠性民办幼儿园。坚持和完善民办幼儿园年检制度,对年检不合格的民办幼儿园要限期整改或依法取缔。对普惠性民办幼儿园实行动态管理。

4. 高度重视民办幼儿园安全工作。民办幼儿园要强化安全管理,建立健全卫生保健、卫生防疫、安全管理、安全应急预案等各项安全保障制度,落实人防、物防、技防等安全防范措施;要严格接送幼儿车辆管理,确保交通安全;切实加强民办幼儿园的食品采购、储运、制作等环节的卫生管理;严禁民办幼儿园食堂利用服务性收费谋取利益;要按照《消防法》及《建筑设计防火规范》等法律法规要求,做好消防工作;要加大对民办幼儿园房屋结构抗震检测的工作力度,对存在重大安全隐患的园舍,责令限期加固或拆除重建。

5.规范民办幼儿园办园行为。各民办幼儿园要坚持就近方便入园的原则进行招生,要遵循幼儿身心发展规律和特点,坚持保育与教育相结合的原则,合理安排幼儿活动,创设良好的育人环境。要严格按照国家规定安排教育教学活动,不得举办各类违背幼儿教育规律的实验班、兴趣班、特长班。市教育局每年对民办幼儿园的办园行为和保教质量进行督查,督查结果向社会进行公示。

(海政发〔2016〕32号)

市政府关于降低实体经济企业成本的实施意见

海门经济技术开发区、海门工业园区管委会，各区、镇人民政府(管委会)，市各委办局，市各直属单位，各垂直管理部门(单位)：

根据党的十八届五中全会中关于“开展降低实体经济企业成本行动，优化运营模式，增强盈利能力”的精神，按照中央、省、市经济工作会议相关部署以及国家八部委最新文件精神，现就切实降低实体经济企业成本，进一步优化企业发展环境提出如下意见：

一、降低融资成本

(一)加强商业银行窗口业务指导。认真贯彻落实八部委《关于金融支持工业稳增长调结构增效益的若干意见》，用好和创新金融工具，服务好实体经济，力争2016年新增信贷投放不少于100亿元。加大商业银行服务收费整治力度，通过定期开展专项督查，公开曝光典型案件等方式，严格落实银监会“七不准”、“四公开”要求，清理不必要的资金“通道”和“过桥”环节，切实整治层层加码加价行为。(人民银行、金融办)

(二)扩大直接融资规模。加快上市后备企业培育，加强辅导服务，落实激励措施，支持上市挂牌企业开展再融资和并购重组，确保2016年底全市新增挂牌上市企业5家，力争股权融资、债券融资超100亿元。(金融办、财政局、发改委)

(三)支持金融产品创新。整合银政企资源，建立完善贷款风险补偿机制，释放信贷投放潜能，力争2016年通过“苏科贷”及科技型担保贷款、“助保贷”等创新型金融产品发放贷款10亿元。(人民银行、财政局、科技局、金融办、发改委)

(四)完善融资服务体系。加快引进银行业金融机构，力争2016年再引进1~2家银行；支持小贷公司规范健康发展，力争2016年底贷款余额达15亿元；支持中小企业应急互助基金应急转贷，力争2016年累计转贷15亿元；积极推进政策性融资担保体系建设，力争2016年底担保余额达12亿元。(金融办、财政局)

二、降低用能、用地成本

(五)推进资源性产品价格和电力市场化改革。从2016年起一般工商业及其他用电类别价格下调3.12分/千瓦时，推进天然气价格改革市场化进程，相应降低实体经济企业用电、用气价格，减少企业电费、水费、蒸汽费、天然气费等成本。扩大电力与大用户直接交易范围，增加用户用电选择权，大用户电力直接交易电量扩大到8000万千瓦时，力争减少企业电费成本超200万元。进一步完善有序用电方案，指导企业合理调度，最大限度降低峰期用电负荷，以补贴形式鼓励企业参与电力需求响应，规避尖峰电价政策。(发改委、财政局)

(六)实行有保有控的产业用地政策。推行工业用地差别化定价，经认定的新兴产业用地可以最低保护价204元/平方米确定出让底价。(国土局、发改委)

三、降低投资成本

(七)鼓励企业扩大投资。一年内技改设备投资额300万元或新办企业设备投资额超过500万元的技术改造项目，300万~500万元按设备投资额的8%补助；500万元以上的按设备投资额的10%补助。补助总额最高不超过200万元。对当年竣工投产且当年完成设备投入超1亿元的，专项补助1000万元；超2亿元的，专项补助1500万元。(发改委、财政局)

(八)引导中小企业集聚发展。对四层及以上标准厂房，占地100亩以上，土地出让底价按《全国工业用地出让最低价标准》每平方米204元的70%执行，即每平方米优惠61元。力争2016年新建标准厂房50万平方米，引进100家中小企业入驻。(发改委、财政局)

四、降低人力成本

(九)落实企业稳岗补贴政策。对企业依法参加失业保险并足额缴纳失业保险费，采取有效措施稳定就业岗位，且上年度减员率低于统筹地区城镇登记失业率的，按该企业及其职工上年度实际缴纳失业保险费总额的50%给予稳岗补贴。对企业招用就业困难高校毕业生1年以上，并按时足额缴纳社会保险费的，企业每吸纳1人给予一次性补贴4000元。对在本市创业的在校大学生和城乡失业人员创业成功，吸纳城乡劳动者就业，与其签订1年以上期限劳动合同并已连续缴纳3个月以上社会保险费的，一次性给予企业每吸纳1人给予2000元的吸纳就业奖励。(人社局、财政局)

(十)支持企业引进紧缺人才。对符合“东洲英才”引进计划的创业领军人才(团队)，企业创办3年内，奖励企业所得税地方留成部分的50%，最高限额为300万元。对国家“千人计划”专家等科技创业领军人才，企业创办3年内，奖励高级管理员、专业技术员(月均薪金2万元以上)，工资薪金部分缴纳的个人所得税地方留成部分，奖励人数最多不超过5人，总额不超过100万元。对企业新引进的全日制博士、硕士研究生和非海门籍普通高校本科学历毕业生，分别给予每人每月3000元、1500元、900元(名校本科毕业生)或500元(普通高校本科生)补贴。给予持有国家职业资格一级、二级证书的技能型人才(非海门籍)每人每月500元、400元补贴。(人才办、财政局)

五、降低经营成本

(十一)鼓励企业开拓市场。对当年应税销售增幅与效益同步增长，且税收贡献率不低于全市同行业平均水平的企业(所谓同行业平均水平，由市发改委、财政部门参照当年5家以上的规上企业的平均水平确定，如市里同行业规上企业低于5家则按照南通市地区同行业规上企业平均水平确定)，采取递进式奖励，当年新增应税销售5000万元~1亿元的(含1亿)奖励20万元；新增1亿~3亿元的(含3亿元)，奖励100万元；新增3亿~5亿元的(含5亿元)，奖励200万元；新增5亿~10亿元的(含10亿元)，奖励300万元；新增10亿元以上的，奖励500万元。如税收贡献率低于全市同

行业平均水平的企业，奖励标准减半。(发改委、财政局)

(十二)降低企业物流成本。优化通行环境发展现代运输组织模式，有效降低运输工具空驶率，降低物流和采购成本，全年力争物流成本占比降低0.1个百分点。对物流企业继续实施“营改增”试点过渡性财政扶持政策，推动现代物流业快速发展。(发改委、财政局、国税局)

(十三)推动企业转型升级。加强中小企业公共服务平台建设，加快推进平台经济发展。对认定为省级、南通市级科技公共服务平台的，分别给予30万元、5万元奖励。重点支持工业企业实施信息技术集成应用、生产过程智能化提升、电子商务模式创新、工业云与大数据创新应用等信息化提升项目。一是对新投入的信息化设备进行补助，信息化设备投入每年度总额达20万元以上(含20万元)，经验收后，按照投资额的10%进行补助，单笔最高补助15万元。二是对购买软件、信息化服务等进行补助，软件等投入每年度总额达10万元以上(含10万元)，经验收后，按照投资额的20%进行补助，单笔最高补助10万元。围绕《中国制造2025海门实施纲要》明确的产业方向，打造智能示范工程。开展服务型制造示范创建活动，推动企业由生产型制造向服务型制造转变。力争通过三年的努力，全市50%的工业企业开展服务型制造，企业服务化投入占比和服务化收入占比提升20个百分点，大力培育创建省级服务型制造集聚基地和省级服务型制造示范企业。(科技局、发改委、财政局)

(十四)鼓励我市企业建设第三方电子商务平台。对建立并实际投入使用1年以上，平台入网企业达200家以上且平台B2B业务营业收入超过2000万元，或平台B2C业务网上交易额超过5000万元的本市电子商务平台，按平台设备及软件投资额的20%给予平台经营企业一次性奖励，奖励金额最高不超过50万元；平台入网企业达500家以上且平台B2B业务营业收入超过5000万元，或B2C业务网上交易额超过2.5亿元的本市电子商务平台，按平台设备及软件投资额的30%给予平台经营企业一次性奖励，奖励金额最高不超过80万元。鼓励企业利用速卖通、易趣、亚马逊、敦煌网等跨境电子商务交易平台开展跨境营销。对于与第三方跨境平台已签订服务协议，且B2B销售额超过1000万元，或B2C销售额超过500万元的企业，自2015年起三年内按每年销售佣金的10%给予补助，每家企业每年补助不超过5万元。跨境电子商务企业通过跨境电子商务交易平台首次实现年销售额3000万元以上的，给予一次性奖励10万元。(商务局、财政局)

六、降低税费成本

(十五)落实好普惠性和结构性减税政策。按照国家产业政策，对高新技术企业、集成电路企业实施企业所得税优惠政策，贯彻固定资产加速折旧政策、研发经费加计扣除政策。对所有纳税人暂停征收防洪保安基金。对新注册登记的20人以下的小微企业免征三年残疾人保障金。(地税局、财政局)

落实重点群体创办个体工商户、个人独资企业依法享受税收减免政策。企业获得的同级以上财政专项补助资金，符合规定用途和资金管理办法，且实行支出单独核算的，可列入企业所得税不征税收入范围。(地税局、财政局)

(十六)加强涉企收费管理。建立和完善涉企行政事业性收费目录清单制度，目录清单之外的涉企收费，一律不得执行。全面清理行政审批前置服务项目及收费，强化对涉及审批的中介机构的监管，集中清理中介评估事项。(物价局、财政局、有关部门)

七、降低制度成本

(十七)提高行政审批效率。依托投资项目在线审批监管平台，推动落实企业投资项目线上并联，实现投资项目审批、核准、备案的“一窗受理、联合办理、依责监管、全程监察”，确保企业投资项目“平台下无审批”。(审批局、发改委、有关部门)

(十八)推行柔性执法。对企业违法情节较轻、无主观故意并及时纠正的行为，应当采取规劝提示、警示告诫等行政指导方式，引导企业合法经营。严禁随意向企业调账，严禁随意查封企业固定资产、冻结企业银行账户，绝不借用各种名义干扰企业正常生产。(有关部门)

各有关部门要充分认识降低实体经济企业成本的重要意义，明确职责，密切配合，抓好落实。各牵头单位要做好与配合单位的沟通协调工作，尽快制定具体工作措施。各职能部门要主动作为，保证各项措施执行到位，形成降低实体经济企业成本的强大合力。

本意见自2016年1月1日实施，市发改委、财政局对该意见有最终解释权。

(海政发〔2016〕38号)

统计资料

2016年海门市国民经济主要指标

表41

指标名称	单位	2015年	2016	与上年增减(±%)
人口				
年末总户数	万户	38.43	37.74	-1.80
年末户籍人口	万人	100.04	100.10	0.10
男	万人	49.20	49.21	0.00
女	万人	50.84	50.88	0.10
出生人口	人	7026	6870	-2.22
死亡人口	人	9275	6915	-25.44
年末常住人口	万人	90.43	90.50	0.10
城镇	万人	51.83	53.49	3.20
农村	万人	38.60	37.01	-4.10
国民经济核算				
地区生产总值	亿元	915.02	1005.06	9.40
第一产业	亿元	51.80	53.28	0.00
第二产业	亿元	471.59	504.53	9.30
工业	亿元	390.45	420.99	9.70
建筑业	亿元	81.14	83.54	2.96
第三产业	亿元	391.63	447.25	10.80
人均地区生产总值	元	101298	111100	9.30
财政				
一般公共预算收入	亿元	78.40	72.41	-7.60
财政总支出	亿元	85.56	85.76	0.20
人均一般公共预算收入	元	8679	8004	-7.80
一般公共预算收入占GDP比重	%	8.6	7.2	-16.28
人民生活				
全体居民人均可支配收入	元	27554	30093	9.21
城镇居民人均可支配收入	元	37404	40509	8.30
农村居民人均可支配收入	元	18986	20608	8.54
物价				
居民消费价格总指数	–	101.50	102.00	0.49
商品零售价格总指数	–	100.60	101.90	1.29
住房				
市区城镇居民人均住房建筑面积	平方米	45.00	47.50	5.56
农村居民人均住房面积	平方米	60.00	63.00	5.00
固定资产投资				

续表 41

指标名称	单位	2015 年	2016	与上年增减(±%)
固定资产投资完成额	亿元	565.32	613.19	8.47
#工业	亿元	343.94	367.53	6.86
服务业	亿元	221.03	245.66	11.14
#房地产开发投资额	亿元	39.34	49.77	26.51
农业				
农林牧渔业总产值(可比价)	亿元	90.85	94.12	5.08
主要农产品产量				
粮食	万吨	19.46	19.16	-1.54
棉花	万吨	1.06	1.06	0.00
油料	万吨	9.23	8.58	3.30
水产品	万吨	9.57	9.25	-7.80
生猪年末存栏数	万头	10.04	10.03	-0.10
规模以上工业				
工业企业数	个	648	621	-4.17
工业总产值	亿元	1892.29	2086.97	10.29
#高新技术产业产值	亿元	892.05	1003.01	12.70
新兴产业产值	亿元	626.58	727.23	16.06
民营工业产值	亿元	1149.75	1286.52	9.70
主营业务收入	亿元	1877.27	2057.10	9.58
利税总额	亿元	311.70	324.11	4.20
利润总额	亿元	206.49	219.72	6.50
主要工业产品产量				
纱	万吨	3.62	3.77	4.14
布	亿米	0.69	0.82	18.84
水泥	万吨	327.82	360.71	10.03
交通				
全社会旅客运输量	万人次	702	397	-43.40
全社会货物运输量	万吨	656.00	804.97	-43.40
货物周转量	万吨公里	100568	133037	22.70
货物吞吐量	万吨	640.97	661.03	3.13
邮电和旅游业				
邮政业务收入	万元	1.65	1.82	10.40
电信业务收入	万元	2.14	2.07	-3.20
年末固定电话用户	万户	27.21	23.59	-41.47
年末移动电话用户	万户	93.63	128.13	3.12
国际互联网用户	万户	88.11	108.28	18.47
旅游总收入	亿元	27.11	32.06	18.26

续表 41

指标名称	单位	2015 年	2016	与上年增减(±%)
旅游总人数	万人次	295.37	348.83	18.10
国内外贸易				
社会消费品零售总额	亿元	311.15	344.60	10.75
进出口总值	亿美元	22.54	39.14	73.65
进口总值	亿美元	8.35	3.35	-59.76
出口总值	亿美元	14.19	35.79	152.30
实际到账注册外资	亿美元	2.19	2.40	9.50
新批协议注册外资	亿美元	6.08	5.92	-2.60
对外劳务承包合同额	亿美元	4.97	4.33	-12.70
对外劳务承包营业额	亿美元	7.46	7.25	-2.82
房地产				
房地产开发投资额	亿元	39.34	49.77	26.51
商品房施工面积	万平方米	397.29	411.83	3.66
商品房竣工面积	万平方米	80.25	149.55	86.36
商品房销售面积	万平方米	81.68	107.02	31.00
金融				
金融机构本外币存款余额	亿元	1174.97	1379.13	17.38
#储蓄存款	亿元	697.81	752.07	7.80
金融机构本外币贷款余额	亿元	693.29	825.88	19.12
人均储蓄存款	元	77166	83102	7.70
用电				
全社会用电量	亿千瓦时	36.04	38.60	7.10
#工业用电量	亿千瓦时	25.02	25.91	3.56
城乡居民生活用电	亿千瓦时	5.58	6.48	16.20
科技				
全社会研发投入	亿元	22.95	25.90	12.90
专利授权量	件	2401	2534	5.50
#发明专利	件	147	205	39.50
全社会研发投入占 GDP 比重	%	2.51	2.58	3.20
社会事业				
学校数	个	128	134	4.70
教职工数	人	9093	9059	-0.40
专任教师数	人	8247	8332	1.03
毕业生数	人	21759	21262	-2.28
在校学生数	人	107564	108025	0.43
卫生生机构数	个	384	376	-2.08
#医院、卫生院	个	25	23	-8

续表 41

指标名称	单位	2015 年	2016	与上年增减(±%)
卫生技术人员数	个	4039	4681	15.90
# 医生	个	1687	1753	3.91
卫生机构床位数	张	3539	3694	4.38
每千人拥有医生数	人	2.05	2.07	0.98

2016 年海门各区镇国民经济主要指标

表 42 单位:万元

区、镇	总计	海门开发区	海门工业园区	海门港新区	临江新区	海门高新区	三厂工业园区	常乐镇	悦来镇	四甲镇	余东镇	正余镇	海永镇
地区生产总值	10050621	2047614	1238530	1162538	384186	2016449	570005	654431	635798	390688	315114	594565	40703
一产增加值	625674	21707	58060	146077	45746	44742	19724	59620	84561	45518	36734	60051	3134
二产增加值	5272404	1079021	662043	672616	217057	854476	374088	359711	335066	196050	128352	386467	7458
三产增加值	4152543	946886	518427	343845	121383	1117232	176193	235100	216171	149120	150027	148047	30111
规模工业企业数(个)	621	138	104	66	35	60	40	33	49	22	33	39	1
规模工业新兴产业产值	7273291	1359284	486940	827363	838084	744416	332137	339457	318866	539654	141397	1341702	—
高新技术企业数(个)	148	37	5	8	15	19	15	14	14	8	2	10	—
规模工业高新技术产业产值	9945478	1571208	515015	1325788	956089	1259971	383653	915201	352966	783452	63864	1951970	—
高新技术产业产值比重(%)	47.7	47.8	21.3	45.2	72.9	47.1	28.1	72.5	21.5	83.2	10.6	81.2	—
规模工业主营业务收入	20571036	3255403	2417835	2930395	1283221	2660557	1342222	1262533	1458341	942665	597339	2402372	14579
规模工业利税	3241082	560104	446349	498149	173776	362279	202540	206181	246336	127276	61615	354473	1024
规模工业利润	2197159	405988	364211	294140	123340	261846	132597	144099	135336	76009	27911	230359	624
固定资产投资	6131858	1043148	640567	1282143	380155	584623	362857	251810	272685	272260	251110	287330	5475
工业投资	3675275	787027	326914	811279	255063	305590	212637	189990	199435	198760	175370	213210	—
服务业投资	2456583	256121	313653	470864	125092	279033	150220	61820	73250	73250	75740	74120	5475
发明专利申请量(个)	1444	227	100	154	43	225	158	140	100	84	132	81	—
有效发明专利拥有量(个)	1620	273	106	161	137	193	176	146	112	117	105	86	7
全部工业企业销售收入	6368555	2084206	586760	625651	504922	676055	459814	345144	386798	252354	165360	272737	8306
工商登记注册外资(万美元)	58900	27182	5280	15000	2234	1739	—	6300	500	—	665	—	—
工业用电量(万千瓦时)	259137	71390	21355	21647	23465	22560	30583	9606	9636	9082	5666	7562	—
财政收入	724112	101685	51231	35969	23317	94588	25767	27245	13695	14084	10882	11337	9008
地税收入	537845	84733	36184	17839	9939	79038	13018	31174	4161	11194	3030	6184	5220
新增小规模纳税人(个)	4386	715	1302	292	106	1042	141	137	220	148	141	142	—

2016年南通市九县市(区)主要指标

表43

指标		崇川区	港闸区	开发区	通州区	海安	如东	启东	如皋	海门
地区生产总值(亿元)	总量	682.69	337.27	525.26	1026.66	755.29	746.69	881.85	904.27	1005.06
	增幅	9.00	9.00	9.50	9.30	9.60	9.20	9.50	9.60	9.40
服务业增加值占GDP比重(%)	占比	75.01	42.93	30.11	45.09	45.70	45.30	44.50	45.00	44.50
规模以上工业增加值(亿元)	总量	85.30	122.10	409.84	496.21	516.94	431.85	386.64	438.83	463.28
	增幅	2.70	8.00	10.00	10.00	10.20	9.70	10.30	10.20	10.00
高新技术产业产值(亿元)	总量	139.33	234.70	784.46	1004.58	1073.01	792.47	904.59	946.96	1003.01
	增幅	6.60	21.80	12.10	14.70	11.70	-0.40	18.40	17.60	12.70
高新技术产业产值占比(%)	占比	45.21	42.42	43.58	46.52	48.58	40.08	48.56	47.44	48.06
新兴产业产值(亿元)	总量	103.28	212.87	585.83	783.72	819.63	421.64	802.86	617.08	727.33
	增幅	-14.30	28.10	3.90	13.10	14.50	-5.70	17.50	18.10	16.10
新兴产业产值占比(%)	占比	33.51	38.47	32.55	36.29	37.11	21.32	43.10	30.91	34.85
固定资产投资(亿元)	总量	332.24	309.30	532.68	681.49	584.46	545.42	614.84	575.25	613.19
	增幅	-20.30	12.10	12.00	14.00	14.60	12.00	14.10	14.30	8.50
工业投资(亿元)	总量	62.82	70.88	197.45	369.59	343.41	329.24	352.69	312.19	367.53
	增幅	-0.30	23.20	10.00	9.10	8.20	8.60	7.10	7.30	6.90
第三产业投资(亿元)	总量	269.42	237.83	335.23	308.19	239.76	213.64	261.87	262.03	245.66
	增幅	-23.90	8.90	13.20	21.40	25.30	16.60	25.00	24.10	11.10
进出口总额(亿美元)	总量	54.78	27.09	53.09	37.33	16.55	25.10	30.22	25.29	39.14
	增幅	-21.00	-17.50	-0.60	4.20	9.10	2.60	-1.50	-17.20	73.70
出口总额(亿美元)	总量	34.11	20.63	30.67	33.69	14.05	14.51	26.51	20.15	35.79
	增幅	-29.80	-18.10	3.20	6.70	9.70	0.70	6.80	-22.80	152.30
社会消费品零售总额(亿元)	总量	398.30	134.36	155.35	341.12	273.74	318.62	324.57	342.21	344.60
	增幅	10.10	10.80	10.60	10.90	10.70	10.90	10.80	10.80	10.80
限额以上社消零(亿元)	总量	202.28	85.74	100.52	69.10	75.67	133.58	100.19	121.64	117.23
	增幅	4.00	8.10	4.40	9.90	13.50	9.50	10.40	10.70	12.30
一般公共预算收入(亿元)	总量	72.53	38.29	45.22	72.22	57.58	54.41	71.03	71.21	72.41
	增幅	-7.60	-6.20	-6.00	-7.60	-7.20	-7.10	-7.60	-7.60	-7.60
全社会用电量(亿千瓦时)	总量	33.36	16.40	49.18	52.87	46.72	49.12	31.02	50.31	38.6
	增幅	5.70	4.10	7.60	5.70	8.10	8.00	9.40	8.40	7.10
工业用电量(亿千瓦时)	总量	13.36	11.03	42.77	38.32	36.31	36.11	19.07	34.49	25.91
	增幅	0.70	-0.40	5.00	3.80	7.10	6.60	5.40	5.00	3.60
本外币存款余额(亿元)	总量	—	—	—	1420.34	1299.01	1027.54	1248.54	1150.27	1379.13
	增幅	—	—	—	13.50	16.60	19.60	15.20	15.90	17.40
本外币贷款余额(亿元)	总量	—	—	—	748.88	799.89	495.49	712.78	715.8	825.88
	增幅	—	—	—	10.40	6.00	17.60	9.40	17.30	19.10

续表 43

指　　标		崇川区	港闸区	开发区	通州区	海安	如东	启东	如皋	海门
城镇居民人均可支配收入(元)	总量	—	—	—	40741	37297	37133	37390	36590	40509
	增幅	—	—	—	8.20	8.30	8.10	8.20	8.30	8.30
农村居民人均可支配收入(元)	总量	—	—	—	19929	17978	17119	19875	16883	20608
	增幅	—	—	—	8.50	8.60	8.20	8.70	8.70	8.50

2016 年海门国民经济主要指标占南通全市比重

表 44

指标名称	单位	南通市	海门市	海门占南通的比重(%)
土地面积	平方公里	8001	1149	14.40
年末常住人口	万人	730.20	90.50	12.39
#城镇人口	万人	470.00	53.49	11.38
地区生产总值	亿元	6768.20	1005.06	14.80
第一产业	亿元	366.08	53.28	14.55
第二产业	亿元	3170.30	504.53	15.91
第三产业	亿元	3231.82	447.25	13.84
农林牧渔业总产值	亿元	691.56	94.12	13.61
规模以上工业增加值	亿元	3330.36	463.28	13.91
规模以上主营业务收入	亿元	14683.60	2057.11	14.01
主要工农业产品产量				
粮食	万吨	325.20	19.16	5.89
棉花	万吨	2.38	1.06	44.54
油料	万吨	35.82	8.57	23.93
水产品	万吨	89.03	9.25	10.40
纱	万吨	62.19	3.77	6.06
布	亿米	34.61	0.82	2.37
固定资产投资额	亿元	4811.95	613.19	12.74
#工业	亿元	2406.36	367.53	15.27
服务业	亿元	2396.13	245.66	10.25
#房地产开发	亿元	584.14	49.77	8.52
社会消费品零售总额	亿元	2632.87	344.60	13.09
进出口总值	亿美元	308.59	39.14	12.70
#出口	亿美元	230.11	35.79	15.60
新批协议注册外资	亿美元	60.55	5.92	9.80
实际到账注册外资	亿美元	23.87	2.40	10.10
一般公共预算收入	亿元	590.18	72.41	12.30

续表 44

指标名称	单位	南通市	海门市	海门占南通的比重(%)
一般公共预算支出	亿元	750.05	85.76	11.40
金融机构本外币存款余额	亿元	11330.57	1379.13	12.17
#储蓄存款	亿元	5395.40	752.07	13.94
金融机构本外币贷款余额	亿元	6896.58	825.88	11.98
全体居民人均可支配收入	元	30084	30093	100.03
城镇居民人均可支配收入	元	39247	40509	103.22
农村居民人均可支配收入	元	18741	20608	109.96

2016 年江苏部分县(市)主要指标

表 45

指标名称 \ 城市	江阴市	昆山市	张家港市	常熟市	太仓市	宜兴市	丹阳市	海门市	如皋市	启东市
百强县(市)排名	1	1	2	3	4	6	15	18	23	24
地区生产总值(亿元)	3083.26	3160.29	2317.24	2112.39	1155.13	1377.74	1136.04	1005.06	904.27	881.85
规模以上工业单位数(个)	1344	1851	1082	1309	1072	871	759	621	808	504
规模以上工业产值(亿元)	5874.66	8369.09	4542.04	3712.16	2040.22	2792.15	2621.25	2086.97	1996.06	1862.75
一般公共预算收入(亿元)	229.91	318.92	190.00	173.58	127.71	108.65	65.55	72.41	71.21	71.03
全社会固定资产投资(亿元)	1133.03	757.42	724.77	544.91	465.00	537.31	514.01	613.19	575.25	614.84
社会消费品零售总额(亿元)	776.05	815.04	535.16	740.78	287.31	556.37	315.61	344.60	342.21	324.57
进出口总值(亿美元)	199.93	722.66	274.17	198.53	109.64	37.00	25.44	39.14	25.29	30.22
出口	119.75	463.21	142.02	133.56	54.30	30.17	21.40	35.79	20.15	26.51
实际使用外资(亿美元)	10.55	8.96	6.04	6.30	5.61	1.58	3.22	2.40	2.77	2.84
年末金融机构存款余额(亿元)	3509.40	3562.27	2508.27	2692.88	1395.41	1903.25	1040.33	1368.55	1135.62	1232.03
城镇居民人均可支配收入(元)	54631	54728	54602	54411	54099	46092	41653	40509	36590	37390
农村居民人均可支配收入(元)	28181	28178	27849	27956	27766	23709	21706	20608	16883	19875
城镇化率(%)	70.00	72.40	67.80	67.86	66.90	65.12	—	59.10	57.05	57.12

注:县(市)选取 2016 年全国县域经济和县域基本竞争力百强县江苏前 10 名

索　引

说　明

1、本索引采用主题分析法编制，按汉语拼音顺序排列，声调相同按下一字的音译排列。
2、特载、大事要闻、附录3个栏目及综述、概况未编入索引。
3、栏目、分目标题用黑体字标示，正文所作款目全部用宋体字标示，表格均注明“(表)”字样。
4、标引词后的数字为内容所在页码，数字后的字母a、b、c分别表示左栏、中栏、右栏。
5、索引标引词一般采用中心词简称，海门市市级党政机关、事业单位、社会团体名称均采用通行简称。

G

H

J

K

L

M

N

P

Q

T

W

Z